8 Z 27871 6

Paris
1871

Schiller, Frederich von

*Oeuvres historiques*

*Histoire de la guerre de Trente ans. Histoire des troubles qui précédèrent le règne de Henri IV.*

Tome 6

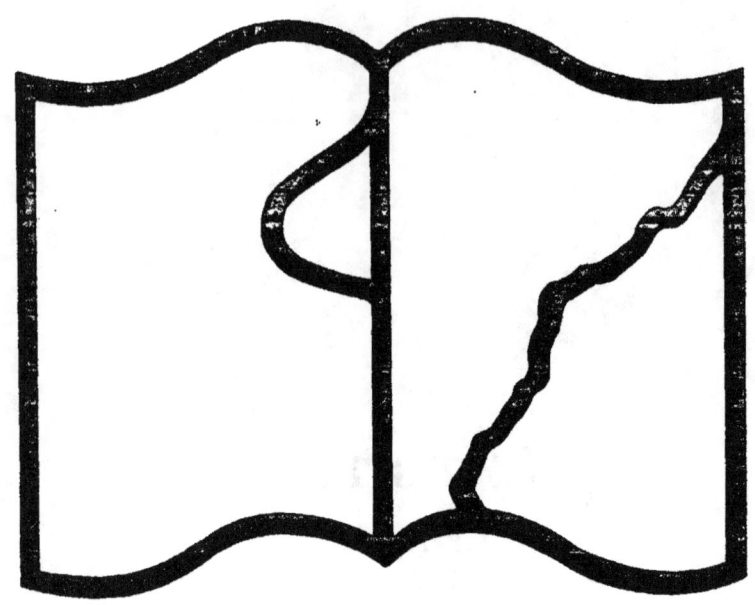

**Symbole applicable
pour tout, ou partie
des documents microfilmés**

Texte détérioré — reliure défectueuse

**NF Z** 43-120-11

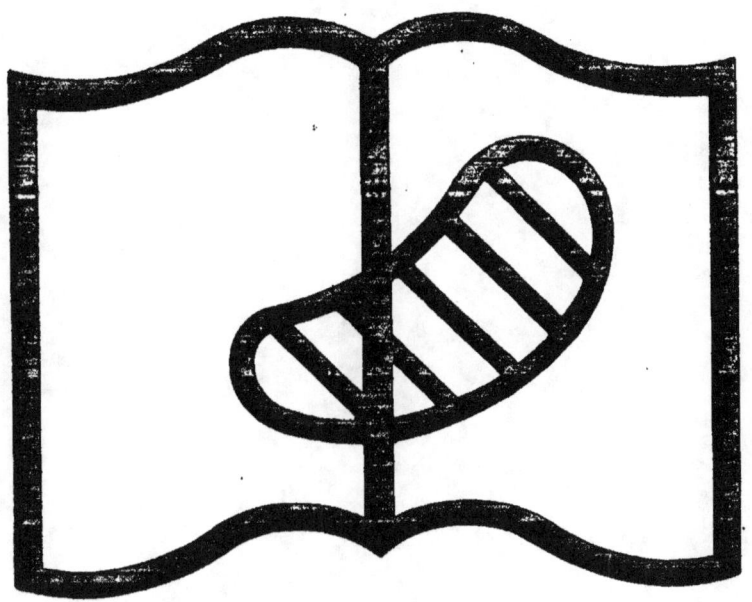

**Symbole applicable
pour tout, ou partie
des documents microfilmés**

Original illisible

**NF Z** 43-120-10

ŒUVRES

DE SCHILLER

VI

COULOMMIERS. — TYPOGRAPHIE DE A. MOUSSIN.

# ŒUVRES HISTORIQUES
# DE SCHILLER

TRADUCTION NOUVELLE

PAR AD. REGNIER
MEMBRE DE L'INSTITUT

TOME SECOND

PARIS
LIBRAIRIE HACHETTE ET Cⁱᵉ
BOULEVARD SAINT-GERMAIN, 79
—
1871

# LIVRE PREMIER.

Depuis[1] l'époque où la guerre de religion commença en Allemagne, jusqu'à la paix de Westphalie[2], il ne s'est passé presque rien d'important et de mémorable dans le monde politique de l'Europe, où la réformation n'ait eu la part principale. Tous les grands événements qui eurent lieu dans cette période se rattachent à la réforme religieuse, si même ils n'y prennent leur source; et, plus ou moins, directement ou indirectement, les

---

1. L'*Histoire de la Guerre de Trente ans* parut d'abord dans trois livraisons successives du *Calendrier historique des Dames* (1791, 1792, 1793, à Leipzig, chez Gœschen). Le volume de 1791 renfermait les deux premiers livres; celui de 1792, un peu moins du quart du 3ᵉ livre, et de plus trois courtes biographies, intitulées « Portraits », relatives à la guerre de Trente ans : celles d'Amélie-Élisabeth, landgrave de Hesse-Cassel, de Maximilien de Bavière et de Richelieu; nous les donnerons à la suite de l'histoire. Une quatrième, d'Axel, comte d'Oxenstierna, qui termine le volume, n'est point de Schiller. Le volume de 1793 achève l'histoire de la guerre de Trente ans, il en contient à peu près la seconde moitié (voyez dans le tome I de notre traduction, la *Vie de Schiller*, p. 92 et 94). En 1802, l'auteur publia, en deux volumes, à Leipzig, une édition, revue et corrigée, de toute l'histoire, qui se distingue du texte du *Calendrier* par un certain nombre de retranchements et d'autres modifications, que nous indiquerons dans des notes.

Pour les opinions religieuses et philosophiques de l'historien et l'influence qu'elles exercent sur certains jugements, certaines appréciations, nous renvoyons le lecteur à la note de la page 10 de notre précédent volume.

2. Dans le texte allemand : « La paix de Münster. »

plus grands États, comme les plus petits, en ont éprouvé l'influence.

La maison d'Espagne n'employa guère son énorme puissance qu'à combattre les nouvelles opinions ou leurs adhérents. C'est par la réformation que fut allumée la guerre civile qui, sous quatre règnes orageux, ébranla la France jusque dans ses fondements, attira les armes étrangères dans le cœur de ce royaume, et en fit, pendant un demi-siècle, le théâtre des plus déplorables bouleversements. C'est la réformation qui rendit le joug espagnol insupportable aux Pays-Bas; c'est elle qui éveilla chez ce peuple le désir et le courage de s'en délivrer, et lui en donna, en grande partie, la force. Dans tout le mal que Philippe II voulut faire à la reine Élisabeth d'Angleterre, son seul but fut de se venger de ce qu'elle protégeait contre lui ses sujets protestants, et s'était mise à la tête d'un parti religieux qu'il s'efforçait d'anéantir. En Allemagne, le schisme dans l'Église eut pour conséquence un long schisme politique, qui livra, il est vrai, ce pays à la confusion durant plus d'un siècle, mais qui éleva en même temps un rempart durable contre la tyrannie. Ce fut en grande partie la réformation qui la première fit entrer les royaumes du Nord, la Suède et le Danemark, dans le système européen, parce que leur accession fortifiait l'alliance protestante, et que cette alliance leur était à eux-mêmes indispensable. Des États qui, auparavant, existaient à peine les uns pour les autres, commencèrent à avoir, grâce à la réformation, un point de contact important, et à s'unir entre eux par des liens tout nouveaux de sympathie politique. De même que la réformation changea les rapports de citoyen à citoyen, et ceux des souverains avec leurs sujets, de même des États entiers entrèrent, par son influence, dans des relations nouvelles les uns avec les autres; et ainsi, par une marche singulière des choses, il fut réservé à la division de l'Église d'amener l'union plus étroite des États entre eux. A la vérité, cette commune sympathie politique s'annonça d'abord par un effet terrible et funeste : par une guerre de trente ans, guerre dévastatrice, qui, du milieu de la Bohème jusqu'à l'embouchure de l'Escaut, des bords du Pô jusqu'à ceux de la mer Baltique, dépeupla des contrées, ravagea les moissons, réduisit les villes et les villages en cendres; par une guerre où les combattants par milliers trouvèrent la mort[1], et qui éteignit, pour un demi-siècle, en Allemagne l'étincelle naissante de la civilisation, et rendit à l'ancienne barbarie les mœurs, qui commençaient à peine à s'améliorer. Mais l'Europe sortit affranchie et libre de cette épouvantable guerre, dans laquelle, pour la première fois, elle s'était reconnue pour une société d'États unis entre eux; et la sympathie réciproque des États, qui ne date, à proprement parler, que de cette guerre, serait déjà un assez grand avantage pour réconcilier le cosmopolite avec les horreurs qui la signalèrent. La main du travail a effacé insensiblement les traces funestes de la guerre, mais les suites bienfaisantes qui en découlèrent subsistent toujours. Cette même sympathie générale des États, qui fit ressentir à la moitié de l'Europe le contre-coup des événements de la Bohême, veille aujourd'hui au maintien de la paix qui a terminé cette lutte. Comme, du fond de la Bohême, de la Moravie et de l'Autriche, les flammes de la dévastation s'étaient frayé une route pour embraser l'Allemagne, la France, la moitié de l'Europe, de même, du sein de ces derniers États, le flambeau de la civilisation s'ouvrira un passage pour éclairer ces autres contrées.

Tout cela fut l'œuvre de la religion. Elle seule rendit tout possible; mais il s'en fallut beaucoup que tout se fît pour elle et à cause d'elle. Si l'intérêt particulier, si la raison d'État, ne s'étaient promptement unis avec elle, jamais la voix des théologiens et celle du peuple n'auraient trouvé des princes si empressés, ni la nouvelle doctrine de si nombreux, si vaillants et si fermes défenseurs. Une grande part de la révolution ecclésiastique revient incontestablement à la force victorieuse de la vérité, ou de ce qui était confondu avec la vérité. Les abus de l'ancienne Église, l'absurdité de plusieurs de ses doctrines, ses prétentions excessives, devaient nécessairement révolter des esprits déjà gagnés par le pressentiment d'une lumière plus pure, et les disposer à embrasser la réforme. Le charme de l'indépendance, la riche proie des bénéfices ecclésiastiques, de-

---

[1]. Dans la première édition : « Où plus de trois cent mille combattants trouvèrent la mort. »

valent faire convoiter aux princes un changement de religion, et sans doute n'ajoutaient pas peu de force à leur conviction intime; mais la raison d'État pouvait seule les y déterminer. Si Charles-Quint, dans l'ivresse de sa fortune, n'avait porté atteinte à l'indépendance des membres de l'Empire, il est peu probable qu'une ligue protestante se fût armée pour la liberté de religion. Sans l'ambition des Guises, jamais les calvinistes français n'auraient vu à leur tête un Condé, un Coligny; sans l'imposition du dixième et du vingtième denier, jamais le siége de Rome n'aurait perdu les Provinces-Unies. Les princes combattirent pour leur défense ou leur agrandissement; l'enthousiasme religieux recruta pour eux des armées et leur ouvrit les trésors de leurs peuples. La multitude, lorsqu'elle n'était pas attirée sous leurs drapeaux par l'espoir du butin, croyait répandre son sang pour la vérité, quand elle le versait pour l'intérêt des monarques.

Heureuses cependant les nations, que leur intérêt se trouvât cette fois étroitement lié à celui de leurs princes! C'est à ce hasard seulement qu'elles doivent leur délivrance de Rome. Heureux aussi les princes, que le sujet, en combattant pour leur cause, combattît en même temps pour la sienne! A l'époque dont nous écrivons l'histoire, aucun monarque d'Europe n'était assez absolu pour pouvoir se mettre au-dessus du vœu de ses sujets, dans l'exécution de ses desseins politiques. Mais que de peine pour gagner à ses vues la bonne volonté de son peuple et la rendre agissante! Les plus pressants motifs empruntés à la raison d'État ne trouvent que froideur chez les sujets, qui les comprennent rarement, et s'y intéressent plus rarement encore. L'unique ressource d'un prince habile est alors de lier l'intérêt du cabinet à quelque autre intérêt qui touche de plus près le peuple, s'il en existe un de cette nature, ou de le faire naître, s'il n'existe pas.

Telle fut la position d'une grande partie des princes qui prirent fait et cause pour la réforme. Par un singulier enchaînement des choses, il fallut que le schisme de l'Église coïncidât avec deux circonstances politiques, sans lesquelles il aurait eut selon les apparences, un tout autre développement. C'était, d'une part, la prépondérance soudaine de la maison d'Autriche, qui menaçait la liberté de l'Europe; de l'autre, le zèle actif de cette famille pour l'ancienne religion. La première de ces deux causes éveilla les princes; la seconde arma les peuples pour eux.

L'abolition d'une juridiction étrangère dans leurs États, l'autorité suprême dans les affaires ecclésiastiques, une digue opposée à l'écoulement des deniers envoyés à Rome, enfin la riche dépouille des bénéfices ecclésiastiques, étaient des avantages propres à séduire également tous les souverains : pourquoi, demandera-t-on peut-être, firent-ils moins d'impression sur les princes de la maison d'Autriche? Qui empêcha cette maison, et surtout la branche allemande, de prêter l'oreille aux pressantes invitations d'un si grand nombre de ses sujets, et de s'enrichir, à l'exemple d'autres souverains, aux dépens d'un clergé sans défense? Il est difficile de se persuader que la croyance à l'infaillibilité de l'Église romaine ait eu plus de part à la pieuse fidélité de cette maison, que la croyance contraire n'en eut à l'apostasie des princes protestants. Plusieurs motifs concoururent à faire des princes autrichiens les soutiens de la papauté. L'Espagne et l'Italie, d'où l'Autriche tirait une grande partie de ses forces, avaient pour le siége de Rome cet aveugle dévouement qui distingua, en particulier, les Espagnols dès le temps de la domination des Goths. La moindre tendance vers les doctrines abhorrées de Luther et de Calvin aurait enlevé irrévocablement au monarque d'Espagne les cœurs de ses sujets; la rupture avec la papauté pouvait lui coûter son royaume : un roi d'Espagne devait être un prince orthodoxe ou descendre du trône. Ses États d'Italie lui imposaient la même contrainte : il devait peut-être les ménager plus encore que ses Espagnols, parce qu'ils supportaient avec une extrême impatience le joug étranger, et qu'ils pouvaient le secouer plus aisément. D'ailleurs ces États lui donnaient la France pour rivale et le chef de l'Église pour voisin : motifs assez puissants pour le détourner d'un parti qui détruisait l'autorité du pape, et pour qu'il s'efforçât de gagner le pontife romain par le zèle le plus actif pour l'ancienne religion.

A ces considérations générales, également importantes pour tout roi d'Espagne, s'ajoutèrent pour chacun d'eux en particulier des raisons particulières. Charles-Quint avait en Italie un dangereux rival dans le roi de France, qui aurait vu ce pays se jeter dans ses bras, à l'instant même où Charles se serait rendu suspect d'hérésie. Précisément pour les projets qu'il poursuivait avec le plus de chaleur, la défiance des catholiques et une querelle avec l'Église lui auraient créé les plus grands obstacles. Quand Charles-Quint eut à se prononcer entre les deux partis religieux, la nouvelle religion n'avait pu encore se rendre respectable à ses yeux, et d'ailleurs on pouvait, selon toutes les vraisemblances, espérer encore un accommodement à l'amiable entre les deux Églises. Chez Philippe II, son fils et son successeur, une éducation monacale s'unissait à un caractère despotique et sombre pour entretenir dans son cœur, contre toute innovation en matière de foi, une haine implacable, qui ne pouvait guère être diminuée par la circonstance que ses adversaires politiques les plus acharnés étaient en même temps les ennemis de sa religion. Comme ses possessions européennes, dispersées parmi tant d'États étrangers, se trouvaient de toutes parts ouvertes à l'influence des opinions étrangères, il ne pouvait contempler avec indifférence les progrès de la réformation en d'autres pays, et son intérêt politique immédiat le poussait à prendre en main la cause de l'ancienne Église en général, pour fermer les sources de la contagion hérétique. La marche naturelle des choses plaça donc ce monarque à la tête de la religion catholique et de l'alliance que ses adhérents formèrent contre les novateurs. Ce qui fut observé sous les longs règnes, remplis d'événements, de Charles-Quint et de son fils, devint une loi pour leurs successeurs, et plus le schisme s'étendit dans l'Église, plus l'Espagne dut s'attacher fermement au catholicisme.

La branche allemande de la maison d'Autriche semble avoir été plus libre; mais, si plusieurs de ces obstacles n'existaient pas pour elle, d'autres considérations l'enchaînaient. La possession de la couronne impériale, qu'on ne pouvait même pas se figurer sur une tête protestante (car, comment un apostat de l'Église romaine aurait-il pu ceindre le diadème du saint empire romain?), attachait les successeurs de Ferdinand I$^{er}$ au siége pontifical ; Ferdinand lui-même lui fut dévoué sincèrement, par des motifs de conscience. D'ailleurs les princes autrichiens de la branche allemande n'étaient pas assez puissants pour se passer de l'appui de l'Espagne, et c'était y renoncer absolument que de favoriser la nouvelle religion. Leur dignité impériale les obligeait aussi à défendre la constitution germanique, par laquelle ils se maintenaient dans ce rang suprême, et que les membres protestants de l'Empire s'efforçaient de renverser. Si l'on considère encore la froideur des protestants dans les embarras des empereurs et dans les dangers communs de l'Empire, leurs violentes usurpations sur le temporel de l'Église, et leurs hostilités partout où ils se sentaient les plus forts, on comprendra que tant de motifs réunis devaient retenir les empereurs dans le parti de Rome, et que leur intérêt particulier devait se confondre parfaitement avec celui de la religion catholique. Comme le sort de cette religion dépendit peut-être entièrement de la résolution que prirent les princes autrichiens, on dut les considérer, dans toute l'Europe, comme les colonnes de la papauté. La haine qu'elle inspirait aux protestants se tourna donc aussi unanimement contre l'Autriche, et confondit peu à peu le protecteur avec la cause qu'il protégeait [1].

Cependant cette même maison d'Autriche, irréconciliable ennemie de la réforme, menaçait sérieusement par ses projets ambitieux, soutenus de forces prépondérantes, la liberté politique des États européens et surtout des membres de l'Empire. Ce danger tira nécessairement ces derniers de leur sécurité, et ils durent songer à leur propre défense. Leurs ressources habituelles n'auraient jamais suffi pour résister à un pouvoir aussi menaçant : ils durent donc demander à leurs sujets des efforts extraordinaires, et, les trouvant encore très-insuffisants, ils empruntèrent des forces à leurs voisins, et cherchèrent, par des alliances entre eux, à contre-balancer une puissance trop forte pour chacun d'eux en particulier.

Mais les grandes raisons politiques qui engageaient les souverains à s'opposer aux progrès de l'Autriche n'existaient pas pour leurs sujets. Les avantages et les souffrances du moment

---

[1]. Dans la première édition, c'est-à-dire dans le *Calendrier historique des Dames* de 1791, il y a ici une phrase de plus : « Tout armement du roi d'Espagne ou de l'empereur tendait nécessairement à la ruine des protestants ; toute guerre contre l'une de ces maisons était une guerre contre le monachisme, contre l'inquisition. »

peuvent seuls ébranler les peuples, et une sage politique ne doit jamais attendre ces mobiles-là. Ces princes eussent donc été fort à plaindre, si la fortune ne leur en eût offert un autre très-puissant qui passionna les peuples, et excita chez eux un enthousiasme qu'on put opposer au danger politique, parce qu'il se rencontrait dans un même objet avec ce danger. Ce mobile était la haine déclarée d'une religion que protégeait la maison d'Autriche; c'était le dévouement enthousiaste à une doctrine que cette maison s'efforçait de détruire par le fer et par le feu. Ce dévouement était ardent; cette haine implacable. Le fanatisme religieux craint les dangers lointains; l'enthousiasme ne calcule jamais ce qu'il sacrifie. Ce que le plus pressant péril politique n'aurait pu obtenir des citoyens, l'ardeur d'un zèle pieux le leur fit faire. Peu de volontaires eussent armé leurs bras pour l'État, pour l'intérêt du prince; mais pour la religion, le marchand, l'artisan, le cultivateur saisirent avec joie les armes. Pour l'État ou le souverain on eût tâché de se dérober au plus léger impôt extraordinaire : pour la religion, on risqua son bien et son sang, toutes ses espérances temporelles. Des sommes trois fois plus fortes affluent maintenant dans le trésor du prince; des armées trois fois plus nombreuses entrent en campagne; et l'imminence du danger de la foi imprime à toutes les âmes un élan si prodigieux, que les sujets ne sentent point des efforts qui[1], dans une situation d'esprit plus calme, les auraient épuisés et accablés. La peur de l'inquisition espagnole ou des massacres de la Saint-Barthélemy fait trouver, chez leurs peuples, au prince d'Orange, à l'amiral Coligny, à la reine d'Angleterre Élisabeth, et aux princes protestants de l'Allemagne, des ressources encore inexplicables aujourd'hui.

Cependant des efforts particuliers, quelque grands qu'ils fussent, auraient produit peu d'effet contre une force qui était supérieure même à celle du plus puissant monarque, s'il se présentait isolé; mais, dans ces temps d'une politique encore peu avancée, il n'y avait que des circonstances accidentelles qui pussent résoudre des États éloignés à s'entre-secourir. La différence de

---

1. Dans la première édition : « Les sujets ne sentent ni la pesanteur de charges, ni les efforts qui, etc. »

constitutions, de lois, de langage, de mœurs, de caractère national, qui faisait de chaque peuple et de chaque pays comme un monde à part, et élevait entre eux de durables barrières, rendait chaque État insensible aux souffrances d'un autre, si même la jalousie nationale n'en ressentait pas une maligne joie. Ces barrières, la réformation les renversa. Un intérêt plus vif, plus pressant, que l'intérêt national ou l'amour de la patrie, et tout à fait indépendant des relations civiles, vint animer chaque citoyen et les États tout entiers. Cet intérêt pouvait unir ensemble plusieurs États, et même les plus éloignés, tandis qu'il était possible que ce lien manquât à des sujets d'un même souverain. Le calviniste français eut avec le réformé génevois, anglais, allemand, hollandais, un point de contact, qu'il n'avait pas avec ses concitoyens catholiques[1]. Il cessait donc, en un point essentiel, d'être citoyen d'un seul État, et de concentrer sur ce seul État toute son attention et tout son intérêt. Son cercle s'agrandit; il commence à lire son sort futur dans celui de peuples étrangers qui partagent sa croyance, et à faire sa cause de la leur. Ce fut seulement alors que les princes purent se hasarder à porter des affaires étrangères devant l'assemblée de leurs états; qu'ils purent espérer d'y trouver un accueil favorable et de prompts secours. Ces affaires étrangères sont devenues celles du pays, et l'on s'empresse de tendre aux frères en la foi une main secourable, qu'on eût refusée au simple voisin et plus encore au lointain étranger. L'habitant du Palatinat quitte maintenant ses foyers, pour combattre en faveur de son coreligionnaire français contre l'ennemi commun de leur croyance. Le sujet français prend les armes contre une patrie qui le maltraite, et va répandre son sang pour la liberté de la Hollande. Maintenant on voit Suisses contre Suisses, Allemands contre Allemands, armés en guerre pour décider, sur les rives de la Loire et de la Seine, la succession au trône de France. Le Danois franchit l'Eider et le Suédois le Belt, afin de briser les chaînes forgées pour l'Allemagne[2].

1. La première édition ajoute : « Le succès des armes néerlandaises, qui défendaient sa religion, devait donc le toucher de plus près que les triomphes de son propre souverain, qui étaient remportés au profit de la papauté. »
2. A la suite de cette phrase, Schiller a retranché tout un alinéa que nous

Il est très-difficile de dire ce que seraient devenues la réformation et la liberté de l'Empire, si la redoutable maison d'Autriche n'avait pris parti contre elles; mais ce qui paraît démontré, c'est que rien n'a plus arrêté les princes autrichiens dans leur progrès vers la monarchie universelle que la guerre opiniâtre qu'ils firent aux nouvelles opinions. Dans aucune autre circonstance, il n'eût été possible aux princes moins puissants, de contraindre leurs sujets aux sacrifices extraordinaires à l'aide desquels ils résistèrent au pouvoir de l'Autriche; dans aucune autre circonstance, les divers États n'auraient pu se réunir contre l'ennemi commun.

Jamais l'Autriche n'avait été plus puissante qu'après la victoire de Charles-Quint à Mühlberg, où il avait triomphé des Allemands. La liberté de l'Allemagne semblait anéantie à jamais avec la ligue de Smalkalde; mais on la vit renaître avec Maurice de Saxe, naguère son plus dangereux ennemi. Tous les fruits de la victoire de Mühlberg périrent au congrès de Passau et à la diète d'Augsbourg, et tous les préparatifs de l'oppression temporelle et spirituelle aboutirent à des concessions et à la paix.

A la diète d'Augsbourg, l'Allemagne se divisa en deux religions et en deux partis politiques : elle ne se divisa qu'alors, parce qu'alors seulement la séparation devint légale. Jusque-là, on avait considéré les protestants comme des rebelles[1] : on résolut alors de les traiter comme des frères, non qu'on les reconnût pour tels, mais parce qu'on y était forcé. La confession

---

lisons dans la première édition : « C'était l'intérêt religieux qui créait cette sympathie nouvelle des États pour d'autres États, mais les effets s'en firent bientôt sentir dans la politique. La même confédération qui était prête à combattre pour préserver ses membres de la contrainte religieuse, les préservait par cela même de l'oppression politique ; car celle-là n'était pas possible sans celle-ci. Les princes avaient donc à leur disposition les secours nécessaires pour se défendre eux-mêmes, sans les avoir levés en donnant ce motif : ils avaient atteint leur but, sans s'être entendus à cet égard avec leurs peuples. Tant qu'une puissance armée protégeait en Allemagne la liberté de religion, aucun empereur allemand ne pouvait renverser la constitution ni opprimer les membres de l'Empire. Tant qu'une puissance armée veillait au maintien de la constitution, la liberté de religion ne pouvait être détruite. Ce qui n'importait aux princes que comme moyen d'arriver à leur but, était pour leurs sujets le but même ; ce qui était le but des princes était pour les sujets le moyen d'atteindre au leur. »

1. Dans la première édition : « Comme des transfuges dignes de châtiment. »

d'Augsbourg osa se placer dès lors à côté de la foi catholique, mais seulement comme une voisine tolérée, avec des droits provisoires de sœur. Tout membre séculier de l'Empire eut le droit de déclarer unique et dominante, sur son territoire, la religion qu'il professait, et d'interdire le libre exercice du culte à la communion rivale; il fut permis à tout sujet de quitter le pays où sa religion était opprimée. Alors, pour la première fois, la doctrine de Luther eut donc pour elle une sanction positive : si elle rampait dans la poussière en Bavière et en Autriche, elle avait la consolation de trôner en Saxe et en Thuringe. Toutefois, au souverain seul était réservé le droit de décider quelle religion serait professée ou proscrite dans ses provinces; quant aux sujets, qui n'avaient point de représentants à la diète, le traité ne s'occupa guère de leurs intérêts. Seulement, dans les principautés ecclésiastiques, où la religion catholique resta irrévocablement dominante, le libre exercice du culte fut stipulé en faveur des sujets protestants qui l'étaient avant cette époque, et encore sous la seule garantie personnelle de Ferdinand, roi des Romains, qui avait ménagé cette paix : garantie contre laquelle avait protesté la partie catholique de l'Empire, et qui, insérée dans le traité de paix avec cette protestation, ne reçut point force de loi.

Au reste, si les opinions avaient seules divisé les esprits, avec quelle indifférence n'aurait-on pas considéré cette division! Mais à ces opinions étaient attachés des richesses, des dignités, des droits : circonstance qui rendit la séparation infiniment plus difficile. De deux frères, qui avaient joui jusqu'alors en commun de leur patrimoine, l'un abandonnait la maison paternelle; de là résultait la nécessité de partager avec celui qui restait. Le père, n'ayant pu pressentir cette séparation, n'avait rien décidé pour ce cas. Pendant dix siècles, les bénéfices fondés par les ancêtres avaient formé successivement la richesse de l'Église, et ces ancêtres appartenaient aussi bien à celui qui partait qu'à son frère qui demeurait. Or, le droit de succession était-il attaché uniquement à la maison paternelle, ou tenait-il au sang? Les donations avaient été faites à l'Église catholique, parce qu'alors il n'en existait point encore d'autre; au frère aîné, parce qu'alors il était fils unique. Le droit d'aînesse serait-il appliqué dans l'Église, comme dans les familles nobles ? De quelle valeur était la préférence accordée à une partie, quand l'autre ne pouvait pas encore lui être opposée ? Les luthériens pouvaient-ils être exclus de la jouissance de ces biens, que pourtant leurs ancêtres avaient contribué à fonder, et en être exclus pour ce seul motif qu'à l'époque de la fondation, on ne connaissait pas encore cette division en luthériens et en catholiques ? Les deux partis ont débattu et débattent encore cette question avec des arguments spécieux ; mais il serait aussi difficile à l'un qu'à l'autre de prouver son droit. Le droit n'a de décisions que pour les cas supposables, et peut-être les fondations ecclésiastiques ne sont-elles pas de ce nombre ; du moins, lorsqu'on étend les volontés des fondateurs à des propositions dogmatiques. Comment supposer une donation éternelle faite à une opinion variable ?

Quand le droit ne peut pas décider, la force décide, et c'est ce qui arriva ici. L'une des parties garda ce qu'on ne pouvait plus lui ôter ; l'autre défendit ce qu'elle avait encore. Toutes les abbayes, tous les évêchés sécularisés avant la paix, demeurèrent aux protestants ; mais les catholiques prirent leurs sûretés en stipulant, par une réserve spéciale, qu'on n'en sécularisait plus d'autres à l'avenir. Tout possesseur d'une fondation ecclésiastique directement soumise à l'Empire, électeur, évêque ou abbé, est déchu de ses bénéfices et dignités, aussitôt qu'il passe à l'Église protestante ; il doit évacuer ses possessions sur-le-champ, et le chapitre procède à une nouvelle élection, comme si la place était devenue vacante par un cas de mort. L'Église catholique d'Allemagne repose encore aujourd'hui sur cette ancre sacrée de la *réserve ecclésiastique*, qui fit dépendre de leur profession de foi toute l'existence temporelle des princes appartenant à l'Église. Que deviendrait cette Église, si l'ancre se brisait ? Les membres protestants de l'Empire opposèrent à la réserve une opiniâtre résistance, et, s'ils finirent par l'admettre dans le traité de paix, ce fut avec cette addition expresse, que les deux parties ne s'étaient pas mises d'accord sur ce point. Pouvait-il être plus obligatoire pour eux que ne l'était pour les catholiques la garantie de Ferdinand en faveur des sujets protestants dans les domaines ecclésiastiques ? La paix laissait donc subsister deux points litigieux[1], et c'est à leur sujet que la guerre s'alluma.

C'est ainsi que les choses se passèrent pour la liberté religieuse et les biens ecclésiastiques; il n'en fut pas autrement des droits et des dignités. Le système de l'empire germanique était calculé pour une seule Église, parce qu'il n'en existait qu'une dans le temps où ce système prit naissance. L'Église s'est partagée, la religion divise la diète en deux partis : et l'on voudrait cependant que le système entier de l'Empire en suivît un seul exclusivement? Autrefois tous les empereurs furent des fils de l'Église romaine, parce qu'elle était sans rivale en Allemagne; mais était-ce le rapport avec Rome qui constituait l'empereur des Allemands, et n'était-ce pas plutôt l'Allemagne qui se représentait dans son empereur? A l'ensemble du corps germanique appartient aussi la partie protestante : comment sera-t-elle représentée dans une suite non interrompue d'empereurs catholiques? Les membres de la diète se jugent eux-mêmes dans le tribunal suprême de l'Empire, parce que ce sont eux qui nomment les juges. Qu'ils soient eux-mêmes leurs juges, qu'il y ait une justice égale pour tous, c'est le but de l'institution : ce but peut-il être atteint, si les deux religions ne siégent pas dans le tribunal? Si, à l'époque de la fondation, une seule croyance régnait encore en Allemagne, ce fut un simple hasard; mais qu'aucun membre ne pût en opprimer un autre juridiquement, c'était l'objet essentiel de l'institution. Cet objet est manqué, si un des partis religieux est en possession exclusive de juger l'autre : or l'objet doit-il être sacrifié, par suite d'un changement accidentel? Les protestants ont fini, à grand'peine, par conquérir pour leur religion le droit de séance dans la chambre impériale, mais sans arriver encore à l'entière égalité des voix. Quant à la couronne d'empereur, aucun prince protestant ne s'y est élevé jusqu'à ce jour.

Quoi qu'on puisse dire de l'égalité que la paix religieuse d'Augsbourg introduisait entre les deux Églises, il est incontestable que l'Église catholique en sortit victorieuse. Tout ce qu'obtint la luthérienne, ce fut la tolérance; tout ce que l'Église catholi-

---

1. Dans la première édition : « Deux germes de discorde. »

que céda, elle le sacrifia à la nécessité et non à la justice. Ce n'était toujours pas une paix entre deux puissances jugées égales; c'était un simple compromis entre le souverain et un rebelle qu'il n'avait pu vaincre. Tous les procédés de l'Église catholique envers les protestants semblent avoir découlé de ce principe et en découler encore. C'était toujours un crime de passer dans l'Église protestante, puisque la défection était punie d'un dommage aussi grave que celui dont la réserve menace les princes ecclésiastiques apostats. Dans la suite encore l'Église catholique préféra s'exposer à tout perdre par la force, plutôt que de céder, volontairement et en droit, le moindre avantage. On pouvait garder l'espoir de reprendre ce que la violence aurait enlevé, et ce n'était jamais qu'une perte accidentelle; mais une prétention abandonnée, un droit concédé aux protestants, ébranlaient les fondements de l'Église catholique [1]. Dans le traité même de la paix de religion, on ne perdit point de vue ce principe. Ce qu'on abandonna, dans cet accord, aux évangéliques, ne fut pas cédé sans réserve : il fut expressément déclaré que toutes les clauses ne seraient valables que jusqu'au prochain concile général, qui s'occuperait des moyens de réunir les deux Églises. Alors seulement, si cette dernière tentative échouait, la paix de religion serait d'une validité absolue. Si faible que fût l'espérance d'une réunion, si peu sérieuse que fût peut-être à cet égard l'intention des catholiques eux-mêmes, on n'en avait pas moins gagné de restreindre le traité par cette condition.

Ainsi cette paix de religion, qui devait éteindre pour toujours le feu de la guerre civile, ne fut au fond qu'un expédient temporaire, un ouvrage de la nécessité et de la force; elle ne fut point dictée par la loi de l'équité; elle ne fut point le fruit d'idées épurées sur la religion et la liberté de religion. Une paix qui eût eu ce caractère, les catholiques ne pouvaient la donner, et, si l'on veut être de bonne foi, les évangéliques ne pouvaient encore s'en accommoder [2]. Bien loin de se montrer

1. Au lieu des mots « ébranlaient les fondements, etc., » on lit dans la première édition : « Blessaient l'Église catholique à l'endroit le plus sensible, dans son pouvoir de sauver seule les âmes, qui ne permet pas qu'elle tolère auprès d'elle aucune autre Église. »
2. Dans la première édition : « Les évangéliques eux-mêmes, en ce temps-là, n'en avaient pas encore une notion suffisante. »

toujours absolument équitables envers les catholiques, ils opprimaient, quand cela était en leur pouvoir, les calvinistes, qui, il est vrai, n'étaient pas plus dignes de la tolérance, dans la meilleure acception du mot, vu qu'ils étaient eux-mêmes tout aussi éloignés de la pratiquer. Pour une paix de religion de ce genre, l'époque n'était pas mûre, et il y avait encore trop de confusion dans les esprits. Comment une partie pouvait-elle demander à l'autre ce qu'elle était elle-même incapable d'accorder? Ce que chaque parti religieux sauva ou gagna dans le traité d'Augsbourg, il le dut à l'état accidentel de puissance[1] où ils se trouvaient l'un par rapport à l'autre, lorsqu'on arrêta les bases de cette paix. Mais ce que la force avait gagné, la force dut le maintenir; il fallait donc que le rapport de puissance subsistât à l'avenir, sous peine de voir le traité perdre sa force. On avait tracé l'épée à la main les limites des deux Églises; il fallait les garder avec l'épée, ou sinon malheur au parti qui désarmerait le premier! perspective incertaine, effrayante pour le repos de l'Allemagne, et qui déjà le menaçait, du sein même de la paix.

L'Empire jouit alors d'une tranquillité momentanée : le lien d'une concorde passagère semblait réunir de nouveau en un seul corps ses membres divisés, en sorte que le sentiment du bien commun se réveilla même pour un temps. Mais la séparation avait atteint l'Empire au cœur; rétablir la première harmonie était chose désormais impossible. Si exactement que le traité de paix parût avoir déterminé les droits des deux parties, il n'en fut pas moins l'objet d'interprétations diverses. Il avait imposé un armistice[2] aux combattants dans la plus grande chaleur de la lutte; il avait couvert le feu, il ne l'avait pas éteint, et, des deux côtés, il restait des prétentions non satisfaites. Les catholiques croyaient avoir trop perdu; les évangéliques n'avoir pas assez gagné; les uns et les autres se dédommageaient en interprétant, selon leurs vues, la paix, qu'ils n'osaient pas enfreindre encore.

Le puissant motif qui avait porté tant de princes protestants à embrasser avec un tel empressement la doctrine de Luther,

---

1. Il y a un mot de plus dans la première édition : « Il le dut à sa force, à l'état accidentel de puissance, etc. »
2. Dans la première édition : Un armistice soudain. »

je veux dire la prise de possession des biens ecclésiastiques, ne fut pas moins efficace après la conclusion de la paix qu'avant, et tous les bénéfices médiats[1] qui n'étaient pas encore dans leurs mains y passèrent bientôt. Toute la basse Allemagne fut, en peu de temps, sécularisée, et, s'il en fut autrement dans la haute, cela tint à la vive résistance des catholiques, qui y avaient la supériorité. Quand un parti se sentait le plus fort, il molestait ou opprimait l'autre; les princes ecclésiastiques surtout, étant, de tous les membres de l'Empire, les plus dépourvus de moyens de défense, furent sans cesse inquiétés par le désir d'agrandissement de leurs voisins non catholiques. Quiconque se sentait incapable de repousser la force par la force, se réfugiait sous les ailes de la justice, et les plaintes en spoliations contre les membres protestants de la diète, s'accumulèrent devant le tribunal de l'Empire, assez disposé à poursuivre les accusés par ses sentences, mais trop peu soutenu pour les faire exécuter. La paix, qui accordait aux princes l'entière liberté de religion, avait aussi pourvu, en quelque manière, aux intérêts du sujet, en stipulant pour lui le droit de quitter en toute sécurité le pays où son culte serait opprimé. Mais la lettre morte du traité de paix ne pouvait le protéger contre les violences qu'un souverain peut se permettre envers un sujet détesté; contre les persécutions inouïes par lesquelles il peut entraver son émigration; contre les piéges, adroitement tendus, dans lesquels l'artifice, joint à la force, peut enlacer les esprits. Le sujet catholique de princes protestants se plaignait hautement de la violation de la paix religieuse; l'évangélique, plus hautement encore, des persécutions que lui faisait subir son souverain catholique. L'animosité des théologiens et leur humeur querelleuse envenimaient des incidents insignifiants par eux-mêmes et enflammaient les esprits: heureux encore si cette rage théologique s'était épuisée sur l'ennemi commun, sans répandre son venin sur les alliés de sa propre croyance !

L'union des protestants entre eux serait à la fin parvenue à maintenir l'équilibre entre les deux partis opposés et à prolonger ainsi la paix; mais, pour mettre le comble à la confusion,

1. Ainsi nommés parce qu'ils ne relevaient que médiatement de l'empereur.

cette union cessa bientôt. La doctrine que Zwingle avait répandue à Zurich et Calvin à Genève, ne tarda pas à s'établir aussi en Allemagne, et à diviser les protestants, au point qu'ils ne se reconnaissaient presque plus entre eux qu'à leur commune haine contre la papauté. Les protestants de cette époque ne ressemblaient plus à ceux qui avaient présenté, cinquante années auparavant, leur confession de foi à Augsbourg; et la raison de ce changement, c'est dans cette confession même qu'il faut la chercher. Par elle une limite positive fut tracée à la croyance luthérienne, avant que l'esprit d'examen, qui s'était éveillé, acquiesçât à cette limite, et les protestants sacrifièrent aveuglément une partie de ce qu'ils avaient gagné à se séparer de Rome. Ils trouvaient déjà un point de réunion suffisant dans les griefs que tous les protestants élevaient également contre la hiérarchie romaine et les abus de l'Église, dans leur commune improbation des dogmes catholiques : cependant ils cherchèrent ce point de réunion dans un nouveau système de croyance positive, où ils placèrent le signe distinctif de leur Église, son caractère essentiel et sa prééminence, et auquel ils rattachèrent le traité qu'ils conclurent avec les catholiques. C'est simplement comme adhérents à la confession de foi qu'ils conclurent la paix de religion : ce titre seul donnait part aux avantages de cette paix; aussi, quel que fût le résultat, ces adhérents devaient bientôt se trouver dans une fâcheuse position. Une barrière permanente était opposée à l'esprit d'examen, si les prescriptions de la confession de foi obtenaient une aveugle soumission; mais le point de réunion était perdu, si l'on se divisait au sujet du formulaire adopté. Malheureusement ce double effet se produisit, et les conséquences funestes de l'un et de l'autre se manifestèrent. L'un des partis s'attacha fermement à la première confession, et, si les calvinistes s'en éloignèrent, ce fut uniquement pour s'enfermer, d'une manière semblable, dans un nouveau système de doctrine.

Les protestants ne pouvaient donner à leur ennemi commun de plus spécieux prétexte que cette division intestine, ni de spectacle plus agréable que celui de l'animosité avec laquelle ils se poursuivaient les uns les autres. Qui pouvait maintenant faire un crime aux catholiques de trouver ridicule l'arrogance avec laquelle les réformateurs avaient prétendu annoncer le seul vrai système de religion? Qui pouvait les blâmer d'emprunter aux protestants eux-mêmes des armes contre les protestants? et, en présence de ces opinions contradictoires, de s'attacher à l'autorité de leur croyance, qui, en partie, avait du moins pour elle une antiquité respectable et une majorité de suffrages plus respectable encore? Mais les protestants furent jetés par leur division dans des embarras plus sérieux encore. La paix de religion ne concernait que les adhérents à la confession de foi, et les catholiques les pressèrent de déclarer qui ils entendaient reconnaître pour leurs coreligionnaires. Les évangéliques ne pouvaient, sans charger leur conscience, admettre dans leur union les réformés; ils ne pouvaient les exclure sans convertir d'utiles amis en dangereux ennemis. Cette déplorable séparation ouvrit ainsi la voie aux machinations des jésuites, pour semer la défiance entre les deux partis et détruire l'accord de leurs mesures. Enchaînés par la double crainte des catholiques et des adversaires qu'ils avaient dans leur propre secte, les protestants négligèrent le moment unique de conquérir à leur Église un droit absolument égal à celui de l'Église romaine. Ils eussent échappé à tous ces embarras, la séparation des réformés eût été sans préjudice pour la cause commune, si l'on avait cherché le point de réunion, uniquement dans ce qui éloignait de l'Église romaine, et non dans des confessions d'Augsbourg ou des formulaires de concorde.

Si divisé que l'on fût sur tout le reste, on sentait unanimement qu'une sûreté qu'on n'avait due qu'à l'égalité des forces, ne pouvait être maintenue que par cette égalité. Les réformes continuelles d'un parti, les efforts contraires de l'autre, entretenaient des deux côtés la vigilance, et la teneur du traité de paix était le sujet de contestations éternelles. Chaque démarche d'un parti semblait nécessairement à l'autre tendre à violer la paix; ce qu'on se permettait à soi-même n'avait pour objet que de la maintenir. Tous les mouvements des catholiques n'avaient pas un but offensif, comme le leur reprochaient leurs adversaires; de leurs actes, plus d'un leur était imposé par la nécessité de se défendre. L'autre parti avait fait voir, d'une manière non équivoque, à quoi devaient s'attendre les catholiques, si malheureusement ils avaient le dessous. L'avidité de la secte protestante pour les biens de l'Église ne leur laissait espérer aucun ménagement; sa haine, aucune générosité, aucune tolérance.

Mais les protestants étaient excusables aussi de montrer peu de confiance en la loyauté des catholiques. Les traitements perfides et barbares qu'on se permettait en Espagne, en France et dans les Pays-Bas envers leurs coreligionnaires; le honteux subterfuge de certains princes catholiques, qui se faisaient délier par le chef de l'Église des serments les plus sacrés; l'abominable maxime, qu'on n'était pas tenu de garder sa foi et sa parole aux hérétiques, avaient déshonoré l'Église romaine aux yeux de tous les gens de bien. Point de promesse dans la bouche d'un catholique, point de serment si redoutable, qui pût rassurer le protestant. Comment se serait-il reposé sur la paix de religion, que les jésuites présentaient dans toute l'Allemagne[1] comme une transaction provisoire, et que Rome avait même solennellement rejetée?

Cependant le concile général, auquel on s'était référé dans le traité de paix, s'était tenu dans la ville de Trente, mais, comme on l'avait prévu, sans pouvoir réconcilier les deux partis qui se combattaient, sans leur avoir fait faire un seul pas vers cette réconciliation; enfin, sans que les protestants y eussent seulement envoyé des députés. Ils étaient désormais solennellement condamnés par l'Église, dont le concile se déclarait le représentant. Pouvaient-ils trouver une garantie suffisante contre l'anathème dans un traité profane, et de plus imposé par la force des armes; un traité, appuyé sur une condition qui semblait mise à néant par le décret du concile? L'apparence du droit ne manquait donc plus aux catholiques, s'ils se sentaient d'ailleurs assez forts pour enfreindre la paix de religion, et les protestants n'étaient plus protégés que par le respect qu'inspirerait leur propre force.

D'autres causes s'ajoutèrent à celles-là, pour augmenter la défiance. L'Espagne, sur qui s'appuyait l'Allemagne catholique, faisait alors aux Pays-Bas une violente guerre, qui avait

---

[1]. La première édition ajoute : « Comme un simple *intérim.* »

amené aux frontières de l'Allemagne l'élite des forces espagnoles. Comme elles seraient bien vite au cœur de l'empire, si un coup décisif les y rendait nécessaires ! L'Allemagne était alors comme une place de recrutement pour presque toutes les puissances européennes. La guerre de religion y avait amassé des soldats, que la paix laissait sans pain. Il était facile à tant de princes indépendants les uns des autres, de réunir des troupes, qu'ils louaient ensuite à des puissances étrangères, soit par l'appât du gain, soit par esprit de parti. Philippe II attaqua les Pays-Bas avec des troupes allemandes, et ils se défendirent avec des troupes allemandes. En Allemagne, des levées de ce genre alarmaient toujours un des deux partis : elles pouvaient tendre à son oppression. Un envoyé qui parcourait le pays, un légat extraordinaire du pape, une conférence de princes, enfin toute nouveauté, était nécessairement une menace pour les uns ou pour les autres. Ainsi vécut l'Allemagne pendant un demi-siècle, toujours la main sur l'épée : le moindre bruit de feuille effrayait.

Ferdinand I"", roi de Hongrie, et son excellent fils, Maximilien II, tinrent, durant cette époque difficile, les rênes de l'Empire. Avec un cœur plein de droiture, avec une patience vraiment héroïque, Ferdinand avait ménagé la paix d'Augsbourg, et prodigué inutilement sa peine pour réunir les deux Églises dans le concile de Trente. Abandonné par son neveu, Philippe d'Espagne, pressé à la fois en Hongrie et en Transylvanie par les armes victorieuses des Turcs, comment cet empereur aurait-il pu songer à violer la paix de religion et à détruire lui-même son laborieux ouvrage ? Les faibles ressources de ses domaines épuisés ne pouvaient suffire aux frais considérables de cette guerre des Turcs, toujours renaissante : il fallait recourir à l'assistance de l'Empire, dont la paix de religion tenait seule encore réunis en un même corps les membres divisés. L'état des finances de Ferdinand lui rendait les protestants aussi nécessaires que les catholiques, et lui imposait par conséquent l'obligation de traiter les uns et les autres avec une égale justice : au milieu de leurs prétentions si contraires, c'était un véritable travail de géant. Aussi le succès fut loin de répondre à ses vœux; et sa condescendance envers les protestants ne servit qu'à réserver pour ses petits-fils la guerre, qui n'affligea pas ses derniers regards. La fortune ne fut pas beaucoup plus favorable à son fils Maximilien, que la contrainte des circonstances et sa vie trop courte empêchèrent seules peut-être d'élever la nouvelle religion sur le trône impérial. La nécessité avait appris au père à ménager les protestants; la nécessité et la justice dictèrent au fils la même conduite. Il en coûta cher au petit-fils de n'avoir ni écouté la justice ni cédé à la nécessité.

Maximilien laissa six enfants mâles : l'aîné, l'archiduc Rodolphe, hérita seul de ses États, et monta sur le trône impérial; ses frères ne reçurent que de faibles apanages. Une ligne collatérale, continuée par leur oncle, Charles de Styrie, possédait quelques annexes de territoires, qui furent réunies à la succession, dès le règne de Ferdinand II, son fils. Ainsi, ces pays exceptés, la vaste puissance de la maison d'Autriche se trouvait maintenant réunie tout entière dans une seule main; mais malheureusement cette main était faible.

Rodolphe II n'était pas sans vertus, qui certainement lui auraient gagné l'amour des hommes si son lot eût été la condition privée. Son caractère était doux; il aimait la paix; il cultivait les sciences, surtout l'astronomie, l'histoire naturelle, la chimie et l'étude des antiquités, avec une ardeur passionnée, mais qui lui fit négliger les affaires publiques, quand la situation inquiétante de l'État réclamait la plus sérieuse attention, et qui l'entraîna dans des prodigalités funestes, alors que ses finances épuisées rendaient nécessaire la plus rigoureuse économie. Son goût pour l'astronomie s'égara en rêveries astrologiques, auxquelles s'abandonne si aisément un esprit craintif et mélancolique, comme était le sien. Ce caractère et une jeunesse passée en Espagne ouvrirent son oreille aux inspirations de cette cour et aux mauvais conseils des jésuites, qui finirent par le gouverner absolument. Entraîné par des fantaisies d'amateur si peu dignes de son haut rang, effrayé par des prédictions ridicules, il se déroba, selon la coutume espagnole, aux yeux de ses sujets, pour s'enfouir au milieu de ses antiquités et de ses pierres gemmes, et s'enfermer dans son laboratoire ou dans ses écuries, tandis que la discorde la plus menaçante dénouait tous les liens du corps germanique, et que la flamme de la révolte commençait déjà à battre les marches de son trône. L'approche de sa personne était interdite à tous, sans exception[1]. Il laissait en suspens les plus pressantes affaires. La perspective de la riche succession d'Espagne s'évanouit parce qu'il ne sut se résoudre à épouser l'infante Isabelle. L'Empire était menacé de la plus épouvantable anarchie, parce que son chef, quoique sans héritier, ne pouvait se déterminer à faire élire[2] un roi des Romains. Les états d'Autriche lui refusèrent l'obéissance; la Hongrie et la Transylvanie se détachèrent de sa souveraineté, et la Bohême ne tarda pas à suivre leur exemple. Les successeurs de ce Charles-Quint si redouté, couraient le danger[3] d'être dépouillés d'une partie de leurs possessions par les Turcs, d'une autre par les protestants, et de succomber, sans espoir de salut, sous une ligue puissante de princes, qu'un grand monarque formait contre eux en Europe. Dans l'intérieur de l'Allemagne, il arriva ce qu'on avait toujours vu arriver quand le trône était vacant ou que l'empereur manquait des qualités impériales. Les membres de l'Empire, lésés ou abandonnés par leur chef suprême, cherchent leur secours en eux-mêmes, et il faut que des alliances suppléent à l'autorité qu'ils ne trouvent pas dans l'empereur. L'Allemagne se partage en deux *unions*, qui s'observent mutuellement les armes à la main. Rodolphe, adversaire méprisé de l'une, protecteur impuissant de l'autre, reste oisif et inutile entre elles, également incapable de disperser ses ennemis et de dominer ses partisans. Que pouvait attendre en effet l'empire germanique d'un prince qui n'était pas même capable de défendre contre un ennemi intérieur ses États héréditaires? Pour prévenir la ruine complète de la maison d'Autriche, sa propre famille se réunit contre lui, et une faction puissante se jette dans les bras de son frère. Chassé de tous ses domaines, il n'a plus à perdre que la couronne impériale, et la mort vient à propos lui sauver cette dernière ignominie.

1. La première édition ajoute. « Il fallait se déguiser en valet d'écurie pour avoir accès auprès de lui. »
2. Les mots « faire élire » se lisent déjà dans l'*errata* de la première édition. Le texte primitif était : « A nommer. »
3. La première édition ajoute : « Qui était loin d'être chimérique. »

Ce fut le mauvais génie de l'Allemagne qui lui donna pour chef un Rodolphe, à cette époque difficile, où une souple prudence et un bras puissant pouvaient seuls conserver la paix de l'Empire. En un temps plus tranquille, la confédération germanique se serait elle-même tirée d'affaire, et Rodolphe, comme tant d'autres de son rang, aurait caché sa faiblesse dans une obscurité mystérieuse. Le besoin pressant des vertus qui lui manquaient fit paraître au grand jour son incapacité. La situation de l'Allemagne demandait un empereur qui pût donner par ses propres forces du poids à ses résolutions, et les États héréditaires de Rodolphe, quelque considérables qu'ils fussent, se trouvaient dans une situation qui plaçait leur souverain dans un extrême embarras.

Les princes autrichiens étaient, à la vérité, catholiques, et de plus les soutiens de la papauté ; mais il s'en fallait beaucoup que leurs États fussent catholiques comme eux. Les nouvelles opinions y avaient aussi pénétré ; favorisées par les embarras de Ferdinand et la bonté de Maximilien, elles s'y étaient répandues avec un rapide succès. Les domaines autrichiens présentaient en petit le même spectacle que l'Allemagne en grand. La plupart des seigneurs et des chevaliers étaient évangéliques, et dans les villes les protestants avaient acquis une grande prépondérance. Lorsqu'ils eurent réussi à faire siéger dans les états des provinces quelques-uns des leurs, peu à peu les protestants occupèrent, l'une après l'autre, les charges provinciales, remplirent les conseils et supplantèrent les catholiques. Contre l'ordre nombreux des seigneurs et des chevaliers et les députés des villes, que pouvait faire la voix de quelques prélats, que des railleries grossières et un mépris insultant finirent même par chasser entièrement de la diète ? L'assemblée des états d'Autriche devint ainsi insensiblement toute protestante, et dès lors la réforme fit des pas rapides vers une existence publique. Le prince dépendait des états, parce que c'étaient eux qui refusaient ou consentaient les impôts. Ils profitèrent de la gêne financière de Ferdinand et de son fils, pour arracher à ces princes une liberté religieuse après l'autre. Enfin Maximilien accorda à l'ordre des seigneurs et des chevaliers le libre exercice de leur culte, mais seulement sur leur propre territoire et dans leurs châteaux[1]. Le zèle indiscret des prédicateurs évangéliques franchit ces bornes fixées par la sagesse. Au mépris de la défense formelle, plusieurs se firent entendre publiquement dans les villes de province et même à Vienne, et le peuple courait en foule à ce nouvel évangile, dont le meilleur assaisonnement étaient les allusions et les invectives[2]. Ce fut pour le fanatisme un aliment toujours nouveau, et l'aiguillon de ce zèle impur envenima la haine des deux Églises, si voisines l'une de l'autre[3].

Parmi les États héréditaires de l'Autriche, il n'en était pas de moins sûrs et de plus difficiles à défendre que la Hongrie et la Transylvanie. L'impossibilité de protéger ces deux pays contre la puissance voisine et supérieure des Turcs, avait déjà amené Ferdinand à la détermination humiliante de reconnaître, par

---

1. Schiller a supprimé ici le passage suivant, qu'on lit dans la première édition : « Accorder la même liberté dans les villes et les bourgs, c'eût été la même chose que de supprimer entièrement la religion catholique. D'ailleurs, cet empereur avait les mains trop liées par l'Espagne et par Rome, pour se permettre un pas si décisif en faveur des évangéliques. En soutenant son autorité souveraine contre les communes, en les isolant de la noblesse, en maintenant la religion catholique dans les villes et les bourgs, il croyait avoir assez fait pour s'opposer aux progrès de l'autre croyance. »

2. Ici l'auteur a retranché encore une phrase et modifié le commencement de celle qui termine l'alinéa : « Les seigneurs et les chevaliers ouvrirent leurs églises au peuple qui affluait de tous côtés, et n'eurent point égard à la défense de Maximilien, qui avait restreint à eux et aux leurs la liberté de religion. Ces prédications polémiques étaient pour le fanatisme un aliment toujours nouveau, et l'aiguillon de ce zèle, etc. »

3. Après ces mots, la première édition a de plus le long morceau que voici : « Au milieu de ces abus mourut Maximilien, et il laissa à son successeur au trône les pays autrichiens ainsi divisés entre eux-mêmes. La religion évangélique, bien qu'opprimée par les lois, était en réalité la dominante, parce qu'elle régnait dans les états provinciaux, qui prescrivaient des lois au souverain. Elle était en voie de s'étendre de plus en plus, et, soutenue par les protestants dans le reste de l'Allemagne, de supplanter entièrement à la fin la religion catholique : or, celle-ci entraînait dans sa ruine toute la maison d'Autriche. Rodolphe s'opposa à ce danger menaçant, et travailla par la ruse aussi bien que par la force à une contre-réformation. Les églises dont les protestants avaient pris possession de leur autorité privée, furent fermées; la liberté de religion de la noblesse, là où l'on en avait abusé, fut restreinte; les évangéliques furent insensiblement éloignés des emplois provinciaux, et des catholiques mis à leur place. Alors aussi les prélats eurent le courage de reparaître dans les états, et la prépondérance revint aux catholiques. Mais, en même temps, on vit renaître chez les évangéliques la méfiance et la crainte d'autrefois, et, supposant qu'on voulait leur ruine totale, ils ranimèrent toute leur vigilance, et commencèrent à regarder de loin s'ils ne pourraient pas trouver de secours au dehors. Tous les éléments d'une dangereuse révolte étaient amassés dans l'intérieur du pays, n'attendant qu'une étincelle pour s'enflammer. »

un tribut annuel, la suzeraineté de la Porte sur la Transylvanie : funeste aveu d'impuissance, et encore plus dangereuse amorce pour une inquiète noblesse, lorsqu'elle croirait avoir à se plaindre de son souverain. Les Hongrois ne s'étaient pas soumis sans réserve à la maison d'Autriche. Ils maintenaient la liberté d'élire leur roi, et ils réclamaient fièrement tous les droits constitutionnels inséparables de cette liberté. Le proche voisinage de l'empire turc et la facilité de changer de maître impunément, fortifiaient encore les magnats dans leur insolence. Mécontents de l'Autriche, ils se jetaient dans les bras des Ottomans; peu satisfaits de ceux-ci, ils revenaient à la souveraineté allemande[1]. Leur passage fréquent et rapide d'une domination à une autre avait influé sur leur caractère : de même que leur pays flottait entre les deux souverainetés allemande et ottomane, leur esprit balançait incertain entre la révolte et la soumission. Plus ces deux pays souffraient de se voir abaissés à l'état de provinces d'une monarchie étrangère, plus ils aspiraient invinciblement à obéir à un chef choisi parmi eux : aussi n'était-il pas difficile à un noble entreprenant d'obtenir leur hommage[2]. Le pacha turc le plus voisin s'empressait d'offrir le sceptre et la couronne à un seigneur révolté contre l'Autriche; un autre avait-il enlevé quelques provinces à la Porte, l'Autriche lui en assurait la possession avec le même empressement : heureuse de conserver par là une ombre de souveraineté, et d'avoir gagné un rempart contre les Turcs. Plusieurs de ces magnats, Bathori, Boschkai, Ragoczi, Bethlen, s'élevèrent ainsi successivement, en Hongrie et en Transylvanie, comme rois tributaires, et ils se maintinrent sans autre politique que de s'attacher à l'ennemi, pour se rendre plus redoutables à leur maître.

Ferdinand, Maximilien et Rodolphe, tous trois souverains de Transylvanie et de Hongrie, épuisèrent leurs autres États pour défendre ces deux pays contre les invasions des Turcs et les

1. La première édition ajoute : « Mais ils faisaient payer assez cher à leurs maîtres allemands la préférence qu'ils leur avaient donnée sur les infidèles. »
2. « Rebelle envers son souverain actuel, il se hâtait, par une prudente soumission, de se faire un mérite auprès de l'autre, et de recevoir de lui l'investiture. On la lui donnait volontiers, parce qu'on regardait comme gagné ce que l'ennemi avait perdu. » (*Première édition*.)

révoltes intérieures. A des guerres désastreuses succédaient sur ce sol de courtes trêves, qui n'étaient guère moins funestes. La contrée était au loin dévastée dans toutes les directions, et le sujet maltraité se plaignait également de son ennemi et de son protecteur[1]. Dans ces provinces aussi la réforme avait pénétré, et, à l'abri de leur liberté d'états, à la faveur du tumulte, elle avait fait de sensibles progrès. On l'attaqua, alors aussi, imprudemment, et l'exaltation religieuse rendit l'esprit de faction plus redoutable. La noblesse de Transylvanie et de Hongrie, conduite par un rebelle audacieux, nommé Boschkai, lève l'étendard de la révolte. Les insurgés hongrois sont sur le point de faire cause commune avec les protestants mécontents, d'Autriche, de Moravie et de Bohême, et d'entraîner tous ces pays dans un même et formidable soulèvement. Dès lors la ruine de la religion romaine y devenait inévitable[2].

Dès longtemps les archiducs d'Autriche, frères de l'empereur, voyaient avec une indignation muette la chute de leur maison : ce dernier événement fixa leur résolution[3]. Le deuxième fils de Maximilien, l'archiduc Matthias, héritier présomptif de Rodolphe et gouverneur de Hongrie, se leva pour soutenir la maison chancelante de Habsbourg. Dans ses jeunes années, entraîné par le désir d'une fausse gloire, ce prince avait, contre l'intérêt de sa famille, prêté l'oreille aux invitations de quelques rebelles des Pays-Bas, qui l'appelaient dans leur patrie, pour défendre les libertés de la nation contre son propre parent, Philippe II. Matthias, qui avait cru reconnaître dans la voix d'une faction isolée celle du peuple néerlandais tout entier, parut, à cet ap-

---

1. La première édition a ici de plus ces trois phrases : « Le soldat autrichien se conduisait en maître dans un pays qu'il défendait avec son sang; les moyens de vivre qu'on ne lui offrait pas volontairement, il était obligé de les prendre de force. Modique était le secours qu'il donnait, et insupportable l'insolence avec laquelle il le faisait payer. La négligence de l'empereur, qui laissait le pays sans défense, les charges les plus importantes non remplies, les plus pressantes représentations sans réponse, donnaient lieu dans ces contrées, comme dans ses autres États, aux plaintes les plus amères; et l'avidité du fisc, l'insolence de ses officiers, la licence de ses troupes, rendaient le mécontentement général. »

2. La phrase a un membre de plus dans la première édition : « Dès lors la ruine de la maison d'Autriche y était certaine, la ruine de la religion romaine inévitable. »

3. Dans la première édition : « Ce dernier événement épuisa leur patience. »

pel, dans les Pays-Bas. Mais le succès répondit aussi peu aux désirs des Brabançons qu'à son attente, et il abandonna sans gloire une imprudente entreprise. Sa seconde apparition dan le monde politique n'en eut que plus d'éclat.

Ses représentations redoublées à l'empereur étant demeurées sans effet, il appela à Presbourg les archiducs, ses frères et ses cousins, et délibéra avec eux sur le danger croissant de leur maison. Ses frères sont unanimes pour lui remettre, comme à l'aîné, la défense de leur héritage, que laissait périr un frère imbécile. Ils déposent dans les mains de cet aîné tout leur pouvoir et tous leurs droits, et l'investissent de la pleine autorité d'agir selon ses vues pour le bien commun. Matthias ouvre aussitôt des négociations avec la Porte et les rebelles hongrois. Il est assez habile pour sauver le reste de la Hongrie, au moyen d'une paix avec les Turcs, et les prétentions de l'Autriche sur les provinces perdues, par un traité avec les rebelles. Mais Rodolphe, aussi jaloux de sa puissance souveraine que négligent pour la soutenir, refuse de ratifier cette paix, qu'il regarde comme une atteinte coupable à sa suprématie. Il accuse l'archiduc d'intelligences avec l'ennemi et de projets criminels sur la couronne de Hongrie.

L'activité de Matthias n'était rien moins qu'exempte de vues intéressées, mais la conduite de l'empereur hâta l'exécution de ces vues. La reconnaissance lui assurait l'attachement des Hongrois, auxquels il venait de donner la paix; ses négociateurs lui promettaient le dévouement de la noblesse; en Autriche même il pouvait compter sur un nombreux parti : il ose donc déclarer plus ouvertement ses desseins et contester, les armes à la main, avec l'empereur. Les protestants d'Autriche et de Moravie, préparés de longue main à la révolte, et gagnés maintenant par l'archiduc qui leur promet la liberté de conscience, prennent hautement et publiquement son parti, et effectuent leur réunion, depuis longtemps redoutée, avec les rebelles hongrois. Une formidable conjuration s'est formée tout à coup contre l'empereur. Il se résout trop tard à réparer la faute commise; en vain il essaye de dissoudre cette ligue funeste. Déjà tout le monde est en armes; la Hongrie, l'Autriche et la Moravie ont rendu hommage à Matthias, qui marche déjà sur la

Bohême, où il va chercher l'empereur dans son château, et trancher le nerf de sa puissance.

Le royaume de Bohême n'était pas pour l'Autriche une possession beaucoup plus tranquille que la Hongrie : la seule différence était que, dans celle-ci, c'étaient plutôt des causes politiques, et, dans celle-là, la religion qui entretenaient la discorde. La Bohême avait vu, un siècle avant Luther, éclater le premier feu des guerres de religion : la Bohême, un siècle après Luther, vit s'allumer la flamme de la guerre de Trente ans. La secte à laquelle Jean Huss donna naissance avait toujours subsisté depuis dans ce royaume : d'accord avec l'Église romaine pour les cérémonies et la doctrine, à l'exception du seul article de la cène, que les hussites prenaient sous les deux espèces. Le concile de Bâle avait accordé ce privilége aux adhérents de Huss, dans une convention particulière, les *compactata de Bohême*, et, quoique les papes eussent ensuite contesté cette concession, les hussites continuaient d'en jouir sous la protection des lois. L'usage du calice étant l'unique signe remarquable qui distinguât cette secte, on la désignait par le nom d'*utraquistes* (les communiants sous l'une et l'autre espèce), et elle se complaisait dans cette dénomination, parce qu'elle lui rappelait le privilége qui lui était si cher. Mais sous ce nom se cachait aussi la secte, beaucoup plus rigide, des « frères bohêmes et moraves, » qui s'écartaient de l'Église dominante en des points beaucoup plus importants et qui avaient beaucoup de rapports avec les protestants d'Allemagne. Chez les uns comme chez les autres, les nouveautés religieuses allemandes et suisses firent rapidement fortune, et le nom d'utraquistes, sous lequel ils surent cacher toujours leur changement de principes, les garantissait de la persécution.

Au fond, ils n'avaient plus de commun que le nom avec les anciens utraquistes ; ils étaient, en réalité, de vrais protestants. Pleins de confiance dans la force de leur parti et la tolérance de l'empereur, ils osèrent, sous le règne de Maximilien, mettre au jour leurs véritables sentiments. A l'exemple des Allemands, ils rédigèrent une confession de foi, dans laquelle luthériens et calvinistes reconnurent leurs opinions, et ils demandèrent que tous les priviléges de l'Église utraquiste d'autrefois fussent transférés à cette nouvelle confession. Cette demande rencontra de l'opposition chez leurs collègues catholiques des états, et ils durent se contenter d'une assurance verbale de la bouche de l'empereur.

Tant que Maximilien vécut, ils jouirent, même sous leur nouvelle forme, d'une complète tolérance, mais, sous son successeur, les choses changèrent de face. Il parut un édit impérial qui enlevait aux soi-disant frères bohêmes la liberté de religion. Ces frères bohêmes ne se distinguaient en rien des autres utraquistes : la sentence de leur condamnation frappait donc nécessairement à la fois tous leurs associés à la confession de Bohême. Aussi s'opposèrent-ils unanimement dans la diète au mandat impérial, mais ce fut sans succès. L'empereur et les membres catholiques des états s'appuyèrent sur les *compactata* et sur le droit national de Bohême, où assurément il ne se trouvait rien encore en faveur d'une religion qui, au temps où cette ancienne législation naquit, n'avait pas encore pour elle la voix de la nation. Mais combien de changements s'étaient faits depuis! Ce qui n'était alors qu'une secte insignifiante était devenu l'Église dominante; et n'était-ce pas une véritable chicane de vouloir fixer par d'anciens pactes les limites d'une religion nouvelle? Les protestants de Bohême invoquèrent la garantie verbale de Maximilien et la liberté religieuse des Allemands, auxquels ils ne voulaient être inférieurs en aucun point. Efforts inutiles : on refusa tout.

Tel était en Bohême l'état des choses quand Matthias, déjà maître de la Hongrie, de l'Autriche et de la Moravie, parut devant Kollin, pour soulever aussi les états du pays contre l'empereur. L'embarras de Rodolphe fut à son comble. Abandonné de tous ses autres pays héréditaires, il fondait sa dernière espérance sur les états de Bohême, et il pouvait prévoir qu'ils abuseraient de sa détresse pour le forcer d'admettre leurs prétentions. Après tant d'années, il reparut enfin publiquement à la diète de Prague. Pour montrer, au peuple aussi, qu'il vivait encore, il fallut ouvrir tous les volets de la galerie, longeant la cour, par laquelle il passa. C'est assez dire où, quant à lui, l'on en était venu. Ce qu'il avait craint arriva. Les états, qui sentaient leur importance, ne voulurent entendre à rien, avant d'avoir obtenu pour leurs priviléges constitutionnels et pour la liberté de religion une pleine sûreté. Il était inutile de recourir maintenant encore aux anciens subterfuges; le sort de l'empereur était dans leurs mains : il dut se plier à la nécessité. Cependant il ne céda que pour les autres demandes : il se réserva de régler à la prochaine diète les affaires de religion.

Alors les Bohêmes prirent les armes pour la défense de Rodolphe : une sanglante guerre civile entre les deux frères paraissait inévitable; mais l'empereur, qui ne craignait rien tant que de rester dans cette servile dépendance des états, n'en attendit pas l'explosion, et s'empressa de s'accommoder par une voie pacifique avec l'archiduc son frère. Par un acte formel de renonciation, il abandonna à celui-ci, ce qu'il ne pouvait plus lui reprendre, l'Autriche et la Hongrie, et il le reconnut pour son successeur au trône de Bohême.

L'empereur n'avait payé si cher sa délivrance, que pour s'engager immédiatement après dans un nouvel embarras. Les affaires de religion de la Bohême avaient été renvoyées à la prochaine diète : elle s'ouvrit en 1609. Les états demandaient la liberté du culte, telle qu'elle avait existé sous le dernier empereur, un consistoire particulier, la cession de l'université de Prague, et la permission de nommer dans leur sein des défenseurs, ou protecteurs de leur liberté. Rodolphe s'en tint à sa première réponse : le parti catholique avait enchaîné toutes les résolutions du timide empereur. Si réitérées et si menaçantes que fussent les représentations des états, il persista dans sa première déclaration, de n'accorder rien au delà des anciennes conventions. La diète se sépara sans avoir rien obtenu, et ses membres, irrités contre l'empereur, convinrent entre eux de se réunir à Prague, de leur propre autorité, pour aviser eux-mêmes à leurs intérêts.

Ils parurent en grand nombre à Prague, et les délibérations suivirent leur cours, sans égard à la défense de l'empereur, et presque sous ses yeux. La condescendance qu'il commença à montrer ne fit que leur prouver combien ils étaient redoutés et accrut leur audace : sur l'article principal, Rodolphe resta inébranlable. Alors ils exécutèrent leurs menaces, et prirent sérieusement la résolution d'établir eux-mêmes en tous lieux le libre exercice de leur culte, et d'abandonner l'empereur dans sa détresse, jusqu'à ce qu'il eût approuvé cette mesure. Ils allèrent plus loin, et se donnèrent eux-mêmes les défenseurs que l'empereur leur refusait. On en désigna dix de chacun des trois ordres; on résolut de mettre sur pied au plus tôt une force militaire, et le comte de Thurn, principal instigateur de cette révolte, fut nommé général major. Des actes si sérieux obligèrent enfin Rodolphe de céder : les Espagnols eux-mêmes le lui conseillèrent. Dans la crainte que les états, poussés à bout, ne se donnassent enfin au roi de Hongrie, il signa la fameuse *lettre impériale* ou *de Majesté*, que les Bohêmes ont invoquée, sous les successeurs de Rodolphe, pour justifier leur soulèvement.

Par cette lettre, la confession de Bohême, que les états avaient présentée à Maximilien, acquérait absolument les mêmes droits que l'Église catholique. Les utraquistes (c'est par ce nom que les protestants de Bohême continuaient de se désigner) obtiennent l'université de Prague et un consistoire particulier, entièrement indépendant du siége archiépiscopal de Prague. Ils conservent toutes les églises qu'ils possèdent dans les villes, les villages et les bourgs, à la date de la publication de la lettre; et, s'ils veulent encore en bâtir de nouvelles, cette faculté ne sera interdite ni à l'ordre des seigneurs et chevaliers ni à aucune ville. C'est sur ce dernier article de la lettre impériale que s'éleva plus tard la querelle qui mit l'Europe en feu.

La lettre impériale faisait de la Bohême protestante une sorte de république. Les états avaient appris à connaître la force que leur donnaient la constance, l'union et le bon accord dans leurs mesures. Il ne restait guère plus à l'empereur qu'une ombre de sa puissance souveraine. L'esprit de révolte trouva un dangereux encouragement dans la personne des soi-disant protecteurs de la liberté. L'exemple et le succès de la Bohême étaient un signal séduisant pour les autres États héréditaires de l'Autriche, et tous se disposaient à arracher les mêmes priviléges par les mêmes moyens. L'esprit de liberté parcourait une province après l'autre, et, comme c'était surtout la discorde des princes autrichiens que les protestants avaient mise à profit si heureusement, on se hâta de réconcilier l'empereur avec le roi de Hongrie.

Mais cette réconciliation ne pouvait être sincère. L'offense était trop grave pour être pardonnée, et Rodolphe continua de nourrir dans son cœur une haine inextinguible contre Matthias. Il s'arrêtait avec douleur et colère à la pensée que le sceptre de Bohême devait aussi venir à la fin dans cette main détestée ; et la perspective n'était guère plus consolante pour lui, si Matthias mourait sans héritier. Alors Ferdinand, archiduc de Grœtz, qu'il aimait tout aussi peu, devenait le chef de la famille. Pour l'exclure, ainsi que Matthias, du trône de Bohême, il conçut le dessein de faire passer cet héritage au frère de Ferdinand, l'archiduc Léopold, évêque de Passau, celui de tous ses agnats qu'il aimait le plus, et qui avait le mieux mérité de sa personne. Les idées des Bohêmes sur leur droit de libre élection au trône, leur penchant pour la personne de Léopold, semblaient favorables à ce projet, pour lequel Rodolphe avait consulté sa partialité et son désir de vengeance, plus que l'intérêt de sa maison. Cependant, pour accomplir son dessein, il avait besoin de forces militaires, et il rassembla en effet des troupes dans l'évêché de Passau. Nul ne connaissait la destination de ce corps ; mais une incursion soudaine qu'il fit en Bohême, par défaut de solde, et à l'insu de l'empereur, et les désordres qu'il y commit, soulevèrent contre Rodolphe tout le royaume. Vainement il protesta de son innocence auprès des états de Bohême : ils n'y voulurent pas croire. Vainement il essaya de réprimer la licence spontanée de ses soldats : il ne put s'en faire écouter. Supposant que ces préparatifs avaient pour objet la révocation de la lettre de Majesté, les défenseurs de la liberté armèrent toute la Bohême protestante, et Matthias fut appelé dans le pays. L'empereur, après que ses troupes de Passau eurent été expulsées, resta dans Prague, privé de tout secours. On le surveillait, comme un prisonnier, dans son propre château, et l'on éloigna de lui tous ses conseillers. Cependant Matthias avait fait son entrée à Prague au milieu de l'allégresse universelle, et, bientôt après, Rodolphe fut assez pusillanime pour le reconnaître roi de Bohême : sévère dispensation du sort, qui contraignit cet empereur de transmettre, pendant sa vie, à son ennemi un trône qu'il n'avait pas voulu lui laisser après sa mort ! Pour comble d'humiliation, on le força de relever de toutes leurs obligations ses sujets de Bohême, de Silésie et de Lusace, par un acte de renonciation écrit de sa main. Il obéit, le cœur déchiré. Tous, ceux-là même qu'il croyait s'être le plus attachés, l'avaient abandonné. Après avoir signé, il jeta par terre son chapeau, et brisa avec les dents la plume qui lui avait rendu ce honteux service.

Tandis que Rodolphe perdait l'un après l'autre ses États héréditaires, il ne soutenait pas beaucoup mieux sa dignité impériale. Chacun des partis religieux qui divisaient l'Allemagne s'efforçait toujours de gagner du terrain aux dépens de l'autre ou de se garantir contre ses attaques. Plus était faible la main qui tenait le sceptre impérial, et plus les protestants et les catholiques se sentaient abandonnés à eux-mêmes : plus devait s'accroître la vigilance avec laquelle ils s'observaient réciproquement, et leur mutuelle défiance. Il suffisait que l'empereur fût gouverné par les jésuites, et dirigé par les conseils de l'Espagne, pour donner aux protestants un sujet d'alarmes, et un prétexte à leurs hostilités. Le zèle inconsidéré des jésuites, qui, dans leurs écrits, et du haut de la chaire, jetaient du doute sur la validité de la paix de religion, excitait toujours plus la défiance des religionnaires, et leur faisait soupçonner dans la démarche la plus indifférente des catholiques des vues dangereuses. Tout ce qui était entrepris dans les États héréditaires de l'empereur pour limiter la religion évangélique, éveillait l'attention de toute l'Allemagne protestante, et ce puissant soutien que les sujets évangéliques de l'Autriche trouvaient ou se flattaient de trouver chez leurs coreligionnaires, contribuait beaucoup à leur audace, et aux rapides succès de Matthias. On croyait dans l'Empire que la durée prolongée de la paix de religion n'était due qu'aux embarras où les troubles intérieurs de ses États héréditaires jetaient l'empereur : aussi ne se pressait-on nullement de le tirer de ces embarras.

Presque toutes les affaires de la diète de l'Empire demeuraient en suspens, soit par la négligence de Rodolphe, soit par la faute des princes protestants, qui s'étaient fait une loi de ne subvenir en rien aux besoins communs, tant qu'on n'aurait pas fait droit à leurs griefs. Ces griefs portaient principalement sur le mauvais gouvernement de l'empereur, sur la violation de la paix religieuse, et sur les nouvelles usurpations du conseil aulique de l'Empire, qui avait commencé sous ce règne à étendre sa juridiction aux dépens de la chambre impériale. Autrefois les empereurs avaient prononcé souverainement, par eux-mêmes dans les cas de peu d'importance, avec le concours des princes dans les cas graves, sur toutes les contestations qui s'élevaient entre les membres de l'Empire, et que le droit du plus fort n'avait pas terminées sans leur intervention; ou bien ils remettaient la décision à des juges impériaux, qui suivaient la cour. A la fin du quinzième siècle, ils avaient transféré cette juridiction souveraine à un tribunal régulier, permanent et fixe, la chambre impériale de Spire, et les membres de l'Empire, pour n'être pas opprimés par la volonté arbitraire de l'empereur, s'étaient réservé le droit d'en nommer les assesseurs et d'examiner les jugements par des révisions périodiques. Ce droit des membres de l'Empire, nommé le droit de *présentation* et de *visitation*, la paix de religion l'avait étendu aux membres luthériens, si bien que désormais les causes protestantes eurent aussi des juges protestants, et qu'une sorte d'équilibre parut exister entre les deux religions dans ce tribunal suprême de l'Empire.

Mais les ennemis de la réformation et des libertés germaniques, attentifs à tout ce qui pouvait favoriser leurs vues, trouvèrent bientôt un expédient pour détruire le bon effet de cette institution. Peu à peu l'usage s'introduisit qu'un tribunal particulier de l'empereur, le conseil aulique impérial, établi à Vienne, et sans autre destination, dans l'origine, que d'assister l'empereur de ses avis dans l'exercice de ses droits personnels incontestés; un tribunal dont les membres, nommés arbitrairement par l'empereur seul, et payés par lui seul, devaient prendre pour loi suprême l'intérêt de leur maître, pour unique règle l'avantage de la religion catholique, qu'ils professaient : que ce conseil, dis-je, exerçât la haute justice sur les membres de l'Empire. Beaucoup d'affaires litigieuses, entre des membres de différente religion, sur lesquelles la chambre impériale avait seule le droit de prononcer, ou qui, avant son institution, ressortissaient au conseil des princes, étaient maintenant portées devant le conseil aulique. Il ne faut pas s'étonner si les sentences de ce tribunal trahissaient leur origine, et si des juges catholiques et des créatures de l'empereur sacrifiaient la justice à l'intérêt de la religion catholique et de l'empereur. Quoique tous les membres de l'empire semblassent intéressés à s'élever à temps contre un abus si dangereux, cependant les protestants, qu'il blessait plus sensiblement, se levèrent seuls (encore ne furent-ils pas unanimes), pour défendre la liberté allemande, qu'une institution si arbitraire attaquait dans ce qu'elle a de plus sacré, l'administration de la justice. Certes l'Allemagne n'aurait eu guère à se féliciter d'avoir aboli le droit du plus fort et institué la chambre impériale, si l'on eût encore souffert, à côté de ce tribunal, la juridiction arbitraire de l'empereur. Les membres de l'empire germanique eussent fait bien peu de progrès, en comparaison des temps de barbarie, si la chambre impériale, où ils siégeaient à côté de l'empereur, et pour laquelle ils avaient renoncé à leur ancien droit de princes souverains, avait dû cesser d'être une juridiction nécessaire. Mais, à cette époque, les esprits alliaient souvent les plus étranges contradictions. Alors au titre d'empereur, légué par le despotisme romain, s'attachait encore une idée de pouvoir absolu, qui faisait avec le reste du droit public allemand le plus ridicule contraste, mais qui était néanmoins soutenue par les juristes, propagée par les fauteurs du despotisme et reçue par les faibles comme un article de foi[1].

A ces griefs généraux s'ajouta peu à peu une suite d'incidents particuliers, qui portèrent enfin les inquiétudes des protestants jusqu'à la plus vive défiance. A l'époque des persécutions religieuses exercées par les Espagnols dans les Pays-Bas, quelques familles protestantes s'étaient réfugiées dans la ville impériale catholique d'Aix-la-Chapelle, où elles s'établirent à demeure, et augmentèrent insensiblement le nombre de leurs adhérents. Ayant réussi, par adresse, à faire entrer quelques personnes de leur croyance dans le conseil de la ville, les religionnaires demandèrent une église et l'exercice public de leur culte, et, comme ils essuyèrent un refus, ils se firent raison par la force,

---

1. L'alinéa se termine ainsi dans la première édition : « Comment pouvait-il en être autrement, lorsqu'une des premières cours protestantes de l'Allemagne était elle-même assez aveuglée pour entretenir une opinion qui renversait la constitution fondamentale de l'Empire? »

et s'emparèrent même de toute l'administration municipale. C'était pour l'empereur et tout le parti catholique un coup trop sensible, de voir une ville si considérable au pouvoir des protestants. Toutes les représentations de Rodolphe et ses ordres de rétablir les choses sur l'ancien pied étant demeurés sans effet, le conseil aulique mit la ville au ban de l'Empire, par une sentence qui ne reçut toutefois son exécution que sous le règne suivant.

Les protestants firent, pour étendre leur domaine et leur puissance, deux autres tentatives plus considérables. L'électeur de Cologne, Gebhard, né Truchsess de Waldbourg, conçut pour la jeune comtesse Agnès de Mansfeld, chanoinesse de Girrisheim, une violente passion, à laquelle Agnès ne fut pas insensible. Comme les yeux de toute l'Allemagne étaient fixés sur cette liaison, les deux frères de la comtesse, zélés calvinistes, demandèrent satisfaction de cette atteinte à l'honneur de leur maison, qui ne pouvait être sauvé par un mariage, tant que l'électeur demeurait évêque catholique. Ils le menacèrent de laver cette tache dans son sang et celui de leur sœur, s'il ne renonçait aussitôt à tout commerce avec la comtesse ou ne lui rendait l'honneur devant les autels. L'électeur, indifférent à toutes les conséquences de sa démarche, n'écouta que la voix de l'amour. Soit qu'il eût déjà, en général, du penchant pour la religion réformée, soit que les charmes de son amante opérassent seuls ce miracle, il abjura la foi catholique et conduisit la belle Agnès à l'autel.

L'affaire était de la plus haute importance. D'après la lettre de la réserve ecclésiastique, l'électeur avait perdu par cette apostasie tous ses droits à l'archevêché, et, si les catholiques étaient jamais intéressés à faire exécuter la réserve, c'était surtout lorsqu'il s'agissait d'un électorat. D'un autre côté, il était bien dur de renoncer au pouvoir suprême, et cela coûtait plus encore à la tendresse d'un époux qui aurait tant désiré de donner plus de prix à l'offre de son cœur et de sa main par l'hommage d'une principauté. La réserve ecclésiastique était d'ailleurs un point litigieux du traité d'Augsbourg, et toute l'Allemagne protestante jugeait d'une extrême importance d'enlever au parti catholique ce quatrième électorat. Déjà l'exemple d'actes pareils avait été donné, et avec un heureux succès, dans plusieurs bénéfices ecclésiastiques de la basse Allemagne. Plusieurs chanoines de Cologne étaient dès lors protestants, et tenaient pour l'électeur; dans la ville même il pouvait compter sur de nombreux adhérents, de la même religion. Tous ces motifs auxquels les encouragements de ses amis et de ses proches, et les promesses de plusieurs cours allemandes donnaient encore plus de force, décidèrent l'électeur à garder son archevêché, même après son changement de religion.

Mais on vit bientôt qu'il avait entrepris une lutte au-dessus de ses forces. En permettant le libre exercice du culte évangélique dans le pays de Cologne, il avait déjà provoqué la plus violente opposition de la part des chanoines et des membres des états. L'intervention de l'empereur et l'anathème de Rome, qui l'excommuniait comme apostat, et le dépouillait de toutes ses dignités ecclésiastiques et séculières, armèrent contre lui ses États et son chapitre. Gebhard leva des troupes; les chanoines en firent autant. Pour s'assurer promptement un puissant soutien, ils se hâtèrent de nommer un nouvel électeur, et le choix tomba sur l'évêque de Liége, prince de Bavière.

Alors commença une guerre civile, qui pouvait aisément aboutir à une rupture générale de la paix dans l'Empire, vu le grand intérêt que devaient prendre à cet incident les deux partis qui divisaient l'Allemagne. Les protestants s'indignaient surtout que le pape eût osé, en vertu d'un prétendu pouvoir apostolique, dépouiller de ses dignités impériales un prince de l'Empire. Même dans l'âge d'or de leur domination spirituelle, les papes s'étaient vu contester ce droit : combien plus dans un siècle où, au sein d'un parti, leur autorité était entièrement tombée, et ne reposait chez l'autre que sur de très-faibles appuis! Toutes les cours protestantes d'Allemagne intervinrent énergiquement à ce sujet auprès de l'empereur. Henri IV, qui n'était encore alors que roi de Navarre, ne négligea aucune voie de négociations pour recommander avec instance aux princes allemands de maintenir leurs droits. Le cas était décisif pour la liberté de l'Allemagne. Quatre voix protestantes contre trois voix catholiques, dans le collège des électeurs, faisaient nécessairement pencher la balance en faveur des protestants, et fermaient pour toujours à la maison d'Autriche l'accès du trône impérial.

Mais l'électeur Gebhard avait embrassé la religion réformée, et non la luthérienne : cette seule circonstance fit son malheur. L'animosité qui régnait entre ces deux Églises ne permit pas aux princes évangéliques de le regarder comme un des leurs, et de l'appuyer comme tel avec énergie. Tous l'avaient encouragé, il est vrai, et lui avaient promis des secours; mais un prince apanagé de la maison palatine, le comte palatin Jean Casimir, zélé calviniste, fut le seul qui lui tint parole. Malgré la défense de l'empereur, il accourut, avec sa petite armée, dans le pays de Cologne; mais il ne fit rien de considérable, parce que l'électeur, qui manquait même des choses les plus nécessaires, le laissa absolument sans aide. L'électeur nouvellement élu fit des progrès d'autant plus rapides, puissamment soutenu par ses parents bavarois et par les Espagnols, qui le secoururent des Pays-Bas. Les soldats de Gebhard, laissés sans paye par leur maître, livrèrent à l'ennemi une place après l'autre; d'autres furent obligées de capituler. Gebhard se maintint un peu plus longtemps dans ses États de Westphalie, jusqu'à ce qu'il fût contraint là aussi de céder devant des forces supérieures. Après avoir fait pour son rétablissement plusieurs tentatives inutiles en Hollande et en Angleterre, il se retira dans l'évêché de Strasbourg, où il mourut doyen du chapitre : première victime de la réserve ecclésiastique, ou plutôt du défaut d'harmonie entre les protestants d'Allemagne!

A cette querelle de Cologne s'en rattacha bientôt une autre dont Strasbourg fut le théâtre. Plusieurs chanoines protestants de Cologne, atteints de l'anathème papal en même temps que l'électeur, s'étaient réfugiés dans l'évêché de Strasbourg, où ils possédaient aussi des prébendes. Les chanoines catholiques se faisant scrupule, vu qu'ils étaient proscrits, de leur en permettre la jouissance, ils se mirent eux-mêmes en possession, de leur autorité privée et par la force, et un puissant parti protestant de la bourgeoisie de Strasbourg leur donna bientôt la supériorité dans le chapitre. Les chanoines catholiques s'enfuirent à Saverne; là, sous la protection de leur évêque, ils continuèrent de tenir leur chapitre, comme le seul régulier, et déclarèrent intrus les chanoines restés à Strasbourg. Cependant ceux-ci s'étaient renforcés par l'admission de plusieurs membres protestants de haute naissance, si bien qu'à la mort de l'évêque, ils osèrent en présenter un nouveau, dans la personne d'un prince protestant, Jean Georges de Brandebourg. Les chanoines catholiques, loin d'accepter ce choix, présentèrent l'évêque de Metz, prince lorrain, qui signala aussitôt son élection par des hostilités sur le territoire de Strasbourg.

La ville de Strasbourg ayant pris les armes pour le chapitre protestant et le prince de Brandebourg, et le parti contraire, soutenu par des troupes lorraines, cherchant à s'emparer des biens de l'évêché, il s'ensuivit une longue guerre, accompagnée, suivant l'esprit du temps, de barbares dévastations. Vainement l'empereur voulut interposer son autorité souveraine pour décider la querelle : les biens de l'évêché restèrent longtemps encore divisés entre les deux partis, jusqu'à ce qu'enfin le prince protestant abandonna ses prétentions pour un médiocre équivalent en argent. Ainsi l'Église catholique sortit encore triomphante de cette affaire.

Ce différend était à peine terminé, qu'il se passa à Donawert, ville impériale de Souabe, un événement plus inquiétant encore pour toute l'Allemagne protestante. Dans cette ville, jusque-là catholique, le parti protestant avait pris, par les voies accoutumées, une telle prépondérance, sous les règnes de Ferdinand et de son fils, que les catholiques furent réduits à se contenter d'une église succursale dans le couvent de la Sainte-Croix, et à dérober aux scandales de l'autre parti la plupart de leurs cérémonies religieuses. Enfin un abbé fanatique de ce couvent osa braver les sentiments populaires, et ordonner une procession publique, avec la croix en tête et les bannières déployées; mais on le força bientôt de renoncer à son entreprise. L'année suivante, ce même abbé, encouragé par une déclaration favorable de l'empereur, ayant renouvelé cette procession, on se porta à des actes publics de violence. Comme la procession revenait, la populace fanatique ferma la porte aux religieux, abattit leurs bannières, et les accompagna chez eux avec des cris et des injures. Une citation impériale fut la suite de ces violences, et, le peuple furieux ayant menacé la personne des commissaires impériaux, toutes les tentatives d'accommodement amiable ayant échoué auprès de cette multitude fanatique, la ville fut mise formellement au ban de l'Empire, et le duc Maximilien de Bavière chargé d'exécuter la sentence. A l'approche de l'armée bavaroise, le découragement s'empara tout à coup de cette bourgeoisie naguère si arrogante, et elle posa les armes sans résistance. L'entière abolition du culte protestant dans ses murs fut le châtiment de sa faute. Donawert perdit ses priviléges, et, de ville impériale de Souabe, elle devint ville provinciale de Bavière.

Il y avait dans cette affaire deux circonstances qui devaient exciter au plus haut degré l'attention des protestants, quand même l'intérêt de la religion aurait eu pour eux moins de force. C'était le conseil aulique de l'Empire, tribunal arbitraire et entièrement catholique, dont ils contestaient d'ailleurs si vivement la juridiction, qui avait rendu la sentence, et l'on avait chargé de l'exécution le duc de Bavière, le chef d'un cercle étranger. Des actes si contraires à la constitution faisaient prévoir, de la part des catholiques, des mesures violentes, qui pouvaient bien s'appuyer sur une entente secrète et un plan dangereux, et finir par la ruine entière de leur liberté religieuse.

Dans un état de choses où la force fait la loi, où toute sûreté repose sur le pouvoir, le parti le plus faible sera toujours le plus pressé de se mettre en défense. C'est ce qu'on vit alors en Allemagne. Si les catholiques avaient réellement formé quelques desseins hostiles contre les protestants, il était raisonnable de croire que les premiers coups seraient portés sur l'Allemagne du sud, plutôt que sur celle du nord, parce que, dans la basse Allemagne, les protestants étaient liés entre eux, sans interruption, sur une grande étendue de pays, et pouvaient, par conséquent, se soutenir fort aisément les uns les autres, tandis que, dans la haute Allemagne[1], séparés de leurs coreligionnaires, entourés de tous côtés par les catholiques, ils étaient exposés sans défense à toute irruption. En outre, si, comme il était à présumer, les catholiques voulaient mettre à profit les divi-

---

1. La *basse Allemagne* est l'Allemagne du nord, la *haute Allemagne* celle du midi.

sions intestines des protestants, et diriger leur attaque contre une seule secte, les calvinistes, qui étaient les plus faibles, et d'ailleurs exclus du traité de paix, se trouvaient évidemment dans un danger plus prochain, et c'était sur eux que devaient tomber les premiers coups.

Les deux circonstances se rencontraient dans les États de l'électeur palatin : ils avaient dans le duc de Bavière un voisin redoutable, et leur retour au calvinisme ne leur permettait d'espérer ni la protection du traité de paix religieuse, ni de grands secours des membres évangéliques de l'Empire. Aucun pays d'Allemagne n'a éprouvé, en aussi peu d'années, des changements de religion aussi rapides que le Palatinat à cette époque. On vit, dans le court espace de soixante années, ce pays, malheureux jouet de ses maîtres, prêter deux fois serment à la doctrine de Luther, et deux fois l'abandonner pour celle de Calvin. D'abord l'électeur Frédéric III avait été infidèle à la confession d'Augsbourg, dont Louis, son fils aîné et son successeur, fit de nouveau, par un changement brusque et violent, la religion dominante. Les calvinistes furent dépouillés de leurs églises dans tout le pays; leurs ministres, et même les maîtres d'école de leur confession, furent bannis hors des frontières; ce prince évangélique si zélé les poursuivit jusque dans son testament, en ne donnant pour tuteurs à son fils encore mineur que des luthériens d'une sévère orthodoxie. Mais son frère, le comte palatin Jean Casimir, cassa ce testament illégal, et, en vertu de la bulle d'or, il prit possession de la tutelle et de toute l'administration. On donna au jeune électeur, Frédéric IV, âgé de neuf ans, des instituteurs calvinistes, à qui l'on recommanda d'extirper de l'âme de leur élève l'hérésie luthérienne, dussent-ils y employer les coups. Si l'on agissait de la sorte avec le maître, il est aisé de deviner comment on traitait les sujets.

Ce fut sous ce Frédéric IV que la cour palatine se donna beaucoup de mouvement pour entraîner les membres protestants de l'empire d'Allemagne à de communes mesures contre la maison d'Autriche, et, s'il était possible, à une ligue générale. Outre que cette cour était dirigée par les conseils de la France, conseils dont l'âme était la haine de l'Autriche, le soin de sa propre sûreté l'obligeait de se ménager à temps le secours, si douteux, des évangéliques contre un ennemi voisin et supérieur en forces. Mais de grandes difficultés s'opposaient à cette ligue : l'antipathie des évangéliques pour les réformés le cédait à peine à leur commune horreur des papistes. On chercha donc premièrement à réunir les deux communions, pour faciliter ensuite l'alliance politique; mais toutes les tentatives échouèrent : elles n'aboutirent le plus souvent qu'à fortifier chaque parti dans sa croyance. Il ne restait d'autre ressource que d'augmenter la défiance et la crainte des évangéliques, pour leur faire juger la réunion nécessaire. On amplifia les forces des catholiques; on exagéra le danger; des événements fortuits furent attribués à un plan médité; de simples incidents furent défigurés par des interprétations odieuses, et l'on prêta à toute la conduite des catholiques un accord et une préméditation, dont ils étaient vraisemblablement bien éloignés [1].

La diète de Ratisbonne, où les protestants s'étaient flattés de faire renouveler la paix de religion, s'était séparée sans résultat, et à leurs anciens griefs venait de s'ajouter l'oppression récente de Donawert. Alors s'effectua, avec une incroyable rapidité, la réunion si longtemps désirée et tentée. L'électeur palatin Frédéric IV, le comte palatin de Neubourg, deux margraves de Brandebourg, le margrave de Bade et le duc Jean Frédéric de Wurtemberg, ainsi des luthériens avec des calvinistes, conclurent à Anhausen, en Franconie (1608), pour eux et leurs héritiers, une étroite alliance nommée l'*union évangélique*. Les princes unis se promettaient, contre tout offenseur, conseils et secours mutuels, dans ce qui intéressait la religion et leurs droits de membres de l'Empire; ils se reconnaissaient tous solidaires. Si un membre de l'union voyait ses États envahis, les autres devaient s'armer sur-le-champ et courir à sa défense. Les terres, les villes et les châteaux des alliés seraient ouverts, en cas de nécessité, aux troupes de chacun; les con-

---

[1]. Il y a ici quelques phrases de plus dans la première édition : « Il n'y avait pas de bruit si étrange, point d'accusation si abominable, que l'on ne saisît et ne fît valoir avec empressement. Quelque puissant que pût être chez les catholiques, et il était grand en effet, le désir de violer la paix de religion, on trouvait toutefois dans leur faiblesse ou dans leur épuisement la sûre garantie qu'ils l'observeraient fidèlement. Mais les protestants craignaient, à ce qu'il paraît, ce qu'ils méritaient. »

quêtes seraient partagées entre tous selon la mesure du contingent fourni. En temps de paix, la direction de toute l'alliance serait remise à l'électeur palatin, mais avec des pouvoirs limités. Pour subvenir aux frais, on exigea des avances et un fonds fut consigné. La différence de religion, entre luthériens et calvinistes, ne devait avoir sur l'union aucune influence. On se liait pour dix ans. Chaque associé avait dû s'engager à recruter de nouveaux membres. L'électeur de Brandebourg se montra bien disposé; celui de Saxe désapprouva l'alliance; la Hesse ne put venir à bout de se déterminer; les ducs de Brunswick et de Lunebourg voyaient aussi à la chose des difficultés. Mais les trois villes impériales de Strasbourg, Nuremberg et Ulm ne furent pas pour l'union une acquisition de médiocre importance, parce qu'on avait grand besoin de leur argent, et que leur exemple pouvait être suivi par plusieurs autres villes impériales.

Les membres ligués de la diète, jusque-là timides et peu redoutés dans leur isolement, tinrent, l'union une fois conclue, un langage plus hardi. Ils portèrent devant l'empereur, par le prince Christian d'Anhalt, leurs plaintes et leurs demandes communes, dont les principales étaient le rétablissement de Donawert, l'abolition de la juridiction aulique, et même une réforme dans l'administration et le conseil de l'empereur. Les princes avaient eu soin de choisir, pour lui faire ces représentations, le moment où les troubles de ses États héréditaires le laissaient à peine respirer; où il venait de perdre et de voir passer au pouvoir de Matthias l'Autriche et la Hongrie; où il n'avait sauvé sa couronne de Bohême que par la concession de la lettre impériale; enfin, où la succession de Juliers préparait déjà de loin un nouvel embrasement. Il ne faut donc pas s'étonner que l'indolent monarque se soit pressé moins que jamais de se résoudre, et que les princes unis aient pris les armes avant qu'il eût seulement délibéré.

Les catholiques observaient l'union d'un regard soupçonneux; l'union surveillait avec la même défiance les catholiques et l'empereur, qui suspectait lui-même l'un et l'autre parti : l'inquiétude et l'irritation étaient partout au comble. Et il fallut que, dans ce moment critique, la mort du duc Jean Guillaume de Juliers vînt encore ouvrir, dans le pays de Juliers et de Clèves, une succession très-litigieuse.

Huit prétendants réclamaient cet héritage, que des traités solennels avaient déclaré indivisible, et l'empereur, qui laissait voir le désir de le retirer, comme fief impérial tombé en déshérence, pouvait passer pour un neuvième compétiteur. Quatre d'entre eux, l'électeur de Brandebourg, le comte palatin de Neubourg, le comte palatin de Deux-Ponts et le margrave de Burgau, prince autrichien, réclamaient cette succession, comme fief féminin, au nom de quatre princesses, sœurs du feu duc. Deux autres, l'électeur de Saxe, de la ligne albertine, et les ducs de Saxe, de la ligne ernestine, s'appuyaient sur une expectative plus ancienne, que l'empereur Frédéric III leur avait accordée sur cet héritage, et que Maximilien I$^{er}$ avait confirmée aux deux maisons de Saxe. On s'arrêta peu aux prétentions de quelques princes étrangers. L'électeur de Brandebourg et le comte de Neubourg avaient peut-être le droit le mieux fondé, un droit qui leur donnait, ce semble, des chances assez égales. Aussi, dès que la succession fut ouverte, ces deux princes firent prendre possession de l'héritage : Brandebourg agit le premier; Neubourg suivit son exemple. Ils commencèrent leur querelle avec la plume, et l'auraient vraisemblablement finie avec l'épée; mais l'intervention de l'empereur, qui voulait appeler cette cause devant son trône, et mettre provisoirement le séquestre sur le pays en litige, amena bientôt les deux parties à conclure un accord, pour écarter le danger commun. Elles convinrent de gouverner conjointement le duché. Vainement l'empereur fit-il sommer les états du pays de refuser l'hommage à leurs nouveaux maîtres; vainement envoya-t-il dans les duchés son parent, l'archiduc Léopold, évêque de Passau et de Strasbourg, afin de soutenir par sa présence le parti impérial : tout le pays s'était soumis, à l'exception de Juliers, aux princes protestants, et le parti de l'empereur se vit assiégé dans la ville capitale.

La contestation de Juliers était importante pour toute l'Allemagne; elle excita même l'attention de plusieurs cours de l'Europe. La question n'était pas seulement de savoir qui posséderait le duché de Juliers et qui ne le posséderait pas : on se demandait surtout lequel des deux partis qui divisaient l'Allemagne, le catholique ou le protestant, s'agrandirait d'une possession si considérable ; laquelle des deux religions gagnerait ou perdrait ce territoire. On se demandait si l'Autriche réussirait encore une fois dans ses usurpations, et assouvirait par une nouvelle proie sa fureur de conquêtes, ou si la liberté de l'Allemagne et l'équilibre de ses forces seraient maintenus contre les usurpations de l'Autriche. La querelle de la succession de Juliers intéressait donc toutes les puissances ennemies de cette maison et favorables à la liberté. L'union évangélique, la Hollande, l'Angleterre, et surtout Henri IV, y furent engagés.

Ce monarque, qui avait consumé la plus belle moitié de sa vie à lutter contre la maison d'Autriche, et qui n'avait enfin surmonté qu'à force de persévérance et de courage héroïque les obstacles que cette maison avait élevés entre le trône et lui, n'était pas resté jusqu'alors spectateur oisif des troubles d'Allemagne. C'était précisément cette lutte des princes contre l'empereur qui donnait et assurait la paix à la France. Les protestants et les Turcs étaient les deux forces salutaires, qui pesaient, à l'orient et à l'occident, sur la puissance autrichienne; mais, aussitôt qu'on lui permettait de se dégager de cette contrainte, elle se relevait aussi formidable que jamais. Henri IV avait eu, pendant toute une moitié de vie d'homme, le spectacle continuel de la soif de domination et de conquêtes de l'Autriche. Ni l'adversité, ni même la pauvreté d'esprit, qui tempère cependant d'ordinaire toutes les passions, ne pouvaient éteindre celle-là dans un cœur où coulait une seule goutte du sang de Ferdinand d'Aragon [1]. L'ambition d'agrandissement de l'Autriche avait, déjà depuis un siècle, arraché l'Europe à une heureuse paix, et causé une violente révolution dans l'intérieur de ses principaux États. Elle avait dépouillé les champs de cultivateurs et les ateliers d'artisans, pour couvrir de masses armées, immenses, inconnues jusque-là, le sol de l'Europe, et de flottes ennemies les mers destinées au commerce. Elle avait

---

1. « Jusque dans les plus petits esprits de la famille de Habsbourg, cette passion était grande; dans les têtes les plus bornées, ce penchant était sans bornes, et mauvais ce seul trait de caractère dans le petit nombre de ses princes excellents. » (*Première édition.*)

imposé aux princes européens la nécessité funeste d'accabler d'impôts inouïs l'industrie de leurs sujets, et d'épuiser, dans une défense contrainte, le meilleur des forces de leurs domaines, perdues pour le bonheur des habitants. Point de paix pour l'Europe, point de prospérité pour les États, point de plan durable pour le bonheur des peuples, aussi longtemps qu'on laisserait cette redoutable famille troubler, à son gré, le repos de cette partie du monde[1].

Telles étaient les pensées qui couvraient d'un nuage l'âme de Henri, vers la fin de sa glorieuse carrière. Quels efforts n'avait-il pas dû faire pour tirer la France du chaos où l'avait plongée une longue guerre civile, allumée et entretenue par cette même Autriche! Tout grand homme veut avoir travaillé pour le long avenir, et qui pouvait garantir à ce monarque la durée de la prospérité où il laissait la France, aussi longtemps que l'Autriche et l'Espagne ne feraient qu'une puissance, maintenant épuisée et abattue, il est vrai, mais qui n'avait besoin que d'un heureux hasard pour se reformer soudain en un seul corps, et renaître aussi formidable que jamais? S'il voulait laisser à son successeur un trône bien affermi et à son peuple une paix durable, il fallait que cette dangereuse puissance fût désarmée pour toujours[2]. Telle était la source de la haine implacable que Henri IV avait jurée à l'Autriche : haine inextinguible, ardente et juste, comme l'inimitié d'Annibal envers le peuple de Romulus, mais ennoblie par un principe plus généreux.

Toutes les puissances de l'Europe avaient, comme Henri IV, ce grand devoir à remplir; mais toutes n'avaient pas sa lumi-

---

1. Dans la première édition, cette phrase est plus longue, et suivie de deux autres : « Et n'avait-on pas toute raison de s'attendre à voir l'ambition survivre à la puissance plutôt que la puissance à l'ambition ? Alors encore cette maison, dans cet état d'épuisement qui paraissait mortel, coûtait au corps politique de l'Europe des milliers d'hommes et des millions d'argent, rien que pour nourrir cette crainte, soutenir cet équilibre de force, par lesquels on arrêtait les usurpations autrichiennes. Combien l'on eût pu exécuter de choses grandes et excellentes, répandre de bien-être, avec les ressources qui maintenant se consumaient, sans gloire et sans fruit, pour surveiller la famille de Habsbourg ! »

2. Au lieu de ces mots : « Il fallait que cette dangereuse puissance, etc., » on lit dans la première édition : « Il fallait que cette funeste puissance n'existât plus, que son rétablissement fût rendu à jamais impossible. »

neuse politique, son courage désintéressé, pour agir en vue d'un tel devoir. Tout homme, sans distinction, est séduit par un avantage prochain : les grandes âmes sont seules touchées d'un bien éloigné. Aussi longtemps que, dans ses desseins, la sagesse compte sur la sagesse ou se fie à ses propres forces, elle ne forme que des plans chimériques, et court le danger de se rendre la risée du monde; mais elle est assurée d'un heureux succès, et peut se promettre les applaudissements et l'admiration des hommes, aussitôt que, dans ses plans de génie, elle a un rôle pour la barbarie, la cupidité et la superstition, et que les circonstances lui permettent d'employer des passions égoïstes à l'accomplissement de ses beaux projets.

Dans la première supposition, le fameux dessein de Henri IV, de chasser la maison d'Autriche de toutes ses possessions et de partager cette proie entre les puissances de l'Europe, aurait effectivement mérité le nom de chimère, qu'on lui a tant prodigué; mais le méritait-il aussi dans l'autre hypothèse? Jamais l'excellent roi n'avait compté, chez les exécuteurs de son projet, sur un motif pareil à celui qui l'animait lui-même et son fidèle Sully dans cette entreprise. Tous les États dont le concours lui était nécessaire, furent décidés à accepter le rôle qu'ils avaient à remplir, par les mobiles les plus forts et les plus capables d'entraîner une puissance politique. Aux protestants d'Autriche on ne demandait que de secouer le joug autrichien, et c'était déjà le but de leurs efforts; aux Pays-Bas, de s'affranchir de même de celui de l'Espagne. Le pape et les républiques italiennes n'avaient pas de plus grand intérêt que de bannir pour jamais la tyrannie espagnole de leur péninsule; pour l'Angleterre rien n'était plus désirable qu'une révolution qui la délivrait de son plus mortel ennemi. A ce partage des dépouilles de l'Autriche chaque puissance gagnait ou une extension de territoire ou la liberté; des possessions nouvelles ou la sûreté pour les anciennes; et, comme toutes y gagnaient, l'équilibre ne recevait nulle atteinte. La France pouvait dédaigner généreusement toute part au butin, car sa force était plus que doublée par la ruine de l'Autriche, et rien ne la rendait plus puissante que de ne pas agrandir sa puissance. Enfin, pour récompenser les descendants de Habsbourg de délivrer l'Europe de leur présence, on leur donnait la liberté de s'étendre dans tous les autres mondes, découverts et à découvrir. Les coups de poignard de Ravaillac sauvèrent l'Autriche, et retardèrent de quelques siècles le repos de l'Europe.

Les yeux attachés sur ce plan, Henri IV dut s'empresser de prendre une part active à l'union évangélique en Allemagne et à la querelle de la succession de Juliers, comme à deux événements de la plus grande importance. Ses négociateurs agissaient, sans relâche, auprès de toutes les cours protestantes d'Allemagne, et le peu qu'ils révélaient ou qu'ils laissaient pressentir du grand secret politique de leur maître suffisait pour gagner des esprits animés d'une haine si ardente contre l'Autriche et possédés d'une telle ambition de s'agrandir. Les habiles efforts de Henri resserrèrent encore les liens de l'union, et le puissant secours qu'il promit éleva le courage de ses membres au plus haut degré de confiance. Une nombreuse armée française, commandée par le roi en personne, devait joindre sur le Rhin les troupes de l'union et d'abord les aider à achever la conquête du pays de Clèves et de Juliers, marcher ensuite avec les Allemands en Italie, où la Savoie, Venise et le pape tenaient déjà prêt un puissant renfort, et renverser là tous les trônes espagnols. L'armée victorieuse devait après cela pénétrer, de la Lombardie, dans les domaines héréditaires de la maison de Habsbourg; là, favorisée par une révolte générale des protestants, elle brisait le sceptre autrichien dans tous ses États allemands, dans la Bohême, la Hongrie et la Transylvanie. Pendant ce temps, les Brabançons et les Hollandais, renforcés des secours de la France, se délivreraient également de leurs tyrans espagnols, et ce torrent débordé, effroyable, qui, naguère encore, avait menacé d'engloutir dans ses sombres tourbillons la liberté de l'Europe, coulait désormais, sans bruit et oublié, derrière les Pyrénées.

Les Français s'étaient toujours vantés de leur célérité : cette fois ils furent devancés par les Allemands. Avant que Henri IV se fût montré en Alsace, une armée de l'union y parut, et dispersa un corps autrichien, que l'évêque de Strasbourg et de Passau avait rassemblé dans cette contrée, pour le conduire dans le pays de Juliers. Henri IV avait formé son plan en homme d'État et en roi, mais il en avait remis l'exécution à des brigands. Dans sa pensée, il ne fallait donner lieu à aucun membre catholique de l'Empire de se croire menacé par cet armement, et de faire de la cause de l'Autriche la sienne. La religion ne devait être en aucune sorte mêlée dans cette entreprise. Mais comment les projets de Henri IV eussent-ils fait oublier aux princes allemands leurs vues particulières? La soif des conquêtes, la haine religieuse, étaient leur mobile : ne devaient-ils pas saisir, chemin faisant, toutes les occasions de satisfaire leur passion dominante? Ils s'abattaient comme des vautours sur les États des princes ecclésiastiques, et choisissaient, quels que fussent les détours à faire, ces grasses campagnes pour y asseoir leur camp. Comme s'ils eussent été en pays ennemi, ils levaient des contributions, saisissaient arbitrairement les revenus de l'État, et prenaient de force tout ce qu'on ne voulait pas leur abandonner de gré. Pour ne pas laisser aux catholiques le moindre doute sur les vrais motifs de leur armement, ils annoncèrent hautement et sans détour le sort qu'ils réservaient aux bénéfices ecclésiastiques. On voit comme Henri IV et les princes allemands s'étaient peu entendus pour ce plan d'opérations, et combien l'excellent roi s'était trompé quant à ses instruments! Tant il est vrai toujours que, si la sagesse commande jamais une violence, il ne faut point charger l'homme violent de l'accomplir, et qu'à celui-là seul pour qui l'ordre est chose sacrée on peut confier la mission d'en enfreindre les lois.

La conduite de l'union, qui révolta même plusieurs États évangéliques, et la crainte de maux encore plus grands, produisirent chez les catholiques quelque chose de plus qu'une oisive colère. L'autorité de l'empereur était trop déchue pour les protéger contre un tel ennemi. C'était leur alliance qui rendait les membres de l'union si redoutables et si insolents : c'était une alliance qu'il fallait leur opposer.

L'évêque de Würtzbourg traça le plan de cette union catholique, qui se distingua de l'évangélique par le nom de ligue. Les points dont on convint furent à peu près les mêmes que ceux qui servaient de base à l'union. La plupart des membres étaient des évêques. Le duc Maximilien de Bavière se mit à la tête de la ligue, mais, en sa qualité de seul membre laïque considérable, avec un pouvoir bien supérieur à celui que les protestants avaient laissé à leur chef. Outre que le duc de Bavière commandait seul toutes les forces militaires de son parti, ce qui donnait aux opérations une promptitude et une vigueur que ne pouvait guère avoir celles de l'union, la ligue avait encore cet avantage, que les contributions des riches prélats étaient payées bien plus régulièrement que celles des pauvres membres[1] évangéliques de l'union. Sans proposer à l'empereur, comme prince catholique de l'Empire, de prendre part à l'alliance; sans lui en rendre compte comme au chef de l'État, la ligue se leva tout à coup, inattendue et menaçante[2], armée d'une force assez grande pour écraser à la fin l'union et se maintenir sous trois empereurs. Elle combattait, il est vrai, pour l'Autriche, puisqu'elle était dirigée contre les princes protestants; mais l'Autriche elle-même fut bientôt réduite à trembler devant elle.

Cependant les armes des princes unis avaient été assez heureuses dans le duché de Juliers et en Alsace; ils tenaient Juliers bloqué étroitement, et tout l'évêché de Strasbourg était en leur pouvoir. Mais leurs brillants succès étaient arrivés à leur terme. Il ne parut pas d'armée française sur le Rhin : celui qui devait la commander, qui devait être l'âme de toute l'entreprise, Henri IV n'était plus. Les fonds s'épuisaient; les états refusaient d'en fournir de nouveaux, et les villes impériales, membres de l'union, s'étaient senties fort blessées qu'on leur demandât sans cesse leur argent et jamais leurs avis. Elles se montraient surtout irritées d'avoir dû se mettre en frais pour la querelle de Juliers, formellement exclue cependant des affaires de l'union; de ce que les princes s'adjugeaient de grosses pensions sur la caisse commune, et, avant tout, de ce qu'ils ne leur rendaient aucun compte de l'emploi des fonds.

L'union penchait donc vers sa chute, dans le temps même où la ligue naissante se levait contre elle avec des forces entières

---

1. Dans la première édition : « des pauvres laïques. »
2. Dans la première édition : « inattendue, ferme et terrible. »

et fraîches. La pénurie d'argent qui se faisait sentir ne permettait pas aux princes unis de tenir plus longtemps la campagne, et cependant il était dangereux de déposer les armes, à la vue d'un adversaire prêt à combattre. Pour se garantir au moins d'un côté, on se hâta de traiter avec l'ennemi le plus ancien, l'archiduc Léopold, et les deux partis convinrent de retirer leurs troupes d'Alsace, de rendre les prisonniers et d'ensevelir le passé dans l'oubli. C'est à ce vain résultat qu'aboutit cet armement dont on s'était tant promis.

Le langage impérieux avec lequel l'union, dans la confiance de sa force, s'était annoncée à l'Allemagne catholique, la ligue l'employait maintenant vis-à-vis de l'union et de ses troupes. On leur montrait les traces de leur expédition, et on les flétrissait hautement elles-mêmes des termes les plus sévères, que méritait leur conduite. Les évêchés de Würtzbourg, Bamberg, Strasbourg, Mayence, Trèves, Cologne, et beaucoup d'autres, avaient éprouvé leur présence dévastatrice. On demanda que tous ces pays fussent dédommagés; que la liberté du passage par terre et par eau fût rétabli (car les princes unis s'étaient aussi rendus maîtres de la navigation du Rhin); enfin on exigeait que toutes choses fussent remises dans leur premier état. Mais, avant tout, on demanda aux membres de l'union de déclarer franchement et nettement ce qu'on avait à attendre d'eux[1]. Leur tour était venu de céder à la force. Ils n'étaient pas en mesure contre un ennemi si bien préparé; mais c'étaient eux-mêmes qui avaient révélé au parti catholique le secret de sa force. Sans doute il en coûtait à leur orgueil de mendier la paix, mais ils durent s'estimer heureux de l'obtenir. Un parti promit des dédommagements, l'autre le pardon. On mit bas les armes. L'orage se dissipa encore une fois, et l'on eut un intervalle de repos. Alors éclata en Bohême la révolte qui coûta à l'empereur la dernière de ses possessions héréditaires; mais ni l'union ni la ligue ne se mêlèrent à ce débat.

Enfin l'empereur Rodolphe mourut (1612). Descendu dans la tombe, son absence fut aussi peu remarquée que l'avait été sa présence sur le trône; mais, longtemps après, quand les

---

1. Dans la première édition : « Ce qu'on avait à attendre de leur alliance. »

malheurs des règnes suivants eurent fait oublier les malheurs du sien, sa mémoire fut entourée d'une auréole. De si affreuses ténèbres s'étendirent sur toute l'Allemagne, qu'on regretta avec des larmes de sang un tel empereur.

On n'avait jamais pu obtenir de Rodolphe qu'il fît élire son successeur à l'Empire, et chacun attendait avec inquiétude la prochaine vacance du trône; mais, contre toute attente, Matthias y monta promptement et paisiblement. Les catholiques lui donnèrent leurs voix, parce qu'ils espéraient tout de la vive activité de ce prince; les protestants lui donnèrent les leurs, parce qu'ils attendaient tout de sa débilité. Il n'est pas difficile de concilier cette contradiction : les uns se reposaient sur ce qu'on avait vu de lui autrefois, les autres sur ce qu'on voyait de lui alors.

L'avénement d'un nouveau prince est toujours pour toutes les espérances comme le jour de tirage d'une loterie; dans un royaume électif, la première diète du nouveau roi est d'ordinaire sa plus rude épreuve. Tous les anciens griefs y sont produits, et l'on en cherche de nouveaux, pour les faire participer aux réformes qu'on espère; une création toute nouvelle doit commencer avec le nouveau règne. Chez les membres protestants de l'Empire vivait encore un tout frais souvenir des grands services que leurs coreligionnaires d'Autriche avaient rendus à Matthias dans sa révolte; et surtout la manière dont ceux-ci s'étaient fait payer de leurs secours semblait devoir maintenant leur servir de modèle à eux-mêmes.

C'était avec l'appui des diètes protestantes d'Autriche et de Moravie que Matthias s'était frayé la voie aux trônes de son frère, et qu'il y était réellement monté; mais, emporté par ses projets ambitieux, il n'avait point réfléchi que par là, en même temps, la voie avait été ouverte à ces diètes pour dicter des lois à leur maître. Cette découverte l'arracha bientôt à l'ivresse de son bonheur. A peine reparaissait-il triomphant aux yeux de ses sujets autrichiens, après l'expédition de Bohême, que déjà l'attendait « une très-humble requête » qui suffisait pour empoisonner toute sa joie. On lui demandait, avant de procéder à l'hommage, une entière liberté de religion dans les villes et dans les bourgs, une parfaite égalité de droits entre catholiques et protestants, et, pour ceux-ci, l'accès de tout point égal à toutes les charges. En plusieurs endroits, on se mit de soi-même en possession de cette liberté ; et, dans la confiance qu'inspirait le régime nouveau, on rétablit arbitrairement le culte évangélique là où l'empereur l'avait aboli. A la vérité, Matthias n'avait pas dédaigné d'user contre Rodolphe des griefs des protestants, mais jamais il n'avait pu avoir la pensée d'y faire droit. Il se flatta qu'un langage ferme et résolu ferait tomber, dès le principe, ces prétentions. Il mit en avant ses droits héréditaires sur le pays, et il ne voulait entendre parler d'aucune condition avant l'hommage. C'était sans condition que les états voisins, de Styrie, l'avaient prêté à l'archiduc Ferdinand ; mais bientôt ils avaient eu lieu de s'en repentir. Avertis par cet exemple, les états d'Autriche persistèrent dans leur refus ; et même, pour n'être pas violemment contraints à l'hommage, ils allèrent jusqu'à quitter la capitale, exhortèrent leurs coétats catholiques à la même résistance, et commencèrent à lever des troupes. Ils firent des démarches pour renouveler avec les Hongrois leur ancienne alliance, mirent dans leurs intérêts les princes protestants de l'Empire, et se disposèrent très-sérieusement à soutenir leur requête par les armes.

Matthias n'avait fait aucune difficulté de consentir aux exigences bien plus grandes des Hongrois. Mais la Hongrie était un royaume électif, et la constitution républicaine de ce pays justifiait les demandes des états aux yeux du prince, et sa propre condescendance vis-à-vis des états aux yeux de tout le monde catholique. En Autriche, au contraire, ses prédécesseurs avaient exercé des droits de souveraineté beaucoup plus étendus, et il ne pouvait s'en laisser dépouiller par les états, sans se déshonorer devant toute l'Europe catholique, sans s'attirer la colère de Rome et de l'Espagne et le mépris de ses propres sujets catholiques. Ses conseillers sévèrement orthodoxes, parmi lesquels Melchior Clesel, évêque de Vienne, avait sur lui le plus d'empire, l'exhortaient à se laisser arracher de force toutes les églises par les protestants, plutôt que de leur en céder une seule légalement.

Mais malheureusement ces embarras l'assaillirent dans un temps où Rodolphe vivait encore : spectateur de cette lutte, il pouvait aisément être tenté d'employer contre son frère les armes par lesquelles celui-ci avait triomphé de lui, à savoir des intelligences avec ses sujets rebelles. Afin d'échapper à ce coup, Matthias s'empressa d'accepter la proposition des états de Moravie, qui s'offraient à servir de médiateurs entre lui et les états d'Autriche. Un comité, des uns et des autres, se réunit à Vienne, où les députés autrichiens firent entendre un langage qui aurait surpris même à Londres, au sein du parlement[1]. « Les protestants, disaient-ils dans la conclusion, ne veulent pas être moins respectés dans leur patrie qu'une poignée de catholiques. C'est par le secours de sa noblesse protestante que Matthias a contraint l'empereur à céder; où se trouvent quatre-vingts barons papistes, on en compte trois cents évangéliques. L'exemple de Rodolphe doit être un avertissement pour Matthias. Qu'il prenne garde de perdre la terre, en voulant faire des conquêtes pour le ciel. » Les états de Moravie, au lieu d'exercer leur médiation au profit de l'empereur, ayant fini par prendre eux-mêmes le parti de leurs frères autrichiens; l'union allemande étant intervenue en faveur de ceux-ci avec la plus grande énergie, et la crainte des représailles de Rodolphe ayant mis Matthias fort à la gêne, il se laissa enfin arracher la déclaration désirée en faveur des évangéliques.

Les membres protestants de l'empire d'Allemagne prirent alors pour modèle de leur conduite envers l'empereur celle des états autrichiens envers leur archiduc, et ils s'en promirent le même succès. A la première diète qu'il tint à Ratisbonne (1613), où les affaires les plus pressantes attendaient une solution, où une contribution générale était devenue nécessaire pour une guerre avec la Turquie et avec le prince Bethlen Gabor de Transylvanie, qui s'était déclaré maître de ce pays avec le secours des Turcs, et menaçait même la Hongrie, ces membres protestants surprirent l'empereur par une demande toute nouvelle. Les voix catholiques étaient toujours les plus nombreuses dans le conseil des princes, et, comme tout se décidait à la pluralité des voix, on ne tenait d'ordinaire aucun compte des évangéliques, quelque étroite que fût leur union. Ils voulaient

---

1. La première édition ajoute. « Et au temps de Cromwell. »

maintenant voir renoncer les catholiques à cet avantage de la pluralité des voix; ils voulaient qu'à l'avenir une religion n'eût plus la faculté d'annuler les voix de l'autre par une invariable majorité. Et en effet, si la religion évangélique devait être représentée à la diète, il s'entendait, ce semble, de soi-même que la constitution de l'assemblée ne devait pas lui rendre impossible l'usage de son droit. A cette demande on ajoutait des plaintes sur les usurpations du conseil aulique et sur l'oppression des protestants, et les fondés de pouvoir des états avaient ordre de ne prendre aucune part aux délibérations générales, tant qu'ils n'auraient pas obtenu sur ce point préliminaire une réponse favorable.

Ainsi s'introduisit dans la diète une dangereuse division, qui menaçait de rendre à jamais impossible toute délibération commune. Si sincèrement que l'empereur eût désiré, à l'exemple de Maximilien, son père, tenir un sage milieu entre les deux religions, la conduite actuelle des protestants ne lui laissait plus que la fâcheuse nécessité de choisir entre elles. Dans ses pressants besoins, l'assistance de tout l'Empire lui était indispensable, et pourtant il ne pouvait s'attacher un parti sans perdre le secours de l'autre. Si mal affermi dans ses propres domaines héréditaires, il devait trembler à la seule pensée d'une guerre ouverte avec les protestants; mais toute l'Europe catholique, attentive à la résolution qu'il allait prendre, et les représentations des membres catholiques de l'Empire, celles des cours de Rome et d'Espagne, lui permettaient aussi peu de favoriser les protestants au préjudice de la religion romaine. Une situation si critique aurait abattu un plus ferme génie que Matthias, et sa propre habileté l'aurait tiré difficilement de ce mauvais pas; mais l'intérêt des catholiques était lié étroitement avec l'autorité de l'empereur, et, s'ils la laissaient déchoir, les princes ecclésiastiques surtout étaient aussitôt livrés sans défense aux attaques des protestants.

Voyant donc l'empereur balancer, les catholiques jugèrent qu'il était grand temps de raffermir son courage qui faiblissait. On le fit pénétrer dans le secret de la ligue; on lui en exposa toute l'organisation, les ressources et les forces. Si peu consolante que fût cette découverte pour l'empereur, la perspective d'un soutien si puissant lui donna cependant un peu plus de courage contre les évangéliques. Leurs demandes furent écartées, et la diète se sépara sans rien résoudre. Mais Matthias fut la victime de cette querelle. Les protestants lui refusèrent leurs subsides, et se vengèrent sur lui[1] de l'obstination des catholiques[2].

Cependant les Turcs se montraient eux-mêmes disposés à prolonger l'armistice, et on laissa le prince Bethlen Gabor en paisible possession de la Transylvanie. L'Empire se trouvait préservé des dangers extérieurs, et même au dedans, malgré toutes ces divisions si périlleuses, la paix régnait encore. Un accident fort imprévu avait donné à la querelle de la succession de Juliers la tournure la plus étrange. Ce duché était toujours possédé en commun par l'électeur de Brandebourg et le comte palatin de Neubourg; un mariage entre le prince de Neubourg et une princesse de Brandebourg devait unir d'une manière indissoluble les intérêts des deux familles. Tout ce plan fut renversé par.... un soufflet, que l'électeur de Brandebourg eut le malheur de donner, dans l'ivresse, à son gendre futur. Dès ce moment la bonne harmonie fut détruite entre les deux maisons. Le prince de Neubourg se fit catholique. Une princesse de Bavière fut le prix de cette apostasie, et la puissante protection de la Bavière et de l'Espagne la conséquence naturelle des deux

---

1. La première édition ajoute : « Quoiqu'il fût innocent. »
2. Ici Schiller a supprimé un long morceau, qui, dans la première édition, commence l'alinéa suivant : « Cependant la trêve avec les Turcs touchait à sa fin; leurs mouvements devenaient de plus en plus suspects, et chaque jour rendait plus nécessaire un armement contre eux. Ce que l'empereur n'avait pu tirer des membres de la diète, il fallait maintenant qu'il cherchât à l'obtenir, par séduction, des états de ses propres domaines. Dans ces états, on le sait, régnait la même discorde religieuse, le même esprit de mécontentement que parmi les membres de l'Empire. Les mêmes difficultés devaient donc s'opposer à l'empereur. Les diverses provinces de la monarchie autrichienne refusèrent de rien décider une à une, sans le concours des autres; mais une diète générale de tous les états pouvait aisément dégénérer en une périlleuse confédération contre Matthias. Toutefois le besoin maintenant le dominait, et les états d'Autriche, de Bohême, de Moravie, etc., furent réunis à Linz. L'empereur ne négligea rien pour mettre en évidence la nécessité d'une guerre contre les Turcs. Quand vint le moment de prendre une résolution, les députés se trouvèrent sans pouvoir à cet effet. Cette diète autrichienne se d'spersa donc sans fruit, comme la diète de l'Empire, et la fortune seule sauva l'empereur de l'extrémité où il était réduit. Les Turcs se montrèrent eux-mêmes disposés à, etc. ».

événements. Pour aider le comte palatin à s'assurer la possession exclusive de Juliers, les troupes espagnoles furent attirées des Pays-Bas dans le duché. Pour se délivrer de ces hôtes, l'électeur de Brandebourg appela les Hollandais dans le pays, et, pour leur complaire, il embrassa le calvinisme. Les Espagnols et les Hollandais parurent, mais on put voir que c'était uniquement en vue de conquérir pour eux-mêmes.

La guerre voisine, des Pays-Bas, sembla vouloir prendre alors pour théâtre le territoire germanique, et quelle abondance de matières inflammables n'y trouvait-elle pas toute prête ! L'Allemagne protestante vit avec effroi les Espagnols prendre pied sur le bas Rhin, et l'Allemagne catholique avec plus d'effroi encore les Hollandais franchir les limites de l'Empire[1]. C'était à l'occident que devait éclater la mine depuis longtemps creusée sous tout le sol de l'Allemagne ; la terreur et les alarmes s'étaient tournées de ce côté, et ce fut de l'orient que vint le coup qui amena l'explosion.

Le repos que la lettre de Majesté de Rodolphe II avait procuré à la Bohême se prolongea encore quelque temps sous le règne de Matthias, et jusqu'au jour où fut nommé un nouveau successeur à la couronne de ce royaume, dans la personne de Ferdinand de Grætz.

Ce prince, que nous apprendrons à mieux connaître dans la suite, sous le nom de Ferdinand II, s'était annoncé comme un zélateur inexorable de l'Église romaine, en extirpant par violence le protestantisme de ses États héréditaires : aussi la partie catholique de la nation bohême voyait-elle en lui le futur soutien de son Église. La santé caduque de Matthias rapprochait cette époque prévue, et les catholiques bohêmes, dans la confiance que leur inspirait un si puissant protecteur, commençaient déjà à traiter leurs adversaires avec moins de ménagements. Les sujets protestants de seigneurs catholiques étaient surtout exposés aux plus durs traitements. Plusieurs catholiques

1. « Les guerres de religion ont cela de particulier qu'elles ne se renferment pas dans les limites des pays, qu'elles se renouvellent sur chaque sol nouveau, parce que sur chaque nouveau sol ennemis et alliés s'accroissent, et que l'épuisement de tout le parti peut seul épuiser chacune de ses fractions. » (*Première édition.*)

commirent même l'imprudence de parler assez haut de leurs
espérances, et leurs menaces éveillèrent dans l'autre parti une
fâcheuse méfiance contre leur futur souverain. Mais elle n'aurait jamais éclaté par des actes, si l'on s'en était tenu à des
menaces générales, et si des attaques particulières contre certaines personnes n'avaient donné au mécontentement populaire
des chefs entreprenants.

Henri Matthias, comte de Thurn, n'était pas né Bohême,
mais il possédait quelques domaines dans le royaume; et son
zèle pour la religion protestante, un amour enthousiaste pour
sa nouvelle patrie, lui avaient gagné toute la confiance des
utraquistes, ce qui lui ouvrit le chemin des postes les plus
importants. Il avait servi avec gloire contre les Turcs. Par ses
manières insinuantes il gagna les cœurs de la multitude. Esprit
ardent, impétueux; aimant le trouble, parce que ses talents y
brillaient; assez inconsidéré et téméraire pour entreprendre
des choses qu'une froide prudence et un sang plus tranquille
ne hasardent point; assez peu scrupuleux pour jouer le sort
des peuples, lorsqu'il s'agissait de satisfaire ses passions; assez
habile pour mener à la lisière une nation telle qu'était alors la
Bohême : il avait déjà pris la part la plus active aux troubles
sous le règne de Rodolphe, et c'était à lui principalement qu'on
devait la lettre impériale, arrachée à ce prince par les états.
La cour avait mis sous sa garde, comme burgrave de Karlstein,
la couronne de Bohême et les chartes du royaume; mais, dépôt
bien plus important, la nation s'était livrée elle-même à lui,
en le nommant défenseur, ou protecteur de la foi. Les grands
qui gouvernaient l'empereur arrachèrent maladroitement au
comte de Thurn la garde de choses mortes pour lui laisser
son influence sur les vivants. Ils lui enlevèrent la dignité
de burgrave, qui le faisait dépendre de la faveur de la cour,
comme pour lui ouvrir les yeux sur l'importance de ce qui
lui restait; ils blessèrent sa vanité, qui rendait pourtant son
ambition inoffensive. Dès lors il fut dominé par le désir de la
vengeance, et l'occasion de le satisfaire ne lui manqua pas
longtemps.

Dans la lettre de Majesté arrachée par les Bohémes à Rodolphe II, aussi bien que dans la paix de religion des Allemands, un article important était resté indécis. Tous les droits que la paix de religion assurait aux protestants étaient pour les membres de la diète, pour le souverain, et non pour les sujets; on avait seulement stipulé pour les sujets des États ecclésiastiques une vague liberté de conscience. La lettre impériale de Bohême ne parlait non plus que des seigneurs, membres des états, et des villes royales, dont les magistrats avaient su conquérir des droits égaux à ceux des membres des états. A ces villes seules fut accordée la liberté d'établir des églises, des écoles, et d'exercer publiquement le culte protestant. Dans toutes les autres villes, c'était aux seigneurs dont elles relevaient de statuer quel degré de liberté religieuse ils voulaient permettre aux sujets. Les membres de l'empire germanique avaient usé de ce droit dans toute son étendue : les séculiers, sans opposition ; les ecclésiastiques, auxquels une déclaration de l'empereur Ferdinand contestait ce droit, avaient combattu, non sans fondement, la validité de cette déclaration. Ce qui était *contesté* dans le traité de paix était *indéterminé* dans la lettre de Rodolphe; là, l'interprétation n'était pas douteuse, mais il était douteux de savoir si l'on devait l'obéissance; ici, l'interprétation était laissée aux seigneurs. Les sujets des membres ecclésiastiques des états de Bohême croyaient donc avoir le même droit que la déclaration de Ferdinand accordait aux sujets des évêques allemands : ils s'estimaient égaux aux sujets des villes royales, parce qu'ils rangeaient les domaines ecclésiastiques parmi les domaines de la couronne. Dans la petite ville de Klostergrab, qui dépendait de l'archevêque de Prague, et à Braunau, qui appartenait à l'abbé du couvent de ce nom, les sujets protestants osèrent bâtir des églises de leur propre autorité, et en terminèrent la construction malgré l'opposition de leurs seigneurs, et même l'improbation de l'empereur.

Cependant la vigilance des défenseurs s'était un peu ralentie, et la cour crut pouvoir hasarder un coup décisif. Sur un ordre impérial, l'église de Klostergrab fut démolie, celle de Braunau fermée de force, et les bourgeois les plus turbulents furent jetés en prison. Un mouvement général parmi les protestants fut la suite de ces mesures; on cria à la violation de la lettre de Majesté. Le comte de Thurn, animé par la vengeance, et pressé plus encore par son office de défenseur, se montra surtout très-actif pour échauffer les esprits. A son instigation, des députés de tous les cercles du royaume furent convoqués à Prague, pour prendre les mesures nécessaires dans ce danger commun. On convint de rédiger une supplique à l'empereur, et d'insister sur l'élargissement des prisonniers. La réponse de l'empereur, déjà très-mal reçue des états parce qu'il ne l'avait pas adressée à eux-mêmes, mais à ses lieutenants, improuvait leur conduite, comme illégale et séditieuse; justifiait par un ordre impérial ce qui s'était fait à Klostergrab et à Braunau, et renfermait quelques passages qu'on pouvait interpréter comme des menaces.

Le comte de Thurn ne manqua pas d'augmenter la fâcheuse impression que cet écrit de l'empereur produisit sur l'assemblée des états. Il leur représenta le danger de tous ceux qui avaient pris part à la supplique, et sut les entraîner par la peur et la colère à des résolutions violentes. Les soulever immédiatement contre l'empereur, c'eût été un pas encore trop hardi. Il ne les amena que par degrés à ce but inévitable. Il jugea bon de détourner d'abord leur mécontentement sur les conseillers de l'empereur, et fit répandre, à cet effet, le bruit que l'écrit impérial avait été rédigé à la lieutenance à Prague, et seulement signé à Vienne. Parmi les lieutenants impériaux, le président de la chambre Slawata, et le baron de Martinitz, nommé burgrave de Karlstein à la place de Thurn, étaient l'objet de la haine universelle. Depuis longtemps, l'un et l'autre avaient laissé voir assez clairement leurs dispositions hostiles aux membres protestants des états, en refusant seuls d'assister à la séance où la lettre impériale avait été enregistrée dans les statuts de Bohême. Dès lors on les avait menacés de les rendre responsables de toute atteinte future portée à cet acte, et, depuis, tout ce qui était arrivé de fâcheux aux protestants leur avait été imputé, et non sans raison. Parmi tous les seigneurs catholiques, nuls ne s'étaient montrés aussi durs que ces deux hommes, envers leurs sujets protestants. On les accusait de lâcher des chiens après eux, pour les pousser à la messe, et de les ramener de force au papisme, par le refus du baptême, du mariage et de la sépulture. Il n'était pas difficile d'enflammer la colère de la nation contre deux personnages si détestés, et on les choisit pour victimes du mécontentement universel.

Le 23 mai 1618, les députés, en armes et accompagnés d'une suite nombreuse, se présentèrent au château royal, et entrèrent en tumulte dans la salle où les lieutenants de l'empereur, Sternberg, Martinitz, Lobkowitz et Slawata étaient assemblés. Ils demandèrent, d'un ton menaçant, à chacun d'eux de déclarer s'il avait eu part à l'écrit impérial et s'il y avait donné son assentiment. Sternberg les accueillit avec modération; Martinitz et Slawata répondirent fièrement. Cela décida de leur sort. On conduisit par le bras hors de la salle Sternberg et Lobkowitz, moins haïs et plus redoutés; ensuite Slawata et Martinitz furent saisis, traînés vers une fenêtre et précipités, d'une hauteur de quatre-vingts pieds, dans le fossé du château. On y jeta après eux le secrétaire Fabricius, leur créature à tous deux. Tout le monde civilisé s'étonna, comme de raison, d'une justice si étrange : les Bohêmes alléguèrent, pour s'excuser, l'usage national, et ne trouvèrent rien de surprenant dans cette affaire, sinon qu'on pût se relever, si bien portant, d'une telle chute. Un amas de fumier, sur lequel la lieutenance impériale eut le bonheur de choir, l'avait préservée du mal.

On ne pouvait se flatter d'avoir reconquis, par une si brusque exécution, les bonnes grâces de l'empereur; mais c'était là justement que le comte de Thurn avait voulu amener les états. S'ils s'étaient permis un pareil acte de violence dans la crainte d'un péril encore incertain, l'attente certaine du châtiment et le besoin de sûreté, devenu plus pressant, devaient les entraîner bien plus loin encore. En se faisant justice à eux-mêmes, d'une façon si brutale, ils avaient fermé toutes les voies à l'irrésolution et au repentir, et il ne paraissait possible de racheter ce crime unique que par une longue suite de violences. Comme on ne pouvait faire que l'acte n'eût pas été commis, il fallait désarmer le pouvoir qui devait punir. Trente directeurs furent nommés pour continuer légalement la révolte. On s'empara de toutes les affaires du gouvernement, de tous les revenus de la couronne; on reçut le serment des fonctionnaires royaux et des troupes; et l'on adressa à toute la nation bohême une sommation de défendre la cause commune. Les jésuites, que la haine générale accusait d'avoir provoqué jusque-là tous les actes d'oppression, furent bannis de tout le royaume, et les états crurent nécessaire de justifier dans un manifeste particulier cette dure décision. Au reste, toutes ces mesures avaient pour objet le maintien des lois et de l'autorité royale : langage ordinaire des rebelles, jusqu'à ce que la fortune se soit prononcée pour eux.

L'émotion que la nouvelle de cette révolte de Bohême excita à la cour impériale fut loin d'être aussi vive que l'eût mérité une telle provocation. L'empereur Matthias n'était plus cet homme déterminé qui avait pu autrefois aller chercher son roi et son maître au sein de son peuple, et le renverser de trois trônes. L'audacieux courage qui l'avait animé dans une usurpation l'abandonna dans une défense légitime. Les Bohêmes révoltés avaient pris les armes les premiers, et il était naturel qu'il armât comme eux. Mais il ne pouvait espérer de renfermer la guerre dans ce royaume; dans tous les pays de sa domination, les protestants étaient liés entre eux par une dangereuse sympathie : le péril commun de la religion pouvait les réunir tout à coup en une redoutable république. Que pouvait-il opposer à un pareil ennemi, si ses sujets protestants se séparaient de lui? Les deux partis n'allaient-ils pas s'épuiser dans une guerre civile si funeste? Tout n'était-il pas compromis s'il succombait, et, s'il était vainqueur, qui ruinait-il que ses propres sujets?

Ces considérations disposèrent Matthias et son conseil à l'indulgence et à des pensées de paix; mais d'autres voulaient voir dans cette indulgence même la cause du mal. L'archiduc Ferdinand de Grætz alla jusqu'à féliciter l'empereur d'un événement qui justifierait devant l'Europe entière toutes les violences envers les protestants de Bohême. « La désobéissance, disait-il, l'anarchie et la révolte ont toujours donné la main au protestantisme. Toutes les libertés que Matthias et son prédécesseur ont accordées aux états n'ont eu d'autre effet que d'accroître leurs prétentions. C'est contre l'autorité souveraine que sont dirigées toutes les démarches des hérétiques; c'est par degrés que leur insolence en est venue à cette dernière attaque; bientôt, pour dernier outrage, ils attenteront à la personne de l'empereur[1]. Contre de pareils ennemis, on ne trouvera de secours que dans les armes; de repos et d'autorité que sur les ruines de leurs dangereux priviléges; de sûreté pour la foi catholique que dans la destruction totale de cette secte. L'issue de la guerre était douteuse, il est vrai; mais, si on ne la faisait pas, la ruine était certaine. La confiscation des biens des rebelles suffirait largement aux dépenses, et la terreur des supplices enseignerait, pour l'avenir, aux autres diètes une prompte[2] obéissance. » Pouvait-on blâmer les protestants de Bohême de prendre à temps leurs mesures contre les effets de pareilles maximes? Aussi bien était-ce seulement contre l'héritier de l'empereur que cette révolte était dirigée, et non contre l'empereur lui-même, qui n'avait rien fait pour justifier les alarmes des protestants. Ce fut pour fermer le chemin du trône de Bohême à Ferdinand, qu'on saisit les armes, dès le temps du règne de Matthias; mais on voulait, jusqu'à la mort de cet empereur, se tenir dans les bornes d'une apparente soumission.

Cependant la Bohême était en armes, et l'empereur ne pouvait pas même offrir la paix sans armer à son tour. L'Espagne avança de l'argent, et promit qu'elle enverrait des troupes d'Italie et des Pays-Bas. On nomma généralissime un Néerlandais, le comte de Bucquoi, aucun homme du pays n'inspirant assez de confiance; le comte de Dampierre, étranger comme lui, commandait sous ses ordres. Avant que cette armée se mît en mouvement, l'empereur la fit précéder d'un manifeste, pour tenter les voies de la douceur. Il y déclarait aux Bohêmes que la lettre de Majesté était sacrée pour lui; qu'il n'avait jamais rien résolu contre leur religion ou leurs priviléges. Son armement actuel n'était lui-même que la suite nécessaire du leur; aussitôt que la nation aurait posé les armes, il licencierait, lui aussi, ses troupes. Mais cette lettre clémente manqua son but, parce que les chefs de la révolte jugèrent prudent de cacher au peuple la

---

1. « Tout ce qu'on a souffert d'eux jusqu'ici n'est qu'un juste châtiment de Dieu pour les ménagements dont on a usé envers les pires de ses ennemis. Leur nouvelle révolte est l'œuvre manifeste du ciel, pour combler la mesure de leurs crimes et pousser à bout la patience du gouvernement. » (*Première édition.*)

2. Dans la première édition, cet adjectif est au comparatif : *schnellern*, « plus prompte. »

bonne volonté de l'empereur. Au lieu de cela, ils répandirent du haut des chaires et dans des pamphlets les bruits les plus venimeux : ils faisaient trembler le peuple abusé, en le menaçant de nouvelles Saint-Barthélemy, qui n'existaient que dans leur tête. Toute la Bohême prit part à la révolte, excepté les villes de Budweiss, Krummau et Pilsen. Ces trois cités, qui étaient en grande partie catholiques, eurent seules le courage, au milieu de la défection générale, de rester fidèles à l'empereur, qui leur promit des secours. Mais il ne pouvait échapper au comte de Thurn combien il serait dangereux de laisser dans les mains de l'ennemi trois places d'une telle importance, qui tenaient ouverte en tout temps aux armes de l'empereur l'entrée du royaume. Avec une prompte résolution, il parut devant Budweiss et Krummau, se flattant que l'épouvante lui livrerait l'une et l'autre. Krummau se rendit, mais Budweiss repoussa avec fermeté toutes ses attaques.

Alors l'empereur commença à montrer lui-même un peu plus de sérieuse vigueur et d'activité. Bucquoi et Dampierre se jetèrent dans la Bohême avec deux armées, et commencèrent à la traiter en pays ennemi. Mais ces deux chefs impériaux trouvèrent le chemin de Prague plus difficile qu'ils ne s'y étaient attendus. Il leur fallut enlever, l'épée à la main, chaque passage, chaque poste un peu tenable, et la résistance augmentait à chaque pas, parce que les excès de leurs soldats, pour la plupart Hongrois et Wallons, poussaient les amis à la défection et les ennemis au désespoir. Mais, alors même que ses armées s'avançaient dans la Bohême, l'empereur continuait d'offrir la paix aux états et de se montrer disposé à un accommodement. De nouvelles perspectives qui s'ouvrirent pour les rebelles, rehaussèrent leur courage. La diète de Moravie embrassa leur parti, et il leur vint d'Allemagne, en la personne du comte de Mansfeld, un défenseur aussi brave qu'inattendu.

Les chefs de l'union évangélique avaient observé jusque-là les événements de Bohême en silence, mais non en spectateurs oisifs. La Bohême combattait pour la même cause qu'eux, et contre le même ennemi : ils firent voir aux membres de l'alliance leur propre sort dans celui de ce peuple, et leur représentèrent sa cause comme l'intérêt le plus sacré pour l'union allemande. Fidèles à ce principe, ils soutinrent le courage des rebelles par des promesses de secours, et une circonstance heureuse les mit en état de remplir à l'improviste cet engagement.

Le comte Pierre-Ernest de Mansfeld, dont le père, Ernest de Mansfeld, officier autrichien plein de mérite, avait commandé quelque temps avec beaucoup de gloire l'armée espagnole, dans les Pays-Bas, fut l'instrument qui devait humilier la maison d'Autriche en Allemagne. Il avait fait lui-même ses premières campagnes au service de cette maison, et combattu, dans le pays de Juliers et en Alsace, sous les drapeaux de l'archiduc Léopold, contre la religion protestante et la liberté allemande; mais, gagné insensiblement par les principes de la nouvelle religion [1], il abandonna un chef intéressé, qui lui refusait le payement des dépenses faites à son service, et il consacra à l'union évangélique son zèle et son épée victorieuse. Il arriva précisément à cette époque que le duc de Savoie, engagé dans une guerre contre l'Espagne, demanda des secours à l'union, dont il était l'allié. L'union lui céda sa nouvelle conquête, et Mansfeld fut chargé [2] de mettre sur pied en Allemagne, pour le duc et à ses frais, une armée de quatre mille hommes. Cette armée était prête à marcher, quand la guerre s'alluma en Bohême, et le duc n'ayant, à ce moment, aucun besoin de renforts, laissa ces troupes à la disposition de l'union. Rien ne pouvait être plus au gré de celle-ci que de secourir, aux frais d'autrui, ses alliés de Bohême. Le comte de Mansfeld reçut aussitôt l'ordre de conduire ces quatre mille hommes dans ce royaume, et, pour cacher aux yeux du monde les véritables auteurs de l'armement, on mit en avant un brevet délivré par les états de Bohême.

Mansfeld parut dans le pays, et s'y établit solidement par la prise de la ville forte de Pilsen, fidèle à l'empereur. Le courage des rebelles fut encore relevé par un autre secours, que leur envoyèrent les états de Silésie. Ils engagèrent alors avec les troupes impériales des combats, peu décisifs, mais qui n'en causèrent que plus de ravages, et qui furent le prélude d'une

---

1. La première édition a de plus ici ces mots très-significatifs : « Ou plutôt par l'anarchie, qu'il pouvait couvrir du nom de la religion nouvelle. »
2. Dans la première édition : « Fut chargé par son nouveau maître. »

guerre plus sérieuse. Afin de ralentir les opérations militaires de l'empereur, on négocia avec lui, et l'on accepta même la médiation offerte par la Saxe ; mais, avant que le résultat pût montrer combien l'on était peu sincère, la mort fit disparaître l'empereur de la scène.

Qu'avait fait Matthias pour justifier l'attente du monde, qu'il avait provoquée en renversant son prédécesseur? Était-ce la peine de monter sur le trône de Rodolphe par un crime, pour l'occuper si mal, et en descendre avec si peu de gloire? Tant que Matthias fut roi, il expia l'imprudence par laquelle il l'était devenu. Afin de porter la couronne quelques années plus tôt, il en avait sacrifié toute l'indépendance. Ce que les états, devenus plus puissants, lui laissèrent d'autorité, ses propres agnats l'entravèrent par une humiliante contrainte. Malade et sans postérité, il vit l'attention des hommes courir au-devant de son orgueilleux successeur, qui, dans son impatience, anticipait sur sa destinée, et sous le règne expirant d'un vieillard ouvrait déjà le sien.

On pouvait regarder comme éteinte avec Matthias la branche régnante de la maison d'Autriche en Allemagne. Car, de tous les fils de Maximilien, il ne restait plus que l'archiduc Albert, alors dans les Pays-Bas, qui, faible et sans enfants, avait cédé à la branche de Grætz ses droits à la succession. La maison d'Espagne s'était aussi désistée, dans un pacte secret, en faveur de l'archiduc Ferdinand de Styrie, de toutes ses prétentions sur les pays autrichiens. C'était en la personne de ce prince que la souche de Habsbourg devait pousser en Allemagne de nouvelles branches, et faire revivre l'ancienne grandeur de l'Autriche.

Ferdinand eut pour père l'archiduc Charles de Carniole, de Carinthie et de Styrie, frère puîné de l'empereur Maximilien II, et pour mère une princesse de Bavière. Comme il avait perdu son père dès l'âge de douze ans, l'archiduchesse sa mère le confia à la garde du duc Guillaume de Bavière, frère de cette princesse, sous les yeux duquel il fut élevé et instruit par les jésuites, à l'université d'Ingolstadt. On imagine aisément quels principes Ferdinand dut puiser dans le commerce d'un prince qui avait renoncé par dévotion au gouvernement. On lui montrait, d'une part, l'indulgence des princes de la branche de

Maximilien envers l'hérésie, et les troubles de leurs États; de l'autre, la prospérité de la Bavière et le zèle impitoyable de ses souverains pour la religion : entre ces deux modèles on lui laissait le choix.

Préparé dans cette école à devenir un vaillant champion de Dieu, un actif instrument de l'Église, il quitta la Bavière, après un séjour de cinq ans, pour aller prendre le gouvernement de ses domaines héréditaires. Les états de Carniole, de Carinthie et de Styrie, ayant demandé que leur liberté religieuse fût confirmée avant la prestation de l'hommage, Ferdinand répondit que l'hommage n'avait rien de commun avec la liberté religieuse. Le serment fut exigé et prêté sans condition. Plusieurs années s'écoulèrent avant que l'entreprise dont le plan avait été formé à Ingolstadt parût mûre pour l'exécution. Avant de manifester son dessein, Ferdinand alla en personne implorer à Lorette la faveur de la vierge Marie, et chercher à Rome, aux pieds de Clément VIII, la bénédiction apostolique.

C'est qu'il ne s'agissait de rien moins que de bannir le protestantisme d'une contrée où il avait pour lui la supériorité du nombre, et de plus une existence légale, grâce à un acte formel de tolérance, que le père de Ferdinand avait octroyé à l'ordre des seigneurs et chevaliers du pays. Une concession si solennelle ne pouvait être retirée sans danger; mais aucune difficulté n'effrayait le pieux élève des jésuites. L'exemple des autres princes de l'empire, catholiques et protestants, qui avaient exercé, sans contradiction, dans leurs domaines le droit de réforme[1], et l'abus que les états de Styrie avaient fait de leur liberté religieuse, devaient servir de justification à cet acte de violence. Armé d'une loi positive, qui choquait le bon sens, on croyait pouvoir insulter sans pudeur aux lois de la raison et de l'équité. Au reste, dans cette injuste entreprise, Ferdinand montra un courage digne d'admiration et une louable constance. Sans bruit, et, il faut le dire aussi, sans cruauté, il supprima le culte protestant dans une ville, puis dans une autre, et, en peu d'années, cette œuvre périlleuse fut achevée, à l'étonnement général de l'Allemagne.

---

1. La première édition ajoute : « Comme une prérogative de la souveraineté. »

Mais, tandis que les catholiques admiraient dans ce prince le héros et le chevalier de leur Église, les protestants commençaient à se prémunir contre lui, comme contre leur ennemi le plus dangereux. Néanmoins la proposition de Matthias de lui assurer sa succession, ne trouva point d'opposition, ou n'en trouva qu'une bien faible, dans les États électifs de l'Autriche, et les Bohêmes eux-mêmes le couronnèrent, sous des conditions très-acceptables, comme leur roi futur. Ce ne fut que plus tard, quand ils eurent reconnu la funeste influence de ses conseils sur le gouvernement de l'empereur, que leurs inquiétudes s'éveillèrent. Diverses pièces, écrites de la main de ce prince, que la malveillance fit tomber dans leurs mains, et qui ne trahissaient que trop ses sentiments, portèrent leurs craintes au plus haut degré. Ils furent surtout révoltés d'un pacte secret de famille conclu avec l'Espagne, par lequel Ferdinand assurait à cette couronne le royaume de Bohême, à défaut d'héritier mâles, sans avoir entendu la nation, et sans nul égard au droit qu'elle avait d'élire ses souverains. Les nombreux ennemis que ce prince s'était faits, par sa réforme en Styrie, parmi les protestants en général, lui rendirent auprès des Bohêmes les plus mauvais services; et surtout quelques émigrés styriens, réfugiés en Bohême, et qui avaient apporté dans leur nouvelle patrie un cœur altéré de vengeance, se montraient fort actifs pour nourrir le feu de la révolte. Ce fut dans ces dispositions hostiles que le roi Ferdinand trouva la nation bohême, lorsque l'empereur Matthias lui fit place.

De si mauvais rapports entre la nation et le prince candidat à la couronne auraient excité des orages, quelque paisible qu'eût été du reste la succession au trône : combien plus alors, au milieu du feu de la révolte; quand la nation avait repris sa souveraineté, qu'elle était revenue à l'état du droit naturel, qu'elle avait les armes à la main; que le sentiment de son union lui avait inspiré une foi enthousiaste en elle-même; que les plus heureux succès, des promesses de secours étrangers et des espérances folles, avaient élevé son courage jusqu'à la plus ferme confiance! Oubliant les droits déjà conférés à Ferdinand, les états déclarèrent leur trône vacant, et leur choix complétement libre. Il n'y avait aucun espoir de paisible soumission, et, si Ferdinand voulait posséder la couronne de Bohême, il avait le choix, ou de l'acheter au prix de tout ce qui rend une couronne souhaitable, ou de la conquérir l'épée à la main.

Mais par quels moyens la conquérir? De quelque côté qu'il tournât ses regards, tous ses États étaient en flammes. La Silésie était entraînée dans la révolte de la Bohême; la Moravie était sur le point de suivre cet exemple; dans la haute et la basse Autriche s'agitait, comme sous Rodolphe, l'esprit de liberté; aucune diète ne voulait prêter le serment. Le prince Bethlen Gabor de Transylvanie menaçait la Hongrie d'une irruption; un mystérieux armement des Turcs effrayait toutes les provinces situées à l'orient; et, pour que la détresse de Ferdinand fût au comble, il fallut encore que les protestants, éveillés par l'exemple général, levassent la tête dans ses domaines paternels. Ils avaient dans ces pays la supériorité du nombre; dans la plupart ils étaient en possession des revenus avec lesquels Ferdinand devait faire la guerre. Les neutres commençaient à balancer; les fidèles, à désespérer; les malintentionnés montraient seuls du courage. Une moitié de l'Allemagne faisait signe aux rebelles de prendre confiance, l'autre attendait l'événement sans agir; les secours de l'Espagne étaient encore dans des pays lointains : le moment qui donnait tout à Ferdinand menaçait de tout lui ravir[1].

Quelques offres qu'il fît maintenant, sous la dure loi de la nécessité, aux Bohêmes rebelles, toutes ses propositions de paix furent insolemment rejetées. Déjà le comte de Thurn se montre en Moravie, à la tête d'une armée, pour amener cette province, la seule qui fût encore chancelante, à prendre un parti. La vue de leurs amis donne aux protestants moraves le signal de la révolte. Brunn est emporté; le reste du pays se rend volontairement; dans toute la province on change de religion et de gouvernement. Le torrent des rebelles, grossi dans sa course, se précipite dans l'Autriche supérieure, où un parti de même opinion le reçoit avec allégresse. « Plus de priviléges de religion! les mêmes droits pour toutes les Églises chré-

---

1. « C'était au terme de ses espérances, au seuil de la grandeur et de la fortune, que l'attendait le génie vengeur de la liberté offensée. » (*Première édition.*)

tiennes! Le bruit se répand qu'on lève dans le pays des troupes étrangères pour écraser la Bohême : ce sont elles qu'on vient chercher, dit-on, et l'on poursuivra jusqu'à Jérusalem l'ennemi de la liberté. » Aucun bras ne se remue pour défendre l'archiduc; à la fin les rebelles viennent camper sous les murs de Vienne, pour assiéger leur souverain.

Ferdinand avait éloigné ses enfants de Græetz, où ils n'étaient plus en sûreté, et les avait envoyés dans le Tyrol; lui-même il attendait la révolte dans sa capitale. Une poignée de soldats était tout ce qu'il pouvait opposer à cet essaim furieux, et ce petit nombre d'hommes manquait de bonne volonté, parce qu'ils étaient sans solde et même sans pain. Vienne n'était pas préparée à un long siége. Le parti des religionnaires, toujours prêt à se joindre aux Bohêmes, avait dans la ville la supériorité; ceux de la campagne rassemblaient déjà des troupes contre l'archiduc. Déjà la plèbe protestante le voyait enfermé dans un cloître, ses États partagés, et ses enfants élevés dans la nouvelle religion. Livré à des ennemis secrets, entouré d'ennemis déclarés, il voyait, à chaque instant, s'ouvrir l'abîme qui allait engloutir toutes ses espérances, l'engloutir lui-même. Les balles bohêmes volaient dans son palais impérial, où seize barons autrichiens, qui avaient pénétré dans son appartement, l'assiégeaient de reproches, et voulaient lui arracher son consentement à une confédération avec les Bohêmes. Un de ces barons le saisit par les boutons de son pourpoint, et lui lança ce cri au visage : « Ferdinand, signeras-tu? »

A qui n'eût-on pardonné de chanceler dans une position si terrible?... Ferdinand songeait aux moyens de devenir empereur d'Allemagne. Il semblait n'avoir plus d'autre ressource que de fuir promptement ou de céder. Autour de lui des hommes de cœur lui conseillaient le premier parti; des prêtres catholiques le second. S'il abandonnait la ville, elle tombait dans les mains de l'ennemi. Avec Vienne, l'Autriche était perdue; avec l'Autriche, le trône impérial. Ferdinand ne quitta point sa capitale, et voulut tout aussi peu entendre parler de conditions[1].

---

[1] « Les jésuites, il faut l'avouer, avaient semé leur superstition dans le sein d'un héros, et l'élève docile soutint l'épreuve. » (*Première édition.*)

L'archiduc discutait encore avec les barons qu'on lui avait députés; tout à coup le son des trompettes retentit sur la place du château. Les assistants passent de l'étonnement à la crainte, un bruit sinistre se répand dans le palais : les députés disparaissent l'un après l'autre. On entend beaucoup de nobles et de bourgeois s'enfuir en toute hâte dans le camp de Thurn. Ce changement soudain avait été produit par un régiment de cuirassiers de Dampierre, qui, à ce moment décisif, avait pénétré dans la ville pour défendre l'archiduc. Un corps de fantassins les suivit bientôt; beaucoup de bourgeois catholiques, animés à cette vue d'un nouveau courage, et les étudiants eux-mêmes, prennent les armes. Une nouvelle qui arriva en même temps de Bohême acheva de sauver Ferdinand : le général néerlandais Bucquoi avait battu complétement le comte de Mansfeld près de Budweiss, et il marchait sur Prague. Les Bohêmes se hâtèrent de plier leurs tentes pour aller délivrer leur capitale.

Et maintenant l'ennemi laissait libres les passages qu'il avait occupés pour fermer à Ferdinand la route qui menait à Francfort, à l'élection impériale. S'il importait, en tout cas, au roi de Hongrie, pour l'ensemble de son plan, de monter sur le trône de l'Empire, c'était maintenant pour lui un intérêt d'autant plus grave, que son élection allait devenir le témoignage le moins suspect et le plus décisif pour la dignité de sa personne et la justice de sa cause, en même temps qu'elle lui permettrait d'espérer les secours de l'Allemagne. Mais la même cabale, qui le poursuivait dans ses États héréditaires, travailla également contre lui dans sa candidature à la couronne impériale. On ne voulait plus voir monter aucun prince autrichien sur le trône d'Allemagne, et moins que tout autre ce Ferdinand, le persécuteur décidé de la religion protestante, l'esclave de l'Espagne et des jésuites. Pour l'écarter, on avait offert, du vivant de Matthias, la couronne impériale au duc de Bavière, et, après son refus, au duc de Savoie. Comme il n'était pas fort aisé de s'accorder avec celui-ci sur les conditions, on s'efforça du moins de retarder l'élection, jusqu'au moment où un coup décisif, en Bohême ou en Autriche, aurait ruiné toutes les espérances de Ferdinand, et l'aurait rendu incapable de cette dignité. Les membres de l'union ne négligèrent rien pour prévenir contre lui l'électeur de Saxe, qui était enchaîné aux intérêts de l'Autriche, et lui représenter le péril dont les maximes de ce prince et ses liaisons avec l'Espagne menaçaient la religion protestante et la constitution de l'Empire. Ils ajoutaient que, par l'élévation de Ferdinand au trône impérial, l'Allemagne ferait siennes les affaires particulières de l'archiduc, et attirerait contre elle les armes des Bohêmes. Mais, en dépit de tous les efforts contraires, le jour de l'élection fut fixé ; Ferdinand y fut convoqué, comme roi légitime de Bohême ; et, malgré la protestation des états de ce pays, sa voix d'électeur fut reconnue valable. Les trois voix des électeurs ecclésiastiques étaient à lui ; celle de la Saxe lui était aussi favorable ; celle de Brandebourg ne lui était pas contraire, et une majorité décisive le nomma empereur (1619). C'est ainsi qu'il vit placée d'abord sur sa tête la plus douteuse de ses couronnes, pour perdre quelques jours après celle qu'il comptait parmi ses possessions assurées. Tandis qu'on le faisait empereur à Francfort, on le renversait, à Prague, du trône de Bohême.

Cependant presque tous ses États héréditaires d'Allemagne avaient formé une confédération formidable avec les Bohêmes, dont l'audace ne connut alors plus de bornes. Le 17 août 1619, dans une assemblée des états du royaume, ils déclarèrent l'empereur ennemi de la religion et de la liberté de la Bohême, pour avoir excité le feu roi contre eux par ses funestes conseils, prêté des troupes pour les opprimer, livré le royaume en proie aux étrangers, et même enfin, au mépris de leur souveraineté nationale, assuré le trône à l'Espagne, dans un pacte secret : ils le déclarèrent déchu de tous ses droits à leur couronne, et procédèrent sans retard à une nouvelle élection[1]. Comme c'étaient des protestants qui avaient prononcé la sentence, le choix ne pouvait guère tomber sur un prince catholique : cependant, pour la forme[2], quelques voix se firent entendre en faveur de la Bavière et de la Savoie. Mais la haine religieuse acharnée qui divisait entre eux les évangéliques aussi et les réformés opposa

---

1. Dans la première édition cette phrase se termine ainsi : « Pour confirmer sur-le-champ leur droit d'élire, en l'exerçant. »
2. La première édition ajoute : « Peut-être pour avoir deux ennemis de moins. »

quelque temps des obstacles, même à l'élection d'un roi protestant ; enfin l'adresse et l'activité des calvinistes l'emportèrent sur les luthériens supérieurs en nombre.

Parmi tous les princes qui furent proposés pour cette dignité, l'électeur palatin Frédéric V s'était acquis les droits les plus fondés à la confiance et à la reconnaissance des Bohèmes. Chez aucun de ses compétiteurs l'intérêt particulier de beaucoup de membres des états et l'inclination du peuple ne semblaient justifiés par autant d'avantages politiques. Frédéric V avait l'esprit libre et éveillé, une grande bonté de cœur, une générosité royale. Il était le chef des réformés en Allemagne ; il dirigeait l'union, dont les forces étaient à ses ordres : proche parent du duc de Bavière [1] ; gendre du roi de la Grande-Bretagne, qui pouvait le soutenir puissamment. Le parti calviniste fit valoir avec le plus heureux succès tous ces avantages, et les états du royaume, assemblés à Prague, élurent pour roi Frédéric V, au milieu des prières et des larmes de joie.

Tout ce qui s'accomplit à la diète de Prague était un coup trop bien préparé, et Frédéric avait pris lui-même à toute l'affaire une part trop active pour que l'offre des Bohèmes eût dû le surprendre. Mais, une fois en présence de la couronne, il fut effrayé de son éclat : la grandeur de l'attentat, jointe à celle du succès, intimida son cœur pusillanime.

Selon l'habitude des âmes faibles, il voulut d'abord s'affermir dans son dessein par le jugement d'autrui ; mais ce jugement n'avait aucun pouvoir sur lui lorsqu'il contrariait sa passion. La Saxe et la Bavière, auxquelles il avait demandé conseil, tous les électeurs ses collègues, tous ceux qui mettaient dans la balance, avec cette entreprise, ses talents et ses forces, lui montrèrent l'abîme où il se précipitait. Le roi Jacques d'Angleterre lui-même aimait mieux voir une couronne arrachée à son gendre, que de l'aider à violer la majesté sacrée des rois par un si funeste exemple. Mais que pouvait la voix de la sagesse contre l'éclat séducteur d'une couronne royale [2] ?

1. La première édition a encore ici quelques mots de plus : « Contre le dangereux voisinage duquel il assurait peut-être le royaume. »
2. *Contre l'éclat séducteur*, etc. A la place de ces mots, on lit dans la première édition : « Contre la puissante contrainte de la passion et de l'honneur. »

Dans le moment où elle déploie sa plus grande énergie, où elle repousse loin d'elle le rejeton sacré d'une dynastie deux fois séculaire, une nation libre se jette dans ses bras ; elle se fie à son courage, et le choisit pour son chef dans la périlleuse carrière de la gloire et de la liberté ; une religion opprimée attend de lui, de lui son défenseur-né, protection et appui contre son persécuteur : sera-t-il assez pusillanime pour avouer sa crainte, assez lâche pour trahir la religion et la liberté ? Cette nation lui montre en même temps la supériorité de ses ressources et l'impuissance de son ennemi ; les deux tiers des forces autrichiennes armées contre l'Autriche, et, en Transylvanie, un belliqueux allié, tout prêt à diviser encore, par une attaque, les faibles restes de cette puissance. De si pressants appels n'éveilleraient pas son ambition ? De telles espérances n'enflammeraient pas son courage ?

Quelques instants de tranquille réflexion auraient suffi pour lui montrer la témérité de l'entreprise et le peu de valeur de la récompense ; mais les encouragements parlaient à ses sens, les avertissements à sa raison. Ce fut son malheur, que les voix qui l'entouraient, celles qui pouvaient le mieux se faire écouter, prissent le parti qui flattait ses désirs. L'agrandissement de leur maître ouvrait à l'ambition et à la cupidité de tous ses serviteurs palatins un vaste champ pour se satisfaire. Tout zélé calviniste devait voir avec transport ce triomphe de son Église. Une tête si faible pouvait-elle résister aux séductions de ses conseillers, qui exagéraient ses ressources et ses forces autant qu'ils rabaissaient la puissance de l'ennemi ; aux exhortations des prédicateurs de sa cour qui lui présentaient les inspirations de leur zèle fanatique comme la volonté du ciel ? Les rêveries des astrologues remplissaient son cerveau de chimériques espérances. La séduction vint même l'assaillir par la voix irrésistible de l'amour : « As-tu donc osé, lui disait l'électrice, recevoir la main d'une fille de roi pour trembler ensuite devant une couronne que l'on t'offre volontairement ? J'aime mieux du pain à ta table de roi que des festins à ta table d'électeur. »

Frédéric accepta le trône de Bohême. Le couronnement se fit à Prague avec une pompe sans exemple : la nation étala toutes ses richesses pour honorer son propre ouvrage. La Silésie et la

Moravie, annexes de la Bohême, suivirent l'exemple de l'État principal, et prêtèrent serment. La réforme triomphait dans toutes les églises du royaume; l'allégresse était sans bornes; l'amour pour le nouveau roi allait jusqu'à l'adoration. Le Danemark et la Suède, la Hollande, Venise et plusieurs États d'Allemagne le reconnurent comme roi légitime, et Frédéric se mit à prendre ses mesures pour se maintenir sur son nouveau trône.

Sa plus grande espérance reposait sur le prince de Transylvanie, Bethlen Gabor. Ce redoutable ennemi de l'Autriche et de l'Église catholique, non content de la principauté qu'il avait enlevée, avec le secours des Turcs, à son maître légitime, Gabriel Bathori, saisit avec empressement cette occasion de s'agrandir aux dépens des princes autrichiens, qui avaient refusé de le reconnaître comme souverain de la Transylvanie. Une attaque fut concertée avec les rebelles bohêmes contre la Hongrie et l'Autriche : les deux armées devaient faire leur jonction devant la capitale. Cependant Bethlen Gabor cacha sous un faux semblant d'amitié le véritable objet de ses préparatifs; il promit artificieusement à l'empereur d'attirer les Bohêmes dans le piége, en feignant de les secourir; il promit de lui livrer vivants les chefs de la révolte. Mais tout à coup il paraît en ennemi dans la haute Hongrie; la terreur le précède; derrière lui est la dévastation. Tout le pays se soumet, et il reçoit à Presbourg la couronne de Hongrie. Le frère de l'empereur, qui était gouverneur de Vienne, trembla pour cette capitale. Il se hâta d'appeler le général Bucquoi à son secours, et la retraite des impériaux attira derechef l'armée bohême devant Vienne. Renforcée de douze mille Transylvains, et bientôt réunie avec les troupes victorieuses de Bethlen Gabor, elle menaça de nouveau d'emporter la ville. Tous les environs étaient ravagés; le Danube fermé; les communications interceptées : déjà l'on éprouvait les terreurs de la faim. Ferdinand, que ce pressant danger avait ramené précipitamment dans sa capitale, se voyait pour la seconde fois sur le bord de l'abîme. Enfin la disette et la rigueur de la température forcèrent les Bohêmes à retourner chez eux; un échec en Hongrie rappela Bethlen Gabor : la fortune avait encore une fois sauvé l'empereur.

En peu de semaines tout changea de face : par sa prudence et son activité, Ferdinand rétablit ses affaires autant que Frédéric ruina les siennes par sa négligence et ses mauvaises mesures. Les états de la basse Autriche furent amenés à prêter l'hommage par la confirmation de leurs priviléges, et quelques membres, qui avaient refusé de paraître, furent déclarés coupables de lèse-majesté et de haute trahison. Ainsi l'empereur s'était rétabli dans un de ses États héréditaires, et en même temps il mettait tout en mouvement pour s'assurer des secours étrangers. Déjà, par ses représentations verbales lors de l'élection impériale de Francfort, il avait réussi à gagner à sa cause les électeurs ecclésiastiques; et, à Munich, le duc Maximilien de Bavière. De la part que l'union et la ligue prendraient à la guerre de Bohême, dépendaient l'issue de cette guerre, le sort de l'empereur et celui de Frédéric. Toute l'Allemagne protestante semblait intéressée à soutenir Frédéric, et la religion catholique à ne pas laisser succomber l'empereur. Tous les princes catholiques d'Allemagne devaient trembler pour leurs possessions, si les protestants étaient vainqueurs en Bohême; s'ils succombaient, l'empereur pouvait faire la loi à toute l'Allemagne protestante. Ferdinand mit donc la ligue en mouvement, et Frédéric l'union. Le lien de la parenté, et son attachement personnel pour l'empereur, son beau-frère, avec qui il avait été élevé à Ingolstadt ; le zèle pour la religion catholique, visiblement menacée du plus grand péril; les inspirations des jésuites, enfin les mouvements suspects de l'union, décidèrent le duc de Bavière à faire de la cause de Ferdinand sa propre cause, et tous les princes de la ligue imitèrent son exemple.

Maximilien de Bavière, après s'être assuré par un traité conclu avec l'empereur le dédommagement de tous ses frais de guerre et de toutes les pertes qu'il pourrait éprouver, prit, avec des pouvoirs illimités, le commandement des troupes de la ligue, qui devaient marcher au secours de l'empereur contre les rebelles de Bohême.

Les chefs de l'union, au lieu de faire obstacle à cette dangereuse alliance de la ligue et de l'empereur, mirent plutôt tout en œuvre pour l'accélérer. S'ils amenaient la ligue catholique à prendre une part déclarée dans la guerre de Bohême, ils avaient lieu de se promettre la même chose de tous les membres et alliés de l'union. Si l'union n'était menacée par une démarche publique de l'autre parti, on ne pouvait espérer de voir réunies les forces des protestants. Les princes saisirent donc le moment critique des troubles de Bohême pour demander aux catholiques le redressement de tous les anciens griefs et une complète garantie de la liberté religieuse. Cette demande, dont le ton était menaçant, ils l'adressèrent au duc de Bavière, comme chef des catholiques, et ils insistèrent pour avoir une réponse prompte et sans réserves. Que Maximilien se prononçât pour eux ou contre eux, ils atteignaient leur but. S'il cédait, le parti catholique était privé de son plus puissant défenseur; s'il résistait, il armait tout le parti protestant et rendait inévitable la guerre, de laquelle ils se promettaient un bon résultat. Maximilien, que tant d'autres motifs attiraient déjà dans le parti opposé, prit cette sommation pour une formelle déclaration de guerre, et l'armement fut hâté. Tandis que la Bavière et la ligue prenaient les armes pour l'empereur, on négociait des subsides avec la cour d'Espagne. Toutes les difficultés que la politique somnolente du ministère espagnol opposait à cette demande furent heureusement surmontées par le comte de Khevenhüller, ambassadeur impérial à Madrid. Outre l'avance d'un million de florins, que l'on sut arracher peu à peu à cette cour, on la décida à diriger des Pays-Bas espagnols une attaque sur le bas Palatinat.

En même temps qu'on s'efforçait d'attirer dans l'alliance toutes les puissances catholiques, on entravait avec la plus grande énergie la contre-alliance protestante. Il importait de rassurer l'électeur de Saxe et plusieurs autres princes évangéliques sur le bruit, répandu par l'union, que les préparatifs de la ligue avaient pour but de leur reprendre les bénéfices sécularisés. L'assurance du contraire, donnée par écrit, tranquillisa l'électeur de Saxe, que sa jalousie particulière contre le Palatinat, les suggestions de son prédicateur de cour, vendu à l'Autriche, enfin la mortification de s'être vu écarté par les Bohêmes, à l'élection de leur roi, faisaient déjà pencher pour l'empereur. Le fanatisme luthérien ne pouvait pardonner aux réformés
« que tant de nobles pays dussent s'engouffrer (c'est ainsi qu'on

s'exprimait) dans la gueule du calvinisme, et l'antechrist romain faire simplement place à l'antechrist helvétique. »

Tandis que Ferdinand mettait tout en œuvre pour améliorer sa fâcheuse position, Frédéric ne négligeait rien pour gâter sa bonne cause. Sa liaison choquante avec le prince de Transylvanie, l'allié déclaré de la Porte, scandalisait les âmes faibles, et le bruit public l'accusait de chercher son agrandissement aux dépens de la chrétienté et d'avoir armé les Turcs contre l'Allemagne. Il irritait les luthériens de Bohême par son zèle inconsidéré pour la religion réformée[1], et les catholiques par ses attaques contre les images. L'introduction d'impôts onéreux lui enleva l'amour du peuple. Les grands du royaume, trompés dans leur attente, se refroidirent pour sa cause; le défaut de secours étrangers abattit leur confiance. Au lieu de se consacrer avec une ardeur infatigable à l'administration du royaume, Frédéric perdait son temps en plaisirs frivoles; au lieu d'accroître son trésor par une sage économie, il dissipait dans un faste inutile et théâtral, et par une libéralité mal entendue, les revenus de ses États. Avec une légèreté insouciante, il se mirait dans sa dignité nouvelle, et ne songeant, hors de saison, qu'à jouir de sa couronne, il oubliait le soin plus pressant de l'affermir sur sa tête.

Autant l'on s'était abusé sur le compte de Frédéric, autant il s'était malheureusement trompé lui-même dans son espoir d'assistance étrangère. La plupart des membres de l'union séparaient les affaires de Bohême de l'objet de leur alliance; d'autres membres de l'Empire, dévoués à Frédéric, étaient enchaînés par une crainte aveugle de l'empereur. Ferdinand avait gagné l'électeur de Saxe et le duc de Hesse-Darmstadt; la basse Autriche, d'où l'on attendait une puissante diversion, avait rendu hommage à l'empereur; Bethlen Gabor avait conclu avec lui un armistice. La cour de Vienne sut endormir le Danemark par des ambassades, et occupa la Suède par une guerre avec la Pologne. La république de Hollande avait de la peine à se défendre contre les armes espagnoles; Venise et la Savoie res-

---

1. Au lieu de *reformirte Religion*, il y a dans la première édition *kalvinische Religion*.

tèrent dans l'inaction; le roi Jacques d'Angleterre se laissa tromper par les artifices de l'Espagne. Un ami après l'autre se retira; une espérance après l'autre s'évanouit. Si rapide avait été, en quelques mois, le changement de toutes choses!

Cependant les chefs de l'union rassemblèrent un corps d'armée; l'empereur et la ligue en firent autant. Les forces de la ligue étaient réunies près de Donawert, sous les ordres de Maximilien; celles de l'union près d'Ulm, sous le margrave d'Anspach. On croyait toucher enfin au moment décisif, qui devait terminer par un grand coup cette longue querelle, et fixer irrévocablement les rapports des deux Églises en Allemagne. Les deux partis attendaient l'événement avec anxiété. Mais quel ne fut pas l'étonnement, lorsque la nouvelle de la paix arriva tout à coup, et que les deux armées se séparèrent sans coup férir!

L'intervention de la France avait produit cette paix, que les deux partis acceptèrent avec un égal empressement. Le ministère français, qui n'était plus dirigé par Henri le Grand, et d'ailleurs la politique de ce roi n'était peut-être plus applicable à la situation du royaume, craignait maintenant beaucoup moins l'agrandissement de l'Autriche que la puissance où s'élèveraient les calvinistes si la maison palatine se maintenait sur le trône de Bohême. Engagé lui-même, précisément alors, dans une lutte difficile avec les huguenots de l'intérieur, il n'avait pas de plus pressant intérêt que de voir la faction protestante écrasée le plus tôt possible en Bohême, avant qu'elle pût offrir à la faction des huguenots en France un dangereux modèle. Afin que l'empereur eût les mains libres pour agir sans délai contre les Bohêmes, le ministère français s'interposa donc comme médiateur entre l'union et la ligue, et ménagea cette paix inattendue, dont l'article le plus important était « que l'union ne prendrait aucune part aux affaires de Bohême, et que les secours qu'elle pourrait prêter à Frédéric V ne s'étendraient pas au delà des pays palatins. » La fermeté de Maximilien, et la crainte de se voir prise entre les troupes de la ligue et une nouvelle armée impériale, qui s'avançait des Pays-Bas, décidèrent l'union à cette paix honteuse.

Toutes les forces de la Bavière et de la ligue étaient maintenant aux ordres de l'empereur contre les Bohêmes, que le traité d'Ulm abandonnait à leur sort. Avant que la nouvelle de ce qui s'était passé à Ulm se fût répandue dans l'Autriche supérieure, Maximilien y parut tout à coup, et les états, consternés, nullement préparés à repousser une attaque, achetèrent le pardon de l'empereur, en lui rendant l'hommage sur-le-champ et sans condition. Le duc fut renforcé, dans la basse Autriche, par les troupes néerlandaises du comte de Bucquoi, et cette armée austro-bavaroise, qui s'élevait, après la jonction, à cinquante mille hommes, pénétra, sans perdre un moment, sur le territoire de Bohême. Elle chassa devant elle tous les escadrons bohêmes, répandus dans la basse Autriche et la Moravie. Toutes les villes qui tentèrent de résister furent prises d'assaut; d'autres, effrayées par le bruit du châtiment infligé à celles-ci, ouvrirent volontairement leurs portes : rien n'arrêtait la course impétueuse de Maximilien. L'armée bohême, sous les ordres du vaillant prince Christian d'Anhalt, se replia jusque dans le voisinage de Prague, et Maximilien lui livra bataille sous les murs de cette capitale.

Le mauvais état dans lequel il espérait surprendre l'armée des rebelles justifiait la précipitation de Maximilien et lui assura la victoire. Frédéric n'avait pas rassemblé trente mille hommes; le prince d'Anhalt lui en avait amené huit mille; Bethlen Gabor lui avait envoyé dix mille Hongrois. Une incursion de l'électeur de Saxe dans la Lusace avait intercepté tous les secours qu'il attendait de ce pays et de la Silésie; la pacification de l'Autriche[1] le privait de tous ceux qu'il s'était promis de ce côté. Bethlen Gabor, le plus important de ses alliés, se tint en repos. L'union avait livré Frédéric à l'empereur. Il ne lui restait plus que ses Bohêmes, qui manquaient eux-mêmes de bonne volonté, d'accord et de courage. Les magnats de Bohême étaient mécontents de se voir préférer des généraux allemands; le comte de Mansfeld resta à Pilsen, séparé du quartier général, afin de ne pas servir sous Anhalt et Hohenlohe. Le soldat, qui manquait du nécessaire, perdit toute ardeur et tout courage, et la mauvaise discipline de l'armée provoquait chez

---

1. Dans la première édition : « La soumission de l'Autriche. »

le paysan les plaintes les plus amères. Ce fut en vain que Frédéric se montra dans le camp, afin d'animer par sa présence le courage des soldats et par son exemple l'émulation de la noblesse.

Les Bohêmes commençaient à se retrancher sur la Montagne-Blanche, non loin de Prague, lorsque l'armée combinée austro-bavaroise les assaillit, le 8 novembre 1620. Au commencement de l'action, la cavalerie du prince d'Anhalt remporta quelques avantages, bientôt rendus vains par la supériorité de l'ennemi. Les Bavarois et les Wallons chargèrent avec une force irrésistible, et la cavalerie hongroise fut la première à tourner le dos. L'infanterie bohême ne tarda pas à suivre son exemple, et les Allemands furent enfin entraînés aussi dans la déroute générale. Dix canons, qui formaient toute l'artillerie de Frédéric, tombèrent dans les mains de l'ennemi. Quatre mille Bohêmes périrent dans la fuite et dans le combat; les troupes de l'empereur et de la ligue perdirent à peine quelques centaines d'hommes. Cette victoire décisive avait été remportée en moins d'une heure.

Frédéric était à dîner dans Prague, tandis que ses troupes se faisaient tuer pour lui sous les murs de la ville. Il ne s'attendait probablement encore à aucune attaque, puisqu'il avait commandé ce jour-là même un grand repas. Un courrier le fit enfin sortir de table, et il put voir des remparts tout cet affreux spectacle. Il demanda une suspension d'armes de vingt-quatre heures pour se déterminer après réflexion : huit heures furent tout ce qu'il obtint du duc. Frédéric les employa à s'enfuir de la capitale, pendant la nuit, avec sa femme et les principaux officiers de l'armée. Cette fuite fut si précipitée, que le prince d'Anhalt oublia ses papiers les plus secrets et Frédéric sa couronne. « Je sais maintenant ce que je suis, » disait ce malheureux prince aux personnes qui essayaient de le consoler. « Il y a des vertus que le malheur seul peut nous enseigner, et ce n'est que dans l'adversité que nous apprenons, nous autres princes, ce que nous sommes. »

Prague n'était pas encore perdue sans ressource, quand le pusillanime Frédéric l'abandonna. Mansfeld était toujours à Pilsen, avec son corps détaché, qui n'avait pas vu la bataille. A chaque instant Bethlen Gabor pouvait commencer les hostilités, et rappeler aux frontières de Hongrie les forces de l'empereur. Les Bohêmes battus pouvaient se relever; les maladies, la faim et le froid détruire les ennemis : toutes ces espérances s'évanouirent devant la crainte présente.

Frédéric redoutait l'inconstance des Bohêmes, qui pouvaient aisément céder à la tentation de livrer sa personne à l'empereur pour acheter leur grâce.

Thurn et ceux qui partageaient sa condamnation ne jugèrent pas prudent non plus d'attendre leur sort dans les murs de Prague. Ils se réfugièrent en Moravie, pour chercher, bientôt après, leur salut dans la Transylvanie. Frédéric s'enfuit à Breslau, mais il n'y séjourna que peu de temps, et trouva ensuite un asile à la cour de l'électeur de Brandebourg, puis enfin en Hollande.

La bataille de Prague avait décidé du sort de toute la Bohême. Prague se rendit dès le lendemain au vainqueur; les autres villes suivirent le sort de la capitale. Les états rendirent l'hommage sans condition; leur exemple fut imité en Silésie et en Moravie. L'empereur laissa s'écouler trois mois avant d'ordonner une enquête sur le passé. Beaucoup de ceux qui avaient pris la fuite dans la première frayeur, reparurent dans la capitale, rassurés par cette apparence de modération; mais, à un jour, à un moment fixé, l'orage éclata. Quarante-huit des plus actifs instigateurs de la révolte furent arrêtés, et traduits devant une commission extraordinaire, composée de Bohêmes et d'Autrichiens. Vingt-sept d'entre eux périrent sur l'échafaud; dans la classe du peuple, une quantité innombrable eut le même sort. On somma les absents de comparaître, et, aucun d'eux ne s'étant présenté, ils furent condamnés à mort, comme coupables de haute trahison et de lèse-majesté impériale. Leurs biens furent confisqués, leurs noms cloués au gibet. On confisqua même les biens de rebelles déjà morts. Cette tyrannie était supportable parce qu'elle ne pesait que sur certaines personnes, et que les dépouilles de l'un enrichissaient l'autre; mais d'autant plus douloureuse fut l'oppression qui accabla sans distinction tout le royaume. Tous les prédicateurs protestants, d'abord les bohêmes, et un peu plus tard les allemands, furent expulsés du pays. Ferdinand coupa de sa propre main la lettre de Majesté de Rodolphe et en brûla le sceau. Sept ans après la bataille de Prague, toute tolérance envers les protestants était abolie dans le royaume. Mais les violences que l'empereur se permit contre les priviléges religieux des Bohêmes, il se les interdit à l'égard de leur constitution politique, et, en même temps qu'il leur enlevait la liberté de penser, il leur laissait généreusement le droit de se taxer eux-mêmes.

La victoire de la Montagne-Blanche mit Ferdinand en possession de tous ses États, et les lui rendit même avec un pouvoir plus étendu que celui dont y avait joui son prédécesseur ; parce que l'hommage fut rendu sans condition, et qu'aucune lettre impériale ne limitait plus son autorité souveraine. Tous ses justes désirs étaient donc satisfaits, et même au delà de son attente.

Il était libre maintenant de congédier ses alliés et de rappeler ses armées. La guerre était finie, si seulement il était juste ; s'il était juste et généreux, les châtiments devaient cesser aussi. Tout le sort de l'Allemagne était dans sa main, et des millions de créatures humaines attendaient le bonheur ou le malheur de la détermination qu'il allait prendre. Jamais si grande décision ne fut au pouvoir d'un seul homme ; jamais l'aveuglement d'un seul homme ne causa tant de calamités.

# LIVRE DEUXIÈME.

La résolution que prit alors Ferdinand donna à la guerre une tout autre direction, un autre théâtre et d'autres acteurs[1]. D'une révolte en Bohême et d'une exécution militaire contre des rebelles, on vit naître une guerre allemande et bientôt européenne. Le moment est donc venu de jeter un coup d'œil sur l'Allemagne et sur le reste de l'Europe.

Tout inégal que fût, entre catholiques et protestants, le partage du territoire de l'Empire et des priviléges de ses membres, chaque parti n'avait qu'à profiter de ses propres avantages, et à rester sagement uni, pour contre-balancer les forces de l'autre. Si les catholiques étaient plus nombreux et plus favorisés par la constitution de l'Empire, les protestants possédaient une suite continue de contrées populeuses, des princes belliqueux, une vaillante noblesse, de nombreuses armées, des villes impériales opulentes; ils étaient maîtres de la mer, et, en cas de nécessité, ils avaient un parti assuré dans les États des princes catholiques. Si les catholiques pouvaient compter sur les armes de

---

1. Dans la première édition, on lit, au lieu de *andere Spieler*, « d'autres joueurs, d'autres acteurs, » *andre Spiele*, « d'autres jeux, d'autres scènes. » C'est certainement une faute d'impression.

l'Espagne et de l'Italie, la république de Venise, la Hollande et l'Angleterre ouvraient leurs trésors aux protestants; les États du Nord et les redoutables Ottomans étaient prêts à voler à leur secours. Le Brandebourg, la Saxe et le Palatinat opposaient dans le collége électoral trois voix protestantes, d'un poids considérable, aux trois voix ecclésiastiques; et, si les États protestants savaient user de leur force, la dignité impériale devenait une chaîne pour l'électeur de Bohême, comme pour l'archiduc d'Autriche. L'épée de l'union pouvait retenir l'épée de la ligue dans le fourreau, ou, s'il fallait en venir à la guerre, elle en pouvait rendre l'événement incertain. Malheureusement, l'intérêt particulier rompit le lien politique qui devait unir entre ux tous les membres protestants de l'Empire. Cette grande époque ne trouva sur la scène que des esprits médiocres, et l'on ne profita point du moment décisif, parce que les courageux manquèrent de puissance, et les puissants d'intelligence, de courage et de résolution.

Les mérites de son aïeul Maurice, l'étendue de ses possessions et l'importance de son suffrage plaçaient l'électeur de Saxe à la tête de l'Allemagne protestante. La résolution qu'il allait prendre devait décider lequel des deux partis triompherait dans la lutte, et Jean-Georges n'était pas insensible aux avantages que lui assurait cette position considérable. Conquête également significative pour l'empereur et pour l'union, il évitait soigneusement de se donner tout entier à l'un ou à l'autre; il ne voulait point, par une déclaration irrévocable, se fier à la reconnaissance de Ferdinand ni renoncer aux fruits qu'il pouvait retirer de la crainte inspirée à ce prince. Inaccessible au vertige de l'enthousiasme chevaleresque ou religieux, qui entraînait un souverain après l'autre à risquer sa couronne et sa vie dans les hasards de la guerre, Jean-Georges aspirait à la gloire plus solide de ménager son bien et de l'augmenter. Si ses contemporains l'accusèrent d'avoir abandonné dans le fort de l'orage la cause protestante, d'avoir préféré l'agrandissement de sa maison au salut de la patrie, d'avoir exposé à la ruine toute l'Église évangélique d'Allemagne, de peur de faire le moindre mouvement en faveur des réformés; s'ils l'accusèrent d'avoir fait par sa douteuse amitié presque autant de mal à la cause commune que ses plus ardents ennemis : il pouvait répondre qu'e la faute en était à ces princes qui n'avaient pas su prendre pour modèle sa sage politique. Si, malgré cette sage politique, le paysan saxon eut à gémir, comme tous les autres, sur les horreurs qui accompagnaient le passage des armées impériales; si l'Allemagne tout entière put voir comme Ferdinand trompait son allié et se jouait de ses promesses; si Jean-Georges lui-même crut enfin s'en apercevoir : c'était à l'empereur de rougir, lui qui trahissait si cruellement une si loyale confiance.

Si cette confiance exagérée en la maison d'Autriche, et l'espérance d'agrandir ses domaines, lièrent les mains de l'électeur de Saxe, la crainte de l'Autriche et la frayeur de perdre ses États, tinrent le faible Georges-Guillaume de Brandebourg dans des liens bien plus honteux. Ce qu'on reprochait à ces deux souverains aurait sauvé à l'électeur palatin sa gloire et ses États. Une confiance irréfléchie en ses forces non éprouvées, l'influence des conseils de la France, et l'éclat séduisant d'une couronne avaient entraîné ce malheureux prince dans une aventure à la hauteur de laquelle ne s'élevaient ni son génie ni sa situation politique. La puissance de la maison palatine était affaiblie par le morcellement de ses domaines et le peu d'harmonie qui régnait entre ses princes : réunie dans une seule main, cette puissance aurait pu longtemps encore rendre douteuse l'issue de la guerre.

Les partages affaiblissaient aussi la maison souveraine de Hesse, et la différence de religion entretenait entre Cassel et Darmstadt une division funeste. La ligne de Darmstadt, attachée à la confession d'Augsbourg, s'était mise sous la protection de l'empereur, qui la favorisait au détriment de la ligne réformée de Cassel. Tandis que ses frères dans la foi versaient leur sang pour la religion et la liberté, le landgrave Georges de Darmstadt recevait une solde de l'empereur. Mais, à l'exemple de son ancêtre, qui avait entrepris, cent ans auparavant, de défendre la liberté allemande contre le redoutable Charles-Quint, Guillaume de Cassel préféra le parti du danger et de l'honneur. Supérieur à la crainte, qui faisait plier des princes bien plus forts que lui sous la toute-puissance de Ferdinand, le landgrave Guillaume fut le premier qui offrit le secours de son bras héroïque au héros suédois, et qui donna aux princes d'Allemagne cet exemple que nul ne voulait risquer avant les autres. Autant sa décision annonçait de courage, autant sa persévérance montra de fermeté et ses exploits de bravoure. Avec une résolution intrépide, il se posta à la frontière de son pays ensanglanté, et reçut avec un dédain railleur l'ennemi dont les mains fumaient encore du sac de Magdebourg.

Le landgrave Guillaume est digne de passer à l'immortalité, à côté de l'héroïque branche Ernestine. Il se leva bien tard pour toi le jour de la vengeance, infortuné Jean-Frédéric, noble prince, à jamais glorieux! Mais, s'il a été lent à paraître, quelle en fut la splendeur! On vit ton époque renaître, et ton héroïsme descendit sur tes petits-fils. Une race vaillante de princes sort des forêts de la Thuringe, pour flétrir, par ses exploits immortels, le jugement qui dépouilla ton front de la couronne électorale, et apaiser, en entassant les victimes sanglantes, ton ombre irritée. L'arrêt du vainqueur put leur enlever tes États, mais non la vertu patriotique qui te les fit sacrifier, ni le courage chevaleresque, qui, un siècle plus tard, fera chanceler le trône de son petit-fils. Ta vengeance et celle de l'Allemagne ont aiguisé le fer sacré, fatal à la race de Habsbourg, et de la main d'un héros à celle d'un autre se transmet le glaive invincible. Ce qu'ils ne peuvent faire comme souverains, ils l'accomplissent comme hommes de cœur, et meurent d'une mort glorieuse, comme les plus vaillants soldats de la liberté. Ils ne règnent pas sur d'assez grands domaines pour attaquer leur ennemi avec leurs propres armées, mais ils dirigent contre lui d'autres tonnerres et conduisent à la victoire des drapeaux étrangers.

La liberté de l'Allemagne, trahie par les membres puissants de l'Empire, qui pourtant en recueillaient tous les fruits, fut défendue par un petit nombre de princes pour qui elle avait à peine quelque valeur. La possession des terres et des dignités étouffa le courage; la pauvreté à ce double égard, fit des héros. Tandis que la Saxe, le Brandebourg et d'autres encore se tiennent timidement en arrière, on voit les Anhalt, les Mansfeld, les princes de Weimar et leurs pareils, prodiguer leur sang dans des batailles meurtrières. Mais les ducs de Poméranie, de Mecklembourg, de Lunebourg, de Wurtemberg, les villes impériales de la haute Allemagne, pour qui le nom du chef suprême de l'Empire avait été de tout temps redoutable, se dérobent craintivement à la lutte contre l'empereur, et se courbent en murmurant sous sa main qui les écrase.

L'Autriche et l'Allemagne catholique avaient, dans le duc Maximilien de Bavière, un défenseur aussi puissant que politique et brave. Fidèle, dans tout le cours de cette guerre, à un même plan, mûrement calculé; jamais indécis entre son intérêt politique et sa religion; jamais esclave de l'Autriche, qui travaillait pour son propre agrandissement et tremblait devant le bras qui la sauvait, Maximilien eût mérité de recevoir d'une main meilleure que celle du despotisme les dignités et les domaines qui furent sa récompense. Les autres princes catholiques, la plupart membres du clergé, trop peu guerriers pour résister aux essaims de soldats qu'attirait la prospérité de leurs contrées, furent successivement victimes de la guerre, et se contentèrent de poursuivre dans le cabinet ou dans la chaire un ennemi devant lequel ils n'osaient se montrer en campagne. Esclaves de l'Autriche ou de la Bavière, tous furent éclipsés par Maximilien, et leurs forces ne prirent quelque importance que réunies dans sa puissante main.

La redoutable monarchie que Charles-Quint et son fils avaient formée, par un monstrueux assemblage, des Pays-Bas, du Milanais, des Deux-Siciles et des vastes contrées des Indes orientales et occidentales, penchait déjà vers sa ruine sous Philippe III et Philippe IV. Enflée rapidement par un or stérile, on vit cette monarchie dépérir par une lente consomption, parce qu'on la priva du lait nourricier des États, de l'agriculture. Ses conquêtes dans les Indes occidentales avaient plongé l'Espagne dans la pauvreté, pour enrichir tous les marchés de l'Europe, et les changeurs d'Anvers, de Venise et de Gênes spéculaient longtemps d'avance sur l'or qui dormait encore dans les mines du Pérou. Pour les Indes, on avait dépeuplé les provinces espagnoles; et les richesses des Indes, on les avait prodiguées dans la guerre entreprise pour reconquérir la Hollande, dans la tentative chimérique de changer la succession au trône de France, dans une attaque malheureuse contre l'Angleterre. Mais l'orgueil de cette cour avait survécu à l'époque de sa grandeur, la haine de ses ennemis à sa puissance, et la terreur semblait régner encore autour de l'antre vide du lion. La défiance des protestants prêtait au ministère de Philippe III la dangereuse politique de son père, et chez les catholiques allemands vivait toujours la confiance dans les secours de l'Espagne, comme la croyance miraculeuse aux reliques des martyrs. Un faste extérieur cachait les blessures saignantes qui épuisaient cette monarchie, et l'on croyait toujours à sa puissance parce qu'elle gardait le ton superbe de son âge d'or. Esclaves chez eux, étrangers sur leur propre trône, ces fantômes de rois d'Espagne dictaient des lois en Allemagne aux princes de leur famille, et l'on peut douter que les secours qu'ils leur prêtèrent méritassent la honteuse dépendance par laquelle les empereurs durent les acheter. Derrière les Pyrénées, des moines ignorants, des favoris artificieux, tramaient les destins de l'Europe. Mais on devait redouter encore, dans son plus profond abaissement, une puissance qui ne le cédait pas aux premières en étendue; qui restait, sinon par une ferme politique, du moins par habitude, invariablement fidèle au même système d'États; qui avait à ses ordres des armées aguerries et des généraux excellents; qui, lorsque la guerre ne suffisait pas, recourait au poignard des assassins, et savait employer comme incendiaires ses propres ambassadeurs. Ce qu'elle perdait dans trois autres régions, elle s'efforçait de le regagner vers l'Orient, et les États européens se trouvaient pris dans son filet, si elle réussissait dans son entreprise, dès longtemps méditée, de porter, entre les Alpes et l'Adriatique, ses frontières jusqu'aux domaines héréditaires de l'Autriche.

Les princes italiens avaient vu avec une grande inquiétude cette puissance importune pénétrer dans leur pays, où ses efforts continuels pour s'agrandir faisaient trembler pour leurs possessions tous les souverains du voisinage. Pressé entre Naples et Milan par les vice-rois espagnols, le pape se trouvait dans la plus dangereuse situation. La république de Venise était resserrée entre le Tyrol autrichien et le Milanais espagnol; la Savoie entre cette dernière contrée et la France. De là cette politique changeante et ambiguë que les États italiens avaient suivie depuis Charles-Quint. Le double caractère du pontife romain le maintenait flottant entre deux politiques contradictoires. Si le successeur de saint Pierre honorait dans les princes espagnols ses fils les plus dociles, les plus fermes défenseurs de son siége, le souverain des États de l'Église avait à redouter en leur personne ses plus fâcheux voisins et ses adversaires les plus menaçants. Rien n'importait plus au pontife que de voir les protestants anéantis et les armes de l'Autriche victorieuses ; mais le souverain avait lieu de bénir les armes des protestants, qui mettaient son voisin hors d'état de devenir dangereux pour lui. L'une ou l'autre politique avait le dessus, selon que les papes avaient plus de souci de leur puissance temporelle ou de leur souveraineté spirituelle; mais en général la politique de Rome se déterminait par le péril le plus pressant; et l'on sait combien la crainte de perdre un avantage présent entraîne plus puissamment les esprits que le désir de recouvrer un bien depuis longtemps perdu. C'est ainsi qu'on s'explique comment le vicaire de Jésus-Christ pouvait se conjurer avec la maison d'Autriche pour la perte des hérétiques, et avec ces mêmes hérétiques pour la ruine de la maison d'Autriche. Ainsi s'entrelace merveilleusement le fil de l'histoire ! Que serait devenue la réformation, que serait devenue la liberté des princes allemands, si l'évêque de Rome et le prince de Rome avaient eu constamment le même intérêt ?

La France avait perdu, avec son excellent roi Henri, toute sa grandeur, et tout son poids dans la balance politique de l'Europe. Une minorité orageuse anéantit tous les bienfaits de l'administration vigoureuse qui l'avait précédée. Des ministres incapables, créatures de la faveur et de l'intrigue, dissipèrent en peu d'années les trésors que le bon ordre de Sully et l'économie de Henri IV avaient amassés. A peine capables de maintenir contre les factions de l'intérieur leur autorité subreptice, ils devaient renoncer à diriger le grand gouvernail de l'Europe. Une guerre civile, pareille à celle qui armait l'Allemagne contre l'Allemagne, souleva les Français les uns contre les autres; et Louis XIII n'entra dans sa majorité que pour combattre sa mère et ses sujets protestants. Ceux-ci, retenus dans le devoir par la politique éclairée de Henri IV, courent maintenant aux armes. Éveillés par l'occasion, encouragés par quelques chefs entreprenants, ils forment un État dans l'État, et choisissent pour centre de leur naissant empire la forte et puissante ville de la Rochelle. Trop peu homme d'État pour étouffer, dès son principe, cette guerre civile par une sage tolérance, et bien éloigné d'être assez maître des forces de son royaume pour la conduire avec vigueur, Louis XIII se voit bientôt réduit à l'humiliante nécessité d'acheter par de grosses sommes d'argent la soumission des rebelles. Vainement la raison d'État le presse de soutenir contre l'Autriche les révoltés de Bohême, il faut que le fils de Henri IV reste pour le moment spectateur oisif de leur destruction : heureux si les calvinistes de son royaume ne se rappellent pas fort mal à propos leurs coreligionnaires d'au delà du Rhin ! Un grand génie au timon de l'État eût réduit les protestants français à l'obéissance, et conquis la liberté à leurs frères en Allemagne ; mais Henri IV n'était plus, et sa politique ne devait renaître qu'avec Richelieu.

Tandis que la France descendait du faîte de sa gloire, la Hollande, devenue libre, achevait l'édifice de sa grandeur. Il n'était pas encore éteint, le courage enthousiaste qui, allumé par la maison d'Orange, avait changé cette nation de marchands en un peuple de héros, et l'avait rendue capable de maintenir son indépendance dans une guerre meurtrière contre les rois d'Espagne. Se souvenant de tout ce qu'ils avaient dû, dans l'œuvre de leur délivrance, aux secours étrangers, ces républicains brûlaient du désir d'aider leurs frères allemands à s'assurer un sort pareil, et leur ardeur était d'autant plus grande, qu'ils combattaient, les uns et les autres, le même ennemi, et que la liberté de l'Allemagne devenait le plus ferme rempart pour la liberté de la Hollande. Mais une république qui luttait encore pour sa propre existence, qui, par les plus admirables efforts, pouvait à peine faire tête, sur son propre territoire, à un ennemi supérieur, n'osait se priver des forces nécessaires à sa défense, et les prodiguer, par une magnanime politique, pour des États étrangers.

L'Angleterre elle-même, bien que, sur ces entrefaites, elle

se fût agrandie de l'Écosse, n'avait plus en Europe, sous le faible Jacques Iᵉʳ, l'influence que le génie dominateur d'Élisabeth avait su lui acquérir. Convaincue que la prospérité de son île était attachée à la sûreté des protestants, cette sage reine avait eu constamment pour maxime de favoriser toute entreprise qui tendait à l'affaiblissement de la maison d'Autriche. Son successeur manqua de génie pour comprendre ce système, aussi bien que de puissance pour le mettre en pratique. L'économe Élisabeth n'épargna point ses trésors pour secourir les Pays-Bas contre l'Espagne, et Henri IV contre les fureurs de la ligue : Jacques Iᵉʳ abandonna fille, petits-fils et gendre, à la merci d'un vainqueur impitoyable. Tandis que ce monarque épuisait son érudition à chercher dans le ciel l'origine de la majesté royale, il laissait dépérir la sienne sur la terre. Les efforts que faisait son éloquence pour démontrer le droit absolu de la royauté rappelaient à la nation anglaise ses droits à elle, et, par une vaine prodigalité, il sacrifiait la plus importante de ses royales prérogatives, celle de se passer du parlement, et d'ôter la parole à la liberté. L'horreur instinctive qu'il avait d'une épée nue le faisait reculer même devant la guerre la plus juste. Son favori Buckingham se jouait de ses faiblesses, et sa vanité complaisante faisait de lui la dupe facile des artifices de l'Espagne. Tandis qu'on ruinait son gendre en Allemagne, et qu'on gratifiait des étrangers du patrimoine de ses petits-fils, ce vieillard imbécile respirait avec délices l'encens que l'Autriche et l'Espagne faisaient fumer devant lui. Pour détourner son attention de la guerre d'Allemagne, on lui montra à Madrid une épouse pour son fils, et ce père facétieux équipa lui-même son fils romanesque pour la scène bizarre par laquelle il surprit sa fiancée espagnole. Cette fiancée échappa à son fils, comme la couronne de Bohême et l'électorat palatin à son gendre, et la mort seule déroba Jacques Iᵉʳ au danger de terminer son règne pacifique par une guerre, uniquement pour n'avoir pas eu le courage de la montrer dans le lointain.

Les troubles civils, préparés par son gouvernement malhabile, éclatèrent sous son malheureux fils, et forcèrent bientôt celui-ci, après quelques tentatives insignifiantes, de renoncer à prendre aucune part à la guerre d'Allemagne, pour combattre dans son propre royaume la rage des factions, dont il fut enfin la déplorable victime.

Deux rois pleins de mérite, bien loin l'un de l'autre sans doute pour la renommée personnelle, mais également puissants, également avides de gloire, faisaient alors respecter les États du Nord. Sous le règne long et actif de Christian IV, le Danemark s'était élevé jusqu'à devenir une puissance importante. Les qualités personnelles de ce prince, une excellente marine, des troupes d'élite, des finances bien administrées, de sages alliances, se réunirent pour assurer à cet État, au dedans, une prospérité florissante, au dehors, la considération. Quant à la Suède, Gustave Wasa l'avait arrachée à la servitude; il l'avait transformée par une sage législation, et produit le premier aux regards du monde cet État nouvellement créé. Ce que ce grand prince n'avait fait qu'indiquer dans une ébauche grossière, fut achevé par son petit-fils, Gustave-Adolphe, encore plus grand que lui.

Ces deux royaumes, réunis auparavant, par contrainte et contre nature, en une seule monarchie, et sans force dans cette union, s'étaient séparés violemment au temps de la réforme, et cette séparation fut l'époque de leur prospérité. Autant cette union forcée avait été nuisible aux deux États, autant, une fois séparés, l'harmonie et les rapports de bon voisinage leur étaient nécessaires. L'Église évangélique s'appuyait sur l'un et sur l'autre; ils avaient les mêmes mers à surveiller; le même intérêt aurait dû les réunir contre le même ennemi. Mais la haine qui avait brisé le lien des deux royaumes continua d'entretenir une discorde hostile entre les deux peuples, longtemps après leur séparation. Les rois de Danemark ne pouvaient toujours pas renoncer à leurs prétentions sur la couronne de Suède, et la Suède ne pouvait écarter le souvenir de l'ancienne tyrannie danoise. Les frontières contiguës des deux États offraient à la haine nationale un éternel aliment; la jalousie vigilante des deux rois et les collisions inévitables du commerce dans les mers du nord ne laissaient jamais tarir la source des querelles.

Entre les moyens par lesquels Gustave Wasa, fondateur du royaume de Suède, avait cherché à consolider sa nouvelle création, la réformation de l'Église avait été un des plus efficaces.

Une loi fondamentale du royaume excluait les catholiques de tous les offices publics, et interdisait à tout souverain futur de la Suède de changer la religion du pays. Mais déjà le second fils et le second successeur de Gustave, Jean III, rentrait dans l'Église romaine, et son fils Sigismond, qui était aussi roi de Pologne, se permit des actes qui tendaient à la ruine de la constitution et de l'Église dominante. Les états du royaume, ayant à leur tête Charles, duc de Sudermanie, troisième fils de Gustave, opposèrent une ferme résistance, qui alluma enfin une guerre civile entre l'oncle et le neveu, entre le roi et la nation. Le duc Charles, administrateur du royaume en l'absence du roi, mit à profit la longue résidence de Sigismond en Pologne et le juste mécontentement des états, pour s'attacher étroitement la nation et frayer insensiblement à sa propre maison le chemin du trône. Les mauvaises mesures de Sigismond ne favorisèrent pas médiocrement ses desseins. Une assemblée générale des états osa déroger, en faveur de l'administrateur du royaume, au droit de primogéniture, introduit par Gustave Wasa dans la succession à la couronne de Suède, et plaça le duc de Sudermanie sur le trône, dont Sigismond fut exclu solennellement avec toute sa postérité. Le fils du nouveau roi, qui gouverna sous le nom de Charles IX, fut Gustave-Adolphe, que les partisans de Sigismond, en sa qualité de fils d'un usurpateur, refusèrent de reconnaître. Mais, si les obligations d'un roi et de son peuple sont réciproques, si les États ne passent point, par héritage, d'une main dans une autre, comme une denrée morte, il doit être permis à toute une nation, agissant unanimement, de retirer sa foi au souverain parjure et d'en mettre un plus digne à sa place.

Gustave-Adolphe n'avait pas encore accompli sa dix-septième année, quand le trône de Suède devint vacant par la mort de son père; mais la précoce maturité de son esprit décida les états à abréger en sa faveur la durée légale de la minorité. Il ouvrit par une glorieuse victoire sur lui-même un règne dont la victoire devait être la compagne fidèle, et qui devait finir au milieu d'un triomphe. La jeune comtesse de Brahé, fille d'un de ses sujets, eut les prémices de ce grand cœur, et il était sincèrement résolu à partager avec elle le trône de Suède. Mais, contraint par les nécessités du temps et des circonstances, son penchant se soumit au devoir supérieur du monarque, et l'héroïque vertu reprit tout son empire sur un cœur qui n'était pas destiné à se renfermer dans le paisible bonheur de la vie privée.

Christian IV de Danemark, qui était déjà roi avant que Gustave vît le jour, avait attaqué les frontières suédoises, et remporté sur le père de ce héros d'importants avantages. Gustave-Adolphe se hâta de mettre fin à cette guerre funeste, et acheta la paix par de sages sacrifices, afin de tourner ses armes contre le czar de Moscou. Jamais, pour aspirer à la gloire équivoque des conquérants, il ne fut tenté de prodiguer le sang de ses peuples dans des guerres injustes; mais jamais il ne recula devant une guerre légitime. Ses armes furent heureuses contre la Russie, et le royaume de Suède s'accrut, vers l'orient, de provinces importantes.

Cependant Sigismond, roi de Pologne, nourrissait contre le fils les sentiments hostiles auxquels le père avait donné de justes motifs : il ne négligea aucun artifice pour ébranler la fidélité des sujets de Gustave, refroidir ses amis et rendre ses ennemis irréconciliables. Ni les grandes qualités de son adversaire, ni les témoignages multipliés de dévouement que la Suède donnait à son souverain adoré, ne purent guérir ce prince aveuglé de la folle espérance de remonter un jour sur le trône qu'il avait perdu. Il repoussa dédaigneusement toutes les propositions de paix de Gustave, et ce héros, ami de la paix, se vit entraîné malgré lui dans une longue guerre avec la Pologne, durant laquelle, peu à peu, toute la Livonie et la Prusse polonaise furent soumises à la domination suédoise. Toujours vainqueur, Gustave-Adolphe était toujours le premier prêt à tendre la main pour la paix.

Cette lutte entre la Suède et la Pologne eut lieu au commencement de la guerre de Trente ans en Allemagne, et se trouve liée avec elle. Il suffisait que le roi Sigismond fût catholique, et disputât la couronne de Suède à un prince protestant, pour qu'il pût se tenir assuré du concours le plus actif de l'Espagne et de l'Autriche. Un double lien de parenté avec l'empereur lui donnait encore un droit plus particulier à sa protection. Aussi ce fut surtout sa confiance en un si puissant soutien qui encouragea le roi de Pologne à poursuivre la guerre, quoiqu'elle tournât si mal pour lui ; et les cours de Vienne et de Madrid ne négligèrent pas de soutenir son ardeur par des promesses pleines de jactance. Tandis que Sigismond perdait une place après l'autre, en Livonie, en Courlande et en Prusse, il voyait, en Allemagne, son allié marcher de victoire en victoire à la souveraineté absolue : il n'est donc pas étonnant que son éloignement pour la paix s'accrût en proportion de ses défaites. La vivacité avec laquelle il poursuivait sa chimérique espérance l'aveuglait sur l'astucieuse politique de Ferdinand, qui n'occupait, aux dépens de son allié, le héros suédois, que pour détruire d'autant plus à son aise la liberté de l'Allemagne, et tirer ensuite à lui, comme une conquête facile, le Nord épuisé. Mais une circonstance sur laquelle seule on n'avait point compté, la grandeur héroïque de Gustave, déchira la trame de cette politique trompeuse. Cette guerre polonaise de huit ans, loin d'épuiser les forces de la Suède, n'avait servi qu'à mûrir le génie militaire de Gustave-Adolphe, à endurcir ses armées par une longue habitude des combats, et à introduire peu à peu la nouvelle tactique, par laquelle ces armées devaient faire ensuite des prodiges sur le territoire allemand.

Après cette digression nécessaire sur la situation des États européens à cette époque, qu'il me soit permis de reprendre le fil de l'histoire.

Ferdinand avait recouvré ses États, mais non encore les frais que lui avait coûtés cette conquête. Une somme de quarante millions de florins, que mirent dans ses mains les confiscations de Bohême et de Moravie, aurait suffi pour l'indemniser, ainsi que ses alliés, de toutes leurs dépenses; mais cette somme énorme s'était bientôt écoulée dans les mains des jésuites et de ses favoris. Le duc Maximilien de Bavière, dont le bras victorieux avait presque seul remis Ferdinand en possession de ses domaines; qui avait sacrifié un proche parent pour défendre sa religion et son empereur : Maximilien, dis-je, avait les droits les plus fondés à sa reconnaissance. D'ailleurs, par une convention conclue avec l'empereur, avant l'ouverture des hostilités, il s'était assuré expressément le dédommagement de toutes ses dépenses. Ferdinand sentait toute l'étendue des obligations que lui imposaient cette convention et ces services ; mais il n'avait pas envie de les remplir à son propre préjudice. Il songeait à récompenser le duc de la manière la plus brillante, mais sans se dépouiller lui-même. Or, pouvait-il mieux atteindre ce but qu'aux dépens du prince contre lequel les lois de la guerre semblaient lui donner ce droit, et dont les fautes pouvaient être assez sévèrement qualifiées pour justifier par le nom de châtiment légitime toutes les violences ? Il fallait donc poursuivre encore Frédéric, il fallait achever la ruine de Frédéric, afin de pouvoir récompenser Maximilien, et une nouvelle guerre fut entreprise pour payer la première.

Mais un motif bien plus puissant vint se joindre au premier et en augmenter le poids. Jusqu'alors Ferdinand n'avait combattu que pour son existence, et n'avait rempli d'autres devoirs que ceux de la défense personnelle ; mais maintenant que la victoire lui donnait la liberté d'agir, il songea à ce qu'il considérait comme des devoirs supérieurs, et se rappela le vœu qu'il avait fait, dans son pèlerinage de Lorette et de Rome, à sa *généralissime* la sainte Vierge, d'étendre son culte au péril de ses couronnes et de sa vie. La destruction du protestantisme se rattachait indissolublement à ce vœu. Pour l'accomplir, Ferdinand ne pouvait trouver un concours de circonstances plus favorables que celles qui s'offraient à ce moment, au sortir de la guerre de Bohême. Il ne manquait ni de forces ni d'une apparence de droit pour mettre le Palatinat dans des mains catholiques, et les conséquences de ce changement étaient pour toute l'Allemagne orthodoxe d'une importance incalculable. En même temps qu'il récompensait le duc de Bavière avec les dépouilles de son parent, Ferdinand satisfaisait ses plus bas désirs, et remplissait son devoir le plus sublime : il écrasait un ennemi qu'il détestait ; il épargnait à son intérêt un sacrifice douloureux, tout en méritant la couronne céleste.

La perte de Frédéric était résolue dans le cabinet impérial, bien longtemps avant que le sort se fût déclaré contre lui ; mais ce fut seulement après ses revers que le pouvoir arbitraire osa le frapper de sa foudre. Un décret de l'empereur, dépourvu de toutes les formalités prescrites en pareil cas par les constitutions, mit au ban de l'Empire, et déclara déchus de toutes leurs dignités et possessions, comme coupables de lèse-majesté impériale et perturbateurs de la paix publique, l'électeur, et trois autres princes, qui avaient pris les armes pour lui en Silésie et en Bohême. L'accomplissement de cette sentence contre Frédéric, c'est-à-dire la conquête de ses États, fut confiée, avec un égal mépris des lois de l'Empire, au roi d'Espagne, comme possesseur du cercle de Bourgogne, au duc de Bavière et à la ligue. Si l'union évangélique eût été digne de son nom et de la cause qu'elle défendait, on aurait trouvé dans l'exécution du ban de l'Empire des obstacles insurmontables; mais une force si méprisable, qui pouvait à peine tenir tête aux troupes espagnoles dans le bas Palatinat, dut renoncer à combattre contre les armées réunies de l'empereur, de la Bavière et de la ligue. L'arrêt de proscription prononcé contre l'électeur effraya aussi toutes les villes impériales, qui se retirèrent sans délai de l'alliance, et les princes ne tardèrent pas à suivre leur exemple. Heureux de sauver leurs propres domaines, ils laissèrent à la merci de Ferdinand l'électeur, qui avait été leur chef; ils abjurèrent l'union, et promirent de ne jamais la renouveler.

Les princes allemands avaient abandonné honteusement le malheureux Frédéric; la Bohême, la Silésie et la Moravie avaient rendu hommage à la redoutable puissance de l'empereur : un seul homme, un chevalier de fortune, qui n'avait que son épée, le comte Ernest de Mansfeld, osa braver toute cette puissance dans les murs de Pilsen. Laissé sans secours, après la bataille de Prague, par l'électeur, à qui il avait voué ses services; ignorant même si Frédéric lui savait gré de sa fermeté, il tint seul, quelque temps encore, contre les Impériaux, jusqu'au moment où ses troupes, pressées par le besoin d'argent, vendirent enfin la ville à l'empereur. Mansfeld ne fut point ébranlé d'un coup si rude; on le vit bientôt après établir dans le haut Palatinat de nouvelles places de recrutement, pour attirer à lui les troupes que l'union avait licenciées. En peu de temps, il eut rassemblé sous ses drapeaux une armée de vingt mille hommes, d'autant plus redoutable pour toutes les provinces sur lesquelles elle se jetterait, que le pillage seul pouvait la faire vivre. Ignorant où cet essaim allait se précipiter, tous les évêchés voisins, dont la richesse pouvait le tenter, tremblaient déjà devant lui; mais, pressé par le duc de Bavière, qui envahit le haut Palatinat, comme exécuteur du décret de proscription, Mansfeld dut évacuer le pays. Il se déroba par un heureux stratagème à la vive poursuite du général bavarois Tilly, et parut tout à coup dans le bas Palatinat. Il y fit éprouver aux évêchés du Rhin les mauvais traitements qu'il avait médités contre ceux de Franconie. Tandis que l'armée impériale et bavaroise inondait la Bohême, le général espagnol Ambroise Spinola s'était jeté des Pays-Bas, avec une armée considérable, dans le bas Palatinat, que le traité d'Ulm permettait à l'union de défendre. Mais les mesures étaient si mal prises, que les places tombèrent l'une après l'autre dans les mains des Espagnols, et qu'enfin, quand l'union se fut dissoute, la plus grande partie du pays demeura occupée par leurs troupes. Leur général Corduba, qui prit le commandement de ces troupes après la retraite de Spinola, leva précipitamment le siége de Frankenthal, à l'arrivée de Mansfeld dans le bas Palatinat; mais, sans s'arrêter à chasser les Espagnols de cette province, Mansfeld se hâta de franchir le Rhin pour refaire en Alsace ses bandes affamées. Toutes les campagnes ouvertes sur lesquelles se répandit cette troupe de brigands furent changées en affreux déserts, et les villes ne se rachetèrent du pillage que par d'énormes rançons. Fortifié par cette expédition, Mansfeld reparut sur le Rhin, afin de couvrir le bas Palatinat.

Tant qu'un tel bras combattait pour lui, l'électeur Frédéric n'était pas perdu sans ressource. De nouvelles perspectives commencèrent à s'ouvrir à lui, et son infortune lui suscita des amis, qui ne lui avaient pas donné signe de vie pendant sa prospérité. Le roi Jacques d'Angleterre, qui avait vu avec indifférence son gendre perdre la couronne de Bohême, s'éveilla de son insensibilité quand il vit menacée l'existence tout entière de sa fille et de ses petits-fils, et l'ennemi victorieux tenter une attaque sur l'électorat. Alors enfin, quoique bien tard, il ouvrit ses trésors; alors il s'empressa de soutenir avec de l'argent et des soldats, d'abord l'union, qui défendait encore le bas Palatinat, et ensuite le comte de Mansfeld, quand l'union se fut évanouie. Par lui, le roi Christian de Danemark, son proche parent, fut aussi engagé à une active assistance. L'expiration de la trêve entre l'Espagne et la Hollande priva en même temps l'empereur de tout l'appui qu'il aurait pu attendre du côté des Pays-Bas. Mais ce fut de Transylvanie et de Hongrie que vinrent au comte palatin les plus importants secours. La trêve de Gabor avec l'empereur était à peine expirée, que ce vieil et redoutable ennemi de l'Autriche inonda de nouveau la Hongrie, et se fit couronner roi à Presbourg. Ses progrès furent si rapides, que Bucquoi dut quitter la Bohême pour défendre contre lui la Hongrie et l'Autriche. Ce vaillant général trouva la mort au siége de Neuhäusel; non moins brave que lui, Dampierre avait déjà succombé devant Presbourg. Gabor s'avança sans obstacles jusqu'aux frontières de l'Autriche. Le vieux comte de Thurn et plusieurs proscrits bohêmes avaient apporté à cet ennemi de leur ennemi leur haine et leur épée. Une attaque vigoureuse du côté de l'Allemagne, tandis que Gabor pressait l'empereur du côté de la Hongrie, aurait pu rétablir promptement la fortune de Frédéric; mais toujours les Bohêmes et les Allemands avaient posé les armes, lorsque Gabor entrait en campagne; toujours ce dernier s'était épuisé, quand les autres commençaient à reprendre des forces.

Cependant Frédéric n'avait pas hésité à se jeter dans les bras de Mansfeld, son nouveau défenseur. Il parut, déguisé, dans le bas Palatinat, que Mansfeld et le général bavarois Tilly se disputaient; le haut Palatinat était soumis depuis longtemps. Frédéric eut un rayon d'espérance, quand il vit, sur les ruines de l'union, de nouveaux amis se lever pour lui. Le margrave Georges-Frédéric de Bade, qui en avait été membre, commençait depuis quelque temps à rassembler des troupes, qui formèrent bientôt une armée considérable. Nul n'en savait la destination, quand le margrave entra soudain en campagne, et se joignit au comte de Mansfeld. Avant de faire ce pas décisif, il avait résigné ses États à son fils, afin de les soustraire par ce moyen à la vengeance de l'empereur, si la fortune lui était contraire. Le duc de Wurtemberg, son voisin, se mit aussi à augmenter ses forces militaires. Le comte palatin reprit courage, et travailla de toutes ses forces à faire revivre l'union. C'était maintenant à Tilly de songer à sa sûreté. Il se hâta d'appeler à lui les troupes du général espagnol Corduba. Mais, tandis que l'ennemi concentrait ses forces, Mansfeld et le margrave se séparèrent, et celui-ci fut battu près de Wimpfen par le général bavarois (1622).

Un aventurier sans argent, auquel on contestait même une naissance légitime, s'était déclaré le défenseur d'un roi, accablé par un de ses plus proches parents et abandonné par le père de son épouse. Un prince régnant s'était dessaisi de ses États, qu'il gouvernait paisiblement, pour tenter, en faveur d'un autre prince, qui lui était étranger, les hasards de la guerre; et lorsqu'il désespérait de faire triompher cette cause, un nouveau chevalier de fortune, pauvre en domaines, mais riche en glorieux ancêtres, entreprit, après lui, de la défendre. Le duc Christian de Brunswick, administrateur de Halberstadt, crut avoir appris du comte de Mansfeld le secret de tenir sur pied, sans argent, une armée de vingt mille hommes. Poussé par la présomption de la jeunesse, et plein d'un violent désir de recueillir gloire et butin aux dépens du clergé catholique, qu'il haïssait en franc chevalier, il rassembla dans la basse Saxe une forte armée, pour la défense de Frédéric, disait-il, et au nom de la liberté allemande. Il se proclamait *ami de Dieu et ennemi des prêtres* : ce fut la devise qu'il fit graver sur sa monnaie, fabriquée avec l'argenterie des églises, et ses actions furent loin d'y faire honte.

La route que suivit cette bande de brigands fut marquée, comme de coutume, par les plus effroyables dévastations. En pillant les bénéfices de la basse Saxe et de la Westphalie, elle recueillit des forces pour aller piller les évêchés du Rhin. Là, repoussé par les amis et les ennemis, l'administrateur s'approcha du Mein, dans le voisinage de la ville mayençaise de Hœchst, et franchit cette rivière, après un combat meurtrier avec Tilly, qui lui disputait le passage. Il n'atteignit l'autre bord qu'après avoir perdu la moitié de ses troupes; il en rassembla promptement le reste, et se joignit au comte de Mansfeld. Poursuivies par Tilly, ces bandes réunies se jetèrent une seconde fois sur l'Alsace, pour dévaster ce qui avait échappé à la première invasion. Tandis que l'électeur Frédéric, réduit au rôle d'un mendiant fugitif, errait avec l'armée qui le reconnaissait pour son maître et qui se parait de son nom, ses amis s'occupaient de le réconcilier avec l'empereur. Ferdinand ne voulait pas encore leur ôter toute espérance de voir rétablir le comte palatin. Plein de ruse et de dissimulation, il se montra disposé à négocier, afin de refroidir leur ardeur en campagne et de prévenir les résolutions extrêmes. Le roi Jacques, jouet, comme toujours, des intrigues de l'Autriche, ne contribua pas peu, par son fol empressement, à soutenir les mesures de l'empereur. Ferdinand exigeait avant tout que Frédéric, s'il en appelait à sa clémence, mît bas les armes, et Jacques trouva cette demande parfaitement juste. Sur son invitation, le comte palatin congédia ses seuls vrais défenseurs, le comte de Mansfeld et l'administrateur, et il attendit son sort, en Hollande, de la pitié de l'empereur.

Mansfeld et le duc Christian ne furent embarrassés que de trouver un nouveau nom. Ce n'était point la cause du comte palatin qui les avait armés : son congé ne pouvait donc les désarmer. La guerre était leur but; peu importait la cause qu'ils avaient à défendre. Après une tentative inutile de Mansfeld pour passer au service de l'empereur, ils se dirigèrent tous deux vers la Lorraine, où leurs troupes commirent des brigandages qui répandirent l'effroi jusqu'au cœur de la France. Ils attendaient en vain, depuis quelque temps, un maître qui les voulût payer, quand les Hollandais, pressés par le général espagnol Spinola, leur offrirent du service. Après avoir livré, près de Fleurus, un combat meurtrier aux Espagnols qui voulaient leur fermer le passage, ils atteignirent la Hollande, où leur apparition obligea sur-le-champ Spinola de lever le siége de Berg-op-zoom. Mais bientôt la Hollande, fatiguée à son tour de ces hôtes malfaisants, saisit le premier moment de calme pour se délivrer de leur dangereux secours. Mansfeld fit prendre à ses troupes, dans la fertile province d'Ost-Frise, des forces pour de nouveaux exploits. Le duc Christian, ardemment épris de la comtesse palatine, dont il avait fait la connaissance en Hollande, et plus belliqueux que jamais, reconduisit les siennes dans la basse Saxe, portant le gant de cette princesse à son chapeau, et sur ses drapeaux cette devise : *Tout pour Dieu et pour elle!* Ces deux hommes étaient loin d'avoir fini leur rôle dans cette guerre.

Tous les États de l'Empire étaient enfin délivrés d'ennemis; l'union était dissoute; le margrave de Bade, Mansfeld et le duc

Christian étaient battus et ne tenaient plus la campagne ; l'armée d'exécution inondait les pays palatins au nom de l'empereur. Les Bavarois occupaient Mannheim et Heidelberg, et bientôt aussi Frankenthal fut abandonné aux Espagnols. Le comte palatin attendait dans un coin de la Hollande l'humiliante permission d'apaiser la colère de l'empereur par une génuflexion, et une prétendue diète électorale, à Ratisbonne, devait enfin prononcer sur son sort. Ce sort était depuis longtemps décidé à la cour de l'empereur ; mais jusque-là on n'avait pas jugé les circonstances assez favorables pour déclarer ouvertement tout ce qu'on avait résolu. L'empereur, après tout ce qu'il s'était permis contre l'électeur, ne croyait plus pouvoir espérer une réconciliation sincère. Il fallait être violent jusqu'au bout pour l'être impunément. Ce qui était perdu devait donc l'être sans retour ; il importait que Frédéric ne revît jamais ses États, et un prince sans sujets et sans territoire ne pouvait plus porter le chapeau d'électeur. Autant le comte palatin s'était rendu coupable envers la maison d'Autriche, autant le duc de Bavière s'était signalé par les services qu'il avait rendus. Autant la maison d'Autriche et l'Église catholique avaient à redouter la vengeance et la haine religieuse de la maison palatine, autant elles pouvaient compter sur la reconnaissance et le zèle religieux de celle de Bavière. Enfin, en transférant à la Bavière la dignité électorale palatine, on assurait à la religion catholique la prépondérance la plus décisive dans le collège des électeurs et en Allemagne un triomphe permanent.

Ce dernier motif était suffisant pour rendre favorables à cette innovation les trois électeurs ecclésiastiques. Du côté protestant, la voix de l'électeur de Saxe était seule importante. Mais Jean-Georges pouvait-il contester à l'empereur un droit sans lequel devenait incertain celui qu'il avait lui-même à la couronne électorale ? A la vérité, un prince que ses ancêtres, sa dignité et sa puissance plaçaient à la tête de l'Église protestante en Allemagne, n'eût dû avoir, à ce qu'il semblait, rien de plus sacré que de soutenir les droits de cette Église contre toutes les attaques de sa rivale ; mais la question était moins alors de savoir comment on devait protéger les intérêts de la religion protestante contre les catholiques, que de résoudre auquel de deux cultes également détestés, du calvinisme ou de la religion romaine, on laisserait prendre l'avantage sur l'autre ; auquel de deux ennemis également funestes on adjugerait l'électorat palatin ; et, pressé entre deux obligations opposées, il était bien naturel qu'on remît la décision à la haine privée et à l'intérêt privé. Le défenseur-né de la liberté allemande et de la religion protestante encouragea l'empereur à procéder, en vertu de la toute-puissance impériale, contre le Palatinat, et à ne s'inquiéter, en aucune manière, si l'électeur de Saxe faisait, pour la forme, quelque opposition à ses mesures. Si, dans la suite, Jean-Georges retira son consentement, c'est que Ferdinand lui-même avait donné lieu à ce changement d'avis en chassant de Bohême les ministres évangéliques ; et l'investiture de l'électorat palatin donnée à la Bavière cessa d'être un acte illégal, aussitôt que l'empereur eut consenti à céder à l'électeur de Saxe la Lusace, en payement de six millions d'écus pour frais de guerre.

Ainsi donc, malgré l'opposition de toute l'Allemagne protestante, et au mépris des lois fondamentales de l'Empire, qu'il avait jurées à son élection, Ferdinand donna solennellement, dans Ratisbonne, l'investiture de l'électorat palatin au duc de Bavière ; « sans préjudice toutefois, disait-on dans l'acte, des droits que pourraient faire valoir les agnats et les descendants de Frédéric. » Ce prince infortuné se vit alors irrévocablement dépouillé de ses États, sans avoir été entendu d'abord par le tribunal qui le condamnait, justice que les lois accordent même au plus humble sujet et au plus affreux malfaiteur.

Cette violence ouvrit enfin les yeux au roi d'Angleterre, et, les négociations entamées pour le mariage de son fils avec une infante d'Espagne ayant été rompues dans le même temps, Jacques prit avec vivacité le parti de son gendre. En France, une révolution dans le ministère avait mis le cardinal Richelieu à la tête du gouvernement, et ce royaume, tombé si bas, commença bientôt à sentir qu'une main vigoureuse tenait le timon de l'État. Les mouvements du gouverneur espagnol à Milan, pour s'emparer de la Valteline et se mettre ainsi en communication avec les domaines héréditaires de l'Autriche, firent revivre et les anciennes alarmes qu'inspirait cette puissance, et, avec elles, les maximes politiques de Henri le grand. Le mariage du prince de Galles avec Henriette de France amena entre les deux couronnes une alliance plus étroite, à laquelle accédèrent la Hollande, le Danemark et quelques États d'Italie. On forma le plan de forcer, à main armée, l'Espagne à restituer la Valteline, et l'Autriche à rétablir Frédéric; mais le premier objet fut seul poursuivi avec quelque activité. Jacques Ier mourut, et Charles Ier, en lutte avec son parlement, ne put plus donner aucune attention aux affaires d'Allemagne. La Savoie et Venise retinrent les secours promis, et le ministre français crut qu'il fallait soumettre les huguenots dans sa patrie, avant de se hasarder à défendre contre l'empereur les protestants d'Allemagne. Ainsi le succès fut loin de répondre aux grandes espérances qu'on avait conçues de cette alliance.

Le comte de Mansfeld, dépourvu de tout secours, restait inactif sur le bas Rhin, et le duc Christian de Brunswick se vit de nouveau rejeté, après une campagne malheureuse, hors du territoire allemand. Une nouvelle irruption de Bethlen Gabor dans la Moravie s'était terminée infructueusement, comme toutes les précédentes, par une paix formelle avec l'empereur, parce qu'elle n'avait pas été secondée du côté de l'Allemagne. L'union n'existait plus; aucun prince protestant n'était plus sous les armes, et le général Tilly se tenait aux frontières de la basse Allemagne, sur le territoire protestant, avec une armée accoutumée à vaincre. Les mouvements du duc Christian de Brunswick l'avaient attiré dans ce pays, et une fois déjà dans le cercle de basse Saxe, où il avait pris Lippstadt, place d'armes de l'administrateur. La nécessité d'observer cet ennemi, et de l'empêcher de faire de nouvelles irruptions, aurait pu justifier alors encore la présence de Tilly dans cette contrée. Mais Mansfeld et Christian avaient licencié leurs troupes faute d'argent, et l'armée du comte Tilly ne voyait plus tout autour d'elle aucun ennemi : pourquoi occuper encore et accabler ce pays?

Parmi les clameurs passionnées des partis, il est difficile de distinguer la voix de la vérité; mais on pouvait s'inquiéter que la ligue restât sous les armes. Les cris de joie prématurés des catholiques devaient augmenter la consternation. L'empereur et la ligue, armés et vainqueurs en Allemagne, ne voyaient nulle part de forces qui pussent leur résister, s'ils tentaient d'assaillir les protestants ou même d'anéantir la paix de religion. A supposer que Ferdinand fût loin du dessein d'abuser de ses victoires, la faiblesse des protestants devait lui en suggérer la première pensée. Des pactes surannés ne pouvaient être un frein pour un prince qui se croyait obligé à tout envers sa religion, et à qui toute violence semblait justifiée par une pieuse intention. La haute Allemagne était domptée, la basse pouvait seule encore faire obstacle à sa toute-puissance. Là les protestants dominaient ; là on avait enlevé à l'Église romaine la plupart des bénéfices ecclésiastiques, et le moment semblait venu de lui rendre ses possessions. Ces biens confisqués par les princes de la basse Allemagne composaient d'ailleurs une partie notable de leur puissance, et c'était un excellent prétexte pour les affaiblir que d'aider l'Église à recouvrer son bien.

Rester oisif dans une situation si dangereuse eût été une impardonnable négligence. Le souvenir des excès que l'armée de Tilly avait commis dans la basse Saxe était encore trop récent, pour que les membres protestants de l'empire ne dussent pas songer à leur défense. Le cercle de la basse Saxe s'arma en toute hâte. On leva des impôts extraordinaires ; on recruta des troupes ; on remplit les magasins. On négocia pour des subsides avec Venise, avec la Hollande, avec l'Angleterre. On délibéra sur le choix de la puissance qui serait placée à la tête de la confédération. Les rois du Sund et de la mer Baltique, alliés naturels de ce cercle, ne pouvaient voir avec indifférence l'empereur y mettre le pied comme conquérant et devenir leur voisin sur les côtes de la mer du Nord. Le double intérêt de la religion et de la politique les pressait d'arrêter les progrès de ce monarque dans la basse Allemagne. Christian IV, roi de Danemark, se comptait lui-même, comme duc de Holstein, parmi les membres de ce cercle. Des motifs non moins forts déterminèrent Gustave-Adolphe à prendre part à cette alliance.

Les deux rois se disputèrent l'honneur de défendre le cercle de basse Saxe et de combattre la formidable puissance de l'Autriche. L'un et l'autre offrirent de mettre sur pied une armée bien équipée et de la commander en personne. De glorieuses campagnes contre les Moscovites et les Polonais appuyaient les propositions du roi de Suède ; toutes les côtes de la Baltique étaient remplies du nom de Gustave-Adolphe. Mais la gloire de ce rival rongeait le cœur du monarque danois, et plus il se promettait lui-même de lauriers dans cette campagne, moins Christian IV pouvait se résoudre à les céder à son voisin, dont il était jaloux. Ils portèrent tous deux leurs offres et leurs conditions devant le cabinet anglais, et là Christian IV réussit enfin à l'emporter sur son concurrent. Gustave-Adolphe demandait pour sa sûreté, afin de garantir à ses troupes un refuge nécessaire en cas de malheur, l'abandon de quelques places fortes en Allemagne, où il ne possédait pas un pouce de terrain. Christian IV avait le Holstein et le Jutland, par lesquels il pouvait se retirer en sûreté après une bataille perdue.

Afin de prendre l'avantage sur son rival, le roi de Danemark se hâta de paraître en campagne. Nommé chef du cercle de basse Saxe, il eut bientôt sur pied une armée de soixante mille hommes ; l'administrateur de Magdebourg, les ducs de Brunswick, les ducs de Mecklembourg, se joignirent à lui. L'appui que l'Angleterre lui avait fait espérer élevait son courage, et, à la tête de forces si considérables, il se flattait de terminer cette guerre en une seule campagne.

On fit savoir à Vienne que cet armement avait uniquement pour but la défense du cercle et le maintien de la tranquillité dans cette contrée. Mais les négociations avec la Hollande, avec l'Angleterre, et même avec la France, les efforts extraordinaires du cercle et l'armée formidable qu'on mettait sur pied, semblaient tendre à quelque chose de plus que la simple défense : au rétablissement complet de l'électeur palatin et à l'abaissement de l'empereur, devenu trop puissant.

Après que Ferdinand eut vainement épuisé les négociations, les remontrances, les menaces et les ordres, pour décider le roi de Danemark et le cercle de basse Saxe à poser les armes, les hostilités commencèrent, et la basse Allemagne devint le théâtre de la guerre. Le comte Tilly suivit la rive gauche du Wéser et s'empara de tous les passages jusqu'à Minden. Après avoir échoué dans une attaque sur Nienbourg, il traversa le fleuve, envahit la principauté de Calemberg, et la fit occuper par ses troupes. Le roi manœuvrait sur la rive droite du Wéser, et il s'étendit dans le pays de Brunswick ; mais il avait affaibli son armée par de trop forts détachements, et ne put rien exécuter de considérable avec le reste. Connaissant la supériorité de l'ennemi, il évitait avec autant de soin une bataille décisive que le général de la ligue la cherchait.

Jusqu'ici l'empereur n'avait fait la guerre en Allemagne qu'avec les armes de la Bavière et de la ligue, si l'on excepte les troupes auxiliaires des Pays-Bas espagnols qui avaient attaqué le bas Palatinat. Maximilien dirigeait la guerre, comme chef de l'exécution impériale, et Tilly, qui commandait l'armée, était au service de la Bavière. C'était aux armes de la Bavière et de la ligue que Ferdinand devait toute sa supériorité en campagne ; ces auxiliaires tenaient dans leurs mains toute sa fortune et son autorité. Cette dépendance de leur bon vouloir ne s'accordait pas avec les vastes projets auxquels la cour impériale commençait à donner carrière après un si brillant début.

Autant la ligue avait montré d'empressement à entreprendre la défense de l'empereur, sur laquelle reposait son propre salut, autant l'on devait peu s'attendre à lui trouver le même zèle pour les plans de conquête de Ferdinand. Ou, si elle consentait à donner ses armées pour faire des conquêtes, il était à craindre qu'elle n'admît l'empereur qu'au partage de la haine générale, et qu'elle ne recueillît pour elle seule tous les fruits de la guerre. Des forces militaires imposantes, qu'il aurait levées lui-même, le pouvaient seules soustraire à cette accablante dépendance de la Bavière, et l'aider à maintenir en Allemagne son ancienne supériorité. Mais la guerre avait beaucoup trop épuisé les provinces impériales, pour qu'elles pussent suffire aux frais immenses d'un pareil armement. Dans ces circonstances, rien ne pouvait être plus agréable à l'empereur que la proposition avec laquelle un de ses officiers vint le surprendre.

C'était le comte Wallenstein, officier de mérite, le plus riche gentilhomme de Bohème. Il avait servi, dès sa première jeunesse, la maison impériale, et s'était signalé de la manière la plus glorieuse, dans plusieurs campagnes, contre les Turcs, les Vénitiens, les Bohèmes, les Hongrois et les Transylvains. Il avait assisté, en qualité de colonel, à la bataille de Prague, et, plus tard, général-major, il avait battu une armée hongroise en Moravie. La reconnaissance de l'empereur fut égale à ces services, et une part considérable des biens confisqués après la révolte de Bohême fut sa récompense. Maître d'une immense fortune, enflammé par des projets ambitieux, plein de confiance dans son heureuse étoile, et plus encore dans une profonde appréciation des conjonctures, il offrit de lever et d'équiper une armée à ses frais et aux frais de ses amis, pour le service de l'empereur, et même de lui épargner le soin de l'entretien, s'il lui était permis de la porter à cinquante mille hommes. Il n'y eut personne qui ne raillât ce projet, comme la création chimérique d'une tête exaltée; mais la seule tentative pouvait être déjà d'un grand avantage, dût-elle ne tenir qu'une partie de ces promesses. On abandonna à Wallenstein quelques districts en Bohême, comme places de recrutement, et l'on y ajouta la permission de donner des brevets d'officier. Au bout de peu de mois, il avait sous les armes vingt mille hommes, avec lesquels il quitta les frontières de l'Autriche; bientôt après, il parut avec trente mille sur celles de la basse Saxe. Pour tout cet armement, l'empereur n'avait donné que son nom. La renommée du général, une brillante perspective d'avancement et l'espérance du butin, attirèrent, de toutes les contrées de l'Allemagne, des aventuriers sous ses drapeaux. On vit même des princes régnants, excités par l'amour de la gloire ou la soif du gain, offrir de lever des régiments pour l'Autriche.

Alors, pour la première fois dans cette guerre, on vit paraître en Allemagne une armée impériale : formidable apparition pour les protestants, et qui n'était pas beaucoup plus réjouissante pour les catholiques. Wallenstein avait ordre de joindre son armée aux troupes de la ligue, et d'attaquer, de concert avec le général bavarois, le roi de Danemark; mais, depuis longtemps jaloux de la gloire militaire de Tilly, il ne montra nulle envie de partager avec lui les lauriers de cette campagne, et de voir éclipsé par l'éclat des hauts faits de Tilly l'honneur des siens. Son plan de guerre appuya, il est vrai, les opérations de Tilly; mais il demeura, dans l'exécution, tout à fait indépendant de lui. Comme il n'avait pas les ressources avec lesquelles Tilly subvenait aux besoins de son armée, il était obligé de conduire la sienne dans des pays riches, qui n'avaient pas encore souffert de la guerre. Au lieu donc de faire sa jonction, comme il en avait l'ordre, avec le général de la ligue, il entra sur les terres de Halberstadt et de Magdebourg, et se rendit maître de l'Elbe près de Dessau. Tous les pays situés sur les deux rives du fleuve furent alors ouverts à ses exactions. Il pouvait de là fondre sur les derrières du roi de Danemark, et même, au besoin, se frayer un chemin jusque dans les États de ce prince.

Christian IV sentit tout le danger de sa position entre deux armées si redoutables. Auparavant déjà, il avait appelé à lui l'administrateur de Halberstadt, qui était revenu récemment de Hollande; maintenant il se déclara aussi publiquement pour le comte Mansfeld, qu'il avait désavoué jusque-là, et il le soutint de tout son pouvoir. Mansfeld reconnut ce service d'une manière signalée. A lui seul, il occupa sur l'Elbe les forces de Wallenstein, et les empêcha d'écraser le roi de concert avec Tilly. Le vaillant général osa même, malgré la supériorité des ennemis, s'approcher du pont de Dessau et se retrancher vis-à-vis des lignes des Impériaux; mais, pris à dos par toutes leurs forces, il dut céder au nombre, et quitter son poste avec une perte de trois mille hommes. Après cette défaite, il se retira dans la marche de Brandebourg, où il prit quelque repos, se renforça de nouvelles troupes, et tourna subitement vers la Silésie, pour pénétrer de là dans la Hongrie, et, réuni à Bethlen Gabor, transporter la guerre au cœur des États d'Autriche. Comme les domaines héréditaires de l'empereur étaient sans défense contre un pareil ennemi, Wallenstein reçut l'ordre pressant de laisser pour le moment le roi de Danemark, afin d'arrêter, s'il était possible, la marche de Mansfeld à travers la Silésie.

Cette diversion, par laquelle Mansfeld attira les troupes de Wallenstein, permit à Christian IV de détacher une partie de son armée en Westphalie, pour y occuper les évêchés de Münster et d'Osnabrück. Afin de s'opposer à cette manœuvre, Tilly quitta précipitamment le Wéser; mais les mouvements du duc Christian, qui faisait mine de pénétrer par la Hesse dans les terres de la ligue, afin d'en faire le théâtre de la guerre, le rappelèrent promptement de Westphalie. Pour maintenir ses communications avec les pays catholiques, et empêcher la jonction dangereuse du landgrave de Hesse avec l'ennemi, Tilly s'empara en grande hâte de toutes les places tenables sur la Werra et la Fulde, et s'assura de la ville de Münden, à l'entrée des montagnes de la Hesse, où le confluent de ces deux rivières forme le Wéser. Bientôt après, il prit Gœttingue, la clef du Brunswick et de la Hesse; il préparait à Nordheim le même sort, mais le roi accourut avec toutes ses forces pour s'opposer à son dessein. Après avoir pourvu cette place de tout ce qui était nécessaire pour soutenir un long siége, il cherchait à s'ouvrir, par l'Eichsfeld et la Thuringe, une nouvelle entrée dans les pays de la ligue. Déjà il avait dépassé Duderstadt, mais le comte Tilly l'avait devancé par des marches rapides. Comme l'armée de ce dernier, renforcée par quelques régiments de Wallenstein, était très-supérieure en nombre, le roi se retira vers le Brunswick pour éviter une bataille; mais, dans cette retraite même, Tilly le poursuivit sans relâche, et, après trois jours d'escarmouches, Christian IV fut à la fin contraint de faire face à l'ennemi, près du village de Lutter, au pied du Barenberg. Les Danois attaquèrent avec beaucoup de bravoure, et leur vaillant roi les mena trois fois au combat; mais enfin il fallut céder à un ennemi supérieur en nombre et mieux exercé, et le général de la ligue remporta une victoire complète. Soixante drapeaux et toute l'artillerie, les bagages et les munitions, furent perdus; beaucoup de nobles officiers et environ quatre mille soldats restèrent sur le champ de bataille; plusieurs compagnies d'infanterie[1], qui, pendant la déroute, s'étaient jetées, à Lutter, dans la maison du bailliage, mirent bas les armes et se rendirent au vainqueur.

Le roi s'enfuit avec sa cavalerie, et rallia bientôt ses troupes après ce cruel revers. Tilly, poursuivant sa victoire, se rendit maître du Wéser, occupa le pays de Brunswick, et repoussa le roi jusque sur les terres de Brême. Devenu timide par sa défaite, Christian résolut de rester sur la défensive, et surtout de fermer à l'ennemi le passage de l'Elbe. Mais en jetant des garnisons dans toutes les places tenables, il se réduisit à l'inaction, avec des forces divisées, et les corps détachés furent, l'un après l'autre, dispersés ou détruits par l'ennemi. Les troupes de la

---

1. Dans la première édition : « Trente compagnies d'infanterie. »

ligue, maîtresses de tout le cours du Wéser, se répandirent au delà de l'Elbe et du Havel, et les Danois se virent chassés successivement de toutes leurs positions. Tilly avait lui-même passé l'Elbe, et porté bien avant dans le Brandebourg ses armes victorieuses, tandis que Wallenstein pénétrait, par l'autre côté, dans le Holstein, afin de transférer la guerre dans les États mêmes du roi.

Wallenstein revenait alors de la Hongrie, où il avait poursuivi le comte Mansfeld sans pouvoir arrêter sa marche, ni empêcher sa réunion avec Bethlen Gabor. Toujours poursuivi par la fortune, et toujours supérieur à son sort, Mansfeld s'était frayé sa route par la Silésie et la Hongrie, à travers d'immenses difficultés, et avait joint heureusement le prince de Transylvanie, mais il n'en fut pas très-bien reçu. Comptant sur l'appui de l'Angleterre et sur une puissante diversion dans la basse Saxe, Gabor avait de nouveau rompu la trêve avec l'empereur; et maintenant, au lieu de la diversion espérée, Mansfeld attirait chez lui toutes les forces de Wallenstein, et lui demandait de l'argent, au lieu d'en apporter. Le défaut d'harmonie entre les princes protestants refroidit l'ardeur de Gabor, et, selon sa coutume, il se hâta de se débarrasser des forces supérieures de l'empereur par une paix précipitée. Fermement résolu de la rompre au premier rayon d'espérance, il adressa le comte Mansfeld à la république de Venise, afin de se procurer avant tout de l'argent.

Séparé de l'Allemagne et hors d'état de nourrir en Hongrie le faible reste de ses troupes, Mansfeld vendit son artillerie et son matériel de guerre, et licencia ses soldats. Il prit lui-même, avec une suite peu nombreuse, la route de Venise par la Bosnie et la Dalmatie. De nouveaux projets enflammaient son courage, mais sa carrière était finie. Le destin, qui l'avait tant ballotté pendant sa vie, lui avait préparé un tombeau en Dalmatie. La mort le surprit non loin de Zara (1626); son fidèle compagnon de fortune, le duc Christian de Brunswick, était mort peu de temps auparavant : dignes tous deux de l'immortalité, s'ils s'étaient élevés au-dessus de leur siècle comme ils s'élevèrent au-dessus de leur sort.

Le roi de Danemark, avec des forces entières, n'avait pu tenir contre le seul Tilly; combien moins le pouvait-il contre les deux généraux de l'empereur, avec une armée affaiblie? Les Danois abandonnèrent tous leurs postes sur le Wéser, l'Elbe et le Havel, et l'armée de Wallenstein se répandit, comme un torrent impétueux, dans le Brandebourg, le Mecklembourg, le Holstein et le Schleswig. Ce général, trop superbe pour agir en commun avec un autre, avait envoyé le général de la ligue, Tilly, au delà de l'Elbe, pour observer les Hollandais; mais ce n'était qu'un prétexte : Wallenstein voulait terminer lui-même la guerre contre le roi de Danemark, et recueillir pour lui seul les fruits des victoires de Tilly. Christian IV avait perdu toutes les places fortes de ses provinces allemandes, Glückstadt seul excepté; ses armées étaient battues ou dispersées; nuls secours d'Allemagne; peu de consolation du côté de l'Angleterre; ses alliés de la basse Saxe livrés en proie à la rage du vainqueur. Aussitôt après sa victoire de Lutter, Tilly avait contraint le landgrave de Hesse-Cassel de renoncer à l'alliance danoise. La terrible apparition de Wallenstein devant Berlin décida l'électeur de Brandebourg à se soumettre et le força de reconnaître Maximilien de Bavière comme électeur légitime. La plus grande partie du Mecklembourg fut alors inondée de troupes impériales, et les deux ducs mis au ban de l'empire et chassés de leurs États, comme partisans du roi de Danemark. Avoir défendu la liberté allemande contre d'injustes attaques, était un crime qui entraînait la perte de toutes possessions et dignités. Et tout cela n'était pourtant que le prélude de violences plus criantes, qui devaient suivre bientôt.

Alors parut au jour le secret de Wallenstein : on vit comment il entendait remplir ses promesses excessives. Ce secret, il l'avait appris de Mansfeld; mais l'écolier surpassa le maître. Selon la maxime que la guerre doit nourrir la guerre, Mansfeld et le duc Christian avaient pourvu aux besoins de leurs troupes avec les contributions qu'ils arrachaient indistinctement aux amis et aux ennemis; mais cette manière de brigandage était accompagnée de tous les ennuis et de tous les dangers attachés à la vie de brigands. Comme des voleurs fugitifs, ils étaient contraints de se glisser à travers des ennemis vigilants et exaspérés; de fuir d'un bout de l'Allemagne jusqu'à l'autre, d'épier avec anxiété l'occasion propice, enfin d'éviter précisément les pays les plus riches, parce qu'ils étaient défendus par de plus grandes forces. Si Mansfeld et Brunswick, quoique aux prises avec de si puissants obstacles, avaient fait pourtant des choses si étonnantes, que ne devait-on pouvoir accomplir, tous ces obstacles une fois levés, si l'armée mise sur pied était assez nombreuse pour faire trembler chaque prince de l'empire en particulier, jusqu'au plus puissant; si le nom de l'empereur assurait l'impunité de tous les attentats; en un mot, si, sous l'autorité du chef suprême, et à la tête d'une armée sans égale, on suivait le même plan de guerre que ces deux aventuriers avaient exécuté à leurs propres périls, avec une bande ramassée au hasard?

C'était là ce que Wallenstein avait en vue lorsqu'il fit à l'empereur son offre audacieuse, et maintenant personne ne la trouvera plus exagérée. Plus on renforçait l'armée, moins on devait être inquiet de son entretien, car elle n'en était que plus terrible pour les membres de l'Empire qui résistaient; plus les violences étaient criantes, plus l'impunité en était assurée. Contre les princes dont les dispositions étaient hostiles, on avait une apparence de droit; avec ceux qui étaient fidèles, on pouvait s'excuser en alléguant la nécessité. Le partage inégal de cette oppression prévenait le danger de l'union des princes entre eux; d'ailleurs l'épuisement de leurs États leur ôtait les moyens de se venger. Toute l'Allemagne devint de la sorte un magasin de vivres pour les armées de l'empereur, et il put user en maître de tout le territoire germanique, comme de ses propres domaines. Un cri universel monta au trône de Ferdinand pour implorer sa justice; mais, aussi longtemps que les princes maltraités demandaient justice, on n'avait pas à craindre qu'ils se vengeassent eux-mêmes. L'indignation publique se partageait entre l'empereur, qui prêtait son nom à ces violences, et le général qui outre-passait ses pouvoirs, et abusait manifestement de l'autorité de son maître. On recourait à l'empereur, pour obtenir protection contre son général; mais, aussitôt que Wallenstein, appuyé sur ses troupes, s'était senti tout-puissant, il avait cessé d'obéir à son souverain.

L'épuisement de l'ennemi rendait vraisemblable une paix

prochaine; cependant Wallenstein continuait de renforcer l'armée impériale, qu'il porta enfin jusqu'à cent mille hommes. Des brevets, sans nombre, de colonels et d'officiers; pour le général lui-même un faste royal; à ses créatures des prodigalités excessives (il ne donnait jamais moins de mille florins); des sommes incroyables pour acheter des amis à la cour et y maintenir son influence : tout cela sans qu'il en coûtât rien à son maître ! Ces sommes immenses furent levées, comme contributions de guerre, sur les provinces de la basse Allemagne; nulle différence entre les amis et les ennemis; même arbitraire pour les passages de troupes et les cantonnements sur les terres de tous les souverains; mêmes extorsions, mêmes violences. Si l'on pouvait ajouter foi à une évaluation contemporaine qui paraît excessive, Wallenstein, pendant un commandement de sept années, aurait levé soixante millions d'écus de contributions sur une moitié de l'Allemagne. Plus les exactions étaient énormes, plus son armée vivait dans l'abondance, et plus par conséquent l'on s'empressait de courir sous ses drapeaux : tout le monde vole à la fortune. Les armées de Wallenstein grossissaient, tandis qu'on voyait dépérir les contrées sur leur passage. Que lui importaient les malédictions des provinces et les lamentations des souverains? Ses troupes l'adoraient, et le crime même le mettait en état de se rire de toutes les conséquences du crime.

Ce serait faire tort à l'empereur que de lui imputer tous les excès de ses armées. Si Ferdinand avait prévu qu'il livrait en proie à son général tous les États de l'Allemagne, il n'aurait pu méconnaître quels dangers il courait lui-même avec un lieutenant si absolu. Plus le lien se resserrait entre les soldats et le chef de qui seul ils attendaient leur fortune, leur avancement, plus l'armée et le général se détachaient nécessairement de l'empereur. Tout se faisait en son nom, à la vérité, mais Wallenstein n'invoquait la majesté du chef de l'Empire que pour écraser tout autre pouvoir en Allemagne. De là chez cet homme le dessein médité d'abaisser visiblement tous les princes d'Allemagne, de briser tous degrés, toute hiérarchie entre ces princes et le chef suprême, et d'élever l'autorité de celui-ci au-dessus de toute comparaison. Si une fois l'empereur était la seule puissance qui pût donner des lois en Allemagne, qui pourrait atteindre à la hauteur du vizir qu'il avait fait exécuteur de sa volonté? L'élévation où Wallenstein le portait surprit Ferdinand lui-même; mais, précisément parce que la grandeur du maître était l'ouvrage de son serviteur, cette création de Wallenstein devait retomber dans le néant aussitôt qu'elle ne serait plus soutenue par la main de son auteur. Ce n'était pas sans motifs qu'il soulevait contre l'empereur tous les princes de l'empire germanique : plus leur haine était violente, plus l'homme qui rendait leur mauvais vouloir inoffensif restait nécessaire à Ferdinand. L'intention évidente du général était que son souverain n'eût plus personne à craindre en Allemagne, que celui-là seul à qui il devait cette toute-puissance.

Wallenstein faisait un pas vers ce but, lorsqu'il demanda le Mecklembourg, sa récente conquête, comme gage provisoire, jusqu'au remboursement des avances d'argent qu'il avait faites à l'empereur dans la dernière campagne. Auparavant déjà Ferdinand l'avait nommé duc de Friedland, vraisemblablement pour lui donner un avantage de plus sur le général bavarois; mais une récompense ordinaire ne pouvait satisfaire l'ambition d'un Wallenstein. Vainement des voix mécontentes s'élevèrent, dans le conseil même de l'empereur, contre cette nouvelle promotion, qui devait se faire aux dépens de deux princes de l'empire; vainement les Espagnols eux-mêmes, que l'orgueil du général avait depuis longtemps offensés, s'opposèrent à son élévation. Le parti puissant qu'il avait acheté parmi les conseillers eut le dessus. Ferdinand voulait s'attacher, à tout prix, ce serviteur indispensable. On chassa de leur héritage, pour une faute légère, les descendants d'une des plus anciennes maisons régnantes d'Allemagne, et l'on revêtit de leurs dépouilles une créature de la faveur impériale (1628).

Bientôt après, Wallenstein commença à s'intituler *généralissime de l'empereur sur mer et sur terre*. La ville de Wismar fut conquise, et l'on prit pied sur la Baltique. On demanda des vaisseaux à la Pologne et aux villes anséatiques, afin de porter la guerre de l'autre côté de cette mer, de poursuivre les Danois dans l'intérieur de leur royaume, et d'imposer une paix qui frayerait la voie à de plus grandes conquêtes. La cohérence des

États de la basse Allemagne avec les royaumes du Nord était détruite, si l'empereur réussissait à s'établir entre eux, et à envelopper l'Allemagne, depuis l'Adriatique jusqu'au Sund, dans la chaîne continue de ses États, interrompue seulement par la Pologne, qui était sous sa dépendance. Si telles étaient les vues de Ferdinand, Wallenstein avait les siennes pour suivre le même plan. Des possessions sur la Baltique devaient former la base d'une puissance que son ambition rêvait depuis longtemps, et qui devait le mettre en état de se passer de son maître.

Pour l'un et l'autre objet, il était de la plus grande importance d'occuper la ville de Stralsund sur la mer Baltique. Son excellent port, la facilité du trajet de ce point aux côtes de Suède et de Danemark, la rendaient particulièrement propre à former une place d'armes dans une guerre contre ces deux puissances. Cette ville, la sixième de la ligue anséatique, jouissait des plus grands priviléges, sous la protection du duc de Poméranie. N'ayant aucune liaison avec le Danemark, elle n'avait pas jusque-là pris la moindre part à la guerre. Mais ni cette neutralité ni ses priviléges ne pouvaient la défendre contre les prétentions arrogantes de Wallenstein, qui avait ses vues sur elle.

Les magistrats de Stralsund avaient rejeté avec une louable fermeté une proposition du généralissime de recevoir une garnison impériale; ils avaient aussi repoussé la demande insidieuse du passage pour ses troupes. Dès lors Wallenstein se disposa à faire le siége de la ville.

Il était d'une égale importance pour les deux couronnes du Nord de protéger l'indépendance de Stralsund, sans laquelle on ne pouvait maintenir la libre navigation de la Baltique. Le danger commun fit taire enfin la jalousie qui divisait depuis longtemps les deux rois. Dans un traité conclu à Copenhague (1628), ils se promirent de réunir leurs forces pour la défense de Stralsund, et de repousser en commun toute puissance étrangère qui paraîtrait dans la Baltique avec des intentions ennemies. Christian IV jeta aussitôt dans Stralsund une garnison suffisante, et alla se montrer aux habitants pour affermir leur courage. La flotte danoise coula à fond quelques bâtiments de guerre, envoyés par le roi Sigismond de Pologne au secours de Wallenstein, et, la ville de Lubeck lui ayant alors aussi refusé ses vaisseaux, le *généralissime impérial sur mer* n'eut pas même assez de navires pour bloquer le port d'une seule ville.

Rien ne paraît plus étrange que de vouloir conquérir, sans bloquer son port, une place maritime parfaitement fortifiée. Wallenstein, qui n'avait jamais rencontré de résistance, voulut alors vaincre la nature et accomplir l'impossible. Stralsund, libre du côté de la mer, put continuer sans obstacle à se pourvoir de vivres et à se renforcer de nouvelles troupes : néanmoins Wallenstein l'investit du côté de la terre, et il chercha par des menaces fastueuses à suppléer aux moyens plus efficaces qui lui manquaient. « J'emporterai cette ville, disait-il, quand elle serait attachée au ciel avec des chaînes. » L'empereur, qui pouvait bien regretter une entreprise dont il n'attendait pas une glorieuse issue, saisit lui-même avec empressement une apparence de soumission et quelques offres acceptables des habitants pour ordonner à son général de lever le siége. Wallenstein méprisa cet ordre, et pressa, comme auparavant, les assiégés par des assauts continuels. La garnison danoise, déjà très-réduite, ne suffisait plus à des travaux sans relâche ; cependant le roi ne pouvait risquer plus de soldats pour la défense de la ville : alors, avec l'agrément de Christian IV, elle se jeta dans les bras du roi de Suède. Le commandant danois quitta la forteresse pour faire place à un Suédois, qui la défendit avec le plus heureux succès. La fortune de Wallenstein échoua devant Stralsund : pour la première fois, son orgueil éprouva la sensible humiliation de renoncer à une entreprise, et cela, après y avoir perdu plusieurs mois et sacrifié douze mille hommes. Mais la nécessité où il avait mis cette ville de recourir à la protection suédoise, amena entre Gustave-Adolphe et Stralsund une étroite alliance, qui ne facilita pas peu, dans la suite, l'entrée des Suédois en Allemagne.

Jusqu'ici, la fortune avait accompagné les armes de la ligue et de l'empereur. Christian IV, vaincu en Allemagne, était contraint de se cacher dans ses îles ; mais la mer Baltique mit un terme à ces conquêtes. Le manque de vaisseaux n'empêchait pas seulement de poursuivre plus loin le roi ; il exposait encore le vainqueur à perdre le fruit de ses victoires. Ce qui devait surtout alarmer, c'était l'union des deux rois du Nord : si elle durait, l'empereur et son général ne pouvaient jouer aucun rôle sur la Baltique ni faire une descente en Suède. Mais, si l'on réussissait à séparer les intérêts des deux monarques, et à s'assurer particulièrement l'amitié du roi de Danemark, on pouvait espérer de venir à bout d'autant plus aisément de la Suède isolée. La crainte de l'intervention des puissances étrangères, les mouvements séditieux des protestants dans ses propres États, les frais énormes que la guerre avait coûté jusque-là, et plus encore l'orage qu'on était sur le point de soulever dans toute l'Allemagne protestante, disposaient l'esprit de l'empereur à la paix, et, par des motifs tout opposés, son général s'empressa de satisfaire ce désir. Bien éloigné de souhaiter une paix qui, du faîte brillant de la grandeur et de la puissance, le plongerait dans l'obscurité de la vie privée, il ne voulait que changer le théâtre de la guerre et, par cette paix partielle, prolonger la confusion. L'amitié du roi de Danemark, dont il était devenu le voisin, comme duc de Mecklembourg, lui était très-précieuse pour ses vastes projets, et il résolut de s'attacher ce monarque, en lui sacrifiant même, au besoin, les intérêts de son maître.

Christian IV s'était engagé, dans le traité de Copenhague, à ne point conclure de paix particlle avec l'empereur, sans la participation de la Suède. Néanmoins les propositions que lui fit Wallenstein furent accueillies avec empressement. Dans un congrès tenu à Lubeck (1629), d'où Wallenstein écarta, avec un dédain étudié, les envoyés suédois, qui étaient venus intercéder pour le Mecklembourg, l'empereur restitua aux Danois tous les pays qu'on leur avait pris [1]. On imposa au roi l'obligation de ne plus s'immiscer désormais dans les affaires de l'Allemagne, au delà de ce qui lui était permis comme duc de Holstein ; de ne plus prétendre, à quelque titre que ce fût, aux bénéfices ecclésiastiques de la basse Allemagne, et d'abandonner à leur sort les ducs de Mecklembourg. Christian avait entraîné lui-

---

1. La première édition ajoute : « Cette paix, qui lui était si nécessaire, ne coûta à Christian rien autre chose que son honneur de roi. »

même ces deux princes dans la guerre contre l'empereur, et maintenant il les sacrifiait pour se concilier le ravisseur de leurs États. Parmi les motifs qui l'avaient décidé à faire la guerre à l'empereur, le rétablissement de l'électeur palatin, son parent, n'avait pas été le moins considérable : il ne fut pas dit un seul mot de ce prince dans le traité de Lubeck, et même on reconnaissait, dans l'un des articles, la légitimité de l'électorat bavarois. Ce fut ainsi, avec si peu de gloire, que Christian IV disparut de la scène.

Pour la deuxième fois, Ferdinand tenait dans sa main le repos de l'Allemagne, et il ne dépendait que de lui de changer la paix avec le Danemark en une paix générale. De toutes les contrées de l'Allemagne s'élevaient jusqu'à lui les lamentations des malheureux qui le suppliaient de mettre un terme à leurs souffrances : les barbaries de ses soldats, l'avidité de ses généraux avaient passé toutes les bornes. L'Allemagne, traversée par les bandes dévastatrices de Mansfeld et de Christian de Brunswick, et par les masses, plus effroyables encore, de Tilly et de Wallenstein, était épuisée, saignante, désolée, et soupirait après le repos. Tous les membres de l'Empire désiraient ardemment la paix ; l'empereur la souhaitait lui-même. Engagé, au nord de l'Italie, dans une guerre contre la France, épuisé par celle d'Allemagne, il songeait avec inquiétude aux comptes qu'il aurait à solder. Malheureusement les conditions auxquelles les deux partis religieux consentaient à remettre l'épée dans le fourreau étaient contradictoires. Les catholiques voulaient sortir de la guerre avec avantage ; les protestants ne voulaient pas en sortir avec perte. Au lieu de mettre les adversaires d'accord par une sage modération, l'empereur prit parti ; et, par là, il plongea de nouveau l'Allemagne dans les horreurs d'une épouvantable guerre.

Dès la fin des troubles de Bohême, Ferdinand avait déjà commencé la contre-réformation dans ses États héréditaires ; mais, par ménagement pour quelques membres évangéliques des états, il avait procédé avec modération. Les victoires que ses généraux remportèrent dans la basse Allemagne lui donnèrent le courage de dépouiller toute contrainte. Il fut donc signifié aux protestants de ses domaines héréditaires qu'ils eussent à renoncer à leur culte ou à leur patrie : amère et cruelle alternative, qui provoqua chez les paysans de l'Autriche les plus terribles soulèvements. Dans le Palatinat, le culte réformé fut aboli immédiatement après l'expulsion de Frédéric V, et les docteurs de cette religion furent chassés de l'université de Heidelberg.

Ces innovations n'étaient que le prélude de plus grandes encore. Dans une assemblée de princes électeurs à Mulhouse, les catholiques demandèrent à l'empereur de restituer à leur Église tous les archevêchés, les évêchés, les abbayes et couvents, médiats ou immédiats, que les protestants avaient confisqué depuis la paix d'Augsbourg, et d'indemniser ainsi les catholiques pour les pertes et les vexations qu'ils avaient essuyées dans la dernière guerre. Un souverain aussi rigoureux catholique que l'était Ferdinand ne pouvait laisser tomber une pareille invitation ; mais il ne croyait pas le moment venu de soulever toute l'Allemagne protestante par une mesure si décisive. Il n'était pas un seul prince protestant à qui cette revendication des biens ecclésiastiques n'enlevât une partie de ses domaines. Là même où l'on n'avait pas consacré entièrement le produit de ces biens à des usages temporels, on l'avait employé dans l'intérêt de l'Église protestante. Plusieurs princes devaient à ces acquisitions une grande partie de leurs revenus et de leur puissance. La revendication devait les soulever tous indistinctement. La paix de religion ne contestait point leur droit à ces bénéfices, quoiqu'elle ne l'établît pas non plus d'une manière certaine ; mais une longue possession, presque séculaire chez un grand nombre, le silence de quatre empereurs, la loi de l'équité, qui donnait aux protestants sur les fondations de leurs ancêtres un droit égal à celui des catholiques, pouvaient être allégués par eux comme des titres pleinement légitimes. Outre la perte effective qu'ils auraient éprouvée dans leur puissance et leur juridiction en restituant ces biens, outre les complications infinies qui en devaient résulter, ce n'était pas pour eux un médiocre préjudice, que les évêques catholiques réintégrés dussent renforcer d'autant de voix nouvelles le parti catholique dans la diète. Des pertes si sensibles du côté des évangéliques faisaient craindre à l'empereur la plus violente résistance, et, avant que le feu de la guerre fût étouffé en Allemagne, il ne voulut pas soulever mal à propos contre lui tout un parti redoutable dans son union, et qui avait dans l'électeur de Saxe un puissant soutien. Il fit donc d'abord quelques tentatives partielles, pour juger de l'accueil que recevrait une mesure générale. Quelques villes impériales de la haute Allemagne et le duc de Wurtemberg reçurent l'ordre de restituer un certain nombre de ces bénéfices.

L'état des choses en Saxe lui permit de risquer quelques essais plus hardis. Dans les évêchés de Magdebourg et de Halberstadt, les chanoines protestants n'avaient pas balancé à nommer des évêques de leur religion. En ce moment, les deux évêchés, à l'exception de la ville de Magdebourg, étaient envahis par des troupes de Wallenstein. Le hasard voulut que les deux siéges fussent vacants à la fois : celui de Halberstadt par la mort de l'administrateur, le duc Christian de Brunswick, et l'archevêché de Magdebourg par la déposition de Christian Guillaume, prince de Brandebourg. Ferdinand profita de ces deux circonstances pour donner le siége de Halberstadt à un évêque catholique et de plus prince de sa propre maison. Pour se dérober à une pareille contrainte, le chapitre de Magdebourg se hâta d'élire archevêque un fils de l'électeur de Saxe. Mais le pape, qui, de sa propre autorité, s'ingéra dans cette affaire, conféra aussi au prince autrichien l'archevêché de Magdebourg ; et l'on ne put s'empêcher d'admirer l'habileté de Ferdinand, qui, dans son zèle pieux pour sa religion, n'oubliait pas de veiller aux intérêts de sa famille.

Enfin, lorsque la paix de Lubeck l'eut délivré de tout souci du côté du Danemark, que les protestants lui parurent totalement abattus en Allemagne, et que les instances de la ligue devinrent de plus en plus fortes et pressantes, Ferdinand signa *l'édit de restitution* (1629), fameux dans la suite par tant de malheurs, après l'avoir d'abord soumis à l'approbation des quatre électeurs catholiques. Dans le préambule, il s'attribue le droit d'expliquer, en vertu de sa toute-puissance impériale, le sens du traité de paix, dont les interprétations diverses ont donné lieu jusqu'ici à tous les troubles, et d'intervenir, comme arbitre et juge souverain, entre les deux parties contendantes. Il fondait ce droit sur la coutume de ses ancêtres, et sur le consentement donné auparavant, même par des membres évangéliques de l'Empire. L'électeur de Saxe avait en effet reconnu ce droit à l'empereur, et l'on put voir alors combien cette cour avait fait de tort à la cause protestante par son attachement à l'Autriche. Mais, si la lettre du traité était réellement susceptible d'interprétations diverses, comme un siècle de querelles le témoignait suffisamment, l'empereur, qui était lui-même un prince catholique ou protestant, et par conséquent partie intéressée, ne pouvait en aucune façon, sans violer l'article essentiel du traité de paix, décider entre protestants et catholiques une querelle de religion. Il ne pouvait être juge dans sa propre cause, sans réduire à un vain nom la liberté de l'empire germanique.

Ainsi donc, en vertu de ce droit qu'il s'arrogeait d'interpréter la paix de religion, Ferdinand décida : « que toute saisie de fondations médiates ou immédiates faite par les protestants, depuis le jour de cette paix, était contraire au sens du traité, et révoquée comme une violation de l'acte. » Il décida en outre : « que la paix de religion n'imposait aux seigneurs catholiques d'autre obligation que de laisser sortir librement de leur territoire les sujets protestants. » Conformément à cette sentence, il fut ordonné, sous peine du ban de l'Empire, à tous possesseurs illégitimes de biens ecclésiastiques, c'est-à-dire à tous les membres protestants de la diète indistinctement, de remettre sans délai ces biens usurpés aux commissaires impériaux.

Il n'y avait rien moins que deux archevêchés, et douze évêchés, sur la liste; de plus, un nombre infini de couvents, que les protestants s'étaient appropriés. Cet édit fut un coup de foudre pour toute l'Allemagne protestante : déjà terrible en lui-même par ce qu'il enlevait actuellement, plus terrible encore par les maux qu'il faisait craindre pour l'avenir, et dont il semblait n'être que l'avant-coureur. Les protestants regardèrent alors comme une chose arrêtée entre la ligue et l'empereur la ruine de leur religion, que suivrait bientôt la ruine de la liberté germanique. On n'écouta aucune représentation ; on nomma les commissaires et l'on rassembla une armée, pour leur assurer l'obéissance. On commença par Augsbourg, où la paix avait été conclue : la ville dut retourner sous la juridiction de son évêque, et six églises protestantes furent fermées. Le duc de Wurtemberg fut de même contraint de restituer ses couvents. Cette rigueur éveilla par l'effroi tous les membres évangéliques de l'Empire, mais sans provoquer chez eux une active résistance. La crainte du pouvoir impérial agissait trop puissamment ; déjà un grand nombre penchait vers la soumission. En conséquence, l'espoir de réussir par les voies de la douceur décida les catholiques à différer d'une année l'exécution de l'édit, et ce délai sauva les protestants. Avant qu'il fût expiré, le bonheur des armes suédoises avait entièrement changé la face des affaires.

Dans une assemblée des électeurs à Ratisbonne, à laquelle Ferdinand lui-même assista (1630), on eut le dessein de travailler sérieusement à la pacification complète de l'Allemagne et au redressement de tous les griefs. Ces griefs n'étaient guère moindres du côté des catholiques que de celui des protestants, quoique Ferdinand fût bien persuadé qu'il s'était attaché tous les membres de la ligue par l'édit de restitution, et son chef en lui octroyant la dignité d'électeur et en lui concédant la plus grande partie des pays palatins. La bonne intelligence entre l'empereur et les princes de la ligue s'était considérablement altérée depuis l'apparition de Wallenstein. L'orgueilleux électeur de Bavière, accoutumé à jouer le rôle de législateur en Allemagne, à ordonner même du sort de l'empereur, s'était vu tout à coup, par l'arrivée du nouveau général, devenir inutile, et toute l'importance qu'il avait eue jusque-là s'était évanouie avec l'autorité de la ligue. Un autre se présentait pour recueillir les fruits de ses victoires, et ensevelir dans l'oubli tous ses services passés. Le caractère altier du duc de Friedland, dont le plus doux triomphe était de braver la dignité des princes, et de donner à l'autorité de son maître une odieuse extension, ne contribua pas peu à augmenter le ressentiment de l'électeur. Ce prince, mécontent de l'empereur et se défiant de ses intentions, était entré avec la France dans des liaisons dont les autres membres de la ligue étaient aussi suspects. La crainte des projets d'agrandissement de Ferdinand, le mécontentement qu'excitaient les calamités présentes, avaient étouffé chez eux toute reconnaissance. Les exactions de Wallenstein étaient parvenues au plus intolérable excès. Le Brandebourg évaluait ses pertes à vingt millions, la Poméranie à dix, la Hesse à sept, et les autres États à proportion. Le cri de détresse était général, énergique, violent ; toutes les représentations restaient sans effet ; nulle différence entre les protestants et les catholiques : sur ce point, les voix étaient unanimes. Des flots de suppliques, toutes dirigées contre Wallenstein, assiégèrent l'empereur alarmé ; on épouvanta son oreille par les plus affreuses descriptions des violences souffertes. Ferdinand n'était pas un barbare. Sans être innocent des atrocités commises sous son nom en Allemagne, il n'en connaissait pas l'excès : il n'hésita pas longtemps à satisfaire aux demandes des princes, et à licencier, dans les armées qu'il avait en campagne, dix-huit mille hommes de cavalerie. Au moment de cette réforme, les Suédois se préparaient déjà vivement à entrer en Allemagne, et la plus grande partie des Impériaux licenciés accourut sous leurs étendards.

Cette condescendance de Ferdinand ne servit qu'à encourager l'électeur de Bavière à des exigences plus hardies. Le triomphe remporté sur l'autorité de l'empereur était incomplet, tant que le duc de Friedland conservait le commandement en chef. Les princes se vengèrent rudement alors de la fierté de ce général, que tous indistinctement avaient éprouvée. Sa destitution fut demandée par tout le collège des électeurs, et même par les Espagnols, avec un accord et une chaleur qui étonnèrent Ferdinand. Mais cette unanimité même, cette véhémence, avec laquelle les envieux de l'empereur insistaient pour le renvoi de son général, devaient le convaincre de l'importance de ce serviteur. Wallenstein, instruit des cabales formées contre lui à Ratisbonne, ne négligea rien pour ouvrir les yeux de Ferdinand sur les véritables intentions de l'électeur de Bavière. Il parut lui-même à Ratisbonne, mais avec une pompe qui éclipsa jusqu'à l'empereur, et qui donna un nouvel aliment à la haine de ses adversaires.

Pendant un long temps, l'empereur ne put se résoudre. Le sacrifice qu'on exigeait de lui était douloureux. Il devait au duc de Friedland toute sa supériorité ; il sentait quelle perte il allait faire s'il le sacrifiait à la haine des princes ; mais malheureusement, dans ce temps même, la bonne volonté des électeurs lui était nécessaire. Il méditait d'assurer la succession impériale à son fils Ferdinand, élu roi de Hongrie, et le consentement de Maximilien lui était pour cela indispensable. Cette affaire lui tenait plus au cœur que toutes les autres, et il ne craignit pas de sacrifier son serviteur le plus considérable pour obliger l'électeur de Bavière.

A cette même diète de Ratisbonne, il se trouvait aussi des envoyés français munis de pleins pouvoirs pour arrêter une guerre qui menaçait de s'allumer en Italie entre l'empereur et leur maître. Le duc Vincent de Mantoue et de Montferrat était mort sans enfants. Son plus proche parent, Charles, duc de Nevers, avait pris aussitôt possession de cet héritage, sans rendre à l'empereur l'hommage qui lui était dû en qualité de seigneur suzerain de ces principautés. Appuyé sur les secours de la France et de Venise, il s'obstinait dans le refus de remettre ces pays entre les mains des commissaires impériaux, jusqu'à ce qu'on eût prononcé sur la validité de ses droits. Ferdinand prit les armes, excité par les Espagnols, qui, possesseurs de Milan, trouvaient fort dangereux le proche voisinage d'un vassal de la France, et saisissaient avec empressement l'occasion de faire des conquêtes dans cette partie de l'Italie avec le secours de l'empereur. Malgré toutes les peines que se donna le pape Urbain VIII pour éloigner la guerre de ces contrées, l'empereur envoya au delà des Alpes une armée allemande, dont l'apparition inattendue jeta l'épouvante dans tous les États italiens. Ses armes étaient partout victorieuses en Allemagne quand cela arriva en Italie, et la peur, qui grossit tout, crut voir revivre soudain les anciens projets de monarchie universelle formés par l'Autriche. Les horreurs de la guerre, qui désolaient l'Empire, s'étendirent alors dans les heureuses campagnes arrosées par le Pô. La ville de Mantoue fut prise d'assaut, et tout le pays d'alentour dut subir la présence dévastatrice d'une soldatesque sans frein. Aux malédictions qui retentissaient de toutes parts contre l'empereur dans l'Allemagne entière, se joignirent alors celles de l'Italie, et du conclave même s'élevèrent au ciel des vœux secrets pour le bonheur des armes protestantes [1].

---

1. Dans la première édition : « Des armes suédoises. »

Effrayé de la haine universelle que lui avait attirée cette campagne d'Italie, et fatigué par les instances des électeurs, qui appuyaient avec zèle la demande des ministres français, Ferdinand finit par prêter l'oreille aux propositions de la France, et promit l'investiture au nouveau duc de Mantoue.

La France devait reconnaître ce service important de la Bavière. La conclusion du traité donna aux plénipotentiaires de Richelieu l'occasion souhaitée d'entourer l'empereur des plus dangereuses intrigues pendant leur séjour à Ratisbonne, d'exciter toujours plus contre lui les princes mécontents, et de faire tourner à son préjudice toutes les délibérations de l'assemblée. Richelieu, pour parvenir à ses fins, avait choisi un excellent instrument dans la personne d'un capucin, le père Joseph, qu'il avait placé auprès de l'ambassadeur, comme un attaché qui ne pouvait être suspect. Une de ses premières instructions était de poursuivre avec chaleur la déposition de Wallenstein. Dans la personne du général qui les avait conduites à la victoire, les troupes autrichiennes perdaient la plus grande partie de leur force : des armées entières ne pouvaient compenser la perte de ce seul homme. C'était donc un trait d'habile politique de venir, dans le temps même où un roi victorieux, maître absolu de ses opérations, marchait contre l'empereur, enlever aux armées impériales le seul général qui égalât Gustave en expérience militaire et en autorité. Le père Joseph, d'intelligence avec l'électeur de Bavière, entreprit de vaincre l'irrésolution de Ferdinand, qui était comme assiégé par les Espagnols et par tout le collège des électeurs. « L'empereur ferait bien, disait-il, d'acquiescer sur ce point au désir des princes, afin d'obtenir plus aisément leurs voix pour l'élection de son fils comme roi des Romains. L'orage une fois dissipé, Wallenstein se retrouverait toujours assez tôt pour reprendre son poste. » Le rusé capucin connaissait trop bien le duc de Friedland pour craindre de rien risquer en donnant ce motif de consolation.

La voix d'un moine était, pour Ferdinand II, la voix de Dieu même. « Rien sur la terre, écrit son propre confesseur, n'était plus sacré pour lui que la personne d'un prêtre. S'il lui arrivait, disait-il souvent, de rencontrer en même temps, dans le même lieu, un religieux et un ange, le religieux aurait sa première révérence, et l'ange la seconde. » **La déposition de Wallenstein fut résolue.**

Pour récompenser Ferdinand de sa pieuse confiance, le capucin travailla contre lui à Ratisbonne avec tant d'adresse, que tous ses efforts pour faire nommer roi des Romains le roi de Hongrie échouèrent complétement. Dans un article particulier du traité qu'il venait de conclure avec la France, les envoyés de cette puissance avaient promis en son nom qu'elle observerait avec tous les ennemis de l'empereur la plus parfaite neutralité, au moment même où Richelieu négociait déjà avec le roi de Suède, l'excitait à la guerre, et le forçait, en quelque sorte, d'accepter l'alliance de son maître. Ce mensonge fut, il est vrai, retiré aussitôt qu'il eut produit son effet, et le père Joseph dut expier dans un cloître la témérité d'avoir outre-passé ses pouvoirs. Ferdinand s'aperçut trop tard à quel point l'on s'était joué de lui. « Un méchant capucin, l'entendit-on s'écrier, m'a désarmé avec son rosaire, et n'a pas escamoté moins de six chapeaux d'électeurs dans son étroit capuchon. »

Ainsi le mensonge et la ruse triomphaient de l'empereur dans un temps où on le croyait tout-puissant en Allemagne, et où il l'était en effet par la force de ses armes. Affaibli de quinze mille hommes[1], et privé d'un général qui compensait la perte d'une armée, il quitta Ratisbonne sans voir accompli le désir auquel il avait fait tous ces sacrifices. Avant que les Suédois l'eussent battu en campagne, Maximilien de Bavière et le père Joseph lui avaient fait une blessure incurable. Dans cette mémorable assemblée de Ratisbonne, on résolut la guerre avec la Suède, et l'on termina celle de Mantoue. Les princes s'étaient employés inutilement pour les ducs de Mecklembourg, et l'envoyé d'Angleterre avait mendié avec aussi peu de succès une pension annuelle en faveur du comte palatin Frédéric.

Dans le temps où l'on devait annoncer à Wallenstein sa destitution, il commandait une armée de près de cent mille hommes, dont il était adoré. La plupart des officiers étaient ses créatures; son moindre signe était un arrêt du sort pour le simple soldat.

---

1. S'agit-il d'une autre diminution de son armée que celle dont il est parlé plus haut et dont le chiffre est de dix-huit mille?

Son ambition était sans bornes, son orgueil inflexible; son esprit impérieux ne pouvait endurer un affront sans vengeance. Un instant devait alors le précipiter de la plénitude du pouvoir dans le néant de la vie privée. On pouvait croire que, pour exécuter une pareille sentence contre un pareil criminel, il ne faudrait guère moins d'art qu'il n'en avait fallu pour l'arracher au juge. Aussi eut-on la précaution de choisir deux des plus intimes amis de Wallenstein pour lui porter la mauvaise nouvelle, qu'ils devaient adoucir, autant qu'il était possible, par les plus flatteuses assurances de la faveur inaltérable de l'empereur.

Wallenstein, quand ces députés de l'empereur parurent devant lui, savait depuis longtemps tout l'objet de leur mission. Il avait eu le temps de se recueillir, et la sérénité régnait sur son visage, tandis que son cœur était en proie à la douleur et à la rage. Mais il avait résolu d'obéir. Cet arrêt le surprit avant que le temps fût mûr pour un coup hardi et que ses préparatifs fussent achevés. Ses vastes domaines étaient dispersés en Bohême et en Moravie; l'empereur pouvait, en les confisquant, couper le nerf de sa puissance. Il attendit sa vengeance de l'avenir. Son espoir était fortifié par les prophéties d'un astrologue italien, qui menait à la lisière comme un enfant cet esprit indompté. Séni, c'était son nom, avait lu dans les étoiles que la brillante carrière de son maître était encore loin de sa fin, et que l'avenir lui réservait une fortune éclatante. Il n'était pas besoin de fatiguer les astres pour prédire avec vraisemblance qu'un ennemi tel que Gustave-Adolphe ne permettrait pas longtemps de se passer d'un général tel que Wallenstein.

« L'empereur est trahi, répondit Wallenstein aux envoyés; je le plains, mais je lui pardonne. Il est clair que l'orgueilleux génie du Bavarois le domine. Je suis peiné, je l'avoue, qu'il m'ait sacrifié avec si peu de résistance; mais je veux obéir. » Il congédia les messagers avec des largesses de prince, et conjura l'empereur, dans une humble supplique, de ne pas lui retirer sa faveur et de le maintenir dans ses dignités. Les murmures de l'armée furent universels, quand elle apprit la destitution de son général, et la meilleure partie des officiers quitta aussitôt le service de l'empereur. Un grand nombre suivit Wallenstein dans ses terres de Bohême et de Moravie; il s'en attacha d'autres par des pensions considérables, afin de pouvoir, dans l'occasion, s'en servir sur-le-champ.

En rentrant dans le silence de la vie privée, il ne songeait à rien moins qu'au repos. La pompe d'un roi l'entourait dans cette solitude et semblait braver l'arrêt de son humiliation. Six entrées conduisaient au palais qu'il habitait à Prague, et il fallut abattre cent maisons pour dégager la place du château. De semblables palais furent bâtis dans ses nombreux domaines. Des gentilshommes des premières familles se disputaient l'honneur de le servir, et l'on vit des chambellans de l'empereur résigner la clef d'or pour exercer la même charge auprès de Wallenstein. Il entretenait soixante pages, qui étaient instruits par les meilleurs maîtres; cinquante trabans gardaient constamment son antichambre. Son ordinaire n'était jamais au-dessous de cent services; son maître d'hôtel était un homme de grande qualité. S'il voyageait, sa suite et ses bagages remplissaient cent voitures à quatre et à six chevaux; sa cour le suivait dans soixante carrosses, avec cinquante chevaux de main. Le luxe des livrées, l'éclat des équipages, la somptuosité des appartements, étaient assortis à cette magnificence. Six barons et autant de chevaliers devaient constamment entourer sa personne, pour exécuter chacun de ses signes; douze patrouilles faisaient la ronde autour de son palais pour en éloigner le moindre bruit. Sa tête, sans cesse en travail, avait besoin de silence; aucun roulement de voiture ne devait approcher de sa demeure, et il n'était pas rare que les rues fussent fermées avec des chaînes. Sa société était muette comme les avenues qui conduisaient à lui. Sombre, concentré, impénétrable, il épargnait ses paroles plus que ses présents, et le peu qu'il disait était proféré d'un ton repoussant. Il ne riait jamais, et la froideur de son sang résistait aux séductions de la volupté. Toujours occupé, et agité de vastes desseins, il se privait de toutes les vaines distractions dans lesquelles d'autres dissipent une vie précieuse. Il entretenait, et en personne, une correspondance qui s'étendait à toute l'Europe; il écrivait presque tout de sa main, pour confier le moins possible à la discrétion d'autrui. Il était maigre et de haute stature; il avait le teint jaunâtre, les cheveux roux et courts, les yeux petits, mais étincelants. Un sérieux terrible, et qui éloignait de lui, siégeait sur son front, et l'excès de ses récompenses pouvait seul retenir la troupe tremblante de ses serviteurs.

C'était dans cette fastueuse obscurité que Wallenstein, silencieux, mais non pas oisif, attendait son heure éclatante et le jour de la vengeance, qui bientôt devait poindre. Le cours impétueux des victoires de Gustave-Adolphe ne tarda pas à lui en donner un avant-goût. Il n'avait abandonné aucun de ses hauts desseins ; l'ingratitude de l'empereur avait délivré son ambition d'un frein importun. La splendeur éblouissante de sa vie privée trahissait l'orgueilleux essor de ses projets : prodigue comme un monarque, il semblait compter déjà parmi ses possessions certaines les biens que lui montrait l'espérance.

Après la destitution de Wallenstein et le débarquement de Gustave-Adolphe, il fallut nommer un nouveau généralissime ; on jugea nécessaire en même temps de réunir dans une seule main le commandement, jusqu'alors séparé, des troupes de l'empereur et de la ligue. Maximilien de Bavière aspirait à ce poste important, qui pouvait mettre Ferdinand dans sa dépendance ; mais cette raison-là même excitait celui-ci à le rechercher pour son fils aîné, le roi de Hongrie. Pour éloigner les deux concurrents, et satisfaire, dans une certaine mesure, l'un et l'autre parti, on finit par donner le commandement à Tilly, général de la ligue, qui passa dès lors du service de la Bavière à celui de l'Autriche. Les armées que Ferdinand avait sur le territoire allemand montaient, après la réduction des troupes de Wallenstein, à quarante mille hommes environ ; les forces de la ligue n'étaient guère moindres : les unes et les autres commandées par d'excellents officiers, exercées par de nombreuses campagnes, et fières d'une longue suite de victoires. Avec de pareilles forces, on croyait avoir d'autant moins à craindre l'approche du roi de Suède, que l'on occupait la Poméranie et le Mecklembourg, les seules portes par lesquelles il pût pénétrer en Allemagne.

Après la tentative malheureuse du roi de Danemark pour arrêter les progrès de l'empereur, Gustave-Adolphe était en Europe le seul prince de qui la liberté mourante pût espérer son salut, le seul en même temps dont l'intervention fût provoquée par les motifs politiques les plus graves, justifiée par les offenses qu'il avait reçues, et qui fût, par ses qualités personnelles, à la hauteur d'une si hasardeuse entreprise. De puissantes raisons d'État, qui lui étaient communes avec le Danemark, l'avaient porté, même avant l'ouverture de la guerre dans la basse Saxe, à offrir sa personne et ses armées pour la défense de l'Allemagne. Christian IV, pour son propre malheur, l'avait alors écarté. Depuis ce temps, l'insolence de Wallenstein et l'orgueil despotique de l'empereur ne lui avaient pas épargné les provocations, qui, en lui, devaient irriter l'homme et déterminer le roi. Des troupes impériales avaient été envoyées au secours du roi de Pologne, Sigismond, pour défendre la Prusse contre les Suédois. Le roi s'étant plaint à Wallenstein de ces hostilités, on lui répondit que l'empereur avait trop de soldats, et croyait devoir les employer à aider ses amis. Ce même Wallenstein avait renvoyé, avec une hauteur offensante, du congrès tenu à Lubeck pour traiter avec le Danemark, les députés suédois, et, comme ils ne s'étaient pas laissé rebuter pour cela, il les avait menacés de violences contraires au droit des nations. Ferdinand avait fait insulter le pavillon suédois et intercepter des dépêches que Gustave envoyait en Transylvanie. Il continuait d'entraver la paix entre la Pologne et la Suède, de soutenir les prétentions de Sigismond au trône de Suède, et de refuser à Gustave le titre de roi. Il n'avait jugées dignes d'aucune attention les représentations réitérées de Gustave, et, au lieu d'accorder la satisfaction demandée pour les anciennes offenses, il en avait ajouté de nouvelles.

Tant de provocations personnelles, soutenues par les raisons d'État et les motifs de conscience les plus graves, et fortifiées par es invitations les plus pressantes, venues d'Allemagne, devaient faire impression sur l'âme d'un prince d'autant plus jaloux de sa dignité royale, qu'on pouvait avoir plus de penchant à la lui disputer; d'un prince que flattait infiniment la gloire de défendre les opprimés, et qui aimait la guerre avec passion, comme le véritable élément de son génie. Mais avant qu'une trêve ou une paix avec la Pologne lui laissât les mains libres, il ne pouvait songer sérieusement à une guerre nouvelle et pleine de dangers.

Cette trêve avec la Pologne, le cardinal de Richelieu eut le mérite de la ménager. Ce grand homme d'État, qui tenait d'une main le gouvernail de l'Europe, tandis que de l'autre il comprimait, dans l'intérieur de la France, la fureur des factions et l'orgueil des grands, poursuivait avec une constance inébranlable, au milieu des soucis d'une administration orageuse, le dessein qu'il avait formé d'arrêter dans sa marche altière la puissance croissante de l'Autriche. Mais les circonstances opposaient, dans l'exécution, de sérieux obstacles à ce plan. Le plus grand génie ne saurait braver impunément les préjugés de son siècle. Ministre d'un roi catholique, et même prince de l'Église romaine par la pourpre dont il était revêtu, il n'osait encore, s'alliant avec l'ennemi[1] de cette Église, combattre ouvertement une puissance qui, aux yeux de la multitude, avait su sanctifier par le nom de la religion ses prétentions ambitieuses. Les ménagements qu'imposaient à Richelieu les idées étroites de ses contemporains, réduisirent son activité politique à tenter avec circonspection d'intervenir secrètement, et de faire exécuter par une main étrangère les desseins de son lumineux génie. Après avoir fait de vains efforts pour empêcher la paix du Danemark avec l'empereur, il eut recours à Gustave-Adolphe, le héros de son siècle. Rien ne fut épargné pour décider ce monarque et pour lui faciliter l'exécution. Charnacé, négociateur avoué du cardinal, parut dans la Prusse polonaise, où Gustave-Adolphe faisait la guerre contre Sigismond, et alla de l'un à l'autre roi pour ménager entre eux une trêve ou une paix. Gustave-Adolphe y était depuis longtemps disposé, et le ministre français réussit enfin à ouvrir aussi les yeux de Sigismond sur ses vrais intérêts et sur la politique trompeuse de l'empereur. Une trêve de six ans fut conclue entre les deux rois : elle laissait Gustave-Adolphe en possession de toutes ses conquêtes, et lui donnait la liberté si longtemps désirée de tourner ses armes contre l'empereur. Le négociateur français lui offrit pour cette entreprise l'alliance de son roi et des subsides considérables, qui n'étaient pas à dédaigner; mais Gustave craignit, non sans raison, de se mettre vis-à-vis de la France, en les acceptant, dans un état de dépendance

---

1. Dans la première édition : « Avec les ennemis. »

qui pourrait l'entraver dans le cours de ses victoires; il craignit que cette ligue avec une puissance catholique n'éveillât la défiance des protestants.

Autant cette guerre était pressante et juste, autant les circonstances au milieu desquelles Gustave-Adolphe l'entreprenait étaient pleines de promesses. Le nom de l'empereur était redoutable, il est vrai; ses ressources inépuisables, sa puissance jusqu'alors invincible : une si périlleuse entreprise aurait effrayé tout autre que Gustave-Adolphe. Il vit tous les obstacles, tous les dangers qui s'opposaient à son entreprise; mais il connaissait aussi les moyens par lesquels il pouvait espérer de les vaincre. Son armée n'était pas nombreuse, mais bien disciplinée, endurcie par un climat rigoureux et de continuelles campagnes, formée à la victoire dans la guerre de Pologne. La Suède, quoique pauvre en argent et en hommes, et fatiguée par une guerre de huit ans, qui lui avait demandé des efforts au delà de ses forces, était dévouée à son roi avec un enthousiasme qui lui permettait d'espérer des états l'appui le plus empressé. En Allemagne, le nom de l'empereur était détesté tout autant pour le moins que redouté. Les princes protestants semblaient n'attendre que l'arrivée d'un libérateur pour secouer le joug insupportable de la tyrannie et se déclarer ouvertement pour la Suède. Les membres catholiques de l'Empire ne pouvaient voir eux-mêmes avec déplaisir l'arrivée d'un adversaire qui limiterait la puissance prépondérante de l'empereur. La première victoire remportée sur le territoire allemand serait nécessairement décisive pour la cause de Gustave; elle amènerait à se déclarer les princes encore incertains; elle affermirait le courage de ses partisans; elle augmenterait l'affluence sous ses drapeaux, et lui ouvrirait des sources abondantes de secours pour la suite de la guerre. Si la plupart des pays de l'Allemagne avaient déjà souffert énormément des maux de la guerre, les riches villes anséatiques y avaient pourtant échappé jusque-là, et elles ne pouvaient hésiter à prévenir par un sacrifice volontaire et modéré la ruine commune. A mesure qu'on chasserait les Impériaux de quelque province, leurs armées, qui ne vivaient qu'aux dépens du pays qu'elles occupaient, devaient se fondre de plus en plus. D'ailleurs les forces de l'empereur étaient sensiblement diminuées par les envois de troupes faits mal à propos en Italie et dans les Pays-Bas. L'Espagne, affaiblie par la perte de ses galions d'Amérique et occupée par une guerre sérieuse dans les Pays-Bas, ne pouvait lui prêter qu'un faible secours. Au contraire, la Grande-Bretagne faisait espérer au roi de Suède des subsides importants, et la France, qui tout juste alors se pacifiait à l'intérieur, venait au-devant de lui avec les offres d'assistance les plus avantageuses.

Mais la plus sûre garantie du succès de son entreprise, c'est en lui-même que Gustave-Adolphe la trouvait. La prudence lui commandait de s'assurer tous les secours extérieurs, et de mettre par là son dessein à l'abri du reproche de témérité; mais c'était seulement dans son propre sein qu'il puisait sa confiance et son courage. Gustave-Adolphe était incontestablement le premier général de son siècle et le plus brave soldat de son armée, qu'il s'était créée lui-même. Familiarisé avec la tactique des Grecs et des Romains, il avait inventé un art militaire supérieur, qui a servi de modèle aux plus grands généraux des temps qui suivirent. Il réduisit les grands escadrons, incommodes par leur masse, pour rendre plus faciles et plus prompts les mouvements de la cavalerie; dans la même vue, il laissa de plus grandes distances entre les bataillons. Une armée en bataille ne formait d'ordinaire qu'une seule ligne : il rangea la sienne sur deux lignes, de sorte que la deuxième pût marcher en avant si la première venait à plier. Il savait suppléer au manque de cavalerie en distribuant des fantassins entre les cavaliers, ce qui décida très-souvent la victoire. C'est lui qui le premier apprit à l'Europe l'importance de l'infanterie dans les batailles. Toute l'Allemagne admira la discipline par laquelle, dans les premiers temps[1], les armées suédoises se distinguèrent si glorieusement sur le sol germanique : tous les désordres étaient sévèrement punis, principalement le blasphème, le vol, le jeu et le duel. La tempérance était commandée par les lois militaires de la Suède, et l'on ne voyait dans le camp suédois, sans excepter la tente royale, ni or ni argent. L'œil du général veillait avec autant de

---

1. Les mots « dans les premiers temps » ont été ajoutés dans la seconde édition.

soin sur les mœurs des soldats que sur leur bravoure guerrière. Chaque régiment devait se former en cercle autour de son aumônier pour la prière du matin et du soir, et accomplir sous la voûte du ciel ses devoirs religieux. En tout cela, le législateur servait lui-même de modèle. Une piété vive, sincère, rehaussait le courage qui animait son grand cœur. Également éloigné de l'incrédulité grossière, qui enlève aux passions fougueuses du barbare un frein nécessaire, et de la bigoterie rampante d'un Ferdinand, qui s'abaissait devant Dieu comme un ver de terre, et qui foulait l'humanité sous ses pieds orgueilleux, Gustave, même dans l'ivresse du bonheur, était toujours homme et chrétien, mais toujours aussi, dans sa piété, héros et roi. Il supportait comme le dernier de ses soldats toutes les incommodités de la guerre. Au milieu des plus noires ténèbres de la bataille, son esprit conservait toute sa lumière; partout présent par son regard, il oubliait la mort qui l'environnait; on le voyait toujours sur le chemin du péril le plus redoutable. Sa bravoure naturelle ne lui fit que trop souvent oublier ce qu'il devait au général, et cette vie royale se termina par la mort d'un simple soldat. Mais le lâche comme le brave suivait un tel guide à la victoire, et à son œil d'aigle, qui embrassait tout, n'échappait nulle action héroïque, inspirée par son exemple. La gloire du souverain alluma dans toute la nation un sentiment d'elle-même plein d'enthousiasme. Fier d'un tel roi, le paysan de Finlande et de Gothie sacrifiait avec joie sa pauvreté; avec joie le soldat versait son sang, et ce noble essor que le génie d'un seul homme avait donné au peuple entier survécut longtemps à son auteur.

Autant l'on était d'accord sur la nécessité de la guerre, autant l'on était incertain sur le plan qu'il fallait suivre. Oxenstiern lui-même, le courageux chancelier, trouvait une guerre offensive trop hasardeuse, et les forces de son roi, pauvre et consciencieux, trop inférieures aux immenses ressources d'un despote qui disposait de l'Allemagne entière comme de sa propriété. Le génie du héros, qui voyait plus loin, réfuta ces doutes timides du ministre.

« Attendons l'ennemi en Suède, disait Gustave, et tout est perdu pour nous si nous perdons une seule bataille. Tout est gagné, au contraire, si nous débutons heureusement en Allemagne. La mer est vaste, et nous avons à garder en Suède des côtes étendues : que la flotte ennemie nous échappe ou que la nôtre soit battue, nous ne pouvons plus empêcher une descente de l'ennemi. Nous devons tout faire pour conserver Stralsund : aussi longtemps que ce port nous est ouvert, nous nous ferons respecter sur la Baltique, et nos communications seront libres avec l'Allemagne. Mais, pour protéger Stralsund, il ne faut pas nous cacher en Suède; il faut passer avec une armée en Poméranie. Ne me parlez donc plus d'une guerre défensive, qui nous ferait perdre nos plus précieux avantages. Il ne faut pas que la Suède voie un seul drapeau ennemi. Si nous sommes vaincus en Allemagne, il sera toujours temps de suivre votre plan. »

Il fut donc résolu qu'on passerait en Allemagne et qu'on attaquerait l'empereur. Les préparatifs furent poussés avec la plus grande vigueur, et les mesures que prit Gustave ne témoignèrent pas moins de prévoyance que sa résolution ne montrait de courage et de grandeur. Il fallait, avant tout, dans une guerre si lointaine, mettre la Suède en sûreté contre les dispositions équivoques de ses voisins. Dans une entrevue personnelle avec le roi de Danemark, à Markarœd, Gustave s'assura l'amitié de ce prince. Il couvrit ses frontières du côté de la Moscovie. On pouvait, de l'Allemagne, tenir en respect la Pologne, s'il lui prenait envie de violer la trêve. Un négociateur suédois, Falkenberg, qui parcourait la Hollande et les cours d'Allemagne, donnait à son maître, au nom de plusieurs princes protestants, les plus flatteuses espérances, quoique pas un n'eût encore assez de courage et de désintéressement pour conclure avec lui un traité formel. Les villes de Lubeck et de Hambourg se montraient disposées à lui avancer de l'argent et à recevoir en payement le cuivre de Suède. Il envoya au prince de Transylvanie des personnes affidées, pour exciter cet ennemi irréconciliable de l'Autriche à prendre les armes contre l'empereur.

Cependant on enrôlait pour la Suède en Allemagne et dans les Pays-Bas, on complétait les régiments, on en formait de nouveaux; on rassemblait des vaisseaux, on équipait soigneusement la flotte; on amassait autant de vivres, de munitions de guerre et d'argent qu'il était possible. En peu de temps, on eut trente vaisseaux de guerre prêts à mettre à la voile; une armée de quinze mille hommes était sous les drapeaux, et deux cents bâtiments de transport disposés pour les embarquer. Gustave ne voulait pas emmener en Allemagne de plus grandes forces, dont l'entretien aurait d'ailleurs alors excédé les ressources de son royaume. Mais, si l'armée était peu nombreuse, le choix des troupes était excellent, pour la discipline, le courage et l'expérience; elle pouvait servir de noyau solide à une force militaire plus considérable, quand Gustave aurait atteint le sol de l'Allemagne et que la fortune aurait favorisé ses premiers débuts. Oxenstiern, à la fois général et chancelier, se tenait en Prusse avec dix mille hommes, pour défendre cette province contre la Pologne. Quelques troupes régulières et une nombreuse milice, qui servait de pépinière à l'armée principale, demeurèrent en Suède, afin que le royaume ne fût pas sans défense contre un voisin parjure qui essayerait de le surprendre.

Ainsi toutes les mesures se trouvèrent prises pour la sûreté du royaume. Gustave-Adolphe ne fut pas moins attentif à régler l'administration intérieure. La régence fut remise au sénat; le comte palatin Jean-Casimir, beau-frère du roi, fut chargé des finances. La reine, quoique tendrement aimée de son époux, fut éloignée de toutes les affaires du gouvernement : ses moyens bornés n'étaient point au niveau d'une telle tâche. Gustave ordonna sa maison comme un mourant. Le 20 mai 1630, toutes les mesures étant prises et tout disposé pour le départ, le roi parut à Stockholm dans l'assemblée des états, pour leur faire un adieu solennel. Il prit dans ses bras sa fille Christine, âgée de quatre ans, qui avait été, dès le berceau, déclarée son héritière, et, l'ayant présentée aux états comme leur future souveraine, il reçut de nouveau, en son nom, leur serment de fidélité, pour le cas où il ne reverrait pas sa patrie; ensuite il fit lire l'ordonnance qui réglait la régence du royaume pendant son absence ou la minorité de sa fille. Toute l'assemblée fondait en larmes, et ce ne fut qu'après quelque temps que le roi lui-même retrouva le calme nécessaire pour adresser aux états son discours d'adieu.

« Ce n'est pas à la légère, leur dit-il, que je me précipite, et vous avec moi, dans cette nouvelle guerre périlleuse. Le Tout-Puissant m'est témoin que je ne combats point pour mon plaisir.

L'empereur m'a fait le plus cruel outrage dans la personne de mes ambassadeurs; il a soutenu mes ennemis; il poursuit mes amis et mes frères; il foule aux pieds ma religion; il étend la main vers ma couronne. Opprimés par lui, les membres de l'empire d'Allemagne implorent instamment nos secours, et, s'il plaît à Dieu, nous les secourrons.

« Je sais à quels dangers ma vie sera exposée : je ne les ai jamais fuis, et j'échapperai difficilement à tous. A la vérité, jusqu'à ce jour, la Toute-Puissance divine m'a protégé merveilleusement; mais enfin le jour viendra où je périrai en défendant ma patrie. Je vous remets à la protection du ciel. Soyez justes, consciencieux; menez une vie irréprochable, et nous nous retrouverons dans l'éternité.

« Membres de mon sénat, je m'adresse d'abord à vous. Que Dieu vous éclaire et vous remplisse de sagesse, afin que vos conseils tournent constamment au plus grand bien de mon royaume. Vaillante noblesse, je vous recommande à la protection divine. Continuez à vous montrer les dignes descendants de ces Goths héroïques dont la bravoure renversa l'antique Rome dans la poussière. Serviteurs de l'Église, je vous exhorte à la tolérance et à la concorde : soyez vous-mêmes les modèles des vertus que vous prêchez, et n'abusez jamais de votre autorité sur les cœurs de mon peuple. Députés de l'ordre des bourgeois et des paysans, j'implore pour vous la bénédiction du ciel, pour vos labeurs une moisson réjouissante, des granges pleines, l'abondance de tous les biens de la vie. Pour vous tous, absents et présents, j'adresse au ciel des vœux sincères. Je vous fais à tous mes tendres adieux; je vous les fais peut-être pour l'éternité. »

L'embarquement des troupes se fit à Elfsnaben, où la flotte était à l'ancre. Une foule innombrable de peuple était accourue pour assister à ce spectacle aussi magnifique que touchant. Les cœurs des assistants éprouvaient les sensations les plus diverses, selon qu'ils s'arrêtaient à la grandeur de l'entreprise ou à la grandeur du héros. Parmi les officiers supérieurs qui commandaient dans cette armée, Gustave Horn, le rhingrave Othon-Louis, Henri Matthias, comte de Thurn, Ortenbourg, Baudissen, Banner, Teufel, Tott, Mutsenfahl, Falkenberg, Kniphausen et plusieurs autres, ont illustré leurs noms.

La flotte, retenue par des vents contraires, ne put mettre à la voile qu'au mois de juin, et, le 24, elle atteignit l'île de Rügen[1], sur la côte de Poméranie.

Gustave-Adolphe fut le premier qui descendit à terre. A la vue de son escorte, il s'agenouilla sur le sol germanique, et rendit grâces au Tout-Puissant pour la conservation de son armée et de sa flotte. Il débarqua ses troupes dans les îles de Wollin et d'Usedom. A son approche, les garnisons impériales abandonnèrent soudain leurs retranchements et prirent la fuite[2]. Il parut devant Stettin avec la rapidité de la foudre, pour s'assurer de cette place importante avant d'être prévenu par les Impériaux. Bogisla XIV, duc de Poméranie, prince faible et déjà vieillissant, était depuis longtemps fatigué des excès que les Impériaux avaient commis dans ses domaines et continuaient d'y commettre; mais, hors d'état de leur résister, il avait cédé, en murmurant tout bas, à des forces supérieures. L'apparition de son libérateur, au lieu d'animer son courage, le remplit de crainte et d'incertitude. Quoique son pays saignât encore des blessures que lui avaient faites les troupes impériales, il n'osait se résoudre à provoquer la vengeance de l'empereur, en se prononçant ouvertement pour les Suédois. Gustave, campé sous le canon de Stettin, somma cette ville de recevoir garnison suédoise. Bogisla parut lui-même dans le camp du roi, pour s'excuser de laisser entrer ces troupes. « Je viens à vous comme ami, et non comme ennemi, lui répondit Gustave: ce n'est pas à la Poméranie, ce n'est pas à l'empire d'Allemagne que je fais la guerre; c'est à leurs ennemis. Ce duché restera dans mes mains comme un dépôt sacré, et, après la campagne, il vous sera rendu par moi plus sûrement que par tout autre. Voyez dans votre pays les traces des troupes impériales; voyez les traces des

---

1. La première édition a *Ruden* au lieu de *Rügen*, que je lis dans la seconde, ainsi que dans diverses éditions postérieures, in-8 et in-16, de la maison Cotta. Dans la dernière, celle de 1856, on est revenu au texte primitif *Ruden*. Il y a aussi, en effet, une île ou plutôt un îlot de ce nom sur la côte de Poméranie; mais il n'a que deux tiers de lieue de longueur, et il est presque entièrement environné d'écueils et de bancs de sable. Avant 1309, il faisait partie de l'île de Rügen, dont il n'est éloigné que d'une lieue et demie. A cette époque il en a été séparé par une irruption des eaux de la mer.

2. La première édition a une phrase de plus: « Son premier pas en Allemagne fut une conquête. »

miennes à Usedom, et choisissez qui, de l'empereur ou de moi, vous voulez avoir pour ami. Qu'espérez-vous si l'empereur s'empare de votre capitale? Sera-t-elle plus ménagée par lui que par moi? Ou bien voulez-vous mettre des bornes à mes victoires? La chose est pressante; prenez une résolution, et ne me forcez pas d'employer des moyens plus efficaces. »

C'était pour le duc de Poméranie une pénible alternative. D'un côté, le roi de Suède, avec une armée redoutable, aux portes de sa capitale; de l'autre, l'empereur, sa vengeance inévitable, et l'exemple effrayant de tant de princes allemands qui, victimes de cette vengeance, erraient misérables. Le danger le plus pressant fixa son irrésolution. Stettin ouvrit ses portes au roi, des troupes suédoises y entrèrent, et les Impériaux, qui s'avançaient à marches forcées, furent ainsi prévenus. L'occupation de Stettin assura au roi un établissement en Poméranie, la navigation de l'Oder et une place d'armes pour son armée. Le duc Bogisla, voulant prévenir le reproche de trahison, se hâta de s'excuser auprès de l'empereur sur la nécessité; mais, persuadé qu'il serait implacable, il s'unit étroitement avec son nouveau protecteur, pour se faire de l'amitié suédoise un rempart contre la vengeance de l'Autriche. Le roi trouvait dans le duc de Poméranie un important allié, qui couvrait ses derrières et assurait ses communications avec la Suède.

Comme Ferdinand l'avait attaqué en Prusse le premier, Gustave-Adolphe se crut dispensé envers lui des formalités accoutumées, et il commença les hostilités sans déclaration de guerre. Il justifia sa conduite auprès des cours européennes dans un manifeste particulier, où il exposait tous les motifs, déjà indiqués, qui le déterminaient à prendre les armes. Cependant il poursuivait ses progrès en Poméranie et voyait son armée s'accroître chaque jour. Des officiers et des soldats qui avaient servi sous Mansfeld, Christian de Brunswick, le roi de Danemark et Wallenstein, venaient par bandes s'enrôler sous ses drapeaux victorieux.

La cour impériale fut bien loin d'accorder d'abord à l'invasion du roi de Suède l'attention dont elle parut digne bientôt après. L'orgueil autrichien, porté au comble par les succès inouïs obtenus jusque-là, regardait de haut, avec mépris, un prince qui sortait d'un coin obscur de l'Europe avec une poignée d'hommes, et qui ne devait, à ce qu'on s'imaginait, la réputation militaire qu'il avait acquise jusqu'alors, qu'à l'incapacité d'un ennemi encore plus faible que lui. La peinture méprisante que Wallenstein avait faite, non sans dessein, de la puissance suédoise, augmentait la sécurité de l'empereur. Comment pouvait-il estimer un ennemi que son général se faisait fort de chasser d'Allemagne à coups de verges? Les rapides progrès de Gustave en Poméranie ne purent même détruire encore complétement ce préjugé, auquel les railleries des courtisans donnaient chaque jour plus de crédit. On le nommait à Vienne « la Majesté de neige, » que le froid du Nord maintenait pour le moment, mais qui fondrait à vue d'œil en avançant vers le Midi. Les électeurs même, alors rassemblés à Ratisbonne, ne daignèrent pas s'arrêter à ses représentations, et, par une aveugle complaisance pour Ferdinand, lui refusèrent jusqu'au titre de roi. Tandis qu'on se raillait de Gustave-Adolphe à Vienne et à Ratisbonne, il prenait possession successivement des places fortes du Mecklembourg et de la Poméranie.

Malgré ces dédains, l'empereur s'était montré disposé à régler par des négociations ses démêlés avec la Suède, et, à cet effet, il avait même envoyé des fondés de pouvoir à Dantzig. Mais on vit clairement par leurs instructions combien sa démarche était peu sérieuse, puisqu'il refusait toujours à Gustave le titre de roi. Il voulait seulement éviter, ce semble, de prendre sur lui l'odieux de l'agression, et le rejeter sur son ennemi, afin de pouvoir d'autant plus compter sur le secours des membres de l'Empire. Aussi, comme il fallait s'y attendre, ce congrès de Dantzig se sépara sans avoir rien produit, et l'animosité fut portée de part et d'autre au dernier degré par les lettres violentes qu'on échangea.

Cependant un général de l'empereur, Torquato Conti, qui commandait l'armée en Poméranie, avait fait d'inutiles efforts pour reprendre Stettin aux Suédois. Les Impériaux furent chassés successivement de toutes les places : Damm, Stargard, Camin, Wolgast, tombèrent rapidement au pouvoir de Gustave. Dans sa retraite, Torquato Conti, pour se venger de Bogisla, fit exercer par son armée les violences les plus criantes contre les habitants de la Poméranie, que son avarice avait depuis longtemps maltraités de la façon la plus cruelle. Sous prétexte d'affamer les Suédois, tout fut pillé et ravagé; et souvent, quand les Impériaux ne pouvaient plus se maintenir dans une place, ils la réduisaient en cendres, pour n'en laisser que les ruines à l'ennemi. Mais ces barbaries ne servaient qu'à faire paraître dans un plus beau jour la conduite opposée des Suédois, et à gagner tous les cœurs au monarque ami de l'humanité. Le soldat suédois payait tout ce qu'il consommait; sur son passage, la propriété d'autrui était respectée : aussi les villes et les campagnes recevaient l'armée suédoise à bras ouverts, tandis que le peuple des campagnes de Poméranie égorgeait sans pitié tous les soldats impériaux qui tombaient dans ses mains. Beaucoup de Poméraniens entrèrent au service de la Suède, et les états de ce pays si fort épuisé accordèrent avec joie à Gustave une contribution de cent mille florins.

Torquato Conti, avec toute sa dureté de caractère, était un excellent général. Ne pouvant chasser de Stettin le roi de Suède, il tâcha de lui rendre au moins cette position inutile. Il se retrancha à Garz, sur l'Oder, au-dessus de Stettin, pour commander le fleuve et couper à cette ville ses communications par eau avec le reste de l'Allemagne. Rien ne put l'amener à un engagement avec Gustave-Adolphe, dont les forces étaient supérieures, et qui cependant ne réussit pas à emporter les solides retranchements des Impériaux. Torquato, trop dépourvu de troupes et d'argent pour prendre l'offensive, espérait, avec ce plan de conduite, donner au comte Tilly le temps d'accourir pour la défense de la Poméranie, et se joindre à lui pour attaquer le roi de Suède. Un jour il profita même de l'absence de Gustave pour faire à l'improviste une tentative sur Stettin; mais les Suédois étaient sur leurs gardes : la vive attaque des Impériaux fut victorieusement repoussée, et Torquato s'éloigna avec une grande perte. On ne peut nier que Gustave ne fût redevable de ces heureux commencements à son bonheur autant qu'à son expérience militaire. Depuis la destitution de Wallenstein, les troupes impériales, en Poméranie, étaient réduites à l'état le plus déplorable. Elles expiaient cruellement leurs propres excès : un pays affamé, désolé, ne pouvait plus les nourrir. Toute discipline avait disparu; nul respect pour les ordres des officiers; l'armée se fondait à vue d'œil par de fréquentes désertions, et par la mortalité que produisait dans tous ses rangs le froid rigoureux d'un climat nouveau pour elle. Dans ces circonstances, Torquato Conti n'aspirait qu'au repos, afin de rétablir ses troupes dans les quartiers d'hiver; mais il avait affaire à un ennemi pour qui il n'y avait point d'hiver sous le ciel d'Allemagne. Gustave avait eu d'ailleurs la précaution de munir ses soldats de peaux de mouton, afin de pouvoir tenir la campagne même au plus fort de l'hiver. Aussi les fondés de pouvoir de l'empereur qui vinrent lui proposer un armistice reçurent cette réponse désolante : « Les Suédois sont soldats en hiver comme en été, et ne se soucient point d'épuiser plus longtemps le pauvre cultivateur. Les Impériaux feront ce qu'il leur plaira; mais, pour eux, ils ne songent nullement à rester dans l'inaction. » Torquato Conti se démit bientôt après d'un commandement où il n'y avait plus beaucoup de gloire et plus du tout d'argent à gagner.

Une pareille inégalité devait nécessairement donner l'avantage aux Suédois. Les Impériaux furent inquiétés sans relâche dans leurs quartiers d'hiver. Greifenhagen, place importante sur l'Oder, fut prise d'assaut, et les ennemis finirent par abandonner aussi les villes de Garz et de Pyritz. Ils ne tenaient plus, dans toute la Poméranie, que Greifswalde, Demmin et Colberg, et le roi fit sans retard les plus vigoureuses dispositions pour en former le siége. L'ennemi fugitif se dirigea vers la marche de Brandebourg, non sans essuyer de grandes pertes en hommes, en bagages, en artillerie, qui tombèrent dans les mains des Suédois, attachés à sa poursuite.

En occupant les passages de Ribnitz et de Damgarten[1], Gustave s'était ouvert l'entrée du duché de Mecklembourg; déjà il avait invité les habitants, par un manifeste, à retourner sous la domination de leurs souverains légitimes et à chasser tout ce qui tenait à Wallenstein. Mais les Impériaux se rendirent maîtres par artifice de la ville importante de Rostock, et le roi, qui ne voulait pas diviser ses forces, dut renoncer à pousser plus avant.

1. Dans les deux premières éditions : « Damgarden. »

Les ducs de Mecklembourg, chassés de leurs États, avaient en vain fait intercéder auprès de l'empereur les princes assemblés à Ratisbonne; en vain, pour fléchir l'empereur par leur soumission, ils avaient rejeté l'alliance de la Suède et tout recours à la force. Réduits au désespoir par le refus opiniâtre de Ferdinand, ils prirent alors ouvertement le parti du roi, levèrent des troupes et en donnèrent le commandement au duc François-Charles de Saxe-Lauenbourg. Celui-ci réussit à s'emparer de quelques places fortes sur l'Elbe; mais elles lui furent bientôt enlevées par le général de l'empereur, Pappenheim, envoyé contre lui. Peu après, assiégé par ce dernier dans Ratzebourg, il se vit contraint, après une vaine tentative d'évasion, à se rendre prisonnier avec tout son monde. Ainsi s'évanouit de nouveau pour ces malheureux princes l'espérance de rentrer dans leurs États : il était réservé à Gustave-Adolphe de leur rendre cette justice éclatante.

Les bandes fugitives de l'empereur s'étaient jetées dans la marche de Brandebourg, et elles en faisaient le théâtre de leurs brigandages. Non contents d'exiger les contributions les plus arbitraires, d'écraser le bourgeois par les logements militaires, ces monstres fouillaient encore l'intérieur des maisons, forçaient et brisaient tout ce qui était fermé, pillaient toutes les provisions, maltraitaient de la manière la plus affreuse quiconque essayait de résister, déshonoraient les femmes jusque dans les lieux saints; et tout cela se passait, non point en pays ennemi, mais dans les États d'un prince de qui l'empereur n'avait pas à se plaindre, et qu'il osait presser, malgré toutes ces horreurs, de prendre les armes contre le roi de Suède. Le spectacle de ces épouvantables désordres, que le manque d'argent et d'autorité les obligeait de souffrir, indignait les généraux même de l'empereur, et leur chef, le comte de Schaumbourg, rougissant de tant d'excès, voulut déposer le commandement. L'électeur de Brandebourg, trop pauvre en soldats pour défendre son pays, et laissé sans secours par l'empereur, qui ne daignait pas répondre aux représentations les plus pathétiques, ordonna enfin à ses sujets, par un édit, de repousser la force par la force, et de tuer sans miséricorde tout soldat impérial qui serait surpris à piller. L'horreur des vexations et la détresse du gouvernement étaient montées à un tel point qu'il ne restait plus au souverain que la ressource désespérée d'enjoindre par la loi la vengeance personnelle.

Les Impériaux avaient attiré les Suédois dans la marche de Brandebourg, et le refus de l'électeur de lui donner passage par la place forte de Custrin avait pu seul empêcher Gustave-Adolphe d'assiéger Francfort-sur-l'Oder. Il revint sur ses pas pour achever la conquête de la Poméranie par la prise de Demmin et de Colberg. Cependant le feld-maréchal Tilly s'avançait pour défendre la marche de Brandebourg.

Ce général, qui pouvait se glorifier de n'avoir encore perdu aucune bataille, le vainqueur de Mansfeld, de Christian de Brunswick, du margrave de Bade et du roi de Danemark, allait trouver dans le roi de Suède un adversaire digne de lui. Tilly était d'une famille noble de Liége, et s'était formé dans la guerre des Pays-Bas, alors l'école des généraux. Il trouva bientôt, sous l'empereur Rodolphe II, l'occasion de montrer en Hongrie les talents qu'il avait acquis, et il s'y éleva promptement d'un grade à un autre. Après la conclusion de la paix, il entra au service de Maximilien de Bavière, qui le nomma général en chef avec un pouvoir illimité. Il fut, par ses excellents règlements, le créateur de l'armée bavaroise, et c'était à lui surtout que Maximilien devait la supériorité qu'il avait eue jusque-là en campagne. Après la guerre de Bohême, on lui remit le commandement des troupes de la ligue, et, après la retraite de Wallenstein, celui de toute l'armée impériale. Aussi sévère pour ses troupes, aussi sanguinaire avec l'ennemi, d'un caractère aussi sombre que Wallenstein, il le laissait bien loin derrière lui pour la modestie et le désintéressement. Un zèle aveugle pour sa religion, une soif barbare de persécution, se joignaient à un caractère naturellement farouche, pour faire de lui l'effroi des protestants. A son humeur répondait un extérieur bizarre et terrible. Petit, maigre, les joues creuses, il avait le nez long, le front large et ridé, une forte moustache, le bas du visage en pointe. Il se montrait d'ordinaire en pourpoint espagnol de satin vert clair, à manches tailladées, et coiffé d'un petit chapeau à haut retroussis, orné d'une plume d'autruche rouge, qui descendait en flottant jusque sur son dos. Toute sa personne rappelait le duc d'Albe, le geôlier des Flamands, et sa conduite était loin d'effacer cette impression. Tel était le général qui se présentait en ce moment contre le héros du Nord.

Tilly était bien éloigné de mépriser son adversaire. « Le roi de Suède, disait-il hautement dans l'assemblée des électeurs, à Ratisbonne, est un ennemi aussi habile que vaillant, endurci à la guerre, et dans la fleur de son âge. Ses mesures sont excellentes, ses ressources ne sont point faibles; les états de son royaume lui ont témoigné un extrême empressement. Son armée, composée de Suédois, d'Allemands, de Livoniens, de Finlandais, d'Écossais et d'Anglais, ne fait qu'une seule nation par son aveugle obéissance. Contre un pareil joueur, ne pas avoir perdu, c'est avoir déjà beaucoup gagné. »

Les progrès du roi de Suède dans le Brandebourg et la Poméranie ne laissaient pas au nouveau généralissime un moment à perdre, et les généraux qui commandaient sur les lieux réclamaient instamment sa présence. Tilly appela donc auprès de lui, avec toute la célérité possible, les troupes impériales dispersées dans toute l'Allemagne; mais il lui fallut beaucoup de temps pour tirer des provinces désolées et appauvries les provisions de guerre dont il avait besoin. Enfin, au milieu de l'hiver, il parut à la tête de vingt mille hommes devant Francfort-sur-l'Oder, où il fit sa jonction avec le reste des troupes de Schaumbourg. Il remit à ce général la défense de Francfort, avec une garnison suffisante. Il voulait lui-même courir en Poméranie, pour sauver Demmin et débloquer Colberg, déjà réduit à la dernière extrémité par les Suédois; mais, avant qu'il eût quitté le Brandebourg, Demmin, très-mal défendu par le duc Savelli, s'était rendu au roi, et Colberg capitula aussi, par famine, après cinq mois de siège. Les passages de la Poméranie antérieure étant fortement occupés, et le camp du roi près de Schwedt défiant toutes les attaques, Tilly renonça à son premier plan offensif, et se retira sur l'Elbe pour assiéger Magdebourg.

La prise de Demmin laissait Gustave libre de pénétrer sans obstacle dans le Mecklembourg; mais une entreprise plus importante attira ses armes d'un autre côté. Tilly avait à peine commencé sa retraite que le roi leva brusquement son camp de Schwedt, et marcha contre Francfort-sur-l'Oder avec toutes ses forces. Cette ville était mal fortifiée, mais défendue par une garnison de huit mille hommes, dont la plupart étaient le reste de ces bandes furieuses qui avaient ravagé la Poméranie et le Brandebourg. L'attaque fut vive, et, dès le troisième jour, la ville fut emportée d'assaut. Les Suédois, assurés de la victoire, rejetèrent toute capitulation, quoique l'ennemi eût battu deux fois la chamade : ils voulaient exercer le terrible droit de représailles. Dès son arrivée dans le pays, Tilly avait enlevé à Neubrandebourg une garnison suédoise demeurée en arrière, et, irrité de sa vive résistance, il l'avait fait massacrer jusqu'au dernier homme. Les Suédois, quand ils prirent d'assaut Francfort, se souvinrent de cette barbarie. « Quartier comme à Neubrandebourg! » répondait-on à chaque soldat de l'empereur qui demandait la vie, et on l'égorgeait sans pitié. Quelques milliers furent tués ou pris; un grand nombre se noyèrent dans l'Oder; le reste s'enfuit en Silésie; toute l'artillerie tomba au pouvoir des Suédois. Pour satisfaire à la fureur du soldat, il fallut que Gustave permît trois heures de pillage.

Tandis que ce roi courait d'une victoire à une autre, que le succès de ses armes relevait le courage des princes protestants et rendait plus vive leur résistance, l'empereur, toujours inflexible, continuait de pousser à bout leur patience par ses prétentions exagérées envers eux, et en faisant exécuter à la rigueur l'édit de restitution. La nécessité le poussait maintenant dans les voies violentes, où il était d'abord entré par orgueil; pour sortir des embarras où sa conduite arbitraire l'avait précipité, il ne voyait plus d'autre ressource que l'arbitraire. Mais, dans un système d'États aussi artificiellement organisé que l'est aujourd'hui et que le fut toujours le corps germanique, la main du despotisme devait produire des perturbations infinies. Les princes voyaient avec stupeur la constitution de l'Empire renversée insensiblement, et l'état de nature, auquel on revenait, les conduisit à la défense personnelle, le seul moyen de salut qui reste dans cet état. Les attaques ouvertes de l'empereur contre l'Église évangélique avaient enfin arraché des yeux de Jean-Georges le voile qui lui avait caché si longtemps l'astucieuse politique de ce prince. Ferdinand l'avait personnellement offensé, en excluant son fils de l'archevêché de Magdebourg, et le feld-maréchal d'Arnheim, son nouveau favori et son ministre, ne négligea rien pour enflammer son ressentiment. Auparavant général de l'empereur sous les ordres de Wallenstein, et toujours ami ardemment dévoué de ce dernier, il cherchait à venger son ancien bienfaiteur et à se venger lui-même de Ferdinand, et à détacher l'électeur de Saxe des intérêts de l'Autriche. L'apparition des Suédois en Allemagne devait lui en fournir les moyens. Gustave-Adolphe était invincible aussitôt que les membres protestants de l'Empire s'unissaient à lui, et l'empereur ne craignait rien tant que cette union. L'électeur de Saxe, en se déclarant, pouvait, par son exemple, entraîner tous les autres, et le sort de Ferdinand se trouvait, en quelque sorte, dans les mains de Jean-Georges. L'adroit favori, flattant l'ambition de son maître, lui fit sentir son importance, et lui conseilla d'effrayer l'empereur en le menaçant d'une alliance avec la Suède, pour obtenir de lui par la crainte ce qu'on ne pouvait attendre de la reconnaissance. Cependant il était d'avis que l'électeur ne s'engageât point effectivement avec la Suède, afin de conserver toujours son importance et sa liberté. Il l'enivrait du projet magnifique, pour l'exécution duquel il ne manquait rien qu'une main plus habile, d'attirer à lui tout le parti protestant, de former en Allemagne une troisième puissance, et de jouer le rôle d'arbitre souverain entre la Suède et l'Autriche.

Ce plan devait flatter d'autant plus l'amour-propre de Jean-Georges, qu'il lui était également insupportable de tomber sous la dépendance de la Suède ou de rester plus longtemps sous la tyrannie de l'empereur. Il ne pouvait voir avec indifférence qu'un prince étranger lui enlevât la direction des affaires d'Allemagne, et, tout incapable qu'il était de jouer le premier rôle, sa vanité ne pouvait se contenter du second. Il résolut donc de faire tourner, autant qu'il pourrait, à l'avantage de sa situation particulière les progrès du monarque suédois, mais de suivre, en demeurant indépendant de lui, son propre plan. Dans cette vue, il eut une conférence avec l'électeur de Brandebourg, qui avait des raisons semblables d'être irrité contre l'empereur et de se défier de la Suède. Après s'être assuré, dans une diète convoquée à Torgau, de l'assentiment des états de Saxe, qui lui était indispensable pour l'exécution de son plan, il invita tous les membres évangéliques de l'Empire à une assemblée générale, qui devait s'ouvrir à Leipzig le 6 février 1631. Brandebourg, Hesse-Cassel, plusieurs princes, des comtes, d'autres membres de l'Empire, des évêques protestants, parurent en personne ou se firent représenter dans cette assemblée, que le prédicateur de la cour de Saxe, le docteur Hoe de Hohenegg, ouvrit par un sermon véhément. L'empereur avait fait d'inutiles efforts pour empêcher cette conférence, qui se réunissait de son autorité privée, dont l'objet était visiblement la défense personnelle, et que la présence des Suédois en Allemagne rendait fort dangereuse. Les princes assemblés, animés par les progrès de Gustave-Adolphe, maintinrent leurs droits, et ils se séparèrent, au bout de deux mois, après avoir pris une décision remarquable, qui jeta Ferdinand dans un grand embarras. Elle portait que l'empereur serait énergiquement requis, dans un écrit rédigé au nom de tous, d'abolir l'édit de restitution, de retirer ses troupes de leurs résidences et places fortes, de cesser les exécutions, de réformer tous les anciens abus. En attendant, on mettrait sur pied une armée de quarante mille hommes, pour se faire justice soi-même, en cas d'un refus de l'empereur.

Une nouvelle circonstance se présenta, qui ne contribua pas peu à fortifier les princes protestants dans leur résolution. Le roi de Suède avait enfin surmonté les scrupules qui l'avaient détourné jusque-là d'une liaison plus étroite avec la France, et, le 13 janvier 1631, il avait conclu avec cette couronne une formelle alliance. Après avoir très-vivement débattu la manière dont seraient traités les princes catholiques de l'Empire, que la France prenait sous sa protection, et envers lesquels Gustave voulait user du droit de représailles; après une contestation, moins importante, sur le titre de Majesté, que l'orgueil français refusait à la fierté suédoise, Richelieu céda enfin sur le second point, Gustave-Adolphe sur le premier, et le traité d'alliance fut signé à Beerwald, dans la Nouvelle-Marche. Les deux puissances s'y engagèrent à se soutenir mutuellement et à main armée, à défendre leurs amis communs, à aider à rentrer dans leurs États les princes de l'Empire dépossédés, et à rétablir toutes choses, aux frontières et dans l'intérieur de l'Allemagne, comme elles étaient avant que la guerre éclatât. Dans cette vue la Suède devait entretenir à ses frais en Allemagne une armée de trente mille hommes, et la France fournir aux Suédois quatre cent mille écus de subsides annuels. Si la fortune favorisait les armes de Gustave, il devait respecter dans les places conquises la religion catholique et les lois de l'Empire, et ne rien entreprendre contre elles; l'accès de l'alliance était ouvert à tous les membres de l'Empire et aux princes, même catholiques, en Allemagne comme au dehors; une partie ne pouvait conclure, sans la connaissance et le consentement de l'autre, une paix séparée avec l'ennemi; l'alliance devait durer cinq ans.

Autant le roi de Suède avait répugné à recevoir une solde de la France, et à sacrifier l'avantage de conduire la guerre avec une entière liberté, autant cette alliance fut décisive pour ses affaires en Allemagne. Alors seulement, les membres de l'empire germanique, le voyant soutenu par la puissance la plus considérable de l'Europe, commencèrent à prendre confiance dans son entreprise, dont le succès leur avait donné jusqu'alors de justes alarmes. Alors seulement il devint redoutable à l'empereur. De ce moment, les princes catholiques eux-mêmes, qui désiraient l'humiliation de l'Autriche, virent avec moins de défiance les progrès de Gustave en Allemagne, parce que son alliance avec une puissance catholique lui imposait des ménagements envers leur Église. De même que l'apparition de Gustave-Adolphe protégeait la religion évangélique et la liberté allemande contre la prépondérance de l'empereur, de même l'intervention de la France pouvait maintenant protéger la religion catholique et la liberté allemande contre Gustave-Adolphe, si l'ivresse du succès devait l'entraîner au delà des bornes de la modération.

Le roi de Suède ne tarda point à notifier ce traité conclu avec la France aux princes qui avaient formé l'alliance de Leipzig, et les invita en même temps à s'unir avec lui plus étroitement. La France appuya cette invitation, et n'épargna aucun argument pour décider l'électeur de Saxe. Gustave-Adolphe offrait de se contenter d'un appui secret, si les princes jugeaient encore téméraire de se déclarer ouvertement pour lui. Plusieurs lui firent espérer leur adhésion, aussitôt qu'ils verraient jour à se déclarer. Jean-Georges, toujours défiant et jaloux du roi de

Suède, toujours fidèle à sa politique intéressée, ne put se résoudre à se déclarer bien nettement.

La résolution de la conférence de Leipzig et le traité entre la France et la Suède étaient deux nouvelles également fâcheuses pour l'empereur. Contre la décision des princes il eut recours aux foudres de sa toute-puissance impériale. Pour faire sentir à la France tout son mécontentement du traité, il ne lui manquait qu'une armée. Tous les membres de l'union de Leipzig reçurent des lettres de remontrances, qui leur interdisaient, dans les termes les plus forts, toute levée de troupes. Ils répondirent par de violentes récriminations, justifièrent leur conduite par le droit naturel, et continuèrent leurs préparatifs de guerre.

Cependant les généraux de l'empereur se voyaient réduits, par le défaut de troupes et d'argent, à la fâcheuse alternative de perdre de vue le roi de Suède ou les princes allemands, ne se trouvant pas en état de leur tenir tête en même temps avec leurs forces divisées. Les mouvements des protestants attiraient leur attention vers l'intérieur de l'Empire; les progrès du roi dans la marche de Brandebourg, qui menaçaient déjà de près les États héréditaires de Ferdinand, exigeaient impérieusement qu'ils tournassent leurs armes de ce côté. Après la prise de Francfort, Gustave avait marché contre Landsberg sur la Warta, et Tilly, après avoir essayé trop tard de sauver cette place, retourna vers Magdebourg, pour continuer avec vigueur le siége commencé.

Le riche archevêché dont Magdebourg était la résidence avait longtemps appartenu à des princes évangéliques de la maison de Brandebourg, qui y établirent leur religion. Christian-Guillaume, le dernier administrateur, avait été mis au ban de l'Empire, à cause de ses liaisons avec le Danemark, et le chapitre, pour ne pas attirer sur l'archevêché la vengeance impériale, s'était cru obligé de le dépouiller formellement de sa dignité[1]. A sa place, il proposa le prince Jean-Auguste, deuxième fils de l'électeur de Saxe; mais Ferdinand le rejeta, pour conférer l'archevêché à son propre fils Léopold. Là-dessus l'élec-

---

1. Dans la première édition : « De ses dignités. »

teur adressa de vaines plaintes à la cour impériale. Christian-Guillaume de Brandebourg prit des mesures plus efficaces. Assuré de l'attachement du peuple et des magistrats de Magdebourg, et enflammé par des espérances chimériques, il se crut en état de vaincre tous les obstacles que la sentence du chapitre, la concurrence de deux puissants rivaux et l'édit de restitution opposaient à son rétablissement. Il fit un voyage en Suède, et tâcha de s'assurer, par la promesse d'une importante diversion en Allemagne, le secours de Gustave. Le roi ne le renvoya point sans lui faire espérer un vigoureux appui, mais il lui recommanda en même temps d'agir avec prudence.

À peine Christian-Guillaume eut-il appris le débarquement de son protecteur en Poméranie, qu'il se glissa dans Magdebourg, à la faveur d'un déguisement. Il parut soudain dans le conseil de la ville, rappela aux magistrats tous les maux que les troupes impériales avaient fait souffrir à la ville et au territoire; les pernicieux desseins de Ferdinand; le péril de l'Église évangélique. Après ce début, il leur annonça que le moment de leur délivrance était arrivé, et que Gustave-Adolphe leur offrait son alliance et ses secours. Magdebourg, une des plus riches cités de l'Allemagne, jouissait, sous le gouvernement de ses magistrats, d'une liberté républicaine, qui inspirait aux citoyens une audace héroïque. Ils en avaient déjà donné des preuves glorieuses dans leur conduite envers Wallenstein, qui, attiré par leurs richesses, leur avait adressé des réquisitions exorbitantes, et, par une courageuse résistance, ils avaient maintenu leurs droits. Tout leur territoire éprouva, il est vrai, la fureur dévastatrice de ses troupes, mais Magdebourg même échappa à sa vengeance. Il ne fut donc pas difficile à l'administrateur de gagner des esprits encore émus par le récent souvenir de ces mauvais traitements. Une alliance fut conclue entre la ville et le roi de Suède : Magdebourg accordait au roi le libre passage dans la ville et le pays, avec le droit de recrutement sur le territoire de l'archevêché, et recevait, en retour, l'assurance que sa religion et ses privilèges seraient loyalement protégés.

Aussitôt l'administrateur leva des troupes, et commença prématurément les hostilités, avant que Gustave fût assez près pour le soutenir avec son armée. Il réussit à enlever quelques détachements impériaux dans le voisinage, à faire de petites conquêtes, et même à surprendre la ville de Halle ; mais l'approche d'une armée autrichienne l'obligea bientôt de reprendre en toute hâte, et non sans perte, le chemin de Magdebourg. Gustave-Adolphe, quoique mécontent de sa précipitation, lui envoya un officier expérimenté, Dietrich de Falkenberg, pour diriger les opérations militaires et assister l'administrateur de ses conseils. Falkenberg fut nommé par les magistrats commandant de la ville, pour toute la durée de la guerre. Chaque jour il arrivait des villes voisines de nouveaux renforts à l'armée du prince ; elle remporta plusieurs avantages sur les régiments impériaux envoyés contre elle, et put soutenir, pendant plusieurs mois, une petite guerre avec beaucoup de bonheur.

Enfin le comte de Pappenheim s'approcha de la ville, après son expédition contre le duc de Saxe-Lauenbourg. Il délogea, en peu de temps, de toutes les redoutes environnantes, les troupes de l'administrateur, lui coupa ainsi toute communication avec la Saxe, et entreprit sérieusement le siége de la ville. Tilly survint bientôt après ; il somma l'administrateur, dans un écrit menaçant, de ne pas résister plus longtemps à l'édit de restitution, de se soumettre aux ordres de l'empereur, et de rendre Magdebourg. La réponse du prince fut vive et hardie, et décida le général impérial à lui faire éprouver la force de ses armes.

Cependant le siége fut encore retardé quelque temps, à cause des progrès de Gustave-Adolphe, qui appelèrent d'un autre côté le général de l'empereur, et la jalousie des généraux qui commandaient en son absence laissa à la ville un répit de quelques mois. Enfin, le 30 mars 1631, Tilly reparut, et dès ce moment le siége fut poussé avec vigueur.

Tous les ouvrages extérieurs furent emportés en peu de temps. Falkenberg avait lui-même retiré les postes inutilement exposés, et fait rompre le pont de l'Elbe. Comme on n'avait pas assez de troupes pour défendre une si vaste place avec ses faubourgs, on abandonna ceux de Sudenbourg et de Neustadt à l'ennemi, qui aussitôt les réduisit en cendres. Pappenheim se sépara de Tilly et passa l'Elbe, près de Schœnebeck, pour attaquer la ville de l'autre côté.

La garnison, affaiblie par les combats livrés précédemment dans les ouvrages extérieurs, ne s'élevait pas à plus de deux mille fantassins et quelques centaines de cavaliers : nombre bien faible pour une place si étendue, et qui de plus était irrégulière. Pour suppléer à ce manque de défenseurs, on arma les bourgeois : ressource désespérée, qui fit plus de mal que de bien. Les bourgeois, déjà par eux-mêmes très-médiocres soldats, perdirent la ville par leur désunion. Le pauvre voyait avec peine qu'on rejetât sur lui seul toutes les charges; qu'on l'exposât seul à toutes les fatigues, à tous les dangers, tandis que le riche envoyait ses valets, et se donnait du bon temps dans sa maison. Le mécontentement éclata enfin en murmures universels; l'indifférence prit la place du zèle; le dégoût et la négligence dans le service, celle de l'attention vigilante. La division des esprits, jointe aux progrès de la disette, donna lieu insensiblement à des réflexions décourageantes; plusieurs commencèrent à s'effrayer de leur entreprise téméraire, à trembler devant la toute-puissance de Ferdinand, contre qui l'on avait engagé la lutte. Mais le fanatisme religieux, l'ardent amour de la liberté, une répugnance invincible pour le nom de l'empereur, l'espoir vraisemblable d'une délivrance prochaine, écartèrent toute idée de capitulation; et, si divisé que l'on fût sur tout le reste, on était unanime pour se défendre jusqu'à la dernière extrémité.

L'espérance des assiégés de se voir délivrés se fondait sur les plus grandes probabilités. Ils connaissaient l'armement de l'union de Leipzig; ils connaissaient l'approche de Gustave-Adolphe. Les princes et le roi de Suède étaient également intéressés au salut de Magdebourg, et quelques jours de marche pouvaient amener ce dernier devant leurs murs. Le comte Tilly n'ignorait rien de tout cela, et voilà pourquoi il s'efforçait tant de s'emparer de la ville, par quelque moyen que ce fût. Déjà il avait envoyé, pour la sommer de se rendre, un trompette avec diverses dépêches à l'administrateur, au commandant et aux magistrats; mais on lui avait répondu qu'on mourrait plutôt que de se rendre. Une vigoureuse sortie des bourgeois lui prouva que le courage des assiégés n'était rien moins que refroidi; et l'arrivée du roi à Potsdam, les courses des Suédois jusqu'aux murs de Zerbst, devaient inspirer des alarmes à Tilly et les plus belles espérances aux habitants de Magdebourg. Un deuxième trompette, qu'il leur envoya, et le ton plus mesuré de son style, affermirent encore leur confiance, mais pour les plonger dans une incurie d'autant plus profonde.

Cependant les assiégeants avaient poussé leurs approches jusqu'aux fossés de la ville, et les batteries qu'ils avaient dressées foudroyaient les remparts et les tours. Une tour s'écroula entièrement, mais sans donner plus de facilité pour l'attaque, parce qu'elle ne tomba point dans le fossé, et se coucha de côté sur le rempart. Malgré le bombardement continuel, les murs avaient peu souffert, et l'effet des boulets rouges, qui devaient incendier la ville, était rendu nul par des dispositions excellentes. Mais la provision de poudre des assiégés s'épuisait, et l'artillerie de la place cessa peu à peu de répondre au feu des assiégeants. Avant qu'on eût eu le temps de préparer de nouvelle poudre, Magdebourg devait être nécessairement délivré ou perdu. Jamais les habitants n'avaient eu tant d'espoir : tous les regards se tournaient, avec une ardente impatience, vers le point de l'horizon où devaient flotter les drapeaux suédois. Gustave-Adolphe était assez proche pour arriver en trois jours devant la ville. La sécurité augmente avec la confiance, et tout contribue à la fortifier. Le 9 mai, la canonnade ennemie cesse tout à coup ; plusieurs batteries sont dégarnies de leurs pièces. Un silence de mort règne dans le camp des Impériaux. Tout persuade aux assiégés que leur délivrance approche. La plupart des bourgeois et des soldats de garde sur le rempart abandonnent leur poste de grand matin, pour se livrer une fois enfin, après un long travail, aux douceurs du sommeil : mais ce sommeil leur coûta cher, et le réveil fut affreux !

Tilly avait enfin renoncé à l'espérance d'emporter la place, avant l'arrivée des Suédois, en suivant toujours le même plan d'attaque. Il résolut donc de lever son camp, mais de tenter encore auparavant un assaut général. Les difficultés étaient grandes : il n'y avait point de brèche praticable, et les ouvrages étaient à peine endommagés. Mais le conseil de guerre, que Tilly rassembla, se déclara pour l'assaut, en s'appuyant sur l'exemple de Maëstricht, qu'on avait emporté par escalade, au point du jour, tandis que les bourgeois et les soldats étaient livrés au sommeil. L'assaut fut résolu, et l'on décida d'attaquer sur quatre points à la fois. La nuit du 9 au 10 fut consacrée entièrement aux préparatifs nécessaires. Toutes les dispositions étaient prises, et l'on attendait le signal convenu, que le canon devait donner à cinq heures du matin. Il fut donné en effet, mais seulement deux heures plus tard, parce que Tilly, qui se défiait encore du succès, avait rassemblé une seconde fois le conseil de guerre. Pappenheim reçut l'ordre d'attaquer les ouvrages du faubourg de Neustadt: un mur incliné, un fossé sans eau et peu profond, le favorisaient. La plupart des bourgeois et des soldats avaient quitté les retranchements; le petit nombre qui restait était plongé dans le sommeil : il ne fut donc pas difficile à Pappenheim d'escalader le premier le rempart.

Falkenberg, frappé soudain du bruit de la mousqueterie, accourt de l'hôtel de ville où il était occupé à expédier le deuxième trompette de Tilly ; il s'élance, avec une poignée de monde qu'il a pu ramasser, vers la porte de Neustadt, que l'ennemi a déjà emportée. Repoussé de ce côté, le brave général vole sur un autre point, où un deuxième parti d'Impériaux est près d'escalader les murailles. Sa résistance est vaine : à peine le combat est-il engagé, que les balles ennemies le couchent par terre. La violence de la fusillade, le son du tocsin, le tumulte croissant, éveillent enfin les bourgeois, et les avertissent du danger qui les menace. Ils se couvrent à la hâte de leurs habits, saisissent leurs armes, et, dans leur aveugle stupeur, se précipitent au-devant de l'ennemi. On aurait pu espérer encore de le repousser, mais le commandant était tué : point de plan d'attaque ; point de cavalerie, pour pénétrer dans les rangs en désordre; enfin plus de poudre pour continuer le feu. Deux autres portes, où jusque-là l'ennemi ne s'était pas encore montré, sont dégarnies de leurs défenseurs, qu'on veut porter dans la ville, où le danger est plus pressant. L'ennemi profite promptement du désordre qui naît de là, pour attaquer aussi ces postes. La résistance est vive et opiniâtre ; mais enfin quatre régiments impériaux, maîtres du rempart, prennent à dos les Magdebourgeois et achèvent leur défaite. Un brave capitaine, nommé Schmidt, qui, dans cette confusion générale, mène encore une fois à l'ennemi les plus résolus, est assez heureux pour le repousser jusqu'à la porte; mais il tombe mortellement blessé, et avec lui disparaît la dernière espérance de Magdebourg. Avant midi tous les ouvrages sont emportés, et la ville est au pouvoir de l'ennemi.

Deux portes sont alors ouvertes au principal corps d'armée, par ceux qui avaient donné l'assaut, et Tilly fait entrer dans Magdebourg une partie de son infanterie. Elle occupe aussitôt les principales rues, et les canons braqués chassent tous les bourgeois dans leurs demeures, pour y attendre leur sort. On ne les laisse pas longtemps incertains : deux mots du comte Tilly fixent le destin de Magdebourg. Un général qui aurait eu quelque humanité, eût vainement recommandé la pitié à de pareilles troupes; mais Tilly ne prit pas même la peine de l'essayer. Les soldats, devenus, par le silence de leur général, maîtres de la vie de tous les citoyens, se précipitent dans l'intérieur des maisons, pour assouvir sans frein tous les désirs de leur brutalité. Quelques Allemands furent touchés par les prières de l'innocence; la fureur des Wallons de Pappenheim fut sourde et impitoyable. A peine ce massacre avait-il commencé, que les autres portes s'ouvrirent, et toute la cavalerie, les bandes féroces des Croates, furent lâchées sur cette malheureuse ville.

Alors commença une scène de carnage pour laquelle l'histoire n'a point de langage, ni la poésie de pinceaux. L'enfance innocente, la vieillesse infirme, la jeunesse, le sexe, la condition, la beauté, rien ne peut désarmer la rage du vainqueur. Des femmes sont maltraitées dans les bras de leurs maris, des filles aux pieds de leurs pères : le sexe sans défense n'a que le privilége d'être victime d'une double rage. Point de retraite assez cachée, assez sainte, pour échapper aux recherches infatigables de la cupidité. On trouva cinquante-trois femmes décapitées dans une église. Les Croates s'amusaient à jeter les enfants dans les flammes; les Wallons de Pappenheim à percer les nourrissons sur le sein de leurs mères. Quelques officiers de la ligue, révoltés de cet affreux spectacle, osèrent demander au comte Tilly qu'il voulût bien arrêter le massacre. « Revenez dans une heure, répondit-il. Je verrai alors ce que j'aurai à faire. Il faut que le soldat ait quelque chose pour ses dangers et sa peine. » Ces horreurs continuèrent, avec la même rage, jusqu'au moment où les flammes et la fumée arrêtèrent enfin la rapacité. Pour augmenter le trouble, et briser la résistance des habitants, on avait tout d'abord mis le feu en plusieurs endroits. Il s'éleva un orage, qui répandit les flammes dans toute la ville avec une rapidité dévorante, et rendit l'embrasement général. La presse était effroyable, au milieu de la fumée et des cadavres, des glaives étincelants, des ruines croulantes, et des ruisseaux de sang. L'air était brûlant, et la chaleur insupportable contraignit enfin ces bourreaux eux-mêmes à se réfugier dans leur camp. En moins de douze heures, cette ville populeuse, grande et forte, une des plus belles de l'Allemagne, fut réduite en cendres, à l'exception de deux églises et de quelques masures. L'administrateur Christian-Guillaume, couvert de blessures, fut fait prisonnier avec trois bourgmestres. Beaucoup de braves officiers et de magistrats avaient trouvé, en combattant, une mort digne d'envie. Quatre cents des plus riches bourgeois furent arrachés à la mort par l'avarice des officiers ennemis, qui voulaient tirer d'eux de fortes rançons. Au reste, on ne vit guère que des officiers de la ligue montrer cette sorte d'humanité, et l'aveugle barbarie du soldat impérial les fit regarder comme des anges sauveurs.

A peine la fureur de l'incendie fut-elle un peu calmée que les bandes impériales revinrent, avec une avidité nouvelle, fouiller la cendre et les décombres. Plusieurs périrent suffoqués par la vapeur ; beaucoup firent un riche butin, les bourgeois ayant caché dans les caves ce qu'ils avaient de plus précieux. Le 13 mai, Tilly parut enfin lui-même dans la ville, après qu'on eut nettoyé les principales rues des ruines et des cadavres. Ce fut une scène horrible, affreusement révoltante, qui s'offrit alors aux regards de l'humanité! Des vivants se relevaient parmi des monceaux de morts; des enfants erraient çà et là, et cherchaient leurs parents avec des cris qui déchiraient l'âme; des nourrissons suçaient encore le sein maternel, que la mort avait glacé. Pour dégager les rues, il fallut jeter dans l'Elbe plus de six mille cadavres; les flammes avaient dévoré bien plus encore de morts et de vivants. On fait monter à trente mille tout le nombre des victimes.

L'entrée solennelle du général, qui eut lieu le 14, mit fin au pillage, et ce qui vivait encore fut épargné. Environ mille personnes furent tirées de la cathédrale, où elles avaient passé trois jours et trois nuits, sans nourriture, dans l'attente continuelle de la mort. Tilly leur fit annoncer le pardon et distribuer du pain. Le lendemain, on célébra, dans cette cathédrale, une messe solennelle, et l'on chanta le *Te Deum* au bruit du canon. Le général de l'empereur parcourut les rues à cheval, afin de pouvoir mander à son maître, comme témoin oculaire, que, depuis la ruine de Troie et de Jérusalem, il ne s'était pas vu de pareille victoire. Et cette parole n'avait rien d'exagéré, si l'on considère à la fois la grandeur, la prospérité, l'importance de la ville détruite, et la rage de ses dévastateurs.

La nouvelle du désastre de Magdebourg répandit l'allégresse chez les catholiques, l'horreur et l'effroi dans toute l'Allemagne protestante. La douleur et la colère universelles accusaient le roi de Suède, qui, se trouvant si près, avec de si grandes forces, avait laissé sans secours cette ville alliée. Les plus équitables eux-mêmes trouvaient inexplicable cette inaction du roi, et, pour ne pas perdre à jamais les cœurs du peuple qu'il était venu délivrer, il se vit obligé d'exposer au jugement du monde, dans une apologie, les raisons de sa conduite.

Il venait d'attaquer Landsberg, et il s'en était emparé le 16 avril, lorsqu'il apprit le danger de Magdebourg. Aussitôt il résolut de délivrer cette place serrée de si près, et marcha vers la Sprée avec toute sa cavalerie et dix régiments d'infanterie. La situation où ce roi se trouvait en Allemagne lui faisait une loi, loi inviolable de prudence, de ne jamais faire un pas en avant sans avoir assuré ses derrières. Il fallait qu'il traversât avec toutes les précautions de la défiance un pays où il était environné d'amis équivoques et d'ennemis déclarés et puissants ; un seul pas inconsidéré pouvait lui couper toute communication avec son royaume. Déjà l'électeur de Brandebourg avait ouvert sa forteresse de Cüstrin aux Impériaux fugitifs, et l'avait fermée aux Suédois qui les poursuivaient. Si maintenant Gustave était malheureux contre Tilly, ce même électeur pouvait encore ouvrir ses forteresses aux troupes de l'empereur, et le roi, ayant des ennemis devant et derrière lui, était perdu sans ressource. Pour n'être pas exposé à ce hasard, dans l'entreprise qu'il voulait alors exécuter, il demandait, avant de marcher au secours de la ville assiégée, que les deux forteresses de Cüstrin et de Spandau lui fussent remises par l'électeur jusqu'à la délivrance de Magdebourg.

Rien ne paraissait plus juste que cette demande. L'important service que Gustave-Adolphe avait rendu peu auparavant à l'électeur, en chassant les Impériaux du Brandebourg, semblait lui donner des droits à sa reconnaissance, et la conduite des Suédois en Allemagne jusqu'à ce jour était un titre à sa confiance. Mais, en livrant ses places fortes au roi de Suède, l'électeur le rendait, en quelque sorte, maître de son pays, et rompait en même temps avec Ferdinand, exposant ainsi ses États aux vengeances futures des armées impériales. Longtemps Georges-Guillaume fut cruellement combattu en lui-même, mais enfin la pusillanimité et l'égoïsme parurent l'emporter. Insensible au sort de Magdebourg, indifférent pour la religion et la liberté allemande, il ne vit rien que son propre danger, et son appréhension fut portée au comble par son ministre Schwarzenberg, secrètement soldé par l'empereur. Cependant les troupes suédoises s'approchèrent de Berlin, et le roi alla loger chez l'électeur. Quand il vit la timide hésitation de ce prince, il ne put contenir son indignation. « Je marche vers Magdebourg, lui dit-il, non dans mon intérêt, mais dans celui des évangéliques. Si personne ne veut m'aider, je fais retraite sur-le-champ, j'offre un accommodement à l'empereur, et je reprends le chemin de Stockholm. Je suis assuré que l'empereur fera avec moi une paix aussi avantageuse que je le pourrai désirer; mais, que Magdebourg succombe, qu'il n'ait plus rien à craindre de moi, et vous verrez ce qui vous arrivera! » Cette menace jetée à propos, peut-être aussi la vue de l'armée suédoise, qui était assez puissante pour procurer de force à son maître ce qu'on refusait de lui accorder de bonne grâce, décidèrent enfin l'électeur à remettre Spandau dans les mains du roi de Suède.

Deux chemins s'offraient alors à Gustave pour gagner Magdebourg : l'un le menait au couchant, à travers un pays épuisé et des troupes ennemies, qui pouvaient lui disputer le passage de l'Elbe; l'autre au sud, par Dessau ou Wittenberg, où il trouvait des ponts pour passer le fleuve et pouvait tirer des vivres de la Saxe. Mais il fallait le consentement de Jean-Georges, qui lui inspirait une juste défiance. Avant de se mettre en marche, il fit donc demander à ce prince le libre passage, et des vivres pour ses troupes, qu'il payerait comptant. Sa demande fut rejetée; aucune représentation ne put faire abandonner à l'électeur son système de neutralité. Ce débat durait encore, lorsqu'arriva la nouvelle du sort affreux de Magdebourg.

Tilly l'annonça du ton d'un vainqueur à tous les princes protestants, et ne perdit pas un moment pour profiter de son mieux de la terreur générale. L'autorité de l'empereur, considérablement déchue depuis les progrès de Gustave, se releva, plus formidable que jamais, après ce coup décisif; et ce changement se révéla aussitôt dans le langage impérieux qu'il fit entendre aux membres protestants de l'Empire. Par une décision souveraine, il cassa les résolutions de l'alliance de Leipzig; un décret impérial abolit l'alliance elle-même; tous les membres rebelles étaient menacés du sort de Magdebourg. Comme exécuteur de ce décret impérial, Tilly fit marcher aussitôt des troupes contre l'évêque de Brême, qui était membre de l'alliance de Leipzig et avait levé des soldats. L'évêque, effrayé, les livra sur-le-champ à Tilly, et signa la cassation des arrêtés de Leipzig. Une armée impériale, qui revenait d'Italie dans ce temps-là même, sous les ordres du comte de Fürstenberg, traita de même l'administrateur de Wurtemberg. Il fallut que le duc se soumît à l'édit de restitution et à tous les décrets de l'empereur, et qu'en outre il lui payât pour l'entretien de ses troupes un subside mensuel de cent mille écus. Des charges pareilles furent imposées aux villes d'Ulm et de Nuremberg, aux cercles de Franconie et de Souabe. La main de l'empereur s'appesantissait terriblement sur l'Allemagne. La soudaine prépondérance qu'il dut à cet événement, fondée sur l'apparence plus que sur la réalité, l'entraîna au delà des bornes de la modération, où il s'était renfermé jusqu'alors, et l'égara dans des mesures violentes et précipitées, qui firent cesser enfin, à l'avantage de Gustave-Adolphe, l'indécision des princes allemands. Aussi malheureuses donc que furent pour les protestants les premières suites du sanglant triomphe de Tilly, aussi avantageux furent ses effets éloignés. La première surprise fit bientôt place à une active indignation ; le désespoir donna des forces, et la liberté allemande sortit des cendres de Magdebourg.

Parmi les princes qui avaient formé l'alliance de Leipzig, l'électeur de Saxe et le landgrave de Hesse étaient de beaucoup les plus redoutables, et l'autorité de l'empereur n'était pas assurée dans ces contrées, tant qu'il ne les voyait pas désarmés. Tilly tourna d'abord ses armes contre le landgrave, et marcha incontinent de Magdebourg sur la Thuringe. Dans cette expédition, les territoires de la Saxe-Ernestine et de Schwarzbourg furent horriblement maltraités. Frankenhausen fut pillé impunément et réduit en cendres par les soldats de Tilly, sous les yeux mêmes de leur général. Les malheureux paysans furent cruellement punis de ce que leur maître favorisait les Suédois. Erfurt, la clef du pays, entre la Saxe et la Franconie, fut menacé d'un siége, mais s'en racheta par une livraison volontaire de vivres et une somme d'argent. De là Tilly dépêcha un envoyé au landgrave de Hesse-Cassel, pour le sommer de licencier ses troupes sans délai et de renoncer à l'alliance de Leipzig, de recevoir des régiments impériaux dans ses domaines et ses places fortes, de payer des contributions et de se déclarer ami ou ennemi. C'est ainsi qu'un prince de l'empire germanique se vit traiter par un officier de l'empereur. Mais cette exigence excessive tirait un poids effrayant des forces militaires dont elle était accompagnée, et le récent souvenir du sort affreux de Magdebourg ajoutait nécessairement à son effet. L'intrépidité avec laquelle le landgrave répondit à cette injonction n'en mérite que plus d'éloges. « Il n'était nullement disposé, dit-il, à recevoir des soldats étrangers dans ses places fortes et dans sa résidence. Ses troupes, il en avait besoin. Contre une attaque il saurait se défendre. Si le général Tilly manquait d'argent et de vivres, il n'avait qu'à prendre le chemin de Munich, où il trouverait l'un et l'autre en abondance. » L'irruption de deux troupes d'Impériaux dans la Hesse fut la suite immédiate de cette réponse provoquante ; mais le landgrave sut si bien prendre ses mesures qu'il les empêcha de rien faire de considérable. Tilly était sur le point de les suivre avec toutes ses forces, et la malheureuse contrée aurait payé bien cher la fermeté de son prince, si les mouvements du roi de Suède n'avaient rappelé à propos le général de l'empereur.

Gustave-Adolphe avait appris la ruine de Magdebourg avec la plus vive douleur. Son affliction fut encore augmentée par la réclamation de Georges-Guillaume, qui redemandait, conformément au traité, la forteresse de Spandau. La perte de Magdebourg avait plutôt fortifié qu'affaibli les motifs qui rendaient si importante pour le roi la possession de cette place. Plus il voyait approcher la nécessité d'une bataille décisive contre Tilly, moins il pouvait se résoudre à renoncer au seul refuge qui lui restât en cas de revers. Après avoir épuisé vainement les représentations et les prières auprès de l'électeur de Brandebourg, voyant plutôt sa froideur augmenter de jour en jour, il envoya enfin à son commandant l'ordre d'évacuer Spandau; mais il déclara en même temps que, dès ce jour, l'électeur serait traité en ennemi.

Pour appuyer cette déclaration, il parut devant Berlin avec toute son armée. « Je ne veux pas être moins bien traité que les généraux de l'empereur, dit-il aux députés que le prince effrayé avait envoyés dans son camp. Votre maître les a reçus dans ses États, a pourvu à tous leurs besoins, leur a livré toutes les places qu'ils ont voulues, et, par toutes ces complaisances, il n'a pu en obtenir pour son peuple un traitement plus humain. Tout ce que je lui demande, moi, c'est la sûreté, une somme d'argent médiocre, et du pain pour mes troupes. Je lui promets en échange de protéger ses États et d'éloigner de lui la guerre. Mais je suis forcé d'insister sur tous ces points : que mon frère l'électeur décide promptement s'il veut m'avoir pour ami ou voir sa capitale livrée au pillage. » Ce ton résolu fit impression, et les canons braqués contre la ville dissipèrent tous les doutes de Georges-Guillaume. Peu de jours après, une alliance fut signée : l'électeur promettait une contribution de trente mille écus par mois, laissait Spandau dans les mains de Gustave, et s'engageait à ouvrir aussi en tout temps Cüstrin à ses troupes. Cette alliance, désormais décidée, entre l'électeur de Brandebourg et la Suède, ne fut pas mieux reçue à Vienne que ne l'avait été auparavant celle du duc de Poméranie ; mais les revers que ses armes éprouvèrent bientôt après ne permirent pas à l'empereur de témoigner autrement que par des paroles son mécontentement.

La joie que le roi ressentit de cet heureux succès s'accrut bientôt par l'agréable nouvelle que Greifswalde, la seule place forte que les Impériaux possédassent encore en Poméranie, avait capitulé, et que tout le pays était enfin délivré de ces cruels ennemis. Il reparut lui-même dans le duché, et jouit du délicieux spectacle de la joie universelle, qui était son ouvrage. Un an s'était écoulé depuis que Gustave-Adolphe avait mis le pied sur le sol de l'Allemagne, et cet anniversaire fut célébré dans tout le duché de Poméranie par un jour solennel d'actions de grâces. Peu auparavant le czar de Moscovie l'avait fait saluer par ses ambassadeurs, chargés de lui renouveler l'amitié de leur maître et même de lui offrir des troupes auxiliaires. Il dut se féliciter d'autant plus de ces dispositions pacifiques des Russes, qu'il était pour lui d'une extrême conséquence de n'être pas inquiété par l'inimitié d'un voisin, durant la périlleuse guerre qu'il allait affronter. Bientôt après, la reine Marie-Éléonore, son épouse, débarqua en Poméranie avec un renfort de huit mille Suédois, et le marquis d'Hamilton lui amena dix mille Anglais : événement qui doit être d'autant moins passé sous silence, que c'est là tout ce que l'histoire peut rapporter des exploits de cette nation pendant la guerre de Trente ans.

Pendant l'expédition de Tilly dans la Thuringe, Pappenheim occupait le territoire de Magdebourg, mais il n'avait pu empêcher les Suédois de passer l'Elbe à diverses reprises, de tailler en pièces quelques détachements impériaux et de prendre possession de plusieurs places. Lui-même, alarmé de l'approche du roi, il rappela le comte Tilly de la manière la plus pressante, et le décida en effet à revenir, à marches forcées, à Magdebourg. Tilly assit son camp en deçà du fleuve, à Wolmirstædt ; Gustave avait le sien du même côté, près de Werben, non loin du confluent du Havel et de l'Elbe. Tilly, dès son arrivée, eut des sujets d'alarme. Les Suédois dispersèrent trois de ses régiments, qui étaient postés dans des villages, loin du corps d'armée ; enlevèrent la moitié de leurs bagages et brûlèrent le reste.

Vainement Tilly s'avança à une portée de canon du camp de Gustave, pour lui présenter la bataille. Le roi, plus faible de moitié que les ennemis, l'évita sagement. Son camp était trop fort pour permettre à l'ennemi une attaque : tout se réduisit à une canonnade et à quelques escarmouches, dans lesquelles les Suédois eurent toujours l'avantage. Pendant sa retraite sur Wolmirstædt, l'armée de Tilly perdit beaucoup de monde par les désertions. Depuis le massacre de Magdebourg, la fortune le fuyait.

En revanche, elle accompagnait constamment le roi de Suède. Tandis qu'il était campé à Werben, tout le Mecklembourg, à la réserve d'un petit nombre de places, fut conquis par son général Tott et par le duc Adolphe-Frédéric; et Gustave eut la royale jouissance de rétablir les deux princes dans leurs États. Il se rendit lui-même à Gustrow, où se fit la réintégration, pour relever par sa présence l'éclat de la cérémonie. Les ducs, ayant entre eux leur sauveur et autour d'eux un brillant cortége de princes, firent une entrée solennelle, dont la joie des sujets fit la plus touchante des fêtes. Bientôt après son retour à Werben, Gustave vit paraître dans son camp le landgrave de Hesse-Cassel, qui venait conclure avec lui une étroite alliance offensive et défensive. Ce fut le premier prince régnant d'Allemagne qui se déclara librement et ouvertement contre l'empereur; il y était entraîné, il est vrai, par les plus solides raisons. Le landgrave Guillaume s'engagea à traiter les ennemis du roi comme les siens, à lui ouvrir ses villes et tout son pays, à lui fournir des vivres et toutes les choses nécessaires. De son côté, le roi se déclara son ami et son protecteur, et promit de ne conclure aucune paix sans avoir obtenu de l'empereur pleine satisfaction pour le landgrave. Les deux parties tinrent loyalement leur parole. Pendant cette longue guerre, Hesse-Cassel demeura fidèle jusqu'à la fin à l'alliance suédoise, et eut sujet, à la paix de Westphalie, de se féliciter de l'amitié de la Suède.

Tilly, à qui la démarche hardie du landgrave ne resta pas longtemps inconnue, envoya contre lui le comte Fugger, avec quelques régiments, et il essaya en même temps d'exciter par des lettres provocatrices les sujets hessois à se soulever contre leur maître. Ses lettres produisirent aussi peu d'effet que ses régiments, qu'il eut lieu de regretter ensuite, à la bataille de Breitenfeld : les états de Hesse ne pouvaient hésiter longtemps entre le défenseur de leurs propriétés et le brigand qui les ravageait.

Mais ce qui alarmait bien davantage le général de l'empereur, c'étaient les sentiments équivoques de l'électeur de Saxe, qui, malgré la défense impériale, continuait ses armements et maintenait l'alliance de Leipzig. A cause du voisinage du roi de Suède, et de l'imminence d'une bataille décisive, Tilly jugeait très-dangereux de laisser en armes la Saxe électorale, prête à chaque instant à se déclarer pour les ennemis. Il venait d'être renforcé par vingt-cinq mille hommes de vieilles troupes que Fürstenberg lui avait amenées. Plein de confiance en ses forces, il crut pouvoir désarmer l'électeur par la simple menace de son arrivée, ou du moins le vaincre sans peine. Mais, avant de quitter son camp de Wolmirstædt, il le fit sommer par une députation, envoyée à cet effet, d'ouvrir ses États aux troupes impériales et de licencier les siennes, ou de les réunir à celles de l'empereur, pour chasser, avec elles, Gustave-Adolphe de l'Allemagne. Il lui rappelait que jusqu'à ce jour la Saxe électorale avait été plus ménagée que tous les autres pays de l'Allemagne, et le menaçait, en cas de refus, de la plus terrible dévastation.

Tilly avait choisi pour cette sommation impérieuse le moment le plus défavorable. La destruction de Magdebourg, les excès des Impériaux dans la Lusace, les mauvais traitements essuyés par les alliés et les coreligionnaires de l'électeur, tout se réunissait pour exciter la colère de ce dernier contre Ferdinand. Le voisinage de Gustave-Adolphe, quelque peu de droit qu'il eût à la protection de ce prince, animait son courage. Il refusa de recevoir les Impériaux, et déclara sa ferme résolution de rester sous les armes. « Quelle que fût sa surprise, ajouta-t-il, de voir l'armée impériale marcher contre ses États, dans un moment où elle avait assez à faire à poursuivre le roi de Suède, il ne pouvait croire cependant qu'au lieu des récompenses promises et méritées, on le payerait d'ingratitude en ruinant son pays. » Au départ des envoyés de Tilly, qu'il avait traités magnifiquement, il s'expliqua en termes plus clairs encore : « Messieurs, leur dit-il, je vois bien que l'on songe à mettre aussi enfin sur la table les confitures de Saxe, longtemps réservées ; mais l'on a coutume de servir avec elles des noix et des plats de parade qui sont durs à mordre : prenez bien garde de vous y casser les dents. »

Tilly partit alors de son camp, s'avança jusqu'à Halle, en faisant d'effroyables ravages, et, de là, fit renouveler sa sommation à l'électeur, en termes plus pressants encore et plus menaçants. Quand on se rappelle les sentiments de ce prince, qui, par inclination personnelle, et par les instigations de ses ministres vendus, était dévoué à l'intérêt de l'Autriche, même au mépris de ses plus saints devoirs, et qui s'était si facilement laissé réduire à l'inaction : on est forcé de s'étonner que l'empereur ou ses ministres fussent assez aveuglés pour abandonner leur premier système de conduite dans le moment le plus critique, et pousser à bout par une conduite violente un prince si facile à mener. Ou était-ce peut-être là l'intention de Tilly ? Se proposait-il de changer un ami douteux en ennemi déclaré, afin d'être par là dispensé des ménagements que les ordres secrets de l'empereur lui avaient imposés jusqu'alors pour les États de ce prince ? Était-ce peut-être l'intention de Ferdinand lui-même de pousser l'électeur à une démarche hostile, pour être quitte de ses obligations, et mettre à néant, sans qu'il pût se plaindre, un compte onéreux ? Quoi qu'il en soit, on n'en doit pas moins s'étonner de voir Tilly assez téméraire pour oser, en présence d'un redoutable ennemi, s'en faire un nouveau, et assez négligent pour ne pas s'opposer à la jonction de leurs forces.

Jean-Georges, réduit au désespoir par l'entrée de Tilly sur son territoire, se jeta, non sans une vive répugnance, dans les bras du roi de Suède.

Aussitôt après avoir congédié la première députation de Tilly, il avait envoyé en toute hâte son feld-maréchal d'Arnheim au camp de Gustave, pour demander un prompt secours à ce monarque qu'il avait si longtemps négligé. Le roi renferma en lui-même la joie que lui causait ce dénoûment ardemment souhaité. « J'en suis fâché pour l'électeur, répondit-il à l'envoyé avec une froideur simulée. S'il avait eu égard à mes représentations réitérées, ses États n'auraient pas vu l'ennemi, et Magdebourg existerait encore. Maintenant que l'extrême nécessité ne laisse aucune autre ressource, on se tourne vers le roi de Suède. Mais dites à votre maître que je n'ai nulle envie de me perdre, moi et mes alliés, pour l'amour de l'électeur de Saxe. D'ailleurs, qui me garantira la fidélité d'un prince dont les ministres sont aux gages de l'Autriche, et qui m'abandonnera dès que l'empereur voudra bien le flatter et retirer ses troupes? Tilly vient de recevoir des renforts considérables, mais qui ne m'empêcheront point de marcher à lui hardiment, aussitôt que mes derrières seront couverts. »

Le ministre saxon ne sut que répondre à ces reproches, sinon que le mieux serait d'ensevelir le passé dans l'oubli. Il pressa le roi de s'expliquer sur les conditions auxquelles il consentirait à venir au secours de la Saxe, et répondit d'avance qu'elles seraient acceptées. « Je demande, répondit Gustave, que l'électeur me remette la forteresse de Wittenberg, me donne en otage l'aîné de ses fils, paye à mes troupes trois mois de solde et me livre les traîtres qui siégent dans son conseil. A ces conditions, je suis prêt à le secourir. »

« Non-seulement Wittenberg, s'écria l'électeur, en apprenant cette réponse, et en renvoyant son ministre dans le camp suédois, non-seulement Wittenberg, mais Torgau et toute la Saxe lui sont ouverts ; je lui donne en otage toute ma famille, et, si cela ne suffit pas, je m'offre moi-même. Courez, et dites-lui que je suis prêt à lui livrer les traîtres qu'il me nommera, à payer à son armée la solde qu'il demande, à sacrifier mes biens et ma vie pour la bonne cause. »

Le roi n'avait voulu que mettre à l'épreuve les nouveaux sentiments de l'électeur : touché de sa sincérité, il retira ses dures conditions. « La défiance que l'on me témoigna, dit-il, quand je voulus marcher à la délivrance de Magdebourg, avait éveillé la mienne. Aujourd'hui, la confiance de l'électeur mérite que j'y réponde. Qu'il paye seulement un mois de solde à mes troupes : j'espère même le dédommager de cette avance. »

Aussitôt que l'alliance fut conclue, le roi passa l'Elbe, et se réunit aux Saxons dès le jour suivant. Au lieu d'empêcher cette jonction, Tilly avait marché sur Leipzig, qu'il somma de recevoir garnison impériale. Dans l'espoir d'une prompte délivrance, le commandant Jean de la Pforta fit des préparatifs de défense et brûla le faubourg de Halle. Mais le mauvais état des fortifications rendit la résistance inutile, et, dès le deuxième jour, les portes de la ville furent ouvertes. Tilly s'était logé dans la maison d'un fossoyeur, la seule qui fût restée debout dans le faubourg; c'est là qu'il signa la capitulation, là qu'on résolut d'attaquer le roi de Suède. A la vue des crânes et des ossements que le possesseur de la maison avait fait peindre sur les murailles, Tilly changea de couleur. Leipzig, contre toute attente, éprouva un traitement favorable.

Cependant le roi de Suède et l'électeur de Saxe tinrent à Torgau un grand conseil de guerre, auquel assista l'électeur de Brandebourg. Il s'agissait de prendre une résolution qui allait fixer irrévocablement le sort de l'Allemagne et de la religion évangélique, la fortune de plusieurs peuples et celle de leurs princes. L'anxiété de l'attente, qui oppresse même le cœur des héros, avant une grande résolution, parut troubler tout à coup l'âme de Gustave-Adolphe. « Si nous nous décidons maintenant à une bataille, dit le roi, l'enjeu n'est pas moins qu'une couronne et deux chapeaux d'électeur. La fortune varie, et la volonté impénétrable du ciel peut, à cause de nos péchés, donner la victoire à l'ennemi. A la vérité, mon royaume, s'il devait perdre et mon armée et moi, aurait encore des moyens de défense : l'éloignement, une flotte considérable, des frontières bien gardées, les armes d'un peuple belliqueux, le garantiraient du moins des derniers malheurs; mais où est le salut pour vous, qui avez l'ennemi sur le dos, si la bataille est perdue ? »

Gustave-Adolphe montra la défiance modeste d'un héros, que la confiance de sa force n'aveugle pas sur la grandeur du péril; Jean-Georges, la confiance de l'homme faible qui sent un héros à ses côtés. Impatient de voir le plus tôt possible ses États délivrés de deux armées qui leur pesaient, il brûlait de livrer une bataille, dans laquelle il n'avait pas à perdre d'anciens lauriers. Il parlait de marcher seul avec ses Saxons sur Leipzig, et de combattre Tilly. Enfin Gustave se rangea à son avis, et l'on résolut d'attaquer l'ennemi sans délai, avant qu'il eût reçu les renforts que lui amenaient les généraux Altringer et Tiefenbach. L'armée combinée suédo-saxonne franchit la Mulda; l'électeur de Brandebourg retourna dans son pays.

Le 7 septembre 1631, les deux armées furent en présence au point du jour. Tilly, ayant négligé d'écraser les Saxons avant leur jonction avec les Suédois, avait résolu d'attendre ses renforts, qui arrivaient en toute hâte, et il avait établi solidement son camp, non loin de Leipzig, dans une position avantageuse, où il pouvait espérer de n'être pas forcé à livrer bataille. Cependant, à l'approche des ennemis, les instances du bouillant Pappenheim le décidèrent enfin à changer de position, et à se porter sur la gauche vers les collines qui s'élèvent du village de Wahren à Lindenthal. Son armée était rangée sur une seule ligne au pied de ces hauteurs; son artillerie, distribuée sur les collines, pouvait balayer toute la grande plaine de Breitenfeld. De là s'avançait sur deux colonnes l'armée suédo-saxonne, qui avait à passer la Lober près de Podelwitz, village situé devant le front des Impériaux. Pour inquiéter leur passage, Pappenheim fut détaché contre eux avec deux mille cuirassiers, mais seulement après une longue résistance de Tilly, et avec l'ordre formel de ne pas engager de combat. Au mépris de cet ordre, Pappenheim en vint aux mains avec l'avant-garde suédoise; mais, après une courte lutte, il fut forcé à la retraite. Pour arrêter l'ennemi, il livra Podelwitz aux flammes, ce qui n'empêcha point les Suédois et les Saxons d'avancer et de former leur ordre de bataille.

Les Suédois, rangés sur deux lignes, occupaient la droite: l'infanterie au centre, distribuée en petits bataillons, dont les mouvements étaient faciles, et qui pouvaient exécuter, sans troubler l'ordre, les plus rapides manœuvres; la cavalerie sur les ailes, répartie de même en petits escadrons, entre lesquels on avait jeté plusieurs compagnies de mousquetaires, destinées à dissimuler le petit nombre des cavaliers et à démonter par leurs décharges ceux de l'ennemi. Le colonel Teufel commandait le centre, Gustave Horn l'aile gauche, le roi lui-même la droite, opposée au comte Pappenheim.

Les Saxons étaient séparés des Suédois par un grand intervalle: disposition de Gustave que l'événement justifia. L'électeur avait réglé lui-même le plan de bataille avec son feld-maréchal, et le roi s'était contenté de l'agréer. Il paraît qu'il mit ses soins à distinguer la bravoure suédoise de la bravoure saxonne, et l'événement ne les confondit pas.

L'ennemi se déployait, vers le couchant, au pied des hauteurs, sur une ligne immense, assez étendue pour déborder l'armée suédoise : l'infanterie formée en gros bataillons ; la cavalerie, en escadrons très-gros aussi et difficiles à mouvoir. Tilly avait posté son artillerie derrière lui, sur les hauteurs, et se trouvait ainsi commandé par ses propres boulets, qui décrivaient leurs paraboles au-dessus de lui. De cette position de l'artillerie on pourrait presque conclure, si d'ailleurs tous ces détails sont exacts, que l'intention de Tilly était plutôt d'attendre l'ennemi que de l'attaquer, car il ne pouvait pénétrer dans ses rangs sans se jeter sous le feu de ses propres canons. Tilly commandait le centre en personne, Pappenheim l'aile gauche, le comte de Fürstenberg la droite. Les troupes de l'empereur et de la ligue ne montaient pas ensemble à plus de trente-quatre ou trente-cinq mille hommes ; c'était aussi le nombre des Suédois et des Saxons réunis.

Mais un million de soldats de part et d'autre aurait pu rendre la journée plus meurtrière, sans la rendre plus importante et plus décisive. C'est pour cette journée que Gustave avait traversé la Baltique, cherché le péril sur une terre lointaine, confié à la fortune infidèle sa couronne et sa vie. Les deux plus grands généraux de leur temps, tous deux jusqu'alors invincibles, allaient soutenir l'un contre l'autre leur dernière épreuve dans une lutte longtemps évitée : l'un d'eux laissera sa renommée sur le champ de bataille. Les deux moitiés de l'Allemagne ont vu avec crainte et tremblement approcher ce jour ; le monde entier s'inquiète dans l'attente du résultat, sujet de bénédictions ou de larmes pour la lointaine postérité.

La fermeté, qui jusque-là n'avait jamais abandonné le comte Tilly, lui fit défaut ce jour-là. Nul dessein arrêté de combattre le roi ; aussi peu de constance pour éviter la bataille. Pappenheim l'entraîna contre sa volonté. Au dedans de lui luttaient des doutes qu'il n'avait jamais éprouvés ; de noirs pressentiments obscurcissaient son front, jusque-là toujours serein. Le spectre de Magdebourg semblait planer sur lui.

Une canonnade de deux heures ouvrit la bataille. Le vent soufflait du couchant, et, avec la fumée de la poudre, il chassait, des terres sèches et nouvellement labourées, un nuage de poussière contre les Suédois. Cela décida Gustave à faire à l'improviste une conversion vers le nord, et la rapidité de la manœuvre ne laissa pas à l'ennemi le temps de s'y opposer.

Enfin Tilly abandonne les hauteurs, et risque sa première attaque contre les Suédois; mais, accueilli par un feu terrible, il se détourne vers la droite, et tombe sur les Saxons avec une telle impétuosité, que leurs rangs sont rompus et que le désordre s'empare de toute l'armée. L'électeur lui-même ne revint de son trouble que dans Eilenbourg. Un petit nombre de régiments tinrent quelque temps encore sur le champ de bataille, et par leur vigoureuse résistance sauvèrent l'honneur des Saxons. A peine les vit-on en désordre, que les Croates se livrèrent au pillage, et des courriers furent aussitôt expédiés à Munich et à Vienne, pour annoncer la victoire.

Pappenheim chargea l'aile droite des Suédois avec toute sa cavalerie, mais sans pouvoir l'ébranler. Le roi y commandait en personne, et sous lui le général Banner. Sept fois Pappenheim renouvela son attaque, et sept fois il fut repoussé. Enfin, il prit la fuite, après une grande perte, et abandonna le champ de bataille au vainqueur.

Cependant Tilly avait terrassé le reste des Saxons, et il s'élançait avec ses troupes victorieuses sur l'aile gauche des Suédois. Aussitôt qu'il eut remarqué le désordre de l'armée saxonne, le roi, avec une décision rapide, avait renforcé cette aile de trois régiments, pour couvrir ses flancs, que la fuite des alliés laissait dégarnis. Gustave Horn, qui commandait là, opposa aux cuirassiers de Tilly une vigoureuse résistance, que ne facilitait pas peu la distribution des fantassins entre les escadrons. Déjà l'ennemi commençait à faiblir, quand Gustave-Adolphe parut pour décider la bataille. L'aile gauche des Impériaux était battue, et les troupes du roi, qui n'avaient plus de combattants devant elles, pouvaient être mieux employées ailleurs. Il se porta donc sur la gauche, avec son aile droite et le corps de bataille, et attaqua les hauteurs où était postée l'artillerie ennemie. Elle fut bientôt dans ses mains, et l'ennemi eut à essuyer le feu de ses propres canons.

Foudroyée en flanc par l'artillerie, pressée de front par les charges terribles des Suédois, l'armée, jusqu'alors invincible, rompit ses rangs. Il ne restait plus de ressource à Tilly qu'une prompte retraite; mais cette retraite même, il fallait la faire à travers les ennemis. Le désordre se mit dans toute l'armée, quatre régiments exceptés, vieux soldats aguerris, qui n'avaient jamais fui du champ de bataille et qui ne voulaient pas plus fuir maintenant. Les rangs serrés, ils se firent jour à travers l'armée victorieuse, et, toujours combattant, gagnèrent un petit bois, où ils firent de nouveau face aux ennemis, et résistèrent jusqu'à la nuit, jusqu'à ce qu'ils fussent réduits à six cents hommes. Avec eux s'enfuit tout le reste de l'armée de Tilly : la bataille était gagnée.

Gustave-Adolphe se prosterna au milieu des blessés et des morts, et la première, la plus ardente joie du triomphe s'exhala par une fervente prière. Il fit poursuivre par sa cavalerie l'ennemi en déroute, aussi loin que put le permettre la profonde obscurité de la nuit. Le bruit du tocsin mit en mouvement toute la population des villages voisins; point de grâce pour le malheureux fuyard qui tombait dans les mains des paysans furieux. Le roi campa, avec le reste de son armée, entre le champ de bataille et Leipzig; car il était impossible d'attaquer la ville cette même nuit. Les ennemis avaient laissé sept mille hommes sur la place; plus de cinq mille étaient blessés ou prisonniers. Ils avaient perdu toute leur artillerie, tout leur camp, plus de cent drapeaux et étendards. Les Saxons comptaient deux mille morts, les Suédois pas plus de sept cents. La déroute des Impériaux fut si complète, que Tilly, dans sa fuite sur Halle et Halberstadt, ne put rallier plus de six cents hommes, et Pappenheim pas plus de quatorze cents. Si rapidement s'était fondue cette formidable armée, qui peu auparavant faisait trembler encore toute l'Allemagne et l'Italie.

Tilly lui-même ne dut son salut qu'au hasard. Quoique affaibli par plusieurs blessures, il refusait de se rendre à un capitaine de cavalerie suédois qui l'avait atteint, et déjà celui-ci était sur le point de le tuer, quand il fut lui-même abattu d'un coup de pistolet. Mais ce qui était plus affreux pour Tilly que les blessures et le danger de mort, c'était la douleur de survivre à sa gloire et de perdre en un jour le fruit des travaux de toute sa longue vie. Ses anciennes victoires n'étaient plus rien, du moment que lui échappait celle qui devait couronner toutes les autres. Il ne lui restait rien de ses brillants exploits que les malédictions de l'humanité, qui les avaient accompagnés. Depuis ce jour, Tilly ne retrouva plus sa sérénité, et la fortune ne revint plus à lui. Sa dernière consolation, la vengeance, lui fut même interdite, par l'ordre formel de son maître de ne plus hasarder aucune affaire décisive. On attribue le malheur de cette journée à trois fautes principales, qui sont d'avoir placé son artillerie sur les hauteurs, derrière l'armée; de s'être ensuite éloigné de ces hauteurs, et d'avoir laissé l'ennemi se former sans obstacle en ordre de bataille. Mais qu'il eût promptement réparé ces fautes sans l'imperturbable présence d'esprit et le génie supérieur de son adversaire! Tilly se sauva précipitamment de Halle à Halberstadt; il y attendit à peine la guérison de ses blessures, et se porta en toute hâte sur le Wéser, pour s'y renforcer des garnisons impériales de la basse Saxe.

Aussitôt que le péril fut passé, l'électeur de Saxe parut dans le camp suédois. Gustave le remercia d'avoir conseillé la bataille, et Jean-Georges, surpris de ce bienveillant accueil, lui promit, dans le premier transport de joie, la couronne de roi des Romains. Dès le jour suivant, Gustave marcha sur Mersebourg, après avoir laissé à l'électeur le soin de reprendre Leipzig. Cinq mille Impériaux, qui étaient parvenus à se rallier, et que le roi de Suède rencontra sur son chemin, furent les uns taillés en pièces, les autres faits prisonniers, et la plupart de ceux-ci passèrent à son service. Mersebourg se rendit sur-le-champ; Halle fut emportée bientôt après. C'est là que l'électeur de Saxe, après avoir repris Leipzig, vint rejoindre le roi, pour délibérer sur les opérations futures.

On avait la victoire, mais en user sagement était le seul moyen de la rendre décisive. L'armée impériale était détruite, la Saxe ne voyait plus d'ennemis, et Tilly fugitif s'était retiré à Brunswick. Le poursuivre jusque-là c'eût été renouveler la guerre dans la basse Saxe, qui se remettait à peine des maux de la campagne précédente. On résolut donc de porter la guerre dans les pays ennemis, qui, sans défense et ouverts jusqu'à

Vienne, semblaient inviter le vainqueur. On pouvait tomber à droite sur les États des princes catholiques, on pouvait pénétrer à gauche dans les domaines héréditaires de l'empereur et le faire trembler jusque dans sa résidence. On décida de suivre l'un et l'autre chemin : il ne restait plus qu'à distribuer les rôles. Gustave-Adolphe, à la tête d'une armée victorieuse, eût trouvé peu de résistance de Leipzig à Prague, à Vienne et à Presbourg. La Bohême, la Moravie, l'Autriche, la Hongrie, étaient sans défenseurs; dans ces pays les protestants opprimés soupiraient après un changement. L'empereur lui-même n'était plus en sûreté dans son palais; dans la terreur d'une première attaque, Vienne eût ouvert ses portes. En dépouillant l'ennemi de ses domaines, on tarissait les sources qui devaient alimenter la guerre, et Ferdinand eût accepté avec empressement une paix qui aurait éloigné un ennemi redoutable du cœur de ses États. Ce plan hardi aurait séduit un conquérant, et le succès l'eût peut-être justifié. Gustave-Adolphe, aussi prévoyant que brave, et plus homme d'État que conquérant, le rejeta, parce qu'il trouvait à poursuivre un but plus élevé, et qu'il ne voulait pas tout remettre à la fortune et au courage.

S'il prenait le chemin de la Bohême, il fallait qu'il abandonnât à l'électeur de Saxe la Franconie et le haut Rhin. Mais Tilly, avec les débris de l'armée vaincue, avec les garnisons de la basse Saxe et les renforts qu'on lui amenait, commençait à former sur le Wéser une nouvelle armée, à la tête de laquelle il ne pouvait guère tarder longtemps à chercher l'ennemi. A un général si expérimenté l'on ne pouvait opposer un Arnheim, qui, à la bataille de Leipzig, avait donné de ses talents des preuves très-équivoques. Or, que serviraient à Gustave les plus rapides et les plus brillants progrès en Bohême et en Autriche, si Tilly recouvrait sa puissance dans les provinces de l'Empire, s'il ranimait le courage des catholiques par de nouvelles victoires et désarmait les alliés du roi? Que servirait-il d'avoir chassé l'empereur de ses États héréditaires, si, dans le même temps, Tilly lui conquérait l'Allemagne? Gustave pouvait-il espérer de réduire Ferdinand à une plus fâcheuse extrémité que n'avait fait, douze années auparavant, la révolte de Bohême, qui cependant n'avait point ébranlé la fermeté de ce prince ni épuisé ses ressources, et de laquelle il était sorti plus redoutable que jamais?

Des avantages moins brillants, mais beaucoup plus solides, s'offraient à Gustave s'il envahissait en personne les pays de la ligue. Là, son arrivée, à la tête de ses troupes, était décisive. Dans ce temps même, les princes étaient assemblés en diète à Francfort, au sujet de l'édit de restitution, et Ferdinand y faisait jouer tous les ressorts de son artificieuse politique, pour décider à un accommodement précipité et désavantageux les protestants effrayés. L'approche de leur défenseur pouvait seule les exciter à une ferme résistance et ruiner les projets de l'empereur. Gustave-Adolphe pouvait espérer que sa présence victorieuse réunirait tous ces princes mécontents, et que la terreur de ses armes détacherait les autres de Ferdinand. C'était là, dans le cœur de l'Allemagne, qu'il trancherait le nerf de la puissance impériale, qui ne pouvait se soutenir sans le secours de la ligue. De là il pouvait surveiller de près la France, alliée peu sûre; et, s'il devait souhaiter, pour l'accomplissement d'un vœu secret, l'amitié des électeurs catholiques, il fallait avant tout devenir le maître de leur sort, pour s'assurer par de généreux ménagements des droits à leur reconnaissance.

Il choisit donc pour lui le chemin de la Franconie et du Rhin, et abandonna à l'électeur de Saxe la conquête de la Bohême[1].

---

[1]. Le *Calendrier historique des Dames* pour l'an 1791, renferme, comme nous l'avons dit, les deux premiers livres. Le volume se termine par l'avertissement suivant, qui naturellement a été supprimé dans toutes les éditions postérieures de la *Guerre de Trente ans* : « Mais les bornes étroites de ce récit, que peut-être j'ai déjà franchies, me défendent de suivre Gustave-Adolphe dans cette course victorieuse. Je quitte à regret un théâtre qui devient de plus en plus riche en exploits brillants, en hommes immortels, en surprenantes vicissitudes du sort, en chances compliquées, en crises merveilleuses. Si je n'ai pas été trop téméraire en supposant que je pourrais appeler l'attention de mes concitoyennes sur une histoire qui n'a d'autre attrait que son importance et ne souffre d'autre parure que la dignité du sujet, leur suffrage m'encouragera à reprendre l'an prochain cette narration. »

# DEUXIÈME PARTIE

# LIVRE TROISIÈME[1].

La glorieuse victoire de Gustave-Adolphe près de Leipzig avait amené un grand changement dans toute la conduite ultérieure de ce monarque, ainsi que dans la manière de penser de ses amis et de ses ennemis. Il venait de se mesurer avec le plus grand général de son temps; il avait essayé la force de sa tactique et le courage de ses Suédois contre l'élite des troupes impériales, les mieux exercées de l'Europe, et il avait triomphé dans cette lutte. Dès ce moment, il prit en lui-même une ferme confiance, et la confiance est la mère des grandes actions[2]. On remarque désormais dans toutes les entreprises militaires du roi de Suède une marche plus hardie et plus sûre; plus de résolution dans les situations même les plus difficiles[3]; un langage plus altier avec son ennemi, avec ses alliés une dignité plus fière, et dans sa douceur même plutôt la condescendance

---

1. C'est ici que commence le morceau publié dans le *Calendrier des Dames pour l'an 1792*. Ce morceau est précédé d'une Préface de Wieland, qui renferme, outre un juste éloge de Schiller, une appréciation, curieuse à divers égards, de la constitution de l'empire germanique.
2. La première édition a ici une phrase de plus : « Si l'impétuosité d'Alexandre n'avait triomphé dans le combat du Granique, jamais ce conquérant n'eût détruit l'empire des Perses. »
3. La première édition ajoute : « Plus de mépris pour braver le danger. »

du maître. L'essor pieux de son imagination secondait son courage naturel; il confondait volontiers sa cause avec celle du ciel; il voyait dans la défaite de Tilly un jugement décisif de la Divinité contre ses adversaires, et se regardait lui-même comme un instrument de la vengeance céleste. Laissant loin derrière lui sa couronne et le sol de la patrie, il s'élançait maintenant, sur les ailes de la victoire, dans l'intérieur de l'Allemagne, qui, depuis des siècles, n'avait point vu dans son sein de conquérant étranger. Le courage guerrier de ses habitants, la vigilance de ses nombreux souverains, ses États enchaînés avec art, la multitude de ses places fortes, le cours de ses nombreuses rivières, avaient mis, depuis un temps immémorial, des barrières à l'ambition de ses voisins, et, quelque fréquents qu'eussent été les orages aux frontières de ce vaste corps politique, l'intérieur avait été préservé de toute invasion étrangère. De tout temps cet empire avait joui du privilége équivoque de n'avoir d'autre ennemi que lui-même et de ne pouvoir être vaincu du dehors. Alors même c'était uniquement la désunion de ses membres et l'intolérance du fanatisme religieux qui frayaient la route au conquérant suédois pour pénétrer au cœur du pays. Elle était depuis longtemps détruite, la bonne harmonie des États, qui seule avait rendu l'Empire invincible, et Gustave-Adolphe emprunta à l'Allemagne elle-même les forces avec lesquelles il soumit l'Allemagne. Il mit à profit, avec autant de prudence que de courage, ce que lui offrait la faveur du moment; aussi habile dans le cabinet que sur le champ de bataille, il rompit les trames d'une astucieuse politique, comme il renversait les murailles des villes avec le tonnerre de son artillerie. Il poursuivit irrésistiblement ses victoires d'une extrémité de l'Allemagne à l'autre, sans perdre le fil d'Ariane, qui assurait son retour, et, sur les rives du Rhin comme à l'embouchure du Lech, il ne cessa jamais d'être près de ses États héréditaires.

La consternation que la défaite de Tilly causa à l'empereur et à la ligue catholique pouvait à peine surpasser l'étonnement et l'embarras que les alliés du roi ressentirent de son bonheur inespéré. Ce bonheur était plus grand qu'ils ne l'avaient prévu, plus grand qu'ils ne l'avaient désiré. Elle était anéantie d'un seul coup, l'armée formidable qui avait arrêté ses progrès, qui avait mis des bornes à son ambition, et qui l'avait rendu dépendant de leur bonne volonté. Seul, sans rival, sans adversaire en état de lui résister, il occupait maintenant le centre de l'Allemagne. Rien ne pouvait arrêter sa course, ni borner ses prétentions, si l'ivresse du succès lui donnait la tentation d'en abuser. Si l'on s'était d'abord alarmé de la prépondérance de l'empereur, on n'avait pas maintenant beaucoup moins sujet de tout craindre, pour la constitution de l'Empire, de la violence d'un conquérant étranger, et, pour l'Église catholique d'Allemagne, du zèle religieux d'un roi protestant. La défiance et la jalousie, assoupies pour un temps, chez quelques-unes des puissances alliées, par la crainte plus grande qu'elles avaient de l'empereur, se réveillèrent bientôt, et, à peine Gustave-Adolphe avait-il justifié leur confiance par son courage et son bonheur, que déjà l'on travaillait de loin à la ruine de ses projets. Il lui fallut remporter ses victoires au milieu d'une lutte perpétuelle avec les artifices des ennemis et la défiance de ses propres alliés ; mais son courage déterminé, sa profonde sagesse, se frayèrent un chemin à travers tous ces obstacles. Tandis que l'heureux succès de ses armes inquiétait ses alliés plus puissants, la Saxe et la France, il animait le courage des faibles, qui osaient alors, pour la première fois, laisser paraître leurs vrais sentiments et embrasser ouvertement son parti. Eux qui ne pouvaient ni rivaliser avec la grandeur de Gustave-Adolphe, ni souffrir de son ambition, ils attendaient d'autant plus de la générosité de ce puissant ami, qui les enrichissait de la dépouille de leurs adversaires, et les protégeait contre l'oppression des puissants. Sa force cachait leur faiblesse, et, insignifiants par eux-mêmes, ils acquéraient de l'importance par leur union avec le héros suédois. C'était le cas de la plupart des villes impériales, et en général des plus faibles entre les membres protestants de l'Empire. Ce furent eux qui conduisirent le roi dans l'intérieur de l'Allemagne et qui couvrirent ses derrières, qui entretinrent ses armées, reçurent ses troupes dans leurs places fortes, répandirent pour lui leur sang dans ses batailles. Ses ménagements habiles pour la fierté allemande, ses manières affables, quelques actes de justice éclatants, son respect pour les lois, étaient autant de chaînes qu'il imposait à l'esprit inquiet des protestants d'Allemagne; et les criantes barbaries des Impériaux, des Espagnols et des Lorrains contribuèrent puissamment à mettre sous le jour le plus favorable sa modération et celle de ses troupes.

Si Gustave-Adolphe dut à son génie la plus grande partie de ses succès, on ne peut disconvenir toutefois que la fortune et les circonstances le favorisèrent puissamment. Il avait pour lui deux grands avantages, qui lui donnaient sur l'ennemi une supériorité décidée. En transportant le théâtre de la guerre dans les provinces de la ligue, en attirant à lui la jeunesse de ces contrées, en s'enrichissant de leurs dépouilles, en disposant du revenu des princes fugitifs, comme de sa propriété, il enlevait à l'ennemi tous les moyens de lui résister avec énergie, et se mettait lui-même en état d'entretenir, avec peu de dépense, une guerre coûteuse. De plus, tandis que ses adversaires, les princes de la ligue, divisés entre eux, mus par des intérêts tout à fait différents, et souvent contraires, agissaient sans accord, et par conséquent aussi sans vigueur; tandis que leurs généraux manquaient de pleins pouvoirs; leurs soldats, de discipline; leurs armées dispersées, d'ensemble; tandis que chez eux le général était distinct du législateur et de l'homme d'État; les deux qualités se réunissaient au contraire dans Gustave-Adolphe. Il était la source unique de laquelle découlait tout pouvoir, l'unique but vers lequel le guerrier à l'œuvre dirigeait ses regards : lui seul était l'âme de tout son parti; l'auteur du plan de guerre, et en même temps l'exécuteur. Ainsi la cause protestante obtint en lui l'unité et l'harmonie qui manquaient absolument au parti opposé. Il ne faut donc pas s'étonner que, secondé par de tels avantages, à la tête d'une pareille armée, doué d'un tel génie pour la faire agir, et conduit par une si habile politique, Gustave-Adolphe fût invincible.

L'épée dans une main et le pardon dans l'autre, on le voit maintenant parcourir l'Allemagne de l'un à l'autre bout, comme conquérant, législateur et juge, presque en aussi peu de temps qu'un autre en aurait mis à la visiter dans un voyage de plaisir. Comme au souverain-né du pays, on apporte au-devant de lui les clefs des villes et des forteresses. Nul château ne lui est inaccessible; nulle rivière n'arrête sa marche victorieuse; souvent il est vainqueur par la seule terreur de son nom. Sur tout le cours du Mein on voit arborés les drapeaux suédois ; le bas Palatinat est libre; les Espagnols et les Lorrains se sont retirés au delà du Rhin et de la Moselle. Les Suédois et les Hessois se sont répandus, comme un torrent fougueux, sur les territoires de l'électorat de Mayence, de Würtzbourg et de Bamberg; et trois évêques fugitifs expient loin de leur demeure leur malheureux dévouement à l'empereur. Enfin le moment vient aussi[1] pour le chef de la ligue, pour Maximilien, d'éprouver, à son tour, sur son propre sol, les maux qu'il avait préparés à d'autres. Ni le sort effrayant de ses alliés, ni les offres amiables de Gustave, qui, au milieu de ses conquêtes, faisait des propositions de paix, n'avaient pu vaincre l'obstination de ce prince. Passant sur le cadavre de Tilly, qui se place devant l'entrée comme un chérubin chargé de la garder, la guerre se précipite sur les provinces bavaroises. Comme les rives du Rhin, les bords du Lech et du Danube fourmillent maintenant de guerriers suédois. Caché dans ses châteaux forts, l'électeur vaincu abandonne ses États sans défense à l'ennemi, que les fertiles campagnes, épargnées jusqu'alors par la guerre dévastatrice, invitent au pillage, et que la fureur fanatique du paysan bavarois provoque à d'égales violences. Munich même ouvre ses portes à l'invincible roi, et le comte palatin fugitif, Frédéric V, se console quelques instants de la perte de ses États dans la résidence déserte de son rival[2].

Tandis que Gustave-Adolphe étend ses conquêtes aux frontières méridionales de l'Empire, et, avec une force irrésistible, renverse tout ennemi devant lui, ses alliés et ses généraux remportent de semblables triomphes dans les autres provinces. La basse Saxe se soustrait au joug impérial; les ennemis abandonnent le Mecklembourg; les garnisons autrichiennes se retirent de toutes les rives de l'Elbe et du Wéser. Le landgrave Guillaume de Hesse se rend redoutable en Westphalie et sur le haut Rhin; les ducs de Weimar en Thuringe; les Français dans l'électorat de Trèves; à l'est, presque tout le royaume de Bohême est soumis par les Saxons. Déjà les Turcs se préparent

---

1. La première édition ajoute : « Pour le plus coupable de tous. »
2. Dans la première édition, au lieu des mots *seines Nebenbuhlers*, « de son rival, » il y avait *seines Thronreichs*, « des Etats dont le trône était à lui. »

à attaquer la Hongrie, et, dans le centre des provinces autrichiennes, une dangereuse révolte est près d'éclater. Ferdinand, désespéré, jette les yeux sur toutes les cours de l'Europe, pour se fortifier contre de si nombreux ennemis par des secours étrangers. Vainement il appelle à lui les armes des Espagnols, que la vaillance néerlandaise occupe au delà du Rhin ; vainement il s'efforce de faire agir pour sa délivrance la cour de Rome et toute l'Église catholique. Le pape offensé se rit de la perplexité de Ferdinand, en célébrant de pompeuses processions et lançant de vains anathèmes, et, au lieu de l'argent qu'il demande, on lui montre les plaines ravagées de Mantoue [1].

A toutes les extrémités de sa vaste monarchie, des armes ennemies l'environnent. Avec les États de la ligue placés en avant, et que les Suédois ont envahis, sont tombés tous les boulevards derrière lesquels la puissance autrichienne s'était si longtemps sentie à couvert, et le feu de la guerre jette déjà des flammes près de ses frontières sans défense. Ses alliés les plus zélés sont désarmés ; Maximilien de Bavière, son plus puissant soutien, est à peine encore en état de se défendre lui-même. Ses armées, fondues par la désertion et des défaites répétées, découragées par de longs revers, ont oublié sous des généraux malheureux cette ardeur guerrière, fruit de la victoire, et qui l'assure par avance. Le danger est au comble ; un moyen extraordinaire peut seul tirer la puissance impériale de son profond abaissement. Le plus pressant besoin, c'est un général ; et le seul de qui l'on puisse attendre le rétablissement de la première gloire, la cabale de l'envie l'a écarté de la tête de l'armée. Cet empereur si redoutable est tombé si bas, qu'il est forcé de conclure avec son serviteur et sujet offensé un traité avilissant, et, après avoir arraché ignominieusement le pouvoir à l'orgueilleux Wallenstein, de le solliciter, avec plus d'ignominie encore, de le reprendre. Alors un nouvel esprit commence à ranimer le corps expirant de la puissance autrichienne, et le prompt changement des affaires décèle la main vigoureuse qui

---

1. Dans la première édition, l'alinéa suivant commence ainsi : « Maintenant le despote superbe s'aperçoit qu'il est homme, et la défection de ses amis, la ruine de ses alliés, le danger toujours croissant, le convainquent du néant de ses orgueilleux projets. »

les dirige. Devant l'absolu monarque de Suède se présente maintenant un général aussi absolu que lui; un héros victorieux devant son pareil. Les deux puissances sont aux prises une seconde fois dans une lutte incertaine, et le prix de la guerre, déjà remporté à demi par Gustave-Adolphe, est soumis à l'épreuve d'un nouveau et plus terrible combat. En vue de Nuremberg, viennent camper, menaçantes, les deux armées rivales, comme une double nuée qui porte la tempête. Elles s'observent avec un respect mêlé de crainte, toutes deux désirant et redoutant à la fois le moment où éclatera l'orage qui doit les mettre aux prises[1]. Les regards de l'Europe s'arrêtent avec frayeur et curiosité sur cette imposante arène, et déjà Nuremberg dans l'angoisse s'attend à donner son nom à une bataille plus décisive encore que celle qui a été livrée près de Leipzig. Tout à coup les nuages se brisent; l'orage de la guerre s'éloigne de la Franconie, pour se décharger, d'autant plus terrible, sur les plaines de Saxe. La foudre qui menaçait Nuremberg tombe non loin de Lützen, et la bataille, déjà à moitié perdue, est gagnée par le trépas du roi. Le bonheur qui ne l'avait jamais abandonné dans sa carrière, lui fit encore à sa mort cette rare faveur, de succomber dans la plénitude de sa gloire et toute la pureté de son nom. Par une fin opportune, son génie tutélaire le déroba à la destinée inévitable de l'humanité, d'oublier, au comble de la fortune, la modestie, et, au faîte de la toute-puissance, la justice. Il nous est permis de douter qu'avec une plus longue vie il eût mérité les pleurs que l'Allemagne versa sur sa tombe; qu'il eût mérité le tribut d'admiration que la postérité décerne au premier, au seul conquérant qui se soit montré juste. A la chute prématurée de son grand chef, on craint la ruine de tout le parti; mais, pour la puissance qui gouverne le monde, un homme n'est jamais une perte irréparable. Deux grands hommes d'État, Axel Oxenstiern en Allemagne, et Richelieu en France, prennent le timon de la guerre qui échappe au héros mourant; sur lui passe,

---

1. La première édition a une phrase de plus : « On dirait que toute la force de la guerre se réunit, de toutes les contrées de l'Allemagne, sur ce point où elle doit se décider; que ce seul moment va enfanter le fruit d'une lutte de douze ans. »

poursuivant sa course, l'impassible destinée, et le feu de la guerre brûle encore seize années entières sur la poussière du monarque dès longtemps oublié.

Qu'on me permette de suivre, dans un court aperçu, la marche victorieuse de Gustave-Adolphe ; de parcourir d'un coup d'œil rapide tout le théâtre où il est seul le héros de l'action, et d'attendre, pour rattacher à l'empereur le fil de l'histoire, que l'Autriche, réduite à l'extrémité par le bonheur des Suédois, et domptée par une suite de revers, descende, du faîte de son orgueil, à des moyens de salut humiliants et désespérés.

A peine le plan de guerre était-il tracé à Halle, entre le roi de Suède et l'électeur de Saxe, et l'attaque de la Bohême assignée à l'électeur, l'invasion des terres de la ligue à Gustave-Adolphe ; à peine les alliances furent-elles conclues avec les princes voisins, de Weimar et d'Anhalt, et les dispositions prises pour reconquérir l'évêché de Magdebourg, que le roi se mit en mouvement pour pénétrer dans l'intérieur de l'Empire. Il ne marchait point contre un ennemi méprisable. Ferdinand était encore puissant dans l'Empire ; ses garnisons étaient répandues dans toute la Franconie, la Souabe et le Palatinat, et il fallait d'abord leur enlever, l'épée à la main, chaque poste important. Sur le Rhin, Gustave était attendu par les Espagnols, qui avaient envahi toutes les terres du comte palatin expulsé ; qui occupaient toutes les places fortes et lui disputaient chaque passage du fleuve. Sur ses derrières était Tilly, qui rassemblait déjà de nouvelles forces, et qui allait voir bientôt une armée auxiliaire de Lorrains se joindre à ses drapeaux. Dans le cœur de tout catholique, un implacable ennemi, la haine religieuse, s'opposait à Gustave, et cependant ses rapports avec la France ne lui permettaient d'agir contre les catholiques qu'avec une demi-liberté. Il voyait parfaitement tous ces obstacles, mais il voyait aussi les moyens de les vaincre. L'armée impériale était dispersée dans des garnisons, et il avait l'avantage de l'attaquer avec ses forces réunies. S'il avait contre lui le fanatisme religieux des catholiques romains et la crainte que les membres les plus faibles de l'Empire avaient de l'empereur, il pouvait attendre un concours actif de l'amitié des protestants et de leur haine pour la tyrannie autrichienne. Les excès des troupes impériales et espagnoles avaient fortement travaillé pour lui dans ces provinces; dès longtemps le paysan et le bourgeois maltraités soupiraient après un libérateur, et plusieurs trouvaient déjà un soulagement à changer de joug. Quelques agents avaient été envoyés en avant pour faire pencher du côté des Suédois les villes impériales les plus importantes, particulièrement Nuremberg et Francfort. Erfurt était la première place dont la possession eût un grand prix pour le roi, et qu'il ne pouvait laisser derrière lui sans l'occuper. Un accommodement avec la bourgeoisie, qui inclinait vers le parti protestant, lui ouvrit, sans coup férir, les portes de la ville et de la citadelle. Là, comme dans chaque place importante qui tomba par la suite dans ses mains, il se fit jurer fidélité par les habitants, et il s'assura d'eux par une garnison suffisante. Il remit à son allié, le duc Guillaume de Weimar, le commandement d'une armée, qui devait être levée dans la Thuringe. Ce fut aussi à la ville d'Erfurt qu'il voulut confier son épouse, et il promit à cette cité d'augmenter ses priviléges. Alors l'armée suédoise traversa sur deux colonnes, par Gotha et Arnstadt, la forêt de Thuringe; elle enleva, en passant, le comté de Henneberg aux Impériaux, et se réunit, le troisième jour, devant Kœnigshofen, sur la frontière de la Franconie.

François, évêque de Würtzbourg, l'ennemi le plus acharné des protestants, et le membre le plus zélé de la ligue catholique, fut aussi le premier sur qui s'appesantit le bras de Gustave-Adolphe. Quelques paroles de menace suffirent pour mettre sa place frontière de Kœnigshofen, et avec elle la clef de toute la province, dans les mains des Suédois. A la nouvelle de cette rapide conquête, l'épouvante saisit tous les membres catholiques du cercle. Les évêques de Würtzbourg et de Bamberg tremblèrent dans leurs châteaux. Déjà ils voyaient leurs siéges chanceler, leurs églises profanées, leur religion dans la poussière. La méchanceté des ennemis de Gustave avait publié sur l'esprit persécuteur et la conduite militaire du monarque suédois et de ses troupes les plus affreuses descriptions, que les assurances multipliées du roi et les plus éclatants exemples d'humanité et de tolérance ne purent jamais réfuter complètement. On craignait de souffrir d'un autre le mal qu'on eût fait soi-même, on le sentait, en cas pareil. Un grand nombre des plus riches catholiques se hâtaient déjà de mettre leurs biens, leur conscience et leurs personnes à l'abri du fanatisme sanguinaire des Suédois. L'évêque lui-même donna l'exemple à ses sujets. Au milieu de l'embrasement que son zèle bigot avait allumé, il déserta ses domaines, et s'enfuit à Paris, pour entraîner, s'il était possible, le ministère français à se déclarer contre l'ennemi commun de la religion.

Cependant les progrès de Gustave-Adolphe dans l'évêché répondirent tout à fait à cet heureux début. Schweinfurt, abandonné par la garnison impériale, se rendit à lui, et Würtzbourg bientôt après. Il fallut emporter d'assaut le Marienberg. On avait retiré dans cette place, réputée imprenable, une grande provision de vivres et de munitions de guerre, qui tomba tout entière dans les mains de l'ennemi. Une trouvaille très-agréable pour le roi fut la bibliothèque des jésuites, qu'il fit transporter à Upsal; une bien plus agréable encore pour ses soldats, fut la cave, richement remplie, du prélat: il avait eu encore le temps de sauver ses trésors. Tout l'évêché suivit bientôt l'exemple de la capitale; tout se soumit aux Suédois. Le roi se fit prêter serment d'hommage par tous les sujets de l'évêque, et, vu l'absence du légitime souverain, il institua une régence, qui fut pour la moitié composée de protestants. Dans toute place catholique qu'il réduisait sous sa puissance, il ouvrait les églises à la religion protestante, mais sans rendre aux catholiques l'oppression sous laquelle ils avaient tenu si longtemps ses coreligionnaires. Le terrible droit de la guerre n'était exercé que sur ceux qui faisaient résistance l'épée à la main; quelques actes de barbarie, commis dans l'aveugle fureur de la première attaque par une soldatesque effrénée, ne peuvent être imputés à son chef miséricordieux. L'homme paisible et sans défense éprouvait un traitement humain. Ce fut toujours pour Gustave-Adolphe la loi la plus sacrée d'épargner le sang des ennemis comme celui de ses soldats.

Dès la première nouvelle de l'invasion suédoise, l'évêque de Würtzbourg, nonobstant les négociations qu'il avait entamées avec le roi pour gagner du temps, avait demandé avec instance au général de la ligue de secourir promptement l'évêché en péril. Dans l'entrefaite, ce général vaincu avait rassemblé sur le Wéser les débris de ses troupes dispersées; il s'était renforcé des garnisons impériales de la basse Saxe et avait fait sa jonction dans la Hesse avec ses deux lieutenants Altringer et Fugger. A la tête de ces forces considérables, le comte Tilly brûlait d'impatience d'effacer la honte de sa première défaite par une victoire plus éclatante. Dans son camp près de Fulde, où il s'était avancé avec son armée, il attendait, plein d'une extrême ardeur, la permission du duc de Bavière d'en venir aux mains avec Gustave-Adolphe. Mais, après l'armée de Tilly, la ligue n'en avait pas une deuxième à perdre, et Maximilien était beaucoup trop circonspect pour livrer toute la destinée de son parti au hasard d'une nouvelle bataille. Tilly reçut, les larmes aux yeux, les ordres de son maître, qui le contraignaient à l'inaction. Ainsi fut retardée la marche de ce général vers la Franconie, et Gustave-Adolphe eut le temps d'envahir tout l'évêché. Ce fut en vain que Tilly se renforça ensuite à Aschaffenbourg de douze mille Lorrains, et accourut, avec des forces supérieures, pour débloquer Würtzbourg : la ville et la citadelle étaient déjà au pouvoir des Suédois, et Maximilien de Bavière fut accusé, non sans quelque fondement peut-être, par la voix publique, d'avoir accéléré par ses hésitations la ruine de l'évêché. Forcé d'éviter une bataille, Tilly se contenta de s'opposer aux projets ultérieurs de l'ennemi; mais il ne put soustraire que bien peu de places à l'impétuosité des Suédois. Après une vaine tentative pour jeter un renfort dans la ville de Hanau, où les Impériaux n'avaient qu'une faible garnison, et dont la possession donnait au roi un trop grand avantage, il franchit le Mein près de Seligenstadt, et dirigea sa course vers la Bergstrasse[1], pour défendre les provinces palatines contre l'attaque du vainqueur.

Le comte Tilly ne fut pas le seul ennemi que Gustave-Adolphe trouva sur sa route en Franconie et qu'il chassa devant lui. Le duc Charles de Lorraine, fameux, dans les annales de l'Europe de ce temps, par l'inconstance de son caractère, ses vains projets et sa mauvaise fortune, avait aussi levé son faible bras contre le héros suédois, pour mériter de l'empereur Ferdi-

---

1. Littéralement « la route de la montagne. »

nand II la couronne électorale. Sourd aux conseils d'une sage politique, il ne suivait que les mouvements d'une fougueuse ambition. En soutenant l'empereur il provoqua la France, sa redoutable voisine, et, pour courir dans les pays lointains après un brillant fantôme, qui cependant fuyait toujours devant lui, il découvrit ses domaines héréditaires, qu'une armée française envahit comme un torrent irrésistible. On lui accorda sans peine en Autriche l'honneur de se perdre, comme les princes de la ligue, pour l'avantage de la maison archiducale. Enivré de vaines espérances, ce prince rassembla une armée de dix-sept mille hommes, qu'il voulut conduire en personne contre les Suédois. Si ces troupes manquaient de discipline et de courage, elles éblouissaient du moins les yeux par une brillante parure, et autant elles cachaient leur bravoure devant l'ennemi, autant elles s'en montraient prodigues envers le bourgeois et le paysan sans défense, au secours desquels elles étaient appelées. Cette armée, élégamment parée, ne pouvait tenir longtemps contre le hardi courage et la redoutable discipline des Suédois. Une terreur panique la saisit quand la cavalerie suédoise fondit sur elle, et elle fut aisément chassée des quartiers qu'elle occupait dans l'évêché de Würtzbourg. L'échec de quelques régiments causa une déroute générale parmi les troupes, et leur faible reste se hâta de se dérober à la bravoure des soldats du Nord dans quelques villes au delà du Rhin. Objet de risée pour les Allemands et couvert de honte, leur chef se sauva chez lui par Strasbourg, trop heureux d'apaiser par une humble lettre d'excuses la colère de son vainqueur, qui commença par le battre, et ne lui demanda compte qu'après de ses hostilités. Un paysan d'un village du Rhin se permit, dit-on, de porter un coup au cheval du duc, comme il vint à passer près de lui dans sa fuite. « Allons, seigneur, dit le paysan, il faut courir plus vite, quand vous fuyez devant le grand roi de Suède. »

Le malheureux exemple de son voisin avait inspiré à l'évêque de Bamberg de plus sages mesures. Pour préserver ses domaines du pillage, il vint au-devant du roi avec des propositions de paix, mais qui ne devaient servir qu'à retarder le progrès de ses armes, jusqu'à l'arrivée des secours. Gustave-Adolphe, beaucoup trop loyal lui-même pour craindre la ruse chez autrui, accepta avec empressement les propositions de l'évêque, et spécifia même les conditions auxquelles il promettait d'épargner à l'évêché tout traitement hostile. Il s'y montra d'autant plus disposé que d'ailleurs son intention n'était pas de consumer son temps à faire la conquête de Bamberg, et que ses autres projets l'appelaient dans les provinces du Rhin. La hâte qu'il avait de poursuivre l'exécution de ces projets lui fit perdre les sommes d'argent que, par un plus long séjour en Franconie, il aurait pu aisément arracher à l'évêque sans défense ; car ce rusé prélat laissa tomber les négociations aussitôt que l'orage de la guerre se fut éloigné de ses limites. A peine Gustave-Adolphe lui eut-il tourné le dos, qu'il se jeta dans les bras du comte Tilly, et reçut les troupes impériales dans les mêmes villes et forteresses qu'il s'était montré peu auparavant empressé d'ouvrir au roi. Mais par cet artifice il n'avait retardé que pour peu de temps la ruine de son évêché. Un général suédois, que Gustave avait laissé en Franconie, se chargea de punir l'évêque de cette perfidie, et l'évêché devint par là même un malheureux théâtre de la guerre, également ravagé par les amis et les ennemis.

La fuite des Impériaux, dont la menaçante présence avait jusqu'alors gêné les résolutions des états de Franconie, et en même temps la conduite humaine du roi, donnèrent à la noblesse aussi bien qu'à la bourgeoisie de ce cercle le courage de se montrer favorables aux Suédois. Nuremberg s'abandonna solennellement à la protection du roi. Il gagna la noblesse de Franconie par des manifestes flatteurs, dans lesquels il daignait s'excuser de paraître dans leur pays les armes à la main. La richesse de la Franconie, et la loyauté que le soldat suédois avait continué d'observer dans ses relations avec les habitants, amenèrent l'abondance dans le camp royal. La faveur que Gustave-Adolphe avait su acquérir auprès de la noblesse de tout le cercle, le respect et l'admiration que ses brillants exploits éveillaient même chez l'ennemi, le riche butin qu'on se promettait au service d'un roi toujours victorieux, lui furent d'un grand secours pour les levées de troupes que tant de garnisons, détachées de l'armée principale, lui rendaient nécessaires. On accourait par bandes, de toutes les parties de la Franconie, au premier bruit du tambour.

Le roi n'avait pu consacrer à la conquête de la Franconie beaucoup plus de temps qu'il ne lui en avait fallu pour la parcourir. Pour achever la soumission de tout le cercle et assurer ses conquêtes, il laissa derrière lui un de ses meilleurs généraux, Gustave Horn, avec un corps de huit mille hommes. Lui-même, avec le gros de l'armée, qui était renforcée par les levées faites en Franconie, il se hâta de marcher vers le Rhin, pour s'assurer de cette frontière de l'Empire contre les Espagnols, pour désarmer les électeurs ecclésiastiques et s'ouvrir dans ces riches contrées de nouvelles ressources pour la continuation de la guerre. Il suivit le cours du Mein : Seligenstadt, Aschaffenbourg, Steinheim, tout le pays situé sur les deux bords de la rivière, furent soumis dans cette expédition. Rarement les garnisons impériales attendaient son arrivée; nulle part elles ne purent se maintenir. Quelque temps auparavant un de ses lieutenants avait déjà réussi à enlever aux Impériaux, par une surprise, la ville et la citadelle de Hanau, pour la conservation desquelles le comte Tilly avait pris tant de soins. Joyeux d'échapper à l'insupportable tyrannie de cette soldatesque, le comte de Hanau se soumit avec empressement au joug plus doux du monarque suédois.

C'était principalement sur la ville de Francfort que se dirigeait alors l'attention de Gustave-Adolphe, dont la règle générale, sur le territoire allemand, était d'assurer ses derrières par l'alliance et la possession des places les plus importantes. Francfort avait été une des premières villes impériales que, dès la Saxe, il avait fait préparer d'avance à le recevoir, et maintenant, d'Offenbach, il la fit sommer une seconde fois, par de nouveaux envoyés, de lui accorder le passage et de recevoir garnison. Cette ville aurait bien voulu être dispensée d'un choix périlleux entre le roi de Suède et l'empereur : en effet, quelque parti qu'elle embrassât, elle avait à craindre pour ses priviléges et son commerce. La colère de l'empereur pouvait tomber rudement sur elle, si elle se soumettait trop promptement au roi de Suède, et qu'il ne restât pas assez puissant pour protéger ses partisans en Allemagne[1]. Mais elle pouvait souffrir bien

---

1. La première édition ajoute : « Contre le despotisme impérial. »

plus encore du mécontentement d'un vainqueur irrésistible, qui était déjà pour ainsi dire devant ses portes avec une armée formidable, et qui pouvait la punir de sa résistance par la ruine de tout son commerce et de sa prospérité. Vainement elle allégua pour son excuse, par l'intermédiaire de ses envoyés, les dangers qui menaçaient ses foires, ses priviléges, peut-être même sa liberté de ville impériale, si, en embrassant le parti suédois, elle attirait sur elle la colère de l'empereur. Gustave-Adolphe se montra surpris que, dans une affaire aussi importante que la liberté de l'Allemagne tout entière et le sort de l'Église protestante, la ville de Francfort parlât de ses foires, et subordonnât à des avantages temporels les grands intérêts de la patrie et de la conscience. « Pour lui, ajouta-t-il avec menace, il avait, depuis l'île de Rügen jusqu'au Mein, trouvé la clef de toutes les villes et forteresses, et il saurait bien trouver aussi celle de Francfort. En arrivant les armes à la main, il n'avait d'autre objet que le bien de l'Allemagne et la liberté de l'Église protestante, et, avec la conscience d'une si juste cause, il n'était nullement disposé à se laisser arrêter dans sa course par aucun obstacle. Il voyait bien que les habitants de Francfort ne lui voulaient tendre que les doigts, mais il lui fallait la main tout entière, afin de pouvoir s'y tenir. » Ensuite il marcha avec toute son armée sur les pas des envoyés de la ville, qui se retiraient avec cette réponse, et il attendit, en ordre de bataille, devant Sachsenhausen, la dernière déclaration du sénat.

Si la ville de Francfort avait fait difficulté de se soumettre aux Suédois, c'était uniquement dans la crainte de l'empereur; l'inclination personnelle des bourgeois ne leur permettait pas d'hésiter un moment entre l'oppresseur de la liberté allemande et son protecteur. Les préparatifs menaçants dont Gustave-Adolphe appuyait maintenant sa demande d'une déclaration formelle, pouvaient atténuer aux yeux de l'empereur la culpabilité de leur défection, et pallier, par une apparence de contrainte, une démarche qu'ils faisaient volontiers. On ouvrit donc alors les portes au roi de Suède, qui traversa cette ville impériale, à la tête de son armée, dans un défilé magnifique et un ordre admirable. Six cents hommes de garnison restèrent dans Sachsenhausen; le roi marcha dès le premier soir, avec le reste de son armée, sur la ville mayençaise de Hœchst, qui fut prise avant la nuit.

Tandis que Gustave-Adolphe faisait des conquêtes sur le cours du Mein, la fortune couronnait aussi les entreprises de ses généraux et de ses alliés dans le nord de l'Allemagne. Rostock, Wismar et Dœmitz, les seules places fortes du Mecklembourg qui gémissaient encore sous le joug des garnisons impériales, furent emportées par le souverain légitime, le duc Jean-Albert, sous la direction du général suédois Achatius Tott. Vainement le général impérial Wolf, comte de Mansfeld, essaya de reprendre aux Suédois l'évêché de Halberstadt, dont ils avaient pris possession aussitôt après la victoire de Leipzig; il lui fallut bientôt laisser aussi dans leurs mains l'évêché de Magdebourg. Un général suédois, Banner, qui était resté sur l'Elbe, avec une division forte de huit mille hommes, tenait bloquée étroitement la ville de Magdebourg, et avait déjà culbuté plusieurs régiments impériaux, envoyés pour délivrer cette place. Le comte de Mansfeld la défendait, il est vrai, en personne, avec une très-grande valeur; mais, trop faible en hommes pour être en état d'opposer une longue résistance à la nombreuse armée des assiégeants, il songeait déjà aux conditions sous lesquelles il voulait rendre la ville, quand le général Pappenheim accourut à sa délivrance et occupa ailleurs les armes des ennemis. Cependant Magdebourg, ou plutôt les misérables cabanes qui sortaient tristement du milieu des ruines de cette grande cité, furent dans la suite volontairement évacuées par les Impériaux, et aussitôt après occupées par les Suédois.

Les membres du cercle de basse Saxe hasardèrent aussi, après les heureuses entreprises du roi, de se relever du coup qu'ils avaient reçu de Wallenstein et de Tilly dans la malheureuse guerre danoise. Ils tinrent à Hambourg une assemblée où l'on convint de mettre sur pied trois régiments, avec le secours desquels ils espéraient se débarrasser de l'excessive tyrannie des garnisons impériales. L'évêque de Brême, parent du roi de Suède, ne s'en tint pas à cela : il leva aussi des troupes pour son compte, et avec elles il inquiéta des prêtres et des moines sans défense; mais il eut le malheur d'être bientôt désarmé par le comte de Gronsfeld, général de l'empereur. Georges, duc de

Lunebourg, auparavant colonel au service de Ferdinand, embrassa alors aussi le parti de Gustave-Adolphe, et leva pour ce prince quelques régiments par lesquels les troupes impériales furent occupées dans la basse Saxe, ce qui ne fut pas un médiocre avantage pour le roi.

Mais il reçut des services encore bien plus importants du landgrave Guillaume de Hesse-Cassel, dont les armes victorieuses firent trembler une grande partie de la Westphalie et de la basse Saxe, l'abbaye de Fulde et même l'électorat de Cologne. On se souvient qu'immédiatement après l'alliance que le landgrave avait conclue, dans le camp de Werben, avec Gustave-Adolphe, deux généraux de l'empereur, Fugger et Altringer, furent envoyés dans la Hesse par le comte Tilly pour châtier le landgrave de sa défection. Mais ce prince avait résisté avec un mâle courage aux armes de l'ennemi, comme ses états provinciaux aux manifestes dans lesquels Tilly prêchait la révolte, et bientôt la bataille de Leipzig le délivra de ces bandes dévastatrices. Il profita de leur éloignement avec autant de vaillance que de résolution; conquit en peu de temps Vach, Münden et Hœxter, et inquiéta par ses rapides succès l'abbaye de Fulde, l'évêché de Paderborn et tous les bénéfices limitrophes de la Hesse. Ces États effrayés, se hâtèrent de mettre des bornes à ses progrès par une prompte soumission, et ils échappèrent au pillage au moyen de sommes d'argent considérables qu'ils lui payèrent volontairement. Après ces heureuses entreprises, le landgrave réunit son armée victorieuse à la grande armée de Gustave-Adolphe, et il se rendit lui-même à Francfort auprès de ce monarque, pour délibérer avec lui sur le plan des opérations ultérieures.

Beaucoup de princes et d'ambassadeurs étrangers avaient paru avec lui dans cette ville pour rendre hommage à la grandeur de Gustave-Adolphe, implorer sa faveur ou apaiser sa colère. Le plus remarquable entre tous était le roi de Bohême et comte palatin dépossédé, Frédéric V, qui était accouru de Hollande pour se jeter dans les bras de celui qu'il regardait comme son vengeur et son protecteur. Gustave-Adolphe lui accorda le stérile honneur de le saluer comme une tête couronnée, et s'efforça d'alléger son malheur par une noble sympathie. Mais, quoi que Frédéric se promît de la puissance et de la fortune de son protecteur, quelque fond qu'il crût pouvoir faire sur sa justice et sa magnanimité, l'espérance du rétablissement de cet infortuné dans ses États perdus était cependant fort éloignée. L'inaction et la politique absurde de la cour d'Angleterre avaient refroidi le zèle de Gustave-Adolphe, et une susceptibilité dont il ne put se rendre tout à fait maître lui fit oublier ici la glorieuse vocation de défenseur des opprimés, qu'il avait si hautement proclamée, à son apparition dans l'empire d'Allemagne. La frayeur de sa puissance irrésistible et de sa vengeance prochaine avait aussi amené à Francfort le landgrave Georges de Hesse-Darmstadt, et l'avait porté à une prompte soumission. Les liaisons de ce prince[1] avec l'empereur, et son peu de zèle pour la cause protestante, n'étaient pas un secret pour le roi, mais il se contenta de rire d'un si impuissant ennemi[2]. Comme le landgrave se connaissait assez peu lui-même, ainsi que la situation politique de l'Allemagne, pour s'ériger, avec autant de sottise que d'assurance, en médiateur entre les deux partis, Gustave-Adolphe avait coutume de ne l'appeler, par moquerie, que « le pacificateur. » On l'entendait dire souvent, lorsqu'il jouait avec le landgrave, et qu'il lui gagnait de l'argent, « que ce gain lui faisait doublement plaisir, parce que c'était de la monnaie impériale. » Ce fut seulement en faveur de la parenté du landgrave Georges avec l'électeur de Saxe, prince que Gustave-Adolphe avait des raisons de ménager, que ce monarque se contenta de la remise de sa forteresse de Rüsselsheim, et de la promesse qu'il observerait pendant cette guerre une stricte neutralité. Les comtes de Wersterwald et de Wettéravie avaient également paru à Francfort auprès du roi, pour conclure avec lui une alliance, et lui offrir contre les Espagnols leur secours, qui lui fut très-utile dans la suite. La ville de Francfort elle-même eut tout sujet de se louer de la présence de Gustave-Adolphe, qui prit son commerce sous la protection de son autorité royale, et rétablit par les mesures les plus éner-

---

1. Dans la première édition : « De ce prince équivoque. »
2. Dans la première édition : « Mais la haine d'un si impuissant ennemi ne lui inspira que pitié, et il ne put que rire de l'importance que se donnait cette tête faible. »

giques la sûreté des foires, que la guerre avait beaucoup troublée.

L'armée suédoise était maintenant renforcée de dix mille Hessois, que le landgrave Guillaume de Cassel avait amenés au roi. Déjà Gustave-Adolphe avait fait attaquer Kœnigstein; Kostheim et Flœrsheim[1] se rendirent à lui après un siége de peu de durée; il était maître de tout le cours du Mein, et fit construire à Hœchst en toute hâte des bateaux pour faire passer le Rhin à ses troupes. Ces préparatifs remplirent de crainte l'électeur de Mayence, Anselme Casimir, et il ne douta plus un instant qu'il ne fût le premier que menaçait l'orage de la guerre. Comme partisan de l'empereur et un des membres les plus actifs de la ligue catholique, il ne pouvait s'attendre à être mieux traité que ne l'avaient été déjà ses deux confrères, les évêques de Würtzbourg et de Bamberg. La situation de ses domaines au bord du Rhin faisait à l'ennemi une nécessité de s'en assurer, et d'ailleurs cette riche contrée avait pour l'armée, dans son dénûment, un irrésistible attrait. Mais l'électeur, connaissant trop peu ses ressources et l'adversaire qu'il avait devant lui, se flatta de repousser la force par la force, et de lasser la vaillance suédoise par la solidité de ses remparts. Il fit réparer en toute hâte les fortifications de sa résidence, la pourvut de tout ce qui la mettait en état de soutenir un long siége, et reçut de plus dans ses murs deux mille Espagnols commandés par un général de leur nation, don Philippe de Sylva. Pour rendre l'approche impossible aux bateaux suédois, il fit obstruer, par une quantité de pieux qu'on y enfonça, l'embouchure du Mein; il y fit jeter aussi de grandes masses de pierres et couler à fond des bateaux entiers. Lui-même, accompagné de l'évêque de Worms, il s'enfuit à Cologne avec ses plus précieux trésors, et abandonna ville et territoire à la rapacité d'une garnison tyrannique. Tous ces préparatifs, qui témoignaient moins de vrai courage que d'impuissante obstination, ne détournèrent pas l'armée suédoise de marcher sur Mayence, et de faire les plus sérieuses dispositions pour l'attaque de la ville. Tandis qu'une partie des troupes se répandait dans le Rhingau, culbutait tout ce qui s'y

---

[1]. Dans la première édition : « Fliershaim. »

trouvait d'Espagnols, et arrachait d'énormes contributions, et que l'autre partie rançonnait les cantons catholiques du Westerwald et de la Wettéravie, l'armée principale était déjà campée près de Cassel, vis-à-vis de Mayence, et le duc Bernard de Weimar avait même pris, sur la rive gauche du Rhin, le Mæusethurm[1] et le château d'Ehrenfels. Déjà Gustave-Adolphe se préparait sérieusement à passer le Rhin et à bloquer la ville du côté de terre, quand les progrès du comte Tilly en Franconie l'arrachèrent précipitamment à ce siége, et donnèrent à l'électorat un repos, qui du reste ne fut pas de longue durée.

Le danger de la ville de Nuremberg, que le comte Tilly faisait mine d'assiéger pendant l'absence de Gustave-Adolphe, occupé aux bords du Rhin, et qu'il menaçait, en cas de résistance, du sort affreux de Magdebourg, avait décidé le roi de Suède à ce prompt départ de Mayence. Pour ne pas s'exposer une seconde fois, devant toute l'Allemagne, au reproche et à la honte d'avoir laissé une ville alliée à la discrétion d'un ennemi barbare, il accourait, à marches forcées, pour délivrer cette importante cité impériale; mais il apprit, dès Francfort, la valeureuse résistance des habitants de Nuremberg et la retraite de Tilly: alors il ne tarda pas un moment à poursuivre ses projets sur Mayence. N'ayant pas réussi à forcer le passage du Rhin, près de Cassel, sous le canon des assiégés, il dirigea sa marche vers la Bergstrasse, pour s'approcher de la ville d'un autre côté, s'empara chemin faisant de toutes les places importantes, et parut, pour la seconde fois, au bord du Rhin, près de Stockstadt, entre Gernsheim et Oppenheim. Les Espagnols avaient abandonné toute la Bergstrasse, mais ils cherchaient encore à défendre, avec beaucoup d'opiniâtreté, la rive gauche du fleuve. Dans cette vue, ils avaient brûlé ou coulé à fond tous les bateaux du voisinage, et ils étaient préparés sur l'autre bord à l'attaque la plus formidable, si le roi risquait le passage sur ce point.

Son courage l'exposa, dans cette occasion, au danger imminent de tomber dans les mains de l'ennemi. Pour reconnaître l'autre rive, il s'était hasardé à franchir le fleuve dans un petit bateau; mais, à peine avait-il abordé, qu'il fut surpris par une

---

1. « La Tour des Souris. »

troupe de cavaliers espagnols, auxquels il ne se déroba que par une retraite précipitée. Enfin, avec le secours de quelques mariniers du voisinage, il réussit à s'emparer d'un petit nombre de bateaux, sur deux desquels il fit passer le comte de Brahé, avec trois cents Suédois. A peine cet officier avait-il eu le temps de se retrancher sur la rive opposée, qu'il fut assailli par quatorze compagnies de dragons et de cuirassiers espagnols. Aussi grande était la supériorité de l'ennemi, aussi courageuse fut la résistance de Brahé et de sa petite troupe, et son héroïque défense donna au roi le temps de le soutenir en personne avec des troupes fraîches. Alors les Espagnols prirent la fuite, après une perte de six cents hommes; quelques-uns se hâtèrent de gagner la ville forte d'Oppenheim, et d'autres Mayence. Un lion de marbre, sur une haute colonne, portant une épée nue dans la griffe droite et un casque sur la tête, indiquait encore au voyageur, soixante-dix ans après, la place où l'immortel monarque passa le grand fleuve de la Germanie.

Aussitôt après cet heureux exploit, Gustave-Adolphe fit transporter au delà du Rhin l'artillerie et la plus grande partie des troupes, et assiégea Oppenheim, qui fut pris d'assaut, le 8 décembre 1631, après une résistance désespérée. Cinq cents Espagnols, qui avaient défendu si vaillamment cette place, furent, jusqu'au dernier, victimes de la fureur suédoise. La nouvelle que Gustave-Adolphe avait passé le Rhin effraya tous les Espagnols et les Lorrains, qui avaient occupé l'autre bord et s'étaient crus à l'abri, derrière le fleuve, de la vengeance des Suédois. Une prompte fuite était maintenant leur unique ressource : toute place qui n'était pas tout à fait tenable fut précipitamment abandonnée. Après une longue suite de violences envers les bourgeois désarmés, les Lorrains évacuèrent la ville de Worms, qu'ils maltraitèrent encore, avant leur départ, avec une cruauté raffinée. Les Espagnols se renfermèrent à la hâte dans Frankenthal, où ils se flattaient de braver les armes victorieuses de Gustave-Adolphe.

Le roi ne perdit plus un moment pour exécuter ses desseins sur Mayence, où s'était jetée l'élite des troupes espagnoles. Tandis qu'il marchait sur cette ville par la rive gauche du Rhin, le landgrave de Hesse-Cassel s'en était approché par l'autre rive, et avait conquis sur sa route plusieurs places fortes. Les Espagnols assiégés, quoique investis des deux côtés, montrèrent d'abord beaucoup de courage et de résolution pour se défendre jusqu'à la dernière extrémité, et, pendant plusieurs jours, ils firent pleuvoir sans interruption, sur le camp suédois, un violent feu de bombes, qui coûta au roi plus d'un brave soldat. Cependant, malgré cette courageuse résistance, les Suédois gagnaient toujours du terrain, et s'étaient déjà tellement approchés des fossés de la place, qu'ils se disposaient sérieusement à l'assaut. Alors les assiégés perdirent courage. Ils tremblaient, avec raison, à la pensée du fougueux emportement du soldat suédois, dont le Marienberg, près de Würtzbourg, fournissait un affreux témoignage. Un sort terrible attendait la ville de Mayence, s'il fallait la prendre d'assaut, et l'ennemi pouvait se sentir aisément tenté de venger l'horrible sort de Magdebourg sur cette riche et magnifique résidence d'un prince catholique. Par ménagement pour la ville plus que pour leur propre vie, les Espagnols capitulèrent le quatrième jour, et obtinrent du généreux monarque un sauf-conduit jusqu'à Luxembourg; mais, comme bien d'autres avaient fait jusqu'alors, la plupart s'enrôlèrent sous les drapeaux suédois.

Le 13 décembre 1631, le roi de Suède fit son entrée dans la ville conquise, où il se logea dans le palais de l'électeur. Quatre-vingts canons tombèrent en son pouvoir, et la bourgeoisie eut à payer quatre-vingt mille florins pour se racheter du pillage. Dans cette contribution n'étaient pas compris les juifs et le clergé, qui furent contraints de payer à part de très-fortes sommes. Le roi s'appropria la bibliothèque de l'électeur, et en fit présent à son chancelier Oxenstiern, qui la céda au gymnase de Westeræs[1]; mais le vaisseau qui la transportait en Suède fit naufrage, et, perte irréparable, la Baltique engloutit ce trésor.

Après qu'ils eurent perdu Mayence, le malheur ne cessa de poursuivre les Espagnols dans les contrées du Rhin. Peu de temps avant la prise de cette ville, le landgrave de Hesse-Cassel s'était emparé de Falkenstein et de Reifenberg; la forteresse de Kœnigstein se rendit aux Hessois; le rhingrave Othon-Louis, un

---

1. Dans la première édition : « Westeræhs. »

des généraux du roi, eut le bonheur de battre neuf escadrons espagnols, qui marchaient sur Frankenthal, et de se rendre maître des villes les plus importantes des bords du Rhin, depuis Boppart[1] jusqu'à Bacharach. Après la prise de Braunfels, place forte dont les comtes de Wettéravie s'emparèrent avec le secours des Suédois, les Espagnols perdirent toutes les places en Wettéravie, et, dans tout le Palatinat, ils ne purent conserver, outre Frankenthal, que très-peu de villes. Landau et Kronweissenbourg se déclarèrent hautement pour les Suédois. Spire offrit de lever des troupes pour le service du roi. Les ennemis perdirent Mannheim par la présence d'esprit du jeune duc Bernard de Weimar et la négligence du commandant de la place, qui fut traduit pour ce revers devant le tribunal militaire à Heidelberg et décapité.

Le roi avait prolongé la campagne jusque bien avant dans l'hiver, et vraisemblablement la rigueur même de la saison avait été une des causes de la supériorité que le soldat suédois conservait sur l'ennemi. Mais maintenant les troupes épuisées avaient besoin de se refaire dans les quartiers d'hiver, que Gustave-Adolphe leur fit prendre en effet, dans le pays d'alentour, peu de temps après la conquête de la ville de Mayence. Il profita lui-même du relâche que la saison imposait à ses opérations militaires, pour expédier avec son chancelier les affaires du cabinet, négocier avec l'ennemi au sujet de la neutralité, et terminer avec une puissance alliée quelques démêlés politiques, auxquels sa conduite antérieure avait donné lieu. Pour sa résidence d'hiver et pour centre de ses affaires d'État, il choisit la ville de Mayence, pour laquelle il laissait en général paraître une prédilection qui s'accordait peu avec l'intérêt des princes allemands et l'intention qu'il avait témoignée de ne faire qu'une courte visite à l'Empire. Non content d'avoir fortifié la ville le mieux possible, il fit élever vis-à-vis, dans l'angle que forme la jonction du Mein avec le Rhin, une nouvelle citadelle, qui fut appelée Gustavsbourg, d'après son fondateur, mais qui a été plus connue sous le nom de *Pfaffenraub*[2], *Pfaffenzwang*[3].

---

1. Dans la première édition : « Poppart. » — 2. « Dépouille des prêtres. » — 3. « Contrainte des prêtres. »

Tandis que Gustave-Adolphe se rendait maître du Rhin, et menaçait de ses armes victorieuses les trois électorats voisins, ses vigilants ennemis mettaient en mouvement, à Paris et à Saint-Germain, tous les ressorts de la politique, pour lui retirer l'appui de la France, et pour le mettre, s'il était possible, en guerre avec cette puissance. Lui-même, en portant, par un mouvement équivoque et inattendu, ses armes sur le Rhin, il avait donné de l'ombrage à ses amis, et fourni à ses adversaires les moyens d'exciter une dangereuse défiance de ses projets. Après qu'il eut soumis à son pouvoir l'évêché de Würtzbourg et la plus grande partie de la Franconie, il ne tenait qu'à lui de pénétrer par l'évêché de Bamberg et le haut Palatinat en Bavière et en Autriche; et tous s'attendaient naturellement qu'il ne tarderait pas à attaquer l'empereur et le duc de Bavière dans le centre de leur puissance, et à terminer au plus tôt la guerre par la défaite de ces deux principaux ennemis. Mais, à la grande surprise des deux parties belligérantes, Gustave-Adolphe abandonna le chemin que lui avait tracé d'avance l'opinion générale, et, au lieu de tourner ses armes vers la droite, il les porta vers la gauche, pour faire sentir sa puissance aux princes moins coupables, et moins à craindre, de l'électorat du Rhin, tandis qu'il donnait à ses deux plus importants adversaires le loisir de rassembler de nouvelles forces. Le dessein de remettre avant tout le malheureux comte palatin Frédéric V en possession de ses États, par l'expulsion des Espagnols, pouvait seul expliquer cette marche surprenante, et la croyance au prochain rétablissement de Frédéric réduisit en effet quelque temps au silence les soupçons de ses amis et les calomnies de ses adversaires; mais maintenant le bas Palatinat était presque entièrement purgé d'ennemis, et Gustave-Adolphe persistait à faire de nouveaux plans de conquête sur le Rhin; il persistait à ne pas rendre au maître légitime le Palatinat reconquis. Vainement l'ambassadeur du roi d'Angleterre rappela au conquérant ce que la justice exigeait de lui, et ce que sa promesse solennellement proclamée lui imposait comme un devoir d'honneur : Gustave répondit à cette demande par des plaintes amères sur l'inaction de la cour britannique, et se prépara vivement à déployer, au premier jour, ses drapeaux victorieux en Alsace et même en Lorraine.

Alors éclata la défiance contre le monarque suédois, et la haine de ses ennemis se montra extrêmement active à répandre les bruits les plus désavantageux sur ses projets. Dès longtemps, le ministre de Louis XIII, Richelieu, avait vu avec inquiétude le roi s'approcher des frontières françaises, et l'esprit défiant de son maître ne s'ouvrait que trop aisément aux fâcheuses suppositions qu'on faisait à ce sujet. En ce temps même, la France était engagée dans une guerre civile avec les protestants de l'intérieur, et l'on avait en effet quelque raison de craindre que l'approche d'un roi victorieux, qui était de leur parti, ne ranimât le courage abattu des huguenots et ne les excitât à la plus violente résistance. Cela pouvait arriver, quelque éloigné d'ailleurs que pût être Gustave-Adolphe de leur donner des espérances et de commettre ainsi une véritable trahison envers le roi de France son allié. Mais l'esprit vindicatif de l'évêque de Würtzbourg, qui cherchait à se consoler à la cour de France de la perte de ses États ; l'éloquence empoisonnée des jésuites, et le zèle actif du ministre bavarois, présentèrent comme tout à fait démontrée cette dangereuse intelligence entre les huguenots et le roi de Suède, et surent troubler par les plus vives inquiétudes l'esprit craintif de Louis. Ce n'étaient pas seulement d'extravagants politiques, c'était aussi plus d'un catholique raisonnable qui croyaient sérieusement que le roi allait pénétrer prochainement au cœur de la France, faire cause commune avec les huguenots et renverser dans le royaume la religion romaine. Des zélateurs fanatiques le voyaient déjà franchir les Alpes avec une armée, et détrôner, en Italie même, le vicaire de Jésus-Christ. Quoique de pareilles rêveries se réfutassent aisément d'elles-mêmes [1], on ne pouvait nier cependant que, par ses entreprises militaires sur le Rhin, Gustave ne donnât aux imputations de ses adversaires une prise dangereuse, et ne justifiât, en quelque mesure, le soupçon d'avoir voulu diriger ses armes moins contre l'empereur et le duc de Bavière que contre la religion catholique en général [2].

1. La première édition ajoute : « Quoique l'honneur et la tolérance du roi fissent promptement tomber de si ridicules accusations. »
2. C'est ici que finit le morceau contenu dans le *Calendrier des Dames pour l'an* 1792. Tout le reste de l'histoire fut inséré dans celui de 1793. Le volume

Le cri général d'indignation que les cours catholiques, excitées par les jésuites, élevèrent contre les liaisons de la France avec les ennemis de l'Église, décida enfin le cardinal de Richelieu à faire un pas décisif pour la sûreté de sa religion et à démontrer en même temps au monde catholique la sincérité du zèle religieux de la France et la politique intéressée des États ecclésiastiques de l'Empire. Persuadé que les vues du roi de Suède tendaient uniquement, comme les siennes, à l'abaissement de la maison d'Autriche, il ne fit point difficulté de promettre aux princes de la ligue une parfaite neutralité du côté de la Suède, aussitôt qu'ils renonceraient à l'alliance de l'empereur et retireraient leurs troupes. Quelle que fût maintenant la résolution des princes, Richelieu avait atteint son but. S'ils se séparaient du parti autrichien, Ferdinand était exposé sans défense aux armes unies de la France et de la Suède, et Gustave-Adolphe, délivré en Allemagne de tous ses autres ennemis, pouvait tourner à la fois toutes ses forces contre les États héréditaires de l'empereur. La chute de la maison d'Autriche était alors inévitable, et ce but suprême de tous les efforts de Richelieu se trouvait atteint sans dommage pour l'Église. Le succès était incomparablement plus douteux, si les princes de la ligue persistaient dans leur refus et demeuraient encore fidèles à l'alliance autrichienne; mais alors la France avait fait paraître devant toute l'Europe ses sentiments catholiques, et avait satisfait à ses devoirs comme membre de l'Église romaine; les princes de la ligue paraissaient les seuls auteurs de tous les maux que la continuation de la guerre devait infailliblement attirer sur l'Allemagne catholique; eux seuls, par leur attachement opiniâtre à l'empereur, rendaient vaines les mesures de leur protecteur, précipitaient l'Église dans le dernier péril et se perdaient eux-mêmes.

Richelieu suivit ce plan avec d'autant plus de chaleur qu'il était plus vivement pressé par les demandes réitérées de l'électeur de Bavière, qui réclamait le secours de la France. On se souvient que ce prince, dès le temps où il avait eu sujet de

de 1792, comme nous l'avons dit, contient en outre trois portraits historiques qui sont l'œuvre de Schiller, et dont on trouvera la traduction dans notre *Supplément à l'Histoire de la Guerre de Trente ans.*

suspecter les sentiments de l'empereur, était entré avec la France dans une alliance secrète, par laquelle il espérait s'assurer la possession de l'électorat palatin contre un futur changement de dispositions de Ferdinand. Si clairement que l'origine de ce traité fît connaître contre quel ennemi il avait été conclu, Maximilien l'étendait maintenant, d'une manière assez arbitraire, aux attaques du roi de Suède, et n'hésitait point à réclamer contre ce monarque, allié de la France, les mêmes secours qu'on lui avait promis seulement contre l'Autriche. Richelieu, jeté dans l'embarras par cette alliance contradictoire avec deux puissances opposées l'une à l'autre, ne vit pour lui d'autre expédient que de mettre une prompte fin à leurs hostilités; et, hors d'état, à cause de son traité avec la Suède, de protéger la Bavière, tout aussi peu disposé à la livrer, il s'employa avec une extrême ardeur pour la neutralité, comme étant le seul moyen de satisfaire à son double engagement. Un plénipotentiaire particulier, le marquis de Brézé, fut envoyé, à cet effet, au roi de Suède, à Mayence, afin de sonder sur ce point ses dispositions, et d'obtenir de lui pour les princes alliés des conditions favorables. Mais, si Louis XIII avait des raisons importantes pour souhaiter de voir cette neutralité établie, Gustave-Adolphe en avait d'aussi solides pour désirer le contraire. Convaincu par des preuves nombreuses que l'horreur des princes de la ligue pour la religion protestante était invincible, leur haine pour la puissance étrangère des Suédois implacable, leur attachement à la maison d'Autriche indestructible : il redoutait beaucoup moins leur hostilité ouverte, qu'il ne se défiait d'une neutralité si opposée à leur inclination. D'ailleurs se voyant contraint, placé, comme il l'était, sur le territoire allemand, de poursuivre la guerre aux dépens des ennemis, c'était pour lui une perte manifeste de diminuer le nombre de ses ennemis déclarés, sans acquérir par là de nouveaux amis. Il n'est donc pas étonnant que Gustave-Adolphe laissât paraître peu d'empressement à acheter, par le sacrifice des avantages qu'il avait remportés, la neutralité des princes catholiques, qui lui était d'un si faible secours.

Les conditions auxquelles il accordait la neutralité à l'électeur de Bavière, étaient dures et conformes à cette manière de voir.

Il exigeait de la ligue catholique une complète inaction : elle retirerait ses troupes de l'armée impériale, des places conquises, de tous les pays protestants. Il voulait de plus voir les forces des États ligués réduites à un petit nombre de soldats. Toutes leurs terres devaient être fermées aux armées impériales, et ne fournir à la maison d'Autriche aucun secours en hommes, en vivres et en munitions. Si dure que fût la loi dictée par le vainqueur au vaincu, le médiateur français se flattait encore de la faire accepter à l'électeur de Bavière. Pour faciliter cette affaire, Gustave-Adolphe s'était laissé persuader d'accorder à Maximilien une trêve de quinze jours. Mais, dans le même temps où le roi recevait par l'agent français les assurances répétées de l'heureux progrès de cette négociation, une lettre interceptée de l'électeur au général Pappenheim en Westphalie lui découvrit la perfidie de ce prince, qui n'avait cherché, dans toute cette affaire, qu'à gagner du temps pour sa défense. Bien loin de se laisser enchaîner dans ses opérations militaires par un accommodement avec la Suède, l'artificieux Maximilien n'en mettait que plus d'activité dans ses préparatifs, et profitait du loisir que lui laissait l'ennemi, pour faire des préparatifs de résistance d'autant plus énergiques. Toute cette négociation de neutralité fut donc rompue sans avoir rien produit : elle n'avait servi qu'à renouveler avec plus d'acharnement les hostilités entre la Bavière et la Suède.

L'accroissement des forces de Tilly, avec lesquelles ce général menaçait d'envahir la Franconie, rappelait impérieusement le roi dans ce cercle; mais il fallait d'abord chasser du Rhin les Espagnols, et fermer à leurs armes le passage des Pays-Bas dans les provinces allemandes. A cet effet, Gustave-Adolphe avait déjà offert à l'électeur de Trèves, Philippe de Zeltern, la neutralité, à condition que la forteresse d'Hermannstein lui serait remise, et qu'un libre passage par Coblentz serait accordé aux troupes suédoises. Mais, avec quelque déplaisir que l'électeur vit ses domaines dans les mains des Espagnols, il pouvait bien moins encore se résoudre à les mettre sous la protection suspecte d'un hérétique et à rendre le conquérant suédois maître de son sort. Toutefois, se voyant hors d'état de maintenir son indépendance contre deux rivaux si redoutables, il chercha contre l'un et l'autre un refuge sous la puissante protection de la France. Richelieu, avec sa politique accoutumée, avait mis à profit l'embarras de ce prince, pour étendre le pouvoir de la France et lui acquérir aux frontières de l'Allemagne un important allié. Une nombreuse armée française devait couvrir le pays de Trèves, et mettre garnison dans la forteresse d'Ehrenbreitstein. Mais les vues qui avaient décidé l'électeur à cette démarche hasardée ne furent pas complétement remplies; car le ressentiment qu'elle excita chez Gustave-Adolphe ne put être apaisé avant que les troupes suédoises eussent aussi obtenu le libre passage à travers le pays de Trèves.

Tandis que cette affaire se négociait avec Trèves et la France, les généraux du roi avaient nettoyé tout l'électorat de Mayence du reste des garnisons espagnoles, et Gustave-Adolphe avait lui-même achevé la conquête de ce pays par la prise de Kreuznach. Pour garder ce qui était conquis, le chancelier Oxenstiern dut rester sur le Rhin moyen, avec une partie de l'armée; et le corps principal se mit en marche, sous la conduite du roi, pour chercher l'ennemi en Franconie.

Cependant le comte Tilly et le général suédois de Horn, que Gustave-Adolphe avait laissé dans ce cercle avec huit mille hommes, s'en étaient disputé la possession avec des succès balancés, et l'évêché de Bamberg surtout était à la fois le prix et le théâtre de leurs dévastations. Appelé vers le Rhin par ses autres projets, le roi avait remis à son général le châtiment de l'évêque, qui avait provoqué sa colère par sa conduite perfide, et l'activité du général justifia le choix du monarque. Il soumit en peu de temps une grande partie de l'évêché aux armes suédoises, et il prit d'assaut la capitale même, abandonnée par la garnison impériale. L'évêque expulsé demandait instamment des secours à l'électeur de Bavière, qui se laissa enfin persuader de mettre un terme à l'inaction de Tilly. Autorisé par l'ordre de son maître à rétablir le prélat, ce général rassembla ses troupes dispersées dans le haut Palatinat, et s'approcha de Bamberg avec une armée de vingt mille hommes. Gustave Horn, fermement résolu à défendre sa conquête contre ces forces supérieures, attendit l'ennemi derrière les remparts de Bamberg; mais il se vit arracher, par la seule avant-garde de Tilly, ce qu'il avait espéré de disputer à l'armée tout entière. Le désordre qui tout à coup se mit dans la sienne, et auquel toute sa présence d'esprit ne put remédier, ouvrit la place aux ennemis, et les troupes, les bagages et l'artillerie ne purent être sauvés qu'à grand'peine. La reprise de Bamberg fut le fruit de cette victoire; mais le général suédois se retira en bon ordre derrière le Mein, et Tilly, malgré toute sa célérité, ne put le rejoindre. L'apparition en Franconie du roi de Suède, à qui Gustave Horn amena près de Kitzingen le reste de ses troupes, mit bientôt un terme aux conquêtes de Tilly, et le força de pourvoir lui-même à sa sûreté par une prompte retraite.

Le roi avait passé à Aschaffenbourg une revue générale de son armée, qui, après sa jonction avec Gustave Horn, Banner et le duc Guillaume de Weimar, s'élevait à près de quarante mille hommes. Rien n'arrêta sa marche à travers la Franconie; car le comte Tilly, beaucoup trop faible pour attendre un ennemi si supérieur, s'était retiré, à marches forcées, vers le Danube. La Bohême et la Bavière se trouvaient alors également près du roi, et Maximilien, incertain de la route que suivrait ce conquérant, hésitait à prendre une résolution. Le chemin qu'on allait tracer à Tilly devait fixer le choix de Gustave-Adolphe et le sort des deux provinces. A l'approche d'un si redoutable ennemi, il était dangereux de laisser la Bavière sans défense, pour couvrir les frontières de l'Autriche; il était plus dangereux encore, en recevant Tilly en Bavière, d'y appeler en même temps l'ennemi, et d'en faire le théâtre d'une lutte dévastatrice. L'inquiétude paternelle du prince surmonta enfin les doutes de l'homme d'État, et, quoi qu'il en pût arriver, Tilly reçut l'ordre de défendre avec toutes ses forces l'entrée de la Bavière.

La ville impériale de Nuremberg accueillit avec une joie triomphante le défenseur de la religion évangélique et de la liberté allemande, et l'ardent enthousiasme des citoyens se répandit à son aspect en touchants témoignages d'allégresse et d'admiration. Gustave lui-même ne pouvait cacher son étonnement de se voir dans cette ville, au centre de l'Allemagne, jusqu'où il n'avait jamais espéré de porter ses étendards. La grâce et la noblesse de son maintien complétaient l'impression produite par ses glorieux exploits, et l'affabilité avec laquelle il répondait aux salutations de cette ville impériale lui eut en peu d'instants gagné tous les cœurs. Il confirma alors en personne le traité qu'il avait conclu avec elle dès les rivages de la Baltique, et unit tous les citoyens dans les sentiments d'un zèle ardent et d'une concorde fraternelle contre l'ennemi commun. Après une courte station dans les murs de Nuremberg, il suivit son armée vers le Danube, et parut devant la place frontière de Donawert, avant qu'on y soupçonnât l'approche d'un ennemi. Une nombreuse garnison bavaroise défendait cette ville, et le commandant, Rodolphe-Maximilien, duc de Saxe-Lauenbourg, montra d'abord la plus ferme résolution de tenir jusqu'à l'arrivée de Tilly. Mais bientôt la vigueur avec laquelle Gustave-Adolphe commença le siége, le força de songer à une prompte et sûre retraite, qu'il effectua heureusement sous le feu terrible de l'artillerie suédoise.

La prise de Donawert ouvrit au roi la rive droite du Danube, et la petite rivière du Lech le séparait seule encore de la Bavière. Le danger pressant de ses États éveilla toute l'activité de Maximilien, et autant il avait laissé l'ennemi pénétrer facilement jusqu'au seuil de la Bavière, autant il se montra cette fois résolu à lui rendre le dernier pas difficile. Tilly établit de l'autre côté du Lech, près de la petite ville de Rain, un camp bien retranché, qui, entouré de trois rivières, défiait toutes les attaques. On avait coupé tous les ponts du Lech; on avait défendu par de fortes garnisons le cours entier de la rivière jusqu'à Augsbourg; et même, pour s'assurer de cette ville impériale, qui laissait voir depuis longtemps l'impatience qu'elle éprouvait de suivre l'exemple de Francfort et de Nuremberg, on y avait logé une garnison bavaroise et désarmé les bourgeois. L'électeur lui-même, avec toutes les troupes qu'il avait pu rassembler, s'enferma dans le camp de Tilly, comme si toutes ses espérances eussent tenu à ce poste unique, et que la fortune des Suédois eût dû échouer contre cette dernière muraille.

Gustave-Adolphe parut bientôt sur la rive, vis-à-vis des lignes bavaroises, après avoir soumis tout le territoire d'Augsbourg en deçà du Lech, et ouvert à ses troupes dans cette contrée de riches approvisionnements. On était au mois de mars, époque où cette rivière, grossie par les pluies fréquentes et par les neiges des montagnes du Tyrol, s'élève à une hauteur extraordinaire et court entre des rives escarpées avec une rapidité impétueuse. Une tombe certaine s'ouvrait dans ses flots à l'assaillant téméraire, et, sur la rive opposée, les canons ennemis lui montraient leurs gueules meurtrières. Si cependant son audace venait à bout de ce passage, presque impossible à travers la fureur des flots et du feu, un ennemi frais et courageux attendait, dans un camp inexpugnable, les troupes harassées; et, soupirant après le repos, elles trouvaient une bataille. Avec des forces épuisées, il leur faut escalader les lignes ennemies, dont la solidité semble défier toute attaque. Une défaite, essuyée sur cette rive, les entraîne à une perte inévitable; car la même rivière, qui leur fait obstacle sur le chemin de la victoire, leur ferme toute retraite, si la fortune les abandonne.

Le conseil de guerre, assemblé en ce moment par Gustave-Adolphe, fit valoir toute l'importance de ces motifs, pour empêcher l'exécution d'une si périlleuse entreprise. Les plus braves reculaient, et un groupe respectable de guerriers vieillis au service ne rougit point d'avouer ses inquiétudes; mais la résolution du roi était prise. « Comment? dit-il à Gustave Horn, qui portait la parole pour les autres; nous aurions franchi la Baltique et tant de grands fleuves d'Allemagne, et, devant un ruisseau, devant ce Lech que voilà, nous renoncerions à notre entreprise? » Dans une reconnaissance du pays, qu'il avait faite en exposant plusieurs fois sa vie, il avait découvert que la rive en deçà du Lech dominait l'autre sensiblement, et favorisait l'effet de l'artillerie suédoise, au préjudice de celle de Tilly. Il sut profiter de cette circonstance avec une prompte habileté. Il fit dresser, sans délai, à la place où la rive gauche du Lech se courbait vers la droite, trois batteries, d'où soixante-douze pièces de campagne entretinrent un feu croisé contre l'ennemi. Tandis que cette furieuse canonnade éloignait les Bavarois de la rive opposée, le roi fit jeter en toute hâte un pont sur le Lech; une épaisse fumée, produite par un feu de bois et de paille mouillée, sans cesse entretenu, déroba longtemps aux yeux des ennemis les progrès de l'ouvrage, tandis que le tonnerre presque continuel de l'artillerie empêchait en même temps d'entendre le bruit des haches. Gustave-Adolphe excitait lui-même l'ardeur des troupes par son exemple, et mit, de sa propre main, le feu à plus de soixante canons. Les Bavarois répondirent, pendant deux heures, à cette canonnade, avec la même vivacité, mais non avec le même succès, parce que les batteries des Suédois s'avançaient de manière à dominer l'autre bord, et que l'élévation de celui qu'ils occupaient leur servait de parapet contre l'artillerie ennemie. Vainement, de la rive, les Bavarois s'efforcèrent de détruire les ouvrages des Suédois : l'artillerie supérieure de ceux-ci les repoussa, et ils furent réduits à voir le pont s'achever presque sous leurs yeux. Dans ce jour terrible, Tilly fit les plus grands efforts pour enflammer le courage des siens : le plus menaçant danger ne put l'éloigner de la rive. Enfin il trouva la mort, qu'il cherchait. Une balle de fauconneau lui fracassa la jambe, et, bientôt après, Altringer, son compagnon d'armes et son égal en courage, fut blessé dangereusement à la tête. Les Bavarois, n'étant plus animés par la présence de ces deux chefs, plièrent enfin, et Maximilien lui-même fut entraîné, contre son gré, à une résolution pusillanime. Vaincu par les représentations de Tilly mourant, dont la fermeté accoutumée fléchissait aux approches du moment suprême, il abandonna précipitamment son poste inexpugnable ; et un gué, découvert par les Suédois, où leur cavalerie était sur le point de tenter le passage, hâta sa timide retraite. Il leva son camp, dès la même nuit, avant qu'un seul soldat ennemi eût passé le Lech ; et, sans laisser au roi le temps de l'inquiéter dans sa marche, il se retira dans le meilleur ordre à Neubourg et à Ingolstadt. Gustave-Adolphe, qui effectua le passage le lendemain, vit avec surprise le camp ennemi évacué, et la fuite de l'électeur excita plus encore son étonnement lorsqu'il reconnut la force du camp abandonné. « Si j'eusse été le Bavarois, s'écria-t-il stupéfait, jamais, quand même un boulet m'aurait emporté la barbe et le menton, jamais je n'eusse abandonné un poste comme celui-là, et livré à l'ennemi l'entrée de mes États. »

La Bavière était donc maintenant ouverte au vainqueur, et le flot de la guerre, qui n'avait encore exercé ses fureurs qu'aux frontières de cette contrée, se précipita, pour la première fois, sur ses fertiles plaines, longtemps épargnées. Mais, avant de hasarder la conquête d'un pays qui lui était hostile, Gustave arracha d'abord la ville impériale d'Augsbourg au joug bavarois, reçut le serment des bourgeois, et s'assura de leur fidélité en y laissant une garnison. Ensuite il s'avança vers Ingolstadt à marches forcées, voulant, par la prise de cette forteresse importante, que l'électeur couvrait avec une grande partie de son armée, assurer ses conquêtes en Bavière et s'établir sur le Danube.

Peu de temps après l'arrivée du roi devant Ingolstadt, Tilly, blessé, termina sa carrière dans les murs de cette ville, après avoir éprouvé tous les caprices de la fortune infidèle. Écrasé par le génie supérieur de Gustave-Adolphe, ce général vit, au déclin de ses jours, se flétrir tous les lauriers de ses anciennes victoires, et, par une suite d'adversités, il satisfit la justice du sort et les mânes irrités de Magdebourg. En lui l'armée de l'empereur et de la ligue perdit un chef qui ne se pouvait remplacer, la religion catholique son plus zélé défenseur, et Maximilien de Bavière son serviteur le plus fidèle, qui scella de son sang sa fidélité, et remplit même encore en mourant les devoirs de général. Son dernier legs à l'électeur fut le conseil d'occuper Ratisbonne, afin de rester maître du Danube, et de conserver ses communications avec la Bohême.

Avec la confiance qui est le fruit ordinaire d'une telle suite de victoires, Gustave-Adolphe entreprit le siége d'Ingolstadt, dont il espérait vaincre la résistance par l'impétuosité de la première attaque. Mais la force des ouvrages et la bravoure de la garnison lui opposèrent des obstacles qu'il n'avait pas eu à combattre depuis la victoire de Breitenfeld, et peu s'en fallut que les remparts d'Ingolstadt ne devinssent le terme de ses exploits. Comme il faisait la reconnaissance de la place, un boulet de vingt-quatre, qui tua son cheval sous lui, le jeta par terre, et, un instant après, son favori, le jeune margrave de Bade, fut emporté à ses côtés par un autre boulet. Le roi se releva sur-le-champ avec sang-froid, et rassura ses soldats effrayés, en continuant aussitôt son chemin sur un autre cheval [1].

---

1. La première édition termine l'alinéa par la phrase suivante : « Cet avertissement de son bon génie fut perdu : la mort, dont le fantôme seulement s'était offert à lui sous les murs d'Ingolstadt, devait, inévitable cette fois, l'atteindre à Lützen. »

Les Bavarois avaient pris possession de la ville impériale de Ratisbonne, que l'électeur avait surprise, suivant le conseil de Tilly, et qu'il tenait enchaînée par une forte garnison. Cet événement changea soudain le plan de guerre du roi. Il s'était flatté lui-même de l'espérance d'occuper cette ville, attachée au protestantisme, et de trouver en elle une alliée non moins dévouée que Nuremberg, Augsbourg et Francfort. La prise de Ratisbonne par les Bavarois éloigna pour longtemps l'accomplissement de son principal désir, qui était de s'emparer du Danube, afin de couper à son adversaire tout secours de la Bohême. Il quitta promptement les murs d'Ingolstadt, devant lesquels il prodiguait inutilement son temps et ses soldats, et pénétra dans l'intérieur de la Bavière, afin d'y attirer l'électeur pour la protection de ses États, et de dégarnir les rives du Danube de leurs défenseurs.

Tout le pays jusqu'à Munich était ouvert au conquérant. Moosbourg, Landshut, tout l'évêché de Freisingen, se soumirent à lui; rien ne pouvait résister à ses armes. Mais, quoiqu'il ne trouvât point sur son chemin de troupes régulières, il avait à combattre dans le cœur de chaque Bavarois un implacable ennemi, le fanatisme religieux. Des soldats qui ne croyaient pas au pape étaient dans ce pays une apparition nouvelle, inouïe; le zèle aveugle des prêtres les avait représentés au paysan comme des monstres, des fils de l'enfer, et leur chef comme l'antechrist. Il n'est pas étonnant qu'on s'affranchît de tous les devoirs de la nature et de l'humanité envers cette couvée de Satan, et qu'on se crût autorisé aux plus effroyables attentats. Malheur au soldat suédois qui tombait seul dans les mains d'une troupe de ces sauvages! Toutes les tortures que peut imaginer la rage la plus raffinée étaient exercées sur ces malheureuses victimes, et la vue de leurs corps mutilés provoquait l'armée à d'affreuses représailles. Gustave-Adolphe lui seul ne souilla par aucun acte de vengeance son caractère héroïque : la mauvaise opinion que les Bavarois avaient de son christianisme, était loin de le délier, envers ce malheureux peuple, des préceptes de l'humanité; elle lui faisait au contraire un devoir plus sacré d'honorer sa croyance par une modération plus scrupuleuse encore.

L'approche du roi répandit le trouble et l'épouvante dans la capitale, qui, dépourvue de défenseurs et abandonnée par les principaux habitants, ne chercha son salut que dans la magnanimité du vainqueur. Elle espérait apaiser son courroux par une soumission absolue et volontaire, et envoya des députés au-devant de lui jusqu'à Freisingen, pour déposer à ses pieds les clefs de la ville. Si vivement que le roi fût excité par l'inhumanité des Bavarois et la haine de leur souverain à faire un usage cruel de son droit de conquête; si instamment qu'il fût sollicité, même par des Allemands, de faire expier le malheur de Magdebourg à la capitale de son destructeur, son grand cœur dédaigna néanmoins cette basse vengeance : l'impuissance de l'ennemi désarma sa colère. Satisfait d'un triomphe plus noble, de la joie de conduire, avec la pompe d'un vainqueur, le comte palatin, Frédéric V, dans la résidence du prince qui était le principal artisan de sa chute et le ravisseur de ses États, il releva la magnificence de son entrée par l'éclat plus beau de la modération et de la douceur.

Le roi ne trouva dans Munich qu'un palais abandonné : on avait emporté à Werfen les trésors de l'électeur. La magnificence du château électoral le jeta dans l'étonnement, et il demanda au gardien qui lui montrait les appartements, le nom de l'architecte. « Il n'y en a pas d'autre, répondit-il, que l'électeur lui-même. — Je voudrais l'avoir, cet architecte, répliqua le roi, pour l'envoyer à Stockholm. — C'est de quoi l'architecte saura se garder, » repartit le gardien. Lorsqu'on visita l'arsenal il ne s'y trouva que des affûts, dépourvus de leurs pièces. On avait enfoui si soigneusement les canons dans la terre qu'il n'en paraissait aucune trace, et, sans la trahison d'un ouvrier, on n'aurait jamais découvert l'artifice. « Ressuscitez des morts, s'écria le roi, et paraissez au jugement ! » On fouilla la terre, et l'on découvrit environ cent quarante pièces, plusieurs d'une grandeur extraordinaire, et la plupart enlevées en Bohême et dans le Palatinat. Une somme de trente mille ducats d'or, qui était cachée dans une des plus grandes, compléta la joyeuse surprise que fit au roi cette précieuse découverte.

Mais ce qu'il eût bien mieux aimé voir paraître, c'était l'armée bavaroise elle-même, qu'il avait voulu attirer hors de ses retranchements en pénétrant au cœur de la Bavière. Le roi se vit trompé dans cet espoir. Aucun ennemi ne se montra ; les plus pressantes sollicitations de ses sujets ne purent décider l'électeur à mettre au hasard d'une bataille le dernier reste de ses forces. Enfermé dans Ratisbonne, il languissait dans l'attente des secours que le duc de Friedland lui devait amener de Bohême, et, jusqu'à l'arrivée des auxiliaires espérés, il essayait provisoirement d'enchaîner l'activité de son ennemi en renouvelant les négociations de neutralité. Mais la défiance du roi, trop souvent excitée, déjoua cette manœuvre, et les retards calculés de Wallenstein laissèrent sur l'entrefaite la Bavière en proie aux Suédois.

C'était jusqu'à cette contrée lointaine que Gustave-Adolphe s'était avancé de victoire en victoire, de conquête en conquête, sans trouver sur sa route un ennemi capable de lutter contre lui. Une partie de la Bavière et de la Souabe, les évêchés de Franconie, le bas Palatinat, l'archevêché de Mayence, restaient subjugués derrière lui ; un bonheur non interrompu l'avait accompagné jusqu'au seuil de la monarchie autrichienne ; et un brillant succès avait justifié le plan d'opérations qu'il s'était tracé après la victoire de Breitenfeld. S'il n'avait pas réussi d'abord, comme il le désirait, à opérer entre les membres protestants de l'Empire la réunion qu'il avait espérée, il avait du moins désarmé ou affaibli les membres de la ligue catholique ; il avait fait la guerre en très-grande partie à leurs frais ; il avait diminué les ressources de l'empereur, fortifié le courage des États faibles, et trouvé le chemin de l'Autriche à travers les provinces des alliés de Ferdinand, qu'il avait mises à contribution. Lorsqu'il ne pouvait imposer l'obéissance par la force des armes, l'amitié des villes impériales, qu'il avait su s'attacher par le double lien de la politique et de la religion, lui rendait les plus importants services ; et, aussi longtemps que ses armes conservaient leur supériorité, il pouvait tout attendre de leur zèle. Par ses conquêtes sur le Rhin, les Espagnols étaient séparés du bas Palatinat, à supposer que la guerre néerlandaise leur laissât des forces pour prendre part à celle d'Allemagne ; le duc de Lorraine, après sa malheureuse campagne, avait préféré le parti de la neutralité. Tant de garnisons laissées par Gustave-Adolphe sur son passage en Allemagne, n'avaient point diminué son armée; et, aussi vigoureuse qu'au début de l'expédition, elle se trouvait maintenant au centre de la Bavière, prête et résolue à porter la guerre dans l'intérieur de l'Autriche.

Tandis que le roi faisait la guerre dans l'Empire avec une si grande supériorité, la fortune n'avait pas moins favorisé, sur un autre théâtre, son allié l'électeur de Saxe. On se souvient que, dans la conférence qui fut tenue à Halle, entre les deux princes, après la bataille de Leipzig, la conquête de la Bohême échut en partage à l'électeur, tandis que le roi se réserva de marcher contre les États de la ligue. Le premier fruit que Jean-Georges recueillit de la victoire de Breitenfeld fut la reprise de Leipzig, que suivit en peu de temps l'expulsion des garnisons impériales de tout le cercle. Renforcé par les soldats de ces garnisons qui passèrent de son côté, le général saxon d'Arnheim dirigea sa marche vers la Lusace, qu'un général impérial, Rodolphe de Tiefenbach, avait inondée de ses troupes, pour punir l'électeur de s'être rangé du parti de l'ennemi. Il avait déjà commencé, dans cette province mal défendue, les dévastations accoutumées, conquis plusieurs villes, et effrayé Dresde même par son approche menaçante; mais ces progrès rapides furent arrêtés subitement par un ordre formel et réitéré de l'empereur, d'épargner à toutes les possessions saxonnes les maux de la guerre.

Ferdinand reconnaissait trop tard qu'il s'était laissé égarer par une fausse politique en poussant à bout l'électeur de Saxe, et en amenant de force, pour ainsi dire, au roi de Suède cet important allié. Le mal qu'il avait fait par une fierté inopportune, il voulait le réparer maintenant par une modération tout aussi maladroite, et il fit une nouvelle faute, en voulant corriger la première. Pour enlever à son ennemi un si puissant allié, il renouvela, par l'entremise des Espagnols, ses négociations avec l'électeur et, afin d'en rendre le succès plus facile, Tiefenbach eut ordre d'évacuer sur-le-champ toutes les provinces de Saxe. Mais cette humble démarche de l'empereur, bien loin de produire l'effet espéré, ne fit que révéler à l'électeur l'embarras de son ennemi et sa propre importance, et l'encouragea même à poursuivre d'autant plus vivement les avantages qu'il avait remportés. D'ailleurs, comment eût-il pu, sans se déshonorer par la plus honteuse ingratitude, abandonner un allié auquel il avait donné les assurances les plus sacrées de sa fidélité, auquel il devait la conservation de ses États et même de sa couronne électorale?

L'armée saxonne, dispensée de marcher en Lusace, prit donc le chemin de la Bohême, où un concours de circonstances favorables semblait lui assurer d'avance la victoire. Le feu de la discorde couvait encore sous la cendre dans ce royaume, premier théâtre de cette funeste guerre, et le poids incessant de la tyrannie donnait chaque jour au mécontentement de la nation un nouvel aliment. De quelque côté que l'on portât les yeux, on voyait dans ce malheureux pays les traces du plus déplorable changement. Des cantons entiers avaient reçu de nouveaux propriétaires, et gémissaient sous le joug détesté de seigneurs catholiques, que la faveur de l'empereur et des jésuites avait revêtus de la dépouille des protestants bannis. D'autres avaient profité de la misère publique pour acheter à vil prix les biens confisqués des proscrits. Le sang des plus nobles défenseurs de la liberté avait coulé sur les échafauds, et ceux qui avaient échappé à la mort par une prompte fuite erraient dans la misère loin de leur patrie, tandis que les souples esclaves de la tyrannie dissipaient en débauches leurs héritages. Mais le joug de ces petits despotes était moins insupportable que l'asservissement des consciences, qui pesait sans distinction sur tout le parti protestant de ce royaume. Nul danger extérieur, nulle résistance nationale, si sérieuse qu'elle fût, nulle expérience, même la plus décourageante, n'avait pu mettre de bornes au prosélytisme des jésuites. Si les voies de la douceur ne produisaient rien, on recourait aux soldats, pour ramener au bercail les brebis égarées. Ceux qui eurent le plus à souffrir de ces violences furent les habitants du Joachimsthal[1], dans les montagnes frontières entre la Bohême et la Misnie. Deux commissaires impériaux, soutenus de deux jésuites et de quinze mousquetaires, parurent dans cette paisible

---

1. « Vallée de Joachim. »

vallée, pour prêcher l'Évangile aux hérétiques. Si l'éloquence des jésuites ne suffisait pas, on tâchait d'atteindre son but en logeant de force les mousquetaires dans les maisons et en recourant aux menaces de bannissement et aux amendes. Mais cette fois la bonne cause triompha, et la courageuse résistance de cette peuplade força l'empereur de retirer honteusement son mandat de conversion. L'exemple de la cour servit de règle de conduite aux catholiques du royaume, et justifia tous les genres d'oppression que, dans leur arrogance, ils étaient tentés d'exercer contre les protestants. Il ne faut pas s'étonner que ce parti, cruellement poursuivi, fût favorable à un changement, et qu'il portât ses regards avec impatience vers son libérateur, qui se montrait alors à la frontière.

Déjà l'armée saxonne était en marche sur Prague. Toutes les places devant lesquelles elle paraissait avaient été abandonnées par les garnisons impériales. Schlœckenau, Tetschen, Aussig, Leutmeritz, tombèrent rapidement, l'une après l'autre, au pouvoir de l'ennemi; chaque ville ou village catholique était livré au pillage. L'effroi saisit tous les catholiques du royaume, et, se souvenant des mauvais traitements qu'ils avaient fait subir aux évangéliques, ils ne se hasardaient pas à attendre l'arrivée vengeresse d'une armée protestante. Tout ce qui était catholique, et avait quelque chose à perdre, fuyait de la campagne dans la capitale, pour quitter ensuite la capitale elle-même, tout aussi promptement. Prague même n'était nullement préparée à repousser une attaque, et se trouvait trop dépourvue de troupes pour être en état de soutenir un long siége. On avait résolu trop tard à la cour impériale d'appeler le feld-maréchal Tiefenbach au secours de cette capitale. Avant que l'ordre impérial eût atteint les quartiers de ce général, en Silésie, les Saxons étaient déjà près de Prague; la bourgeoisie, à demi protestante, promettait peu de zèle, et la faible garnison ne laissait pas espérer une longue résistance. Dans cette affreuse extrémité, les habitants catholiques attendaient leur salut de Wallenstein, qui vivait à Prague en simple particulier. Mais, bien éloigné d'employer pour la défense de la ville son expérience militaire et le poids de son autorité, il saisit au contraire le moment favorable pour satisfaire sa vengeance. Si ce ne fut pas lui qui attira les Saxons à Prague, du moins ce fut certainement sa conduite qui leur facilita la prise de cette ville. Si peu en mesure qu'elle fût d'opposer une longue résistance, elle ne manquait pourtant pas de moyens de se maintenir jusqu'à l'arrivée d'un secours; et un colonel impérial, le comte Maradas, témoigna effectivement le désir d'entreprendre la défense; mais, étant sans commandement, et poussé uniquement par son zèle et son courage à cette action hardie, il n'osait pas se mettre à l'œuvre à ses propres risques, sans l'assentiment d'un supérieur. En conséquence, il demanda conseil au duc de Friedland, dont l'approbation tenait lieu d'une commission impériale, et à qui un ordre exprès de la cour adressait la généralité de Bohême dans cette extrémité. Mais Wallenstein prétexta artificieusement son éloignement de tout emploi et son absolue retraite de la scène politique, et il abattit la fermeté du subalterne par les scrupules que lui, l'homme puissant, laissa paraître. Afin de rendre le découragement général et complet, il quitta même enfin la ville, avec toute sa cour, quoiqu'il eût fort peu de chose à craindre de l'ennemi à la prise de la place, et elle fut perdue précisément parce qu'il marqua par sa retraite qu'il désespérait d'elle. Son exemple fut suivi par toute la noblesse catholique, par la généralité avec les troupes, par le clergé et tous les officiers de la couronne. On employa toute la nuit à sauver les personnes et les biens. Tous les chemins jusqu'à Vienne étaient remplis de fuyards, qui ne revinrent de leur frayeur que dans la résidence impériale. Maradas lui-même, désespérant du salut de Prague, suivit la foule, et conduisit sa petite troupe jusqu'à Tabor, où il voulut attendre l'événement.

Un profond silence régnait dans Prague, quand les Saxons parurent le lendemain devant ses murs. Nuls préparatifs de défense; pas un coup de canon tiré des remparts, qui annonçât quelque résistance des habitants. Les troupes se virent au contraire entourées d'une foule de spectateurs, que la curiosité avait attirés hors de la ville pour considérer l'armée saxonne, et la paisible familiarité avec laquelle ils s'approchaient ressemblait beaucoup plus à une salutation amicale qu'à une réception ennemie. Par le rapport unanime de ces gens, on apprit que la ville était dégarnie de soldats, et que le gouvernement s'était enfui à Budweiss. Ce défaut de résistance, inattendu, inexplicable, excita d'autant plus la défiance d'Arnheim, que l'approche rapide des secours de Silésie n'était pas un secret pour lui, et que l'armée saxonne était trop peu pourvue de matériel de siége, et beaucoup trop faible en nombre pour assaillir une si grande ville. Craignant une embuscade, il redoublait de vigilance, et il flotta dans cette crainte, jusqu'au moment où le maître d'hôtel du duc de Friedland, qu'il découvrit dans la foule, lui confirma cette incroyable nouvelle. « La ville est à nous sans coup férir, » s'écria-t-il alors, au comble de l'étonnement, en s'adressant à ses officiers, et, sur-le-champ, il la fit sommer par un trompette.

La bourgeoisie de Prague, honteusement délaissée par ses défenseurs, avait pris depuis longtemps sa résolution, et il ne s'agissait plus que de garantir la liberté et la propriété par une capitulation avantageuse. Aussitôt qu'elle fut signée par le général saxon, au nom de son maître, on lui ouvrit les portes sans résistance, et, le 11 novembre 1631, l'armée fit son entrée triomphante. L'électeur lui-même arriva bientôt après, pour recevoir en personne l'hommage de ses nouveaux protégés; car c'était seulement à ce titre que les trois villes de Prague s'étaient rendues à lui : leur union avec la monarchie autrichienne ne devait pas être rompue par cette soumission. Autant les catholiques avaient redouté avec excès les représailles des Saxons, autant la modération de l'électeur et la bonne discipline des troupes les surprirent agréablement. Dans cette occasion le feld-maréchal d'Arnheim fit paraître d'une façon toute particulière son dévouement au duc de Friedland. Non content d'avoir épargné dans la marche toutes ses propriétés, il mit encore des gardes à son palais, afin que rien n'en fût détourné. Les catholiques de la ville jouirent de la plus complète liberté de conscience, et, de toutes les églises qu'ils avaient enlevées aux protestants, quatre seulement furent rendues à ces derniers. Les jésuites seuls, à qui la voix publique imputait toutes les persécutions souffertes, furent exclus de cette tolérance et durent s'éloigner du royaume.

Jean-Georges, même victorieux, ne démentit pas l'humble

soumission que lui inspirait le nom de l'empereur, et ce qu'un général impérial, comme Tilly ou Wallenstein, se serait permis infailliblement contre lui à Dresde, il s'en abstint à Prague contre Ferdinand. Il distingua soigneusement l'ennemi, auquel il faisait la guerre, du chef de l'Empire, auquel il devait le respect. Il s'interdit de toucher aux meubles de celui-ci, tandis qu'il s'appropriait sans scrupule, comme étant de bonne prise, les canons de celui-là, et les faisait emmener à Dresde. Il ne prit point son logement dans le palais impérial, mais à l'hôtel de Lichtenstein : trop discret pour occuper les appartements de celui à qui il enlevait un royaume. Si ce trait nous était rapporté d'un grand homme et d'un héros, il nous transporterait, à juste titre, d'admiration. Le caractère du prince chez qui nous le rencontrons nous autorise à douter si nous devons honorer, dans cette retenue, la belle victoire de la modestie, ou plutôt compatir à la pusillanimité de l'esprit faible, que le succès même n'enhardit point et que la liberté ne peut affranchir de ses chaînes accoutumées.

La prise de Prague, que suivit bientôt la soumission de la plupart des villes, produisit dans le royaume un grand et rapide changement. Beaucoup de nobles protestants, qui avaient erré jusqu'alors en proie à la misère, reparurent dans leur patrie, et le comte de Thurn, le fameux auteur de la révolte de Bohême, eut la gloire, avant sa mort, de se montrer en vainqueur sur l'ancien théâtre de son crime et de sa condamnation. Il fit son entrée triomphale par le même pont où les têtes de ses partisans, placées sur des piques, offraient à ses yeux l'affreux spectacle du sort qui l'avait menacé lui-même, et son premier soin fut d'éloigner ces objets sinistres. Les exilés se mirent aussitôt en possession de leurs biens, dont les propriétaires actuels avaient pris la fuite. Sans s'inquiéter de savoir qui rembourserait à ceux-ci les sommes qu'ils avaient dépensées, les anciens maîtres reprirent tout ce qui leur avait appartenu, même ceux qui avaient touché le prix de la vente; et plusieurs d'entre eux eurent lieu de louer la bonne administration des précédents régisseurs. Dans l'intervalle, les champs et les troupeaux avaient parfaitement fructifié dans la seconde main. Les meubles les plus précieux décoraient les appartements; les caves, qu'ils avaient laissées vides, étaient richement fournies, les écuries peuplées, les magasins remplis. Mais, se défiant d'un bonheur qui fondait sur eux d'une manière si imprévue, ils se hâtèrent de revendre ces possessions incertaines et de changer en biens meubles leur richesse immobilière.

La présence des Saxons ranima le courage de tout ce qui dans le royaume avait le cœur protestant, et, dans les campagnes, comme dans la capitale, on voyait la foule courir aux églises évangéliques nouvellement ouvertes. Un grand nombre, que la crainte avait seule maintenus dans l'obéissance au pape, s'attachèrent alors publiquement à la nouvelle doctrine, et plusieurs catholiques récemment convertis abjurèrent avec joie une confession forcée pour suivre leur ancienne croyance. Toute la tolérance que montrait le nouveau gouvernement ne put empêcher l'explosion de l'indignation légitime, que ce peuple persécuté fit sentir aux oppresseurs de sa liberté la plus sainte. Il fit un usage terrible de ses droits reconquis, et, dans plusieurs lieux, sa haine d'une religion imposée par la force, ne put s'éteindre que dans le sang de ceux qui l'avaient prêchée.

Cependant les secours que les généraux de l'empereur, Gœtz et Tiefenbach, amenaient de Silésie étaient arrivés en Bohême, où quelques régiments du comte Tilly vinrent les joindre du haut Palatinat. Pour dissiper ces forces, avant qu'elles eussent le temps de s'accroître, Arnheim marcha de Prague contre elles avec une partie de l'armée, et attaqua courageusement leurs lignes près de Nimbourg[1] sur l'Elbe. Après un combat fort animé, il délogea enfin les ennemis, non sans perdre beaucoup de monde, de leur camp fortifié, et, par la violence de son feu, il les contraignit de repasser l'Elbe, et de couper le pont qui les avait amenés sur l'autre rive. Mais il ne put empêcher les Impériaux de lui faire éprouver des pertes dans plusieurs petites rencontres, ni les Croates de pousser leurs courses jusqu'aux portes de Prague. Quoi qu'on pût se promettre de ce brillant début de la campagne des Saxons en Bohême, la suite ne justifia nullement l'attente de Gustave-Adolphe. Au lieu de

---

1. *Nimburg* est une correction (nécessaire, je crois) qui a été introduite dans les éditions les plus récentes. Dans la première on lit *Limburg*.

poursuivre avec une force irrésistible les avantages obtenus, de s'ouvrir, à travers la Bohême vaincue, un chemin jusqu'à l'armée suédoise, et d'attaquer, de concert avec elle, le centre de la puissance impériale, ils s'affaiblirent dans une petite guerre continuelle, où l'avantage ne fut pas toujours de leur côté, et perdirent sans fruit le temps que réclamait une plus grande entreprise. Mais la conduite ultérieure de Jean-Georges découvrit les motifs qui l'avaient empêché de mettre à profit ses avantages contre l'empereur et de seconder par une opportune activité les projets du roi de Suède.

La plus grande partie de la Bohême était maintenant perdue pour l'empereur, et les Saxons étaient, de ce côté, en marche sur l'Autriche, tandis que Gustave-Adolphe s'ouvrait un chemin à travers la Franconie, la Souabe et la Bavière, vers les provinces héréditaires de Ferdinand. Une longue guerre avait consumé la puissance de la monarchie autrichienne, épuisé ses domaines, diminué ses armées. Elle n'était plus, la gloire de ses triomphes, la confiance en ses forces invincibles, la subordination, cette bonne discipline des troupes, qui donnait en campagne au général suédois son adversaire une supériorité si décidée. Les alliés de l'empereur étaient désarmés, ou le danger qui les assaillait eux-mêmes avait ébranlé leur fidélité. Maximilien de Bavière, le plus puissant soutien de l'Autriche, semblait céder, lui aussi, aux séduisantes invitations à la neutralité; l'alliance suspecte de ce prince avec la France avait depuis longtemps rempli d'alarmes l'empereur. Les évêques de Würtzbourg et de Bamberg, l'électeur de Mayence, le duc de Lorraine, étaient chassés de leurs États, ou du moins dangereusement menacés; Trèves était sur le point de se mettre sous la protection française. La vaillance des Hollandais occupait, dans les Pays-Bas, les armes de l'Espagne, tandis que Gustave-Adolphe les repoussait du Rhin; la Pologne était encore enchaînée par sa trêve avec lui. Ragotzy, prince de Transylvanie, successeur de Bethlen Gabor, et héritier de son esprit turbulent, menaçait les frontières de la Hongrie. La Porte elle-même faisait d'inquiétants préparatifs, afin de profiter du moment favorable. La plupart des membres protestants de l'Empire, enhardis par les victoires de leur défenseur, avaient pris ouvertement et activement parti contre l'empereur. Toutes les ressources que l'insolence d'un Tilly ou d'un Wallenstein s'était créées dans ces contrées par de violentes extorsions, étaient désormais taries; toutes ces places de recrutement, ces magasins, ces lieux de refuge, étaient perdus pour l'empereur, et la guerre ne pouvait plus, comme auparavant, se soutenir aux dépens d'autrui. Pour achever sa détresse, une dangereuse révolte éclate dans le pays au-dessus de l'Ens; le prosélytisme inopportun du gouvernement arme les paysans protestants, et le fanatisme agite ses torches, tandis que l'ennemi assiége déjà les portes de l'Empire. Après une si longue prospérité, après une si brillante suite de victoires, après de si magnifiques conquêtes, après tant de sang inutilement répandu, le monarque d'Autriche se voit, pour la deuxième fois, poussé vers le même abîme où il semblait près de s'engloutir au début de son règne. Si la Bavière embrassait la neutralité, si l'électeur de Saxe résistait aux séductions, et si la France se décidait à attaquer la puissance espagnole à la fois dans les Pays-Bas, en Italie et en Catalogne, le pompeux édifice de la grandeur autrichienne s'écroulait; les couronnes alliées se partageaient ses dépouilles, et le corps politique de l'Allemagne se voyait à la veille d'une complète révolution.

Tout l'enchaînement de ces malheurs commença avec la bataille de Breitenfeld, dont l'issue malheureuse rendit manifeste la décadence, depuis longtemps décidée, de la puissance autrichienne, que l'éclat prestigieux d'un grand nom avait seul dissimulée. Si l'on remontait aux causes qui donnaient aux armes des Suédois une si redoutable supériorité, on les trouvait surtout dans le pouvoir illimité de leur chef, qui réunissait en un seul point toutes les forces de son parti, et, n'étant gêné dans ses entreprises par aucune autorité supérieure, maître absolu de chaque moment favorable, faisait servir tous les moyens à son but et ne recevait de lois que de lui-même. Mais, depuis la destitution de Wallenstein et la défaite de Tilly, on voyait du côté de l'empereur et de la ligue absolument tout le contraire. Les généraux manquaient d'autorité sur les troupes et de la liberté d'action si nécessaire; les soldats manquaient d'obéissance et de discipline, les corps détachés d'ensemble dans leurs opérations, les membres de l'Empire de bonne volonté, les chefs de concorde, de promptitude dans les résolutions et de fermeté dans l'exécution. Ce ne fut pas leur puissance supérieure, ce fut seulement l'usage mieux entendu qu'ils firent de leurs forces qui donna aux ennemis de l'empereur une si décisive prépondérance. La ligue et l'empereur ne manquaient pas de ressources, mais seulement d'un homme qui eût le talent et le pouvoir de les employer. Lors même que Tilly n'eût jamais perdu sa gloire, la défiance qu'inspirait la Bavière ne permettait pas cependant de remettre le sort de la monarchie dans les mains d'un homme qui ne dissimula jamais son attachement pour la maison de Bavière. Le plus pressant besoin de Ferdinand était donc un général qui eût assez d'expérience pour former et conduire une armée et qui consacrât ses services à l'Autriche avec un aveugle dévouement.

C'était le choix de ce général qui occupait maintenant le conseil secret de l'empereur, et qui en divisait les membres. Pour opposer un roi à un roi, et pour enflammer le courage des troupes par la présence de leur maître, Ferdinand, dans le premier feu de la passion, s'offrait à commander lui-même son armée; mais il n'était pas difficile de renverser une résolution que le seul désespoir inspirait, et que faisait tomber un instant de tranquille réflexion. Ce que défendait à l'empereur sa dignité et le fardeau du gouvernement, les circonstances le permettaient à son fils, jeune homme capable et courageux, sur qui les sujets autrichiens portaient leurs regards avec une joyeuse espérance. Appelé par sa naissance même à défendre une monarchie dont il portait déjà deux couronnes, Ferdinand III, roi de Bohême et de Hongrie, unissait à la dignité naturelle d'héritier présomptif l'estime des armées et tout l'amour des peuples, dont l'assistance lui était si indispensable pour la conduite de la guerre. Le souverain futur, cher à la nation, pouvait seul hasarder d'imposer de nouvelles charges à des sujets accablés; il semblait qu'il fût seul capable, par sa présence au milieu de l'armée, d'étouffer la funeste jalousie des chefs, et de ramener, par le pouvoir de son nom, à l'ancienne rigueur la discipline relâchée. Si le jeune homme manquait encore de cette indispensable maturité de jugement, de cette prudence, de cette connaissance de la guerre, qui ne s'acquiert que par l'usage, on pouvait suppléer à ce défaut par un bon choix de conseillers et d'auxiliaires, revêtus, sous son nom, de l'autorité la plus étendue.

Autant étaient spécieux les motifs par lesquels une partie des ministres soutenait cette proposition, aussi grandes étaient les difficultés qu'y opposait la défiance, peut-être aussi la jalousie de l'empereur, et l'état désespéré des affaires. Combien n'était-il pas périlleux de confier le sort de la monarchie tout entière à un jeune homme qui avait lui-même un si grand besoin de guides étrangers! Quelle témérité d'opposer au plus grand général du siècle un débutant, qui n'avait prouvé encore par aucune entreprise qu'il fût capable de remplir ce poste important; dont le nom, que jamais encore la gloire n'avait proclamé, était beaucoup trop faible pour garantir d'avance la victoire aux troupes découragées! Quelle nouvelle charge encore pour le sujet, d'entretenir l'état somptueux qui convenait à un général couronné, état que les préjugés de l'époque rendaient inséparable de sa présence aux armées! Quel danger enfin pour le prince lui-même d'ouvrir sa carrière politique par un office qui le rendait le fléau de son peuple et l'oppresseur des pays sur lesquels il devait régner un jour!

D'ailleurs, il ne suffisait pas de chercher un général pour l'armée, il fallait aussi trouver une armée pour le général. Depuis la déposition de Wallenstein, l'empereur s'était défendu avec le secours de la ligue et de la Bavière plus qu'avec ses propres forces, et c'était précisément à cette dépendance d'amis équivoques qu'on voulait se dérober par la création d'un général à soi. Mais, sans la force toute-puissante de l'or et sans le nom magique d'un chef victorieux, était-il possible de faire sortir une armée du néant, une armée qui pût rivaliser en discipline, en esprit belliqueux, en habileté, avec les bandes aguerries du conquérant suédois? Dans l'Europe entière il n'y avait qu'un seul homme qui eût accompli un tel prodige, et cet homme unique, on lui avait fait un mortel affront.

Enfin le moment était venu, qui offrait à l'orgueil offensé de Friedland une satisfaction sans égale. Le sort s'était lui-même déclaré son vengeur, et une suite non interrompue de revers, qui avait fondu sur l'Autriche depuis le jour de sa destitution, avait arraché à l'empereur lui-même l'aveu qu'en lui ôtant ce général, on lui avait coupé son bras droit. Chaque défaite de ses troupes rouvrait cette blessure ; chaque place perdue reprochait au monarque trompé sa faiblesse et son ingratitude : heureux encore, s'il n'avait fait que perdre dans le général offensé un chef pour ses armées, un défenseur pour ses États! mais il trouvait en lui un ennemi, et le plus dangereux de tous, parce que c'était contre l'atteinte d'un traître qu'il était le moins défendu.

Éloigné du théâtre de la guerre, et condamné à une oisiveté qui faisait son supplice, tandis que ses rivaux cueillaient des lauriers dans le champ de la gloire, l'orgueilleux Friedland avait contemplé les révolutions de la fortune avec une feinte insouciance, et caché sous le faste éblouissant d'un héros de théâtre les sombres projets de son esprit toujours en travail. Dévoré par une passion brûlante, tandis que son visage serein feignait le calme et le repos, il mûrissait en silence ses terribles desseins, enfants de la vengeance et de l'ambition, et s'approchait lentement, mais sûrement, de son but. Tout ce qu'il était devenu grâce à l'empereur était effacé de son souvenir; ce qu'il avait fait pour l'empereur était seul gravé en traits de feu dans sa mémoire. Dans sa soif inextinguible de grandeur et de puissance, il était charmé de trouver chez Ferdinand une ingratitude qui semblait annuler sa dette et l'affranchir de toute obligation envers l'auteur de sa fortune. Les projets de son ambition lui paraissaient maintenant excusés et justifiés : ils prenaient l'apparence d'une légitime représaille. Autant se resserrait le cercle de son activité extérieure, autant s'agrandissait le monde de ses espérances, et son imagination exaltée s'égarait dans des projets immenses, que, dans toute autre tête que la sienne, le seul délire eût pu enfanter. Son mérite l'avait porté aussi haut que l'homme se puisse élever par ses propres forces. La fortune ne lui avait rien refusé de tout ce qu'un particulier et un citoyen peut atteindre sans sortir des limites du devoir. Jusqu'au moment de sa destitution, ses prétentions n'avaient éprouvé aucune résistance, son ambition n'avait rencontré aucune limite : le coup qui le terrassa, à la diète de Ratisbonne, lui montra la différence de la puissance propre et originelle à la puissance déléguée, et la distance du sujet au souverain. Arraché par cette catastrophe imprévue à l'ivresse de sa grandeur dominatrice, il compara le pouvoir qu'il avait possédé avec celui par lequel on lui avait ravi le sien, et son ambition observa le degré qu'il avait encore à franchir sur l'échelle de la fortune. Ce fut seulement lorsqu'il eut senti, avec une douloureuse réalité, le poids de l'autorité suprême, qu'il étendit vers elle ses mains avides : la spoliation qu'on lui avait fait éprouver le rendit spoliateur. Si aucune offense ne l'avait provoqué, il aurait décrit docilement son orbite autour de la majesté du trône, satisfait de la gloire d'être son plus brillant satellite : ce ne fut qu'après avoir été poussé violemment hors de sa carrière, qu'il troubla le système auquel il appartenait et se précipita sur son soleil pour l'écraser.

Gustave-Adolphe poursuivait sa marche victorieuse dans le nord de l'Allemagne; les places tombaient l'une après l'autre en son pouvoir, et l'élite des forces impériales venait de succomber près de Leipzig. Le bruit de ces défaites parvint bientôt aux oreilles de Wallenstein, qui, plongé à Prague dans l'obscurité de la vie privée, contemplait de loin paisiblement les tempêtes de la guerre. Ce qui remplissait d'alarmes le cœur de tous les catholiques, lui présageait, à lui, fortune et grandeur; pour lui seul travaillait Gustave-Adolphe. Dès qu'il vit que ce monarque commençait à se faire respecter par ses exploits, le duc de Friedland ne perdit pas un moment pour rechercher son amitié et faire cause commune avec cet heureux ennemi de l'Autriche. Le comte de Thurn exilé, qui avait depuis longtemps consacré ses services au roi de Suède, se chargea de lui présenter les félicitations de Wallenstein et de lui proposer avec le duc une étroite alliance. Wallenstein lui demandait quinze mille hommes, et, avec ce secours, joint aux troupes qu'il s'engageait à lever lui-même, il voulait conquérir la Bohême et la Moravie, surprendre Vienne, et chasser jusqu'en Italie l'empereur son maître. Quoique l'étrangeté de cette proposition et l'exagération de ces promesses excitassent vivement la défiance de Gustave-Adolphe, il se connaissait trop bien en mérite pour repousser froidement un ami de cette importance. Mais, lorsque Wallenstein, encouragé par le favorable accueil fait à cette première tentative, renouvela sa proposition après la bataille de Breitenfeld, et réclama une déclaration positive, le prudent monarque jugea périlleux de compromettre sa gloire avec les chimériques projets de cet esprit téméraire, et de confier un si grand nombre de soldats à la loyauté d'un homme qui s'annonçait comme un traître. Il s'excusa sur la faiblesse de son armée, qui souffrirait dans ses expéditions en Allemagne par une si forte réduction, et il manqua peut-être, par une trop grande prudence, l'occasion de terminer la guerre au plus vite. Dans la suite il essaya, mais trop tard, de renouer les négociations rompues ; le moment favorable était passé, et l'orgueil blessé de Wallenstein ne lui pardonna jamais ce dédain.

Mais ce refus du roi ne fit vraisemblablement que hâter la rupture que la trempe de ces deux caractères rendait inévitable. Nés l'un et l'autre pour donner des lois, et non pour en recevoir, ils n'auraient jamais pu rester unis dans une entreprise qui exigeait plus que toute autre de la condescendance et des sacrifices réciproques. Wallenstein n'était rien lorsqu'il n'était pas tout. Il fallait ou qu'il n'agît point du tout, ou qu'il agît avec une liberté absolue. Gustave-Adolphe avait une haine non moins sincère pour tout assujettissement, et peu s'en fallut qu'il ne rompît sa liaison si avantageuse avec la cour de France, parce que les prétentions de cette puissance enchaînaient son génie indépendant. L'un était perdu pour un parti qu'il n'eût pu diriger, l'autre était bien moins fait encore pour se laisser mener à la lisière. Les prétentions impérieuses de cet allié, déjà si importunes au duc de Friedland dans leurs opérations communes, lui seraient devenues insupportables lorsqu'il aurait fallu partager les dépouilles. Le fier monarque pouvait descendre à recevoir contre l'empereur l'appui d'un sujet rebelle, et récompenser ce service important avec une générosité royale ; mais il ne pouvait jamais perdre de vue sa propre majesté et celle de tous les rois, jusqu'à garantir le prix que l'ambition effrénée de Friedland osait mettre à ses secours ; jamais il n'aurait payé d'une couronne une profitable trahison. Ainsi donc, l'Europe entière eût-elle gardé le silence, du moment que Wallenstein portait la main sur le sceptre de Bohême, il devait rencontrer une opposition redoutable chez Gustave-Adolphe, l'homme de toute l'Europe qui pouvait d'ailleurs le mieux donner force à un pareil *veto*. Une fois devenu dictateur de l'Allemagne par le secours de Wallenstein, il pouvait tourner aussi ses armes contre cet auxiliaire même, et se tenir pour affranchi envers un traître de tous les devoirs de la reconnaissance. Auprès d'un tel allié il n'y avait donc pas de place pour Wallenstein ; et vraisemblablement c'est à cela qu'il faisait allusion, et non à ses vues supposées sur le trône impérial, lorsqu'il s'écria, après la mort du roi : « C'est un bonheur pour moi et pour lui qu'il ne soit plus. C'était trop pour l'empire d'Allemagne de deux chefs comme nous. »

Son premier essai de vengeance contre la maison d'Autriche avait échoué ; mais sa résolution était inébranlable, et le changement ne porta que sur le choix des moyens. Ce qui ne lui avait pas réussi auprès du roi de Suède, il espéra l'obtenir, avec moins de difficulté et plus d'avantages, de l'électeur de Saxe : il était sûr de le mener à son gré, tout autant qu'il désespérait de gouverner Gustave-Adolphe. Sans cesse en communication avec Arnheim, son ancien ami, il travailla dès ce moment à une alliance avec la Saxe, par laquelle il espérait se rendre également redoutable à l'empereur et au roi de Suède. Il pouvait se promettre qu'un projet dont la réussite enlèverait au monarque suédois son influence en Allemagne, trouverait auprès de Jean-Georges un accès d'autant plus facile que le caractère jaloux de ce prince était irrité du pouvoir de Gustave-Adolphe, et que son affection, d'ailleurs faible, pour lui était bien refroidie par l'accroissement des prétentions du roi. Si Wallenstein réussissait à séparer la Saxe de l'alliance suédoise, et à former avec elle un troisième parti dans l'Empire, l'issue de la guerre était dans sa main, et, du même coup, il tirait vengeance de l'empereur, il punissait le roi de Suède d'avoir dédaigné son amitié, et il fondait sur la ruine de tous deux l'édifice de sa propre grandeur.

Mais, par quelque chemin qu'il poursuivît son but, il ne pouvait réussir à l'atteindre sans l'appui d'une armée qui lui fût entièrement dévouée. Cette armée ne pouvait être levée si secrètement que la cour impériale ne conçût des soupçons, et que le projet ne fût déjoué dès sa naissance. Cette armée ne devait pas connaître avant le temps sa destination criminelle, car il était difficile d'espérer qu'elle voulût obéir à l'appel d'un traître et servir contre son légitime souverain. Il fallait donc que Wallenstein fît ses levées publiquement, sous l'autorité impériale, et qu'il reçût légalement, de l'empereur lui-même, un pouvoir illimité sur ces troupes. Mais cela pouvait-il se faire, à moins qu'on ne lui restituât le généralat dont on l'avait dépouillé, et qu'on ne lui remît, d'une manière absolue, la conduite de la guerre? Cependant ni son orgueil ni son intérêt ne lui permettaient de se pousser lui-même à ce poste, et de solliciter, comme un suppliant, de la faveur impériale, une autorité limitée, quand il s'agissait de l'arracher illimitée à la frayeur du monarque. Pour pouvoir dicter les conditions auxquelles il se chargerait du commandement, il fallait qu'il attendît que son maître le pressât de l'accepter. C'était le conseil que lui donnait Arnheim, et ce fut le but qu'il poursuivit avec une profonde politique et une infatigable activité.

Persuadé que l'extrême nécessité pourrait seule vaincre l'irrésolution de l'empereur, et rendre impuissante l'opposition de la Bavière et de l'Espagne, ses deux plus ardents adversaires, il s'appliqua dès lors à favoriser les progrès de l'ennemi et à augmenter la détresse de son maître. Ce fut très-probablement sur son invitation et par ses encouragements que les Saxons, déjà en marche pour la Lusace et la Silésie, se tournèrent vers la Bohême et inondèrent de leurs troupes ce pays sans défense; les rapides conquêtes qu'ils y firent ne furent pas moins son ouvrage. Par ses craintes affectées il étouffa toute pensée de résistance, et, par sa retraite précipitée, livra la capitale au vainqueur. Dans une conférence qu'il eut avec le général saxon, à Kaunitz, et dont une négociation de paix lui fournit le prétexte, il mit vraisemblablement le sceau à la conjuration, et la conquête de la Bohême fut le premier fruit de cette entrevue. En même temps qu'il concourait de tout son pouvoir à accumuler les malheurs sur l'Autriche, et qu'il y était puissamment secondé par les rapides progrès des Suédois sur le Rhin, il faisait retentir, à Vienne, par la voix de ses partisans volontaires ou achetés, les plaintes les plus violentes sur les malheurs publics; il faisait représenter la destitution de l'ancien général comme la seule cause des revers « Wallenstein n'eût pas laissé les choses en venir là, s'il fût resté au timon, » s'écriaient alors mille voix, et, même dans le conseil secret de l'empereur, cette opinion trouvait de zélés partisans.

Il n'était pas besoin de leurs assauts répétés pour ouvrir les yeux du malheureux monarque sur les mérites de son général et sur l'imprudence commise. Sa dépendance de la ligue et de la Bavière lui avait été bientôt insupportable; mais cette dépendance même ne lui avait pas permis de montrer sa défiance, et d'irriter l'électeur en rappelant le duc de Friedland. Mais à présent que le danger croissait de jour en jour, et que la faiblesse de l'assistance bavaroise devenait toujours plus visible, il n'hésita pas plus longtemps à prêter l'oreille aux amis de Wallenstein, et à peser mûrement leurs propositions relatives au rappel de ce général. Les immenses richesses qu'il possédait, la considération générale dont il jouissait, la rapidité avec laquelle, six années auparavant, il avait mis en campagne une armée de quarante mille hommes, la faible dépense avec laquelle il avait entretenu des troupes si nombreuses, ses exploits à la tête de cette armée, enfin le zèle et la fidélité qu'il avait montrés pour la gloire de l'empereur, étaient toujours présents à la pensée du monarque, et lui représentaient le duc comme l'instrument le plus propre à rétablir l'équilibre des armes entre les puissances belligérantes, à sauver l'Autriche, et à maintenir debout la religion catholique. Si vivement que l'orgueil impérial sentît l'humiliation de faire l'aveu si peu équivoque de la précipitation passée et de la détresse présente; si douloureux qu'il fût pour Ferdinand d'abaisser aux prières la hauteur de sa dignité souveraine; quelque suspecte que fût la fidélité d'un homme si grièvement offensé et si implacable; enfin si hautement et si énergiquement que les ministres espagnols et l'électeur de Bavière fissent connaître leur mécontentement de cette démarche: l'urgente nécessité triompha de toute autre considération, et les amis du duc furent chargés de sonder ses dispositions, et de lui faire entrevoir de loin la possibilité de son rétablissement.

Instruit de tout ce qui se traitait à son avantage dans le cabinet de Ferdinand, Wallenstein prit assez d'empire sur lui-même pour cacher son triomphe intérieur et jouer le rôle d'un homme indifférent. Le temps de la vengeance était venu, et son cœur orgueilleux jouissait d'avance de rendre à l'empereur, avec usure, l'affront qu'il avait reçu. Il s'étendit avec une éloquence étudiée sur l'heureuse tranquillité de la vie privée, qui faisait sa félicité depuis son éloignement du théâtre politique. Il avait, disait-il, goûté trop longtemps les charmes de l'indépendance et du loisir, pour les sacrifier au vain fantôme de la gloire et à l'incertaine faveur des princes. Tous ses désirs de grandeur et de puissance étaient évanouis, et le repos était l'unique objet de ses vœux. Pour ne trahir aucune impatience, il refusa même l'invitation de se rendre à la cour de l'empereur; cependant, pour faciliter les négociations avec elle, il s'avança jusqu'à Znaïm en Moravie.

On essaya d'abord de limiter, par la présence d'un surveillant, la grandeur du pouvoir qu'on allait lui remettre, et de réduire au silence, par cet expédient, l'électeur de Bavière. Les envoyés de l'empereur, Questenberg et Werdenberg, qui furent employés, comme anciens amis de Friedland, à cette négociation épineuse, eurent l'ordre de mettre en avant, dans leur proposition, le roi de Hongrie, qui devrait suivre l'armée, et apprendre l'art de la guerre sous la conduite de Wallenstein. Mais la simple mention de ce nom menaça de rompre toute la conférence. « Jamais, déclara hautement le duc, jamais il ne souffrirait un aide dans sa charge, quand ce serait Dieu même avec qui il devrait partager le commandement. » Mais, même après qu'on se fut désisté de cette condition odieuse, le favori et ministre de l'empereur, le prince d'Eggenberg, ami de Wallenstein et son constant défenseur, qu'on avait envoyé en personne auprès de lui, épuisa longtemps en vain son éloquence pour vaincre sa répugnance affectée. Le ministre avouait que « le monarque avait perdu, en se privant de Wallenstein, la plus précieuse pierre de sa couronne; mais cette décision, assez regrettée, il ne l'avait prise que par force et à contre-cœur; son estime pour le duc n'avait éprouvé aucun changement, sa faveur lui était demeurée constante. Une preuve irrécusable était la confiance exclusive qu'on mettait aujourd'hui dans sa fidélité et ses talents, pour réparer les fautes de ses prédécesseurs et changer toute la face des choses. Ce serait agir avec noblesse et grandeur de sacrifier un juste ressentiment au bien de la patrie ; il serait beau, il serait digne de lui de confondre les calomnies de ses adversaires par un redoublement de zèle. Ce triomphe sur lui-même, disait enfin le prince, couronnerait ses autres mérites incomparables, et ferait de lui le plus grand homme de son siècle. »

Des aveux si humiliants, des assurances si flatteuses, parurent désarmer enfin la colère de Friedland. Mais il ne prêta pas l'oreille aux séduisantes propositions du ministre, avant d'avoir pleinement déchargé son cœur de tous les reproches qu'il faisait à son maître, avant d'avoir étalé, avec une pompe fastueuse, toute l'étendue de ses mérites, et rabaissé profondément le monarque qui avait maintenant besoin de son secours. Comme s'il cédait seulement à la force des raisons qu'on avait fait valoir, il accorda, avec une orgueilleuse générosité, ce qui était le plus ardent désir de son âme, et daigna faire briller aux yeux de l'ambassadeur un rayon d'espérance. Mais, bien éloigné de faire cesser tout d'un coup l'embarras de l'empereur par un entier et absolu consentement, il n'accorda qu'une moitié de la demande, afin de mettre l'autre moitié, la plus importante, à un prix d'autant plus élevé. Il accepta le commandement, mais seulement pour trois mois, seulement pour mettre sur pied une armée, non pour la commander lui-même. Il voulait uniquement, par cette création, manifester sa capacité et sa puissance, et montrer de près à l'empereur la grandeur des secours dont lui Wallenstein pouvait disposer. Persuadé qu'une armée, que son nom seul aurait tirée du néant, y rentrerait, si elle était privée de son créateur, il ne voulait s'en servir que comme d'un appât, pour arracher à son maître des concessions d'autant plus importantes, et cependant Ferdinand se crut bien heureux d'avoir du moins gagné cela.

Wallenstein ne tarda pas longtemps à remplir sa promesse, que toute l'Allemagne raillait comme chimérique, et que Gustave-Adolphe lui-même trouvait exagérée. Mais les bases de cette entreprise étaient dès longtemps posées, et il ne fit alors que mettre en jeu les machines qu'il avait préparées dans cette vue depuis plusieurs années. A peine la nouvelle de son armement se fut-elle répandue, que des bandes de soldats accoururent de

toutes les extrémités de la monarchie autrichienne, pour tenter
la fortune sous ce général expérimenté. Un grand nombre, qui
avaient déjà combattu autrefois sous ses drapeaux, admiré de
près sa grandeur, et éprouvé sa générosité, sortirent de l'obscurité à cet appel, afin de partager avec lui, une seconde fois,
gloire et butin. L'élévation de la solde promise en attira des
milliers, et le riche entretien qui était assuré au soldat aux dépens du paysan, fut pour celui-ci une invincible tentation
d'embrasser plutôt lui-même cet état que de succomber sous
l'oppression militaire. On contraignit toutes les provinces autrichiennes de contribuer pour cet armement coûteux; aucune
condition ne fut exempte de taxes; aucune dignité, aucun privilége ne dispensaient de la capitation. La cour d'Espagne, ainsi
que le roi de Hongrie, accordèrent une somme considérable;
les ministres firent des dons magnifiques; et Wallenstein luimême sacrifia deux cent mille écus de ses biens particuliers
pour hâter l'armement. Il soutint sur sa cassette les officiers
pauvres; et, par son exemple, par un brillant avancement, par
des promesses plus brillantes encore, il excita les riches à lever
des troupes à leurs frais. Qui mettait un corps sur pied avec ses
propres ressources, en avait le commandement. Dans la nomination des officiers, la religion ne faisait aucune différence :
l'expérience, la richesse et le courage étaient plus considérés
que la croyance. Cette justice égale envers les différentes
sectes, et plus encore la déclaration que l'armement actuel
n'avait rien à démêler avec la religion, tranquillisèrent le sujet
protestant et le portèrent à contribuer comme les autres aux
charges publiques. En même temps, le duc ne négligea pas de
négocier, en son propre nom, avec les États étrangers pour obtenir des hommes et de l'argent. Il décida le duc de Lorraine
à marcher une seconde fois pour l'empereur; il fallut que
la Pologne lui fournît des cosaques, l'Italie des munitions de
guerre. Avant que le troisième mois fût écoulé, l'armée, rassemblée en Moravie, ne se montait pas à moins de quarante
mille hommes, la plupart tirés de ce qui restait de la Bohême,
de Moravie, de Silésie, et des provinces allemandes de la maison d'Autriche. Ce que chacun avait jugé inexécutable, Wallenstein, à l'étonnement de toute l'Europe, l'avait accompli dans un

très-court espace de temps. La magie de son nom, de son or et de son génie avait appelé sous les armes plus de milliers d'hommes qu'on n'eût espéré avant lui d'en rassembler de centaines. Fournie, jusqu'à la profusion, de toutes les choses nécessaires, commandée par des officiers expérimentés, enflammée d'un enthousiasme qui promettait la victoire, cette armée nouvelle n'attendait qu'un signe de son chef pour se montrer digne de lui par de valeureux exploits.

Le duc avait rempli sa promesse, l'armée était prête à entrer en campagne : alors il se retira et remit à l'empereur le soin de lui donner un général. Mais il eût été aussi facile de lever une seconde armée comme celle-là, que de trouver pour elle un autre chef que Wallenstein. Cette armée, qui promettait tant de choses, la dernière espérance de l'empereur, n'était rien qu'un prestige, aussitôt que se dissipait l'enchantement qui l'avait produite. Wallenstein lui avait donné l'être : sans lui, elle rentrait dans le néant, comme une création magique. Les officiers étaient engagés envers lui comme ses débiteurs, ou liés étroitement, comme ses créanciers, à son intérêt et à la durée de sa puissance; il avait donné les régiments à ses parents, à ses créatures, à ses favoris. C'était lui, lui seul, qui pouvait tenir aux troupes les enivrantes promesses par lesquelles il les avait attirées à son servive. Sa parole donnée était pour tous la seule garantie de leurs audacieuses espérances; une confiance aveugle en sa toute-puissance était l'unique lien qui confondait en un vivant esprit de corps les différents mobiles de leur zèle. C'en était fait de la fortune de chacun, aussitôt que se retirait celui qui en avait garanti l'accomplissement.

Quoique le refus de Wallenstein ne fût nullement sérieux, il ne s'en servit pas moins avec beaucoup de succès de cet épouvantail pour arracher à l'empereur l'acceptation de ses conditions exorbitantes. Les progrès de l'ennemi rendaient le péril chaque jour plus pressant, et le secours était si près ! Il dépendait d'un seul homme de mettre une prompte fin à la détresse générale. Pour la troisième et dernière fois, le prince d'Eggenberg reçut donc l'ordre de décider son ami, même au prix des plus durs sacrifices, à se charger du commandement.

Il le trouva à Znaïm, en Moravie, fastueusement environné

des troupes dont il faisait convoiter la possession à l'empereur. L'orgueilleux sujet reçut l'envoyé de son souverain comme un suppliant. « Jamais, répondit-il, il ne pourrait se fier à un rétablissement qu'il devait uniquement à la détresse, non à la justice de l'empereur. A la vérité, on le cherchait maintenant que le danger était au comble, et qu'on n'espérait de salut que de son bras ; mais le service rendu ferait bientôt retomber son auteur dans l'oubli, et l'ancienne sûreté ramènerait l'ancienne ingratitude. Toute sa gloire était compromise, s'il trompait l'attente que l'on fondait sur lui ; et son bonheur, son repos, s'il réussissait à la satisfaire. Bientôt se réveillerait contre lui l'ancienne jalousie, et le monarque dépendant d'autrui ne ferait nulle difficulté de sacrifier une seconde fois aux convenances du moment un serviteur qui aurait cessé d'être nécessaire. Il valait mieux pour lui abandonner tout de suite et librement un poste d'où il serait d'ailleurs précipité tôt ou tard par les cabales de ses adversaires. Il n'attendait plus de sûreté et de contentement qu'au sein de la vie privée, et c'était uniquement pour obliger l'empereur qu'il s'était arraché, pour quelque temps, et bien malgré lui, à son heureuse tranquillité. »

Le ministre, fatigué de cette longue comédie, prit alors un ton plus sérieux, et menaça l'obstiné Wallenstein de toute la colère du monarque, s'il persistait dans sa résistance. « La majesté de l'empereur, lui dit-il, s'était assez profondément abaissée, et, au lieu d'émouvoir sa générosité par la condescendance, elle n'avait fait que caresser son orgueil et accroître son opiniâtreté. S'il fallait qu'elle eût fait inutilement ce grand sacrifice, il ne répondait pas que le suppliant ne se changeât en maître, et que le monarque ne vengeât sur le sujet rebelle sa dignité offensée. Quelque faute que Ferdinand pût avoir commise, l'empereur avait le droit d'exiger la soumission ; l'homme pouvait se tromper, mais le souverain ne pouvait jamais avouer son erreur. Si le duc de Friedland avait souffert par une injuste sentence, il serait dédommagé de toutes ses pertes ; la majesté souveraine pouvait guérir les blessures qu'elle-même avait faites. Réclamait-il des garanties pour sa personne et ses dignités, l'équité de l'empereur ne lui refuserait aucune demande légitime. Seule, la majesté méprisée ne se pouvait apaiser par aucune réparation, et la désobéissance à ses ordres effaçait même le plus éclatant mérite. L'empereur avait besoin de ses services, et, comme empereur, il les exigeait. Quelque prix que Wallenstein voulût y mettre, l'empereur le lui accordait. Mais il voulait l'obéissance : sinon le poids de sa colère écraserait l'indocile serviteur. »

Wallenstein, dont les vastes possessions, enclavées dans la monarchie autrichienne, étaient sans cesse à la merci du pouvoir impérial, sentit vivement que cette menace n'était pas vaine; mais ce ne fut pas la crainte qui surmonta enfin son obstination simulée. Ce langage impérieux ne lui découvrit que trop clairement la faiblesse et le désespoir qui en étaient la source; l'empressement de l'empereur à lui accorder toutes ses demandes lui persuada qu'il touchait au terme de ses vœux. Il se déclara donc vaincu par l'éloquence d'Eggenberg, et le quitta pour aller rédiger ses conditions.

Le ministre n'attendait pas sans angoisse un écrit où le plus orgueilleux des serviteurs avait l'audace de dicter des lois au plus orgueilleux des princes. Mais, si faible que fût sa confiance en la modestie de son ami, les prétentions excessives contenues dans cet écrit dépassèrent cependant de bien loin ses craintes les plus vives. Wallenstein demandait une autorité suprême et absolue sur toutes les armées allemandes de la maison d'Autriche et d'Espagne, avec le pouvoir illimité de punir et de récompenser. Ni le roi de Hongrie, ni l'empereur lui-même n'auraient la permission de paraître à l'armée, et moins encore d'y faire aucun acte d'autorité. L'empereur ne devait y disposer d'aucun emploi, y distribuer aucune récompense; aucune lettre de grâce ne devait être valable sans la ratification de Wallenstein. Il disposerait seul, à l'exclusion de tous tribunaux de l'empereur et de l'Empire, de tout ce qui serait confisqué ou conquis en Allemagne. On lui céderait, à titre de récompense ordinaire, un domaine héréditaire impérial, et en outre, comme don extraordinaire, un des pays conquis dans l'Empire. Toute province autrichienne lui devait être ouverte, comme refuge, aussitôt qu'il en aurait besoin. Il demandait de plus que le duché de Mecklembourg lui fût garanti dans le traité de paix futur; enfin il voulait un congé formel et signifié longtemps d'avance, si l'on devait juger nécessaire de lui retirer une seconde fois le généralat.

Vainement le ministre le presse de modérer ces demandes par lesquelles l'empereur allait être dépouillé de tous ses droits de souverain sur l'armée, et abaissé à n'être qu'une créature de son général. On lui avait trop laissé voir l'absolue nécessité de ses services, pour être encore maître du prix qu'il faudrait les payer. Si la force des circonstances obligeait l'empereur de consentir à ces demandes, ce n'était pas un simple mouvement de vengeance et d'orgueil qui engageait le duc à les faire. Le plan de la révolte future était tracé, et l'on ne pouvait se passer pour l'accomplir d'aucun des avantages que Wallenstein cherchait à s'assurer dans son traité avec la cour. Ce plan exigeait que toute autorité en Allemagne fût ravie à l'empereur et passât dans les mains de son général : ce but était atteint aussitôt que Ferdinand aurait signé ces conditions. L'usage que Wallenstein se proposait de faire de son armée et qui certes différait infiniment du dessein qu'on avait en la lui remettant, n'admettait aucun partage de pouvoir, et bien moins encore un pouvoir supérieur au sien. Pour qu'il fût le seul maître de leur volonté, il devait paraître aux yeux des soldats comme le seul maître de leur sort; pour se substituer insensiblement à son chef suprême, et attribuer à sa propre personne les droits de souveraineté que lui avait seulement prêtés la puissance suprême, il devait éloigner soigneusement celle-ci de la vue des troupes. De là son refus obstiné de souffrir, à l'armée, aucun prince de la maison d'Autriche. La liberté de disposer à son gré de tous les biens confisqués et conquis dans l'Empire, lui offrait des moyens redoutables pour acheter des partisans et des instruments dociles, et pour jouer le dictateur en Allemagne, plus que jamais empereur ne se l'était permis en temps de paix. Par le droit de se servir au besoin des pays autrichiens comme de lieux de refuge, il obtenait la libre faculté de tenir l'empereur comme prisonnier dans ses propres États et par sa propre armée, d'épuiser la substance de ces provinces, et de miner la puissance de l'Autriche dans ses fondements. Maintenant, quoi que le sort décidât, Wallenstein, par les conditions qu'il arrachait à l'empereur, avait également bien pourvu, dans tous les cas, à ses intérêts. Si les événements se montraient favorables à ses audacieux projets, ce traité lui en rendait l'exécution plus facile ; si les conjonctures en déconseillaient l'exécution, du moins ce traité avait été pour lui le plus magnifique dédommagement. Mais comment pouvait-il croire valable un pacte qu'il arrachait à son maître et qui était fondé sur un crime ? Comment pouvait-il espérer d'enchaîner l'empereur par une obligation qui condamnait à mort l'homme assez téméraire pour l'imposer ? Cependant ce criminel, digne de mort, était maintenant, dans toute la monarchie, le serviteur le plus indispensable, et Ferdinand, exercé à la feinte, lui accorda tout ce qu'il demandait.

Les troupes impériales avaient donc enfin un chef digne de ce nom. Tout autre pouvoir dans l'armée, même celui de l'empereur, cessa dès le moment où Wallenstein prit le bâton de commandement, et tout ce qui n'émanait pas de lui était de nulle valeur. Des rives du Danube jusqu'au Wéser et à l'Oder, on sentit le lever vivifiant de l'astre nouveau. Déjà un nouvel esprit anime les soldats de l'empereur; la guerre entre dans une nouvelle phase. Les espérance des catholiques se raniment, et le monde protestant observe avec inquiétude le changement des conjonctures.

Plus il avait fallu acheter à grand prix le nouveau général, plus, à la cour de l'empereur, on se croyait en droit d'espérer de grandes choses; mais le duc ne se pressa point de remplir cette attente. Aux portes de la Bohême, avec une formidable armée, il n'avait qu'à se montrer pour vaincre les Saxons affaiblis et ouvrir avec éclat sa nouvelle carrière en reconquérant ce royaume. Mais, satisfait d'inquiéter l'ennemi avec ses Croates, dans des engagements qui ne décidaient rien, il lui laissa en proie la meilleure partie du pays, et marcha vers son but particulier à pas mesurés et tranquilles. Son plan n'était point de vaincre les Saxons, mais de s'unir avec eux. Uniquement occupé de cette affaire importante, il laissait, en attendant, reposer ses armes, afin de triompher d'autant plus sûrement par la voie des négociations. Il mit tout en œuvre pour détacher l'électeur de l'alliance suédoise, et Ferdinand lui-même, toujours disposé à la paix avec ce prince, approuva cette conduite. Mais les grandes obligations que les Saxons avaient aux Suédois étaient encore trop présentes à leur mémoire, pour permettre une si honteuse perfidie; et, si même ils en avaient senti la tentation, le caractère équivoque de Wallenstein et le mauvais renom de la politique autrichienne ne leur permettaient de prendre aucune confiance en la sincérité des promesses du duc. Trop connu pour un trompeur dans son rôle d'homme d'État, il ne trouva nulle créance dans l'unique occasion où, vraisemblablement, il était sincère, et les circonstances ne souffraient pas encore qu'en découvrant ses vrais motifs, il mît hors de doute la sincérité de ses intentions. Il résolut donc à contre-cœur d'arracher par la force des armes ce qu'il n'avait pu obtenir par la voie des négociations. Il rassembla promptement ses troupes, et parut devant Prague, avant que les Saxons pussent secourir cette capitale. Après une courte résistance des assiégés, la trahison des capucins en ouvrit l'entrée à un de ses régiments, et la garnison, réfugiée dans le château, rendit les armes à des conditions honteuses. Maître de la capitale, il espéra, pour ses négociations à la cour de Saxe, un accueil plus favorable; toutefois, en même temps qu'il les renouvelait auprès du général d'Arnheim, il ne négligea pas de leur donner plus de poids par un coup décisif. Il ordonna d'occuper en toute hâte les étroits passages entre Aussig et Pirna, pour couper à l'armée saxonne le retour dans son pays; mais la célérité d'Arnheim la déroba heureusement au péril. Après la retraite de ce général, Égra et Leutmeritz, derniers asiles des Saxons, se rendirent au vainqueur, et le royaume rentra sous la domination de son souverain légitime en moins de temps qu'il n'avait été perdu.

Moins occupé des intérêts de son maître que de l'exécution de ses propres desseins, Wallenstein songea alors à porter la guerre en Saxe, pour contraindre l'électeur, en ravageant ses États, à un accommodement particulier avec l'empereur, ou plutôt avec le duc de Friedland. Mais, si peu accoutumé qu'il fût d'ailleurs à soumettre sa volonté à la force des circonstances, il comprit néanmoins la nécessité de subordonner, pour le moment, à une affaire plus pressante son projet favori. Tandis qu'il chassait les Saxons de la Bohême, Gustave-Adolphe avait remporté sur le Rhin et sur le Danube les victoires que nous avons racontées, et déjà il avait porté la guerre, à travers la Franconie et la Souabe, aux limites de la Bavière. Maximilien, battu au bord du Lech, et privé de son meilleur appui par la mort de Tilly, insistait auprès de l'empereur pour qu'il envoyât au plus vite de Bohême à son secours le duc de Friedland, et éloignât le danger de l'Autriche même, en défendant la Bavière. Il adressa sa prière à Wallenstein lui-même, et lui demanda de la manière la plus pressante de détacher du moins, en attendant, quelques régiments à son aide, jusqu'à ce qu'il vînt lui-même avec l'armée principale. Ferdinand appuya cette prière de toute son influence, et les courriers se succédèrent auprès de Wallenstein pour le déterminer à marcher sur le Danube.

Mais on put voir alors combien Ferdinand avait sacrifié de son autorité en remettant à d'autres mains son pouvoir sur les troupes et les droits du commandement. Indifférent aux prières de Maximilien, sourd aux ordres réitérés de l'empereur, Wallenstein demeura inactif en Bohême, et abandonna l'électeur à son sort. Le souvenir des mauvais services que Maximilien lui avait rendus autrefois auprès de l'empereur à la diète de Ratisbonne, s'était gravé profondément dans le cœur implacable de Friedland, et les récents efforts de l'électeur pour empêcher son rétablissement n'étaient pas restés un secret pour lui. Le moment était venu de venger cette injure, et l'électeur éprouva durement qu'il s'était fait un ennemi du plus vindicatif des hommes. « La Bohême, répondit Wallenstein, ne pouvait rester sans défense, et le meilleur moyen de couvrir l'Autriche était de laisser l'armée suédoise s'affaiblir devant les forteresses de Bavière. » C'est ainsi qu'il châtiait son ennemi par le bras des Suédois; et, tandis que les places tombaient l'une après l'autre dans leurs mains, il laissait l'électeur languir vainement à Ratisbonne dans l'attente de son arrivée. Ce fut seulement quand la complète soumission de la Bohême ne lui laissa plus d'excuse, et quand les conquêtes de Gustave-Adolphe en Bavière menacèrent l'Autriche elle-même d'un danger prochain, qu'il céda aux sollicitations de l'électeur et de l'empereur, et qu'il se résolut à opérer avec Maximilien la réunion longtemps désirée, qui, d'après l'espoir général des catholiques, devait décider du sort de toute la campagne.

Gustave-Adolphe lui-même, qui avait trop peu de monde pour tenir tête aux seules forces de Wallenstein, craignit la jonction de deux armées si puissantes, et l'on s'étonne avec raison qu'il n'ait pas montré plus d'activité pour l'empêcher. Il semble avoir trop compté sur la haine qui divisait les deux chefs et ne permettait d'attendre aucune association de leurs armes pour un but commun; et, quand l'événement démentit ses conjectures, il n'était plus temps de réparer cette faute. A la première nouvelle certaine qu'il reçut de leur dessein, il courut, il est vrai, dans le haut Palatinat, pour fermer le chemin à l'électeur; mais celui-ci avait déjà pris les devants, et la jonction s'était opérée auprès d'Égra.

Wallenstein avait choisi cette place frontière pour théâtre du triomphe qu'il était à la veille de remporter sur son orgueilleux adversaire. Non content de le voir à ses pieds comme un suppliant, il lui imposait encore la dure loi de laisser derrière lui ses États sans défense, de venir de bien loin au-devant de son protecteur, et de faire, par une avance si marquée, l'humiliant aveu de sa détresse et de ses besoins. Le prince orgueilleux se soumit, même à cet abaissement, avec tranquillité. Ce n'était pas sans un pénible combat qu'il s'était décidé à devoir sa délivrance à celui qui n'aurait jamais eu un tel pouvoir si les choses étaient allées selon ses vœux; mais, une fois décidé, il était assez homme pour supporter toute offense inséparable de sa résolution, et il était assez maître de lui-même pour mépriser de petites souffrances, lorsqu'il s'agissait de poursuivre un grand but.

Mais autant il en avait coûté pour rendre seulement possible cette réunion, autant il était difficile de s'accorder sur les conditions auxquelles elle devait avoir lieu et se maintenir. Les forces combinées devaient être sous les ordres d'un seul général, si l'on voulait atteindre le but de la réunion; et des deux côtés on sentait également peu d'inclination à se soumettre à l'autorité d'un rival. Si Maximilien s'appuyait sur sa dignité d'électeur, sur la splendeur de sa race, sur sa haute position dans l'Empire, Wallenstein ne fondait pas de moindres prétentions sur sa gloire militaire et sur le pouvoir illimité que l'empereur lui avait conféré. Autant la fierté du prince se révoltait de se trouver sous les ordres d'un serviteur impérial, autant l'orgueil de Friedland était flatté par la pensée de prescrire des lois à un esprit si impérieux. On en vint là-dessus à une lutte opiniâtre, mais qui finit, par un accord mutuel, à l'avantage de Wallenstein. Le commandement des deux armées, surtout aux jours de combat, lui fut attribué sans restriction, et tout pouvoir fut ôté à l'électeur de changer l'ordre de bataille et même la marche de l'armée. Il ne se réserva rien que le droit de punir et de récompenser ses propres soldats, et la libre disposition de ses troupes aussitôt qu'elles agiraient séparées de celles de l'empereur.

Après ces préliminaires, on hasarda enfin de paraître aux yeux l'un de l'autre; mais ce ne fut qu'après s'être promis l'oubli complet du passé et avoir réglé avec la dernière exactitude les formalités de l'acte de réconciliation. Comme ils en étaient convenus, les deux princes s'embrassèrent, à la vue de leurs troupes, et se donnèrent des assurances réciproques d'amitié, tandis que leurs cœurs débordaient de haine. A la vérité, Maximilien, consommé dans l'art de la dissimulation, fut assez maître de lui pour ne pas trahir par un seul trait de son visage ses véritables sentiments; mais dans les yeux de Wallenstein étincelait la maligne joie du triomphe, et la contrainte visible de tous ses mouvements décelait la force de la passion qui maîtrisait son cœur orgueilleux.

Les troupes combinées, bavaroises et impériales, composaient maintenant une armée d'environ soixante mille hommes, la plupart soldats éprouvés, devant lesquels le roi de Suède ne pouvait risquer de se montrer en campagne. Aussi, après avoir tenté vainement d'empêcher leur jonction, il se retira à la hâte sur la Franconie, et attendit un mouvement décisif de l'ennemi pour prendre sa résolution. La position de l'armée combinée, entre les frontières de Saxe et de Bavière, fit douter quelque temps encore si elle transporterait le théâtre de la guerre dans le premier de ces deux pays, ou si elle chercherait à éloigner les Suédois du Danube et à délivrer la Bavière. Arnheim avait dégarni la Saxe de troupes, pour faire des conquêtes en Silésie; non sans avoir l'intention secrète, comme beaucoup l'en accusent, de faciliter au duc de Friedland l'entrée de l'électorat, et de pousser plus vivement l'esprit irrésolu de Jean-Georges à un accommodement avec l'empereur. Gustave-Adolphe lui-même, dans la persuasion que les vues de Wallenstein étaient dirigées contre la Saxe, y envoya promptement, pour ne pas laisser son allié sans secours, un renfort considérable, fermement résolu à le suivre avec toutes ses forces, aussitôt que les circonstances le permettraient. Mais bientôt les mouvements de l'armée de Friedland lui firent voir que c'était contre lui-même qu'elle avançait, et la marche du duc à travers le haut Palatinat mit la chose hors de doute. Il s'agissait maintenant pour Gustave de songer à sa propre sûreté, de combattre moins pour la domination que pour son existence en Allemagne, et d'emprunter ses moyens de salut à la fertilité de son génie. L'approche de l'ennemi le surprit avant qu'il eût eu le temps de rallier à lui ses troupes, répandues dans toute l'Allemagne, et d'appeler à son secours les princes alliés. Beaucoup trop faible par le nombre pour être en état d'arrêter la marche de l'ennemi, il n'avait plus que le choix de se jeter dans Nuremberg et de courir le risque de s'y voir enfermé par les forces de Wallenstein et vaincu par la famine, ou de sacrifier cette ville et d'attendre des renforts sous le canon de Donawert. Indifférent aux fatigues et aux dangers, lorsqu'il entendait la voix de l'humanité et l'appel de l'honneur, il choisit, sans hésiter, le premier parti, fermement résolu de s'ensevelir, avec toute son armée, sous les ruines de Nuremberg, plutôt que de fonder son salut sur la perte de cette ville alliée.

Aussitôt on fit des préparatifs pour entourer d'un retranchement la ville avec tous les faubourgs et établir, dans l'enceinte, un camp fortifié. Des milliers de bras se mirent sur-le-champ à cet immense ouvrage, et tous les habitants de Nuremberg furent enflammés d'un zèle héroïque, pour dévouer à la cause commune leur sang, leur vie, leurs biens. Un fossé, profond de huit pieds et large de douze, environna toutes les fortifications; les lignes furent défendues par des redoutes et des bastions, les avenues par des demi-lunes. La Pegnitz, qui traverse Nuremberg, partageait tout le camp en deux demi-cercles, reliés par des ponts nombreux. Environ trois cents pièces d'artillerie tiraient des remparts de la ville et des retranchements du camp. Les paysans des villages voisins et les bourgeois de Nuremberg mirent la main à l'œuvre, de concert avec les soldats suédois, en sorte que, dès le septième jour, l'armée put occuper le camp, et que, le quatorzième, tout cet immense ouvrage fut achevé.

Tandis que ces choses se passaient hors des murs, les magistrats de la ville étaient occupés à remplir les magasins, et à se fournir de toutes les munitions de guerre et de bouche pour un long siége. Ils ne négligèrent pas non plus de pourvoir, par de rigoureuses mesures de propreté, à la santé des habitants, que pouvait aisément mettre en péril l'affluence de tant de monde. Afin de pouvoir soutenir le roi, en cas de nécessité, tout ce qu'il y avait de jeunes gens dans la bourgeoisie de Nuremberg fut enrôlé et exercé aux armes ; la milice de la ville déjà existante fut renforcée considérablement, et l'on mit sur pied un nouveau régiment, divisé en vingt-quatre compagnies, désignées par les lettres de l'ancien alphabet. Sur ces entrefaites, Gustave avait appelé à son secours ses alliés, le duc Guillaume de Weimar, et le landgrave de Hesse-Cassel, et il avait ordonné à ses généraux, aux bords du Rhin, en Thuringe et dans la basse Saxe, de se mettre en marche promptement, et de le joindre avec leurs troupes à Nuremberg. Son armée, qui était campée en dedans des lignes de cette ville impériale, ne s'élevait pas à beaucoup plus de seize mille hommes : ce n'était pas même le tiers de l'armée ennemie.

Cependant celle-ci s'était avancée à petites journées jusqu'à Neumarkt[1], où le duc de Friedland passa une revue générale. Transporté, à la vue de cette masse formidable, il ne put retenir une vanterie de jeune homme : « On verra dans quatre jours, s'écria-t-il, qui, du roi de Suède ou de moi, sera le maître du monde. » Cependant, malgré sa grande supériorité, il ne fit rien pour réaliser cette fière promesse, et négligea même l'occasion d'écraser son ennemi, quand celui-ci fut assez téméraire pour se présenter devant lui hors de ses lignes. « On a livré assez de batailles, répondit-il à ceux qui le pressaient d'attaquer ; il est temps de suivre une autre méthode. » On vit dès ce moment combien l'on avait gagné à trouver un général dont la réputation, déjà établie, n'avait pas besoin des entreprises hasardées par lesquelles d'autres se hâtent nécessaire-

---

1. Dans la première édition : « Neumark. »

ment de se faire un nom. Persuadé que le courage désespéré de l'ennemi vendrait très-chèrement la victoire, et qu'une défaite, essuyée dans ces contrées, ruinerait sans ressource les affaires de l'empereur, il se contenta de consumer par un long siége l'ardeur guerrière de son ennemi, et, en lui enlevant toute occasion de se livrer à l'impétuosité de son courage, il lui ravit justement l'avantage qui l'avait rendu jusqu'alors invincible. Ainsi donc, sans faire la moindre entreprise, il établit, derrière la Rednitz[1], vis-à-vis de Nuremberg, un camp fortement retranché, et, par cette position bien choisie, il intercepta, aussi bien pour la ville que pour le camp, tous les approvisionnements de Franconie, de Souabe et de Thuringe. Il tenait donc le roi assiégé en même temps que la ville, et se flattait de lasser lentement, mais d'autant plus sûrement, par la famine et les maladies, le courage de son adversaire, qu'il n'avait nulle envie de mettre à l'épreuve en bataille rangée.

Mais il connaissait trop peu les ressources et les forces de Gustave-Adolphe, et n'avait pas veillé suffisamment à se garantir lui-même du sort qu'il lui préparait. Les paysans de tout le territoire voisin avaient fui avec leurs provisions, et les fourrageurs de Friedland étaient obligés de se battre avec les Suédois pour le peu qui restait. Le roi épargna les magasins de la ville, aussi longtemps qu'il fut possible de s'approvisionner dans le voisinage, et ces courses de part et d'autre amenèrent entre les Croates et les Suédois une guerre continuelle, dont tous les environs offraient les affreux vestiges. Il fallait conquérir, l'épée à la main, les nécessités de la vie, et les partis n'osaient plus se hasarder à fourrager sans une escorte nombreuse. Du moins, aussitôt que les troupes du roi éprouvaient la disette, la ville de Nuremberg leur ouvrait ses magasins; mais Wallenstein était contraint d'approvisionner les siennes de fort loin. Un grand convoi, acheté en Bavière, était en route pour son camp, et il avait détaché mille hommes pour l'amener en sûreté. Gustave-Adolphe, qui en fut informé, expédia aussitôt un régiment de cavalerie, pour s'emparer de ces vivres, et l'obscurité de la nuit favorisa l'entreprise. Tout le convoi tomba

---

1. Dans la première édition : « Regnitz. »

dans les mains des Suédois, avec la ville où il s'était arrêté ; l'escorte impériale fut taillée en pièces, près de douze cents têtes de bétail furent enlevées, et mille voitures chargées de pain, qu'il n'était pas facile d'emmener, furent brûlées. Sept régiments, que le duc de Friedland avait fait avancer vers Altdorf, pour protéger le convoi impatiemment attendu, furent, après un combat opiniâtre, dispersés par le roi, qui s'était également avancé pour couvrir la retraite des siens, et repoussés dans le camp impérial, avec une perte de quatre cents hommes. Tant de contrariétés, et la fermeté du roi, si peu prévue de Friedland, lui firent regretter d'avoir laissé échapper l'occasion d'une bataille. Maintenant la force du camp suédois rendait toute attaque impossible, et la jeunesse armée de Nuremberg était pour le roi une fertile école militaire, au moyen de laquelle il pouvait réparer à l'instant toutes ses pertes. Le défaut de vivres ne se faisait pas moins sentir dans le camp impérial que dans le camp suédois, et il était au moins très-difficile de prévoir quel serait celui des deux partis qui forcerait l'autre à quitter le premier sa position.

Les deux armées étaient déjà restées quinze jours en présence, couvertes par des retranchements également inexpugnables, sans risquer rien de plus que de légères courses et d'insignifiantes escarmouches. De part et d'autre, des maladies contagieuses, suite naturelle de la mauvaise nourriture et de l'entassement des troupes, avaient plus enlevé de monde que le fer de l'ennemi, et la détresse croissait de jour en jour. Enfin les secours, longtemps attendus, parurent dans le camp suédois, et ces renforts considérables permirent au roi d'obéir à sa bravoure naturelle et de briser les chaînes qui l'avaient retenu jusqu'alors.

Conformément à son invitation, le duc Guillaume de Weimar avait formé, en toute hâte, au moyen des garnisons de la basse Saxe et de la Thuringe, un corps d'armée, auquel se joignirent, en Franconie, quatre régiments saxons, et bientôt après, sous Kitzingen, les troupes du Rhin, que le landgrave Guillaume de Hesse-Cassel et le comte palatin de Birkenfeld envoyaient au secours du roi. Le chancelier Oxenstiern se chargea de conduire cette armée combinée au lieu de sa destination. Après avoir encore fait sa jonction, à Windsheim, avec le duc Bernard de Weimar et le général suédois Banner, il s'avança rapidement jusqu'à Bruck[1] et Eltersdorf, où il passa la Regnitz[2], et arriva heureusement dans le camp suédois. Ce secours montait à près de cinquante mille hommes, et amenait soixante canons et quatre mille chariots de bagage. Gustave-Adolphe se voyait donc à la tête d'environ soixante-dix mille combattants, sans même compter la milice de la ville de Nuremberg, qui pouvait, au besoin, mettre en campagne trente mille robustes bourgeois. Formidable armée, opposée à une autre qui ne l'était pas moins! Toute la guerre paraissait maintenant concentrée en une seule bataille, pour recevoir enfin sa dernière solution. L'Europe, partagée, avait les yeux fixés sur cette arène, où les forces des deux puissances belligérantes convergeaient comme dans un redoutable foyer.

Mais, si l'on avait été réduit à lutter avec la disette avant l'arrivée des secours, ce fléau s'accrut désormais d'une manière effrayante dans les deux camps; car Wallenstein avait aussi fait venir de la Bavière de nouveaux renforts. Outre les cent vingt mille soldats qui étaient en présence, outre un nombre de chevaux qui s'élevait, pour les deux armées, à plus de cinquante mille; outre les habitants de Nuremberg, qui surpassaient de beaucoup en nombre l'armée suédoise, on comptait, seulement dans le camp de Wallenstein, quinze mille femmes et autant de charretiers et de valets; on n'en comptait pas beaucoup moins dans le camp suédois. La coutume de ce temps-là permettait au soldat de mener avec lui sa famille en campagne. Chez les Impériaux, une foule innombrable de femmes de mauvaise vie suivaient l'armée, et la sévère surveillance exercée sur les mœurs dans le camp suédois, ne permettant aucun désordre, encourageait par là même les mariages légitimes. Des écoles régulières de campagne étaient établies pour la jeune génération, dont ce camp était la patrie, et l'on en tirait une excellente race de soldats, en sorte que, durant une longue guerre, les armées pouvaient se recruter par elles-mêmes. Il ne faut pas

---

1. Dans la première édition : « Pruck. »
2. Réunion de la Rednitz et de la Pegnitz.

s'étonner si ces nations errantes affamaient tous les cantons où elles séjournaient, et si cette multitude superflue faisait monter à des prix excessifs les choses nécessaires à la vie. Les moulins autour de Nuremberg ne suffisaient pas à moudre le grain que chaque journée consommait, et cinquante mille livres de pain, que la ville livrait par jour au camp, irritaient la faim sans la satisfaire. Les soins vraiment admirables des magistrats de Nuremberg ne purent empêcher qu'une grande partie des chevaux ne pérît par le manque de fourrage, et que la violence croissante des épidémies ne mît chaque jour plus de cent hommes au tombeau.

Pour mettre un terme à ces souffrances, Gustave-Adolphe, plein de confiance en la supériorité de ses forces, sortit enfin de ses lignes le cinquante-cinquième jour, se présenta à l'ennemi en ordre de bataille, et fit canonner le camp de Friedland par trois batteries, dressées sur le bord de la Rednitz. Mais le duc resta immobile dans ses retranchements, et se contenta de répondre de loin à ce défi avec le feu des mousquets et des canons. Consumer le roi par l'inaction et vaincre sa persévérance par la famine était sa résolution mûrement réfléchie; et aucune représentation de Maximilien, aucune marque d'impatience de l'armée, aucune raillerie de l'ennemi, ne purent ébranler cette résolution. Trompé dans son espérance, et pressé par le progrès de la disette, Gustave-Adolphe voulut alors risquer l'impossible, et le dessein fut formé d'assaillir ce camp, que l'art et la nature rendaient également inexpugnable.

Après avoir confié la défense du sien à la milice de Nuremberg, il sortit en ordre de bataille, le jour de la Saint-Barthélemy, le cinquante-huitième depuis que l'armée avait occupé ses retranchements, et il passa la Rednitz près de Fürth, où il eut peu de peine à faire plier les avant-postes. Sur les hauteurs escarpées, situées entre la Biber et la Rednitz, et nommées le Vieux-Fort et Altenberg, était posté le corps principal de l'ennemi, et le camp même, commandé par ces hauteurs, s'étendait à perte de vue dans la campagne. Toute la force de l'artillerie était rassemblée sur ces collines. Des fossés profonds entouraient des remparts inaccessibles; d'épais abatis et des palissades aiguës fermaient les abords de la montagne escarpée, du sommet de laquelle Wallenstein, calme et tranquille comme un dieu, lançait ses foudres à travers de noirs nuages de fumée. Derrière les parapets, le feu perfide des mousquets épiait l'assaillant téméraire, et une mort certaine le menaçait par la gueule ouverte de cent canons. Ce fut contre ce poste périlleux que Gustave-Adolphe dirigea son attaque, et cinq cents mousquetaires, soutenus par peu de fantassins (un grand nombre ne pouvait engager à la fois le combat dans cet espace étroit), eurent l'avantage peu envié de se jeter les premiers dans le gouffre béant de la mort. L'attaque est furieuse, la résistance terrible. Exposés sans abri à toute la violence de l'artillerie ennemie, exaspérés à la vue de la mort inévitable, ces guerriers intrépides gravissent la colline, qui soudain se transforme en un volcan enflammé, et vomit sur eux, au milieu des tonnerres, une grêle de fer. La grosse cavalerie s'élance aussitôt par les ouvertures que les boulets ennemis ont faites dans ce bataillon compacte; les rangs serrés se désunissent, et cette bande intrépide de héros, vaincue par la double puissance de la nature et des hommes, prend la fuite, après avoir laissé sur la place une centaine de morts. C'étaient des Allemands, à qui la partialité de Gustave avait assigné l'honneur meurtrier de la première attaque. Irrité de leur retraite, il conduit maintenant à l'assaut ses Finlandais, pour faire rougir la lâcheté allemande devant le courage des hommes du Nord. Les Finlandais, accueillis par la même pluie de feu, plient à leur tour devant des forces supérieures. Un régiment de troupes fraîches les remplace, pour renouveler l'attaque avec aussi peu de succès. Il est relevé par un quatrième, un cinquième, un sixième : en sorte que, pendant un combat de dix heures, tous les régiments attaquèrent, et tous se retirèrent sanglants et déchirés du champ de bataille. Mille corps mutilés jonchent la terre, et Gustave invincible poursuit l'attaque, et Wallenstein inébranlable se maintient dans sa forteresse.

Sur ces entrefaites, la cavalerie impériale et l'aile gauche des Suédois, postée dans un petit bois sur la Rednitz, ont engagé un violent combat, où le succès est balancé et l'ennemi tantôt vaincu, tantôt vainqueur. Des deux parts le sang coule avec la même abondance, et une valeur égale se déploie. Le duc de Friedland, comme le prince Bernard de Weimar, a son cheval tué sous lui; le roi lui-même a la semelle de sa botte emportée par un boulet. L'attaque et la résistance se renouvellent avec une fureur obstinée, jusqu'au moment où la nuit vient enfin obscurcir le champ de bataille et inviter au repos les combattants acharnés. Mais les Suédois sont déjà trop avancés pour que la retraite se puisse entreprendre sans péril. Tandis que le roi cherche à découvrir un officier, pour envoyer par lui aux régiments l'ordre de la retraite, se présente à lui le colonel Hebron, vaillant Écossais, que son courage avait seul entraîné hors du camp, pour partager les périls de la journée. Irrité contre le roi, qui lui avait préféré, peu auparavant, pour une action périlleuse, un colonel plus jeune que lui, il avait fait précipitamment le vœu de ne plus tirer l'épée pour lui. Gustave-Adolphe se tourne de son côté, et, louant son courage, le prie de porter aux régiments l'ordre de la retraite. « Sire, réplique le vaillant soldat, c'est l'unique service que je ne puisse refuser à Votre Majesté, car il y a là quelques risques à courir. » Et aussitôt il part au galop pour exécuter la commission. Dans la chaleur du combat, le duc Bernard de Weimar s'était, il est vrai, emparé d'une éminence au-dessus du Vieux-Fort, d'où l'on pouvait battre la montagne et tout le camp; mais une violente averse, tombée pendant la nuit, rendait la côte si glissante, qu'il fut impossible d'y monter des canons, et il fallut quitter volontairement un poste acheté par des flots de sang. Se défiant de la fortune, qui l'avait abandonné dans ce jour décisif, le roi n'osa pas continuer l'assaut, le lendemain, avec des troupes épuisées, et, pour la première fois, vaincu, parce qu'il n'était pas vainqueur, il ramena ses troupes derrière la Rednitz. Deux mille morts, qu'il laissait sur le champ de bataille, attestaient sa perte, et le duc de Friedland resta invaincu dans ses lignes.

Après cette action, les armées demeurèrent encore quinze jours campées en présence, chacune dans l'espoir de forcer l'autre à déloger la première. Plus s'épuisait chaque jour la petite provision de vivres, plus croissaient horriblement les souffrances de la famine, et plus le soldat devenait farouche : les paysans du voisinage étaient les victimes de sa brutale rapacité. Le progrès de la disette relâchait tous les liens de la discipline et de l'ordre dans le camp suédois; les troupes allemandes se signalaient surtout par les violences qu'elles exerçaient indistinctement sur les amis et les ennemis. La faible main d'un seul homme ne pouvait arrêter une licence qui trouvait une sorte d'approbation dans le silence des officiers inférieurs, et souvent même un encouragement dans leur funeste exemple. Le roi était profondément affligé de cette honteuse décadence de la discipline, dont il avait été fier jusqu'alors, à si bon droit; et l'énergie avec laquelle il reproche aux officiers allemands leur négligence atteste la vivacité de ses sentiments. « C'est vous, Allemands, s'écrie-t-il, c'est vous-mêmes qui pillez votre patrie, et qui déchaînez vos fureurs contre vos propres coreligionnaires. Dieu me soit témoin que je vous abhorre; vous m'inspirez un profond dégoût, et mon cœur se remplit d'amertume quand je vous regarde. Vous violez mes ordres; vous êtes cause que le monde me maudit, que les larmes de l'innocente pauvreté me poursuivent; qu'il me faut entendre dire ouvertement : Le roi, notre ami, nous fait plus de mal que nos plus cruels ennemis. Pour vous, j'ai dépouillé ma couronne de ses trésors et dépensé plus de quarante tonnes d'or, et je n'ai pas reçu de votre empire d'Allemagne de quoi me faire un méchant habit. Je vous ai donné tout ce que Dieu m'a dispensé, et, si vous eussiez observé mes lois, je vous aurais distribué avec joie tout ce qu'il pourra me donner encore. Votre défaut de discipline me persuade que vous avez de mauvaises intentions, quelques raisons que je puisse avoir de louer votre courage. »

Nuremberg avait fait des efforts qui étaient au-dessus de ses moyens pour nourrir, pendant onze semaines, l'immense multitude entassée sur son territoire; mais enfin les ressources s'épuisèrent, et le roi, comme chef de l'armée la plus nombreuse, dut se résoudre le premier à partir. Nuremberg avait enseveli plus de dix mille de ses habitants, et Gustave-Adolphe avait perdu environ vingt mille soldats par la guerre et les maladies. Toutes les campagnes voisines étaient dévastées, les villages en cendres; les paysans dépouillés languissaient sur les chemins; l'air était empoisonné de vapeurs pestilentielles; des maladies dévorantes, engendrées, développées par la misérable nourriture, par les émanations d'un camp si populeux et de tant de cadavres putréfiés, enfin par la chaleur brûlante des jours caniculaires, exerçaient leurs ravages sur les hommes et les animaux, et, longtemps encore après le départ des armées, la disette et la misère accablèrent le pays. Ému de la désolation générale, et sans espoir de vaincre l'obstination de Friedland, le roi leva son camp le 8 septembre, et quitta Nuremberg, après l'avoir pourvu, pour sa défense, d'une garnison suffisante. Il passa en ordre de bataille devant l'ennemi, qui resta immobile et ne fit pas la moindre tentative pour inquiéter son départ. Il dirigea sa marche vers Neustadt sur l'Aisch, et vers Windsheim, où il resta cinq jours, afin de rafraîchir ses troupes, et de se trouver à portée de Nuremberg, si l'ennemi faisait quelque entreprise contre cette ville. Mais Wallenstein, qui avait, tout autant que lui, besoin de se refaire, n'avait attendu que la retraite des Suédois pour commencer la sienne. Cinq jours après, il abandonna aussi son camp près de Zirndorf, et le livra aux flammes. Cent colonnes de fumée, qui, des villages incendiés, s'élevèrent au ciel tout alentour, annoncèrent son départ, et montrèrent à la ville consolée à quel sort elle avait elle-même échappé. Sa marche, dirigée sur Forchheim, fut marquée par les plus affreux ravages ; mais il avait déjà trop d'avance pour que le roi pût l'atteindre. Alors Gustave partagea son armée, que le pays épuisé ne pouvait nourrir, afin de garder, avec une des divisions, la Franconie, et de poursuivre en personne, avec l'autre, ses conquêtes en Bavière.

Cependant l'armée impériale et bavaroise avait pénétré dans l'évêché de Bamberg, où le duc de Friedland passa une seconde revue. Il trouva cette armée de soixante mille hommes réduite par la désertion, les combats et les maladies, à vingt-quatre mille, dont le quart était des troupes bavaroises. Ainsi le camp de Nuremberg avait plus affaibli les deux partis que deux grandes batailles perdues, sans avoir avancé la guerre d'un seul pas vers son terme, ni satisfait la vive attente de l'Europe par un seul événement décisif. A la vérité, cette diversion avait fait trêve, pour quelque temps, aux conquêtes du roi en Bavière, et préservé l'Autriche même d'une invasion ennemie ; mais, en s'éloignant de Nuremberg, on rendait à Gustave-Adolphe la pleine liberté de faire encore de la Bavière le théâtre de la guerre. Indifférent au sort de ce pays, et lassé de la contrainte que lui imposait sa réunion avec l'électeur, le duc de Friedland saisit avidement l'occasion de se séparer de cet importun associé, et de poursuivre avec une nouvelle ardeur ses projets favoris. Toujours fidèle à son premier plan de séparer la Saxe des Suédois, il fit choix de ce pays pour les quartiers d'hiver de ses troupes, et il espéra, par sa pernicieuse présence, imposer d'autant plus vite à l'électeur une paix séparée.

Le moment ne pouvait être plus favorable pour cette entreprise. Les Saxons s'étaient jetés en Silésie, où, réunis avec des auxiliaires du Brandebourg et de la Suède, ils remportaient chaque jour de nouveaux avantages sur les troupes de l'empereur. Par une diversion dans les États mêmes de l'électeur, on sauvait la Silésie, et la chose était d'autant plus facile, que la Saxe, par la guerre de Silésie, était dégarnie de défenseurs et de toutes parts ouverte à l'ennemi. La nécessité de sauver un État héréditaire de l'Autriche faisait tomber toutes les objections de Maximilien, et, sous le masque d'un zèle patriotique pour le bien de l'empereur, on pouvait sacrifier le duc de Bavière avec d'autant moins de scrupules. En laissant son riche pays en proie au roi de Suède, on espérait n'être pas inquiété par ce dernier dans l'entreprise sur la Saxe, et la froideur croissante entre ce monarque et la cour de Dresde ne faisait d'ailleurs craindre de sa part que peu de zèle pour la délivrance de Jean-Georges. Ainsi donc, abandonné de nouveau par son astucieux défenseur, Maximilien se sépara de Wallenstein à Bamberg, pour secourir, avec le faible reste de ses troupes, son pays réduit à l'impuissance, et l'armée impériale, sous la conduite de Friedland, dirigea sa marche, par Baireuth et Cobourg, sur la forêt de Thuringe.

Holk, un des généraux de l'empereur, avait déjà été envoyé en avant dans le Voigtland, avec six mille hommes, pour dévaster par le fer et le feu cette province sans défense. On le fit suivre bientôt de Gallas, autre général de Friedland, et non moins fidèle instrument de ses ordres barbares. Enfin Pappenheim fut encore appelé de la basse Saxe, pour renforcer l'armée affaiblie de Wallenstein, et mettre le comble à la misère de la Saxe. Les églises détruites, les villages réduits en cendres, les maisons ravagées, la spoliation des familles, les assassinats, signalèrent la marche de ces troupes barbares : toute la Thuringe, le Voigtland et la Misnie furent écrasés par ce triple fléau. Mais ce n'étaient là que les avant-coureurs d'une plus grande calamité, dont le duc lui-même, à la tête de l'armée principale, menaçait la malheureuse Saxe. Après avoir laissé, dans sa marche à travers la Franconie et la Thuringe, les plus effroyables monuments de sa fureur, il parut avec toutes ses forces dans le cercle de Leipzig et la ville, après une courte défense, fut contrainte de se rendre. Son dessein était d'avancer jusqu'à Dresde, et de dicter des lois à l'électeur, par la soumission de tout le pays. Déjà il s'approchait de la Mulda, pour écraser, avec ses forces supérieures, l'armée saxonne, qui avait marché à sa rencontre jusqu'à Torgau, quand l'arrivée du roi de Suède à Erfurt vint mettre à ses plans de conquête un terme inattendu. Pressé entre les armées saxonne et suédoise, que le duc Georges de Lunebourg menaçait encore d'augmenter en s'avançant de la basse Saxe, Friedland recula promptement vers Mersebourg, pour s'y réunir avec Pappenheim et repousser vigoureusement les Suédois qui venaient à lui.

Gustave-Adolphe n'avait pas vu sans une grande inquiétude les artifices que prodiguaient l'Espagne et l'Autriche pour détacher de lui son allié. Plus son traité avec la Saxe était important pour lui, plus il avait raison de craindre le caractère inconstant de Jean-Georges. Jamais il n'avait existé entre lui et l'électeur une amitié sincère. Un prince fier de son importance politique, et accoutumé à se considérer comme le chef de son parti, devait trouver dangereuse et oppressive l'intervention d'une puissance étrangère dans les affaires de l'Empire, et le mécontentement avec lequel il observait les progrès de cet étranger importun n'avait pu céder, pour quelque temps, qu'à l'extrême danger de ses domaines. L'autorité croissante du roi en Allemagne, son influence prépondérante sur les membres protestants de l'Empire, les preuves, fort peu douteuses, de ses desseins ambitieux, assez inquiétants pour appeler toute la vigilance des États de l'Empire, éveillaient chez l'électeur mille craintes, que les négociateurs impériaux savaient habilement nourrir et augmenter. Chaque démarche arbitraire du roi, chaque demande, si équitable qu'elle fût, qu'il adressait aux princes de l'Empire, donnaient sujet à l'électeur de faire des plaintes amères, qui semblaient annoncer une rupture prochaine. Les généraux mêmes des deux partis laissaient paraître, chaque fois qu'ils devaient agir ensemble, des marques nombreuses de la jalousie qui divisait leurs maîtres. La répugnance naturelle de Jean-Georges pour la guerre, et son dévouement à l'Autriche, que rien encore n'avait pu étouffer, favorisaient les efforts d'Arnheim, qui, toujours d'intelligence avec Wallenstein, travaillait sans relâche à ménager un accommodement particulier entre l'empereur et son maître, et, si ses représentations ne trouvèrent longtemps aucun accès, la suite fit voir enfin qu'elles n'étaient pas demeurées absolument inefficaces.

Gustave-Adolphe, justement alarmé des conséquences que la défection d'un si important allié devait avoir pour toute son existence future en Allemagne, ne négligea aucun moyen d'empêcher ce funeste événement, et jusqu'alors ses représentations n'avaient pas manqué entièrement leur effet sur l'électeur. Mais les forces redoutables sur lesquelles l'empereur appuyait ses propositions séduisantes, et les calamités qu'il menaçait d'accumuler sur la Saxe, en cas d'un plus long refus, pouvaient enfin, si l'on abandonnait l'électeur sans défense à ses ennemis, triompher de sa persévérance, et cette indifférence envers un allié si important pouvait détruire pour jamais la confiance des autres amis de la Suède en leur protecteur. Cette considération décida Gustave-Adolphe à céder, pour la seconde fois, aux pressantes invitations que l'électeur, gravement menacé, lui adressa, et à sacrifier toutes ses brillantes espérances au salut de cet allié. Déjà il avait résolu une deuxième attaque sur Ingolstadt, et la faiblesse de l'électeur de Bavière justifiait son espérance d'imposer enfin la neutralité à cet ennemi épuisé. La révolte des paysans dans la haute Autriche lui ouvrait ensuite le chemin de ce pays, et la capitale de l'Empire pouvait être dans ses mains, avant que Wallenstein eût le temps d'accourir à sa défense. Toutes ces brillantes espérances, il les subordonna à l'avantage d'un allié que ni ses mérites ni sa bonne volonté ne rendaient digne d'un tel sacrifice; qui, excité par les plus pressants appels de l'esprit public, ne servait que son intérêt particulier avec un étroit égoïsme; qui n'était point considérable par les services qu'on se promettait de lui, mais seulement par le mal qu'on en redoutait. Et qui peut réprimer son indignation, en apprenant que c'est dans l'expédition entreprise pour la délivrance de ce prince, que le grand monarque trouve le terme de ses exploits ?

Il rassembla promptement ses troupes dans le cercle de Franconie, et suivit par la Thuringe l'armée de Wallenstein. Le duc Bernard de Weimar, qui avait été envoyé en avant contre Pappenheim, se réunit près d'Arnstadt au roi, qui se vit alors à la tête de vingt mille hommes de troupes aguerries. Il se sépara à Erfurt de son épouse, qui ne devait plus le revoir qu'à Weissenfels, dans le cercueil. L'angoisse de leurs tristes adieux présageait une séparation éternelle. Il atteignit Naumbourg le 1ᵉʳ novembre 1632, avant que les corps détachés par le duc de Friedland pussent s'emparer de cette place. La population des contrées voisines accourait en foule pour contempler le héros, le vengeur, le grand roi, qui avait paru, une année auparavant, sur ce même sol, comme un ange sauveur. Autour de lui, en quelque lieu qu'il se fît voir, retentissaient les cris d'allégresse; tous tombaient à genoux devant lui en l'adorant; on se disputait la faveur de toucher le fourreau de son épée, le bord de son vêtement. Le modeste héros se révoltait de cet innocent tribut, que lui payaient la reconnaissance et l'admiration la plus sincère. « Ne dirait-on pas que ce peuple fait de moi un dieu ? disait-il à ceux qui l'accompagnaient. Nos affaires sont en bon état; mais je crains que la vengeance du ciel ne me fasse expier cette farce téméraire, et ne révèle trop tôt à cette foule insensée ma faible et périssable humanité. » Combien Gustave se montre aimable à nous avant de nous quitter pour toujours[1] ! Redoutant, au comble même de son bonheur, le jugement de Némésis, il repousse un hommage qui n'appartient qu'aux immortels, et ses droits à nos larmes augmentent au moment même où l'heure approche qui les fera couler.

Cependant le duc de Friedland avait marché à la rencontre du roi, jusqu'à Weissenfels, résolu à maintenir ses quartiers d'hi-

1. La première édition a, de plus, ici la phrase suivante : « Ainsi l'Agamemnon de la tragédie grecque refuse de marcher sur la pourpre que le respect étend devant ses pieds. »

ver en Saxe, dût-il en coûter une bataille. Son inaction devant Nuremberg l'avait exposé au soupçon de n'oser se mesurer avec le héros du Nord, et toute sa gloire était en péril, s'il laissait échapper une seconde fois l'occasion de combattre. La supériorité de ses forces, quoique bien moins considérable qu'elle n'avait été, dans les premiers temps, au camp de Nuremberg, lui donnait la plus grande espérance de vaincre, s'il pouvait amener le roi à une bataille avant sa jonction avec les troupes saxonnes. Mais sa confiance actuelle n'était pas tant fondée sur le nombre plus grand de ses soldats que sur les assurances de son astrologue Séni, qui avait lu dans les astres que la fortune du monarque suédois succomberait au mois de novembre. De plus, il y avait entre Kambourg et Weissenfels d'étroits défilés, formés par une longue chaîne de montagnes et par le cours très-voisin de la Saale, qui rendaient le passage extrêmement difficile à l'armée suédoise et qui pouvaient être fermés complétement avec peu de monde. Alors il ne serait resté au roi d'autre parti que de s'engager, exposé au plus grand péril, à travers ces défilés, ou de faire par la Thuringe une retraite laborieuse et de perdre, dans un pays dévasté et totalement dépourvu de subsistances, la plus grande partie de ses troupes. La promptitude avec laquelle Gustave-Adolphe prit possession de Naumbourg anéantit ce plan, et ce fut alors Wallenstein lui-même qui s'attendit à une attaque.

Mais il se vit trompé dans cette conjecture, quand le roi, au lieu de s'avancer à sa rencontre jusqu'à Weissenfels, fit tous ses préparatifs pour se fortifier auprès de Naumbourg, et attendre dans ce lieu les renforts que le duc de Lunebourg était sur le point de lui amener. Wallenstein, ne sachant s'il devait marcher à l'ennemi par les défilés entre Weissenfels et Naumbourg, ou rester oisif dans son camp, assembla son conseil de guerre, pour entendre les avis de ses généraux les plus expérimentés. Aucun ne jugea prudent d'attaquer le roi dans sa position avantageuse, et les mesures qu'il prenait pour fortifier son camp semblaient clairement indiquer qu'il ne songeait pas à le quitter de sitôt. Mais l'approche de l'hiver permettait tout aussi peu de prolonger la campagne et de fatiguer par un campement continué une armée qui avait un si grand besoin de repos.

Toutes les voix se prononcèrent pour la clôture de la campagne, d'autant plus que l'importante ville de Cologne sur le Rhin était gravement menacée par les troupes hollandaises, et que les progrès de l'ennemi en Westphalie et sur le bas Rhin exigeaient dans ces contrées les plus puissants secours. Le duc de Friedland reconnut le poids de ces raisons, et, à peu près convaincu que l'on n'avait plus à craindre aucune attaque du roi pendant cette saison, il accorda à ses troupes les quartiers d'hiver, de telle sorte cependant qu'elles pussent être au plus tôt rassemblées, si, contre toute attente, l'ennemi hasardait quelque entreprise offensive. Le comte Pappenheim fut expédié avec une grande partie de l'armée, pour secourir promptement la ville de Cologne, et s'emparer, chemin faisant, de Moritzbourg, forteresse du pays de Halle. Quelques corps détachés prirent leurs quartiers d'hiver dans les villes les mieux situées aux environs, afin de pouvoir observer de toutes parts les mouvements de l'ennemi. Le comte Collorédo gardait le château de Weissenfels, et Wallenstein lui-même demeura, avec le reste des troupes, non loin de Mersebourg, entre le canal et la Saale, avec l'intention de se porter de là sur Leipzig et de séparer les Saxons de l'armée suédoise.

Mais à peine Gustave-Adolphe eut-il appris le départ de Pappenheim, qu'il abandonna subitement son camp près de Naumbourg, et courut attaquer, avec toutes ses forces, l'ennemi réduit à la moitié des siennes. Il s'avança d'une marche rapide sur Weissenfels, d'où le bruit de son arrivée parvint promptement jusqu'aux Impériaux et jeta le duc de Friedland dans un extrême étonnement. Mais il fallait prendre une prompte résolution, et le duc eut bientôt arrêté ses mesures. Quoiqu'il n'eût pas beaucoup plus de douze mille hommes à opposer aux vingt mille de l'ennemi, il pouvait néanmoins espérer de se maintenir jusqu'au retour de Pappenheim, qui devait s'être éloigné tout au plus de cinq milles, jusqu'à la distance de Halle. Des courriers partirent en toute hâte pour le rappeler, et en même temps Wallenstein se porta dans la vaste plaine entre le canal et Lützen, où il attendit le roi en ordre de bataille, le séparant, par cette position, de Leipzig et des troupes saxonnes.

Trois coups de canon, que le comte Collorédo tira du château de Weissenfels, annoncèrent la marche du roi, et, à ce signal convenu, les avant-postes de Friedland se rassemblèrent, sous le commandement d'Isolani, général des Croates, pour occuper les villages situés sur la Rippach. Leur faible résistance n'arrêta point l'ennemi, qui franchit, près du village de Rippach, la rivière du même nom, et prit position au-dessous de Lützen, vis-à-vis de l'armée impériale. Le grand chemin de Weissenfels à Leipzig est coupé, entre Lützen et Markranstædt, par le canal qui s'étend de Zeitz à Mersebourg, et qui joint l'Elster avec la Saale. A ce canal s'appuyait l'aile gauche des Impériaux et la droite du roi de Suède, mais de telle façon que la cavalerie des deux armées s'étendait aussi sur l'autre rive. L'aile droite de Wallenstein s'était établie vers le nord, derrière Lützen, et l'aile gauche des Suédois au sud de cette petite ville. Les deux armées faisaient face au grand chemin, qui passait au milieu d'elles et séparait les deux fronts de bataille. Mais la veille du combat, le soir, Wallenstein s'était emparé de ce chemin, au grand désavantage de son adversaire; il avait fait approfondir les fossés qui le bordaient des deux côtés, et les avait fait occuper par des mousquetaires, en sorte qu'on ne pouvait hasarder le passage sans difficulté et sans péril. Par derrière s'élevait une batterie de sept grosses pièces, pour soutenir le feu de la mousqueterie des fossés, et, près des moulins à vent, derrière Lützen, on avait braqué quatorze pièces de campagne, sur une hauteur d'où l'on pouvait balayer une grande partie de la plaine. L'infanterie, distribuée seulement en cinq grandes et pesantes brigades, était rangée en bataille derrière la grand'-route, à une distance de trois cents pas, et la cavalerie couvrait les flancs. Tous les bagages avaient été envoyés à Leipzig, pour ne pas gêner les mouvements de l'armée, et les chariots de munitions restaient seuls derrière la ligne. Pour dissimuler la faiblesse de l'armée, tous les soldats du train et les valets reçurent l'ordre de monter à cheval et de se joindre à l'aile gauche, mais seulement jusqu'à l'arrivée du corps de Pappenheim. Toutes ces dispositions furent prises pendant l'obscurité de la nuit, et avant l'aube tout était prêt pour recevoir l'ennemi.

Dès ce même soir, Gustave-Adolphe parut dans la plaine opposée, et rangea ses troupes pour le combat. L'ordre de bataille fut le même que celui qui lui avait donné la victoire près de Leipzig, l'année précédente. De petits escadrons furent disséminés dans les rangs de l'infanterie, et des pelotons de mousquetaires distribués çà et là parmi la cavalerie. Toute l'armée était sur deux lignes, le canal à droite et derrière, la grand'route devant, et la ville de Lützen à gauche. Au centre était placée l'infanterie, sous les ordres du comte de Brahé, la cavalerie sur les ailes et l'artillerie devant le front de bataille. Un héros allemand, le duc Bernard de Weimar, commandait la cavalerie allemande de l'aile gauche, et, à la droite, le roi lui-même conduisait ses Suédois, afin d'enflammer pour une noble lutte la rivalité des deux peuples. La seconde ligne était disposée de la même manière, et derrière était posté un corps de réserve, sous le commandement de l'Écossais Henderson.

Ainsi préparé, on attendait la sanglante aurore pour commencer un combat que rendaient remarquable et terrible son long retard plus que l'importance des suites possibles, le choix plus que le nombre des troupes. La vive attente de l'Europe, qu'on avait trompée au camp devant Nuremberg, allait être satisfaite dans les plaines de Lützen. Jamais, dans tout le cours de cette guerre, deux généraux pareils, si égaux par l'autorité, la renommée et le talent, n'avaient mesuré leurs forces en une bataille rangée; jamais encore un aussi grand défi n'avait fait pâlir l'audace; jamais un prix aussi important n'avait enflammé l'espérance. Le lendemain allait faire connaître à l'Europe son premier capitaine et donner un vainqueur à celui qui jamais n'avait été vaincu. Sur le Lech et près de Leipzig, était-ce le génie de Gustave-Adolphe ou l'impéritie de son adversaire qui avait décidé l'issue de la bataille ? Le lendemain devait mettre la chose hors de doute. Il fallait que le lendemain le mérite de Friedland justifiât le choix de l'empereur, et que la grandeur de l'homme balançât la grandeur du prix qu'il avait coûté. Chaque soldat de ces deux armées s'associait avec jalousie à la gloire de son chef; sous chaque armure s'agitaient les mêmes sentiments qui enflammaient les cœurs des généraux. La victoire était douteuse, mais certains le travail et le sang que le triomphe coûterait au vainqueur comme au vaincu. On connaissait parfaitement l'ennemi qu'on avait devant soi, et l'inquiétude, que l'on combattait en vain, témoignait glorieusement de sa force[1].

Enfin paraît le terrible matin; mais un brouillard impénétrable, qui s'étend sur tout le champ de bataille, suspend l'attaque jusqu'à midi. A genoux devant le front de bataille, le roi fait sa prière; toute l'armée, qui s'est jetée à genoux comme lui, entonne en même temps un touchant cantique, et la musique militaire accompagne le chant. Ensuite le roi monte à cheval, et, vêtu seulement d'un pourpoint de cuir et d'un habit de drap (une ancienne blessure ne lui permettait plus de porter la cuirasse), il parcourt les rangs pour enflammer le courage des troupes et leur inspirer une joyeuse confiance, que dément son propre cœur, plein de tristes pressentiments. « Dieu avec nous! » était le mot des Suédois; « Jésus Marie! » celui des Impériaux. Vers onze heures, le brouillard commence à se dissiper, et l'on découvre l'ennemi. En même temps on voit en flammes la ville de Lützen, que le duc a fait incendier, pour n'être pas débordé de ce côté. Le signal retentit; la cavalerie s'élance contre l'ennemi, et l'infanterie marche vers les fossés.

Reçus par le feu terrible des mousquets et de la grosse artillerie placée derrière, ces braves bataillons poursuivent leur attaque avec un courage intrépide; les mousquetaires ennemis abandonnent leur poste, les fossés sont franchis, la batterie même est emportée, et tournée aussitôt contre l'ennemi. Les Suédois avancent avec une force irrésistible; la première des cinq brigades de Friedland est terrassée; aussitôt après, la seconde; et déjà la troisième commence à tourner le dos : mais à ce moment le duc, avec une rapide présence d'esprit, s'oppose aux progrès de l'attaque. Il est là, aussi prompt que l'éclair, pour réparer le désordre de son infanterie, et sa parole puissante arrête les fuyards. Soutenues par trois régiments de cavalerie, les brigades déjà battues font de nouveau face à l'en-

---

1. L'alinéa suivant commence ainsi dans la première édition : « Les ténèbres couvrent encore la plaine silencieuse, et le matin, qui tarde, donne à la crainte un affreux répit, pour analyser toutes les terreurs de la tombe qui s'ouvre devant elle, et pour boire, pleine jusqu'aux bords, la coupe de l'épouvante. Le ciel pèse lourdement sur les deux armées en bataille; plus lourdement, l'attente sur le cœur de chacun. Enfin, paraît, etc. »

nemi, et pénètrent avec vigueur dans ses rangs rompus. Une lutte meurtrière s'engage ; l'ennemi est si près qu'on n'a point de place pour se servir des armes à feu, et la rage de l'attaque ne laisse pas le temps de les charger. On combat homme contre homme ; le fusil inutile fait place à l'épée et à la pique, et l'art à la fureur. Les Suédois fatigués, accablés par le nombre, reculent enfin au delà des fossés, et la batterie, déjà emportée, est perdue par cette retraite. Déjà mille cadavres mutilés couvrent la plaine, et l'on n'a pas encore gagné un pouce de terrain.

Cependant l'aile droite des Suédois, commandée par le roi lui-même, avait attaqué l'ennemi. Dès le premier choc de leur pesante masse, les cuirassiers finlandais dispersèrent les légers escadrons polonais et croates qui étaient contigus à cette aile, et dont la déroute communiqua la peur et le désordre au reste de la cavalerie. Dans cet instant, on annonce au roi que son infanterie est repoussée au delà des fossés, et que son aile gauche, horriblement inquiétée par l'artillerie ennemie postée près des moulins à vent, commence également à plier. Avec une prompte résolution, il charge le général Horn de poursuivre l'aile gauche des Impériaux, déjà battue, et il s'élance lui-même à la tête du régiment de Stenbock, pour réparer le désordre de sa propre aile gauche. Son noble coursier le porte, avec la rapidité de la flèche, par delà les fossés ; mais le passage est plus difficile pour les escadrons qui le suivent, et un petit nombre de cavaliers, parmi lesquels on nomme François-Albert, duc de Saxe-Lauenbourg, sont seuls assez lestes pour demeurer à ses côtés. Il pousse droit à la place où son infanterie est le plus dangereusement pressée, et, tandis qu'il jette ses regards autour de lui, pour découvrir dans l'armée impériale un endroit faible sur lequel il puisse diriger l'attaque, sa vue courte le conduit trop près de l'ennemi. Un caporal impérial observe que chacun lui fait place respectueusement sur son passage, et il commande sur-le-champ à un mousquetaire de le coucher en joue : « Tire sur celui-là, s'écrie-t-il, ce doit être un homme important. » Le soldat tire : le roi a le bras gauche fracassé. Dans ce moment ses escadrons arrivent au galop, et un cri confus : « Le roi saigne, le roi a reçu un coup de feu ! » répand parmi les arrivants l'horreur et l'épouvante. « Ce n'est rien, suivez-moi, » s'écrie le roi, en rassemblant toutes ses forces ; mais vaincu par la douleur et près de s'évanouir, il prie en français le duc de Lauenbourg de le tirer sans éclat de la presse. Tandis que le duc, prenant un long détour, pour dérober à l'infanterie découragée ce spectacle accablant, se dirige avec le roi vers l'aile droite, le blessé reçoit dans le dos un second coup, qui lui enlève le reste de ses forces. « J'en ai assez, frère, dit-il d'une voix mourante; cherche seulement à sauver ta vie. » En même temps il tomba de cheval, et, percé encore de plusieurs coups, abandonné de toute son escorte, il expira entre les mains rapaces des Croates. Bientôt son cheval, baigné de sang, fuyant sans cavalier, découvrit à la cavalerie suédoise la chute du roi ; et, furieuse, elle s'élance pour arracher à l'avidité de l'ennemi cette proie sacrée. Autour du cadavre s'allume un combat meurtrier, et le corps défiguré est enseveli sous un monceau de morts.

L'affreuse nouvelle parcourt en peu de temps toute l'armée suédoise; mais, au lieu d'anéantir le courage de ces bandes valeureuses, elle les enflamme au contraire d'une ardeur nouvelle, farouche, dévorante. La vie n'a plus de prix, depuis que la vie la plus sacrée est perdue, et la mort n'a plus de terreurs pour l'homme obscur, depuis qu'elle a frappé la tête couronnée. Avec la rage des lions, les régiments uplandais, smalandais, finnois, d'Ostgothie et de Westgothie, se précipitent, pour la seconde fois, sur l'aile gauche des ennemis, qui n'oppose plus au général de Horn qu'une faible résistance, et qui maintenant est mise en pleine déroute. En même temps, l'armée orpheline de son roi trouve dans le duc Bernard de Weimar un général digne d'elle, et le génie de Gustave-Adolphe conduit encore ses escadrons victorieux. L'aile gauche a bientôt reformé ses rangs, et attaque vigoureusement la droite des Impériaux. L'artillerie des moulins, qui avait vomi sur les Suédois un feu si meurtrier, tombe en son pouvoir, et ces tonnerres sont maintenant dirigés contre les ennemis. De son côté, le centre de l'infanterie suédoise, sous la conduite de Bernard et de Kniphausen, marche de nouveau sur les fossés, qu'elle franchit heureusement, et, pour la seconde fois, s'empare de la batterie de sept canons. Alors l'attaque recommence avec un redoublement de fureur, contre les pesants bataillons du centre de l'ennemi; leur résistance faiblit de plus en plus, et le hasard même conspire avec la valeur suédoise pour achever leur défaite. Le feu prend aux caissons de poudre de l'armée impériale, et l'on voit voler dans l'air, avec un fracas horrible, les bombes et les grenades entassées. L'ennemi épouvanté se croit attaqué par derrière, tandis que les brigades suédoises le pressent par devant. Le courage l'abandonne. Il voit son aile gauche battue, son aile droite sur le point de succomber, son artillerie dans les mains des Suédois. La bataille approche du terme décisif; le sort de la journée ne dépend plus que d'un instant : soudain Pappenheim paraît sur le champ du combat avec ses cuirassiers et ses dragons; tous les avantages remportés sont perdus, et une bataille toute nouvelle commence.

L'ordre qui rappelait ce général à Lützen l'avait atteint à Halle, au moment où ses troupes achevaient de piller cette ville. Il était impossible de rassembler l'infanterie dispersée, avec la célérité que demandaient cet ordre pressant et l'impatience de Pappenheim. Sans attendre ses fantassins, il fit monter à cheval huit régiments de cavalerie, et, à leur tête, il courut sur Lützen à bride abattue, pour prendre part à la fête de la bataille. Il arriva juste à temps pour voir de ses yeux la fuite de l'aile gauche, que Gustave Horn mettait en déroute, et pour s'y trouver lui-même d'abord enveloppé. Mais, avec une soudaine présence d'esprit, il rallie les fuyards et les ramène à l'ennemi. Emporté par son bouillant courage, et plein d'impatience d'en venir aux mains avec le roi lui-même, qu'il suppose à la tête de cette aile, il se jette avec fureur sur les escadrons suédois, qui, fatigués par la victoire, et trop faibles en nombre, succombent sous ce flot d'ennemis, après la plus courageuse résistance. L'apparition de Pappenheim, qu'on n'osait plus espérer, ranime aussi le courage expirant de l'infanterie impériale, et le duc de Friedland saisit promptement l'instant favorable pour former de nouveau sa ligne. Les bataillons suédois, en masses serrées, sont rejetés au delà des fossés, après une lutte meurtrière, et les canons, deux fois perdus, sont arrachés de leurs mains une seconde fois. Le régiment jaune, comme le plus brave de tous ceux qui donnèrent dans cette sanglante journée des preuves de leur courage héroïque, était couché par terre tout entier, et couvrait encore le champ de bataille dans le bel ordre qu'il avait maintenu jusqu'au dernier soupir avec un si ferme courage. Le même sort frappa un régiment bleu, que le comte Piccolomini, avec la cavalerie impériale, terrassa après le combat le plus acharné. Cet excellent général renouvela sept fois son attaque; il eut sept chevaux tués sous lui, et fut percé de six balles de mousquet. Cependant il ne quitta pas le champ de bataille avant que la retraite de toute l'armée l'entraînât. On vit Wallenstein lui-même, au milieu de la pluie des balles ennemies, parcourir avec sang-froid ses divisions, secourant ceux qui étaient en péril, adressant des éloges au brave, punissant le lâche d'un regard foudroyant. Autour de lui, à ses côtés, ses soldats tombent sans vie; son manteau est criblé de balles Mais les dieux vengeurs protégent aujourd'hui sa poitrine pour laquelle est déjà aiguisé un autre fer. Ce n'était pas sur la couche où Gustave expirait que Wallenstein devait exhaler son âme souillée par le crime.

Pappenheim ne fut pas aussi heureux, Pappenheim, l'Ajax de l'armée, le plus redoutable soldat de l'Autriche et de l'Église. L'ardent souhait de rencontrer le roi lui-même dans la bataille entraîna le furieux au milieu de la plus sanglante mêlée, où il se croyait le plus sûr de ne pas manquer son noble ennemi. Gustave aussi avait nourri le brûlant désir de voir face à face cet adversaire estimé, mais leur ardeur hostile ne fut point assouvie, et la mort seule réunit les héros réconciliés. Deux balles de mousquet traversèrent la poitrine cicatrisée de Pappenheim, et il fallut que les siens l'entraînassent de force hors de la mêlée. Tandis qu'on était occupé à le porter derrière la ligne de bataille, un bruit confus parvint jusqu'à ses oreilles, que celui qu'il cherchait gisait sans vie sur le champ de carnage. Lorsqu'on lui confirma la vérité de cette nouvelle, son visage s'éclaircit et la dernière flamme brilla dans ses yeux. « Eh bien, s'écria-t-il, que l'on annonce au duc de Friedland que je suis blessé, sans espérance de vie, mais que je meurs content, puisque je sais que l'implacable ennemi de ma religion est tombé le même jour que moi. »

Avec Pappenheim le bonheur des Impériaux disparut du champ de bataille. A peine la cavalerie de l'aile gauche, déjà battue une fois et ralliée par lui seul, fut-elle privée de son chef victorieux, qu'elle ne fit plus aucune résistance, et, avec un lâche désespoir, chercha son salut dans la fuite. La même épouvante saisit aussi l'aile droite, à l'exception d'un petit nombre de régiments, que la bravoure de leurs chefs, Gœtz, Terzky, Collorédo et Piccolomini, força de tenir ferme. L'infanterie suédoise met à profit, avec une prompte résolution, le trouble de l'ennemi. Pour combler les vides que la mort a faits dans le premier corps de bataille, les deux lignes se réunissent en une seule, qui hasarde l'attaque dernière et décisive. Pour la troisième fois, elle franchit les fossés, et, pour la troisième fois, les canons braqués sur le revers tombent en son pouvoir. Le soleil va disparaître, à l'instant même où les deux armées en viennent aux mains. Le combat près de sa fin se rallume avec plus de violence. La dernière force lutte contre la force dernière; l'adresse et la fureur déploient leurs moyens extrêmes pour réparer, dans cet instant précieux et décisif, toute une journée perdue. Vainement le désespoir élève chaque armée au-dessus d'elle-même: aucune ne peut vaincre, aucune ne peut céder, et la tactique n'épuise d'un côté ses progrès que pour développer de l'autre de nouveaux coups de maître que l'on n'a jamais appris, jamais mis en pratique. Enfin le brouillard et la nuit mettent au combat un terme que la fureur lui refuse, et l'attaque cesse, parce qu'on ne trouve plus son ennemi. Les deux armées, par un accord tacite, se séparent; les joyeuses trompettes retentissent, et l'une et l'autre, se déclarant invaincue, disparaît de la plaine.

Les chevaux s'étant dispersés, l'artillerie des deux partis passa la nuit, abandonnée, sur le champ de bataille : c'était à la fois le prix et le gage de la victoire pour celui qui se rendrait maître du terrain. Mais, dans la précipitation avec laquelle il prit congé de Leipzig et de la Saxe, le duc de Friedland oublia de retirer la sienne du lieu du combat. Assez peu de temps après la fin de l'action, l'infanterie de Pappenheim, forte de six régiments, qui n'avait pu suivre assez vite la course de son général, parut sur le théâtre de l'action; mais la besogne était achevée. Quelques heures plus tôt, ce renfort considérable aurait vraisemblablement décidé l'affaire à l'avantage de l'empereur, et même alors, en s'emparant du champ de bataille, il eût pu sauver l'artillerie du duc et prendre celle des Suédois ; mais ce corps n'avait point d'ordres pour déterminer sa conduite, et, trop incertain sur l'issue de la bataille, il prit le chemin de Leipzig, où il espérait trouver le gros de l'armée.

Le duc de Friedland avait dirigé sa retraite de ce côté, et, le lendemain matin, les restes dispersés de ses troupes le suivirent sans artillerie, sans drapeaux, et presque sans armes. Il paraît que le duc Bernard fit reposer l'armée suédoise des fatigues de cette sanglante journée, entre Lützen et Weissenfels, assez près du champ de bataille pour empêcher promptement toute tentative que pourrait faire l'ennemi pour s'en emparer. Plus de neuf mille hommes des deux armées étaient restés sur la place ; le nombre des blessés fut beaucoup plus considérable encore ; et, surtout parmi les Impériaux, à peine se trouva-t-il un seul homme qui revînt sain et sauf du combat. Toute la plaine, depuis Lützen jusqu'au canal, était jonchée de blessés, de mourants et de morts. Des deux côtés beaucoup de personnages de la première noblesse avaient succombé ; l'abbé de Fulde lui-même, qui s'était mêlé, comme spectateur, à la bataille, paya de sa vie sa curiosité et son zèle religieux intempestif. L'histoire ne parle pas de prisonniers : nouvelle preuve de la fureur des deux partis, qui n'accordaient ou ne demandaient aucun quartier.

Dès le lendemain, Pappenheim mourut de ses blessures à Leipzig : perte irréparable pour l'armée impériale, que cet excellent soldat avait si souvent conduite à la victoire. La bataille de Prague, où il assistait, ainsi que Wallenstein, comme colonel, ouvrit sa carrière de gloire. Dangereusement blessé, il écrasa, avec peu de monde, par l'impétuosité de son courage, un régiment ennemi, et resta couché bien des heures sur le champ de bataille, confondu avec les morts et pressé par le poids de son cheval, jusqu'à ce qu'il fût découvert par les siens, venus pour le pillage. Avec un petit nombre de troupes, il vainquit dans trois batailles les rebelles de la haute Autriche, au nombre de quarante mille. Dans la journée de Leipzig, il retarda longtemps par sa bravoure la défaite de Tilly, et il fit triompher les armes de l'empereur sur l'Elbe et le Wéser. L'ardeur effrénée de son courage, que n'effrayait pas le danger le plus évident, et que l'impossible pouvait à peine dompter, faisait de lui le bras le plus terrible du général, mais le rendait impropre à commander en chef une armée : s'il faut en croire l'assertion de Tilly, la bataille de Leipzig fut perdue par sa fougue impétueuse. Lui aussi baigna ses mains dans le sang, au sac de Magdebourg. Son esprit, que les études précoces de sa jeunesse et de nombreux voyages avaient développé de la manière la plus brillante, était devenu farouche au milieu des armes. On remarquait sur son front deux traces rouges, en forme d'épées, dont la nature l'avait marqué dès sa naissance. Dans un âge avancé, ces traces paraissaient encore, toutes les fois qu'une passion mettait son sang en mouvement, et la superstition se persuada aisément que la vocation future de l'homme avait déjà été empreinte sur le front de l'enfant. Un pareil serviteur avait les droits les plus fondés à la reconnaissance des deux lignes de la maison d'Autriche, mais il ne vécut pas assez pour en recevoir la plus éclatante marque. Le courrier qui lui apportait de Madrid la Toison d'or, était en chemin, quand la mort l'enleva à Leipzig.

Quoique l'on chantât le *Te Deum* dans toutes les provinces d'Autriche et d'Espagne pour la victoire qu'on avait remportée, Wallenstein lui-même confessa ouvertement et hautement sa défaite par la précipitation avec laquelle il évacua Leipzig et bientôt après toute la Saxe, et renonça à ses quartiers d'hiver dans ce pays. A la vérité, il fit encore une faible tentative pour dérober, comme au vol, l'honneur de la victoire, et envoya le lendemain ses Croates voltiger autour du champ de bataille; mais la vue de l'armée suédoise, qui était là en ordre de bataille, dissipa en un moment ces troupes légères, et le duc Bernard, en occupant le théâtre de l'action et bientôt après la ville de Leipzig, prit possession incontestable de tous les droits du vainqueur.

Victoire chèrement achetée! lugubre triomphe! Ce n'est qu'à ce moment, quand la fureur du combat est refroidie, qu'on sent toute la grandeur de la perte qu'on a faite, et les cris de joie des vainqueurs expirent dans un muet et sombre désespoir. Lui, qui les avait menés à la bataille, il n'est pas revenu avec eux. Il est là, enseveli au milieu de sa victoire, confondu dans la foule des morts vulgaires. Après une recherche longtemps inutile, on découvre enfin le cadavre royal, non loin de la grande pierre, déjà remarquée, un siècle auparavant, entre le canal et Lützen, mais qui, depuis la mémorable catastrophe de ce jour, s'appelle la pierre suédoise. Défiguré par le sang et les blessures, jusqu'à être méconnaissable, foulé par les pieds des chevaux, dépouillé de ses ornements et de ses habits par la main des pillards, il est tiré d'un monceau de morts, porté à Weissenfels, et là, livré aux gémissements de ses troupes, aux derniers embrassements de son épouse. La vengeance avait réclamé le premier tribut, et le sang avait dû couler comme sacrifice expiatoire pour le monarque : maintenant l'amour entre dans ses droits, et de tendres pleurs coulent pour l'homme. La douleur générale absorbe toutes les souffrances particulières. Encore étourdis du coup qui les accable, les généraux, dans une morne stupeur, entourent son cercueil, et aucun d'eux n'ose mesurer toute l'étendue de cette perte [1].

L'historien Khevenhiller nous rapporte qu'à la vue du pourpoint sanglant qu'on avait enlevé au roi dans la bataille, et envoyé à Vienne, l'empereur montra une émotion bienséante, qui vraisemblablement partait du cœur. « J'aurais volontiers souhaité, s'écria-t-il, une plus longue vie à cet infortuné et un heureux retour dans son royaume, pourvu que la paix eût régné en Allemagne! » Mais lorsqu'un écrivain catholique, plus moderne, d'un mérite reconnu, trouve digne des plus grands éloges ce témoignage d'un reste d'humanité, que la seule bienséance réclame, que le simple amour-propre arrache même au cœur le plus insensible, et dont le contraire ne peut devenir possible que dans l'âme la plus barbare; lorsqu'il met cette conduite en parallèle avec la grandeur d'âme d'Alexandre envers la mémoire de Darius, il éveille chez nous une bien faible confiance dans les autres mérites de son héros, ou, ce qui serait pire encore, dans l'idéal qu'il se fait lui-même de la dignité morale. Mais l'éloge, le simple regret qu'on prête à Ferdinand, est déjà beaucoup dans la bouche de celui qu'on se trouve forcé de défendre contre le soupçon de régicide!

---

1. Dans la première édition : « N'ose mesurer l'étendue des ravages que la foudre, en tombant, a faits sur son chemin. »

On ne pouvait guère s'attendre à ce que le vif penchant des hommes pour l'extraordinaire laissât au cours commun de la nature la gloire d'avoir mis fin à l'importante existence d'un Gustave-Adolphe. La mort de ce redoutable adversaire était pour l'empereur un événement trop considérable pour ne pas éveiller dans un parti hostile la pensée qui se présentait si facilement, que ce qui lui profitait avait été suscité par lui. Mais, pour l'exécution de ce noir attentat, l'empereur avait besoin d'un bras étranger, et l'on croyait aussi l'avoir trouvé dans la personne de François-Albert, duc de Saxe-Lauenbourg. Son rang lui permettait un accès libre et non suspect auprès du monarque, et ce même rang honorable servait à le mettre au-dessus du soupçon d'une action infâme. Il resterait donc simplement à prouver que ce prince était capable d'une pareille abomination, et qu'il avait des motifs suffisants pour l'exécuter en effet.

François-Albert, le plus jeune des quatre fils de François II, duc de Lauenbourg, et, par sa mère, parent de la famille royale des Wasa, avait trouvé, dans ses jeunes années, un accueil amical à la cour suédoise. Une malhonnêteté qu'il se permit dans l'appartement de la reine mère envers Gustave-Adolphe fut, dit-on, punie par cet ardent jeune homme d'un soufflet, qui, regretté, il est vrai, dans l'instant même, et expié par la plus complète satisfaction, déposa dans l'âme vindicative du duc le germe d'une implacable inimitié. François-Albert passa dans la suite au service impérial, où il eut un régiment à commander, forma la plus étroite liaison avec le duc de Friedland, et se laissa employer pour une négociation secrète avec la cour de Saxe, qui faisait peu d'honneur à son rang. Sans pouvoir expliquer sa conduite par un motif solide, il abandonne à l'improviste les drapeaux de l'Autriche, et paraît à Nuremberg, dans le camp du roi, pour lui offrir ses services comme volontaire. Par son zèle pour la cause protestante, par des manières prévenantes et flatteuses, il gagne le cœur de Gustave, qui, malgré les avis d'Oxenstiern, prodigue sa faveur et son amitié à ce nouveau venu suspect. Bientôt après se livre la bataille de Lützen, dans laquelle François-Albert demeure sans cesse aux côtés du roi comme un mauvais génie, et ne le quitte qu'après qu'il est tombé. Au milieu des balles ennemies, il reste sain et sauf, parce qu'il porte autour du corps une écharpe verte, couleur des Impériaux. Il est le premier qui annonce au duc de Friedland, son ami, la mort du roi. Aussitôt après cette bataille, il passe du service suédois à celui de Saxe, et, au moment du meurtre de Wallenstein, arrêté comme complice de ce général, il n'échappe au glaive du bourreau qu'en abjurant sa croyance. Enfin il paraît de nouveau comme chef d'une armée impériale en Silésie, et meurt de ses blessures devant Schweidnitz. Il faut réellement se faire quelque violence pour défendre l'innocence d'un homme qui a parcouru une pareille carrière; mais, si clairement que ressorte des raisons alléguées la possibilité physique et morale d'un si abominable attentat, ces raisons cependant, on le voit au premier coup d'œil, ne permettent pas de conclure, d'une manière légitime, que le crime ait été réellement commis. On sait que Gustave-Adolphe s'exposait au danger comme le dernier soldat de son armée, et où des milliers d'hommes périssaient, il pouvait aussi trouver sa fin. Comment l'a-t-il trouvée ? c'est ce qui reste enseveli dans une impénétrable obscurité; mais ici, plus que partout ailleurs, doit prévaloir cette maxime, que là où le cours naturel des choses suffit à expliquer l'événement, il ne faut pas dégrader par une inculpation morale la dignité de la nature humaine.

Mais, sous quelque main que Gustave-Adolphe soit tombé, cet événement extraordinaire doit nous apparaître comme une dispensation de la grande Nature. L'histoire, si souvent bornée à la tâche ingrate de développer le jeu uniforme des passions humaines, se voit de temps en temps dédommagée par un de ces événements inattendus, qui, comme un coup hardi sortant de la nue, tombent soudain sur les rouages, les mouvements calculés, des entreprises humaines, et font remonter les esprits méditatifs à un ordre de choses supérieur[1]. C'est ainsi que nous

---

1. Ici Schiller a supprimé le morceau suivant, qui se trouve dans la première édition : « C'est avec peine que l'homme se voit interrompu, dans le jeu borné de sa machine politique, par l'impétueuse intervention de cette haute puissance, qui, sans nul accord avec lui, sans ménagement pour la pauvre création humaine, poursuit, avec une liberté hardie, ses propres fins, et souvent, dans sa marche gigantesque, dévaste inexorablement la plantation laborieuse de tout un âge d'hommes. Mais, pendant que nos sens surpris succombent sous la

saisit la soudaine disparition de Gustave-Adolphe de la scène du monde, laquelle arrête subitement tout le jeu de la machine politique et rend vains tous les calculs de la sagesse humaine. Hier encore, l'esprit vivifiant, le grand et unique moteur de sa création ; aujourd'hui, arrêté dans son vol d'aigle, impitoyablement précipité, arraché à un monde de projets, violemment rappelé du champ où mûrissait son espérance, il laisse derrière lui sans consolation son parti orphelin, et l'orgueilleux édifice de sa fragile grandeur tombe en ruines. Le monde protestant se détache, avec peine, de l'espoir qu'il fondait sur ce chef invincible, et craint d'ensevelir avec lui tout son bonheur passé. Mais ce n'était plus le bienfaiteur de l'Allemagne qui tombait à Lützen. Gustave-Adolphe avait terminé la bienfaisante moitié de sa carrière, et le plus grand service qu'il pût rendre encore à la liberté de l'empire allemand.... c'était de mourir. La puissance d'un seul, qui absorbait tout, se brise, et plusieurs essayent leurs forces ; l'appui équivoque d'un protecteur trop puissant fait place à la défense personnelle, plus glorieuse, des membres de l'Empire ; et, naguère simples instruments de sa grandeur à lui, ils commencent aujourd'hui seulement à travailler pour eux-mêmes. Ils vont chercher maintenant dans leur propre courage les moyens de salut, qu'on ne reçoit pas sans danger de la main du plus fort, et la puissance suédoise, hors d'état désormais de devenir oppressive, rentre dans les modestes limites d'une simple alliée.

L'ambition du monarque suédois aspirait incontestablement a Allemagne à une autorité incompatible avec la liberté des états, et à une possession fixe dans le centre de l'Empire. Son but était le trône impérial, et cette dignité, soutenue de sa puissance, et qu'il eût fait valoir avec sa rare activité, donnait lieu, dans sa main à lui, à un bien plus grand abus, que celui qu'on avait à craindre de la maison d'Autriche. Né sur un sol étranger, élevé dans les maximes du pouvoir absolu, et, par son pieux fanatisme, ennemi déclaré des catholiques, il n'était

---

puissance d'un accident à ce point imprévu, la raison s'élève, sentant sa dignité, jusqu'aux sources surnaturelles d'où il sort, et voit paraître, devant son regard qui s'étend, tout un autre système de lois, dans lequel se perd la mesquine appréciation des choses. »

guère propre à garder le trésor sacré de la constitution allemande et à respecter la liberté des membres de l'Empire. L'hommage choquant que la ville impériale d'Augsbourg fut amenée à rendre, ainsi que plusieurs autres cités, à la couronne suédoise, annonçait moins le protecteur de l'Empire que le conquérant; et cette ville, plus fière du titre de ville royale que de la prérogative plus glorieuse de sa liberté impériale, se flattait déjà de devenir la capitale du nouvel empire de Gustave-Adolphe. Ses vues, mal dissimulées, sur l'archevêché de Mayence, qu'il destina d'abord à l'électeur de Brandebourg, comme dot de sa fille Christine, et ensuite à Oxenstiern, son chancelier et son ami, faisaient paraître clairement tout ce qu'il était capable de se permettre contre la constitution de l'Empire. Les princes protestants ses alliés avaient à sa reconnaissance des prétentions qui ne pouvaient être satisfaites qu'aux dépens de leurs co-états, et surtout des bénéfices ecclésiastiques immédiats; et peut-être, à la manière de ces hordes barbares qui envahirent l'ancien empire romain, avait-il déjà formé le dessein de partager, comme une proie commune, les provinces conquises, entre ses compagnons d'armes allemands et suédois. Dans sa conduite envers le comte palatin Frédéric, il démentit tout à fait la générosité du héros et le caractère sacré de protecteur. Le Palatinat était dans ses mains, et les devoirs de la justice aussi bien que de l'honneur l'obligeaient de rendre, entière et intacte, à son maître légitime, cette province arrachée aux Espagnols; mais, par une subtilité indigne d'un grand homme et du titre vénérable de défenseur des opprimés, il sut éluder cette obligation. Il considérait le Palatinat comme une conquête, qui avait passé des mains de l'ennemi dans les siennes, et de là, à ses yeux, découlait pour lui le droit d'en disposer à son gré. Ce fut donc par grâce, et non par le sentiment du devoir, qu'il le céda au comte palatin, et seulement comme un fief de la couronne suédoise, à des conditions qui lui ôtaient la moitié de sa valeur, et qui abaissaient ce prince à n'être qu'un méprisable vassal de la Suède. Une de ces conditions, qui prescrit au comte palatin « de contribuer, après la fin de la guerre, à entretenir une partie de l'armée suédoise, à l'exemple des autres princes, » nous fait entrevoir assez clairement le sort qui attendait l'Allemagne, si le bonheur du roi avait duré. Son brusque départ de ce monde assura à l'empire allemand la liberté et à lui-même sa plus belle gloire, si même il ne lui sauva pas la mortification de voir ses propres alliés armés contre lui, et de perdre dans une paix désavantageuse tous les fruits de ses victoires. Déjà la Saxe penchait à se détacher de son parti; le Danemark observait sa grandeur avec inquiétude et jalousie; et la France même, son allié le plus important, alarmée par le formidable accroissement de sa puissance et le ton plus fier qu'il prenait, cherchait, dès le temps où il passait le Lech, des alliances étrangères, pour arrêter la marche victorieuse du Goth, et rétablir en Europe l'équilibre des forces.

# LIVRE QUATRIÈME.

Le faible lien de concorde par lequel Gustave-Adolphe tenait unis à grand'peine les membres protestants de l'Empire se rompit à sa mort : chacun des alliés recouvrait sa première liberté, ou bien il fallait qu'ils s'associassent par une alliance nouvelle. En prenant le premier parti, ils perdaient tous les avantages qu'ils avaient conquis au prix de tant de sang, et s'exposaient au danger inévitable de devenir la proie d'un ennemi qu'ils n'avaient pu égaler et vaincre que par leur union. Ni la Suède, ni aucun membre de l'Empire ne pouvait isolément tenir tête à la ligue et à l'empereur, et, dans une paix qu'on eût négociée au milieu de pareilles circonstances, on aurait été forcé de recevoir des lois de l'ennemi. L'union était donc la condition nécessaire, aussi bien pour faire la paix que pour continuer la guerre. Mais une paix recherchée dans la situation présente ne pouvait guère être conclue qu'au préjudice des puissances alliées. A la mort de Gustave-Adolphe, l'ennemi conçut de nouvelles espérances, et, si fâcheuse que pût être sa position après la bataille de Lützen, cette mort de son plus dangereux adversaire était un événement trop nuisible aux alliés et trop favorable à l'empereur pour ne pas lui ouvrir la plus brillante perspective et l'inviter à poursuivre la guerre. La division des alliés devait être, du moins pour le moment, la suite inévitable de cette mort; et combien l'empereur, combien la ligue ne gagnaient-ils pas à cette division des ennemis! Ferdinand ne pouvait donc sacrifier d'aussi grands avantages que ceux que lui promettait le tour actuel des choses, pour une paix dont il n'aurait pas le principal bénéfice, et une paix semblable, les alliés ne pouvaient souhaiter de la conclure. Par conséquent, la détermination la plus naturelle était la continuation de la guerre, de même que l'union était jugée le moyen le plus indispensable pour la soutenir.

Mais comment renouveler cette union, et où puiser des forces pour continuer la guerre? Ce n'était pas la puissance du royaume de Suède, c'était uniquement le génie et l'autorité personnelle qui avaient obtenu au feu roi une influence prépondérante en Allemagne et un si grand empire sur les esprits; et lui-même n'avait réussi qu'après des difficultés infinies à établir entre les États un faible et douteux lien de concorde. Avec lui disparut tout ce qui n'était devenu possible que par lui, par ses qualités personnelles, et les obligations des membres de l'Empire cessèrent en même temps que les espérances sur lesquelles elles avaient été fondées. Plusieurs d'entre eux secouent avec impatience le joug qu'ils ne portaient pas sans répugnance; d'autres se hâtent de saisir eux-mêmes le gouvernail, qu'ils avaient vu avec assez de déplaisir dans les mains de Gustave, mais qu'ils n'avaient pas eu la force de lui disputer pendant sa vie. D'autres encore sont tentés, par les séduisantes promesses de l'empereur, d'abandonner l'alliance générale; d'autres, enfin, accablés par les calamités d'une guerre de quatorze ans, appellent de leurs vœux pusillanimes une paix même désavantageuse. Les généraux des armées, qui sont en partie des princes allemands, ne reconnaissent aucun chef commun, et nul ne veut s'abaisser à recevoir les ordres d'un autre. La concorde disparaît du cabinet comme des camps, et, par cet esprit de division, la chose publique est sur le penchant de sa ruine.

Gustave n'avait point laissé de successeur mâle au royaume de Suède; sa fille Christine, âgée de six ans, était l'héritière naturelle de son trône. Les inconvénients inséparables d'une régence ne s'accordaient guère avec la vigueur et la résolution que devait montrer la Suède dans ce moment critique. Le génie supérieur de Gustave-Adolphe avait assigné, parmi les puissances de l'Europe, à cet État faible et obscur une place qu'il pouvait difficilement conserver sans la fortune et le génie de celui qui la lui avait faite [1], et d'où cependant il ne pouvait plus descendre sans que sa chute devînt le plus honteux aveu d'impuissance. Quoique la guerre allemande eût été principalement soutenue avec les forces de l'Allemagne, les faibles secours que la Suède fournissait par ses propres moyens, en hommes et en argent, étaient pourtant déjà un lourd fardeau pour ce royaume dénué de ressources, et le paysan succombait sous les charges qu'on était forcé d'accumuler sur lui. Le butin fait en Allemagne enrichissait seulement quelques nobles et quelques soldats, et la Suède même restait pauvre comme auparavant. A la vérité, la gloire nationale, qui flattait le sujet, l'avait consolé, pendant quelque temps, de ces vexations, et l'on pouvait considérer les impôts qu'on payait à cette gloire comme un prêt qui, dans l'heureuse main de Gustave-Adolphe, rapportait de magnifiques intérêts, et serait remboursé avec usure, par ce monarque reconnaissant, après une glorieuse paix. Mais cette espérance s'évanouit à la mort du roi, et alors le peuple abusé demanda, avec une redoutable unanimité, la diminution de ses charges.

Mais l'esprit de Gustave-Adolphe reposait encore sur les hommes auxquels il avait confié l'administration du royaume. Si terrible que fût leur surprise à la nouvelle de sa mort, elle ne brisa point leur mâle courage, et l'esprit de l'antique Rome, aux temps de Brennus et d'Annibal, anima cette noble assemblée. Plus était cher le prix auquel on avait acheté les avantages conquis, moins on pouvait se résoudre à y renoncer volontairement. On ne veut pas avoir sacrifié un roi inutilement. Le sénat suédois, forcé de choisir entre les souffrances d'une guerre incertaine et ruineuse, et une paix utile, mais déshonorante, prit courageusement le parti du danger et de l'honneur, et l'on

---

1. Dans la première édition : « Le génie supérieur de Gustave-Adolphe, entraînant, comme par surprise, cet État faible et obscur à un degré de grandeur qui lui était inconnu et lourd à supporter, lui avait assigné, parmi les puissances de l'Europe, une place qu'il, etc. »

voit avec un agréable étonnement ce vénérable conseil se lever avec toute la vigueur de la jeunesse. Environné, au dedans et au dehors, d'ennemis vigilants, et assiégé de périls à toutes les frontières du royaume, il s'arme contre tous, avec autant de sagesse que d'héroïsme, et travaille à l'agrandissement du royaume, tandis qu'il peut à grand'peine en maintenir l'existence.

La mort du roi et la minorité de sa fille Christine éveillèrent de nouveau les anciennes prétentions de la Pologne au trône de Suède, et le roi Ladislas, fils de Sigismond, n'épargna pas les négociations pour se faire un parti dans ce royaume. Par ce motif les régents ne perdent pas un moment pour proclamer, à Stockholm, l'avénement de la reine, âgée de six ans, et organiser l'administration de la tutelle. Tous les fonctionnaires de l'État sont tenus de prêter serment à la nouvelle souveraine; toute correspondance avec la Pologne est interdite, et les décrets des derniers rois contre les héritiers de Sigismond sont confirmés par un acte solennel. On renouvelle prudemment l'alliance avec le czar de Moscovie, afin de tenir d'autant mieux en bride par les armes de ce prince la Pologne ennemie. La mort de Gustave-Adolphe avait éteint la jalousie du roi de Danemark, et dissipé les inquiétudes qui s'opposaient à la bonne intelligence entre les deux voisins. Les efforts des ennemis pour armer Christian IV contre le royaume suédois, ne trouvaient maintenant plus d'accès auprès de lui, et son vif désir de marier son fils Ulrich avec la jeune reine concourait avec les principes d'une meilleure politique, pour lui faire garder la neutralité. En même temps, l'Angleterre, la Hollande et la France viennent au-devant du sénat suédois avec les assurances les plus satisfaisantes de leur amitié et de leur appui durable, et l'exhortent, d'une voix unanime, à poursuivre vivement une guerre conduite avec tant de gloire. Autant on avait eu de raisons en France pour se féliciter de la mort du conquérant suédois, autant on sentait la nécessité d'entretenir l'alliance avec la Suède. On ne pouvait, sans s'exposer soi-même au plus grand péril, laisser déchoir cette puissance en Allemagne. Le défaut de forces propres la contraignait à conclure avec l'Autriche une paix précipitée et désavantageuse, et tous les efforts qu'on avait faits pour affaiblir ce dangereux adversaire étaient perdus; ou bien la nécessité et le désespoir réduisaient les armées suédoises à chercher leurs moyens de subsistance dans les provinces des princes catholiques de l'Empire, et la France devenait coupable de trahison envers ces États, qui s'étaient soumis à sa puissante protection. La mort de Gustave-Adolphe, bien loin de rompre les liaisons de la France et de la Suède, les avait au contraire rendues plus nécessaires aux deux États, et beaucoup plus utiles à la France. Alors seulement, après la mort de celui qui avait couvert l'Allemagne de sa main protectrice et assuré ses frontières contre l'ambition française, la France pouvait poursuivre, sans obstacles, ses projets sur l'Alsace et vendre aux protestants d'Allemagne son assistance à plus haut prix.

Fortifiés par ces alliances, garantis au dedans, défendus au dehors par de bonnes garnisons aux frontières et par des flottes, les régents de Suède n'hésitent pas un instant à continuer une guerre dans laquelle leur patrie avait peu à perdre de son bien propre, et pouvait, si la fortune couronnait ses armes, gagner quelque province allemande à titre de dédommagement ou de conquête. Tranquille au milieu de ses mers, elle ne risquait pas beaucoup plus si ses armées étaient rejetées hors de l'Allemagne, que si elles s'en retiraient volontairement; et la première de ces deux fins était aussi honorable que la seconde était déshonorante. Plus on montrait de courage et plus on inspirait de confiance aux alliés et de respect aux ennemis, plus on pouvait attendre, à la paix, des conditions favorables. Se trouvât-on même trop faible pour accomplir les vastes desseins de Gustave, on devait du moins à ce grand modèle de faire les derniers efforts et de ne céder à aucun autre obstacle qu'à la nécessité. Malheureusement les ressorts de l'intérêt eurent trop de part à cette glorieuse résolution pour qu'on puisse l'admirer sans réserve. A ceux qui n'avaient rien à souffrir eux-mêmes des calamités de la guerre, et qui, au contraire, s'y enrichissaient, il ne coûtait guère de se prononcer pour qu'elle fût continuée; car enfin c'était l'empire germanique qui seul payait la guerre, et les provinces que l'on comptait s'adjuger n'étaient pas chèrement achetées avec le peu de troupes qu'on y devait employer désormais, avec les généraux qu'on allait mettre à la tête des armées, la plupart allemandes, et avec l'honorable mission de diriger les opérations militaires et les négociations.

Mais cette direction même ne s'accordait pas avec l'éloignement où la régence suédoise se trouvait du théâtre de la guerre et avec la lenteur que rend nécessaire l'administration exercée par une assemblée délibérante. Il fallait remettre à un seul homme, à un vaste esprit, le pouvoir de soigner, au sein même de l'Allemagne, les intérêts de la Suède; de prononcer, selon ses propres lumières, sur la guerre et la paix, sur les alliances nécessaires, sur les acquisitions faites. Cet important magistrat devait être revêtu d'une puissance dictatoriale et de toute l'autorité de la couronne qu'il représentait, pour en maintenir la dignité, pour mettre de l'harmonie dans les opérations communes, pour donner du poids à ses ordres, et remplacer ainsi à tous égards le monarque auquel il succédait. Cet homme se trouva dans la personne du chancelier Oxenstiern, le premier ministre, et, ce qui veut dire davantage, l'ami du feu roi. Initié à tous les secrets de son maître, familiarisé avec les affaires de l'Allemagne, instruit de toutes les relations politiques de l'Europe, il était, sans contredit, l'instrument le plus propre à poursuivre dans toute son étendue le plan de Gustave-Adolphe [1].

Oxenstiern venait d'entreprendre un voyage dans la haute Allemagne, pour convoquer les quatre cercles supérieurs, quand la nouvelle de la mort du roi le surprit à Hanau. Ce coup terrible qui perça le cœur sensible de l'ami, ravit d'abord à l'homme d'État toute la force de sa pensée. Il se voyait enlever le seul bien auquel son âme fût attachée. La Suède n'avait perdu qu'un roi, l'Allemagne qu'un protecteur; Oxenstiern perdait l'auteur de sa fortune, l'ami de son cœur, le créateur de ses vues idéales; mais, frappé plus durement que personne par le malheur commun, il fut le premier qui s'en releva par sa propre force.

---

1. On lit ici, dans la première édition, c'est-à-dire dans le *Calendrier des Dames* pour l'an 1793, la note suivante : « L'excellente peinture qui a été imprimée, sous le titre d'*Oxenstiern*, dans la précédente année de ce *Calendrier*, nous fait faire connaissance plus intime avec ce grand homme. »

Cette note, à défaut d'autres preuves, suffirait pour nous montrer que le portrait d'Oxenstiern n'est point de Schiller. Voyez ce qui est dit plus loin, dans la première note du *Supplément*, des trois portraits qui accompagnent celui-ci.

comme il était aussi le seul homme qui pût le réparer. D'un regard pénétrant il embrassa tous les obstacles qui s'opposaient à l'exécution de ses projets : le découragement des membres de l'Empire, les intrigues des cours ennemies, la division des alliés, la jalousie des chefs, la répugnance des princes de l'Allemagne à subir une direction étrangère. Mais cette même vue profonde de la situation actuelle des choses, qui lui découvrait toute la grandeur du mal, lui montrait aussi le moyen d'en triompher. Il s'agissait de relever le courage abattu des plus faibles États de l'Empire, de déjouer les secrètes machinations des ennemis, de ménager la jalousie des alliés les plus importants, d'exciter les puissances amies, particulièrement la France, à une active coopération; mais, avant tout, de rassembler les débris de l'union allemande, et de réunir par un lien étroit et durable les forces divisées du parti. La consternation où la perte de leur chef jetait les protestants d'Allemagne pouvait aussi bien les pousser à conclure une plus ferme alliance avec la Suède qu'une paix précipitée avec l'empereur, et la conduite qu'on allait suivre devait seule décider lequel de ces deux effets serait produit. Tout était perdu pour peu qu'on montrât du découragement; l'assurance qu'on témoignerait soi-même pouvait seule inspirer aux Allemands une noble confiance en leurs forces. Toutes les tentatives de la cour d'Autriche pour les détacher de l'alliance suédoise manquaient leur but, aussitôt qu'on leur ouvrait les yeux sur leur véritable intérêt et qu'on les amenait à une rupture ouverte et formelle avec l'empereur.

Sans doute, avant que ces mesures fussent prises et les points essentiels réglés entre la régence et son ministre, l'armée suédoise perdit pour ses opérations un temps précieux, dont les ennemis profitèrent parfaitement. Il ne tenait alors qu'à l'empereur de ruiner en Allemagne la puissance suédoise, si les sages conseils du duc de Friedland avaient trouvé accès auprès de lui. Wallenstein lui conseillait de proclamer une amnistie illimitée, et d'offrir spontanément aux membres protestants de l'Empire des conditions favorables. Dans la première terreur que la mort de Gustave-Adolphe répandit au sein du parti tout entier, une telle déclaration aurait produit l'effet le plus décisif et ramené les membres les plus souples aux pieds de l'empereur ; mais, ébloui par ce coup de fortune inattendu, et aveuglé par les instigations de l'Espagne, il espéra de ses armes une issue plus brillante, et, au lieu de prêter l'oreille aux projets de médiation, il se hâta d'augmenter ses forces. L'Espagne, enrichie par la dîme des biens ecclésiastiques que le pape lui accordait, soutint Ferdinand par des subsides considérables, négocia pour lui à la cour de Saxe, et fit lever à la hâte en Italie des troupes qui devaient être employées en Allemagne. L'électeur de Bavière augmenta aussi ses forces considérablement, et l'esprit inquiet du duc de Lorraine ne lui permit pas de rester oisif en présence d'un si heureux changement de fortune. Mais, tandis que l'ennemi déployait tant d'activité pour profiter du malheur des Suédois, Oxenstiern ne négligea rien pour en prévenir les fâcheuses conséquences.

Craignant moins les ennemis déclarés que la jalousie des puissances alliées, il quitta la haute Allemagne, dont il se croyait assuré par les conquêtes déjà faites et par les alliances, et se mit en chemin pour aller en personne détourner les États de la basse Allemagne d'une complète défection, ou d'une ligue particulière entre eux, qui n'était guère moins fâcheuse pour la Suède. Offensé de la prétention que montrait le chancelier de s'emparer de la direction des affaires, et profondément révolté à la pensée de recevoir des instructions d'un gentilhomme suédois, l'électeur de Saxe travaillait de nouveau à une dangereuse rupture avec la Suède, et pour lui la seule question était de savoir s'il se réconcilierait complètement avec l'empereur, ou s'il se mettrait à la tête des protestants pour former avec eux un troisième parti en Allemagne. Le duc Ulrich de Brunswick nourrissait des sentiments pareils, et il les fit paraître assez clairement en interdisant aux Suédois les enrôlements dans ses domaines et en convoquant à Lunebourg les États de la basse Saxe pour former entre eux une alliance. Le seul électeur de Brandebourg, jaloux de l'influence que la Saxe électorale allait acquérir dans la basse Allemagne, montra quelque zèle pour l'intérêt de la couronne suédoise, qu'il croyait déjà voir sur la tête de son fils. Oxenstiern trouva, il est vrai, l'accueil le plus honorable à la cour de Jean-Georges ; mais de vagues promesses de continuer les rapports d'amitié furent tout ce qu'il put obtenir de ce prince, malgré l'intervention personnelle de l'électeur de Brandebourg. Il fut plus heureux avec le duc de Brunswick, envers lequel il se permit un langage plus hardi. La Suède avait alors en sa possession l'archevêché de Magdebourg, dont le titulaire avait le droit de convoquer le cercle de basse Saxe. Le chancelier soutint le droit de sa couronne, et, par cet heureux acte d'autorité, il empêcha pour cette fois cette dangereuse assemblée. Mais l'union générale des protestants, alors l'objet principal de son voyage, et plus tard de tous ses efforts, échoua pour cette fois et pour toujours, et il fallut qu'il se contentât de quelques alliances particulières et peu sûres dans les cercles de Saxe, et du secours plus faible de la haute Allemagne.

Comme les Bavarois avaient des forces très-considérables sur le Danube, l'assemblée des quatre cercles supérieurs, qui avait dû se tenir à Ulm, fut transportée à Heilbronn, où parurent les députés de plus de douze villes impériales, et une foule brillante de docteurs, de comtes et de princes. Les puissances étrangères, la France, l'Angleterre et la Hollande, députèrent aussi à cette assemblée, et Oxenstiern y parut avec toute la pompe de la couronne dont il devait soutenir la majesté. Il porta lui-même la parole, et, par ses rapports, dirigea la marche des délibérations. Après qu'il eut reçu de tous les membres de l'Empire rassemblés l'assurance d'une fidélité, d'une persévérance et d'une concorde inébranlables, il leur demanda de déclarer ennemis la ligue et l'empereur d'une manière expresse et solennelle. Mais autant les Suédois étaient intéressés à pousser jusqu'à une rupture formelle la mauvaise intelligence entre l'empereur et les membres de l'Empire, autant ceux-ci se montrèrent peu disposés à s'enlever par cette démarche décisive toute possibilité de réconciliation, et à mettre par là même leur sort tout entier dans les mains des Suédois. Ils trouvèrent qu'une formelle déclaration de guerre, quand les choses parlaient d'elles-mêmes, était inutile et superflue, et leur résistance inébranlable réduisit le chancelier au silence. De plus violents débats s'élevèrent au sujet du troisième et principal article des délibérations, qui était de savoir par qui seraient déterminés les moyens de continuer la guerre et les contributions des membres de l'Empire pour l'entretien des armées. Le principe d'Oxenstiern, de rejeter sur eux la plus grande part possible des charges générales, ne s'accordait pas avec le principe de ces membres, de donner le moins qu'ils pourraient. Ici le chancelier suédois éprouva la dure vérité que trente empereurs avaient sentie avant lui : que, de toutes les entreprises difficiles, la plus difficile était de tirer de l'argent des Allemands. Au lieu de lui accorder les sommes nécessaires pour la levée de nouvelles troupes, on lui énuméra éloquemment tous les maux qu'avaient causés les armées déjà existantes, et l'on demanda un allégement des anciennes charges, lorsqu'il s'agissait d'en accepter de nouvelles. La mauvaise humeur où le chancelier avait mis les membres de l'Empire en leur demandant de l'argent fit éclore mille griefs, et les désordres commis par les troupes dans les marches et les cantonnements furent décrits avec une effrayante vérité.

Oxenstiern avait eu peu d'occasions, au service de deux princes absolus, de s'accoutumer aux formalités et à la marche scrupuleuse des délibérations républicaines et d'exercer sa patience à la contradiction. Prêt à agir aussitôt qu'il en voyait clairement la nécessité, inébranlable dans sa résolution dès qu'une fois il l'avait prise, il ne comprenait pas l'inconséquence de la plupart des hommes, de désirer le but et de haïr les moyens. Tranchant et emporté par nature, il le fut encore par principe dans cette occasion; car il était alors de la dernière importance de couvrir par un langage ferme et hardi l'impuissance du royaume de Suède, et, en prenant le ton de maître, de devenir maître en effet. Il n'est pas étonnant qu'avec de pareilles dispositions il ne se trouvât nullement dans sa sphère au milieu de docteurs et de princes allemands, et que l'esprit de minutieux scrupule qui est le caractère des Allemands dans toutes leurs transactions publiques, le mît au désespoir. Sans égard pour un usage auquel les empereurs même les plus puissants avaient dû se plier, il rejeta toute délibération écrite, forme si commode à la lenteur allemande : il ne comprenait pas comment on pouvait discuter pendant dix jours sur un point qui, pour lui, était déjà comme réglé par la simple exposition. Mais, si durement qu'il eût traité les membres de l'assemblée, il ne les trouva pas pour cela moins obligeants et empressés à lui accorder sa quatrième proposition, qui le concernaît lui-même. Lorsqu'il en vint à la nécessité de donner à l'alliance établie un président et un directeur, on décerna unanimement cet honneur à la Suède, et on le pria humblement de servir de ses lumières la cause commune et de prendre sur ses épaules le fardeau de la direction supérieure. Mais, pour se garantir contre l'abus du grand pouvoir qu'on mettait dans ses mains par cette élection, une décision, à laquelle l'influence française ne fut pas étrangère, plaçait auprès de lui, sous le nom d'assistants, un nombre déterminé d'inspecteurs qui devaient administrer la caisse de l'alliance et donner leur avis sur les enrôlements, les marches et les cantonnements des troupes. Oxenstiern combattit vivement cette restriction de son pouvoir, par où l'on entravait l'exécution de tout projet qui demandait du secret ou de la promptitude, et il finit par arracher à grand'peine la liberté de suivre ses propres idées dans les opérations de guerre. Enfin le chancelier toucha aussi le point épineux du dédommagement que la Suède pourrait se promettre à la paix de la reconnaissance de ses alliés, et il se flattait de l'espérance qu'on lui assignerait la Poméranie, sur laquelle la Suède dirigeait principalement ses vues, et qu'il obtiendrait des membres de l'assemblée la promesse d'une vigoureuse assistance pour l'acquisition de cette province. Mais on s'en tint à l'engagement vague et général qu'à la paix future on ne s'abandonnerait pas les uns les autres. Ce ne fut pas le respect pour la constitution de l'Empire qui rendit les États si réservés sur ce point : ce qui le prouve c'est la libéralité qu'on voulut témoigner au chancelier, au mépris des lois les plus sacrées de l'Empire. Peu s'en fallut qu'on ne lui offrît, à titre de récompense, l'archevêché de Mayence, que d'ailleurs il occupait déjà comme conquête, et l'ambassadeur français n'empêcha qu'avec peine cet acte aussi impolitique que déshonorant. Si loin que fût Oxenstiern de voir tous ses vœux accomplis, il avait du moins atteint son but principal, qui était d'obtenir pour sa couronne et pour lui-même la direction de l'ensemble des affaires ; il avait rendu plus ferme et plus étroit le lien qui unissait les membres des quatre cercles supérieurs, et conquis, pour l'entretien de la guerre, un subside annuel de deux millions et demi d'écus.

Tant de déférence de la part des États méritait que la Suède se montrât reconnaissante. Peu de semaines après la mort de Gustave-Adolphe, le chagrin avait terminé la malheureuse vie du comte palatin Frédéric. Ce prince infortuné avait grossi pendant huit mois la cour de son protecteur et consumé à sa suite le faible reste de sa fortune. Enfin il approchait du terme de ses vœux, et un plus heureux avenir s'ouvrait devant lui, quand la mort enleva son défenseur. Ce qu'il considérait comme le plus grand malheur eut les suites les plus favorables pour son héritier. Gustave-Adolphe pouvait se permettre de lui faire attendre la restitution de ses États et de lui rendre ce don onéreux par des conditions oppressives. Oxenstiern, pour qui l'amitié de l'Angleterre, de la Hollande, du Brandebourg, et en général la bonne opinion des membres réformés de l'Empire, était incomparablement plus importante, se vit forcé d'accomplir le devoir de la justice. En conséquence, dans cette même assemblée de Heilbronn, il restitua aux descendants de Frédéric les pays palatins, soit conquis déjà, soit à reconquérir, Mannheim seul excepté, qui devait rester occupé par les Suédois jusqu'au remboursement des frais de guerre. Le chancelier ne borna pas ses bons procédés à la maison palatine; les autres princes alliés reçurent de la Suède, quoique un peu plus tard, des preuves de reconnaissance qui coûtèrent à cette couronne tout aussi peu de son propre bien.

Le devoir de l'impartialité, le plus sacré de tous pour l'historien, l'oblige à un aveu qui n'est pas précisément fort honorable pour les défenseurs de la liberté allemande. Quelque étalage que fissent les princes protestants de la justice de leur cause et de la pureté de leur zèle, cependant c'étaient surtout des motifs très-intéressés qui les faisaient agir, et le désir de dépouiller les autres avait pour le moins autant de part aux hostilités commencées que la crainte de se voir dépouillés eux-mêmes. Gustave-Adolphe découvrit bientôt qu'il avait beaucoup plus à espérer de ce honteux mobile que de leurs sentiments patriotiques, et il ne négligea pas d'en tirer parti. Il promit à chacun des princes ligués avec lui la possession de quelqu'une des conquêtes déjà faites sur l'ennemi, ou encore à faire, et la mort seule l'empêcha d'accomplir ces engagements. Ce que la prudence conseillait au roi, la nécessité le commandait à son successeur, et, s'il avait à cœur de prolonger la guerre, il fallait qu'il partageât le butin avec les princes alliés, et s'obligeât à faire tourner à leur avantage la confusion qu'il cherchait à entretenir. Ce fut ainsi qu'il promit au landgrave de Hesse les bénéfices de Paderborn, de Corvey [1], de Münster et de Fulde; au duc Bernard de Weimar, les évêchés de Franconie; au duc de Wurtemberg, les biens ecclésiastiques et les comtés autrichiens situés dans ses États : le tout à titre de fiefs suédois. Le chancelier lui-même s'étonnait du spectacle de cette conduite insensée qui faisait si peu d'honneur aux Allemands, et il pouvait à peine cacher son mépris. « Qu'on inscrive, dit-il un jour, dans nos archives, pour en perpétuer le souvenir, qu'un prince de l'Empire d'Allemagne a demandé cela à un gentilhomme suédois, et que le gentilhomme suédois l'a accordé, en pays allemand, à un prince de l'empire d'Allemagne. »

Après des mesures si bien prises, on pouvait paraître avec honneur en campagne et recommencer la guerre avec une nouvelle activité. Bientôt après la victoire de Lützen, les troupes de Saxe et de Lunebourg se réunissent avec le gros des forces suédoises, et, en peu de temps, les Impériaux sont chassés de toute la Saxe. Alors cette armée combinée se sépare. Les Saxons marchent en Lusace et en Silésie, pour agir contre les Autrichiens de concert avec le comte de Thurn; le duc Bernard conduit en Franconie une partie de l'armée suédoise, et le duc Georges de Brunswick l'autre partie dans la Westphalie et la basse Saxe.

Tandis que Gustave-Adolphe entreprenait son expédition en Saxe, les conquêtes faites sur le Lech et le Danube furent défendues contre les Bavarois par le comte palatin de Birkenfeld et le général suédois Banner; mais, trop faibles pour opposer une résistance suffisante aux progrès victorieux de l'ennemi, qui étaient secondés par la bravoure et l'expérience d'Altringer, général de l'empereur, ils durent appeler d'Alsace à leur secours le général suédois de Horn. Après que ce chef expérimenté eut

---

1. Dans la première édition : « Corbey. »

soumis à la domination suédoise les villes de Benfeld, Schelestadt, Colmar et Haguenau, il en remit la défense au rhingrave Othon-Louis, et se hâta de passer le Rhin pour renforcer l'armée de Banner. Mais, quoiqu'elle fût dès lors forte de seize mille hommes, elle ne put toutefois empêcher l'ennemi de s'établir sur la frontière de la Souabe, de prendre Kempten et de s'accroître de sept régiments venus de Bohême. Pour garder les rives importantes du Lech et du Danube, on dégarnit l'Alsace, où, après le départ de Horn, le rhingrave Othon-Louis avait eu de la peine à se défendre contre les paysans soulevés. Il fallut que lui aussi vînt renforcer avec ses troupes l'armée du Danube ; et, comme ce secours ne suffisait pas encore, on invita instamment le duc Bernard de Weimar à tourner ses armes de ce côté.

Peu après l'ouverture de la campagne de 1633, Bernard s'était emparé de la ville et de tout l'évêché de Bamberg, et il préparait le même sort à Würtzbourg. Sur l'invitation de Gustave Horn, il se mit aussitôt en marche vers le Danube, battit, chemin faisant, une armée bavaroise, commandée par Jean de Werth, et fit près de Donawert sa jonction avec les Suédois. Cette nombreuse armée, commandée par d'excellents généraux, menace la Bavière d'une formidable invasion. Tout l'évêché d'Eichstædt est inondé de troupes, et un traître promet de faire tomber même Ingolstadt dans les mains des Suédois. L'activité d'Altringer est enchaînée par l'ordre formel de Friedland, et, ne recevant aucun secours de Bohême, il ne peut s'opposer aux progrès de l'armée ennemie. Les plus favorables circonstances se réunissent pour rendre victorieuses dans ces contrées les armes des Suédois, quand les mouvements de l'armée sont tout à coup arrêtés par une révolte des officiers.

On devait aux armes tout ce qu'on avait acquis en Allemagne ; la grandeur même de Gustave-Adolphe était l'ouvrage de l'armée, le fruit de sa discipline, de ses travaux, de son courage inébranlable au milieu de fatigues et de dangers infinis. Si habilement que l'on traçât les plans dans le cabinet, l'armée seule, en définitive, en était l'exécutrice, et les projets des chefs en s'étendant ne faisaient qu'augmenter toujours ses fatigues. Dans cette guerre, tous les grands résultats avaient été obtenus violemment, en sacrifiant avec une vraie barbarie les soldats dans les campagnes d'hiver, les marches, les assauts et les batailles rangées, et c'était la maxime de Gustave-Adolphe de ne jamais renoncer à une victoire, tant qu'il ne lui en coûtait que des hommes. Le soldat ne pouvait longtemps ignorer son importance, et il demandait à bon droit sa part d'un gain obtenu au prix de son sang. Mais, le plus souvent, on pouvait à peine lui payer la solde qui lui était due, et l'avidité des chefs ou les besoins de l'État absorbaient d'ordinaire la meilleure part des sommes extorquées et des possessions acquises. Pour toutes les peines qu'il endurait, il ne lui restait rien que la perspective incertaine du pillage ou de l'avancement, et nécessairement, à l'un et l'autre égard, il ne se voyait que trop souvent abusé. Tant que Gustave-Adolphe vécut, la crainte et l'espérance étouffèrent, il est vrai, toute explosion de mécontentement; mais, après sa mort, l'impatience générale éclata, et le soldat saisit justement le moment le plus dangereux pour se souvenir de son importance. Deux officiers, Pfuhl et Mitschefal, déjà signalés du vivant de Gustave comme deux têtes turbulentes, donnent, dans le camp du Danube, un exemple qui trouve en peu de jours des imitateurs dans presque tous les officiers de l'armée. On s'engage mutuellement et l'on se donne parole, la main dans la main, de n'obéir à aucun ordre jusqu'à ce que la solde, arriérée depuis des mois et des années, soit acquittée, et qu'on ait accordé en outre à chacun, en argent ou en biens-fonds, une récompense proportionnée aux services. On les entendait dire : « Des sommes énormes sont extorquées chaque jour comme contributions de guerre, et tout cet argent va se perdre dans un petit nombre de mains. On nous pousse en avant sur la neige et la glace, et jamais la moindre reconnaissance pour ces travaux infinis! On crie à Heilbronn contre la pétulance des troupes; mais personne ne songe à leurs services. Les écrivains font retentir le monde du bruit des conquêtes et des victoires, et cependant ce n'est que par la main des soldats qu'on a remporté tous ces triomphes. » La foule des mécontents augmente chaque jour, et déjà, par des lettres qui heureusement sont interceptées, ils cherchent à soulever aussi les armées sur le Rhin et dans la Saxe. Ni les représentations de Bernard de Weimar, ni les dures réprimandes de son collègue plus sévère, ne furent capables d'étouffer cette fermentation, et la violence du dernier ne fit qu'accroître l'insolence des rebelles. Ils insistèrent pour qu'on assignât à chaque régiment certaines villes sur lesquelles on lèverait la solde arriérée. Un délai de quatre semaines était accordé au chancelier suédois pour trouver le moyen de satisfaire à ces demandes : « En cas de refus, déclarèrent-ils, ils se payeraient eux-mêmes, et ne tireraient plus, à l'avenir, l'épée pour la Suède. »

Cette violente sommation, faite en un temps où la caisse militaire était vide et le crédit tombé, dut plonger le chancelier dans la plus grande perplexité ; et il fallait trouver un prompt remède, avant que le même vertige gagnât les autres troupes, et qu'on se vît abandonné tout d'un coup par toutes les armées au milieu des ennemis. Parmi tous les généraux suédois, un seul avait assez de crédit et de considération auprès des soldats pour apaiser cette querelle. Le duc Bernard était le favori de l'armée, et sa prudente modération lui avait gagné la confiance des gens de guerre, comme son expérience militaire leur haute admiration. Ce fut lui qui entreprit alors de calmer les troupes mécontentes ; mais, connaissant son importance, il saisit le moment favorable pour songer d'abord à lui-même et arracher à l'embarras du chancelier suédois l'accomplissement de ses propres souhaits.

Gustave-Adolphe lui avait déjà fait espérer un duché de Franconie, qui serait formé des deux évêchés de Bamberg et de Würtzbourg : le duc Bernard insistait maintenant sur l'exécution de cette promesse. Il demanda en même temps le commandement en chef pendant la guerre, avec le titre de généralissime suédois. Cet abus que faisait le duc du besoin qu'on avait de lui irrita si fort Oxenstiern, que, dans sa première indignation, il lui signifia qu'il cessait d'être au service de la Suède. Mais bientôt il se ravisa, et, plutôt que de sacrifier un général si important, il résolut de l'enchaîner à tout prix à la cause suédoise. Il lui remit en conséquence les évêchés de Franconie, à titre de fiefs de la couronne de Suède, à la réserve toutefois des deux forteresses de Würtzbourg et de Kœnigshofen, qui devaient rester occupées par les Suédois ; il s'engagea de plus, au nom de sa couronne, à soutenir le duc dans la possession de ces pays. La demande du commandement en chef de toutes les troupes fut rejetée sous un prétexte honnête. Le duc Bernard ne tarda pas longtemps à se montrer reconnaissant de cet important sacrifice : par son crédit et son activité, il apaisa bientôt la révolte de l'armée. On distribua aux officiers de fortes sommes d'argent et de plus grands dons encore en fonds de terre, dont la valeur montait à environ cinq millions d'écus, et sur lesquels on n'avait aucun autre droit que celui de conquête. Pendant ce temps, le moment d'une grande entreprise était passé, et les chefs réunis se séparèrent, pour aller résister à l'ennemi sur d'autres points.

Gustave Horn, après avoir entrepris une courte irruption dans le haut Palatinat et s'être emparé de Neumarkt, dirigea sa marche vers la frontière souabe, où les Impériaux s'étaient considérablement renforcés dans l'intervalle, et menaçaient le Wurtemberg d'une invasion désastreuse. Effrayés de son approche, ils se retirent vers le lac de Constance; mais cela ne servit qu'à montrer aux Suédois le chemin de ce pays, qu'ils n'avaient pas encore visité. Une possession à l'entrée de la Suisse était pour ceux-ci d'une extrême importance, et la ville de Constance semblait particulièrement propre à les mettre en communication avec les confédérés. Gustave Horn entreprit donc aussitôt le siége de cette place. Mais, dépourvu d'artillerie, et obligé d'en faire venir d'abord du Wurtemberg, il ne pouvait assez accélérer son entreprise pour ne pas laisser aux ennemis le loisir de délivrer cette ville, qu'il était d'ailleurs si facile d'approvisionner par le lac. Il quitta donc, après une vaine tentative, la ville et son territoire, pour faire tête, sur les bords du Danube, à un pressant danger.

Sur l'invitation de l'empereur, le cardinal infant, frère du roi d'Espagne Philippe IV, et gouverneur de Milan, avait mis sur pied une armée de quatorze mille hommes, qui était destinée à opérer sur le Rhin, indépendante de l'autorité de Wallenstein, et à défendre l'Alsace. Ces forces parurent alors en Bavière, sous le commandement d'un Espagnol, le duc de Féria; et, afin qu'on pût les employer sans retard contre les Suédois, Altringer reçut l'ordre de les joindre aussitôt avec ses troupes. Dès la première nouvelle de l'apparition de cette armée, Gustave Horn avait appelé du Rhin, comme renfort, le comte palatin de Birkenfeld, et, après s'être réuni avec lui à Stockach, il marcha hardiment aux ennemis, forts de trente mille hommes. Ils avaient franchi le Danube et dirigé leur marche vers la Souabe, où Gustave Horn s'approcha d'eux, un jour, au point que les deux armées n'étaient plus qu'à un demi-mille l'une de l'autre. Mais, au lieu d'accepter l'offre de la bataille, les Impériaux marchèrent par les villes forestières vers le Brisgau et l'Alsace, où ils arrivèrent assez tôt pour débloquer Brisach et mettre un terme aux progrès victorieux du rhingrave Othon-Louis. Ce dernier avait conquis peu auparavant les villes forestières, et, soutenu par le comte palatin de Birkenfeld, qui délivra le bas Palatinat et battit le duc de Lorraine, il avait assuré de nouveau dans ces contrées la prépondérance aux armes suédoises. Alors, il est vrai, il dut céder à la supériorité de l'ennemi; mais bientôt Horn et Birkenfeld marchent à son secours, et, après un court triomphe, les Impériaux se voient de nouveau chassés de l'Alsace. Un automne rigoureux, qui les surprend dans cette malheureuse retraite, fait périr la plupart des Italiens, et le chagrin que lui cause le mauvais succès de cette entreprise donne la mort à leur chef lui-même, le duc de Féria.

Cependant le duc Bernard de Weimar, avec dix-huit régiments d'infanterie et cent quarante cornettes de cavalerie, avait pris position sur le Danube, pour couvrir la Franconie, aussi bien que pour observer sur ce fleuve les mouvements de l'armée bavaro-impériale. Altringer n'eut pas plus tôt dégarni ces frontières, pour se joindre aux troupes italiennes du duc de Féria, que Bernard profita de son éloignement, se hâta de passer le Danube, et parut devant Ratisbonne, aussi prompt que la foudre. La possession de cette ville était décisive pour les entreprises des Suédois sur la Bavière et l'Autriche; elle leur donnait un établissement sur le Danube, et une retraite sûre en cas de revers, de même qu'elle les mettait seule en état de faire dans ces pays des conquêtes durables. Conserver Ratisbonne avait été le dernier, le pressant conseil de Tilly mourant à l'électeur de Bavière, et Gustave-Adolphe avait déploré, comme une perte irréparable, que les Bavarois l'eussent prévenu en occupant cette place. Aussi l'effroi de Maximilien fut-il inexprimable, quand le duc Bernard surprit cette ville et se disposa sérieusement à l'assiéger.

Quinze compagnies seulement, la plupart de nouvelles levées, en composaient la garnison : c'étaient des forces plus que suffisantes pour fatiguer l'ennemi, quelle que fût sa supériorité, si elles étaient soutenues par une bourgeoisie bien intentionnée et guerrière. Mais celle de Ratisbonne était justement le plus dangereux ennemi que la garnison bavaroise eût à combattre. Les habitants protestants, également jaloux de leur croyance et de leur liberté impériale, s'étaient courbés à regret sous le joug bavarois, et attendaient depuis longtemps avec impatience l'apparition d'un sauveur. L'arrivée de Bernard devant leurs murs les remplit d'une vive joie, et il était fort à craindre qu'ils ne soutinssent par une émeute au dedans les entreprises des assiégeants. Dans cette grande perplexité, l'électeur adresse à l'empereur, au duc de Friedland, les lettres les plus pathétiques, pour qu'on lui accorde seulement un secours de cinq mille hommes. Ferdinand envoie successivement sept messagers, avec cette commission, à Wallenstein, qui promet les plus prompts secours, et annonce en effet par Gallas à l'électeur la prochaine arrivée de douze mille hommes sous les ordres de ce général, mais en même temps défend à celui-ci, sous peine de la vie, de se mettre en chemin. Sur l'entrefaite, le commandant bavarois de Ratisbonne, dans l'attente d'une prompte délivrance, avait pris les meilleures dispositions pour défendre la ville : il avait armé les paysans catholiques, désarmé au contraire les bourgeois protestants, et veillé avec le plus grand soin à ce qu'ils ne pussent faire aucune entreprise dangereuse contre la garnison. Mais, comme aucun secours ne paraissait, et que l'artillerie des ennemis foudroyait sans relâche les remparts, il pourvut à sa sûreté et à celle de la garnison par une capitulation honorable, et abandonna les employés et les ecclésiastiques bavarois à la clémence du vainqueur.

Avec l'occupation de Ratisbonne, les projets du duc Bernard s'étendent, et la Bavière même est devenue pour son hardi courage un champ trop étroit. Il veut pénétrer jusqu'aux frontières de l'Autriche, armer contre l'empereur les paysans protestants et leur rendre la liberté religieuse. Il avait déjà conquis Straubing[1], tandis qu'un autre général suédois soumettait les bords septentrionaux du Danube. Bravant, à la tête de ses Suédois, la rigueur de la température, il atteint l'embouchure de l'Isar et fait passer ce fleuve à ses troupes, sous les yeux du général bavarois de Werth, qui est campé dans ce lieu. Déjà tremblent Passau et Lintz, et l'empereur consterné redouble ses sommations et ses ordres à Wallenstein de secourir au plus tôt la Bavière accablée. Mais Bernard victorieux met de lui-même un terme à ses conquêtes. Ayant devant lui, l'Inn, défendu par de nombreux châteaux forts; derrière lui, deux armées ennemies, un pays mal intentionné, et l'Isar, sur les bords duquel nul poste tenable ne le protége, de même que le sol gelé ne lui permet d'élever aucuns retranchements; menacé par toutes les forces de Wallenstein, qui s'est enfin décidé à marcher sur le Danube, il se dérobe par une retraite opportune au danger de voir couper ses communications avec Ratisbonne et d'être cerné par les ennemis. Il se hâte de passer l'Isar et le Danube, pour défendre contre Wallenstein les conquêtes faites dans le haut Palatinat, décidé même à ne pas refuser une bataille avec ce général. Mais Wallenstein, qui n'avait jamais eu la pensée de rien faire d'important sur le Danube, n'attend pas son approche, et, avant que les Bavarois commencent tout de bon à se réjouir de la sienne, il a déjà disparu du côté de la Bohême. Bernard termine donc alors sa glorieuse campagne, et accorde à ses troupes dans les quartiers d'hiver, sur le territoire ennemi, un repos bien mérité.

Tandis que Gustave Horn en Souabe, le comte palatin de Birkenfeld, le général Baudissin et le rhingrave Othon-Louis sur le haut et le bas Rhin, et le duc Bernard sur le Danube, faisaient la guerre avec une telle supériorité, la gloire des armes suédoises n'était pas soutenue moins glorieusement dans la basse Saxe et la Westphalie par le duc de Lunebourg et le landgrave de Hesse-Cassel. Le duc Georges prit la forteresse de Hameln après la plus courageuse résistance, et l'armée combinée des Hessois et des Suédois remporta, près d'Oldendorf, une bril-

---

1. Dans la première édition : « Straubingen. »

lante victoire sur le général impérial de Gronsfeld, qui commandait aux bords du Wéser. Dans cette bataille, le comte de Wasabourg, fils naturel de Gustave-Adolphe, se montra digne de sa naissance. Seize canons, tous les bagages des Impériaux et soixante-quatorze étendards tombèrent dans les mains des Suédois ; environ trois mille ennemis restèrent sur la place, et le nombre des prisonniers fut presque aussi grand. La ville d'Osnabrück fut réduite à capituler par le colonel suédois Kniphausen, et Paderborn par le landgrave de Hesse-Cassel. En revanche, Bückebourg, place très-importante pour les Suédois, tomba dans les mains des Impériaux. Sur presque tous les points de l'Allemagne, on voit triompher les armes suédoises, et l'année qui suivit la mort de Gustave-Adolphe ne montre encore aucun indice de la perte qu'on avait faite en la personne de ce grand capitaine.

Dans l'exposé des principaux événements qui signalèrent la campagne de l'année 1633, l'inaction de l'homme qui, entre tous assurément, excitait la plus grande attente doit causer un juste étonnement. De tous les généraux dont les exploits nous ont occupés dans cette campagne, il n'y en avait aucun qui pût se mesurer, pour l'expérience, le talent et la gloire militaire, avec Wallenstein, et c'est lui précisément qui, à partir de la bataille de Lützen, disparaît à nos yeux. La mort de son grand adversaire lui laisse libre tout le champ de la gloire ; l'attention de l'Europe entière est fixée sur les exploits qui doivent effacer le souvenir de sa défaite et annoncer au monde sa supériorité dans l'art de la guerre ; et cependant il reste oisif en Bohême, tandis que les pertes de l'empereur en Bavière, dans la basse Saxe et sur le Rhin réclament instamment sa présence : mystère également impénétrable pour les amis et les ennemis, objet d'effroi pour l'empereur, et pourtant aussi sa dernière espérance. Après la bataille perdue de Lützen, il s'était retiré, avec une précipitation inexplicable, dans le royaume de Bohême, où il ordonna les enquêtes les plus sévères sur la conduite de ses officiers dans cette journée. Ceux que le conseil de guerre reconnut coupables furent condamnés à mort avec une inexorable rigueur ; ceux qui s'étaient bravement conduits furent récompensés avec une royale munificence, et la mémoire des morts éternisée par de magnifiques monuments. Pendant tout l'hiver, il écrasa les provinces impériales par des contributions exorbitantes et par les quartiers d'hiver, qu'il eut soin de ne pas prendre dans les pays ennemis, afin d'épuiser les ressources des provinces autrichiennes. Mais, à l'entrée du printemps de 1633, au lieu d'ouvrir les hostilités avant tous les autres, avec son armée bien entretenue et formée de troupes d'élite, et de se montrer dans toute la puissance de son commandement, il fut le dernier à paraître en campagne, et ce fut encore un État héréditaire de l'empereur dont il fit le théâtre de la guerre.

Entre toutes les provinces de l'Autriche, c'était la Silésie qui se trouvait exposée au plus grand danger. Trois différentes armées, une suédoise sous le comte de Thurn, une saxonne sous Arnheim et le duc de Lauenbourg, et une brandebourgeoise sous Borgsdorf, avaient porté en même temps la guerre dans ce pays. Elles avaient déjà en leur possession les places les plus importantes, et Breslau même avait embrassé le parti des alliés. Mais cette foule de généraux et d'armées fut précisément ce qui conserva ce pays à l'empereur : en effet, la jalousie des chefs et la haine mutuelle des Suédois et des Saxons ne leur permit jamais d'agir avec ensemble. Arnheim et Thurn se disputaient le commandement ; les Brandebourgeois et les Saxons faisaient cause commune contre les Suédois, qu'ils regardaient comme d'importuns étrangers et auxquels ils cherchaient à nuire chaque fois qu'ils en trouvaient la moindre occasion. Au contraire, les Saxons vivaient avec les Impériaux sur un pied beaucoup plus amical, et il arrivait souvent que les officiers des deux armées ennemies se visitaient réciproquement et se donnaient des repas. On laissait les Impériaux sauver leurs biens sans obstacles, et, parmi les Allemands de l'armée combinée, un grand nombre ne cachaient point qu'ils avaient reçu de Vienne de fortes sommes. Au milieu d'alliés si équivoques, les Suédois se voyaient vendus et trahis, et, quand on s'entendait si mal, il était impossible de songer à aucune grande entreprise. Le général d'Arnheim était d'ailleurs presque toujours absent, et, lorsqu'enfin il revint à l'armée, déjà Wallenstein s'approchait des frontières avec des forces redoutables.

Il entra en Silésie à la tête de quarante mille hommes, et les alliés n'en avaient pas plus de vingt-quatre mille à lui opposer.

Néanmoins, ils voulurent tenter une bataille, et parurent devant Münsterberg, où Wallenstein avait établi un camp retranché ; mais il les laissa séjourner là huit jours sans faire lui-même le moindre mouvement ; puis il quitta ses lignes et défila devant leur camp d'un pas fier et tranquille. Même après qu'il eut levé le sien, et tout le temps que les ennemis, devenus plus hardis, demeurèrent près de lui, il dédaigna de profiter de l'occasion. Le soin avec lequel il évitait la bataille fut attribué à la crainte ; mais, avec sa vieille gloire militaire, Wallenstein pouvait braver un pareil soupçon. La vanité des alliés ne leur permit pas de remarquer qu'il se jouait d'eux et qu'il leur faisait généreusement grâce de la défaite, parce que, pour le moment, une victoire sur eux ne le servait pas. Cependant, pour leur montrer qu'il était le maître et que ce n'était point la crainte de leurs forces qui le tenait dans l'inaction, il fit mettre à mort le commandant d'un château qui tomba dans ses mains, pour n'avoir pas rendu sur-le-champ une place qui n'était pas tenable.

Les deux armées étaient depuis neuf jours en présence l'une de l'autre, à la portée du mousquet, quand le comte Terzky, sortant de l'armée de Wallenstein, parut avec un trompette devant le camp des alliés pour inviter le général d'Arnheim à une conférence. Elle avait pour objet de proposer, au nom de Wallenstein, tout supérieur en forces qu'il était, un armistice de six semaines. « Il était venu, disait-il, pour conclure une paix perpétuelle avec la Suède et les princes de l'Empire, payer les soldats et donner à chacun satisfaction. Tout cela était en son pouvoir, et si l'on faisait difficulté à Vienne de ratifier sa décision, il était prêt à se réunir avec les alliés, et (ceci fut, il est vrai, soufflé seulement aux oreilles d'Arnheim) à envoyer l'empereur au diable. » Dans une seconde entrevue, il s'expliqua encore plus clairement avec le comte de Thurn : « Tous les priviléges, disait-il, seraient de nouveau confirmés, tous les exilés bohèmes rappelés et rétablis dans leurs biens, et il serait lui-même le premier à leur restituer la part qui lui était échue. Les jésuites seraient expulsés comme étant les auteurs de toutes les vexations précédentes ; la couronne de Suède serait satisfaite par des payements à termes fixes ; toutes les troupes inutiles des deux partis seraient menées contre les Turcs. » Le dernier point contenait le mot de toute l'énigme : « S'il obtenait pour lui la couronne de Bohême, tous les proscrits auraient à se louer de sa générosité ; une complète liberté de religion règnerait désormais dans le royaume ; la maison palatine rentrerait dans tous ses droits, et le margraviat de Moravie lui servirait à lui-même de dédommagement pour le Mecklembourg. Alors les armées alliées marcheraient sur Vienne sous sa conduite, pour arracher à l'empereur, les armes à la main, son consentement à ce traité. »

Il était donc levé maintenant, le voile qui couvrait le projet que Wallenstein avait mûri pendant de longues années dans le plus mystérieux silence. Aussi bien toutes les circonstances montraient qu'il n'y avait point de temps à perdre pour l'exécution. C'était seulement son aveugle confiance dans le bonheur des armes de Friedland et dans la supériorité de son génie, qui avait inspiré à l'empereur la ferme résolution de remettre à cet homme impérieux, malgré toutes les représentations de l'Espagne et de la Bavière, et aux dépens de sa propre dignité, un commandement si absolu. Mais la croyance que Wallenstein était invincible avait été depuis longtemps ébranlée par sa longue inaction, et presque entièrement détruite après la malheureuse bataille de Lützen. Maintenant ses ennemis se réveillaient de nouveau à la cour de Ferdinand, et le mécontentement de l'empereur, qui avait vu échouer ses espérances, procurait auprès de lui à leurs représentations l'accueil souhaité. Ils passèrent en revue, avec une mordante critique, toute la conduite de Friedland ; ils rappelèrent au monarque jaloux son insolent orgueil et sa résistance aux ordres impériaux ; ils invoquèrent à leur aide les plaintes des sujets autrichiens sur ses vexations infinies ; ils rendirent suspecte sa fidélité et insinuèrent d'effrayants avis sur ses intentions secrètes. Ces accusations, qui n'étaient d'ailleurs que trop justifiées par toute la conduite de Wallenstein, ne laissaient pas de jeter dans l'esprit de Ferdinand de profondes racines ; mais le pas était ait, et le vaste pouvoir dont on avait revêtu le duc ne pouvait lui être arraché sans un grand péril. Diminuer ce pouvoir insensiblement était tout ce qui restait possible à l'empereur, et, pour y parvenir avec quelque succès, il fallait le diviser ; mais avant tout il fallait chercher à se rendre indépendant de la bonne volonté de Wallenstein. Cependant on s'était désisté même de ce droit dans le traité qu'on avait conclu avec lui, et la propre signature de l'empereur le protégeait contre toute tentative faite pour placer un autre général à ses côtés ou pour exercer une influence directe sur ses troupes. Comme on ne pouvait ni observer ni anéantir ce pernicieux traité, il fallut recourir à un artifice. Friedland était généralissime de l'empereur en Allemagne, mais son pouvoir ne s'étendait pas plus loin, et il ne pouvait s'arroger aucune autorité sur une armée étrangère. On fait donc lever à Milan une armée espagnole, et on la fait combattre en Allemagne sous un général espagnol. Ainsi Wallenstein n'est plus l'homme indispensable, parce qu'il a cessé d'être unique, et l'on a, au besoin, un appui contre lui-même.

Le duc sentit promptement et profondément d'où partait ce coup et à quoi il tendait. En vain il protesta auprès du cardinal infant contre cette innovation, qui violait le traité : l'armée italienne entra en Allemagne, et l'on obligea Wallenstein d'envoyer le général Altringer pour la renforcer. A la vérité, il sut lui lier si bien les mains par de sévères instructions, que l'armée italienne recueillit peu de gloire en Alsace et en Souabe; mais cet acte d'autorité de la cour l'avait arraché à sa sécurité et lui avait fait pressentir l'approche du danger. Pour ne pas perdre une seconde fois le commandement et avec lui le fruit de tous ses efforts, il fallait qu'il se hâtât d'accomplir son dessein. Par l'éloignement des officiers suspects et par sa libéralité envers les autres, il se croyait assuré de la fidélité de ses troupes. Il avait sacrifié toutes les autres classes de l'État, tous les devoirs de la justice et de l'humanité, à l'avantage de l'armée : aussi comptait-il sur sa reconnaissance. Sur le point de donner au monde un exemple inouï d'ingratitude envers l'auteur de sa fortune, il fondait toute sa grandeur sur la reconnaissance qu'on devait lui témoigner, à lui.

Les chefs des armées silésiennes n'avaient aucun plein pouvoir de leurs supérieurs pour conclure à eux seuls une affaire aussi grave que celle qui était proposée par Wallenstein, et ils n'osèrent pas même accorder pour plus de quinze jours l'armistice demandé. Avant de s'ouvrir aux Suédois et aux Saxons, le duc avait jugé prudent de s'assurer, dans son audacieuse entreprise, l'appui de la France. A cet effet, le comte de Kinsky, non sans de très-méfiantes précautions, entama avec Feuquières, plénipotentiaire français à Dresde, des négociations secrètes, qui eurent une issue entièrement conforme aux désirs du duc. Feuquières reçut de sa cour l'ordre de promettre tout l'appui de la France, et d'offrir à Wallenstein, s'il en avait besoin, une somme d'argent considérable.

Mais ce fut précisément cette attention excessive à se couvrir de tous côtés qui le conduisit à sa perte. Le plénipotentiaire français découvrit avec une grande surprise qu'un dessein qui, plus que tout autre, avait besoin du secret, avait été communiqué aux Suédois et aux Saxons. Le ministère de Saxe était, comme on le savait généralement, dans les intérêts de l'empereur, et les conditions offertes aux Suédois restaient beaucoup trop au-dessous de leur attente pour pouvoir jamais obtenir leur assentiment. Feuquières trouvait donc inconcevable que le duc eût pu compter sérieusement sur l'appui des premiers et sur la discrétion des seconds. Il confia ses doutes et ses inquiétudes au chancelier suédois, à qui les vues de Wallenstein inspiraient une tout aussi grande défiance et qui goûtait encore moins ses propositions. Quoique ce ne fût pas un secret pour lui que le duc avait déjà entamé précédemment de pareilles négociations avec Gustave-Adolphe, il ne comprenait pas comment il serait possible à Wallenstein de porter toute l'armée à la défection et de réaliser ses immenses promesses. Un plan si excessif et une conduite si inconsidérée ne semblaient pas bien s'accorder avec le caractère taciturne et défiant de Friedland, et l'on était tenté de ne voir dans toute l'affaire qu'une ruse et une tromperie, parce qu'il était plutôt permis de douter de sa loyauté que de sa prudence. Les soupçons d'Oxenstiern gagnèrent à la fin Arnheim lui-même, qui, plein de confiance en la sincérité de Wallenstein, s'était rendu à Gelnhausen auprès du chancelier pour le déterminer à mettre à la disposition du duc ses meilleurs régiments. On commença à craindre que toute la proposition ne fût qu'un piége habilement tendu pour désarmer les alliés et faire tomber l'élite de leurs forces dans les mains de l'empereur. Le caractère connu de Wallenstein ne démentait point ce fâcheux soupçon, et les contradictions dans lesquelles il s'embarrassa plus tard firent qu'enfin l'on ne sut plus du tout que penser de lui. Tandis qu'il s'efforçait d'attirer les Suédois dans son alliance, et leur demandait même leurs meilleures troupes, il déclarait à Arnheim qu'il fallait commencer par chasser les Suédois de l'Empire, et, tandis que les officiers saxons, se reposant sur l'armistice, s'étaient rendus chez lui en grand nombre, il fit une tentative, qui échoua, pour s'assurer de leurs personnes. Il rompit le premier l'armistice, qu'il renouvela néanmoins, non sans une grande peine, quelques mois après. Toute confiance en sa véracité s'évanouit, et enfin l'on ne crut voir dans toute sa conduite qu'un tissu de tromperies et de bas artifices pour affaiblir les alliés et se mettre lui-même dans une situation avantageuse. Il y réussit en effet, car ses forces augmentèrent chaque jour, tandis que les alliés perdirent, par la désertion et le mauvais entretien, plus de la moitié de leurs troupes. Mais il ne fit pas de sa supériorité l'usage qu'on en attendait à Vienne. Lorsqu'on se croyait à la veille d'un événement décisif, il renouvelait tout à coup les négociations, et, quand l'armistice plongeait les alliés dans la sécurité, il se levait subitement pour renouveler les hostilités. Toutes ces contradictions découlaient du double projet, tout à fait inconciliable, de perdre à la fois l'empereur et les Suédois, et de conclure avec les Saxons une paix séparée.

Impatienté du mauvais succès des négociations, il résolut enfin de montrer sa force: aussi bien la détresse pressante de l'Empire et les progrès du mécontentement à la cour de Vienne ne permettaient pas de plus longs retards. Avant la dernière suspension d'armes, le général de Holk avait déjà fait de la Bohême une irruption dans la Misnie ; il avait dévasté par le fer et le feu tout ce qui se trouvait sur son passage, chassé l'électeur dans ses forteresses et pris même la ville de Leipzig. Mais l'armistice de Silésie arrêta ses ravages, et les suites de ses déréglements le mirent au cercueil à Adorf. Après la rupture de l'armistice, Wallenstein fit un nouveau mouvement, comme s'il avait voulu tomber sur la Saxe par la Lusace, et il fit répandre le bruit que Piccolomini s'était déjà mis en marche dans cette direction. Aussitôt Arnheim abandonne son camp de Silé-

sie, afin de poursuivre Piccolomini et de courir à la défense de
l'électorat. Mais son départ laissa à découvert les Suédois, qui
étaient campés, en très-petit nombre, près de Steinau, sur
l'Oder, sous le commandement du comte de Thurn. C'était justement ce que le duc avait désiré. Il laissa le général saxon prendre
une avance de seize milles dans la Misnie, puis retourna lui-même
subitement sur l'Oder, où il surprit l'armée des Suédois dans la
plus profonde sécurité. Leur cavalerie fut battue par le général
Schafgotsch, détaché en avant, et l'infanterie fut complétement
cernée près de Steinau par l'armée du duc qui suivait. Il donna
au comte de Thurn une demi-heure de réflexion pour se défendre avec deux mille cinq cents hommes contre plus de vingt
mille, ou se rendre à discrétion. Dans de pareilles circonstances, il n'y avait pas à choisir. Toute l'armée se rend, et la plus
complète victoire est remportée, sans qu'il en coûte une seule
goutte de sang. Drapeaux, bagages, artillerie tombent dans les
mains du vainqueur ; les officiers sont faits prisonniers, les soldats incorporés. Et maintenant, après quatorze ans de vie errante, après d'innombrables vicissitudes, l'auteur de la révolte
de Bohême, le moteur primitif de toute cette funeste guerre, le
fameux comte de Thurn, était enfin au pouvoir de ses ennemis.
On attend à Vienne, avec une sanguinaire impatience, l'arrivée
de ce grand criminel, et l'on goûte par avance l'horrible triomphe d'immoler à la justice sa principale victime ; mais gâter
cette joie aux jésuites était un triomphe beaucoup plus doux, et
Thurn obtint sa liberté. Heureusement pour lui, il en savait plus
qu'on ne devait en apprendre à Vienne, et les ennemis de Wallenstein étaient aussi les siens. A Vienne, on aurait pardonné
au duc une défaite ; on ne lui pardonna jamais cette espérance
déçue. « Mais qu'aurais-je donc dû faire de ce furieux ? écrit-il,
avec une malicieuse moquerie, aux ministres qui lui demandaient compte de cette générosité déplacée. Plût au ciel que
tous les généraux de nos ennemis fussent pareils à celui-là !
Il nous rendra de bien meilleurs services à la tête des armées
suédoises qu'en prison. »

La victoire de Steinau fut promptement suivie de la prise de
Liegnitz, de Gross-Glogau, et même de Francfort-sur-l'Oder.
Schafgotsch, qui demeura en Silésie pour achever la soumission

de cette province, bloqua Brieg et inquiéta Breslau inutilement, parce que cette ville libre veillait sur ses priviléges et qu'elle resta dévouée aux Suédois. Wallenstein détacha sur la Wartha les généraux Illo et Gœtz pour s'avancer jusque dans la Poméranie et vers les côtes de la Baltique, et ils s'emparèrent en effet de Landsberg, la clef de la Poméranie. Tandis que l'électeur de Brandebourg et le duc de Poméranie tremblaient pour leurs États, Friedland pénétra lui-même, avec le reste de l'armée, dans la Lusace, où il prit d'assaut Gœrlitz et força Bautzen à capituler. Mais il ne s'agissait pour lui que d'effrayer l'électeur de Saxe, et non de poursuivre les avantages qu'il avait obtenus. L'épée à la main, il continuait encore ses propositions de paix auprès du Brandebourg et de la Saxe, mais avec aussi peu de succès, parce que, par une suite de contradictions, il avait perdu tout droit à la confiance. Alors il eût tourné toutes ses forces contre la malheureuse Saxe, et il aurait enfin atteint son but par la force des armes, si des circonstances impérieuses ne l'avaient obligé de quitter ces contrées. Les victoires du duc Bernard sur le Danube, qui menaçaient l'Autriche même d'un danger prochain, l'appelaient de la manière la plus pressante en Bavière, et l'expulsion de la Silésie des Saxons et des Suédois lui enlevait tout prétexte de résister plus longtemps aux ordres de l'empereur et de laisser sans secours l'électeur de Bavière. Il marcha donc, avec le gros de l'armée, sur le haut Palatinat, et sa retraite délivra pour toujours la haute Saxe de ce redoutable ennemi.

Aussi longtemps que la chose avait été possible, il avait différé la délivrance de la Bavière, et s'était joué, par les subterfuges les plus recherchés, des ordres de l'empereur. A la fin, cédant à des sollicitations réitérées, il avait envoyé, il est vrai, au secours d'Altringer, qui cherchait à protéger le Lech et le Danube contre Horn et Bernard, quelques régiments de Bohême, mais à la condition expresse de se tenir constamment sur la défensive. Aussi souvent que l'empereur et l'électeur le suppliaient d'envoyer des secours, il les adressait à Altringer qui, selon les déclarations publiques du duc, avait reçu de lui des pouvoirs illimités; mais en secret il liait les mains à ce général par les plus sévères instructions et le menaçait de mort s'il outre-passait ses ordres. Lorsque le duc Bernard se fut avancé jusqu'à Ratisbonne, et que l'empereur aussi bien que l'électeur renouvelèrent avec plus d'instance leurs demandes de secours, il fit mine de vouloir envoyer le général Gallas sur le Danube avec des forces considérables ; mais cela ne fut pas non plus exécuté, et ainsi Ratisbonne, Straubing, Cham, tombèrent, comme auparavant l'évêché d'Eichstædt, au pouvoir des Suédois. Enfin, comme il ne pouvait absolument plus éviter d'obéir aux ordres sérieux de la cour, il s'avança aussi lentement qu'il put jusqu'aux limites de la Bavière, où il investit la ville de Cham, conquise par les Suédois. Mais il n'eut pas plus tôt appris qu'on travaillait du côté de ces derniers à lui susciter une diversion en Bohême, par le moyen des Saxons, qu'il profita de cette rumeur pour y retourner au plus vite et sans avoir absolument rien accompli. Il alléguait que tout le reste devait être subordonné à la défense et à la conservation des États héréditaires de l'empereur, et ainsi il resta, comme enchaîné, en Bohême, et garda ce royaume comme s'il eût été déjà sa propriété. L'empereur lui renouvela, d'un ton plus pressant encore, la sommation de marcher vers le Danube pour empêcher le dangereux établissement du duc de Weimar sur les frontières de l'Autriche ; mais Wallenstein mit fin à la campagne pour cette année, et fit prendre de nouveau à ses troupes leurs quartiers d'hiver dans le royaume épuisé.

Une arrogance si soutenue, ce mépris inouï de tous les ordres impériaux, une négligence si calculée du bien général, joints à une conduite si singulièrement équivoque envers l'ennemi, devaient enfin disposer l'empereur à croire les bruits fâcheux dont l'Allemagne entière était depuis longtemps remplie. Wallenstein avait su longtemps donner à ses coupables négociations avec l'ennemi l'apparence d'un dessein légitime, et persuader au monarque, toujours prévenu en sa faveur, que le but de ces secrètes conférences n'était autre que de donner la paix à l'Allemagne. Mais, si impénétrable qu'il crût être, cependant tout l'ensemble de sa conduite justifiait les accusations dont ses adversaires assiégeaient sans cesse l'oreille de l'empereur. Déjà, pour s'enquérir sur les lieux mêmes si elles étaient bien ou mal fondées, Ferdinand avait envoyé plusieurs fois des espions dans le camp de Wallenstein ; mais, comme le duc évitait de rien donner par écrit, ils ne rapportaient que de simples présomptions. Cependant les ministres eux-mêmes, ses anciens défenseurs à la cour, l'ayant vu grever leurs terres des mêmes charges que celles des autres et s'étant jetés dans le parti de ses ennemis ; l'électeur de Bavière ayant fait la menace de s'accommoder avec les Suédois, si l'on gardait plus longtemps ce général ; enfin l'ambassadeur d'Espagne insistant pour sa destitution et, en cas de refus, menaçant de retenir les subsides de sa couronne, l'empereur se vit, pour la seconde fois, dans la nécessité d'ôter à Wallenstein le commandement.

Les ordres directs et absolus de Ferdinand à l'armée instruisirent bientôt le duc que le traité fait avec lui était déjà regardé comme rompu et que sa destitution était inévitable. Un de ses lieutenants en Autriche, auquel il avait défendu, sous peine de la hache, d'obéir à la cour, reçut de l'empereur l'ordre direct de se joindre à l'électeur de Bavière ; et à Wallenstein lui-même fut adressée l'injonction formelle d'envoyer quelques régiments de renforts à la rencontre du cardinal infant, qui venait d'Italie avec une armée. Toutes ces mesures lui disaient que le plan était irrévocablement arrêté de le désarmer peu à peu, pour l'accabler tout d'un coup[1], quand il serait faible et sans défense.

Il lui fallut alors se hâter d'accomplir, pour sa sûreté personnelle, le plan qui n'était d'abord destiné qu'à son agrandissement. Il en avait différé l'exécution plus que ne conseillait la prudence, parce que les constellations favorables lui manquaient toujours, ou, comme il répondait d'ordinaire à l'impatience de ses amis, « parce que le temps n'était pas encore venu. » Il ne l'était pas encore, même à cette heure ; mais la nécessité pressante ne permettait plus d'attendre la faveur des astres. Avant tout, il fallait s'assurer des dispositions des principaux chefs, et ensuite sonder la fidélité de l'armée, qu'il avait présumée si gratuitement. Trois d'entre les chefs, les généraux Kinsky, Terzky et Illo, étaient depuis longtemps

---

1. Dans la première édition : « Pour le précipiter tout d'un coup dans l'abîme. »

dans le secret, et les deux premiers étaient liés aux intérêts de Wallenstein par le lien de la parenté. Une égale ambition, une égale haine du gouvernement et l'espoir d'énormes récompenses les unissaient de la manière la plus étroite avec le duc, qui n'avait pas dédaigné même les plus vils moyens pour augmenter le nombre de ses partisans. Il avait un jour persuadé au général Illo de solliciter à Vienne le titre de comte et lui avait promis à cet effet sa recommandation la plus énergique. Mais il écrivit secrètement aux ministres de lui refuser sa demande, parce qu'autrement un grand nombre se présenteraient qui avaient les mêmes mérites et pouvaient prétendre à la même récompense. Lorsque Illo fut de retour à l'armée, Wallenstein s'empressa de l'interroger, avant toute chose, sur l'issue de ses sollicitations; et, quand Illo lui apprit qu'il n'avait pas réussi, il se mit à proférer contre la cour les plaintes les plus amères. « Voilà donc, s'écria-t-il, ce que nous avons gagné par nos fidèles services! On tiendra si peu de compte de mon entremise, et l'on refusera à vos mérites une récompense si insignifiante! Qui voudrait servir plus longtemps un maître si ingrat? Non, pour ce qui me regarde, je suis désormais l'ennemi déclaré de la maison d'Autriche. » Illo applaudit, et c'est ainsi qu'il se forma entre eux une étroite liaison.

Mais ce que savaient ces trois confidents de Friedland, fut longtemps pour les autres un secret impénétrable, et la confiance avec laquelle Wallenstein parlait du dévouement de ses officiers, se fondait uniquement sur les bienfaits dont il les avait comblés, et sur leur mécontentement de la cour. Il fallait que cette vague présomption se changeât en certitude, avant qu'il jetât le masque et se permît d'agir ouvertement contre l'empereur. Le comte Piccolomini, le même qui s'était signalé, à la bataille de Lützen, par une bravoure sans exemple, fut le premier dont il mit à l'épreuve la fidélité. Il s'était attaché ce général par de grandes largesses, et il lui donnait la préférence sur tous les autres, parce que Piccolomini était né sous la même constellation que lui. Il lui déclara que, contraint par l'ingratitude de l'empereur et par son propre danger, si prochain, il était irrévocablement résolu à se détacher de la cause autrichienne, à passer du côté des ennemis avec la meilleure partie de l'armée, et à combattre la maison d'Autriche dans tous les pays soumis à sa domination, jusqu'à ce que sa puissance fût entièrement déracinée. Pour cette entreprise, il avait compté principalement sur Piccolomini, et lui avait par avance destiné les plus magnifiques récompenses. Quand ce général, pour dissimuler son trouble, à cette proposition surprenante, lui parla des obstacles et des périls qui s'opposeraient à une entreprise si hasardeuse, Wallenstein se railla de ses craintes. « Dans ces coups hardis, s'écria-t-il, le commencement seul est difficile. Les astres lui étaient favorables, l'occasion telle qu'on pouvait la désirer ; il fallait au surplus remettre quelque chose au hasard. Sa résolution était inébranlable, et, si cela ne se pouvait faire autrement, il tenterait la fortune, à la tête de mille chevaux. » Piccolomini se garda bien d'exciter la méfiance de Friedland par une plus longue opposition, et se rendit, avec l'apparence de la conviction, à la force de ses raisons. L'aveuglement de Wallenstein alla si loin, que, malgré tous les avertissements de Terzky, il ne lui vint pas à l'idée de suspecter la sincérité de cet homme, qui ne perdit pas un moment pour mander à Vienne l'importante découverte qu'il venait de faire.

Pour hasarder enfin, en vue de son but, le pas décisif, il convoqua, au mois de janvier 1634, tous les chefs de l'armée, à Pilsen, où il s'était rendu aussitôt après sa retraite de Bavière. Les dernières demandes de l'empereur, d'épargner aux États héréditaires les quartiers d'hiver, de reprendre Ratisbonne sans attendre la fin de la saison rigoureuse, et de diminuer l'armée de six mille cavaliers pour renforcer le cardinal infant, étaient assez importantes pour être pesées devant le conseil de guerre tout entier, et ce prétexte spécieux cacha à la curiosité publique le véritable objet de cette convocation. La Suède et la Saxe y furent aussi invitées secrètement, pour traiter de la paix avec le duc de Friedland. On devait se concerter par écrit avec les chefs des corps éloignés. Vingt des commandants convoqués parurent ; mais les principaux, Gallas, Colloredo et Altringer manquèrent justement au rendez-vous. Le duc leur fit répéter ses invitations avec instance ; toutefois, en attendant leur prochaine arrivée, il fit procéder à l'affaire principale.

Ce qu'il était sur le point d'entreprendre n'était pas peu de chose. Déclarer capable de la plus honteuse infidélité une fière et vaillante noblesse, gardienne vigilante de son honneur! A la vue d'officiers accoutumés jusqu'alors à respecter en lui l'image de la majesté impériale, le juge de leurs actions, le conservateur des lois, se montrer tout à coup comme un misérable, un séducteur, un rebelle! Ce n'était pas peu de chose d'ébranler dans ses fondements une puissance légitime, affermie par une longue durée, consacrée par la religion et les lois; de détruire tous ces prestiges de l'imagination et des sens, gardiens redoutables d'un trône légitime ; d'extirper d'une main violente tous ces sentiments indélébiles du devoir, qui parlent si haut et si puissamment dans le cœur du sujet pour le souverain naturel. Mais, ébloui par l'éclat d'une couronne, Wallenstein n'aperçut pas l'abîme qui s'ouvrait à ses pieds, et, dans la pleine et vive conscience de sa force, il négligea, destinée commune des âmes fortes et hardies! d'apprécier et de calculer exactement les obstacles. Wallenstein ne vit rien qu'une armée en partie indifférente envers la cour, en partie irritée; une armée qui était habituée à vénérer son pouvoir avec une aveugle soumission; à trembler devant lui, comme devant son législateur et son juge; à suivre ses ordres avec crainte et respect, comme les arrêts du destin. Dans les flatteries exagérées par lesquelles on rendait hommage à sa toute-puissance, dans les hardies insultes qu'une soldatesque effrénée se permettait contre la cour et le gouvernement, et qu'excusait la licence fougueuse du camp, il crut reconnaître les vrais sentiments de l'armée, et l'audace avec laquelle on se hasardait à blâmer jusqu'aux actions du monarque, lui garantissait l'empressement des troupes à renoncer au devoir envers un souverain si méprisé. Mais ce qui lui avait paru un obstacle si léger se leva contre lui comme le plus formidable adversaire : tous ses calculs échouèrent contre la fidélité de ses troupes. Enivré de l'ascendant qu'il conservait sur des bandes si indociles, il mettait tout sur le compte de sa grandeur personnelle, sans distinguer ce qui se rapportait à lui-même et ce qu'il devait à la dignité dont il était revêtu. Tout tremblait devant lui, parce qu'il exerçait un pouvoir légitime, parce que l'obéissance envers lui était un devoir, parce que son autorité était appuyée sur la majesté du trône. La grandeur à elle seule peut bien arracher l'admiration et l'effroi, mais il n'y a que la grandeur légitime qui impose le respect et la soumission. Et il se dépouillait lui-même de cet avantage aussitôt qu'il jetait le masque et montrait en sa personne un criminel [1].

Le feld-maréchal Illo entreprit de sonder les sentiments des chefs et de les préparer à la démarche qu'on attendait d'eux. Il commença par leur exposer les dernières demandes que la cour avait faites au général et à l'armée, et, par le tour odieux qu'il sut leur donner, il lui fut aisé d'enflammer la colère de toute l'assemblée. Après ce début bien choisi, il s'étendit avec beaucoup d'éloquence sur les services de l'armée et du général, et sur l'ingratitude dont l'empereur avait coutume de les récompenser. « L'influence espagnole, affirma-t-il, dirigeait tous les pas de la cour; le ministère était à la solde de l'Espagne; le duc de Friedland lui seul avait résisté jusqu'alors à cette tyrannie, et par là il s'était attiré la haine mortelle des Espagnols. L'éloigner du commandement ou se défaire entièrement de lui était, poursuivit-il, depuis longtemps le but de leurs plus ardents efforts, et, en attendant que l'un ou l'autre leur réussisse, on cherche à miner sourdement sa puissance militaire. Le seul motif qu'on ait, en travaillant à faire passer le commandement dans les mains du roi de Hongrie, c'est de pouvoir promener à plaisir ce prince à la tête des troupes en campagne, comme l'organe docile d'inspirations étrangères, et affermir d'autant mieux en Allemagne la puissance espagnole. C'est uniquement afin de diminuer l'armée, qu'on demande six mille hommes pour le cardinal infant; c'est uniquement pour la consumer par une campagne d'hiver qu'on insiste sur la reprise de Ratisbonne dans cette saison meurtrière. On rend difficiles aux troupes tous les moyens de vivre, tandis que les jésuites et les ministres s'engraissent de la sueur des provinces et dissipent l'argent destiné aux soldats.

---

1. Il y a ici une phrase de plus dans la première édition : « Entre lui et ses troupes se rompaient nécessairement tous les liens de la fidélité, aussitôt que les liens non moins sacrés qui l'attachaient au trône se dénouaient. Le devoir, qu'il viole lui-même, s'élève contre lui et le châtie, par l'influence puissante que la loi conserve sur le rude essaim de ses guerriers. »

Le général avoue l'impuissance où il est de tenir parole à l'armée, parce que la cour l'abandonne. Pour tous les services qu'il a rendus, dans l'espace de vingt-deux ans, à la maison d'Autriche; pour toutes les fatigues qu'il a essuyées; pour tous les sacrifices qu'il a faits de sa fortune depuis qu'il sert l'empereur: on lui réserve, pour la seconde fois, une honteuse destitution. Mais il déclare qu'il ne veut pas laisser les choses en venir là. Il renonce de plein gré au commandement, avant qu'on le retire par violence de ses mains. Voilà, continue l'orateur, ce qu'il fait savoir par moi aux officiers. Que chacun se demande maintenant à lui-même s'il est prudent de sacrifier un tel général. Que tous voient qui leur remboursera les sommes qu'ils ont dépensées au service de l'empereur, et où ils recueilleront la récompense méritée de leur valeur, quand aura disparu celui sous les yeux duquel ils l'ont signalée. »

Un cri unanime, qu'il ne fallait pas laisser partir le général, interrompit l'orateur. Quatre des principaux chefs sont délégués pour lui porter le vœu de l'assemblée et le supplier de ne pas abandonner l'armée. Le duc refusa pour la forme et ne se rendit qu'après une deuxième députation. Cette condescendance de sa part semblait mériter de la leur une déférence réciproque. Comme il s'engageait à ne pas quitter le service à l'insu et sans le consentement des chefs, il leur demanda par écrit une contre-promesse de lui rester fidèlement et fermement attachés, de ne jamais se séparer ou se laisser séparer de lui, et de donner pour lui jusqu'à la dernière goutte de leur sang. Celui qui se détacherait de l'alliance serait tenu pour un traître oublieux de sa foi, et traité par les autres en ennemi commun. La condition formellement ajoutée : « Aussi longtemps que Wallenstein emploierait l'armée pour le service de l'empereur, » éloignait toute fausse interprétation, et aucun des chefs assemblés ne fit difficulté de donner son entière approbation à une demande qui semblait si innocente et si équitable.

La lecture de cet écrit eut lieu immédiatement avant un festin que le feld-maréchal Illo avait ordonné tout exprès à cette intention : la signature devait être donnée après le repas. L'amphitryon prit soin d'émousser la raison de ses convives par des boissons fortes, et ce fut seulement lorsqu'il les vit chanceler par l'effet des vapeurs du vin qu'il leur donna l'écrit à signer. La plupart tracèrent inconsidérément leurs noms sans savoir ce qu'ils signaient; un petit nombre seulement, qui furent plus curieux ou plus défiants, parcoururent la feuille encore une fois, et découvrirent avec étonnement que la clause : « Aussi longtemps que Wallenstein emploierait l'armée dans l'intérêt de l'empereur[1], » avait été retranchée. En effet, Illo, par une adroite supercherie, avait remplacé le premier exemplaire de l'engagement par un autre dans lequel cette formule manquait. La tromperie fut signalée, et beaucoup d'officiers refusèrent alors de donner leur signature. Piccolomini, qui pénétrait tout l'artifice, et ne prenait part à cette scène que pour en informer la cour, s'oublia dans l'ivresse jusqu'à porter la santé de l'empereur. Mais alors le comte Terzky se leva et déclara parjures coquins tous ceux qui se dédiraient. Ses menaces, l'idée du danger inévitable auquel on était exposé par un plus long refus, l'exemple du grand nombre et l'éloquence d'Illo triomphèrent enfin des scrupules, et la feuille fut signée de tous sans exception.

Maintenant Wallenstein avait, il est vrai, atteint son but; mais l'opposition tout à fait inattendue des chefs l'arracha tout d'un coup à l'illusion flatteuse dont il s'était bercé jusqu'alors. En outre, la plupart des noms étaient griffonnés d'une manière si illisible, qu'on ne pouvait s'empêcher de soupçonner une intention déloyale. Mais, au lieu d'être amené à la réflexion par cet avis du sort, il répandit, dans un débordement de plaintes et de malédictions indignes, la fureur de son ressentiment. Il appela, le lendemain matin, les chefs auprès de lui, et entreprit, en personne, de leur répéter tout le contenu de l'exposé qu'Illo leur avait fait le jour précédent. Après qu'il eut exhalé son mécontentement contre la cour dans les invectives et les reproches les plus amers, il rappela à ses officiers leur résistance de la veille, et déclara que par cette découverte il avait été déterminé à retirer sa promesse. Les chefs s'éloignèrent muets et consternés; mais, après une courte délibération dans

1. La variante qu'on peut remarquer ici se trouve dans le texte de Schiller. Il donne une première fois la formule avec les mots *zum Dienste ;* une seconde fois avec les mots *zum Besten.*

l'antichambre, ils reparurent pour s'excuser de l'incident de la veille et s'offrir à signer de nouveau.

Maintenant il ne manquait plus rien que d'obtenir la même déclaration des généraux absents, ou de s'assurer de leur personne en cas de refus. Wallenstein renouvela donc son invitation, et les pressa vivement d'accélérer leur venue. Mais, avant qu'ils arrivassent, la voix publique les avait déjà instruits de l'événement de Pilsen, et avait refroidi tout à coup leur empressement. Altringer resta, sous prétexte de maladie, dans le château fort de Frauenberg. Gallas parut, à la vérité, mais seulement afin de pouvoir d'autant mieux, comme témoin oculaire, informer l'empereur du péril qui le menaçait. Les éclaircissements qu'ils donnèrent, lui et Piccolomini, changèrent tout d'un coup les inquiétudes de la cour en la plus effrayante certitude. De semblables découvertes, que l'on fit en même temps en d'autres lieux, ne laissèrent plus de place au doute, et le changement soudain des commandants en Silésie et en Autriche parut annoncer une entreprise des plus alarmantes. Le danger était pressant, et il exigeait un prompt remède. Cependant on ne voulut pas commencer par l'exécution de la sentence, mais procéder selon toutes les règles de la justice. En conséquence, on adressa aux principaux chefs, sur la fidélité desquels on croyait pouvoir compter, l'ordre secret d'arrêter, de quelque manière que ce fût, et de mettre sous bonne garde, le duc de Friedland, avec ses deux affidés, Illo et Terzky, afin qu'ils pussent être entendus et se justifier. Mais si la chose, était-il dit, ne pouvait s'exécuter aussi paisiblement, le danger public exigeait qu'ils fussent pris morts ou vifs. Le général Gallas reçut en même temps une patente faite pour être montrée, dans laquelle cet ordre impérial était notifié à tous les généraux et officiers, l'armée tout entière était dégagée de ses devoirs envers le traître, et, jusqu'à la nomination d'un nouveau généralissime, l'autorité était remise au lieutenant général Gallas. Pour faciliter aux égarés et aux rebelles le retour à leur devoir, et ne pas jeter dans le désespoir les coupables, on accorda une entière amnistie pour tout ce qui s'était passé à Pilsen contre la majesté de l'empereur.

Le général Gallas ne se sentit pas fort tranquille en se voyant revêtu de cet honneur. Il se trouvait à Pilsen sous les yeux de celui dont il tenait le sort dans ses mains, au pouvoir de son ennemi qui avait cent yeux pour l'observer. Si Wallenstein découvrait le secret de sa commission[1], rien ne pouvait le protéger contre les effets de sa vengeance et de son désespoir. S'il était déjà dangereux d'avoir à cacher seulement un ordre pareil, il l'était bien plus encore de l'exécuter. Les sentiments des chefs étaient incertains, et l'on pouvait tout au moins douter qu'après le pas qu'ils avaient franchi ils se montrassent disposés à prendre confiance dans les promesses impériales et à renoncer tout d'un coup à toutes les brillantes espérances qu'ils avaient fondées sur Wallenstein. Et quelle périlleuse tentative encore de porter la main sur la personne sacrée d'un homme considéré jusqu'alors comme inviolable, devenu, par un long exercice du pouvoir suprême, par une obéissance tournée en habitude, l'objet du plus profond respect, et armé de toute la force que peuvent prêter la majesté extérieure et la grandeur personnelle; d'un homme, dont le seul regard faisait trembler servilement, et dont un signe décidait de la vie et de la mort! Arrêter, comme un criminel ordinaire, un tel homme, au milieu de ses gardes, dans une ville qui lui semblait entièrement dévouée, et changer tout à coup en un objet de pitié ou de moquerie l'objet d'une vénération si profonde et si invétérée, était une commission qui pouvait faire hésiter même les plus courageux. La crainte et le respect de Wallenstein s'étaient gravés si profondément dans le cœur de ses soldats, que même le crime monstrueux de haute trahison ne pouvait déraciner tout à fait ces sentiments.

Gallas comprit l'impossibilité de remplir sa commission sous les yeux de Friedland, et son vœu le plus ardent était de s'aboucher avec Altringer, avant de risquer un seul pas pour l'exécution. Le long retard de ce dernier commençant à éveiller le soupçon chez le duc, Gallas offrit de se rendre en personne à Frauenberg, et, comme parent d'Altringer, de le déterminer à

---

1. Le commencement de cette phrase et la fin de la précédente sont un peu différents dans la première édition : « .... Qui avait cent yeux pour l'observer, pour découvrir sa secrète commission. Si Wallenstein apprenait aux mains de qui il était livré, rien ne pouvait, etc. »

venir. Wallenstein reçut avec une si grande satisfaction cette preuve de son zèle, qu'il lui donna son propre équipage pour faire la route. Joyeux du succès de sa ruse, Gallas quitta Pilsen sans délai, et chargea Piccolomini d'observer la conduite de Wallenstein; mais il ne tarda pas lui-même à faire usage de la patente impériale partout où la chose était praticable, et les troupes se déclarèrent beaucoup plus favorablement qu'il n'eût pu l'espérer. Au lieu de ramener à Pilsen son ami, il l'envoya au contraire à Vienne, pour défendre l'empereur contre une attaque dont il était menacé, et il se porta lui-même vers la haute Autriche, où le voisinage du duc Bernard de Weimar excitait les plus vives alarmes. En Bohême, les villes de Budweiss et de Tabor furent de nouveau occupées pour l'empereur, et l'on fit toutes les dispositions pour résister promptement et vigoureusement aux entreprises du traître.

Comme Gallas ne paraissait pas non plus songer à revenir, Piccolomini hasarda de mettre encore à l'épreuve la crédulité de Wallenstein. Il lui demanda la permission d'aller quérir Gallas, et Wallenstein se laissa tromper pour la seconde fois. Cet inconcevable aveuglement n'est explicable pour nous que comme une conséquence de son orgueil : jamais il ne revenait sur le jugement qu'il avait porté de quelqu'un et il ne voulait pas s'avouer à lui-même qu'il lui fût possible de se tromper. Il fit encore conduire dans sa propre voiture le comte Piccolomini, jusqu'à la ville de Lintz, où ce général suivit aussitôt l'exemple de Gallas, et fit même un pas de plus. Il avait promis à Wallenstein de revenir : il revint, mais à la tête d'une armée, pour surprendre le duc dans Pilsen. Une autre armée, sous le général de Suys, courut à Prague pour recevoir, au nom de l'empereur, la soumission de cette capitale et la défendre contre une attaque des rebelles. En même temps Gallas s'annonce à tous les corps d'armée répandus en Autriche comme l'unique chef de qui l'on ait désormais à recevoir les ordres. Dans tous les camps impériaux des placards sont semés, qui déclarent proscrits le duc et quatre de ses affidés, et délient les armées de leurs devoirs envers le traître.

L'exemple donné à Lintz trouve partout des imitateurs; on maudit la mémoire du rebelle; toutes les armées se détachent de lui. Enfin, Piccolomini lui-même ne reparaissant pas, le voile tombe des yeux de Wallenstein, et il s'éveille avec horreur de son rêve. Cependant, à ce moment encore, il croit à la véracité des étoiles et à la fidélité de l'armée. Aussitôt qu'il apprend la défection de Piccolomini, il fait publier la défense d'obéir désormais à aucun ordre qui ne parte directement de lui-même ou de Terzky et d'Illo. Il se prépare en toute hâte à marcher sur Prague, où il est résolu de jeter enfin le masque et de se déclarer ouvertement contre l'empereur. Toutes les troupes devaient se rassembler devant Prague, et de là, aussi promptes que la foudre, se précipiter sur l'Autriche. Le duc Bernard, qu'on avait attiré dans la conspiration, devait soutenir avec les Suédois les opérations de Wallenstein et faire une diversion sur le Danube. Déjà Terzky avait pris les devants et courait sur Prague, et le manque de chevaux empêcha seul le duc de suivre avec le reste des régiments demeurés fidèles. Mais, au moment où il attend avec la plus ardente impatience des nouvelles de Prague, il apprend la perte de cette ville, il apprend la défection de ses généraux, la désertion de ses troupes, la découverte de tout son complot, l'approche rapide de Piccolomini, qui a juré sa perte. Tous ses plans croulent à la fois, avec une effrayante célérité; toutes ses espérances sont trompées. Il reste seul, abandonné de tous ceux à qui il a fait du bien, trahi de tous ceux sur lesquels il se reposait. Mais ce sont de pareilles situations qui éprouvent les grands caractères. Déçu dans tout ce qu'il attendait, il ne renonce à aucun de ses projets; il ne croit rien perdu, puisqu'il se reste encore à lui-même. Le moment était venu où il avait besoin de l'assistance des Suédois et des Saxons, si souvent demandée, et où disparaissaient tous les doutes sur la sincérité de ses intentions. Et maintenant qu'Oxenstiern et Arnheim reconnaissaient la réalité de son projet et sa détresse, ils n'hésitèrent pas plus longtemps à profiter de l'occasion favorable et à lui promettre leur appui. Du côté des Saxons, le duc François-Albert de Saxe-Lauenbourg devait lui amener quatre mille hommes; du côté des Suédois, le duc Bernard et le comte palatin Christian de Birkenfeld, six mille hommes de troupes aguerries. Wallenstein abandonna Pilsen avec le régiment de Terzky et le peu de soldats qui lui étaient restés fidèles ou qui feignaient de l'être, et il courut à Égra, aux frontières du royaume, pour être plus près du haut Palatinat, et rendre ainsi plus facile sa jonction avec le duc Bernard. Il ne connaissait pas encore la sentence qui le déclarait ennemi public et traître; ce n'était qu'à Égra que ce coup de foudre devait le frapper. Il comptait encore sur une armée que le général Schafgotsch lui tenait prête en Silésie, et se flattait toujours de l'espérance qu'un grand nombre de ceux mêmes qui s'étaient séparés de lui depuis longtemps lui reviendraient à la première lueur de sa fortune renaissante. Même dans sa fuite vers Égra, tant cette décourageante expérience avait peu dompté son téméraire courage! il s'occupait encore du gigantesque projet de détrôner l'empereur. Dans ces conjonctures, il arriva qu'un homme de sa suite lui demanda la permission de lui donner un conseil : « Chez l'empereur, lui dit-il, Votre Altesse occupe un rang certain, elle est un grand et très-estimé seigneur; chez l'ennemi, vous n'êtes encore qu'un roi incertain. Or, il n'est pas sage de risquer le certain pour l'incertain. L'ennemi se servira de Votre Altesse, parce que l'occasion est favorable; mais votre personne lui sera toujours suspecte, et toujours il craindra que vous n'agissiez peut-être une fois, envers lui aussi, comme vous agissez aujourd'hui envers l'empereur. Revenez donc sur vos pas, pendant qu'il en est temps encore. » Le duc l'interrompit : « Et quel moyen me reste-t-il? — Vous avez dans votre caisse, lui répondit le conseiller, quarante mille *hommes d'armes* (des ducats ayant pour effigie des hommes cuirassés); prenez-les avec vous, et allez droit à la cour impériale. Là, déclarez que toutes vos démarches jusqu'ici n'ont eu pour objet que d'éprouver la fidélité des serviteurs impériaux, et de distinguer les bons des suspects. Et, comme la plupart se sont montrés disposés à la défection, vous êtes venu mettre en garde Sa Majesté Impériale contre ces hommes dangereux. Ainsi, vous ferez des traîtres de chacun de ceux qui veulent faire aujourd'hui de vous un coquin. A la cour impériale, vous serez assurément le bienvenu avec vos quarante mille hommes d'armes, et vous redeviendrez l'ancien Friedland. — La proposition est bonne, répondit Wallenstein après quelque réflexion, mais le diable s'y fie! »

Tandis que le duc poussait vivement de la ville d'Égra les négociations avec l'ennemi, qu'il consultait les astres et se livrait à de nouvelles espérances, on aiguisait presque sous ses yeux le fer qui mit fin à sa vie. La sentence impériale, qui le déclarait proscrit, n'avait pas manqué son effet, et la Némésis vengeresse voulut que l'ingrat tombât sous les coups de l'ingratitude. Au nombre de ses officiers, Wallenstein avait honoré d'une faveur particulière un Irlandais nommé Leslie, et il avait fait toute la fortune de cet homme. Ce fut celui-là même qui se sentit destiné et appelé[1] à exécuter sur lui la sentence de mort et à mériter le sanglant salaire. Ce Leslie ne fut pas plus tôt arrivé à Égra à la suite de Wallenstein, qu'il révéla au colonel Buttler, commandant de cette ville, et au lieutenant-colonel Gordon, l'un et l'autre Écossais protestants, tous les criminels projets de Friedland, que cet imprudent lui avait confiés chemin faisant. Leslie trouva en eux deux hommes capables d'une résolution. On avait le choix entre la trahison et le devoir, entre le souverain légitime et un rebelle fugitif, abandonné de tous. Quoique celui-ci fût le bienfaiteur commun, le choix ne pouvait demeurer un instant douteux. On s'engage fermement et solennellement à la fidélité envers l'empereur, et cette fidélité exige contre l'ennemi public les mesures les plus promptes. L'occasion est favorable, et son mauvais génie l'a livré, de lui-même, dans les mains de la vengeance. Cependant, pour ne point usurper les fonctions de la justice, on décide de lui amener sa victime vivante, et l'on se sépare avec la résolution hasardeuse d'arrêter le général. Un profond secret enveloppe ce noir complot, et Wallenstein, sans aucun pressentiment de sa perte, dont il est si proche, se flatte, au contraire, de trouver dans la garnison d'Égra ses plus vaillants et ses plus fidèles défenseurs.

Dans ce temps même on lui apporte la patente impériale qui renferme son arrêt, et qui a été publiée contre lui dans tous les camps. Il reconnaît alors toute la grandeur du danger qui l'environne, l'impossibilité absolue de revenir sur ses pas, son

---

1. La première édition ajoute entre parenthèses : « Par le sentiment du devoir ou par de bas motifs? c'est ce qu'on ignore. »

affreux isolement, la nécessité de se remettre à la discrétion de l'ennemi. Toute l'indignation de son âme ulcérée s'épanche devant Leslie, et la violence de la passion lui arrache son dernier secret. Il révèle à cet officier sa résolution de livrer au comte palatin de Birkenfeld Égra et Elnbogen, comme les clefs du royaume, et l'instruit en même temps de la prochaine arrivée du duc Bernard à Égra, dont il a été averti cette nuit même par un courrier. Cette découverte, que Leslie communique au plus tôt aux conjurés, change leur première résolution. Le pressant danger ne permet plus aucun ménagement. Égra peut à chaque instant tomber dans les mains de l'ennemi, et une soudaine révolution mettre leur captif en liberté. Pour prévenir ce malheur, ils décident de le tuer, lui et ses affidés, la nuit suivante.

Afin que la chose pût se faire avec le moins de bruit possible, on convint de l'exécuter dans un repas, que donna le colonel Buttler au château d'Égra. Les autres conviés y parurent, mais Wallenstein, beaucoup trop agité pour figurer dans une société joyeuse, se fit excuser. Il fallut donc, en ce qui le concernait, changer de plan; mais on résolut d'agir envers les autres comme on en était convenu. Les trois généraux Illo, Terzky et Guillaume Kinsky, et avec eux le capitaine de cavalerie Neumann, officier plein de capacité, que Terzky avait coutume d'employer dans toute affaire épineuse qui demandait de la tête, se présentèrent avec une parfaite sécurité. Avant leur arrivée, on avait introduit dans le château les soldats les plus sûrs de la garnison, qui avait été mise dans le complot. On avait occupé toutes les issues qui menaient hors du château, et caché dans une chambre à côté de la salle à manger dix dragons de Buttler, qui devaient paraître à un signal convenu, et massacrer les traîtres. Sans aucun pressentiment du danger suspendu sur leurs têtes, les convives se livrèrent avec confiance aux plaisirs du festin, et portèrent à pleines coupes la santé de Wallenstein, non plus du serviteur impérial, mais du prince souverain. Le vin leur ouvrit le cœur, et Illo déclara, avec beaucoup d'orgueil, que, dans trois jours, une armée serait là, telle que Wallenstein n'en avait jamais commandé. « Oui! » interrompt Neumann, ajoutant qu'alors il espère laver ses mains dans le sang des Autrichiens. Pendant ces discours on apporte le dessert, et, à ce moment, Leslie donne le signal convenu de lever le pont, et il prend sur lui les clefs du château. Tout à coup la salle se remplit de gens armés, qui se placent derrière les siéges des convives désignés, avec le cri inattendu de « Vive Ferdinand ! ». Consternés, et saisis d'un pressentiment funeste, tous les quatre, d'un bond, se lèvent de table en même temps. Kinsky et Terzky sont égorgés sur-le-champ, avant d'avoir pu se mettre en défense; Neumann trouve moyen de s'enfuir dans la cour pendant la confusion, mais il y est reconnu par les gardes et massacré à l'instant même. Illo lui seul eut assez de présence d'esprit pour se défendre. Il se plaça auprès d'une fenêtre, d'où il reprocha, avec les plus amères injures, à Gordon sa trahison, le provoquant à se battre avec lui en homme d'honneur et en chevalier. Ce ne fut qu'après la plus courageuse résistance, après avoir étendu morts deux de ses ennemis, qu'il succomba, accablé par le nombre et percé de dix coups. Aussitôt que cet acte fut accompli, Leslie se hâta d'aller dans la ville pour prévenir une émeute. Quand les sentinelles du château le virent courant hors d'haleine, elles le prirent pour un des rebelles et tirèrent sur lui, mais sans l'atteindre. Cependant ces coups de feu mirent en mouvement toutes les gardes de la ville, et la prompte présence de Leslie fut nécessaire pour les tranquilliser. Il leur découvrit alors en détail tout le plan de la conspiration de Friedland et les mesures déjà prises pour s'y opposer; le sort des quatre rebelles, ainsi que celui qui attendait le chef lui-même. Comme il les trouva disposés à seconder son dessein, il leur fit de nouveau prêter serment d'être fidèles à l'empereur, et de vivre et de mourir pour la bonne cause. Alors cent dragons de Buttler furent introduits du château dans la ville, et reçurent l'ordre de parcourir les rues à cheval, pour tenir en bride les partisans de Wallenstein et prévenir tout tumulte. En même temps toutes les portes d'Égra et tous les abords du château de Friedland, qui touchait à la place du marché, furent occupés par des soldats nombreux et sûrs, afin que le duc ne pût ni s'échapper ni recevoir de secours du dehors.

Mais, avant de passer à l'exécution, les conjurés tinrent encore au château une longue conférence, pour décider si réellement ils tueraient Wallenstein ou s'ils ne se borneraient pas plutôt à le faire prisonnier. Couverts de sang, et debout, en quelque sorte, sur les cadavres de ses complices égorgés, ces hommes farouches reculaient d'horreur devant l'attentat qui devait mettre fin à une vie si grande, si mémorable. Ils le voyaient encore, le chef tout-puissant, au milieu de la bataille, dans ses jours heureux, environné de son armée victorieuse, dans tout l'éclat de sa grandeur souveraine; et la crainte invétérée saisit encore une fois leurs cœurs ébranlés. Mais bientôt l'image du pressant danger étouffe cette émotion fugitive. On se souvient des menaces que Neumann et Illo ont proférées à table; on voit déjà les Saxons et les Suédois dans le voisinage d'Égra, avec une formidable armée, et plus de salut que dans la prompte mort du traître. On s'arrête donc à la première résolution, et le meurtrier qu'on tient déjà tout prêt, le capitaine Deveroux, un Irlandais, reçoit l'ordre sanglant.

Tandis que ces trois hommes décidaient de son sort au château d'Égra, Wallenstein, en conversation avec Séni, était occupé à lire sa destinée dans les astres. « Le danger n'est pas encore passé, disait l'astrologue avec un esprit prophétique. — Il est passé, disait le duc, qui voulait faire prévaloir sa volonté jusque dans le ciel. Mais que tu sois prochainement jeté dans un cachot, continua-t-il non moins prophète à son tour, voilà, pauvre Séni, ce qui est écrit dans les étoiles. » L'astrologue avait pris congé, et Wallenstein était au lit, quand le capitaine Deveroux parut devant sa demeure avec six hallebardiers, et la garde, pour qui ce n'était point une chose extraordinaire de le voir chez le général entrer et sortir à toute heure, le laissa passer sans difficulté. Un page qui le rencontre sur l'escalier et veut faire du bruit, est percé d'un coup de pique. Dans l'antichambre, les meurtriers trouvent un valet, qui sort de la chambre à coucher de son maître, et qui vient d'en retirer la clef. Le doigt sur la bouche, ce serviteur effrayé leur fait signe de ne point faire de bruit, parce que le duc vient de s'endormir. « Mon ami, lui crie Deveroux, le moment est venu de faire du bruit. » En disant ces mots, il s'élance contre la porte, qui est aussi verrouillée en dedans, et l'enfonce d'un coup de pied.

Wallenstein avait été réveillé en sursaut de son premier sommeil par le bruit d'un coup de mousquet, et s'était élancé vers la fenêtre pour appeler la garde. A ce moment, il entendit, des fenêtres de la maison, les gémissements et les lamentations des comtesses Terzky et Kinsky, qui venaient d'apprendre la mort violente de leurs maris. Avant qu'il eût le temps de réfléchir à ce sujet d'effroi, Deveroux était dans la chambre avec ses sicaires. Wallenstein était encore en chemise, comme il avait sauté du lit. Il se tenait près de la fenêtre, appuyé à une table. « Tu es donc le scélérat, lui crie Deveroux, qui veut faire passer à l'ennemi les soldats de l'empereur et arracher la couronne du front de Sa Majesté? Il faut que tu meures à l'instant même! » Deveroux s'arrête quelques minutes comme s'il attendait une réponse; mais la surprise et l'orgueil qui brave la menace ferment la bouche de Wallenstein. Les bras étendus, il reçoit par devant, dans la poitrine, le coup mortel de la hallebarde, et, sans faire entendre un soupir, il tombe, baigné dans son sang.

Le lendemain accourt un exprès du duc de Lauenbourg, qui annonce la prochaine arrivée de ce prince. On s'assure de la personne de ce messager, et l'on expédie au duc un autre laquais, à la livrée de Friedland, pour l'attirer à Égra. La ruse réussit, et François-Albert se livre lui-même aux mains des ennemis. Il s'en fallut peu que le duc Bernard de Weimar, qui s'était déjà mis en route pour Égra, n'éprouvât le même sort. Heureusement il apprit assez tôt la fin tragique de Wallenstein, pour se dérober au danger par une prompte retraite. Ferdinand donna quelques larmes au sort de son général, et fit dire à Vienne trois mille messes pour ceux qu'on avait tués à Égra, mais en même temps il n'oublia pas de récompenser les meurtriers par des chaînes d'or, des clefs de chambellans, des dignités et des terres nobles.

C'est ainsi que Wallenstein termina, à l'âge de cinquante ans, sa vie extraordinaire et remplie d'événements. L'ambition l'avait élevé, l'ambition le perdit. Avec tous ses défauts, il fut grand cependant, digne d'admiration, incomparable s'il eût gardé la mesure. Les vertus du souverain et du héros, la prudence, la justice, la fermeté et le courage s'élèvent dans son caractère à des proportions colossales; mais il manquait des vertus plus douces de l'homme, qui décorent le héros et gagnent les cœurs au maître. La peur était le talisman par lequel il agissait. Excessif dans les punitions comme dans les récompenses, il savait entretenir dans une ardeur continuelle le zèle de ses subordonnés; aucun général du moyen âge ou des temps modernes ne pourrait se vanter d'avoir été obéi comme lui. Il appréciait plus que la valeur la soumission à ses ordres, parce que par la première c'est seulement le soldat qui agit, et par la seconde le général. Il exerçait la docilité de ses troupes par des ordres capricieux, et récompensait avec prodigalité l'empressement à lui obéir, même dans les moindres choses, parce qu'il estimait plus l'obéissance elle-même que l'objet de l'obéissance. Un jour il fit défendre, sous peine de mort, dans toute l'armée, de porter d'autres écharpes que de couleur rouge. Un capitaine de cavalerie eut à peine appris cet ordre qu'il arracha la sienne, brochée d'or, et la foula aux pieds. Wallenstein, à qui on rapporta la chose, le fit sur-le-champ colonel. Son regard était sans cesse dirigé sur l'ensemble, et, malgré toutes les apparences de l'arbitraire et de la fantaisie, un principe qu'il ne perdait jamais de vue était la convenance des moyens et de la fin. Les brigandages des soldats en pays ami avaient provoqué de rigoureuses ordonnances contre les maraudeurs, et il y avait menace de la corde pour quiconque était surpris à voler. Il arriva un jour que Wallenstein lui-même rencontra dans la campagne un soldat, qu'il fit arrêter, sans enquête, comme un transgresseur de la loi, et qu'il condamna au gibet, avec le mot ordinaire, le mot foudroyant, auquel il n'y avait pas de réplique : « Qu'on pende la bête! » Le soldat proteste, et prouve son innocence; mais la sentence irrévocable est prononcée : « Eh bien! qu'on le pende innocent, répond le barbare; le coupable n'en tremblera que plus sûrement. » Déjà l'on fait les préparatifs pour exécuter cet ordre, quand le soldat, qui se voit perdu sans ressource, prend la résolution désespérée de ne pas mourir sans vengeance. Il s'élance avec fureur sur son juge, mais il est accablé par le nombre et désarmé avant de pouvoir exécuter son dessein. « Laissez-le aller maintenant, dit le duc; voilà qui effrayera bien assez. » Sa libéralité était soutenue par des revenus immenses, qu'on estimait à trois millions par année, sans compter les sommes énormes qu'il savait extorquer sous le nom de contributions. Son esprit indépendant et sa lumineuse intelligence l'élevaient au-dessus des préjugés religieux de son siècle, et les jésuites ne lui pardonnèrent jamais d'avoir pénétré leur système, et de n'avoir vu dans le pape qu'un évêque de Rome.

Mais, dès le temps du prophète Samuel, jamais homme qui s'est séparé de l'Église ne fit une heureuse fin, et Wallenstein augmenta, lui aussi, le nombre de ses victimes. Par des intrigues de moines, il perdit à Ratisbonne le bâton du commandement, et dans Égra la vie; par des ruses monacales, il perdit peut-être ce qui est plus encore, son nom honorable et sa bonne renommée auprès de la postérité. Car enfin on doit avouer, pour rendre hommage à la vérité, que ce ne sont pas des plumes entièrement fidèles qui nous ont transmis l'histoire de cet homme extraordinaire; que la trahison de Wallenstein et ses projets sur la couronne de Bohême ne s'appuient sur aucun fait rigoureusement démontré, mais seulement sur des présomptions vraisemblables. On n'a pas encore trouvé le document qui nous découvrirait, avec une certitude historique, les ressorts secrets de sa conduite, et parmi ses actes publics, universellement attestés, il n'en est aucun qui ne pût découler finalement d'une source innocente. Plusieurs de ses démarches les plus blâmées ne prouvent que son penchant sérieux pour la paix; la plupart des autres s'expliquent et s'excusent par sa juste défiance envers l'empereur et par le désir pardonnable de maintenir son importance. A la vérité, sa conduite envers l'électeur de Bavière atteste une basse passion de vengeance et un caractère implacable; mais aucune de ses actions ne nous autorise à le tenir pour convaincu de trahison. Si la nécessité et le désespoir le poussèrent enfin à mériter réellement la sentence qui l'avait frappé innocent, cela ne peut suffire pour justifier la sentence même. Ainsi, Wallenstein ne tomba point parce qu'il était rebelle, mais il fut rebelle parce qu'il tombait. Ce fut un malheur pour lui, pendant sa vie, de s'être fait un ennemi d'un parti victorieux; ce fut un malheur pour lui, après sa mort, que cet ennemi lui survécût et que ce fût lui qui écrivit son histoire [1].

[1]. Schiller a supprimé ici le morceau suivant, qui se lit dans la première édition : « Gustave-Adolphe et Wallenstein, les héros de ce drame guerrier, ont maintenant disparu de la scène, et avec eux nous perdons l'unité d'action qui a facilité jusqu'ici la vue d'ensemble des événements. A partir de ce moment, l'action se partage entre un grand nombre d'acteurs, et la moitié qu'il nous reste à raconter de cette histoire de guerre, moitié plus fertile en batailles et en négociations, en hommes d'État et en héros, pourrait bien être plus pauvre pour nos lectrices en intérêt et en véritable attrait.

« Comme les limites étroites de cet ouvrage ne me permettent plus une exposition détaillée, et que je n'ose risquer d'abuser, par la publication d'une troisième suite, de la bienveillance de mes lectrices, je mets fin ici au récit développé, et j'en réserve la continuation pour un lieu plus convenable et un temps où je serai plus libre. La variété est la loi de la mode, et un calendrier, si l'on ne veut pas que cette déesse lui retire sa protection, ne doit pas enfreindre cette loi. Qu'on me permette seulement de jeter encore un rapide regard sur la moitié non racontée de cette guerre, afin de donner au moins une esquisse de l'ensemble et de satisfaire la curiosité, en attendant que je puisse payer ma dette aux amis de la science. »

# LIVRE CINQUIÈME[1].

La mort de Wallenstein rendait nécessaire un nouveau généralissime, et l'empereur céda enfin au conseil que lui donnaient les Espagnols d'élever à cette dignité son fils Ferdinand, roi de Hongrie. Sous lui commande le comte de Gallas, qui exerce les fonctions de général, tandis que le prince ne fait proprement que décorer ce poste de son nom et de l'autorité de son rang. Bientôt des forces considérables se rassemblent sous les drapeaux de Ferdinand. Le duc de Lorraine lui amène en personne des troupes auxiliaires, et le cardinal infant arrive d'Italie avec dix mille hommes pour renforcer son armée. Afin de chasser l'ennemi du Danube, le nouveau général entreprend le siège de Ratisbonne, ce qu'on n'avait pas pu obtenir de son prédécesseur. Vainement le duc Bernard de Weimar pénètre au cœur de la Bavière pour attirer les Impériaux loin de cette ville : Ferdinand pousse le siége avec une vigueur inébranlable, et, après la plus opiniâtre résistance, la ville lui ouvre ses portes. Donawert éprouve bientôt après le même sort; puis Nœrdlingen, en Souabe, est assiégé à son tour. La perte de tant de villes impériales devait être d'au-

1. Dans la première édition, cette dernière partie n'est pas intitulée *Livre cinquième;* elle est simplement séparée par un trait du livre IV.

tant plus sensible au parti suédois que l'amitié de ces villes avait été jusqu'alors très-décisive pour le bonheur de ses armes; l'indifférence à leur sort aurait paru vraiment inexcusable. C'eût été pour les Suédois une ineffaçable honte d'abandonner leurs alliés dans le péril, et de les livrer à la vengeance d'un vainqueur implacable. Déterminée par ces motifs, l'armée suédoise marche sur Nœrdlingen, sous la conduite de Horn et de Bernard de Weimar, résolue de délivrer cette ville, dût-il en coûter une bataille.

L'entreprise était difficile, car les forces de l'ennemi étaient de beaucoup supérieures à celles des Suédois, et, dans ces circonstances, la prudence conseillait d'autant plus de n'en pas venir aux mains que l'armée ennemie devait bientôt se diviser, et que la destination des troupes italiennes les appelait dans les Pays-Bas. On pouvait, en attendant, choisir une position telle, que Nœrdlingen fût couvert et que les vivres fussent coupés à l'ennemi. Gustave Horn fit valoir toutes ces raisons dans le conseil de guerre; mais ses représentations ne purent trouver accès dans des esprits qui, enivrés par une longue suite de succès, ne croyaient entendre, dans les conseils de la prudence, que la voix de la crainte. Vaincu, quand on alla aux voix, par l'ascendant du duc Bernard, Gustave Horn dut se résoudre, malgré lui, à une bataille, dont ses noirs pressentiments lui présageaient l'issue malheureuse.

Tout le sort du combat semblait tenir à l'occupation d'une hauteur qui dominait le camp des Impériaux. La tentative faite pour s'en emparer pendant la nuit avait échoué, parce que le pénible transport de l'artillerie à travers des ravins et des bois ralentit la marche des troupes. Lorsqu'on parut devant la hauteur, vers minuit, l'ennemi l'avait déjà occupée et fortifiée par de solides retranchements. On attendit donc le point du jour pour l'emporter d'assaut. La bravoure impétueuse des Suédois s'ouvrit un passage à travers tous les obstacles : les demi-lunes sont enlevées heureusement par chacune des brigades commandées à cet effet; mais, comme elles pénètrent en même temps, des deux côtés opposés, dans les retranchements, elles se heurtent l'une l'autre et se mettent réciproquement en désordre. Dans ce moment malheureux, un baril de poudre vient à sauter, et jette la plus grande confusion parmi les troupes suédoises. La cavalerie impériale pénètre dans les rangs rompus et la déroute devient générale. Aucune exhortation de leur général ne peut décider les fuyards à renouveler l'attaque.

En conséquence, afin de rester maître de ce poste important, il se résout à faire avancer des troupes fraîches; mais, dans l'intervalle, quelques régiments espagnols l'ont occupé, et toute tentative pour l'enlever est rendue vaine par l'héroïque bravoure de ces troupes. Un régiment envoyé par Bernard attaque sept fois, et sept fois il est repoussé. On sent bientôt combien est grand le désavantage de ne s'être pas emparé de cette position. De la hauteur, le feu de l'artillerie ennemie fait d'affreux ravages dans l'aile des Suédois postée près de la colline, en sorte que Gustave Horn, qui la commande, doit se résoudre à la retraite. Au lieu de pouvoir couvrir cette manœuvre de son collègue et arrêter la poursuite de l'ennemi, le duc Bernard est repoussé lui-même, par des forces supérieures, dans la plaine, où sa cavalerie en déroute porte le désordre parmi les troupes de Horn, et rend la défaite et la fuite générales. Presque toute l'infanterie est prise ou tuée; plus de douze mille hommes restent sur le champ de bataille; quatre-vingts canons, environ quatre mille chariots, et trois cents étendards ou drapeaux, tombent dans les mains des Impériaux. Gustave Horn lui-même est fait prisonnier avec trois autres généraux. Le duc Bernard sauve avec peine quelques faibles débris de l'armée, qui ne parviennent à se rassembler sous ses drapeaux que dans la ville de Francfort.

La défaite de Nœrdlingen coûta au chancelier suédois sa deuxième nuit d'insomnie en Allemagne. La perte qu'entraînait cette défaite était incalculable. Les Suédois avaient perdu d'un seul coup leur supériorité sur le champ de bataille, et, avec elle, la confiance de tous les alliés, qu'on n'avait due jusqu'alors qu'au seul bonheur des armes. Une dangereuse division menaçait de détruire toute l'alliance protestante. La crainte et l'effroi s'emparèrent de tout le parti, et celui des catholiques se releva avec un triomphant orgueil de sa profonde décadence. La Souabe et les cercles les plus voisins ressentirent les premières suites de la défaite de Nœrdlingen, et le Wurtemberg surtout fut inondé par les troupes victorieuses. Tous les membres de l'alliance de Heilbronn redoutaient la vengeance de l'empereur. Ce qui pouvait fuir se sauvait à Strasbourg, et les villes impériales, sans secours, attendaient leur sort avec angoisse. Un peu plus de modération envers les vaincus aurait ramené tous ces faibles États sous la domination de l'empereur ; mais la dureté que l'on montra à ceux mêmes qui se soumirent volontairement porta les autres au désespoir, et les excita à la plus vive résistance.

Dans ces circonstances critiques, tous cherchaient secours et conseil auprès d'Oxenstiern ; Oxenstiern avait recours aux États allemands. On manquait de troupes, on manquait d'argent pour en lever de nouvelles et payer aux anciennes la solde arriérée, qu'elles réclamaient impétueusement. Oxenstiern se tourne vers l'électeur de Saxe, qui abandonne la cause suédoise[1], pour traiter de la paix avec l'empereur à Pirna. Il sollicite l'assistance des États de la basse Saxe : ceux-ci, fatigués depuis longtemps des demandes d'argent et des prétentions de la Suède, ne songent plus maintenant qu'à eux-mêmes ; et le duc Georges de Lunebourg, au lieu de porter de prompts secours à la haute Allemagne, assiége Minden, afin de le garder pour lui. Laissé sans appui par ses alliés allemands, le chancelier implore le secours des puissances étrangères : il demande de l'argent et des soldats à l'Angleterre, à la Hollande, à Venise, et, poussé par l'extrême nécessité, il finit par se résoudre, démarche pénible qu'il a longtemps évitée, à se jeter dans les bras de la France.

Enfin était arrivé le moment que Richelieu attendait depuis longtemps avec une vive impatience. L'impossibilité absolue de se sauver par une autre voie pouvait seule déterminer les États protestants d'Allemagne à soutenir les prétentions de la France sur l'Alsace. Cette nécessité suprême existait maintenant : on ne pouvait se passer de la France, et elle se fit chèrement payer la part active qu'elle prit, à partir de ce moment, à la guerre d'Allemagne. Elle parut alors sur la scène politique avec beaucoup de gloire et d'éclat. Oxenstiern, à qui il en coûtait peu de livrer les droits et les territoires allemands, avait déjà cédé à Richelieu la forteresse de Philippsbourg et les autres places demandées. A leur tour, les protestants de la haute Allemagne envoient en leur

---

1. Dans la première édition : « Qui le laisse honteusement dans l'embarras. »

nom une ambassade particulière, pour mettre sous la protection française l'Alsace, la forteresse de Brisach (dont il fallait d'abord s'emparer), et toutes les places du haut Rhin, qui étaient les clefs de l'Allemagne. Ce que signifiait la protection française, on l'avait vu pour les évêchés de Metz, de Toul et de Verdun, que la France protégeait depuis des siècles contre leurs possesseurs légitimes. Le territoire de Trèves avait déjà des garnisons françaises; la Lorraine était comme conquise, puisqu'elle pouvait à chaque moment être envahie par une armée, et qu'elle était hors d'état de résister par ses propres forces à sa puissante voisine. La France avait maintenant l'espérance la plus fondée d'ajouter encore l'Alsace à ses vastes possessions, et, comme elle se partagea bientôt après avec la Hollande les Pays-Bas espagnols, elle pouvait se promettre de faire du Rhin sa limite naturelle contre l'empire germanique. C'est ainsi que les droits de l'Allemagne furent honteusement vendus, par des États allemands, à l'ambitieuse et perfide puissance qui, sous le masque d'une amitié désintéressée, ne visait qu'à son agrandissement, et, en prenant d'un front audacieux le titre honorable de protectrice, ne songeait qu'à tendre son filet et à travailler pour elle-même dans la confusion générale.

En retour de ces importantes cessions, la France s'engagea à faire une diversion en faveur des armes suédoises, en attaquant l'Espagne, et, s'il fallait en venir à une rupture ouverte avec l'empereur lui-même, à entretenir sur la rive droite du Rhin une armée de douze mille hommes, qui agirait de concert avec les Suédois et les Allemands contre l'Autriche. Les Espagnols fournirent eux-mêmes l'occasion souhaitée de leur déclarer la guerre. Ils fondirent, des Pays-Bas, sur la ville de Trèves, massacrèrent la garnison française qui s'y trouvait, et, contre le droit des gens, se saisirent de la personne de l'électeur, qui s'était mis sous la protection de la France, et l'emmenèrent prisonnier en Flandre. Le cardinal infant, comme gouverneur des Pays-Bas espagnols, ayant refusé au roi de France la satisfaction demandée et la mise en liberté du prince prisonnier, Richelieu lui déclara formellement la guerre à Bruxelles, par un héraut d'armes, selon l'antique usage; et elle fut réellement ouverte, par trois différentes armées, dans le Milanais, dans la Valteline et en Flandre. Le ministre français parut être moins sérieusement résolu à la guerre avec l'empereur, où il y avait moins d'avantages à recueillir et de plus grandes difficultés à vaincre; cependant une quatrième armée, sous les ordres du cardinal de La Valette, fut envoyée au delà du Rhin, en Allemagne, et, réunie au duc Bernard, elle entra, sans déclaration de guerre préalable, en campagne contre l'empereur.

Un coup beaucoup plus sensible encore pour les Suédois que la défaite même de Nœrdlingen, fut la réconciliation de l'électeur de Saxe avec l'empereur. Après des tentatives répétées de part et d'autre pour l'empêcher et la favoriser, elle fut conclue enfin à Pirna, en 1634, et, au mois de mai de l'année suivante, confirmée à Prague par un traité de paix formel. L'électeur de Saxe n'avait jamais pu prendre son parti des prétentions des Suédois en Allemagne, et son antipathie pour cette puissance étrangère, qui dictait des lois dans l'Empire, s'était accrue à chaque nouvelle demande qu'Oxenstiern adressait aux États allemands. Ces mauvaises dispositions à l'égard de la Suède secondèrent de la manière la plus énergique les efforts faits par la cour d'Espagne pour établir la paix entre la Saxe et l'empereur. Lassé par les calamités d'une guerre si longue et si désastreuse, dont les provinces saxonnes étaient, plus que toutes les autres, le déplorable théâtre, ému des souffrances affreuses et générales que les amis, aussi bien que les ennemis, accumulaient sur ses sujets, et gagné par les offres séduisantes de la maison d'Autriche, l'électeur abandonna enfin la cause commune, et, montrant peu de souci pour le sort de ses co-états et pour la liberté allemande, il ne songea qu'à servir ses intérêts particuliers, fût-ce aux dépens de l'ensemble.

Et, en effet, la misère était arrivée en Allemagne à un si prodigieux excès, que des millions de voix imploraient la paix, et que la plus désavantageuse eût encore été considérée comme un bienfait du ciel. On ne voyait que des déserts là où des milliers d'hommes heureux, diligents, s'agitaient autrefois, là où la nature avait répandu ses dons les plus magnifiques, où avaient régné le bien-être et l'abondance. Les champs, abandonnés par les mains actives du laboureur, restaient incultes et stériles, et, si çà et là de nouvelles semailles commençaient à lever, et promettaient une riante moisson, une seule marche de troupes détruisait le travail d'une année entière, la dernière espérance du peuple affamé. Les châteaux brûlés, les campagnes ravagées, les villages réduits en cendres, offraient au loin le spectacle d'une affreuse dévastation, tandis que leurs habitants, condamnés à la misère, allaient grossir le nombre des bandes incendiaires, et rendre avec barbarie à leurs concitoyens épargnés ce qu'ils avaient eux-mêmes souffert. Nulle ressource contre l'oppression que de se joindre aux oppresseurs. Les villes gémissaient sous le fléau de garnisons effrénées et rapaces, qui dévoraient les biens des bourgeois, et faisaient valoir avec les plus cruels caprices les libertés de la guerre, la licence de leur état et les privilèges de la nécessité. Si le court passage d'une armée suffisait déjà pour changer en déserts des contrées entières, si d'autres étaient ruinées par des quartiers d'hiver ou épuisées par des contributions, elles ne souffraient néanmoins que des calamités passagères, et le travail d'une année pouvait faire oublier les douleurs de quelques mois; mais aucun relâche n'était accordé à ceux qui avaient une garnison dans leurs murs ou dans leur voisinage, et leur sort malheureux ne pouvait même être adouci par le changement de la fortune, car le vainqueur prenait la place et suivait l'exemple du vaincu, et les amis ne montraient pas plus de ménagements que les ennemis. L'abandon des campagnes, la destruction des cultures et le nombre croissant des armées qui se précipitaient sur les provinces épuisées, eurent la cherté et la famine pour suites inévitables, et, dans les dernières années, les mauvaises récoltes mirent le comble à la misère[1]. L'entassement des hommes dans les camps et les cantonnements, la disette d'une part et l'intempérance de l'autre, produisirent des maladies pestilentielles, qui dépeuplèrent les provinces plus que le fer et le feu.

---

1. « Dans l'année 1634, la même où s'ouvrirent les négociations à Pirna, les vivres étaient montés à un si haut prix qu'un œuf coûtait six kreutzers, somme alors bien plus considérable que de nos jours; une livre de viande, dix et vingt kreutzers; un simra d'avoine, seize reichsthalers un simra d'orge trente. Un poulet se payait un florin; un eimer nurembergeois de vin, vingt thalers. » (*Note de la première édition.*) — Le *simmer*, *simri* ou *simra* (panier), et l'*eimer* (seau), sont deux mesures de capacité, l'un pour les grains, et l'autre pour les liquides, dont la contenance varie beaucoup selon les lieux.

Tous les liens de l'ordre se rompirent dans ce long bouleversement ; le respect pour les droits de l'humanité, la crainte des lois, la pureté des mœurs se perdirent ; la bonne foi et la foi disparurent, la force régnant seule avec son sceptre de fer. Tous les vices croissaient et florissaient à l'ombre de l'anarchie et de l'impunité, et les hommes devenaient sauvages comme le pays. Point de condition sociale que respectât la licence ; pour le besoin et le brigandage, nulle propriété n'était sacrée. Le soldat (pour exprimer d'un seul mot la misère de ce temps), le soldat régnait, et il n'était pas rare que ce despote, le plus brutal de tous, fît sentir sa tyrannie, même à ses chefs. Le commandant d'une armée était, dans le pays où il se montrait, un personnage plus important que le souverain légitime, qui était souvent réduit à se cacher devant lui dans ses châteaux. Toute l'Allemagne fourmillait de ces petits tyrans, et les provinces étaient également maltraitées par l'ennemi et par leurs défenseurs. Toutes ces blessures se faisaient sentir encore plus douloureusement, lorsqu'on songeait que c'étaient des puissances étrangères qui sacrifiaient l'Allemagne à leur avide ambition, et qui prolongeaient à dessein les calamités de la guerre afin d'accomplir leurs vues intéressées. Pour que la Suède pût s'enrichir et faire des conquêtes, il fallait que l'Allemagne saignât sous le fléau de la guerre ; pour que Richelieu restât nécessaire en France, il fallait que la torche de la discorde ne s'éteignît pas dans l'Empire.

Mais ce n'étaient pas seulement des voix intéressées qui se déclaraient contre la paix, et, si la Suède, aussi bien que certains princes allemands, désirait, par des motifs peu louables, la continuation de la guerre, une saine politique la réclamait également. Pouvait-on, après la défaite de Nœrdlingen, attendre de l'empereur une paix équitable ? Et, si on ne le pouvait pas, fallait-il avoir souffert durant dix-sept années toutes les calamités de la guerre, épuisé toutes ses forces, pour n'avoir enfin rien gagné, pour avoir même perdu ? Pourquoi tant de sang versé, si tout restait dans le premier état ? si l'on ne voyait dans ses droits et ses prétentions aucun changement favorable ? si tout ce qu'on avait acquis si péniblement, il y fallait renoncer par un traité de paix ? Ne valait-il pas mieux porter encore deux ou trois années le fardeau qu'on portait depuis si longtemps, pour recueillir enfin quelques dédommagements de vingt ans de souffrances? Et l'on ne pouvait pas douter qu'une paix avantageuse ne fût obtenue, pourvu que les Suédois et les protestants d'Allemagne se tinssent fermement unis en campagne comme dans le cabinet, travaillant pour leur intérêt commun avec une mutuelle sympathie et un zèle concerté. Leur division seule rendait l'ennemi puissant, reculait l'espérance d'une paix durable et heureuse pour tous. Or, cette division, le plus grand de tous les maux, affligea la cause protestante, par le fait de l'électeur de Saxe se réconciliant avec l'Autriche dans une transaction séparée.

Il avait déjà ouvert les négociations avec l'empereur avant la bataille de Nœrdlingen; mais la malheureuse issue de cette journée hâta la conclusion de l'accommodement. La confiance en l'appui des Suédois s'était évanouie, et l'on doutait qu'ils se relevassent jamais de ce terrible coup. La division de leurs chefs, l'insubordination de l'armée et l'affaiblissement du royaume de Suède ne permettaient plus d'attendre d'eux de grands exploits. On crut devoir d'autant plus se hâter de mettre à profit la générosité de l'empereur, qui ne retira point ses offres, même après la victoire de Nœrdlingen. Oxenstiern, qui assembla les états à Francfort, *demandait*; l'empereur, au contraire, *donnait*: il n'était donc pas besoin de réfléchir longtemps pour savoir lequel des deux on devait écouter.

Cependant l'électeur voulut éviter l'apparence d'avoir sacrifié la cause commune et de n'avoir songé qu'à ses propres intérêts. Tous les États de l'Empire, et même la Suède, reçurent l'invitation de concourir à cette paix et de s'y associer, quoique la Saxe électorale et l'empereur fussent seuls à la conclure, s'érigeant, de leur propre autorité, en législateurs de l'Allemagne. Les griefs des États protestants furent discutés dans cette négociation, leurs rapports et leurs droits décidés devant ce tribunal arbitraire, et le sort même des religions fut fixé sans la participation des parties intéressées. Ce devait être une paix générale, une loi de l'Empire, promulguée comme telle, et mise à exécution par une armée impériale, comme un décret formel de la diète. Celui qui se révolterait contre elle serait par cela même ennemi de l'Empire : c'était exiger que, contre tous les droits constitutionnels, on reconnût une loi à laquelle on n'avait pas coopéré. Ainsi la paix de Prague était déjà par sa forme l'œuvre de l'arbitraire ; elle ne l'était pas moins par le fond.

L'édit de restitution avait plus que toute autre chose occasionné la rupture entre la Saxe électorale et l'empereur : il fallait donc avant tout y avoir égard dans la réconciliation. Sans l'abolir expressément et formellement, on arrêta, dans la paix de Prague, que toutes les fondations immédiates et, entre les médiates, celles qui avaient été confisquées et occupées par les protestants après le traité de Passau, resteraient encore quarante années, mais sans voix à la diète, dans le même état où l'édit de restitution les avait trouvées. Avant l'expiration de ces quarante années, une commission composée de membres des deux religions, en nombre égal, devait prononcer à l'amiable et légalement sur ce point. Si, même alors, on ne pouvait en venir à un jugement définitif, chaque parti rentrerait en possession de tous les droits qu'il avait exercés avant que parût l'édit de restitution. Cet expédient, bien loin d'étouffer le germe de la discorde, ne faisait donc qu'en suspendre pour un temps les pernicieux effets, et l'étincelle d'une nouvelle guerre était déjà recélée dans cet article de la paix de Prague.

L'archevêché de Magdebourg demeure au prince Auguste de Saxe, et Halberstadt à l'archiduc Léopold-Guillaume. Quatre bailliages sont démembrés du territoire de Magdebourg et donnés à l'électeur de Saxe ; l'administrateur de Magdebourg, Christian-Guillaume de Brandebourg, est apanagé d'une autre manière ; les ducs de Mecklembourg, s'ils adhèrent à cette paix, sont réintégrés dans leurs États, dont ils sont heureusement en possession depuis longtemps déjà, grâce à la générosité de Gustave-Adolphe ; Donawert recouvre sa liberté impériale. L'importante réclamation des héritiers palatins, si intéressant qu'il fût pour la partie protestante de l'Empire de ne pas perdre cette voix électorale, est entièrement passée sous silence, parce qu'un prince luthérien ne doit aucune justice à un prince réformé. Tout ce que les États protestants, la ligue et l'empereur ont conquis les uns sur les autres durant la guerre, est restitué ; tout ce que les puissances étrangères, la Suède et la France, se sont approprié, leur est repris par un effort commun. Les armées de toutes les parties contractantes sont réunies en une seule, qui, entretenue et soldée par l'Empire, est chargée de faire exécuter cette paix les armes à la main.

La paix de Prague devant avoir force de loi générale pour tout l'Empire, les points qui ne concernaient en rien l'Empire furent annexés dans une convention particulière. Dans cette convention, la Lusace fut adjugée à l'électeur de Saxe comme un fief de Bohême, et en outre l'on y traita spécialement de la liberté religieuse de ce pays et de la Silésie.

Tous les États évangéliques furent invités à recevoir la paix de Prague, et, sous cette condition, compris dans l'amnistie. On n'excluait que les princes de Wurtemberg et de Bade, dont on occupait les États, qu'on n'était pas disposé à leur rendre absolument sans conditions; les propres sujets de l'Autriche qui avaient pris les armes contre leur souverain; enfin les États qui, sous la direction d'Oxenstiern, formaient le conseil des cercles de la haute Allemagne : cette exclusion avait moins pour objet de continuer contre eux la guerre que de leur vendre plus cher la paix devenue nécessaire. On retenait leurs domaines pour gages jusqu'au moment où tout serait restitué et tout rétabli dans son premier état. Une justice égale envers tous eût peut-être ramené la confiance mutuelle entre le chef et les membres, entre protestants et catholiques, entre luthériens et réformés, et les Suédois, abandonnés de tous leurs alliés, auraient été réduits à sortir honteusement de l'Empire. Mais ce traitement inégal affermit dans leur défiance et leur opposition les États plus durement traités, et il aida les Suédois à nourrir le feu de la guerre et à conserver un parti en Allemagne.

La paix de Prague trouva, comme il fallait s'y attendre, un accueil très-divers en Allemagne. En s'efforçant de rapprocher les deux partis, on s'était attiré les reproches de l'un et de l'autre. Les protestants se plaignaient des restrictions que ce traité leur imposait. Les catholiques trouvaient cette secte damnable beaucoup trop favorablement traitée aux dépens de la véritable Église : à les entendre, on avait disposé de ses droits inaliénables en accordant aux évangéliques la jouissance pendant quarante années des biens ecclésiastiques. Selon leurs adversaires, on avait commis une trahison envers l'Église protestante en n'obtenant pas pour ses membres dans les États autrichiens la liberté de croyance. Mais personne ne fut plus amèrement blâmé que l'électeur de Saxe, que l'on cherchait à représenter dans des écrits publics comme un perfide transfuge, un traître à la religion et à la liberté allemande, et comme un complice de l'empereur.

Lui, cependant, se consolait, et triomphait de voir une grande partie des États évangéliques contraints d'accepter la paix qu'il avait faite. L'électeur de Brandebourg, le duc Guillaume de Weimar, les princes d'Anhalt, les ducs de Mecklembourg, les ducs de Brunswick-Lunebourg, les villes anséatiques et la plupart des villes impériales y accédèrent. Le landgrave Guillaume de Hesse parut quelque temps irrésolu, ou peut-être feignit seulement de l'être afin de gagner du temps et de prendre ses mesures selon l'événement. Il avait conquis, l'épée à la main, de beaux domaines en Westphalie, d'où il tirait ses meilleures forces pour soutenir la guerre, et il les devait tous rendre aux termes de la paix. Le duc Bernard de Weimar, dont les États n'existaient encore que sur le papier, n'était point intéressé au traité comme puissance belligérante, mais par cela même il l'était d'autant plus comme général portant les armes, et il ne pouvait à tous égards que rejeter avec horreur la paix de Prague. Toute sa richesse était sa bravoure, et tous ses domaines reposaient sur son épée. La guerre faisait seule sa grandeur et son importance; la guerre seule pouvait amener à maturité les projets de son ambition.

Mais, entre tous ceux qui élevèrent la voix contre la paix de Prague, les Suédois se prononcèrent avec le plus de violence, et personne n'en avait plus sujet. Appelés en Allemagne par les Allemands eux-mêmes, sauveurs de l'Église protestante et de la liberté des membres de l'Empire, qu'ils avaient rachetée au prix de tant de sang, au prix de la vie sacrée de leur roi, ils se voyaient tout à coup honteusement abandonnés, tout à coup déçus dans tous leurs plans, chassés sans salaire, sans reconnaissance, du pays pour lequel ils avaient répandu leur sang, et livrés à la risée de l'ennemi par les mêmes princes qui leur devaient tout. De quelque dédommagement pour eux, d'un remboursement de leurs dépenses, d'un équivalent pour les conquêtes qu'ils devraient abandonner, la paix de Prague n'en disait pas le moindre mot! On les congédiait plus pauvres qu'ils n'étaient venus, et, s'ils regimbaient, ils devaient être expulsés de l'Allemagne par les mains de ceux mêmes qui les avaient appelés! A la fin, l'électeur de Saxe laissa, il est vrai, échapper quelques mots d'une satisfaction qui consisterait en argent et se monterait à la faible somme de deux millions et demi de florins. Mais les Suédois avaient mis du leur beaucoup plus; un si honteux dédommagement en argent devait blesser leur intérêt et soulever leur orgueil. « Les électeurs de Bavière et de Saxe, répondit Oxenstiern, se sont fait payer par le don d'importantes provinces l'appui qu'ils ont prêté à l'empereur et qu'ils lui devaient comme vassaux ; et nous, Suédois, nous qui avons sacrifié notre roi pour l'Allemagne, on veut nous renvoyer chez nous avec la misérable somme de deux millions et demi de florins ! » Ils étaient d'autant plus ulcérés de voir leur espérance déçue, qu'ils avaient compté avec plus de certitude se payer par l'acquisition du duché de Poméranie, dont le possesseur actuel était vieux et sans héritiers. Mais l'expectative de ce duché était assurée, dans la paix de Prague, à l'électeur de Brandebourg, et toutes les puissances voisines se révoltaient contre l'établissement des Suédois sur cette frontière de l'Empire.

Jamais, dans tout le cours de cette guerre, les Suédois ne s'étaient trouvés dans une plus fâcheuse situation qu'en cette année 1635, immédiatement après la publication de la paix de Prague. Beaucoup de leurs alliés, surtout parmi les villes impériales, quittèrent leur parti pour être admis à jouir du bienfait de la paix; d'autres y furent contraints par les armes victorieuses de l'empereur. Augsbourg, vaincu par la famine, se rendit sous de dures conditions ; Würtzbourg et Cobourg tombèrent au pouvoir des Autrichiens. L'alliance d'Heilbronn fut formellement dissoute. Presque toute la haute Allemagne, le siége principal de la puissance suédoise, reconnut la domination de l'empereur. La Saxe, s'appuyant sur la paix de Prague, demandait l'évacuation de la Thuringe, de Halberstadt, de Magdebourg. Philippsbourg, la place d'armes des Français, avait été surpris par les Autrichiens avec tous les approvisionnements qu'on y avait déposés, et cette grande perte avait ralenti l'activité de la France. Pour mettre le comble à la détresse des Suédois, il fallut que l'armistice avec la Pologne touchât justement à sa fin. Soutenir la guerre à la fois contre la Pologne et l'Empire surpassait de beaucoup les forces de la Suède, et il fallait choisir celui de ces deux ennemis dont on se délivrerait. La fierté et l'ambition décidèrent pour la continuation de la guerre d'Allemagne, quelques durs sacrifices qu'il en dût coûter envers la Pologne; dans tous les cas, il en coûtait une armée, si l'on voulait se faire respecter des Polonais et ne pas perdre absolument sa liberté dans les négociations entamées avec eux pour une trêve ou une paix.

A tous ces malheurs qui fondaient en même temps sur la Suède, Oxenstiern opposa la fermeté et les inépuisables ressources de son génie, et, avec son esprit pénétrant, il sut tourner à son avantage les obstacles même qu'il rencontrait. La défection de tant d'États allemands le privait, à la vérité, d'une grande partie de ses précédents alliés, mais elle le dispensait aussi de tout ménagement envers eux, et plus le nombre de ses ennemis augmentait, plus aussi ses armées avaient de pays sur lesquels elles pouvaient s'étendre, plus il s'ouvrait à lui de magasins. La criante ingratitude des membres de l'Empire et l'orgueilleux mépris que lui avait témoigné l'empereur, qui n'avait pas même daigné traiter avec lui directement de la paix, allumèrent dans son sein le courage du désespoir et la noble audace de pousser les choses à la dernière extrémité. Une guerre, si malheureuse qu'elle fût, ne pouvait empirer les affaires des Suédois, et, s'il fallait évacuer l'Empire d'Allemagne, il était du moins plus digne et plus glorieux de le faire l'épée à la main, de céder à la force et non à la peur.

Dans la pressante extrémité où se trouvaient les Suédois par la désertion de leurs alliés, ils jetèrent d'abord leurs regards sur la France, qui vint au-devant d'eux avec les propositions les plus encourageantes. Les intérêts des deux couronnes étaient liés de la manière la plus étroite, et la France agissait contre elle-même si elle laissait entièrement tomber en Allemagne la puissance des Suédois. Leur situation désespérée était au con-

traire un motif pour elle de s'unir avec eux plus fermement et
de prendre une part plus active à la guerre en Allemagne. Dès
la conclusion du traité d'alliance avec les Suédois, à Beerwald,
en 1632, la France avait attaqué l'empereur par les armes de
Gustave-Adolphe, mais sans rupture ouverte et formelle, et
seulement par les subsides qu'elle fournissait aux ennemis de
Ferdinand, et par l'activité qu'elle déployait pour en augmenter
le nombre. Mais, alarmée par le bonheur soudain, inattendu et
extraordinaire, des armes suédoises, elle parut quelque temps
perdre de vue son premier objet, pour rétablir l'équilibre des
forces, qui avait souffert de la supériorité des Suédois. Elle tâcha de protéger contre le conquérant les princes catholiques de
l'Empire par des traités de neutralité, et, ces tentatives ayant
échoué, elle était déjà sur le point de s'armer elle-même contre
lui. Mais la mort de Gustave-Adolphe et la détresse des Suédois
n'eurent pas plus tôt dissipé cette crainte, que la France revint
avec un nouveau zèle à son premier projet, et octroya, dans une
large mesure, à leur infortune, l'appui qu'elle avait retiré à
leur prospérité. Délivrée de la résistance que l'ambition et la
vigilance de Gustave-Adolphe opposaient à ses desseins d'agrandissement, elle saisit le moment favorable que lui offre le revers de Nœrdlingen, pour s'emparer de la direction de la guerre
et prescrire des lois à ceux qui ont besoin de son puissant
secours. Les conjonctures secondent ses plus hardis projets,
et ce qui n'était auparavant qu'une belle chimère peut désormais être suivi comme un plan réfléchi, justifié par les circonstances. Elle consacre donc alors toute son attention à la guerre
d'Allemagne, et aussitôt que, par son traité avec les Allemands,
elle voit garantis ses desseins particuliers, elle paraît sur la
scène politique comme puissance active et dominante. Tandis
que les États en guerre s'épuisaient dans une longue lutte, elle
avait ménagé ses forces, et, pendant dix années, elle n'avait fait
la guerre qu'avec son argent. Maintenant que les circonstances
l'appellent à l'activité, elle prend les armes et se porte avec
énergie à des entreprises qui jettent l'Europe entière dans l'étonnement. Elle envoie en même temps deux flottes croiser sur
les mers et met six différentes armées en campagne, tandis
qu'avec ses trésors elle soudoie une couronne et plusieurs

princes allemands. Animés par l'espérance de son puissant secours, Allemands et Suédois s'arrachent à leur profond abattement, et se flattent de conquérir, l'épée à la main, une paix plus glorieuse que celle de Prague. Abandonnés par leurs co-états, qui se réconcilient avec l'empereur, ils s'attachent d'autant plus étroitement à la France, qui redouble ses secours à mesure que le besoin augmente, prend à la guerre d'Allemagne une part de plus en plus grande, quoique toujours secrète, jusqu'au moment où elle jette enfin le masque, et attaque directement l'empereur en son propre nom.

Pour donner aux Suédois pleine liberté d'agir contre l'Autriche, la France commença par les délivrer de la guerre de Pologne. Par les soins du comte d'Avaux, son ambassadeur, elle amena les deux parties à convenir, à Stummsdorf en Prusse, que l'armistice serait prolongé jusqu'à vingt-six ans; mais ce ne fut pas sans une grande perte pour les Suédois, qui sacrifièrent d'un trait de plume presque toute la Prusse polonaise, conquête chèrement achetée de Gustave-Adolphe. Le traité de Beerwald fut renouvelé, pour une plus grande durée, d'abord à Compiègne, puis à Wismar et à Hambourg, avec quelques changements rendus nécessaires par les circonstances. On avait déjà rompu avec l'Espagne au mois de mai 1635, et, en attaquant vivement cette puissance, on avait enlevé à l'empereur le secours, de tous le plus important, qu'il pouvait tirer des Pays-Bas; maintenant, en appuyant le landgrave Guillaume de Hesse-Cassel et le duc Bernard de Weimar, on assurait aux armes suédoises une plus grande liberté sur l'Elbe et sur le Danube, et, par une forte diversion sur le Rhin, on contraignait l'empereur de diviser ses forces.

La guerre s'alluma donc avec plus de violence, et, par la paix de Prague, l'empereur avait, il est vrai, diminué le nombre de ses ennemis en Allemagne, mais il avait en même temps augmenté l'ardeur et l'activité de ses ennemis extérieurs. Il s'était acquis en Allemagne une influence illimitée, et il s'était rendu maître de tout le corps de l'Empire et de ses forces, à l'exception d'un petit nombre d'États, en sorte qu'il pouvait désormais agir de nouveau comme empereur et seigneur souverain. Le premier effet de ce changement fut l'élévation de son fils Ferdinand III à la dignité de roi des Romains, qui lui fut conférée, malgré l'opposition de Trèves et des héritiers palatins, par une majorité décisive. Mais il avait poussé les Suédois à une résistance désespérée; il avait armé contre lui toutes les forces de la France et l'avait amenée à intervenir dans les affaires intérieures de l'Allemagne. Désormais les deux couronnes, avec leurs alliés allemands, forment une puissance à part, fermement unie; l'empereur, avec les États allemands de son parti, forme l'autre. Désormais les Suédois ne montrent plus aucun ménagement, parce qu'ils ne combattent plus pour l'Allemagne, mais pour leur propre existence. Ils agissent avec plus de promptitude, de liberté, de hardiesse, parce qu'ils sont dispensés de consulter leurs alliés allemands et de rendre compte de leurs projets. Les batailles deviennent plus opiniâtres et plus sanglantes, mais moins décisives. On voit de plus grands exploits de vaillance et d'art militaire; mais ce sont des actions isolées qui, n'étant pas conduites par un plan d'ensemble, ni mises à profit par un esprit qui dirige tout, ont de faibles résultats pour tout le parti et changent peu de chose au cours de la guerre.

La Saxe s'était engagée, dans la paix de Prague, à chasser les Suédois de l'Allemagne : aussi les drapeaux saxons se réunissent-ils, dès ce moment, aux drapeaux de l'empereur, et deux alliés se sont changés en deux ennemis irréconciliables. L'archevêché de Magdebourg, que la paix de Prague adjugeait au prince de Saxe, était encore dans les mains des Suédois, et toutes les tentatives faites pour les amener, par une voie amicale, à s'en dessaisir, étaient demeurées sans résultat. Les hostilités commencent donc, et l'électeur de Saxe les ouvre en rappelant, par des lettres dites avocatoires, tous les sujets saxons de l'armée de Banner, campée au bord de l'Elbe. Les officiers, qui se plaignaient depuis longtemps de ne pas recevoir leur solde, prêtent l'oreille à cette sommation, et successivement ils évacuent tous les quartiers. Comme les Saxons firent en même temps un mouvement contre le Mecklembourg pour s'emparer de Dœmitz et couper à l'ennemi les communications avec la Poméranie et la mer Baltique, Banner y marcha promptement et fit essuyer une entière défaite au général saxon Baudissin, qui commandait sept mille hommes, dont un millier environ resta sur la place et un pareil nombre fut fait prisonnier. Renforcé par les troupes et l'artillerie qui avaient occupé jusqu'alors la Prusse polonaise, mais dont on pouvait se passer dans ce pays, par suite du traité de Stummsdorf, ce brave et impétueux guerrier envahit, l'année suivante (1636), l'électorat de Saxe, où il assouvit de la manière la plus sanglante sa vieille haine contre les Saxons. Irrités par les longues insultes qu'ils avaient eu à souffrir, lui et ses Suédois, de l'orgueil des Saxons pendant leurs campagnes communes, et maintenant exaspérés au plus haut point par la défection de l'électeur, ils firent éprouver à ses malheureux sujets leur ressentiment et leur vengeance. Contre les Autrichiens et les Bavarois, le soldat suédois avait combattu plutôt par devoir; contre les Saxons, il combattait avec une haine et une rage personnelles, parce qu'il les détestait comme des transfuges et des traîtres, parce que entre amis divisés la haine est d'ordinaire plus furieuse et plus implacable. Cependant l'énergique diversion que le duc de Weimar et le landgrave de Hesse faisaient sur le Rhin et en Westphalie empêcha l'empereur de prêter aux Saxons un appui suffisant, et tout l'électorat eut à subir des hordes dévastatrices de Banner les plus horribles traitements. Enfin l'électeur attira à lui le général impérial de Hatzfeld, et parut devant Magdebourg, que Banner, accourant à la hâte, essaya vainement de débloquer. Alors l'armée combinée des Impériaux et des Saxons se répandit dans la marche de Brandebourg et enleva aux Suédois beaucoup de places. Elle était sur le point de les pousser jusqu'à la Baltique; mais, contre toute attente, Banner, que l'on croyait déjà perdu, attaqua l'armée alliée, le 24 septembre 1636, près de Wittstock, et il s'engagea une grande bataille. L'attaque fut terrible, et toutes les forces de l'ennemi tombèrent sur l'aile droite des Suédois, que Banner commandait en personne. On combattit longtemps des deux parts avec la même opiniâtreté et le même acharnement, et parmi les Suédois il n'y avait pas un escadron qui n'eût attaqué dix fois et n'eût été dix fois repoussé. Lorsque enfin Banner fut obligé de céder à la supériorité du nombre, son aile gauche continua de combattre jusqu'à l'entrée de la nuit, et le corps de réserve des Suédois, qui n'avait pas encore donné, était prêt à renouveler la bataille le lendemain matin. Mais l'électeur de Saxe ne voulut pas attendre cette seconde attaque. Son armée était épuisée par le combat de la veille, et les valets s'étaient enfuis avec tous les chevaux, en sorte que l'artillerie ne pouvait servir. Il prit donc la fuite cette même nuit avec le comte de Hatzfeld, et abandonna le champ de bataille aux Suédois. Près de cinq mille hommes étaient restés sur la place du côté des alliés, sans compter ceux qui furent tués dans la poursuite par les Suédois, ou qui tombèrent dans les mains des paysans exaspérés. Cent cinquante étendards et drapeaux, vingt-trois canons, tous les bagages avec la vaisselle d'argent de l'électeur, furent le prix du combat, et l'on fit en outre près de deux mille prisonniers. Cette brillante victoire, remportée sur un ennemi bien supérieur en nombre et posté avantageusement, remit tout d'un coup les Suédois en honneur : leurs ennemis tremblèrent, leurs amis commencèrent à reprendre courage. Banner profita de la fortune qui s'était déclarée pour lui d'une manière si décisive : il se hâta de passer l'Elbe et poussa les Impériaux, à travers la Thuringe et la Hesse, jusqu'en Westphalie ; puis il revint sur ses pas et prit ses quartiers d'hiver sur le territoire saxon.

Mais sans l'active diversion que firent en sa faveur sur le Rhin le duc Bernard et les Français, il lui eût été difficile de remporter ces brillantes victoires. Après la bataille de Nœrdlingen, le duc Bernard avait rassemblé en Wétéravie les débris de l'armée battue ; mais, abandonné par la ligue de Heilbronn, que la paix de Prague acheva de dissoudre bientôt après, et trop peu soutenu par les Suédois, il se voyait hors d'état d'entretenir l'armée et de faire de grandes choses avec elle. La défaite de Nœrdlingen avait anéanti son duché de Franconie, et l'impuissance des Suédois lui ôtait toute espérance de faire sa fortune avec l'appui de cette couronne. Fatigué d'ailleurs de la contrainte que lui imposait la conduite impérieuse du chancelier suédois, il tourna les yeux vers la France, qui pouvait lui fournir de l'argent, la seule chose dont il eût besoin, et qui s'y montrait disposée. Richelieu ne désirait rien tant que de diminuer l'influence des Suédois sur la guerre d'Allemagne, et d'en faire passer, sous un autre nom, la direction dans ses mains. Pour atteindre ce but, il ne pouvait choisir un meilleur moyen que d'enlever aux Suédois leur plus brave général, de l'attacher étroitement aux intérêts de la France, et de s'assurer de son bras pour l'exécution de ses desseins. D'un prince tel que Bernard de Weimar, qui ne pouvait se soutenir sans le secours d'une puissance étrangère, la France n'avait rien à redouter, puisque le succès même le plus heureux n'eût pas suffi pour le soustraire à la dépendance de cette couronne. Le duc de Weimar se rendit lui-même en France, et conclut, au mois d'octobre 1635, à Saint-Germain en Laye, non plus comme général suédois, mais en son propre nom, un traité avec cette puissance, par lequel on lui accordait pour lui-même une pension annuelle d'un million et demi de livres, et quatre millions pour l'entretien d'une armée qu'il commanderait sous les ordres du roi. Pour enflammer d'autant plus son zèle et accélérer par lui la conquête de l'Alsace, on ne fit pas difficulté de lui offrir, dans un article secret, cette province pour récompense : générosité dont on était fort éloigné, et que le duc lui-même sut apprécier à sa juste valeur. Mais il se fiait à sa fortune et à son bras, et il opposait la feinte à la feinte. S'il était un jour assez puissant pour arracher l'Alsace à l'ennemi, il ne désespérait pas de pouvoir aussi la défendre au besoin contre un ami. Il se créa donc alors, avec l'argent de la France, une armée particulière, qu'il commandait, il est vrai, sous la souveraineté française, mais, en réalité, avec un pouvoir absolu, sans rompre toutefois entièrement ses liaisons avec les Suédois. Il commença ses opérations aux bords du Rhin, où une autre armée française, sous le cardinal La Valette, avait déjà ouvert en 1635 les hostilités contre l'empereur.

La principale armée autrichienne, celle qui avait remporté la grande victoire de Nœrdlingen, s'était tournée, sous la conduite de Gallas, après avoir soumis la Souabe et la Franconie, contre l'armée de La Valette; elle l'avait heureusement repoussée jusqu'à Metz, avait affranchi le cours du Rhin et pris les villes de Mayence et de Frankenthal, occupées par les Suédois. Mais le principal dessein de Gallas, celui de prendre ses quartiers d'hiver en France, échoua par la vigoureuse résistance des Français, et il se vit forcé de ramener ses troupes dans l'Alsace et dans la Souabe, déjà épuisées. L'année suivante cependant, à l'ouverture de la campagne, il passa le Rhin près de Brisach, et se prépara à porter la guerre dans l'intérieur de la France. Il envahit en effet la comté de Bourgogne, pendant que les Espagnols, sortant des Pays-Bas, faisaient d'heureux progrès en Picardie, et que Jean de Werth, redoutable général de la ligue et fameux partisan, faisait des courses jusqu'au fond de la Champagne et effrayait même Paris de son approche menaçante. Mais la vaillance des Impériaux échoua devant une seule et insignifiante forteresse de la Franche-Comté, et, pour la seconde fois, ils furent forcés d'abandonner leurs projets.

Sa dépendance d'un chef français qui faisait plus d'honneur à la soutane du prêtre qu'au bâton de commandement du général, avait jusqu'alors imposé des chaînes trop étroites au génie actif du duc de Weimar, et, quoiqu'il eût fait, de concert avec La Valette, la conquête de Saverne en Alsace, il n'avait pu néanmoins se maintenir sur le Rhin en 1636 et 1637. Le mauvais succès des armes françaises dans les Pays-Bas avait paralysé l'activité des opérations en Alsace et en Brisgau; mais en 1638 la guerre prit dans ces contrées une tournure d'autant plus brillante. Délivré de ses premières entraves, et désormais complètement maître de ses troupes, le duc Bernard s'arracha, dès le commencement de février, au repos des quartiers d'hiver, qu'il avait pris dans l'évêché de Bâle, et, contre toute attente, il parut sur le Rhin, où l'on ne songeait à rien moins qu'à une attaque dans cette saison rigoureuse. Les villes forestières de Laufenbourg, Waldshut et Seckingen sont enlevées par surprise, et Rheinfelden est assiégé. Le duc de Savelli, général de l'empereur, qui commandait dans le pays, accourt à marches forcées, pour secourir cette place importante; il la délivre en effet, et repousse le duc de Weimar non sans éprouver une grande perte. Mais, à la surprise générale, le prince reparaît le troisième jour, 21 février 1638, à la vue des Impériaux, qui, dans une pleine sécurité après leur victoire, se reposaient près de Rheinfelden, et il les défait dans une grande bataille, où les quatre généraux de l'empereur, Savelli, Jean de Werth, Enkeford et Sperreuter, sont faits prisonniers avec deux mille hommes. Deux d'entre eux, Jean de Werth et Enkeford, furent plus tard amenés en France, par l'ordre de Richelieu, pour flatter, par la vue de prisonniers si célèbres, la vanité française, et tromper la misère publique par l'étalage des victoires qu'on avait remportées. Les étendards et les drapeaux conquis furent aussi, dans le même dessein, portés en procession solennelle à l'église de Notre-Dame, balancés trois fois devant l'autel, et remis à la garde du sanctuaire.

La prise de Rheinfelden, de Rœteln et de Fribourg fut la suite la plus prochaine de la victoire que Bernard avait remportée. Son armée s'accrut considérablement, et, quand il vit la fortune se déclarer pour lui, ses plans s'étendirent. La forteresse de Brisach sur le haut Rhin commandait ce fleuve et était considérée comme la clef de l'Alsace. Aucune place dans ces contrées n'était plus importante pour l'empereur, aucune n'avait été l'objet d'autant de soins. Garder Brisach avait été la principale destination de l'armée italienne sous les ordres de Féria; la force de ses ouvrages et l'avantage de sa situation défiaient toutes les attaques de vive force, et les généraux de l'Empire qui commandaient dans le pays avaient l'ordre de tout hasarder pour la conservation de cette place. Mais le duc de Weimar se confia dans son bonheur, et résolut de l'attaquer. Imprenable par la force, elle ne pouvait être réduite que par famine, et la négligence de son commandant, qui, ne s'attendant à aucune attaque, avait converti en argent ses grandes provisions de grains, hâta ce dénoûment. Comme dans ces circonstances la place ne pouvait soutenir un long siége, il fallait se hâter de la débloquer ou de lui fournir des vivres. Le général impérial de Gœtz s'avança donc au plus vite à la tête de douze mille hommes, et suivi de trois mille chariots de vivres, qu'il voulait jeter dans la ville. Mais, assailli près de Witteweyer par le duc Bernard, il perdit toute son armée, à l'exception de trois mille hommes, et tout le convoi qu'il amenait. Un malheur pareil arriva sur l'Ochsenfeld, près de Thann, au duc de Lorraine, qui s'avançait avec cinq ou six mille hommes pour délivrer la forteresse. Enfin, une troisième tentative du général de Gœtz pour sauver Brisach ayant échoué, cette place, après quatre mois de siége, pressée par la plus horrible famine, se rendit le 7 décembre 1638, à son vainqueur aussi humain qu'inébranlable.

La prise de Brisach ouvrit à l'ambition du duc de Weimar un champ sans bornes, et le roman de ses espérances commence dès lors à s'approcher de la réalité. Bien éloigné de renoncer, en faveur de la France, au fruit de sa bravoure, il se réserve Brisach à lui-même, et annonce déjà cette résolution en exigeant des vaincus le serment de fidélité en son propre nom, sans faire mention d'une autre puissance. Enivré par ses brillants succès et emporté par les plus orgueilleuses espérances, il croit désormais se suffire à lui-même et pouvoir conserver, même contre la volonté de la France, les conquêtes qu'il a faites. En ces temps où tout s'achetait avec de la bravoure, où la force personnelle avait encore sa valeur, où les armées et les chefs de guerre étaient estimés à plus haut prix que les provinces, il était permis à un héros tel que Bernard d'attendre quelque chose de lui-même, et de ne reculer devant aucune entreprise à la tête d'une excellente armée qui se sentait invincible sous sa conduite. Pour s'attacher à un ami, au milieu de la foule d'adversaires qu'il allait maintenant rencontrer, il jeta les yeux sur la landgrave Amélie de Hesse[1], veuve du landgrave Guillaume, mort depuis peu, femme de beaucoup d'esprit et de courage, qui avait à donner avec sa main une armée aguerrie, de belles conquêtes et une principauté considérable. Les conquêtes des Hessois jointes à celles de Bernard sur le Rhin, pour ne former qu'un seul État, et les deux armées réunies en une seule, pouvaient constituer une puissance importante et peut-être même un troisième parti en Allemagne, qui tiendrait dans ses mains le dénoûment de la guerre. Mais la mort mit une prompte fin à ce projet si fécond en promesses.

« Courage, père Joseph, Brisach est à nous! » cria Richelieu à l'oreille du capucin, qui se disposait au dernier voyage : tant cette heureuse nouvelle avait enivré le cardinal. Déjà il dévorait par la pensée l'Alsace, le Brisgau et toute l'Autriche antérieure, sans se souvenir de la promesse qu'il avait faite au duc de Weimar. La sérieuse résolution du prince de garder Brisach pour lui, résolution qu'il avait fait connaître d'une manière fort peu équivoque, jeta Richelieu dans un grand embarras, et tout fut tenté pour retenir le victorieux Bernard dans les intérêts de la

---

[1]. Voyez son portrait dans *le Supplément à l'Histoire de la Guerre de trente ans.*

France. On l'invita à la cour, pour qu'il fût témoin de la magnificence avec laquelle on y célébrait le souvenir de ses triomphes : le duc reconnut et évita les piéges de la séduction. On lui fit l'honneur de lui offrir pour femme une nièce du cardinal : le fier prince de l'Empire la refusa, pour ne pas déshonorer le sang saxon par une mésalliance. Alors on commença à le considérer comme un dangereux ennemi, et à le traiter comme tel. On lui retira les subsides ; on corrompit le gouverneur de Brisach et ses principaux officiers, pour se mettre, du moins après la mort du duc, en possession de ses conquêtes et de ses troupes. Ces manœuvres ne furent point un secret pour lui, et les mesures qu'il prit dans les places conquises témoignèrent de sa défiance à l'égard de la France. Mais ces différends avec la cour de Saint-Germain eurent la plus fâcheuse influence sur ses entreprises ultérieures. Les dispositions qu'il fut forcé de prendre pour protéger ses conquêtes contre une attaque du côté de la France, le contraignirent de diviser ses forces, et le défaut de subsides retarda son entrée en campagne. Son intention avait été de passer le Rhin, de dégager les Suédois, et d'agir sur les bords du Danube contre l'empereur et la Bavière. Déjà il avait découvert son plan d'opérations à Banner, qui était sur le point de transporter la guerre dans les provinces autrichiennes, et il avait promis de le remplacer.... quand, au mois de juillet 1639, la mort le surprit à Neubourg sur le Rhin, dans la trente-sixième année de son âge, au milieu de sa course héroïque.

Il mourut d'une maladie pestilentielle, qui avait emporté dans le camp près de quatre cents hommes en deux jours. Les taches noires qui parurent sur son cadavre, les propres déclarations du mourant, et les avantages que la France recueillait de sa mort soudaine, éveillèrent le soupçon que le poison français avait mis fin à ses jours ; mais ce soupçon est suffisamment réfuté par la nature même de la maladie. Les alliés perdirent en lui le plus grand général qu'ils eussent possédé depuis Gustave-Adolphe ; la France perdit un concurrent redoutable pour la souveraineté de l'Alsace ; l'empereur, son plus dangereux ennemi. Devenu, à l'école de Gustave-Adolphe, héros et capitaine, il imita ce grand modèle, et il ne lui manqua qu'une plus longue vie pour l'atteindre, sinon pour le surpasser. A la bravoure du soldat il réunissait le froid et tranquille coup d'œil du général; à l'inébranlable courage de l'âge viril, la prompte résolution de la jeunesse; à l'ardeur impétueuse du guerrier, la dignité du prince, la modération du sage et la probité de l'homme d'honneur. Ne se laissant abattre par aucun revers, il se relevait soudain plein de force après le plus rude coup; nul obstacle ne pouvait arrêter son audace, nul échec ne domptait son invincible courage. Son esprit poursuivait un but élevé, peut-être inaccessible; mais la sagesse a pour les hommes de sa trempe d'autres lois que celles que nous appliquons d'ordinaire pour juger la multitude. Capable de faire de plus grandes choses que les autres, il pouvait aussi former des desseins plus hardis. Bernard de Weimar se présente dans l'histoire moderne comme un beau modèle de ces temps énergiques où la grandeur personnelle pouvait encore quelque chose, où la vaillance conquérait des États, où l'héroïsme élevait jusqu'au trône impérial un chevalier allemand.

La meilleure portion de l'héritage du duc était son armée, qu'il légua, avec l'Alsace, à son frère Guillaume. Mais cette armée, la Suède et la France croyaient avoir sur elle des droits fondés : la Suède, parce qu'on l'avait levée au nom de cette couronne, qui avait reçu ses serments; la France, parce qu'elle l'avait entretenue de son argent. Le prince-électeur du Palatinat s'efforça aussi de s'en emparer, pour l'employer à reconquérir ses États, et il chercha, d'abord par ses agents, et enfin en personne, à la mettre dans ses intérêts. Il se fit même du côté de l'empereur une tentative pour la gagner; et cela ne doit pas nous surprendre à une époque où ce n'était pas la justice de la cause, mais seulement le salaire des services rendus, qui était pris en considération, et où la bravoure, comme toute autre marchandise, était à vendre au plus offrant. Mais la France, plus puissante et plus résolue, enchérit sur tous ses concurrents. Elle acheta le général d'Erlach, commandant de Brisach, et les autres chefs, qui lui livrèrent Brisach et toute l'armée. Le jeune comte palatin Charles-Louis, qui avait déjà fait, dans les années précédentes, une campagne malheureuse contre l'empereur, vit cette fois encore échouer son projet. Au moment de rendre à la France un si mauvais service, il s'achemina imprudemment par ce royaume, et il eut la malheureuse idée de déguiser son nom.

Le cardinal, qui redoutait la justice de la cause du comte palatin, s'accommodait de tout prétexte pour renverser son dessein. Il le fit donc retenir à Moulins, contre le droit des gens, et ne lui rendit pas la liberté avant que l'achat des troupes de Weimar ne fût conclu. Ainsi la France se vit maîtresse en Allemagne d'une armée nombreuse et bien exercée, et ce ne fut proprement qu'alors qu'elle commença en son nom la guerre contre l'empereur.

Mais ce n'était plus Ferdinand II contre qui elle se présentait maintenant comme ennemi déclaré : la mort l'avait enlevé dès le mois de février 1637, dans la cinquante-neuvième année de son âge. La guerre, que sa passion de dominer avait allumée, lui survécut. Pendant son règne de dix-huit ans, il n'avait jamais posé l'épée; jamais, aussi longtemps qu'il porta le sceptre, il n'avait goûté le bienfait de la paix. Né avec les talents du bon souverain, orné de nombreuses vertus qui fondent le bonheur des peuples, doux et humain par nature, nous le voyons, par une idée mal entendue des devoirs du monarque, instrument à la fois et victime de passions étrangères, manquer sa destination bienfaisante; nous voyons l'ami de la justice dégénérer en oppresseur de l'humanité, en ennemi de la paix, en fléau de ses peuples. Aimable dans la vie privée, digne de respect dans son administration, mais mal informé dans sa politique, il réunit sur sa tête les bénédictions de ses sujets catholiques et les malédictions du monde protestant. L'histoire présente d'autres despotes pires que Ferdinand II, et cependant lui seul a allumé une guerre de trente ans; mais il fallait que l'ambition de ce seul homme coïncidât, par malheur, justement avec un tel siècle, avec de tels préparatifs, avec de tels germes de discorde, pour être accompagnée de suites si fatales. Dans une époque plus paisible, cette étincelle n'aurait trouvé aucun aliment, et la tranquillité du siècle aurait étouffé l'ambition de l'homme; mais alors le rayon funeste tomba sur un monceau de matières combustibles amassées dès longtemps, et l'Europe fut embrasée.

Ferdinand III, élevé, peu de mois avant la mort de son père, à la dignité de roi des Romains, hérita de son trône, de ses principes et de sa guerre. Mais Ferdinand III avait vu de près la détresse des peuples et la dévastation des provinces; témoin du mal, il avait senti plus vivement le besoin de la paix. Moins dépendant des jésuites et des Espagnols, et plus équitable envers les religions différentes de la sienne, il pouvait, plus facilement que son père, écouter la voix de la modération. Il l'écouta et donna la paix à l'Europe, mais ce ne fut qu'après avoir lutté pendant onze années avec l'épée et la plume; ce fut seulement quand toute résistance devint inutile, et quand l'impérieuse nécessité lui dicta sa dure loi.

La fortune favorisa le début de son règne, et ses armes furent victorieuses contre les Suédois. Après avoir remporté, sous le commandement énergique de Banner, la victoire de Wittstock, ils avaient accablé la Saxe en y prenant leurs quartiers d'hiver, et ouvert la campagne de 1637 par le siége de Leipzig. La courageuse résistance de la garnison et l'approche des troupes électorales et impériales, sauvèrent cette ville. Banner, pour n'être pas séparé de l'Elbe, fut forcé de se retirer à Torgau; mais la supériorité des Impériaux l'en chassa encore, et, enveloppé de bandes ennemies, arrêté par des rivières, poursuivi par la famine, il lui fallut faire vers la Poméranie une retraite extrêmement dangereuse, dont la hardiesse et l'heureux succès touchent au roman. Toute l'armée passa l'Oder à un gué près de Fürstenberg, et le soldat, qui avait de l'eau jusqu'au cou, traîna lui-même les canons, parce que les chevaux ne voulaient plus tirer. Banner avait compté trouver, au delà de l'Oder, son lieutenant Wrangel, qui était en Poméranie, et, avec ce renfort, il voulait faire tête à l'ennemi. Wrangel ne parut pas, et, à sa place, une armée impériale s'était postée à Landsberg, pour fermer le chemin aux Suédois fugitifs. Banner reconnut alors qu'il était tombé dans un piége funeste, d'où il ne pouvait échapper. Derrière lui, un pays affamé, les Impériaux et l'Oder; à gauche, l'Oder, qui, gardé par le général impérial Bucheim, ne permettait pas le passage; en avant, Landsberg, Cüstrin, la Wartha et une armée ennemie; à droite, la Pologne, à laquelle, malgré la trêve, on ne pouvait trop se fier : sans un prodige, il se voyait perdu, et déjà les Impériaux triomphaient de sa ruine inévitable. Le juste ressentiment de Banner accusait les Français d'être les auteurs de ce revers. Ils n'avaient pas fait sur le Rhin la diversion promise, et leur inaction permettait à l'empereur d'employer toutes ses forces contre les Suédois. « Si nous devons un jour, s'écria le général irrité, en s'adressant au résident français qui suivait le camp suédois, si nous devons, unis avec les Allemands, combattre contre la France, nous ne ferons pas tant de façons pour passer le Rhin. » Mais les reproches étaient alors prodigués en vain; l'urgence du péril demandait de la résolution et de l'activité. Pour éloigner, s'il se pouvait, l'ennemi de l'Oder par une fausse marche, Banner feignit de vouloir s'échapper par la Pologne : il envoya en avant sur cette route la plus grande partie des bagages, et fit prendre cette direction à sa femme et à celles des autres officiers. Aussitôt les Impériaux se portent vers la frontière polonaise, pour lui fermer le passage; Bucheim lui-même quitte son poste, et l'Oder est libre. Sans délai, Banner retourne vers ce fleuve dans les ténèbres de la nuit, et, comme auparavant, près de Fürstenberg, sans ponts, sans bateaux, il passe avec ses troupes, ses bagages et son artillerie, à un mille au-dessus de Cüstrin. Il atteignit sans perte la Poméranie, dont il se partagea la défense avec Herman Wrangel.

Mais les Impériaux, sous les ordres de Gallas, pénètrent, près de Ribses, dans ce duché, et l'inondent de leurs troupes, supérieures en nombre. Usedom et Wolgast sont pris d'assaut, Demmin par capitulation, et les Suédois sont refoulés jusqu'au fond de la Poméranie postérieure. Alors pourtant il s'agissait plus que jamais de se maintenir dans ce pays, car le duc Bogisla XIV était mort cette année même, et il importait au royaume de Suède de faire valoir ses prétentions sur le duché. Pour empêcher l'électeur de Brandebourg de soutenir ses droits, fondés sur un pacte de succession réciproque et sur le traité de Prague, la Suède fait les derniers efforts et appuie ses généraux, de la manière la plus énergique, avec de l'argent et des soldats. Les affaires des Suédois prennent aussi un aspect plus favorable dans d'autres parties de l'Empire, et ils commencent à se relever du profond abaissement où ils étaient tombés par l'inaction de la France et la défection de leurs alliés. En effet, après leur retraite précipitée en Poméranie, ils avaient perdu dans la haute Saxe une place après l'autre; les princes de Mecklembourg, pressés par les armes impériales, commençaient à se tourner du côté de l'Autriche, et même le duc Georges de Lunebourg se déclara contre les Suédois. Ehrenbreitstein, vaincu par la famine, ouvrait ses portes au général bavarois Jean de Werth, et les Autrichiens s'emparaient de tous les retranchements élevés sur le Rhin. La France avait éprouvé des pertes dans sa lutte contre l'Espagne, et le succès ne répondai pas aux fastueux préparatifs avec lesquels on avait ouvert la guerre contre cette couronne. Tout ce que les Suédois avaient possédé dans l'intérieur de l'Allemagne était perdu, et ils ne se maintenaient plus que dans les principales places de la Poméranie. Une seule campagne suffit pour les relever de cette chute profonde, et la puissante diversion que le victorieux Bernard fait aux armes impériales sur les bords du Rhin, amène une prompte révolution dans toute la situation de la guerre.

Les différends entre la France et la Suède étaient enfin apaisés, et l'ancien traité entre les deux couronnes avait été confirmé à Hambourg, avec de nouveaux avantages pour les Suédois. Dans la Hesse, la prudente landgrave Amélie, après la mort de Guillaume, son époux, se chargea du gouvernement avec l'approbation des états, et maintint ses droits avec beaucoup de résolution, malgré l'opposition de l'empereur et de la ligne de Darmstadt. Déjà dévouée avec zèle, par principe religieux, au parti suédois-protestant, elle n'attendait qu'une occasion propice pour se déclarer hautement et activement en sa faveur. Cependant, par une sage réserve et des négociations adroitement conduites, elle réussit à tenir l'empereur dans l'inaction jusqu'au moment où elle eut conclu un traité secret avec la France, et où les victoires de Bernard eurent donné aux affaires des protestants un tour favorable. Alors elle jeta tout à coup le masque, et renouvela l'ancienne amitié de la Hesse avec la couronne suédoise. Les triomphes du duc Bernard excitèrent aussi le prince-électeur du Palatinat à tenter la fortune contre l'ennemi commun. Avec l'argent de l'Angleterre, il leva des troupes en Hollande, établit un magasin à Meppen, et se réunit en Westphalie avec les troupes suédoises. A la vérité, son magasin fut perdu et son armée battue, près de Flotha, par le comte Hatzfeld; cependant son entreprise avait occupé quelque temps l'ennemi et facilité les opérations des Suédois en d'autres pays. Plusieurs encore de leurs anciens amis reparurent dès que la fortune se déclara en leur faveur, et ce fut déjà pour eux un assez grand bénéfice de voir les États de la basse Saxe embrasser la neutralité.

Favorisé par ces avantages importants, et renforcé par quatorze mille hommes de troupes fraîches, venues de Suède et de Livonie, Banner ouvrit, plein de bonnes espérances, la campagne de 1638. Les Impériaux, qui occupaient la Poméranie antérieure et le Mecklembourg, abandonnèrent la plupart leurs postes ou accoururent par bandes sous les drapeaux suédois pour échapper à la famine, leur plus cruel ennemi dans ces contrées saccagées et appauvries. Les marches et les cantonnements avaient si affreusement dévasté tout le pays entre l'Elbe et l'Oder, que Banner, afin de pouvoir pénétrer en Saxe et en Bohême, et de ne pas mourir de faim sur la route avec toute son armée, prit, de la Poméranie postérieure, un détour vers la basse Saxe, et n'entra dans la Saxe électorale que par le territoire d'Halberstadt. Les États de la basse Saxe, impatients d'être délivrés d'un hôte si famélique, le fournirent des vivres nécessaires, en sorte qu'il eut à Magdebourg du pain pour son armée, dans un pays où la famine avait déjà surmonté l'horreur pour la chair humaine. Il effraya la Saxe par sa venue dévastatrice ; mais ce n'était pas sur cette province épuisée, c'était sur les États héréditaires de l'empereur que ses vues étaient dirigées. Les victoires de Bernard élevaient son courage, et les riches provinces de la maison d'Autriche excitaient son avidité. Après avoir battu près d'Elsterberg le général impérial de Salis, écrasé près de Chemnitz [1] l'armée saxonne, et emporté la ville de Pirna, il pénétra en Bohême avec une force irrésistible, passa l'Elbe, menaça Prague, prit Brandeis et Leutmeritz, battit le général de Hofkirchen, qui commandait dix régiments, et répandit la terreur et le ravage dans tout le royaume sans défense. On faisait sa proie de tout ce qu'on pouvait prendre avec soi, et ce qui ne pouvait être consommé ou pillé était détruit. Pour emporter d'autant plus de blé, on séparait les épis de leurs tiges, et l'on gâtait ce qu'on laissait. Plus de mille châteaux, bourgs et villages furent réduits en cendres, et l'on en vit sou-

1. Dans la première édition : « Elsterbug, » et « Schemnitz. »

vent jusqu'à cent livrés aux flammes en une seule nuit. De la Bohème, Banner fit des courses en Silésie, et même la Moravie et l'Autriche étaient sur le point d'éprouver sa rapacité. Pour s'y opposer, il fallut qu'Hatzfeld accourût de Westphalie et Piccolomini des Pays-Bas.

L'archiduc Léopold, frère de l'empereur, reçut le bâton du commandement pour réparer les fautes de Gallas, son prédécesseur, et relever l'armée de sa profonde décadence. Le succès justifia ce changement, et la campagne de 1640 parut prendre une très-fâcheuse tournure pour les Suédois. En Bohème, ils sont chassés de quartier en quartier, et, occupés uniquement de mettre leur butin en sûreté, ils se retirent à la hâte par les montagnes de Misnie. Mais, poursuivis même à travers la Saxe par l'ennemi qui les presse, et battus près de Plauen, ils sont forcés de chercher un asile en Thuringe. Devenus en un seul été maîtres de la campagne, ils retombent aussi promptement dans la plus profonde faiblesse, pour reprendre encore l'avantage, et passer ainsi continuellement d'une extrémité à l'autre par de rapides révolutions. L'armée de Banner, affaiblie, et menacée, dans son camp près d'Erfurt, d'une ruine totale, se relève tout à coup. Les ducs de Lunebourg renoncent à la paix de Prague, et amènent à Banner les mêmes troupes qu'ils avaient fait combattre contre lui peu d'années auparavant. La Hesse lui envoie des secours, et le duc de Longueville se joint à ses drapeaux avec l'armée laissée par le duc Bernard. De nouveau supérieur en forces aux Impériaux, Banner leur offre la bataille près de Saalfeld; mais leur chef Piccolomini l'évite prudemment, et il a choisi une trop bonne position pour pouvoir être forcé de combattre. Lorsqu'enfin les Bavarois se séparent des Impériaux et dirigent leur marche vers la Franconie, Banner tente une attaque sur ce corps isolé; mais l'habileté du général bavarois de Mercy et l'approche rapide du gros des forces autrichiennes font échouer l'entreprise. Les deux armées se rendent alors dans la Hesse, épuisée, où elles s'enferment, à peu de distance l'une de l'autre, dans un camp fortifié, jusqu'à ce que la disette et la rigueur de la saison les chassent enfin de cette contrée appauvrie. Piccolomini choisit pour ses quartiers d'hiver les bords fertiles du Wéser; mais, devancé par Banner, il est contraint de les abandonner aux Suédois et d'imposer sa visite aux évêchés de Franconie.

Vers ce même temps, une diète était rassemblée à Ratisbonne, où l'on devait entendre les plaintes des États, travailler à la tranquillité de l'Empire et prononcer sur la guerre et la paix. La présence de l'empereur, qui présidait le collége des princes, la pluralité des voix catholiques dans le conseil des électeurs, le nombre supérieur des évêques et l'absence de plusieurs voix évangéliques firent tourner les délibérations à l'avantage de l'empereur, et il s'en fallut beaucoup que dans cette diète l'Empire fût représenté. Les protestants la considérèrent, avec assez de raison, comme une conjuration de l'Autriche et de ses créatures contre le parti protestant, et, à leurs yeux, il pouvait sembler méritoire de troubler cette diète ou de la disperser.

Banner forma ce projet téméraire. La gloire de ses armes avait souffert dans la dernière retraite de Bohême, et il fallait une action hardie pour lui rendre son premier éclat. Sans confier son dessein à personne, il quitta, au plus fort de l'hiver de 1641, ses quartiers de Lunebourg, aussitôt que les routes et les rivières furent gelées. Accompagné par le maréchal de Guébriant, qui commandait les troupes de France et de Weimar, il dirigea sa marche vers le Danube par la Thuringe et le Voigtland, et parut devant Ratisbonne, avant que la diète pût être avertie de sa funeste arrivée. La consternation des membres de l'assemblée ne peut se décrire : dans la première frayeur, tous les députés se disposaient à la fuite. L'empereur seul déclara qu'il ne quitterait pas la ville, et il fortifia les autres par son exemple. Malheureusement pour les Suédois, le temps se radoucit, en sorte que le Danube dégela et qu'il fut impossible de le passer, soit à pied sec, soit en bateaux à cause des énormes glaçons qu'il charriait. Cependant, pour avoir fait quelque chose, et pour humilier l'orgueil de l'empereur d'Allemagne, Banner commit l'impolitesse de saluer la ville de cinq cents coups de canon, qui, du reste, firent peu de mal. Déçu dans cette entreprise, il résolut de s'enfoncer dans la Bavière et dans la Moravie sans défense, où un riche butin et des cantonnements plus commodes attendaient ses troupes dépourvues. Mais rien ne put décider le général français à le suivre jusque-là. Guébriant craignait que l'intention des Suédois ne fût d'éloigner toujours plus du Rhin l'armée de Weimar et de lui couper toute communication avec la France, jusqu'à ce qu'ils l'eussent entièrement gagnée, ou du moins mise hors d'état de rien entreprendre par elle-même. Il se sépara donc de Banner pour retourner vers le Mein, et le général suédois se vit tout à coup menacé par toutes les forces impériales, qui, rassemblées sans bruit entre Ingolstadt et Ratisbonne, s'avançaient contre lui. Il s'agissait alors de penser à une prompte retraite, qui, à la vue d'une armée supérieure en cavalerie, à travers des fleuves et des forêts, dans un pays qui, au long et au large, était ennemi, ne semblait guère possible que par un miracle. Il se retira précipitamment vers le Wald[1] pour se sauver en Saxe par la Bohême; mais il fut contraint d'abandonner près de Neubourg trois régiments, qui, postés derrière un mauvais mur, arrêtèrent pendant quatre jours, par une résistance spartiate, les forces de l'ennemi, en sorte que Banner put gagner les devants. Il s'échappa par Égra vers Annaberg. Piccolomini le poursuivit, en prenant un chemin plus court, par Schlackenwald, et il s'en fallut seulement d'une petite demi-heure que le général impérial ne le devançât au passage de Priesnitz et ne détruisît toutes les forces suédoises. Guébriant se réunit de nouveau à Zwickau avec l'armée de Banner, et ils dirigèrent ensemble leur marche sur Halberstadt, après avoir essayé inutilement de défendre la Saale et d'empêcher le passage des Autrichiens.

C'est à Halberstadt que Banner trouva enfin, au mois de mai 1641, le terme de ses exploits : le seul poison qui le tua fut celui de l'intempérance et du chagrin. Il avait maintenu avec beaucoup de gloire, bien qu'avec des succès divers, l'honneur des armes suédoises en Allemagne, et, par une suite de victoires, il s'était montré digne de son grand maître dans l'art de la guerre. Il était fécond en projets, sur lesquels il gardait un secret profond, et qu'il exécutait rapidement : plein de sang-froid dans le danger, plus grand dans l'adversité que dans le bonheur, et jamais plus redoutable que lorsqu'on le croyait sur le

---

1. Littéralement « la Forêt. »

penchant de sa ruine. Mais les vertus du héros s'associaient chez lui à tous les défauts, à tous les vices, que la carrière des armes enfante ou du moins favorise. Aussi impérieux dans le commerce de la vie qu'à la tête de son armée, rude comme son métier, orgueilleux comme un conquérant, il n'opprimait pas moins les princes allemands par son arrogance que leurs provinces par ses exactions. Il se dédommageait des fatigues de la guerre dans les plaisirs de la table et dans les bras de la volupté, aux délices de laquelle il se livra avec excès jusqu'à ce qu'enfin il les expia par une mort prématurée. Mais, voluptueux comme un Alexandre et un Mahomet II, il se jetait avec la même facilité des bras de la volupté dans les plus durs travaux de la guerre, et le général se montrait soudain dans toute sa grandeur, au moment où l'armée murmurait contre le débauché. Environ quatre-vingt mille hommes tombèrent dans les nombreuses batailles qu'il livra, et près de six cents étendards et drapeaux ennemis, qu'il envoya à Stockholm, attestèrent ses victoires. La perte de ce grand chef ne tarda pas à être vivement sentie par les Suédois et l'on craignit de ne pouvoir le remplacer. L'esprit de révolte et de licence, contenu par l'autorité prépondérante de ce général redouté, s'éveilla aussitôt qu'il ne fut plus. Les officiers réclament avec une effrayante unanimité l'arriéré de leur solde, et aucun des quatre généraux qui se partagent le commandement après Banner ne possède l'autorité nécessaire pour satisfaire ces impatients solliciteurs, ou leur imposer silence. La discipline se relâche, la disette croissante, et les lettres de rappel écrites par l'empereur, diminuent l'armée chaque jour ; les troupes de France et de Weimar montrent peu de zèle ; celles de Lunebourg abandonnent les drapeaux des Suédois, parce que les princes de la maison de Brunswick, après la mort du duc Georges, font leur accommodement avec l'empereur ; et enfin les Hessois se séparent d'eux aussi pour chercher en Westphalie de meilleurs cantonnements. L'ennemi profite de ce fâcheux interrègne, et, quoique battu complétement dans deux actions, il réussit à faire dans la basse Saxe des progrès considérables.

Enfin parut, avec de l'argent et des troupes fraîches, le nouveau généralissime suédois. C'était Bernard Torstensohn, élève de Gustave-Adolphe, et le plus heureux successeur de ce héros, aux côtés duquel il se trouvait déjà, en qualité de page, pendant la guerre de Pologne. Perclus de goutte et cloué sur sa litière, il surpassa tous ses adversaires par la célérité, et ses entreprises avaient des ailes, tandis que son corps portait la plus affreuse des chaînes. Sous lui, le théâtre de la guerre change, et de nouvelles maximes règnent, que la nécessité impose et que le succès justifie. Tous les pays pour lesquels on s'est battu jusqu'alors sont épuisés, et, tranquille dans ses provinces les plus reculées, l'Autriche ne sent pas les calamités de la guerre, sous laquelle gémit et saigne toute l'Allemagne. Torstensohn lui fait subir le premier cette amère expérience; il rassasie ses Suédois à la riche table de l'Autriche, et jette la torche incendiaire jusqu'au trône de l'empereur.

L'ennemi avait remporté en Silésie des avantages considérables sur le général suédois Stalhantsch, et l'avait repoussé vers la Nouvelle-Marche. Torstensohn, qui s'était réuni dans le pays de Lunebourg avec la principale armée suédoise, appela à lui ce général, et, en 1642, traversant le Brandebourg, qui avait commencé, sous le grand électeur, à observer une neutralité armée, il envahit tout à coup la Silésie. Glogau est emporté, l'épée à la main, sans approches et sans brèche; le duc François-Albert de Lauenbourg est battu et tué d'un coup de feu près de Schweidnitz; cette ville est conquise, comme presque toute la Silésie en deçà de l'Oder. Alors Torstensohn pénétra, avec une force irrésistible, jusqu'au fond de la Moravie, où nul ennemi de l'Autriche n'était encore parvenu; il s'empara d'Olmütz et fit trembler même la capitale de l'Empire. Cependant Piccolomini et l'archiduc Léopold avaient rassemblé des forces supérieures, qui repoussèrent le conquérant suédois de la Moravie et bientôt même de la Silésie, après qu'il eut fait une tentative infructueuse sur Brieg. Renforcé par Wrangel, Torstensohn osa, il est vrai, marcher de nouveau contre un ennemi plus nombreux, et débloqua Grossglogau; mais il ne put ni amener l'ennemi à une bataille, ni exécuter ses plans sur la Bohème. Il envahit alors la Lusace, où il prit Zittau à la vue de l'ennemi, et, après une courte halte, il dirigea par la Misnie sa marche sur l'Elbe, qu'il passa près de Torgau. Puis il menaça Leipzig d'un siége et se flatta de recueillir dans cette ville opulente, épargnée depuis dix ans, une ample provision de vivres, et de fortes contributions.

Aussitôt les Impériaux, sous Léopold et Piccolomini, accoururent par Dresde pour faire lever le siége, et Torstensohn, pour n'être pas enfermé entre l'armée et la ville, marche hardiment à leur rencontre en ordre de bataille. Par un retour surprenant des choses, on se rencontrait alors de nouveau sur le même terrain que Gustave-Adolphe avait illustré par une victoire décisive, onze années auparavant, et, sur ce sol sacré, l'héroïsme des devanciers excitait à une noble lutte leurs successeurs. Les généraux suédois Stalhantsch et Willenberg se jettent avec une telle impétuosité sur l'aile gauche des Autrichiens, qui n'a pas encore achevé de se former, que toute la cavalerie qui la couvre est culbutée et mise hors d'état de combattre. Mais un sort pareil menaçait déjà l'aile gauche des Suédois, quand la droite, victorieuse, vint à son secours, prit l'ennemi à dos et en flanc, et rompit ses lignes. De part et d'autre l'infanterie demeura ferme comme une muraille, et, lorsqu'elle eut épuisé toute sa poudre, elle combattit à coups de crosses, jusqu'à ce qu'enfin les Impériaux, enveloppés de toutes parts, furent contraints d'abandonner le champ de bataille, après un combat de trois heures. Les chefs des deux armées impériales avaient fait les plus grands efforts pour arrêter leurs fuyards, et l'archiduc Léopold fut, avec son régiment, le premier à l'attaque et le dernier à la retraite. Cette sanglante victoire coûta aux Suédois plus de trois mille hommes, et deux de leurs meilleurs généraux, Schlangen et Lilienhœk. Du côté des Impériaux, cinq mille hommes restèrent sur la place, et presque autant furent faits prisonniers. Toute leur artillerie, qui était de quarante-six canons, la vaisselle d'argent et la chancellerie de l'archiduc, tous les bagages de l'armée, tombèrent dans les mains des vainqueurs. Torstensohn, trop affaibli par sa victoire pour être en état de poursuivre l'ennemi, se porta devant Leipzig; et l'armée vaincue, en Bohême, où les régiments fugitifs se rallièrent. L'archiduc Léopold ne put maîtriser le chagrin que lui causait cette défaite, et le régiment de cavalerie qui l'avait occasionnée par sa prompte fuite éprouva les effets de sa colère. A Rackonitz en Bohême, il le déclara infâme en présence des autres troupes, lui ôta tous ses chevaux, ses armes et ses insignes, fit déchirer ses étendards, condamner à mort plusieurs officiers et décimer les soldats.

Leipzig, qui fut conquis trois semaines après la bataille, fut la plus belle proie du vainqueur. Il fallut que la ville habillât de neuf toute l'armée suédoise, et se rachetât du pillage par une rançon de trois tonnes d'or, à laquelle on fit contribuer aussi, en leur imposant des taxes, les commerçants étrangers qui avaient à Leipzig leurs magasins. Durant l'hiver, Torstensohn se porta encore sur Freiberg, et brava pendant plusieurs semaines devant cette ville la rigueur de la température, se flattant de lasser par sa constance le courage des assiégés. Mais il ne fit que sacrifier ses troupes, et l'approche de Piccolomini le contraignit enfin de se retirer avec son armée affaiblie. Toutefois c'était déjà un gain à ses yeux d'avoir forcé l'ennemi de renoncer aussi au repos des quartiers d'hiver, dont il se privait lui-même volontairement, et de lui avoir fait perdre plus de trois mille chevaux dans cette pénible campagne d'hiver. Il fit alors un mouvement sur l'Oder, pour se renforcer des garnisons de Poméranie et de Silésie; mais il reparut, avec la rapidité de l'éclair, aux frontières de Bohême, parcourut ce royaume, et débloqua Olmütz en Moravie, qui était vivement pressé par les Impériaux. De son camp près de Dobitschau, à deux milles d'Olmütz, il dominait toute la Moravie; il l'accabla par de pesantes exactions et fit courir ses bandes jusqu'aux ponts de Vienne. Vainement l'empereur s'efforça d'armer pour la défense de cette province la noblesse hongroise : elle allégua ses priviléges, et refusa de servir hors de sa patrie. Pendant cette infructueuse négociation, on perdit le temps d'opposer à l'ennemi une active résistance, et on laissa toute la Moravie en proie aux Suédois.

Tandis que Bernard Torstensohn étonnait amis et ennemis par ses marches et ses victoires, les armées alliées n'étaient pas restées oisives dans les autres parties de l'Empire. Les Hessois et l'armée de Weimar, sous le comte d'Eberstein et le maréchal de Guébriant, avaient fait irruption dans l'archevêché de Cologne, pour y prendre leurs quartiers d'hiver. L'électeur, pour se défendre de ces hôtes pillards, appela le général impérial de Hatzfeld, et rassembla ses propres troupes sous le général Lamboy. Les alliés attaquèrent ce dernier près de Kempen, au mois de janvier 1642, et le défirent dans une grande bataille, où ils lui tuèrent deux mille hommes et firent quatre mille prisonniers. Cette victoire importante leur ouvrit tout l'électorat et les pays voisins, en sorte que non-seulement ils y établirent et y maintinrent leurs quartiers, mais qu'ils en tirèrent aussi des renforts considérables en hommes et en chevaux.

Guébriant laissa les Hessois défendre contre le comte de Hatzfeld leurs conquêtes sur le bas Rhin, et s'approcha de la Thuringe pour soutenir les entreprises de Torstensohn en Saxe. Mais, au lieu de réunir ses forces à celles des Suédois, il revint précipitamment sur le Mein et le Rhin, dont il s'était déjà éloigné plus qu'il ne devait. Les Bavarois, sous Mercy et Jean de Werth, l'ayant devancé dans le margraviat de Bade, il erra, pendant plusieurs semaines, en proie aux rigueurs de la saison, sans abri, réduit à camper le plus souvent sur la neige, jusqu'à ce qu'il trouva enfin dans le Brisgau un misérable refuge. Il reparut, il est vrai, en campagne l'été suivant, et occupa en Souabe l'armée bavaroise, de sorte qu'elle ne put débloquer Thionville assiégée par Condé; mais il fut bientôt refoulé, par l'ennemi supérieur en nombre, jusqu'en Alsace, où il attendit des renforts.

La mort du cardinal de Richelieu, qui était arrivée au mois de novembre 1642, et le changement de souverain et de ministre qu'avait entraîné la mort de Louis XIII, au mois de mai 1643, avaient détourné quelque temps de la guerre d'Allemagne l'attention de la France, et ralenti les opérations militaires. Mais Mazarin, héritier du pouvoir de Richelieu, de ses maximes et de ses projets, suivit, avec une ardeur nouvelle, le plan de son prédécesseur, si cher que coûtât aux Français cette grandeur politique de la France. Richelieu avait employé contre l'Espagne la principale force des armées : Mazarin la tourna contre l'empereur, et, par les soins qu'il consacra à la guerre d'Allemagne, il vérifia sa maxime : que l'armée d'Allemagne était le bras droit de son roi et le boulevard de la France. Aussitôt après la prise de Thionville, il envoya au maréchal de Guébriant en Alsace un renfort considérable, et, afin que ces troupes se soumissent plus volontiers aux fatigues de la guerre d'Allemagne, il fallut que le célèbre vainqueur de Rocroi, le duc d'Enghien, depuis prince de Condé, les y conduisît en personne. Alors Guébriant se sentit assez fort pour reparaître avec honneur en Allemagne. Il se hâta de repasser le Rhin, pour chercher en Souabe de meilleurs quartiers d'hiver, et se rendit en effet maître de Rottweil, où un magasin bavarois tomba dans ses mains. Mais cette place fut payée plus cher qu'elle ne valait et perdue plus promptement qu'elle n'avait été conquise. Guébriant reçut au bras une blessure, que la main inhabile de son chirurgien rendit mortelle, et la grandeur de sa perte fut manifestée le jour même de sa mort.

L'armée française, sensiblement réduite par cette expédition, entreprise dans une saison si rigoureuse, s'était retirée, après la prise de Rottweil, dans le canton de Tuttlingen[1], où elle se reposait, dans la plus profonde sécurité, sans prévoir le moins du monde une visite de l'ennemi. Celui-ci cependant rassembla de grandes forces, pour empêcher le dangereux établissement des Français sur la rive droite du Rhin et si près de la Bavière, et pour délivrer ce pays de leurs exactions. Les Impériaux, conduits par Hatzfeld, se réunissent avec les forces bavaroises, commandées par Mercy, et le duc de Lorraine lui-même, que, durant cette guerre, on trouve partout, excepté dans son duché, se joint avec ses troupes à leurs drapeaux réunis. Le projet est formé de surprendre à l'improviste les cantonnements des Français à Tuttlingen et dans les villages voisins : sorte d'expédition très-goûtée dans cette guerre, et qui, étant toujours et nécessairement mêlée de confusion, coûtait d'ordinaire plus de sang que les batailles rangées. Ce genre d'attaque était ici d'autant mieux à sa place, que le soldat français, qui n'avait pas l'expérience de pareilles entreprises, se faisait de tout autres idées qu'il n'eût fallu d'un hiver en Allemagne, et se tenait pour suffisamment garanti contre toute surprise par la rigueur de la saison. Jean de Werth, passé maître dans cette espèce de guerre,

---

[1]. Dans la première édition : « Duttlingen. »

et qui avait été, depuis quelque temps, échangé contre Gustave Horn, conduisit l'entreprise, et l'exécuta avec un bonheur au-dessus de toute espérance.

L'attaque se fit du côté où, à cause des bois et des nombreux défilés, on pouvait le moins s'y attendre, et une forte neige, qui tombait ce jour-là (24 novembre 1643), cacha l'approche de l'avant-garde, jusqu'au moment où elle fit halte, en vue de Tuttlingen. Toute l'artillerie, laissée hors de la ville, et le château de Honbourg[1], situé dans le voisinage, sont pris sans résistance. Tuttlingen est investi tout entier par l'armée, qui arrive peu à peu, et toute communication avec les cantonnements ennemis, dispersés dans les villages d'alentour, est sans bruit et subitement interceptée. Ainsi les Français étaient déjà vaincus avant qu'on eût tiré un seul coup de canon. La cavalerie dut son salut à la vitesse de ses chevaux, et à quelques minutes d'avance qu'elle eut sur l'ennemi qui la poursuivait. L'infanterie fut taillée en pièces ou mit bas les armes volontairement. Environ deux mille hommes restèrent sur la place ; sept mille se rendirent prisonniers avec vingt-cinq officiers de l'état-major et quatre-vingt-dix capitaines. Ce fut dans toute cette guerre la seule bataille qui produisit à peu près la même impression sur le parti perdant et le parti gagnant : l'un et l'autre étaient Allemands, et les Français s'étaient couverts de honte. Le souvenir de cette malheureuse journée, laquelle se renouvela à Rosbach un siècle plus tard, fut, il est vrai, effacé dans la suite par les exploits héroïques d'un Turenne et d'un Condé ; mais on ne pouvait en vouloir aux Allemands de se dédommager, par une chanson populaire sur la valeur française, des malheurs que la politique française accumulait sur eux.

Cette défaite des Français aurait pu cependant devenir très-funeste aux Suédois, toutes les forces de l'empereur s'étant dès lors portées contre eux, et un nouvel ennemi s'étant ajouté en ce temps-là même à ceux qu'ils avaient déjà. Au mois de septembre 1643, Torstensohn avait quitté subitement la Moravie, et avait marché sur la Silésie. Personne ne savait la cause de son départ, et la direction, souvent changée, de sa marche,

---

1. Dans la première édition : « Hembourg. »

contribuait à augmenter l'incertitude. De la Silésie il s'avança vers l'Elbe, en faisant divers détours, et les Impériaux le suivirent jusqu'en Lusace. Il jeta un pont sur l'Elbe près de Torgau, et fit courir le bruit qu'il allait entrer par la Misnie dans le haut Palatinat et la Bavière. Près de Barby, il feignit encore de vouloir passer le fleuve, mais il descendit toujours plus bas le long de l'Elbe, jusqu'à Havelberg, où il fit savoir à son armée surprise qu'il la menait dans le Holstein contre les Danois.

Dès longtemps la partialité que le roi Christian IV laissait paraître contre les Suédois, dans l'office de médiateur dont il s'était chargé, la jalousie avec laquelle il travaillait contre le progrès de leurs armes, les obstacles qu'il opposait dans le Sund à leur navigation, et les charges qu'il faisait peser sur leur commerce naissant, avaient excité le mécontentement de la couronne de Suède, et enfin les injures, devenant toujours plus nombreuses, avaient provoqué sa vengeance. Si hasardeux qu'il parût être de s'engager dans une nouvelle guerre, tandis qu'on était presque écrasé sous le poids de l'ancienne, au milieu des victoires même qu'on remportait, la soif de la vengeance et la vieille haine nationale élevèrent cependant le courage des Suédois au-dessus de toutes les difficultés, et les embarras mêmes dans lesquels on se voyait jeté par la guerre en Allemagne, furent un motif de plus pour tenter la fortune contre le Danemark. On avait fini par en venir à une telle extrémité, qu'on ne poursuivait la guerre que pour procurer aux troupes du travail et du pain; que l'on se battait presque uniquement pour avoir les meilleurs quartiers d'hiver, et qu'on estimait plus que le gain d'une grande bataille d'avoir bien cantonné son armée. Mais presque toutes les provinces de l'empire d'Allemagne étaient désolées et épuisées, on manquait de vivres, de chevaux et d'hommes, et le Holstein avait de tout cela en abondance. Quand on n'eût gagné rien de plus que de recruter l'armée dans cette province, de rassasier les chevaux et les soldats, et de mieux monter la cavalerie, pour un pareil résultat il valait déjà la peine de risquer l'entreprise. D'ailleurs, au moment de l'ouverture des conférences de paix, il était avant tout essentiel d'arrêter la funeste influence du Danemark sur les négociations; de retarder le plus possible, par la confusion des intérêts, la paix elle-même, qui ne semblait pas devoir être fort avantageuse pour la couronne de Suède; et, comme son plus grand intérêt à elle était la fixation du dédommagement auquel elle croyait avoir droit, il lui importait d'augmenter le nombre de ses conquêtes, pour obtenir d'autant plus sûrement la seule qu'elle désirât conserver. Le mauvais état où se trouvait le Danemark justifiait encore de plus grandes espérances, pourvu qu'on exécutât l'entreprise promptement et sans bruit. Or, le secret fut si bien gardé à Stockholm, que les ministres danois n'en eurent aucun soupçon; ni la France ni la Hollande n'en reçurent la confidence. La guerre même fut la déclaration de guerre, et Torstensohn était dans le Holstein avant qu'on pressentît une hostilité. Sans être arrêtées par aucune résistance, les troupes suédoises inondent ce duché, et s'emparent de toutes les places fortes, excepté Rensbourg et Glückstadt. Une autre armée pénètre dans la Scanie, qui ne se défend pas avec plus de succès, et la saison orageuse empêche seule les chefs de passer le petit Belt et de porter la guerre jusque en Fionie et en Seeland. La flotte danoise est battue près de Femern, et Christian lui-même, qui s'y trouvait, perd l'œil droit, frappé d'un éclat de bois. Séparé par une grande distance des forces de l'empereur, son allié, ce monarque est sur le point de voir son royaume entier envahi par les forces suédoises. Tout semblait très-sérieusement annoncer l'accomplissement de la prédiction que l'on se racontait du fameux Tycho-Brahé : qu'en 1644 Christian IV serait forcé de s'exiler de son royaume un bâton à la main.

Mais l'empereur ne pouvait voir avec indifférence le Danemark livré en proie aux Suédois, et la conquête de ce royaume augmenter leur puissance. Quelque grandes que fussent les difficultés qui s'opposaient à une si longue marche à travers des pays tous affamés, il ne tarda point cependant à faire marcher vers le Holstein, avec une armée, le comte de Gallas, à qui l'on avait de nouveau confié le commandement général des troupes après la retraite de Piccolomini. Gallas parut en effet dans ce duché, s'empara de Kiel, et se flatta, après sa jonction avec les Danois, d'enfermer dans le Jutland l'armée suédoise. Dans le même temps, les Hessois et le général suédois Kœnigsmark étaient occupés par Hatzfeld et par l'archevêque de Brême, fils de Christian IV ; et Kœnigsmark était attiré en Saxe par une attaque sur la Misnie. Mais Torstensohn, avec son armée, qui venait de recevoir des renforts, marcha, par le défilé inoccupé entre Schleswig et Stapelholm, à la rencontre de Gallas, et le poussa, en remontant le cours de l'Elbe, jusqu'à Bernbourg, où les Impériaux s'établirent dans un camp retranché. Torstensohn passa la Saale, et occupa une position telle, qu'il prenait à dos les ennemis et les séparait de la Saxe et de la Bohême. Alors la famine commença à ravager leur camp et fit périr la plus grande partie de l'armée. La retraite sur Magdebourg n'améliora point cette situation désespérée. La cavalerie, qui essayait de s'échapper par la Silésie, fut atteinte et dispersée par Torstensohn près de Jüterbock ; le reste de l'armée, après avoir vainement essayé de s'ouvrir un passage l'épée à la main, fut presque entièrement détruit près de Magdebourg. De ses grandes forces, Gallas ne recueillit que quelques mille hommes et la réputation d'être le premier général du monde pour perdre une armée. Après cette malheureuse tentative pour sa délivrance, le roi de Danemark rechercha la paix, et l'obtint à Bremseboor, en 1645, sous de dures conditions.

Torstensohn poursuivit sa victoire. Tandis qu'un de ses lieutenants, Axel Lilienstern, inquiétait la Saxe électorale, et que Kœnigsmark soumettait tout le territoire de Brême, il pénétra lui-même en Bohême, à la tête de seize mille hommes, avec quatre-vingts pièces de canon, et chercha de nouveau à transporter la guerre dans les États héréditaires d'Autriche. A cette nouvelle, Ferdinand accourut lui-même à Prague, pour enflammer par sa présence le courage de ses troupes, et pouvoir, avec plus de promptitude et d'énergie, exercer son influence dans le voisinage même du théâtre de la guerre, vu qu'il lui manquait un habile général et qu'il n'y avait point d'harmonie entre les nombreux commandants. Sur son ordre, Hatzfeld rassembla toutes les forces de l'Autriche et de la Bavière ; puis, contre son avis et sa volonté, le 24 février 1645, il opposa, près de Jankau ou Jankowitz, la dernière armée de l'empereur, le dernier boulevard de ses États, à l'ennemi qui s'avançait. Ferdinand se reposait sur sa cavalerie, qui comptait trois mille chevaux de plus que celle de l'ennemi, et sur la promesse de la Vierge Marie, qui lui était apparue en songe et avait annoncé une victoire certaine.

La supériorité des Impériaux n'effraya point Torstensohn, qui n'avait pas coutume de compter ses ennemis. Dès la première attaque, l'aile gauche, que Gœtz, général de la ligue, avait engagée dans une position très-désavantageuse, entre des étangs et des bois, fut mise dans un désordre complet; le chef lui-même périt avec la plus grande partie de ses troupes, et presque toutes les munitions de l'armée furent prises. Ce début malheureux décida du sort de toute la bataille. Les Suédois, se poussant toujours en avant, s'emparèrent des hauteurs principales, et, après un sanglant combat de huit heures, après une charge furieuse de la cavalerie impériale, et la plus courageuse résistance de l'infanterie, ils furent maîtres du champ de bataille. Deux mille Autrichiens restèrent sur la place, et Hatzfeld lui-même fut contraint de se rendre prisonnier avec trois mille hommes. Ainsi furent perdus, dans le même jour, le meilleur général et la dernière armée de l'empereur.

Cette victoire décisive de Jankowitz ouvrait tout d'un coup à l'ennemi toutes les provinces autrichiennes. Ferdinand s'enfuit à Vienne précipitamment pour veiller à la défense de cette ville, et mettre en sûreté sa personne, ses trésors et sa famille. Les Suédois victorieux ne tardèrent pas longtemps à se répandre comme un déluge dans la Moravie et l'Autriche. Après avoir conquis presque toute la Moravie, investi Brünn, occupé tous les châteaux et les villes fortes jusqu'au Danube, et emporté même la redoute élevée au Pont-du-Loup, non loin de Vienne, ils paraissent enfin à la vue de cette capitale; et le soin avec lequel ils fortifient les places conquises ne semble pas annoncer une courte visite. Après un long et funeste détour à travers toutes les provinces de l'empire d'Allemagne, le torrent de la guerre se replie enfin vers sa source, et le tonnerre de l'artillerie suédoise rappelle aux habitants de Vienne ces boulets que les rebelles bohèmes lancèrent vingt-sept années auparavant dans le palais impérial. Le même théâtre ramène aussi les mêmes instruments d'attaque. Comme les rebelles de Bohême avaient appelé à leur secours Bethlen Gabor, Torstensohn appelle son successeur Ragotzy. Celui-ci a déjà inondé de ses troupes la haute Hongrie, et l'on craint d'un jour à l'autre sa réunion avec les Suédois. Jean-Georges de Saxe, poussé à bout par les cantonnements de ces derniers dans son pays, laissé sans secours par l'empereur, qui, après la bataille de Jankowitz, n'est pas en état de se défendre lui-même, recourt enfin au suprême et unique moyen de salut, celui de conclure avec les Suédois une trêve, qui est prolongée d'année en année jusqu'à la paix générale. L'empereur perd un ami dans le temps où un nouvel ennemi se lève contre lui aux portes de son empire, quand ses armées se fondent, quand ses alliés sont battus aux autres extrémités de l'Allemagne. Car l'armée française avait aussi effacé par une brillante campagne la honte de la défaite de Tuttlingen, et occupé sur le Rhin et en Souabe toutes les forces de la Bavière. Renforcée de nouvelles troupes, que le grand Turenne, déjà illustré par ses victoires en Italie, avait amenées de France au duc d'Enghien, elle parut, le 3 août 1644, devant Fribourg, que Mercy avait pris peu auparavant, et qu'il couvrait avec toute son armée, parfaitement retranchée. L'impétuosité de la valeur française échoua, il est vrai, contre la fermeté des Bavarois, et le duc d'Enghien dut se résoudre à la retraite, après avoir sacrifié inutilement près de six mille des siens. Mazarin versa des larmes sur cette grande perte, mais le dur Condé, qui n'était sensible qu'à la gloire, n'en prit aucun souci. « Une seule nuit de Paris, l'entendit-on dire, donne la vie à plus d'hommes que cette action n'en a tué. » Cependant cette bataille meurtrière avait tellement affaibli les Bavarois, que, bien loin de pouvoir délivrer l'Autriche accablée, ils ne purent même défendre la rive du Rhin. Spire, Worms, Mannheim se rendent; la forteresse de Philippsbourg est prise par famine, et Mayence même se hâte de désarmer le vainqueur par une prompte soumission.

Ce qui avait défendu l'Autriche et la Moravie contre les Bohêmes au commencement de la guerre, les défendit cette fois encore contre Torstensohn. Ragotzy s'était avancé, il est vrai, jusqu'au Danube, dans le voisinage du camp suédois, avec ses troupes, au nombre de vingt-cinq mille hommes; mais ces bandes farouches et indisciplinées ne firent que dévaster le pays et augmenter la disette dans le camp des Suédois, au lieu de seconder par une activité bien dirigée les entreprises de Torstensohn. Le motif qui faisait entrer Ragotzy en campagne, comme auparavant Bethlen Gabor, c'était d'arracher un tribut à l'empereur, à ses sujets leur argent et leur bien; et l'un et l'autre chef s'en retournaient chez eux aussitôt qu'ils avaient atteint ce but. Ferdinand accorda au barbare, pour se débarrasser de lui, ce qu'il demandait, et, par un léger sacrifice, délivra ses États de ce redoutable ennemi.

Cependant l'armée principale des Suédois s'était extrêmement affaiblie par un long campement devant Brünn. Torstensohn, qui la commandait lui-même, épuisa vainement, pendant quatre mois, tout son talent dans l'art des siéges; la résistance répondit à l'attaque, et le désespoir exalta le courage du commandant de Souches, transfuge suédois, qui n'avait aucun pardon à attendre. La violence des épidémies, que la disette, la malpropreté et l'usage des fruits non mûrs engendrèrent dans le camp suédois, empesté par le long séjour des troupes, et d'autre part la soudaine retraite des Transylvains, contraignirent enfin Torstensohn de lever le siége. Comme tous les passages du Danube se trouvaient occupés, que d'ailleurs son armée était déjà très-réduite par les maladies et la disette, il renonça à son entreprise sur l'Autriche et la Moravie, se contenta, pour garder une clef de ces deux provinces, de laisser des garnisons suédoises dans les châteaux qu'il avait pris, et se mit en marche pour la Bohême, où les Impériaux le suivirent sous la conduite de l'archiduc Léopold. Celles des places perdues que ce prince n'avait pas recouvrées furent, après son départ, emportées par le général impérial Bucheim, en sorte que, l'année suivante, la frontière autrichienne fut de nouveau complétement purgée d'ennemis, et que la tremblante capitale en fut quitte pour la peur. Même en Bohême et en Silésie les Suédois ne se soutinrent qu'avec des succès très-variés, et ils parcoururent ces deux pays sans pouvoir s'y maintenir. Mais, quoique le succès de l'entreprise de Torstensohn ne répondît pas entièrement à ce que promettait son brillant début, elle eut cependant pour le parti suédois les suites les plus décisives. Par elle le Danemark fut forcé à la paix, la Saxe à la suspension d'armes; l'empereur montra plus de condescendance dans le congrès, la France devint plus prévenante, et les Suédois eux-mêmes plus confiants et plus hardis dans leurs rapports avec ces diverses couronnes. Après s'être acquitté d'une manière si éclatante de son grand devoir, celui à qui l'on devait ces avantages se retira, couronné de lauriers, dans le silence de la vie privée, pour chercher du soulagement aux souffrances que lui causait sa maladie.

Après la retraite de Torstensohn, l'empereur se voyait, à la vérité, garanti d'une invasion ennemie du côté de la Bohême, mais un nouveau danger s'approcha bientôt des frontières autrichiennes par la Souabe et la Bavière. Turenne, qui s'était séparé de Condé, pour se tourner vers la Souabe, avait été complétement battu par Mercy, en 1645, non loin de Mergentheim, et les Bavarois vainqueurs pénétrèrent dans la Hesse sous leur vaillant général ; mais le duc d'Enghien accourut aussitôt d'Alsace avec un secours considérable, Kœnigsmark de Moravie, et les Hessois du Rhin, afin de renforcer l'armée battue, et les Bavarois furent repoussés jusqu'aux extrémités de la Souabe. Ils s'arrêtèrent enfin près du village d'Allersheim, non loin de Nœrdlingen, pour défendre la frontière de la Bavière. Mais l'impétueux courage du duc d'Enghien ne se laissa effrayer par aucun obstacle. Il conduisit ses troupes contre les retranchements de l'ennemi, et il se livra une grande bataille, que l'héroïque résistance des Bavarois rendit acharnée et meurtrière entre toutes, et que la mort de l'excellent général Mercy, le sang-froid de Turenne et l'inébranlable fermeté des Hessois décidèrent à l'avantage des alliés. Mais ce second sacrifice barbare de sang humain eut peu d'influence sur la marche de la guerre et les négociations de paix. L'armée française, affaiblie par cette sanglante victoire, fut réduite plus encore par le départ des Hessois, et Léopold amena aux Bavarois des auxiliaires impériaux, en sorte que Turenne fut forcé de se replier en grande hâte vers le Rhin.

La retraite des Français permit à l'ennemi de tourner alors toutes ses forces vers la Bohême, contre les Suédois. Gustave Wrangel, qui n'était point un indigne successeur de Banner et de Torstensohn, avait obtenu, en 1646, le commandement général des troupes suédoises, qui, outre le corps de troupes légères de

Kœnigsmark et les nombreuses garnisons répandues dans l'Empire, comptaient encore environ huit mille chevaux et quinze mille fantassins. Après que l'archiduc Léopold eut renforcé de douze régiments bavarois de cavalerie et de dix-huit d'infanterie son armée qui se montait déjà à vingt-quatre mille hommes, il marcha contre Wrangel, et il espérait l'écraser par la supériorité de ses forces, avant que Kœnigsmark se joignît à lui, ou que les Français fissent une diversion. Mais Wrangel ne l'attendit pas, et courut par la haute Saxe vers le Wéser, où il prit Hœxter et Paderborn. De là il se dirigea vers la Hesse pour opérer sa jonction avec Turenne, et appela à lui, dans son camp de Wetzlar, la troupe légère de Kœnigsmark. Mais Turenne, enchaîné par les ordres de Mazarin, qui n'était pas fâché de voir mettre des bornes aux succès guerriers et à l'orgueil toujours croissant de la Suède, s'excusa sur la nécessité plus pressante de défendre les frontières néerlandaises du royaume de France, parce que les Hollandais avaient négligé cette année de faire la diversion promise. Mais, comme Wrangel continuait d'insister avec force sur sa juste demande, comme une plus longue résistance pouvait éveiller des soupçons chez les Suédois, peut-être même les disposer à une paix particulière avec l'Autriche, Turenne obtint enfin la permission désirée de renforcer l'armée suédoise.

La jonction s'opéra près de Giessen, et alors on se sentit assez fort pour tenir tête à l'ennemi. Celui-ci avait poursuivi les Suédois jusque dans la Hesse, où il voulait leur couper les vivres et empêcher leur réunion avec Turenne. Ce double projet échoua, et les Impériaux se virent alors eux-mêmes séparés du Mein et, après la perte de leurs magasins, exposés à la plus grande disette. Wrangel profita de leur faiblesse pour exécuter une entreprise qui devait donner à la guerre une tout autre face. Il avait, lui aussi, adopté la maxime de son prédécesseur, de porter la guerre dans les États autrichiens; mais, découragé par le mauvais succès de Torstensohn, il espérait atteindre plus sûrement et plus efficacement le même but par un autre chemin. Il résolut de suivre le cours du Danube et de pénétrer à travers la Bavière jusqu'aux frontières autrichiennes. Gustave-Adolphe avait déjà formé un plan semblable, mais il n'avait pu le mettre à exécution, parce que, au milieu de sa carrière victorieuse, l'armée de Wallenstein et le danger de la Saxe l'avaient trop tôt appelé ailleurs. Le duc Bernard avait marché sur ses traces, et, plus heureux que Gustave-Adolphe, il avait déjà déployé entre l'Isar et l'Inn ses étendards triomphants; mais, lui aussi, il s'était vu forcé par le nombre et la proximité des armées ennemies de s'arrêter dans sa course héroïque et de ramener ses troupes. Ce qui n'avait pas réussi à ces deux guerriers, Wrangel espérait d'autant plus l'accomplir alors heureusement, que les troupes impériales et bavaroises étaient loin derrière lui sur la Lahn, et ne pouvaient arriver en Bavière qu'après une très-longue marche à travers la Franconie et le haut Palatinat. Il se porta rapidement sur le Danube, battit un corps bavarois près de Donawert, et passa ce fleuve, puis le Lech, sans résistance. Mais, par le siège infructueux d'Augsbourg, il donna aux Impériaux le temps de délivrer cette ville et de le repousser lui-même jusqu'à Lauingen. Lorsque ensuite ils eurent de nouveau tourné vers la Souabe pour éloigner la guerre des frontières bavaroises, il saisit l'occasion de passer le Lech qui n'était plus gardé, et dont lui-même alors il barra le passage aux Impériaux. Et maintenant la Bavière était ouverte et sans défense devant lui : Français et Suédois l'inondèrent comme un flot impétueux, et le soldat se dédommagea, par les plus horribles violences, les brigandages et les extorsions, des dangers qu'il avait courus. L'arrivée des troupes impériales et bavaroises, qui exécutèrent enfin près de Thierhaupten le passage du Lech, ne fit qu'augmenter la détresse du pays, que pillèrent sans distinction les amis et les ennemis.

Alors enfin, alors chancela, pour la première fois dans le cours de cette guerre, le ferme courage de Maximilien, qui, pendant vingt-huit ans, était resté inébranlable au milieu des plus dures épreuves. Ferdinand II, son compagnon d'études à Ingolstadt et l'ami de sa jeunesse, n'était plus; à la mort de cet ami et de ce bienfaiteur, s'était rompu un des plus forts liens qui avaient attaché l'électeur à l'intérêt de l'Autriche. L'habitude, l'inclination et la reconnaissance l'avaient enchaîné au père; le fils était étranger à son cœur, et la raison d'État pouvait seule le maintenir dans la fidélité envers ce prince.

Et ce fut précisément cette raison d'État que la politique française fit agir alors pour le détacher de l'alliance autrichienne et le déterminer à poser les armes. Ce n'était pas sans un grave motif que Mazarin avait imposé silence à la jalousie que lui inspirait la puissance croissante de la Suède et avait permis aux troupes françaises d'accompagner les Suédois en Bavière. Il fallait que la Bavière éprouvât toutes les horreurs de la guerre, afin que la nécessité et le désespoir surmontassent enfin la fermeté de Maximilien, et que l'empereur perdît le premier et dernier de ses alliés. Le Brandebourg, sous son grand électeur, avait volontairement embrassé la neutralité; la Saxe y avait eu recours par contrainte; la guerre avec la France interdisait aux Espagnols toute participation à celle d'Allemagne; la paix conclue avec la Suède avait écarté le Danemark du théâtre de la guerre; un long armistice avait désarmé la Pologne. Si l'on parvenait encore à détacher l'électeur de Bavière de l'alliance autrichienne, l'empereur n'avait plus, dans toute l'Allemagne, un seul défenseur, et il se voyait livré sans appui à la merci des deux couronnes.

Ferdinand III reconnut le danger qui le menaçait et ne négligea rien pour le détourner. Mais on avait inculqué à l'électeur de Bavière la fâcheuse opinion, que les seuls Espagnols étaient opposés à la paix, que leur influence portait seule l'empereur à se déclarer contre la suspension d'armes : or Maximilien haïssait les Espagnols, et ne leur avait jamais pardonné de lui avoir été contraires lorsqu'il briguait l'électorat palatin. Et maintenant, on voulait que, pour complaire à cette puissance ennemie, il vît son peuple sacrifié, ses provinces ravagées, qu'il se perdît lui-même, lorsqu'il pouvait par une suspension d'armes se délivrer de tous ses tourments, procurer à son peuple le repos qui lui était si nécessaire, et hâter peut-être en même temps par ce moyen la paix générale? Tous ses scrupules s'évanouirent, et, persuadé de la nécessité d'un armistice, il crut satisfaire à ses devoirs envers l'empereur, en le faisant participer, lui aussi, au bienfait de cet accord.

Les députés des trois couronnes et de la Bavière se réunirent à Ulm, pour régler les conditions de l'armistice. Au reste, il parut bientôt par les instructions des envoyés autrichiens que l'empereur n'avait pas député au congrès pour avancer la conclusion de la suspension d'armes, mais plutôt pour la retarder. Il s'agissait d'y faire accéder les Suédois, qui avaient alors l'avantage et qui avaient plus à espérer qu'à craindre de la continuation de la guerre, et il fallait ne pas leur rendre l'armistice onéreux par de dures conditions. Après tout, ils étaient vainqueurs, et pourtant l'empereur prétendait leur dicter des lois. Aussi, peu s'en fallut que, dans le premier mouvement de colère, leurs envoyés ne quittassent le congrès, et, pour les retenir, il fallut que les Français en vinssent aux menaces.

La bonne volonté de l'électeur de Bavière, pour comprendre l'empereur dans la trêve, ayant ainsi échoué, il se crut dès lors autorisé à travailler pour lui-même. Si élevé que fût le prix auquel on lui faisait acheter l'armistice, il n'hésita pas longtemps à l'accepter. Il permit aux Suédois d'étendre leurs cantonnements en Souabe et en Franconie, et consentit à restreindre les siens à la Bavière et aux pays palatins. Ce qu'il avait conquis en Souabe, il lui fallut le céder aux alliés, qui, de leur côté, lui rendirent ce qu'ils occupaient en Bavière. Cologne et Hesse-Cassel furent compris dans l'armistice. Après la conclusion de ce traité, le 14 mars 1647, les Français et les Suédois évacuèrent la Bavière, et choisirent, pour ne pas se gêner les uns les autres, des quartiers différents : les Français dans le duché de Wurtemberg, les Suédois dans la haute Souabe, près du lac de Constance. A l'extrémité septentrionale de ce lac et à la pointe la plus méridionale de la Souabe, la ville autrichienne de Brégenz, avec son défilé étroit et escarpé, défiait toutes les attaques, et tous les habitants du voisinage avaient retiré dans cette forteresse naturelle leur avoir et leurs personnes. Le riche butin que faisait espérer cet amas de biens, et l'avantage de posséder un passage menant dans le Tyrol, en Suisse et en Italie, excitèrent le général suédois à risquer une attaque sur ce défilé réputé inexpugnable et sur la ville elle-même. Sa double tentative lui réussit, malgré la résistance des paysans, qui, au nombre de six mille, s'efforcèrent de défendre le passage. Sur ces entrefaites, Turenne, conformément à la convention, s'était dirigé vers le Wurtemberg, d'où il contraignit par la force de ses armes le landgrave de Darmstadt et l'électeur de Mayence d'embrasser la neutralité, à l'exemple de la Bavière.

Alors enfin parut être atteint le grand but de la politique française, de livrer sans défense aux armes unies des deux couronnes l'empereur dépouillé de tout secours de la ligue et de ses alliés protestants, et de lui dicter la paix l'épée à la main. Une armée de douze mille hommes, au plus, était tout ce qui lui restait de sa formidable puissance, et, la guerre lui ayant enlevé tous ses bons généraux, il fallut qu'il mît à la tête de cette armée un calviniste, transfuge hessois, Mélander. Mais, comme cette guerre présenta fréquemment les plus surprenantes vicissitudes, et déjoua souvent, par des incidents imprévus, tous les calculs de la politique, cette fois encore l'attente fut trompée par l'événement, et la puissance de l'Autriche, qui était tombée si bas, se releva de nouveau, après une courte crise, jusqu'à prendre une menaçante supériorité. La jalousie de la France envers les Suédois ne lui permettait pas de détruire l'empereur et d'élever ainsi la Suède, en Allemagne, à un degré de puissance qui pouvait à la fin devenir fatal à la France elle-même. La situation désespérée de l'Autriche ne fut donc pas mise à profit par le ministre français; l'armée de Turenne fut séparée de Wrangel, et appelée aux frontières des Pays-Bas. A la vérité, Wrangel, après avoir marché de Souabe en Franconie, pris Schweinfurt et incorporé dans son armée la garnison impériale de cette place, essaya de pénétrer à lui seul en Bohême, et assiégea Égra, la clef de ce royaume. Pour délivrer cette place forte, l'empereur fit marcher sa dernière armée, dans laquelle il parut en personne. Mais un grand détour que cette armée fut forcée de faire pour ne pas traverser les domaines du président du conseil de guerre Schlick, retarda sa marche, et, avant qu'elle fût arrivée, Égra était perdu. Les deux armées s'approchèrent alors l'une de l'autre, et, plus d'une fois, on s'attendit à une bataille décisive, parce que la disette était pressante des deux côtés, que les Impériaux avaient la supériorité du nombre, et que les deux camps et les fronts de bataille ne furent souvent séparés que par les ouvrages élevés entre eux. Mais les Impériaux se contentèrent de côtoyer l'ennemi, et s'efforcèrent de le fatiguer par de petites attaques, par la faim et par de pénibles marches, jusqu'au moment où les négociations ouvertes avec la Bavière auraient atteint le but souhaité.

La neutralité de la Bavière était une blessure dont la cour impériale ne pouvait prendre son parti, et, après avoir inutilement essayé d'y mettre obstacle, elle avait résolu d'en tirer le seul avantage possible. Beaucoup d'officiers de l'armée bavaroise étaient indignés de cette conduite de leur maître, par laquelle ils étaient tout à coup réduits à l'inaction et qui imposait une chaîne importune à leur goût pour l'indépendance. Le brave Jean de Werth lui-même était à la tête des mécontents, et, encouragé par Ferdinand, il forma le complot de détacher de l'électeur toute l'armée bavaroise et de la conduire à l'empereur. Ferdinand ne rougit pas de favoriser secrètement cette trahison contre le plus fidèle allié de son père. Il fit adresser aux troupes électorales des lettres formelles de rappel, où il les faisait souvenir qu'elles étaient des troupes de l'Empire que l'électeur n'avait commandées qu'au nom de l'empereur. Heureusement, Maximilien découvrit assez tôt cette trame criminelle pour en prévenir l'exécution par de promptes et sages mesures.

L'indigne conduite de l'empereur l'avait autorisé à des représailles ; mais Maximilien était un trop vieux politique pour écouter la passion quand la prudence seule devait parler. Il n'avait pas retiré de l'armistice les avantages qu'il s'en était promis. Bien loin de contribuer à l'accélération de la paix générale, cet armistice particulier avait plutôt donné aux négociations de Münster et d'Osnabrück une fâcheuse tournure et rendu les alliés plus hardis dans leurs prétentions. Les Français et les Suédois avaient été éloignés de la Bavière ; mais, par la perte de ses cantonnements dans le cercle de Souabe, Maximilien se voyait maintenant réduit lui-même à épuiser avec ses troupes son propre pays, s'il ne voulait se résoudre à les licencier tout à fait, et à déposer imprudemment glaive et bouclier dans un temps où régnait seul le droit du plus fort. Plutôt que de choisir un de ces deux maux certains, il prit le parti d'en affronter un troisième, qui du moins était encore douteux : c'était de dénoncer l'armistice et de reprendre les armes.

Sa résolution et les prompts secours qu'il envoya en Bohême à l'empereur menaçaient les Suédois des conséquences les plus funestes, et Wrangel fut forcé de se retirer précipitamment de Bohême. Il se porta par la Thuringe vers la Westphalie et le

Lunebourg, pour se joindre à l'armée française, commandée par Turenne, et l'armée impériale et bavaroise, qui avait pour chefs Mélander et Gronsfeld, le suivit jusqu'au Wéser. Sa perte était inévitable, si l'ennemi l'atteignait avant sa jonction avec Turenne ; mais ce qui avait sauvé auparavant l'empereur préserva maintenant les Suédois. Au milieu de la fureur de la lutte, une froide prudence dirigeait le cours de la guerre, et la vigilance des cours augmentait à mesure que la paix approchait davantage. L'électeur de Bavière ne devait pas permettre que la prépondérance des forces penchât d'une manière si décisive du côté de l'empereur, et que, par cette révolution soudaine, la paix fût retardée. Si près de la conclusion des traités, tout changement partiel de fortune était d'une extrême importance, et la rupture de l'équilibre entre les couronnes contractantes pouvait détruire tout d'un coup l'ouvrage de plusieurs années, le fruit précieux des plus difficiles négociations, et ajourner le repos de toute l'Europe. La France tenait dans des chaînes salutaires ses alliés les Suédois, et leur mesurait ses secours dans la proportion de leurs avantages et de leurs pertes : l'électeur de Bavière entreprit en silence de suivre la même conduite avec l'empereur son allié, et, en lui mesurant sagement son appui, il chercha à rester maître de la grandeur de l'Autriche. Maintenant la puissance de l'empereur menace de s'élever tout à coup à une hauteur dangereuse, et Maximilien cesse incontinent de poursuivre l'armée suédoise. Il craignait aussi les représailles de la France, qui avait déjà menacé d'envoyer contre lui les forces de Turenne, s'il permettait à ses troupes de passer le Wéser.

Mélander, empêché par les Bavarois de poursuivre Wrangel plus loin, se tourne par Iéna et Erfurt contre la Hesse, et se montre maintenant comme un ennemi redoutable dans le même pays qu'il avait auparavant défendu. Si ce fut réellement un désir de vengeance contre son ancienne souveraine qui le poussa à choisir la Hesse pour théâtre de ses dévastations, il satisfit cette envie de la manière la plus horrible. La Hesse saigna sous le fléau, et la détresse de ce pays, si durement maltraité, fut portée par lui jusques au comble. Mais Mélander eut bientôt sujet de regretter de s'être laissé conduire par le ressentiment plutôt que par la prudence dans le choix des quartiers d'hiver.

Dans la Hesse appauvrie, la plus affreuse disette accabla son armée, tandis que Wrangel rassemblait de nouvelles forces dans le Lunebourg et remontait ses régiments. Beaucoup trop faible pour défendre ses mauvais cantonnements, quand le général suédois ouvrit la campagne, dans l'hiver de 1648, et marcha sur la Hesse, il lui fallut se retirer honteusement et chercher son salut sur les bords du Danube.

La France avait de nouveau trompé l'attente des Suédois, et retenu sur le Rhin, malgré toutes les invitations de Wrangel, l'armée de Turenne. Le général suédois s'était vengé en attirant à lui la cavalerie de Weimar, qui renonça au service de la France; mais, par cette démarche, il avait fourni un nouvel aliment à la jalousie de cette couronne. Enfin Turenne obtint la permission de se joindre aux Suédois, et les deux armées réunies ouvrirent alors la dernière campagne de cette guerre. Elles poussèrent devant elles Mélander jusqu'au Danube, jetèrent des vivres dans Égra, qui était assiégé par les Impériaux, et battirent au delà du Danube l'armée impériale et bavaroise, qui leur avait fait tête près de Zusmarshausen[1]. Mélander reçut dans cette action une blessure mortelle, et le général bavarois de Gronsfeld se posta, avec le reste de l'armée, au delà du Lech, pour défendre la Bavière contre une invasion ennemie.

Mais Gronsfeld ne fut pas plus heureux que Tilly, qui, dans le même poste, avait sacrifié sa vie pour le salut de la Bavière. Wrangel et Turenne choisirent pour leur passage la place même qu'avait signalée la victoire de Gustave-Adolphe, et exécutèrent leur manœuvre en profitant du même avantage qui avait favorisé le roi. Alors la Bavière fut de nouveau envahie, et la rupture de l'armistice expiée par les plus cruels traitements exercés sur les sujets bavarois. Maximilien se cacha dans Salzbourg, tandis que les Suédois passaient l'Isar et pénétraient jusqu'à l'Inn. Une pluie violente et continuelle qui, en quelques jours, changea cette rivière peu considérable en un torrent furieux, sauva encore une fois l'Autriche d'un péril imminent. Dix fois l'ennemi essaya de jeter sur l'Inn un pont de bateaux, et dix fois le torrent le détruisit. Jamais, dans toute cette guerre, l'effroi

---

1. Dans la première édition : « Susmarshausen. »

des catholiques n'avait été aussi grand qu'à ce moment, où les ennemis étaient au centre de la Bavière, sans qu'il restât un seul général qu'on pût opposer à un Turenne, à un Wrangel, à un Kœnigsmark. Enfin parut l'héroïque Piccolomini, qui vint des Pays-Bas pour commander les faibles restes de l'armée impériale. Les alliés, par leurs ravages dans la Bavière, s'étaient rendu difficile à eux-mêmes un plus long séjour dans ce pays, et la disette les força de se retirer vers le haut Palatinat, où la nouvelle de la paix mit fin à leurs travaux.

Kœnigsmark, avec son corps de troupes légères, s'était dirigé vers la Bohême, où Ernest Odowalsky, capitaine de cavalerie licencié, mutilé au service de l'Autriche, puis congédié sans récompense, lui suggéra un plan pour surprendre le petit côté de Prague. Kœnigsmark l'exécuta heureusement, et, par là, il eut la gloire d'avoir terminé la guerre de trente ans par la dernière action d'éclat. Ce coup décisif, qui mit enfin un terme à l'irrésolution de l'empereur, ne coûta aux Suédois qu'un seul homme. Mais la vieille ville, la plus grande moitié de Prague, séparée de l'autre par la Moldau, lassa encore, par sa vive résistance, le comte palatin Charles-Gustave, le successeur de Christine, qui était arrivé de Suède avec des troupes fraîches, et qui rassembla toutes les forces suédoises de Bohême et de Silésie devant les murs de Prague. L'approche de l'hiver chassa enfin les assiégeants dans leurs quartiers, où les atteignit le message de la paix signée à Osnabrück et à Münster le 24 octobre.

Quelle œuvre de géants ce fut de conclure cette paix inviolable et sacrée, célèbre sous le nom de paix de Westphalie ; quels obstacles, qui semblaient infinis, étaient à vaincre ; quels intérêts opposés étaient à concilier ; quelle suite d'incidents devait concourir à terminer cette œuvre difficile, précieuse et durable, de la politique ; ce qu'il en coûta seulement pour ouvrir les négociations ; ce qu'il en coûta pour les continuer, une fois ouvertes, au milieu des vicissitudes de la guerre incessante ; ce qu'il en coûta pour mettre le sceau à la paix réellement conclue, et pour l'exécuter, solennellement proclamée ; quelle fut enfin la substance de cette paix ; ce qui fut gagné ou perdu par chacun des combattants, après trente années d'efforts et de souffrances, et quels biens ou quels maux la société européenne tout entière en a pu recueillir : dire tout cela est une tâche qu'il faut réserver à une autre plume[1]. Comme l'histoire de la guerre était un grand ensemble, c'est aussi un ensemble grand et distinct que l'histoire de la paix de Westphalie. Une simple esquisse réduirait[2] à un informe squelette l'œuvre la plus intéressante et la plus caractéristique de la sagesse et de la passion humaine, et lui ravirait précisément ce qui pourrait fixer sur elle l'attention de cette partie du public pour laquelle j'ai écrit, et dont je prends ici congé.

1. La première édition ajoute : « Et pour une place plus convenable. Déjà sont franchies les limites qui étaient posées à l'auteur de cette esquisse. »
2. Au lieu de ces mots, on lit dans la première édition : « Une simple esquisse ne peut être tracée avec la brièveté nécessaire ici, sans réduire, etc. »

SUPPLÉMENT A L'HISTOIRE

DE LA

# GUERRE DE TRENTE ANS

# PORTRAITS[1].

## I

## AMÉLIE-ÉLISABETH,

#### LANDGRAVE DE HESSE-CASSEL.

Après avoir regardé tous les tableaux effroyables de la guerre de trente ans, l'historien s'arrête avec une joie paisible à la belle figure d'Amélie-Élisabeth, de l'illustre fille de Philippe-

---

[1]. Les trois portraits dont nous donnons ici la traduction, n'ont pas été insérés dans les éditions allemandes des OEuvres complètes de Schiller. Ils furent publiés d'abord dans le Calendrier historique des Dames pour l'an 1792. Voyez plus haut la note 1 de la page 3, et la note 2 de la page 207. — Bien que dans ces deux notes et dans ma Vie de Schiller (page 94), j'aie, à l'exemple de MM. Hoffmeister et Boas, attribué très-affirmativement à notre auteur ces trois portraits, j'avoue qu'en les examinant de plus près, et en les soumettant à l'épreuve très-décisive de la traduction, qui montre si bien le fort et le faible d'un ouvrage, il m'est venu des doutes. Je ne trouve dans ces esquisses, assez différentes les unes des autres, aucun caractère bien frappant ni de la pensée ni du style de Schiller. On a dit que l'auteur du Portrait de Richelieu parlait lui-même quelque part de l'Histoire de la Guerre de trente ans comme étant son œuvre. C'est donner, ce me semble, plus de sens qu'elle n'en a à la phrase qui termine la note 1 de la page 394, et qui est la seule, je crois, qu'on puisse avoir en vue. Malgré ces doutes, je donne, dans ce Supplément, comme je l'ai promis, ces trois portraits, qui se rattachent, en tout cas, très-directement à l'histoire qui précède : je n'ai pas le droit de trancher ou paraître trancher, en les excluant, cette question de paternité.

Louis II, comte de Hanau. Par son extérieur aimable et la grâce de ses mœurs, elle est l'ornement de son sexe; par les vertus domestiques, le modèle d'une bonne épouse; par la sagesse et la fermeté, par l'intelligence et le courage, une grande princesse.

Parée des charmes de la jeunesse, elle fut mariée dans la dix-septième année de son âge, en 1619, au landgrave de Hesse-Cassel, Guillaume V, à un prince que l'histoire nomme un père et un protecteur des lettres, un défenseur de la liberté, et un ami de Gustave-Adolphe. Huit princes et six princesses furent les gages de leur tendresse et de leur fidélité. Pendant que le landgrave, engagé dans la guerre générale, était forcé de combattre à la tête de son armée, elle s'occupa sans relâche de l'éducation de ses enfants, pour léguer, en la personne de ses descendants, le bonheur à ses sujets après sa mort. Elle avait fait de son fils Guillaume VI un excellent souverain, non pas seulement par les principes qu'elle lui inculqua, mais encore par son propre exemple. En 1637, pendant le siége du fort de Stückhausen, dans la Frise orientale, son mari mourut à Leer, non de ses blessures, mais, d'après les conjectures du médecin Laurélius, par le poison. Dans son testament, il témoigna combien il savait apprécier le mérite d'Amélie : il l'y avait désignée pour être la régente de ses États et la tutrice de ses enfants. Ses États étaient sur le penchant de leur ruine; Amélie et ses enfants se voyaient à la veille d'en être dépouillés. Le landgrave décédé avait été mis par l'empereur au ban de l'Empire; le landgrave Georges II de Hesse-Darmstadt, ami de ce dernier, devait être l'exécuteur de la sentence de proscription et devenir régent et tuteur. Mais l'habileté d'Amélie fut plus forte que le pouvoir de l'empereur. Elle prit en main la régence, se proclama tutrice de ses enfants, défendit le pays, continua la guerre, sauva l'État de sa ruine par une fermeté inébranlable, et le gouverna treize ans, avec une sagesse admirable et une gloire immortelle. L'an 1650, elle transmit à son fils le gouvernement de la contrée, qu'elle n'avait pas seulement placée dans une meilleure situation, mais encore agrandie par son habile politique, et dont elle avait assuré la possession à ses descendants dans le traité de paix de Westphalie. Alors elle consacra sa vie à un paisible repos et à la pratique de sa religion. Elle mourut en 1651.

Lorsqu'on a observé en particulier chacun des traits de cette grande et belle âme, et qu'ensuite on se livre à l'impression de l'ensemble, on se sent pénétré d'amour et d'admiration. Des manières aussi séduisantes et aussi gracieuses, au charme desquelles le corps diplomatique lui-même, au congrès de Westphalie, ne put résister, s'unissent rarement à un si généreux courage et à un esprit si héroïque ; la modeste vertu domestique se montre rarement auprès des hautes vertus des héros ; la politique dénoue les liens de l'amitié ; les soins du gouvernement détournent d'ordinaire l'attention des souverains de l'ennoblissement et du vrai bonheur de leur âme. Amélie-Élisabeth, habituée à tout ce que la vie a de gracieux, entreprend la défense de son pays contre de puissants ennemis, avec le secours du glaive et de la politique. Elle est mère de ses sujets et mère de ses enfants. Dans les moments les plus périlleux, elle demeure fidèle à ses alliés les Suédois. Elle sauve ses provinces de la ruine ; devient, malgré les ravages de la guerre, créatrice de l'État de Hesse-Cassel, tel qu'il subsiste encore de notre temps, et protége, par conviction de son excellence, une religion éclairée, à laquelle son cœur est dévoué tout entier. Adorée de ses sujets, admirée de toute l'Europe, elle ne se laisse point éblouir de cet éclat, mais, sans être retenue ni par la vaine gloire ni par l'ambition, elle descend, dès que les circonstances le permettent, de ce trône de souveraine, pour s'acheminer, l'âme recueillie et l'esprit tranquille, vers la paix du tombeau.

Telle fut Amélie-Élisabeth, la plus grande princesse de son temps, que nulle princesse après elle ne surpassa, que peut-être bien peu égalèrent.

# II

# ARMAND-JEAN DU PLESSIS,

### CARDINAL DUC DE RICHELIEU[1].

« Le cardinal de Richelieu avait de la naissance. Sa jeunesse jeta des étincelles de son mérite. Il se distingua en Sorbonne; on remarqua de fort bonne heure qu'il avait de la force et de la vivacité dans l'esprit. Il prenait d'ordinaire très-bien son parti. Il était homme de parole où un grand intérêt ne l'obligeait pas au contraire; et en cela il n'oubliait rien pour sauver les apparences de la bonne foi. Il n'était pas libéral, mais il donnait plus qu'il ne promettait, et il assaisonnait admirablement ses bienfaits. Il aimait la gloire beaucoup[2] plus que la morale ne le permet; mais il faut avouer qu'il n'abusait qu'à proportion de son mérite de la dispense qu'il avait prise sur le point de l'excès de son ambition. Il n'avait ni l'esprit ni le cœur

---

1. Richelieu, l'un de ces hommes rares que la nature a doués d'un génie extraordinaire et que des circonstances favorables ont revêtu d'un grand pouvoir, mit, par sa politique, presque toute l'Europe en mouvement, à l'époque de la guerre de trente ans. Il voulait élever le pouvoir de la France, et pour cela affaiblir la maison d'Autriche. Dans cette vue, il appuya les protestants d'Allemagne, excita Gustave-Adolphe à la guerre contre l'empereur, et secourut le duc Bernard de Weimar avec des troupes et de l'argent. C'est à cause de sa grande influence qu'on a joint son portrait à l'histoire de cette guerre. (*Note de l'auteur.*)

2. Le mot *beaucoup* est supprimé dans la traduction allemande de cet extrait du cardinal de Retz.

au-dessus des périls; il n'avait ni l'un ni l'autre au-dessous; et l'on peut dire qu'il en prévint davantage par sa sagacité, qu'il n'en surmonta par sa fermeté. Il était bon ami, il eût même souhaité d'être aimé du public; mais, quoiqu'il eût la civilité, l'extérieur et d'autres parties propres à cet effet, il n'en eut jamais ce je ne sais quoi qui est encore en cette matière plus requis qu'en toute autre. Il anéantissait par son pouvoir et par son faste royal la majesté personnelle du roi; mais il remplissait avec tant de dignité les fonctions de la royauté, qu'il fallait n'être pas du vulgaire pour ne pas confondre le bien et le mal en ce fait. Il distinguait plus judicieusement qu'homme du monde, entre le mal et le pis, entre le bien et le mieux; ce qui est une grande qualité à un ministre. Il s'impatientait trop facilement dans les petites choses, qui étaient les préalables des grandes; mais ce défaut, qui vient de la sublimité de l'esprit, est toujours joint à des lumières qui le suppléent. Il avait assez de religion pour ce monde; il allait au bien ou par inclination ou par bon sens, toutes les fois que son intérêt ne le portait point au mal, qu'il connaissait parfaitement quand il le faisait. Il ne considérait l'État que pour sa vie; mais jamais ministre n'a eu plus d'application à faire croire qu'il en ménageait l'avenir. Enfin il faut confesser que tous ses vices ont été de ceux que la grande fortune rend aisément illustres, parce qu'ils ont été de ceux qui ne peuvent avoir pour instrument que de grandes vertus.

« Vous jugez facilement qu'un homme qui a d'aussi grandes qualités et autant d'apparence de celles même qu'il n'avait pas, se conserve assez aisément dans le monde cette sorte de respect qui démêle le mépris d'avec la haine, et qui, dans un État où il n'y a plus de lois, supplée, au moins pour quelque temps, à leur défaut. »

Cette vigoureuse et chaude peinture, que nous avons extraite des *Mémoires de Retz*[1], nous dispense de parler de la vie publique de cet homme extraordinaire et du caractère de son administration, et cela d'autant plus que les considérations que nous pourrions sur ce point ajouter à celles qui précèdent, se trouvant

1. Livre II.

tirées de l'ensemble de l'histoire universelle et resserrées dans l'étroit espace qui nous est ici marqué, seraient insuffisantes ou demeureraient obscures. Ses qualités personnelles ne sont aussi présentées en cet endroit par le cardinal de Retz que dans leur rapport avec sa brillante administration. L'immoralité du despotisme, l'arrogance, l'égoïsme disparaissent, à ce point de vue, dans l'énergie et la dignité avec lesquelles le ministre absolu a porté le sceptre de son maître. Mme de Motteville, dame de la reine Anne d'Autriche, compare très-chrétiennement dans ses *Mémoires* le royaume de France sous le ministère de Richelieu à ces enfants heureux qui jouissent sur la terre d'une prospérité que leurs pères payent d'une éternelle damnation. Cette comparaison est belle, sans égard même à ce qu'elle a de pieux. Les nobles âmes connaissent un enfer indépendant du dogme religieux. Dans les traits de la vie de Richelieu que nous allons rassembler ici, car son ministère ne fut pas sa vie, on reconnaîtra le caractère sans noblesse, le prêtre perfide, cruel, hypocrite, le courtisan rampant, craintif, l'insolent parvenu, et l'homme malheureux; on se souviendra qu'il fut un grand homme d'État, que par ses artifices il enchaîna des nations et des rois : puis qu'il soit libre à chacun d'accorder et d'arranger comme il le pourra ses idées et ses sentiments sur la philanthropie, la grandeur et la vertu, ses principes moraux et politiques. S'il est vrai que dans un tableau fidèle l'âme du peintre se révèle en même temps que le sujet représenté, j'ose espérer que ce ne sera l'objet d'un doute pour personne, de savoir si Richelieu, en étant meilleur, n'eût pas été plus grand.

Louis XIII était un de ces princes qui, par leur impuissance de gouverner eux-mêmes et par leur crainte constante d'être dominés, qui est la suite de cette impuissance, sont condamnés à une continuelle et honteuse servitude. Le grand moyen de pouvoir tout sur lui et par lui, était cet artifice tout vulgaire qui réussit auprès de tous les hommes faibles et obstinés : celui d'exciter sans cesse leur jalousie en ce qui touche à leur pouvoir et à leur autorité. C'était de ses plus proches parents qu'il avait à craindre les premiers empiétements : pour écarter leurs prétentions, il se jetait dans les bras de tout ambitieux qui avait du goût pour le poste dangereux de favori. Pour ne rien perdre il donnait tout, et ne se réservait que la nécessité de haïr la créature de sa propre faiblesse.

Son premier maître fut Concini, dont il se débarrassa par cinq ou six nobles assassins. « Maintenant je suis roi ! » s'écria-t-il, quand cette action hardie eut été heureusement accomplie. Mais cette cruauté même, il y avait été poussé par un nouveau favori, qui, en lui dressant des oiseaux pour la chasse, avait trouvé moyen de pénétrer les secrets de ses faiblesses et de la monarchie française. Concini avait cru se l'attacher par des bienfaits ; mais Luynes était trop digne de la confiance royale pour s'arrêter à moitié chemin. Lorsqu'une fois le parti florentin, à la tête duquel était la reine mère, Marie de Médicis, fut renversé à la cour de France par le meurtre de Concini, ce ne furent ni les scrupules de conscience de Luynes, ni la vertu du roi, qui empêchèrent Louis, surnommé le Juste, de suivre les traces de Néron.

Richelieu appartenait alors à la coterie de Concini et de la reine : il avait encore trop peu d'importance pour se trouver compris dans la disgrâce générale qui frappa ce parti, et il obtint la permission de suivre à Blois la reine veuve. Mais on commença bientôt à redouter son influence et ses conseils : aussi lui fallut-il, sur l'ordre de la cour, abandonner la reine et subir une sorte d'exil à Avignon, pendant lequel il s'occupa d'écrire des ouvrages théologiques, qui, de l'avis des connaisseurs et des amateurs, sont assez médiocres.

Cependant il n'était pas fait pour devenir la victime du parti dans lequel son intérêt l'avait d'abord attiré. Quand la discorde entre la mère et le fils s'accrut jusqu'à devenir une guerre civile, il offrit ses services à la cour pour le rétablissement de la paix. La confiance illimitée que la reine avait en lui faisait de Richelieu, aux yeux du roi et du favori, un instrument très-désirable pour se tirer, avec le moins de désavantage qu'il était possible, d'une querelle où il n'y avait rien à gagner que la désapprobation de tous les peuples civilisés. Il retourna, comme de son propre mouvement, auprès de la reine, et sut lui cacher ses intelligences avec la cour, autant qu'il était nécessaire pour le succès de sa mission. De cette manière il amena une réconciliation, qui sans doute ne pouvait être de longue durée, mais par laquelle il atteignit complétement le but qu'il se proposait, et réussit à s'élever de quelques degrés et à s'établir solidement à la cour. La reine croyait lui avoir les plus grandes obligations ; d'ailleurs, sa propre soif d'influence la poussait à s'employer avec le zèle le plus vif pour l'avancement d'un homme qui lui appartenait tout particulièrement. Autant il s'était glissé de trahison dans les services secrets que la cour avait à récompenser chez Richelieu, autant il se mêla, pendant quelque temps, de fausseté et de mauvaise volonté aux démarches que l'on fit extérieurement pour lui obtenir à Rome le chapeau de cardinal qu'on lui avait promis. Placé entre les sollicitations publiques de l'ambassadeur de France, et les avis secrets reçus de la cour, que le roi ne prenait pas la chose au sérieux, le pape finit par se trouver dans une telle perplexité, qu'il croyait toujours satisfaire, en retardant la promotion de Richelieu, au vrai désir du roi, dans le temps même où, après un mariage entre une nièce de Richelieu et un neveu de Luynes, ce dernier avait entièrement renoncé au jeu qu'il jouait d'abord.

On voit que Richelieu, à la cour de Louis XIII et de sa mère, était à fort bonne école ; et bientôt il surpassa tous ses maîtres. L'état sacerdotal revêt l'ambition la plus effrénée d'une certaine assurance qui lui donne un grand avantage sur toute ambition laïque. Dans les tristes et confuses intrigues des cours, il est une ligne que la crainte, et la timidité de la conscience, ne se hasardent point à franchir, quelque peu de mérite moral qu'il y ait d'ailleurs dans cette sorte d'abstinence du crime. L'audace d'un esprit plus fort et son profond mépris des hommes ne redoutent point cette limite, et lorsque, dans sa lutte avec des âmes plus communes, il est poussé jusque-là, il a généralement le dessus, et se rit des malédictions impuissantes. Cette espèce particulière de grandeur, l'histoire nous la montre surtout dans des prêtres. Un prêtre qui a l'âme d'un César recule les limites du monde moral pour assouvir sa passion de conquêtes. Nous trouverons riche en terribles triomphes de ce genre la vie de Richelieu ; et en général il est rare que les grands méritent le simple reproche d'ingratitude, de trahison, de crime, sans rien de plus.

La reine obtint après la mort de Luynes (1621) l'entrée au

conseil ; mais Richelieu eut encore longtemps à combattre contre l'antipathie personnelle du roi. Ses galanteries le rendaient odieux à Louis XIII, qui, par suite d'une froideur naturelle et d'une santé délicate, avait une conduite très-chaste. Il est d'ailleurs à remarquer, pour compléter l'image qu'on doit se faire de Richelieu, que l'art d'échapper, dans la satisfaction des sens, au ridicule et au mépris, était au-dessus de son génie. Puis le roi le regardait comme un traître, et, bien qu'il l'eût été dans l'intérêt du roi, il n'en avait pas moins perdu par là sa confiance.

Mais le roi était trop accoutumé à la haine, et son attachement même avait toujours été trop mêlé de sentiments amers et hostiles, pour que cette raison pût arrêter le cardinal dans sa carrière. Depuis l'an 1624, date de son admission au conseil, qu'il désirait depuis longtemps, et au sujet de laquelle il n'omit aucune des démonstrations hypocrites et des façons par lesquelles des prêtres ambitieux n'espèrent pas tant tromper le monde que payer à leur état le tribut qu'ils lui doivent, jusqu'en 1629, où le roi le déclara premier ministre de sa monarchie, il sut si bien fonder sa grandeur, que la haine du roi, des grands et de tout le royaume ne fut plus capable de l'ébranler. Inaccessible à la pitié, aux ménagements, au respect craintif des droits d'autrui, il trouvait même dans l'inimitié de tous sa plus grande sûreté : un seul adversaire l'eût peut-être renversé. Il dissipait par ses bourreaux des troupes entières de mécontents puissants, et employait les petites ruses de la lâcheté pour détourner la ruine qu'eussent pu lui apprêter sans bruit un confesseur, une dame du palais, le dernier des serviteurs de la cour. Toutefois il faut ici rendre au roi cette justice, qu'il avait assez de perspicacité pour reconnaître dans Richelieu les grands talents de l'homme d'État, et se sentir par là attaché à lui. Dans le cabinet, en campagne même, Richelieu faisait triompher le nom du roi, et, entre tous ceux qui s'efforçaient de s'ingérer dans le pouvoir de ce prince faible, il était le seul après tout qui eût à lui offrir, en retour, des avantages essentiels pour le trône, avantages auxquels l'intelligence de Louis n'était pas insensible.

La reconnaissance pour sa bienfaitrice ne trouva point de place dans ses grands desseins, et le passé montrait qu'il ne pouvait lui en coûter beaucoup de sacrifier à l'avantage aussi bien qu'à la nécessité d'être le seul maître de Louis tous les égards qu'il devait à la reine. Marie d'ailleurs était, d'une part, trop orgueilleuse et trop remuante pour ne pas harceler le ministre qui se frayait sa propre et haute voie; d'autre part, elle était beaucoup trop au-dessous de lui pour arrêter sa course, et dès lors il passa nécessairement sur elle. Elle avait toutes les prétentions d'une reine; mais, pour les faire valoir, l'âme de la femme la plus commune. Elle osa, dans son humeur, maltraiter le puissant dominateur de la monarchie française, qui avait autrefois appartenu à sa maison; elle eut la joie amère de le voir ramper devant elle : mais, quand il reconnut que son orgueil résistait à toutes les propositions de paix, quand elle osa le conduire lui-même au bord du précipice, sa vengeance inévitablement l'écrasa.

Dans un journal du cardinal, nous trouvons sur ces différends avec la reine mère mainte circonstance qui nous apprend que, dans les rapports intimes des grands, bien des choses ont lieu dont nous nous détournons, avec dégoût et mépris, dans la vie commune. La reine fit venir un devin après l'autre, pour se faire prédire la fin du cardinal, et l'importance qu'il attache lui-même à ce fait rend probable ce que quelques historiens racontent de lui, à savoir qu'il allait aussi consulter des astrologues et des devins sur le sort de ses ennemis. Ce qui tombe vraiment dans le bas comique, c'est que la reine se plaignit plusieurs fois à toute la cour, et avec la plus grande vivacité, que, pour attenter à sa vie, le cardinal cherchât à lui prendre son apothicaire particulier : toutefois on nous pardonnera, je l'espère, de n'avoir pas passé sous silence ce grief d'une reine contre un grand homme.

Toute la cour entra dans un complot formé contre le dur et cruel despote qui gouvernait au nom du roi : à la tête de ce complot étaient deux reines, Marie de Médicis et l'épouse de Louis, Anne d'Autriche; il était en outre appuyé par Gaston, frère du roi. Le roi malade était sans cesse assiégé par les larmes et les cris de sa mère. Le cardinal lui-même se croyait perdu. Le jour où sa ruine paraissait décidée, il tente une démarche hardie, pénètre auprès de la reine et de son fils, prie, conjure, s'agenouille devant elle; le roi s'agenouille avec lui. Révolté de n'avoir rien obtenu par cet abaissement, le roi s'éloigne; le cardinal le suit, et en deux heures il devient maître de la vie de ses ennemis et de la liberté de la reine. Ce jour, le 11 novembre 1630, est fameux dans l'histoire de France, sous le nom de « journée des dupes [1]. »

Qui osait une fois s'attaquer au cardinal, eût dû pousser la lutte à l'extrême; car, à peine échappé à la ruine, cet homme vindicatif se jeta avec sa puissance doublée sur ses ennemis renversés; mais la certitude d'être perdus, si lui se sauvait, paraît avoir troublé, dans ces moments décisifs, plutôt qu'excité à une résistance désespérée, l'esprit de ses adversaires. La participation la plus éloignée au complot qui avait pour objet le renvoi du ministre fut, comme s'il s'était agi d'une conjuration contre l'État, recherchée et punie d'une façon sanglante, comme crime de lèse-majesté. Si le projet des coalisés eût réussi, on eût vu sans doute, à la manière de gouverner, que la majesté du trône reposait plus en effet sur le cardinal que sur le roi et sur toute sa maison.

Marie de Médicis, la mère du roi et la veuve de Henri le Grand, fut obligée, après une courte captivité, de s'exiler de France. Elle s'adressa comme suppliante au parlement, elle entretint à la cour des intelligences contre le cardinal, et plusieurs des instruments de sa vengeance impuissante terminèrent leur vie au gibet ou sur l'échafaud. Elle mourut enfin en 1641, à Cologne, peu de mois avant le cardinal, dans la plus extrême indigence; car ses revenus avaient été confisqués peu de temps après sa sortie du royaume.

Anne d'Autriche demeura à la cour de son époux comme esclave du ministre, lorsqu'il n'eût peut-être tenu qu'à elle de faire du cardinal son esclave. L'audace d'avoir élevé ses désirs jusqu'à une jeune et belle reine eût peut-être été, après tout, pardonnable chez Richelieu, si son extérieur, joint à son état, ne l'eût exposé, dans une telle entreprise, à l'outrageante risée d'une femme orgueilleuse. Il avait hasardé des lettres d'amour, qui avaient été livrées aux mains de la reine mère; ses déclarations

---

1. En français dans le texte.

verbales avaient été repoussées par Anne avec toute la hauteur de son rang. En cette occurrence, rien ne lui sauva le rôle déshonorant d'un vieux voluptueux rebuté, d'un sujet insolent traité selon son mérite; et sa puissance, sa dignité, l'état d'oppression où il tenait la reine, le malheur, la mort même de beaucoup d'hommes qui ne s'étaient donné de torts qu'au sujet de cette faiblesse, rendirent son opprobre plus éclatant et plus indélébile.

Le premier prince du sang, Gaston, erra longtemps fugitif dans le royaume. Sa cause était juste et brillante, son ambition si naturelle, que le contraire eût été chez lui méprisable : aussi les partisans que lui devaient faire ces circonstances et l'aversion générale pour Richelieu, ne lui manquèrent-ils jamais. Mais une invincible lâcheté d'esprit (il avait de la bravoure personnelle) anéantit tous ces avantages. Ce fut son lot constant d'être vendu par ses serviteurs et de sacrifier ses amis. Le cardinal ne put entasser sur aucun de ses adversaires plus de honte que sur celui-ci : il sortait de chaque lutte la vie sauve, et avec une nouvelle perte d'honneur. Après chaque réconciliation, le sang de ses partisans coulait à flots sur l'échafaud. Une fois, Gaston, après une courte guerre civile, conclut avec son frère un traité de paix où il promettait, par un article particulier, « d'aimer le cardinal Richelieu. »

Marie reprochait souvent au cardinal de pouvoir pleurer quand il voulait; mais il ne se contentait pas, comme naturellement on serait tenté de le supposer d'après cela, de s'assurer par l'humilité extérieure le fond solide du pouvoir. Autant il savait s'abaisser hypocritement, autant était immodéré le besoin qu'il avait de faire parade des marques extérieures de la puissance. On ne sait à ce sujet si l'on doit plus mépriser sa puérile vanité, ou admirer son insolent dédain des hommes, contre qui il se permettait tout; mais le grand homme ne fait point, par respect pour lui-même, ce que, par rapport aux autres, il sait pouvoir se permettre. Richelieu alla jusqu'à dépouiller le roi de sa cour. Seul et abandonné, Louis XIII prenait des oiseaux à Saint-Germain, pendant que le cardinal, avec son génie, son bras et sa plume, gagnait des batailles et conquérait des villes; et Louis pourtant avait de l'intelligence et de la vaillance.

Il était bien naturel qu'un prince si malheureux, et malheureux par sa faiblesse, mît sa consolation à avoir des confidents de son humeur et de sa bile. Mais on ne peut laisser à un roi une telle douceur. Il eut longtemps pour confidente Mlle de Hautefort, dame d'honneur de la reine, et la calomnie même ne vit jamais autre chose en elle qu'une confidente. Elle était si vertueuse, qu'elle riait avec la reine du pauvre malade, qui ambitionnait la simple pitié d'un être humain. Le roi le sut, et se remit à filer seul la sombre trame de sa vie. Un moment serein brilla enfin pour lui : il trouva dans Mlle de La Fayette, également dame de la reine, une bonne créature qui l'écouta, le plaignit, fut assez honnête pour ne pas le trahir, et assez bornée pour finir peut-être même par l'aimer. Il commença à éprouver des sentiments humains ; sa froideur se fondit avec son amertume sous une influence de paisible bonté qui, exercée sur un roi par une femme, pouvait aisément devenir de la tendresse. Elle résista à la première attaque qu'il eût jamais dirigée contre une personne de son sexe ; elle crut bien faire, elle crut sauver deux âmes, et Louis retomba dans sa royale misère. Mlle de La Fayette n'était pas une héroïne ; mais la sûreté de Richelieu reposait à un tel point sur la faiblesse morale de tous ceux qui l'entouraient, qu'une honnête jeune fille, et le retour de Louis à l'humanité produit par cette jeune fille, le faisaient trembler à bon droit. Quelque innocente que fût sa liaison avec le roi, et, si l'on songe à la timide froideur de Louis et à la piété simple et naïve de son amie, quelque innocente, même d'après ses idées à elle, qu'elle fût demeurée vraisemblablement, on lui en fit, à l'instigation du cardinal, un cas de conscience. Elle se décida à quitter le monde ; elle entra dans un cloître. Le roi pleura beaucoup quand elle prit congé de lui. Il ne la visita qu'une fois au couvent. Il demeura longtemps attaché à la grille et pleura. Richelieu l'apprit et trembla de nouveau. Le roi n'osa point la revoir.

Le cardinal se prépara lui-même un nouvel orage, après avoir détourné celui-ci ; mais, danger pour danger, il pouvait sans doute préférer celui où il n'y avait nulle ombre de vertu du côté de ses adversaires. Pour consoler le roi de la perte de Mlle de La Fayette, et le déshabituer en même temps de son périlleux besoin de sentiment, le cardinal lui procura, pour le commerce de chaque jour, un jeune homme, Cinq-Mars, qui avait les talents nécessaires pour tenir société à Louis XIII dans ses jeux d'enfant. Cinq-Mars ne valait rien en somme pour l'office de favori royal : il se plaignait souvent à ses amis que l'odeur de l'haleine de Louis lui était insupportable, au point qu'il devenait souvent impoli envers lui. Or, il faut, sans parler du cœur, que les organes des sens aussi soient plus émoussés chez le courtisan que chez les autres hommes. Mais Cinq-Mars était si nécessaire au roi, toujours pressé du besoin de répandre sa bile, qu'il lui passait tout. L'objet principal de ses plaintes était l'orgueil de Richelieu, et il fallut que le favori s'engageât par serment envers Louis à ne jamais rien redire au cardinal. Mais, vu les droits que Richelieu avait à la reconnaissance de Cinq-Mars, ce rôle était dangereux pour celui-ci, et personne n'était moins en état que Louis de le rassurer. Cette situation critique devint plus marquée quand Richelieu s'opposa au désir manifesté par le roi que son grand écuyer (Cinq-Mars s'était élevé à cette dignité) assistât au conseil privé. Alors le favori se déclara l'ennemi du cardinal. L'âme de la conspiration était, à vrai dire, le roi lui-même, bien que sa faiblesse connue parût rendre quelques autres ressorts nécessaires. Mais ce fut précisément là le motif qui la fit échouer. La plupart des conspirateurs, sachant la part que le monarque prenait à leurs plans, se croyaient dispensés de la discrétion. Le cardinal découvrit tout, distingua fort bien ce qui pouvait le sauver, et exposa au roi les particularités de la conspiration dont il n'était pas instruit, et qui lui montrèrent la participation de son frère sous un jour propre à choquer le peu qu'il avait de sens politique. Richelieu connaissait trop bien le roi pour lui épargner même la honte de se voir impliqué dans un dessein qui avait été précédé de négociations secrètes avec les ennemis du royaume, les Espagnols. Louis offrit au ministre de lui remettre ses enfants comme otages de sa foi, et obtint son pardon. La vie de ses complices fut livrée aux bourreaux de Richelieu.

Cinq-Mars fut décapité. Le roi avait coutume de le nommer « cher ami[1]. » Quand sonna l'heure de son supplice, Louis tira

---

1. En français dans le texte.

sa montre et dit : « Cher ami doit faire en ce moment une triste mine. » L'amant de la bonne La Fayette n'avait pas tardé à reprendre sa première nature.

Le cardinal était en ce temps-là mortellement malade. Il remonta le Rhône de Tarascon à Lyon, parce qu'il ne pouvait plus supporter le mouvement de la voiture, et emmena, dans un bateau qu'il fit attacher au sien, le grand écuyer à Lyon, où il fut exécuté. Il avait aussi forcé le roi, par pénitence, à venir auprès de lui à Tarascon, et il se peut que la crainte et le désir de plaire au cardinal aient eu quelque part au bon mot de Louis XIII que nous venons de citer.

De Thou, ami du grand écuyer, dont le seul crime était de ne l'avoir pas trahi, fut exécuté avec lui. Sa vie et sa mort sont la plus grande souillure à l'honneur de Richelieu. Sa probité était généralement appréciée, et son innocence brillait d'une telle clarté, qu'elle donna un caractère de petitesse stupide à la soif de vengeance du cardinal.

Nous trouvons, dans une histoire de Richelieu, un chapitre qui est intitulé : « Douceur de Mgr le cardinal envers ses ennemis, » et qui sert à montrer que la bassesse de la flatterie ne recule devant aucun degré d'absurdité.

Richelieu et le roi sentaient tous deux que la mort approchait; mais chacun d'eux, en attendant, se repaissait des projets qu'il fondait sur la mort antérieure de l'autre. Louis XIII voulait enfin gouverner, comme il l'avait déjà voulu, dans sa dix-septième année, après le meurtre de Concini. Le cardinal couvait le dessein de devenir, après la mort du roi, régent du royaume; mais il mourut le 4 décembre 1642, quelques mois avant le roi.

Sa mort fut, en somme, très-édifiante. Mais, quand son confesseur lui représenta le devoir de pardonner à ses ennemis, il répondit qu'il n'en avait pas eu d'autres que les ennemis de l'État. D'une part, cette confusion colossale ne manquait pas de vérité, et, de l'autre, on lui parlait de pardonner à des ennemis dont il s'était déjà vengé. On entend plus aisément à ces pieuses réconciliations au lit de la mort quand il s'agit d'ennemis heureux.

Le pape Urbain VIII dit, à la mort de Richelieu : « S'il est un

Dieu, il aura son salaire; mais s'il n'en est point, c'était vraiment un homme éminent. » Il faut convenir que, pour un ecclésiastique d'un rang moins élevé, le mot eût été un peu fort.

Le cardinal Richelieu était accessoirement poëte médiocre, et il devint ministre dans le temps où l'on trouvait ses vers mauvais. Aussi il protégea ses frères en Apollon et persécuta le génie.

Pendant que le czar Pierre le Grand était à Paris, il embrassa la statue du cardinal Richelieu et dit ces paroles : « Si tu vivais encore, je te donnerais une moitié de mon empire pour que tu m'aidasses à gouverner l'autre. » Probablement la grande question eût été de savoir qui des deux eût conservé la vie, et l'empire tout entier.

# III

# MAXIMILIEN,

#### DUC DE BAVIÈRE ET ÉLECTEUR.

Maximilien est un des princes peu nombreux qui virent le commencement et la fin de la guerre de trente ans. Trois ans avant sa mort, la grande affaire de la paix fut achevée, et c'est chose touchante que, de tous les combattants, ce fut lui qui le premier déposa les armes. Il laissa une brillante renommée parmi les princes allemands de cette époque de confusion. Il enrichit sa maison de provinces et de dignités. Son influence demeura, pendant tout le temps de la guerre, prépondérante; il sut maintenir son autorité vis-à-vis des amis comme des ennemis, et, quand il le fallait, la venger. Il fut un allié fidèle et secourable; son attachement au parti qu'il avait embrassé fut ferme et constant, sans toutefois se changer en faiblesse; il ne laissait jamais passer une faute en la mettant sur le compte de l'amitié. Le jugement de l'histoire sur sa personne peut être aussi décidé que l'étaient les principes de sa vie, car dans un règne de cinquante-six ans le caractère d'un prince finit par se révéler.

Sa vie, qui fut active jusqu'à l'épuisement des forces, fut une succession continuelle de vraie et de fausse gloire, d'agrandissement, de bonheur envié, et de misère profonde, exaspérante. Ses provinces furent souvent le théâtre de la guerre. Tantôt c'était l'intention de se venger de Maximilien qui les exposait à des ravages particuliers et prémédités; tantôt, et cela arriva plus d'une fois, des envieux et des rivaux, dans son propre parti, déjouèrent les mesures qu'il avait prises pour ménager son peuple : ménagement bienfaisant et digne d'éloge, quand il n'eût eu, lui et ses conseillers, d'autre vue que d'épargner son bien. Entre la violence sanglante et le roide et timide formalisme qui dominait dans le conseil du chef plus puissant qu'il servait, souvent son intérêt fut indignement sacrifié, malgré tout ce qu'il déployait d'habileté politique et de talents guerriers.

Il servit d'instrument, pour mainte injustice, au fanatisme et à la tyrannie. Il montra, en mainte occasion, plus d'égoïsme que de soin de son honneur, qui souvent, il faut en convenir, fut compromis plutôt par les mesquins objets de son avidité que par cette passion même, laquelle si aisément peut changer de nom et s'appeler ambition. Ses gains dans le jeu terrible des combats furent l'objet de l'envie, de la malveillance, des reproches, et il se trouva, en fin de compte, qu'il avait autant perdu que tout autre prince en Allemagne. La réflexion paisible, calculant à loisir, imaginerait difficilement un plan de conduite possible, pour un souverain sage, à l'époque d'une lutte générale, lequel, au temps de la guerre de trente ans, parmi ce grand nombre de combattants faibles et mécontents, n'ait pas été suivi par un prince ou par un autre. Mais le malheur était si universel et si inévitable, qu'un seul mal détourné faisait alors autant d'honneur à un souverain que, dans des temps plus paisibles, le bonheur d'un pays. Qui donc peut blâmer le duc de Bavière pour ce qu'il a fait? Qui peut dire qu'il eût eu mieux à faire?

La modération et la fermeté, l'amour de la paix et le talent de la guerre distinguèrent en général la conduite publique de Maximilien. Les princes allemands avaient sans doute trop peu de pouvoir indépendant pour que leurs plans les mieux médités ne fussent pas continuellement exposés à être renversés par les vicissitudes de la fortune. Celui qui souffrit plus par accident que par sa propre folie, celui dont les résolutions eurent les suites les moins fâcheuses, celui qui avait habitué les cabinets des plus grandes puissances à ne pas l'omettre dans leurs calculs lors même qu'une expédition heureuse de telle ou telle armée avait détruit, pour un temps dont on ne pouvait prévoir le terme, la prospérité de ses États : celui-là fut entre ces princes le plus grand et le plus sage. Cette gloire peut-être appartiendrait sans conteste au duc de Bavière ; mais c'est un effet du malheur de ces temps que la vue du plus sage et du plus grand demeure toujours cependant plus triste que propre à élever le cœur. Dans l'incendie universel, rarement il fut donné à celui dont la maison prenait feu, d'éteindre chez lui les flammes et de rebâtir à loisir : une invincible nécessité le poussait dehors pour aller incendier la demeure du voisin. Le rôle que Maximilien avait choisi lui imposa particulièrement ce lot. Mais si l'on met en regard la dévastation d'autres contrées de l'Allemagne dont les princes cherchèrent à se protéger par l'indécision, la balance alors penche du côté de celui qui du moins conserva de la volonté, et garda de la force pour résister ou se venger.

En général, l'époque de la guerre de trente ans fut pauvre en vraie grandeur humaine. C'est à tort qu'on a voulu ici exclure de toute participation à un jugement réservé à la raison la voix du sentiment : la grandeur des hommes et le bonheur des hommes ne sont pas choses aussi distinctes et séparées que paraissent le croire les admirateurs de cette époque. Gustave-Adolphe seul eut par rapport à la guerre les sentiments d'un homme, la résolut en roi et la fit en héros. Mais la guerre abrégea sa carrière, et le destin n'accorda pas à l'humanité la vue complète de sa grandeur. En revanche, il laissa une sphère d'action d'autant plus illimitée, d'abord au fanatisme religieux, qui, pour se cacher derrière les droits civils et les constitutions politiques, et se déguiser sous les plaintes réciproques des parties touchant les atteintes à la propriété, n'en fut ni moins dangereux, ni moins furieux ; puis à une politique qui, par la nature même de ses moyens, lesquels étaient le bouleversement et la destruction, ne demeura jamais bien sûre de ses vues ; enfin à une soif d'agrandissement et de domination qui, s'allumant dans le cabinet des princes plutôt qu'elle ne naissait dans leur génie même, avait pris les caractères de la faiblesse et de l'opiniâtreté. Par ces ressorts qui choquaient a nature, sans doute des forces surhumaines furent mises en mouvement, pour braver, au milieu de l'épuisement le plus profond, le besoin universel de repos et de paix. De grands talents parurent sur la scène, pour servir ou combattre cette ambition, dégénérée jusqu'à n'être qu'affaire de convention, et par le long exercice ils gagnèrent considérablement en étendue et en force. Mais autant il est sûr que le contrat entre les princes et les peuples ne peut avoir pour but de se détruire eux-mêmes, autant il l'est aussi que les suprêmes efforts des esclaves sont plus dignes de pitié que d'admiration, et, par l'enchaînement des motifs et des passions condamnables qui prolongèrent si monstrueusement cette guerre, il arriva qu'en général la vraie grandeur fut inconciliable avec ces efforts mêmes et presque toujours avec leur objet.

L'histoire gagne à ce point de vue ce qu'y perdent ses héros. Il s'ensuit qu'un rapide exposé de la vie de Maximilien pourra exciter notre intérêt et nos réflexions, si même nous trouvons qu'il ne mérite pas beaucoup notre admiration.

Un trait remarquable dans ce prince, c'est qu'il échappa aux dangers auxquels l'exposa son éducation, qui fut très-soignée, mais aussi très-contraire au but à atteindre. Le pédantisme et la bigoterie marquèrent toutes les dispositions prises par son père pour former un fils qu'il destina de très-bonne heure à régner. Le panégyriste de Maximilien, Aldzreiter, rapporte, avec la meilleure intention du monde, toute sorte de détails de son enfance qui font attendre un gouvernement mesquin, superstitieux, et par conséquent tyrannique. Il faut donc qu'il ait trouvé au dedans de lui-même une autre culture, qui lui apprit à distinguer fort bien les habitudes de sa dévotion, de ses actions politiques, toutes les fois qu'il n'y avait pas d'accord possible entre elles. L'archiduc Ferdinand, qui fut plus tard l'empereur Ferdinand II, partagea, à Ingolstadt, avec Maximilien, les soins paternels du duc Guillaume de Bavière : heureux s'il n'eût pas laissé plus que son condisciple subjuguer son esprit par le fanatisme! Toutefois ces années de la jeunesse passées ensemble peuvent être considérées comme une des causes du dévouement actif de Maximilien à la maison d'Autriche, surtout lorsqu'on voit que c'est sous le successeur de Ferdinand que l'union entre l'empereur et son premier allié, Maximilien, commença à se relâcher.

Guillaume n'avait rien négligé pour faire de son fils le plus pieux, le plus instruit et le plus sage des princes. Il lui avait fait entreprendre divers voyages, entre autres un voyage à Rome, dont l'objet était de saluer le seuil sacré des apôtres, mais d'où il se peut bien que l'heureuse intelligence du jeune pèlerin n'ait pas moins recueilli de fruit pour accroître sa prudence politique que pour assurer le salut de son âme. Résolu à consacrer le reste de sa vie à une pieuse retraite, loin de toutes les affaires de ce monde, Guillaume céda, en 1596, à Maximilien, âgé de vingt-trois ans, le gouvernement de ses États.

Les divisions et les querelles qui régnaient entre les partis religieux, la rivalité naturelle des maisons bavaroise et palatine, qu'envenimait des deux parts le prétexte de la diversité de croyance, occupèrent, au moins indirectement, le jeune duc de Bavière, dès les premières années de son règne. Mais l'exécution de la sentence partiale et inique prononcée contre la ville impériale de Donawert, dont l'empereur le chargea en 1607, fut le premier acte par lequel Maximilien débuta dans le rôle important qu'il eut à jouer au sein du parti catholique. La ville lui demeura engagée pour les frais de l'exécution, au grand déplaisir des protestants, mais par une suite très-naturelle des institutions judiciaires de l'empire germanique, qui appellent les forts à faire office de sergents contre les faibles, et, parmi les frais du procès, mettent au compte de la partie condamnée et battue le salaire de cette honorable fonction : justice qui considère le droit brutal du plus fort, exercé par les instruments du pouvoir exécutif, comme faisant partie des moyens et de l'essence même de l'autorité souveraine.

On chercherait ici en vain une bonne influence sous laquelle les résolutions et les vertus de Maximilien aient pu mûrir et éclore, et ses principes de conduite se développer. Le parti protestant, tantôt opprimé, tantôt s'emparant illégalement de ce qui n'était pas à lui, était, en réalité et par les antécédents, le plus faible. En outre, dans les attaques de la réformation il y avait plus de diversité, moins d'accord que dans la résistance qu'y opposait la foi antique; ses partisans étaient moins unis entre eux que les catholiques, car l'esprit public ne protége avec vigilance que des préjugés consacrés par le temps. Il fallait donc que la forme, que des conventions, suppléassent à ce qui manquait au fond des choses : l'union des protestants précéda la ligue catholique. Frédéric V, électeur palatin, était à la tête de l'union; la première place dans la ligue catholique appartenait naturellement à Maximilien.

Le genre humain après tout était alors parvenu à un âge où l'attachement politique et modéré d'un prince tel que Maximilien pouvait rendre à la cause de Rome des services bien plus essentiels, que n'eût fait un fanatisme sans réserve. Si Ferdinand fût demeuré en sa qualité d'empereur ce que fut Maximilien comme membre puissant de la diète, il n'est pas probable que le sang eût coulé trente ans dans l'empire, il ne l'est pas non plus que l'égalité des religions se fût établie.

L'histoire et la vie nous offrent de fréquents exemples d'une situation semblable à celle qui détermina les rapports mutuels de Frédéric et de Maximilien. Frédéric fut écrasé toute sa vie par une certaine supériorité négative du duc de Bavière, et perdit le bonheur et l'honneur en luttant contre un adversaire dont la force consistait surtout dans la froideur et l'égoïsme. Maximilien, au contraire, sut conserver invariablement l'avantage que lui donnaient, aussi bien dans les négociations pacifiques que dans la guerre ouverte, la mauvaise étoile et l'inhabileté de Frédéric. Il arriva ainsi que la violence et les torts furent toujours du côté de ce dernier, et que Maximilien, qui fondait sa grandeur sur la ruine de ce malheureux prince, sut unir toutes les apparences de modération, de ménagement, d'intentions loyales, avec les progrès équivoques, et par cela même d'autant plus sûrs, de son ambition.

En 1617, Frédéric avait cherché à persuader au duc de Bavière de disputer à l'archiduc Ferdinand la succession à l'Empire; mais Maximilien ne se laissa pas éblouir par une proposition qui était loin d'être mûre : il connaissait trop bien pour cela la sphère où il pouvait réellement s'agrandir et accroître sa puissance; et il eut, par surcroît, le mérite de n'avoir pas eu envie d'une couronne d'empereur. Frédéric, en prenant la couronne de Bohême, se chargea d'une tâche pour laquelle il n'était point fait. De leur côté, la plupart de ses alliés politiques et religieux étaient bien capables sans doute de profiter de l'heureuse issue de sa téméraire entreprise, mais non d'assurer le succès par leur appui, ni même de détourner de lui le châtiment infligé par le possesseur légitime, à qui restait l'avantage, et qui paya le secours de la Bavière avec les pays et les dignités du vassal infidèle. Ainsi Frédéric V fut d'abord averti avec bienveillance par Maximilien, puis battu sans peine, puis dépouillé en vertu d'une sentence juridique.

Les Impériaux et les Bavarois réunis remportèrent la victoire de la Montagne Blanche (1620); et ce qui ne tourne pas à la gloire de l'ennemi, c'est qu'après la bataille les deux parties victorieuses se reprochèrent mutuellement des fautes qui auraient dû la leur faire perdre. De la puérile et hasardeuse tentative qu'il avait faite en se déclarant l'ennemi d'une puissance si décidément supérieure, Frédéric ne retira rien que le nom déshonorant de roi d'un hiver. Mais Maximilien, à qui Ferdinand devait de ce moment la possession de ses provinces révoltées de la haute et de la basse Autriche, ainsi que de la Bohême, eut la gloire et l'avantage de devenir, en vertu des conditions auxquelles les troupes de la ligue furent par lui mises au service de l'empereur, un ami dangereux de son suzerain.

Frédéric était tombé si bas, et par sa chute la puissance impériale avait acquis une telle prépondérance, que les princes les mieux intentionnés pour lui, durent se contenter de ne point paraître à la diète de Ratisbonne, où sa dignité d'électeur fut transférée au duc de Bavière (1623). Plusieurs de ses parents et de ses co-états eurent d'ailleurs plus à cœur de disputer cette belle proie au duc de Bavière, que de s'opposer à la conduite arbitraire de l'empereur : l'envie qu'excitait la fortune de Maximilien étouffait la crainte des dangers dont le despotisme de Ferdinand, solennellement manifesté, menaçait l'Empire. Quant à Maximilien lui-même, ce reproche d'aveuglement ne saurait l'atteindre; car il sentait que son agrandissement, qui accompagnait ici pas à pas les usurpations de la puissance impériale, servait en même temps de contre-poids à cette puissance. Telle est la pensée qui se révèle toujours bien clairement dans ses relations avec l'empereur, de son côté par une constante vigilance, du côté de l'Autriche par une jalousie toujours active.

Il suffisait à Maximilien d'être reconnu dans l'Empire même et par les électeurs ses collègues. Les menaces des puissances étrangères et leur alliance contre l'oppresseur de Frédéric, ne pouvaient qu'accroître son influence, et rendre sa personne plus nécessaire, en qualité de chef de la ligue catholique, à la maison d'Autriche. L'intervention étrangère pouvait rendre la guerre plus générale et plus longue, mais elle n'améliorait pas la situation de Frédéric; car ses ennemis gardaient le champ libre en Allemagne, et, tandis que son intérêt servait de prétexte aux démarches des cabinets étrangers, lui-même donnait vainement les mains aux propositions de paix les plus désavantageuses, que lui avait faites à la Haye, au nom de Ferdinand et de Maximilien, un capucin appelé François de Rota, et qui furent désavouées, ainsi que cet agent équivoque, par les deux princes, lorsqu'ils virent la tournure si favorable que prenaient les affaires.

Le compte de Maximilien, pour les frais de guerre qu'avait entraînés la soumission de la haute et de la basse Autriche, montait à treize millions de florins, pour lesquels l'empereur lui avait engagé l'Autriche supérieure. Mais Frédéric avait voulu ravir à l'empereur la couronne de Bohême: rien n'était donc plus naturel que de considérer comme propriété impériale les biens dont était dépouillé le prince et de les employer à éteindre l'hypothèque. Pour le moment, par l'assistance de Maximilien, l'autorité absolue de l'empereur gagnait de plus en plus, surtout dans les exécutions particulières faites en vertu de la Constitution. La cause de la religion fit en même temps de remarquables progrès dans les pays palatins, que Maximilien reçut en place de la haute Autriche, et, dans la confusion générale, le duc adopta le moyen le plus sûr de n'être pas absorbé par une puissance qui ne pouvait être contre-balancée que par l'allié dont elle avait elle-même invoqué le secours.

L'ambition de Maximilien suivit toujours si bien les circonstances, qu'il serait difficile de dire jusqu'où elle se serait étendue, si les conjonctures lui eussent encore offert de plus nombreuses et plus grandes tentations. Quoiqu'il fût né prince, il se contenta de jouer le rôle que la politique lui indiquait ; mais sa marche mesurée fut troublée par un homme chez qui l'instinct de l'ambition était beaucoup plus passionné et plus effréné, un homme qui tendait de toutes ses forces à sortir de sa sphère, et qui fondait sur les horreurs de son temps ses projets excessifs. Wallenstein fut le mauvais génie de Maximilien. A l'assemblée électorale de Ratisbonne (1630), ce dangereux rival fut, il est vrai, écarté ; mais le pouvoir qu'il avait acquis par l'exercice du pouvoir, des intrigues de cour et de diète ne le lui pouvaient arracher. On ne détruisit pas sa gloire, qui le rappela impérieusement quand le général de Maximilien, Tilly, se fut dans la guerre des Suédois déshabitué de vaincre, et quand parut sur la scène Gustave-Adolphe, à qui l'on ne pouvait opposer trop de héros. Les efforts de Maximilien pour rétablir, au moment du renvoi de Wallenstein et de son armée, la paix en Allemagne, purent bien, à la vue de l'orage qui déjà menaçait du côté du Nord, être déterminés, entre autres motifs, par la crainte que la guerre croissante ne rendît indispensables les services de Wallenstein. Par le fait, il ne réussit dans son premier dessein, qui était d'écarter ce général, que pour un peu de temps, parce que le second, le rétablissement de la paix, vint échouer contre l'orthodoxie opiniâtre et l'orgueil malhabile du conseil impérial ; et le duc de Friedland reparut, enorgueilli par ce triomphe, et plus redoutable parce que la soif de vengeance dont il brûlait avait un objet déterminé.

Le renvoi des troupes de Wallenstein et de leur chef était sans doute devenu en partie, à cause de leur manière de subsister, un intérêt de toute la nation ; mais il importait pour cela même que l'Allemagne gagnât davantage à l'extension du pouvoir de Tilly, et, Maximilien ayant pris part si vivement aux plaintes de l'Empire sur les dévastations commises par l'armée de Friedland, il n'eût pas fallu que la ruine de Magdebourg et l'alliance de la Saxe et de la Suède fussent à mettre sur le compte de son armée à lui et de son général.

La façon de servir de Wallenstein était fort avantageuse pour les finances de l'Autriche, parce que ses troupes combattaient au nom de l'empereur, sans être à sa solde, et vivaient sur la bonne fortune de leur chef. Les revers de Tilly et les progrès des Suédois neutralisèrent tous les efforts que fit Maximilien pour empêcher le retour de Wallenstein (1632); et, jusqu'au jour où l'empereur fit l'expérience de ce que coûtait finalement à son maître un général qui servait à si bon marché, les États héréditaires de Bavière portèrent largement la peine de la jalousie et de la haine de leur prince.

Souvent Gustave-Adolphe lui-même, dans son rôle d'ennemi, était le bienvenu en Allemagne, là où les troupes et les généraux allemands, dans leur rôle d'amis, étaient maudits. Son humanité et sa générosité ne se démentirent pas non plus quand il parut en personne en Bavière. Mais, lorsque Tilly fut mort de ses blessures, il fallut que Maximilien agît en commun avec Wallenstein, et, quand bien même le vieux ressentiment de celui-ci n'eût pas fait tourner sans cesse les opérations militaires au désavantage personnel de Maximilien, au moins, dans le cours de la guerre, il n'y avait plus lieu à ces égards que Tilly aurait eus peut-être, même aux dépens de la cause commune ou autrichienne, dans l'intérêt du prince à qui il appartenait plus immédiatement.

Naturellement il n'était pas dans la politique de la cour impériale de prendre parti pour Maximilien contre l'orgueilleux généralissime, et Wallenstein, dont il fallait suivre ou subir l'heureuse étoile, se plaisait à le sacrifier visiblement dans ses plans, et à l'humilier avec recherche par sa conduite. On peut s'en fier sur ce point aux paroles qu'Aldzreiter dit avoir entendues de la bouche même de l'électeur, comme il revenait de Nuremberg, où il avait avec Wallenstein combattu les Suédois : « *Ego vero*, répondit-il aux félicitations qu'on lui adressait sur son retour, *ego vero a Fridlando bene mortificatus redeo*[1] ! »

La ruine totale de l'électeur de Bavière, et de la ligue catholique, sur laquelle étaient fondés son pouvoir et son influence, servait en même temps de moyen au duc de Friedland pour accomplir de bien plus grands projets. Par bonheur pour Ferdinand, ses yeux s'ouvrirent à temps. Wallenstein périt en 1634, victime de son ambition; mais sa vengeance lui survécut; car il ne fut plus au pouvoir de Maximilien d'éloigner la guerre de

---

1. « Oui, je reviens bien mortifié par Friedland! »

ses États héréditaires, et les forces avec lesquelles il avait autrefois aspiré à une prépondérance marquée dans la politique de l'empire germanique, il lui fallut les employer en grande partie à sa propre défense, et souvent pour son salut.

Une épidémie, qui, en 1634, exerça dans la Bavière de tels ravages, qu'à Munich seulement elle enleva, dit-on, quinze mille hommes, tient peu de place sans doute dans l'histoire de ce prince, mais elle complète le tableau de désolation qui, au milieu du trouble et du tumulte de la guerre et des négociations sans fin, occupe l'esprit dans la seconde moitié de son règne.

Frédéric ne vivait plus; Ferdinand III avait succédé à son père; dix-huit pénibles années s'étaient écoulées depuis la fameuse diète de Ratisbonne, lorsqu'en 1641 les négociations furent reprises plus vivement pour la maison palatine, et vinrent échouer encore sans fruit contre les mêmes obstacles qu'auparavant. Plus chaque partie avait fait de sacrifices de tout genre pour défendre ses intérêts particuliers, plus elle s'opiniâtrait à les défendre encore, et sans cesse le sang qui avait déjà coulé dans cette lutte était payé de nouveaux flots de sang.

Les deux dernières années de la guerre furent, pour Maximilien, fertiles en événements et en revers inévitables. Pour traiter de la paix, un armistice préalable parut nécessaire; mais du côté de l'empereur il s'élevait toujours de nouvelles difficultés, auxquelles la cour impériale s'inquiétait d'autant moins sérieusement de mettre un terme, que ce n'étaient que les pays de Maximilien qui avaient immédiatement à souffrir des suites de la rupture des négociations stériles. L'habitude constante de la politique française d'avoir égard à la cour de Bavière, offrit en cette occasion à l'électeur un appui qu'il put saisir en dépit de l'empereur. Il fit ce qu'il se devait à lui-même et à son pays, et conclut, principalement par l'intervention de la France, un armistice séparé (1647). Ce fut un coup très-sensible pour Ferdinand de voir la guerre détournée par là de la Bavière sur ses domaines, et il ne négligea rien pour mettre son allié dans la nécessité de revenir à lui. La politique impériale ourdit des complots parmi les officiers de Maximilien, poussa l'ennemi à la méfiance et à de nouvelles menaces, ne négligea même pas de prendre contre la démarche isolée de l'électeur les mesures qui sont dans le droit du suzerain : et cependant elle mêlait à toute cette trame des négociations amicales. Aux reproches de l'empereur, à ses actes d'apparence légale, à la conduite coupable de ses propres officiers, aux difficultés que lui suscitait la défiance des ennemis, Maximilien opposa du courage et de la dignité; mais, en dissension avec son puissant allié, et, par la nécessité même où il se trouvait, suspect à l'ennemi à un tel point qu'il devait toujours s'attendre à une attaque, il ne lui restait plus que le choix entre deux maux, dont le moindre après tout était celui qui dépendait de la fortune des armes. Il dénonça l'armistice, et réunit de nouveau ses troupes avec celles de l'empereur.

Les germes d'esprit de parti, de discorde et de trahison, semés par Wallenstein dans l'armée combinée impériale et bavaroise, étaient un des maux les plus funestes qu'avaient laissés après elles les anciennes relations de ce général avec l'électeur de Bavière. Autant il était impossible à Maximilien de se soutenir seul désormais, autant il savait que ses troupes, unies à celles de l'empereur, étaient rarement heureuses : c'était une des raisons qu'il avait lui-même données aux Suédois pour leur prouver qu'il était sincère en rompant avec Ferdinand.

Une réconciliation après une rupture ouverte n'était pas faite pour mettre plus d'harmonie dans les opérations de l'armée combinée. Mais Maximilien subissait le joug de la nécessité. Il fallut que la Bavière fût encore livrée en proie à l'ennemi, et la guerre, à sa fin, répandit encore une fois toutes ses horreurs sur cette malheureuse contrée et son vieux souverain, qui fut réduit à fuir de ville en ville, avec toute sa cour, devant l'incendie et la dévastation.

Les équivalents et les satisfactions vantées de la paix de Westphalie, consolèrent finalement tous les princes et tous les peuples des trente années de misère universelle. La mort laissa encore à Maximilien, alors âgé de soixante-dix-sept ans, un répit de quelques années, pour contempler, au sein du repos inaccoutumé de la paix, les ravages de ses États épuisés.

# HISTOIRE DES TROUBLES

QUI PRÉCÉDÈRENT EN FRANCE

## LE RÈGNE DE HENRI IV

RACONTÉE JUSQU'A LA MORT DE CHARLES IX

# HISTOIRE DES TROUBLES

QUI PRÉCÉDÈRENT EN FRANCE

## LE RÈGNE DE HENRI IV,

RACONTÉE JUSQU'A LA MORT DE CHARLES IX[1].

Les règnes de Charles VIII, de Louis XII et de François I avaient préparé pour la France une brillante époque. Les expéditions de ces princes en Italie avaient rallumé l'héroïsme de la noblesse française, que le despotisme de Louis XI avait presque étouffé. Un esprit chevaleresque plein d'enthousiasme se ranima, soutenu par une meilleure tactique.

Dans sa lutte avec ses voisins peu exercés, la nation apprit à connaître sa supériorité. La monarchie s'était constituée; l'organisation du royaume avait pris une forme plus régulière. L'opposition rebelle, autrefois si redoutable, des grands trop puissants était rentrée dans les bornes d'une commune obéissance. Des impôts bien réglés et des armées permanentes affermissaient et protégeaient le trône, et le roi était désormais quelque chose de plus qu'un opulent gentilhomme dans son royaume.

C'est en Italie que la force de cet empire se manifesta pour la première fois. Le sang de ses fils héroïques y coula inutilement, il est vrai; mais l'Europe ne put refuser son admiration à un peuple qui se défendait glorieusement à la fois contre cinq

[1]. Cette histoire est extraite des tomes I, II, III, IV, V et VIII de la deuxième partie des *Mémoires historiques*. (*Note de l'édition allemande.*)

ennemis coalisés. La lumière des beaux-arts s'était levée peu de temps auparavant en Italie, et des mœurs plus douces révélaient déjà sa noble influence. Bientôt elle fit éprouver sa force aux vainqueurs farouches, et les arts de l'Italie subjuguèrent le génie des Français, comme autrefois ceux de la Grèce s'étaient soumis ses conquérants romains. Bientôt ils franchirent les Alpes par la route que la guerre avait ouverte. Protégés par un prince intelligent, soutenus par l'imprimerie, ils ne tardèrent pas à se répandre sur ce sol fécond. L'aurore de la culture des esprits commença à poindre; déjà la France, d'un pas rapide, marchait au-devant de la civilisation. Les nouvelles doctrines religieuses paraissent alors, et font succéder une triste halte à ce beau commencement. L'esprit d'intolérance et de révolte éteint la lueur faible encore du progrès; la torche du fanatisme brille seule. Ce malheureux État retombe, plus bas que jamais, dans sa barbarie sauvage; il devient la victime d'une longue et funeste guerre civile, que l'ambition allume et qu'un zèle furieux de religion étend jusqu'à en faire un incendie universel.

Quelque ardent que fût l'intérêt avec lequel une moitié de l'Europe adopta les nouvelles croyances et l'autre les combattit, quelque puissant mobile que soit par lui-même le fanatisme religieux, c'étaient pourtant, en grande partie, des passions très-mondaines qui se montraient actives dans ce grand événement, et, en général, des circonstances politiques qui venaient en aide aux religions luttant entre elles. En Allemagne, comme l'on sait, Luther et ses doctrines furent secondés par les méfiances des princes, membres de l'Empire, envers la puissance croissante de l'Autriche. La haine contre l'Espagne et la crainte du tribunal de l'inquisition accrurent dans les Pays-Bas le parti des protestants. Gustave Wasa détruisit en Suède, avec l'ancienne religion, une cabale redoutable, et c'est sur les ruines de cette même Église qu'Élisabeth d'Angleterre affermit son trône encore chancelant. Une suite de rois faibles d'esprit, et en partie mineurs, une politique incertaine, la rivalité des grands qui se disputaient le gouvernail, décidèrent en France des progrès de la religion nouvelle.

Si maintenant elle est abattue dans ce royaume, tandis qu'elle règne dans une moitié de l'Allemagne, en Angleterre et dans le

Nord, cela n'a pas tenu assurément au défaut de courage et à la froideur de ses champions, non plus qu'à l'indifférence de la nation. Une longue et violente fermentation maintint flottant le sort de cet État; l'influence étrangère et la circonstance accidentelle d'une nouvelle et indirecte succession au trône durent amener en France la ruine de l'Église calviniste.

Dès le premier quart du seizième siècle, les nouveautés que Luther prêchait en Allemagne se frayèrent leur route dans les provinces françaises. Ni les censures de la Sorbonne en 1521, ni les sentences du parlement de Paris, ni même les anathèmes des évêques, ne purent arrêter les rapides progrès que firent en peu d'années les idées nouvelles dans le peuple, dans la noblesse, chez quelques membres du clergé. La vivacité que le peuple ardent et spirituel de France a coutume de montrer à l'égard de toute nouveauté, ne se démentit ni chez les part sans de la réformation, ni chez ses persécuteurs. Le gouvernement guerrier de François Ier et les intelligences de ce monarque avec les protestants d'Allemagne ne contribuèrent pas peu à mettre rapidement en circulation chez ses sujets français les innovations religieuses. C'est en vain qu'à Paris l'on finit par recourir au moyen terrible du glaive et du feu : l'effet ne fut pas meilleur que dans les Pays-Bas, en Allemagne, en Angleterre, et les bûchers qu'allumait le fanatique génie de la persécution, ne servirent qu'à faire éclater la foi héroïque et la gloire de ses victimes.

Les réformateurs, dans leur défense comme dans leur attaque contre l'Église dominante, avaient des armes qui agissaient bien plus sûrement que toutes celles que pouvait leur opposer le zèle aveugle du plus grand nombre. Le bon goût et les lumières combattaient avec eux : le défaut d'instruction, le pédantisme étaient du parti de leurs persécuteurs. La corruption, l'ignorance profonde du clergé catholique donnaient prise, de la façon la plus dangereuse, aux orateurs publics et aux écrivains réformés, et il est impossible de lire les descriptions de l'immoralité universelle, que l'esprit de satire leur a dictées, sans se sentir convaincu de la nécessité d'une réforme. La partie de la nation qui savait lire était journellement inondée d'écrits de ce genre, dans lesquels les vices dominants de la cour et du clergé catholique étaient livrés, avec plus ou moins de succès, à la raillerie, à l'indignation, à l'horreur du public, et où les dogmes de la nouvelle Église étaient ornés de toutes les grâces du style, de tous les attraits du talent, de la force entraînante du sublime, du charme irrésistible d'une noble simplicité. Tandis qu'on dévorait avidement ces chefs-d'œuvre de l'éloquence et de la raillerie spirituelle, les insipides ou solennelles répliques de l'autre parti n'étaient guère propres à exciter autre chose que l'ennui. Bientôt la religion réformée eut gagné la partie intelligente du public, majorité incontestablement plus brillante que ce simple avantage du plus grand nombre que pouvaient faire valoir ses adversaires.

La fureur continuelle de la persécution força enfin le parti opprimé de chercher une protectrice dans la reine Marguerite de Navarre, sœur de François Iᵉʳ. Le bon goût et la science étaient une recommandation suffisante auprès de cette spirituelle princesse, qui, très-versée elle-même dans tout ce qui est du domaine du beau et du vrai, n'était pas difficile à gagner à la religion de ses favoris, dont elle estimait le savoir et le talent. Un cercle brillant de savants entourait cette reine, et la liberté d'esprit qui régnait dans ce cercle plein de goût, ne pouvait que favoriser une doctrine dont le début avait été l'affranchissement du joug de la hiérarchie ecclésiastique et de la superstition. A la cour de Marguerite la religion persécutée trouvait un refuge; plus d'une victime fut par elle soustraite à l'intolérance sanguinaire, et le parti, sans force encore, se tint à cette branche débile, pour résister au premier orage, qui, sans cela, eût pu, dans ses faibles commencements, si aisément l'emporter. Les relations où François Iᵉʳ était entré avec les protestants d'Allemagne n'eurent aucune influence sur les mesures qu'il employa envers ses propres sujets protestants. Dans chaque province, le glaive de l'inquisition était tiré contre eux, et dans le même temps où ce monarque, avec duplicité, excitait contre Charles-Quint, son rival, les princes de la ligue de Smalkalde, il permettait à ses inquisiteurs, avides de sang, de sévir avec le fer et la flamme contre le peuple innocent des Vaudois, les coreligionnaires de ses alliés. Elle fut barbare et terrible, dit l'historien de Thou, la sentence qu'on prononça contre eux; plus barbare et plus terrible fut l'exécution. Vingt-deux villages furent réduits en cendres avec une cruauté dont on ne trouve point d'exemple chez les peuples les plus grossiers. Les malheureux habitants, surpris au milieu de la nuit, et chassés de montagne en montagne à la lueur de l'incendie qui consumait leur avoir, n'échappaient ici à une embuscade que pour tomber plus loin dans une autre. Les cris lamentables des vieillards, des femmes et des enfants, bien loin d'attendrir les cœurs de tigre des soldats, ne servaient qu'à les mettre sur la trace des fugitifs et à trahir les victimes à leur rage meurtrière. Plus de sept cents de ces infortunés furent assassinés avec une froide férocité dans la seule ville de Cabrières; toutes les femmes de l'endroit étouffées dans la fumée d'une grange incendiée, et celles qui voulaient s'échapper en se jetant d'en haut, reçues sur des piques. On étendit jusque sur le sol que l'industrie de ce peuple paisible avait changé, d'un désert qu'il était, en un jardin fertile, le châtiment de l'erreur prétendue de ceux qui le cultivaient. On ne se contenta pas de démolir les habitations, on coupa les arbres, on détruisit les moissons, on ravagea les champs, et la contrée riante fut transformée en une triste et sauvage solitude.

L'indignation qu'éveilla cette barbarie aussi inutile qu'elle était inouïe, amena au protestantisme plus de partisans que le zèle inquisitorial du clergé n'en pouvait égorger. Chaque jour s'accroissait le nombre des novateurs, surtout depuis que Calvin s'était levé à Genève avec un nouveau système de religion, que par son ouvrage de l'Institution chrétienne il avait fixé les opinions flottantes, donné à tout le service divin une forme plus régulière, et mis d'accord, sous une formule de foi déterminée, les membres de son Église, qui n'étaient pas jusque-là fort unis. En peu de temps, la religion plus sévère et plus simple de l'apôtre français réussit chez ses compatriotes à supplanter Luther lui-même; et sa doctrine trouva un accueil d'autant plus favorable, qu'elle était plus dégagée de mystères et de pratiques pénibles, et qu'elle l'emportait sur le dogme luthérien par son éloignement du papisme.

Le massacre des Vaudois appela au grand jour les calvinistes, dont l'exaspération ne connaissait plus désormais de crainte. Non contents de se réunir, comme ils avaient fait jusque-là, à la faveur des ténèbres de la nuit, ils osèrent, de ce moment, braver par des assemblées publiques les recherches de l'autorité, et chanter, réunis en grand nombre, les psaumes de Marot jusque dans les faubourgs de Paris. Le charme de la nouveauté attira bientôt tout Paris, et, grâce à l'harmonie et à l'attrait des chants, la religion réformée s'insinua doucement dans plus d'une âme. Cet acte d'audace avait en même temps fait voir aux religionnaires combien leur nombre était redoutable, et bientôt, dans le reste du royaume, les protestants suivirent l'exemple que leurs frères leur avaient donné dans la capitale.

Ce fut en vain que Henri II, persécuteur encore plus rigoureux de leur parti que ne l'avait été son père, recourut alors contre eux à toutes les terreurs de la vindicte royale. En vain les édits qui condamnaient leur croyance furent aggravés. En vain ce prince s'abaissa jusqu'à venir rehausser par sa royale présence l'impression des supplices et encourager les bourreaux. Des bûchers fumaient dans toutes les grandes villes de France, et Henri ne réussit pas à bannir, même de sa présence, le calvinisme. Cette doctrine avait trouvé des partisans dans l'armée, dans les tribunaux, même à sa cour à Saint-Germain, et François de Coligny, seigneur d'Andelot, colonel de l'infanterie française, déclara en face au roi, le front haut, qu'il aimerait mieux mourir que d'aller à la messe.

Enfin, effrayé du danger, chaque jour croissant, qui menaçait la religion de ses peuples, et, comme on le lui faisait craindre, son trône même, ce prince se livra à toutes les violences que l'avidité de ses courtisans et le zèle intéressé du clergé lui dictaient. Pour abattre d'un coup, par une mesure décisive, le courage du parti, il parut un jour lui-même au parlement, et là fit arrêter cinq membres de cette cour de justice qui se montraient favorables aux nouvelles idées, puis ordonna de leur faire sans retard leur procès. A partir de ce moment, la nouvelle secte fut traitée sans ménagement. L'engeance réprouvée des délateurs fut encouragée par la promesse de récompenses, et toutes les prisons du royaume furent bientôt remplies des victimes de l'intolérance : personne n'osait élever la voix pour elles. Le parti des réformés en France était à cette époque, en 1559, bien près de sa ruine. Un prince d'une puissance irrésistible, en paix avec toute l'Europe, et maître absolu de toutes les forces du royaume, secondé dans cette grande entreprise par le pape et même par l'Espagne, avait résolu sa perte. Pour la conjurer, il fallait qu'un heureux accident vînt inopinément à la traverse, et c'est ce qui arriva en effet. L'irréconciliable ennemi de la secte mourut au milieu de ces préparatifs, blessé par un éclat de lance qui le frappa à l'œil, dans la solennité d'un tournoi.

Cette mort inattendue de Henri II ouvrit l'ère de ces troubles dangereux qui ébranlèrent le royaume pendant un demi-siècle, et placèrent la monarchie sur le penchant de sa ruine. Henri laissa après lui son épouse Catherine, de la maison ducale des Médicis de Florence, et quatre fils mineurs, dont l'aîné, François, avait à peine atteint sa seizième année. Le nouveau roi était déjà marié à la jeune reine d'Écosse, Marie Stuart : les sceptres de deux royaumes se trouvaient ainsi réunis dans les mains de deux enfants qui n'étaient pas encore capables, il s'en fallait beaucoup, de se gouverner eux-mêmes. Une légion d'ambitieux étendait déjà vers ce double sceptre, pour leur en alléger le poids, des mains avides, et la France fut la malheureuse victime de la lutte qui éclata à cette occasion.

Deux puissantes factions surtout se disputaient l'influence à exercer sur le jeune couple royal et l'administration du royaume. A la tête de l'une était le connétable de France, Anne de Montmorency, ministre et favori du roi défunt, dont il avait bien mérité, le servant de son épée et avec un patriotisme sévère, élevé au-dessus de toute séduction. C'était un caractère égal, inébranlable, que nul revers ne pouvait abattre, nul succès enivrer. Cette fermeté d'esprit, il l'avait déjà montrée sous les règnes précédents, durant lesquels il avait supporté, avec le même calme et la même constance de courage, et la mobilité du monarque, et les vicissitudes de la fortune des combats. Le soldat comme le courtisan, le financier comme le juge, tremblaient devant son regard pénétrant qu'aucune illusion n'éblouissait, devant cet esprit d'ordre qui ne pardonnait aucun faux pas, devant cette ferme vertu sur qui nulle tentation ne pouvait rien. Mais, élevé à la rude école de la guerre, et habitué à se trouver à la tête des armées, à exiger une obéissance absolue, il manquait de cette souplesse de l'homme d'État et du courtisan, qui triomphe en cédant, et commande par la soumission. Grand sur le théâtre des armes, il perdit sa gloire sur la scène nouvelle où maintenant le plaçait la nécessité des temps, où l'ambition et le patriotisme lui ordonnaient de monter. Un tel homme n'était nulle part à sa place que là où il commandait ; il était fait seulement pour se maintenir au premier rang, mais peu apte à y tendre avec l'art d'un courtisan.

Une longue expérience, des services publics que l'envie même n'osait amoindrir, une probité à laquelle ses ennemis rendaient eux-mêmes hommage, la faveur du monarque défunt, l'éclat de sa race, semblaient désigner le connétable pour le premier poste du royaume, et écarter d'avance toute autre prétention. Mais il eût fallu un homme pour apprécier les qualités d'un tel serviteur; il eût fallu un sérieux amour du bien public pour pardonner à son mérite foncier et intime ce rude extérieur. François II était un jeune homme que le trône n'invitait qu'à la jouissance, non au travail, et à qui un si austère surveillant de ses actions ne pouvait agréer. Les dehors vertueux de Montmorency, qui l'avaient mis en faveur auprès du père et du grand-père, lui devinrent un tort aux yeux du fils léger et faible, et rendirent facile à la cabale opposée le triomphe sur cet adversaire.

Les Guises, branche transplantée en France de la maison princière de Lorraine, étaient l'âme de cette faction redoutable. François de Lorraine, duc de Guise, oncle de la jeune reine, unissait en sa personne toutes les qualités qui commandent l'attention des hommes et assurent la domination sur eux. La France vénérait en lui son sauveur, l'homme qui avait relevé son honneur aux yeux de toute l'Europe. C'était contre son habileté et son courage qu'était venue échouer la fortune de Charles-Quint; sa mâle résolution avait effacé la honte des âges antérieurs et enlevé aux Anglais, après une occupation de deux cents ans, Calais, leur dernière possession sur le sol français. Son nom était dans toutes les bouches; l'admiration dont il était l'objet vivait dans tous les cœurs. Au coup d'œil étendu de qui est fait pour commander, de l'homme d'État et du général, il unissait l'audace du héros et l'habileté du courtisan. La nature, de même que la fortune, lui avait imprimé le sceau de la domination. Bien fait, d'une haute taille, d'un maintien royal, d'une physionomie ouverte et agréable, il avait déjà séduit les sens avant de subjuguer les âmes. L'éclat de son rang était rehaussé par une dignité naturelle et innée, qui, pour commander, ne paraissait avoir besoin d'aucune parure extérieure. Bienveillant sans s'abaisser, affable avec les plus petits, franc et confiant sans trahir les secrets de sa politique, prodigue envers ses amis et généreux envers son ennemi désarmé, il paraissait s'appliquer à réconcilier l'envie avec sa grandeur, l'orgueil d'une nation jalouse avec sa puissance. Mais tous ces avantages n'étaient que les instruments d'une ambition impétueuse, insatiable, qui, sans se laisser rebuter par aucun obstacle ni retenir par aucune considération, marchait intrépide au but élevé qu'elle s'était fixé, et, indifférente au sort du grand nombre, ne voyant qu'un moyen de succès dans le désordre universel, poursuivait ses projets audacieux à travers tous les détours de l'intrigue et avec toutes les armes terribles du pouvoir. La même ambition, soutenue par des dons non moindres, dominait le cardinal de Lorraine, frère du duc, lequel, aussi puissant par la science et l'éloquence que celui-ci par son épée, plus redoutable sous la pourpre que le duc sous la cotte de mailles, armait ses passions privées du glaive de la religion, et couvrait de ce voile sacré les noirs desseins de son ambition. D'accord sur le but commun, ce couple fraternel irrésistible se partagea la nation à conquérir, qui, avant de s'en douter, plia sous les chaînes dont il l'enlaça.

Il fut facile aux deux frères de s'emparer de la faveur du jeune roi, que son épouse, leur nièce, gouvernait avec un pouvoir absolu. Ce leur fut chose plus difficile de gagner à leurs vues la reine mère Catherine. Le titre de mère du roi la rendait puissante dans une cour divisée; plus puissante encore, la supériorité naturelle de son intelligence sur l'âme de son faible fils. Un esprit dissimulé, fécond en artifices, joint à un désir sans bornes de domination, pouvait faire d'elle une adversaire redoutable. Pour s'insinuer dans sa faveur, on n'épargna aucun sacrifice, on ne recula devant aucune bassesse. Il n'était pas de devoir si sacré qu'on ne violât pour flatter ses penchants; point d'amitié si fortement nouée qu'on ne rompît pour la sacrifier à ses ressentiments; point d'inimitié si profondément enracinée à laquelle on ne renonçât à l'endroit de ses favoris. En même temps, on ne négligeait rien de ce qui pouvait perdre le connétable auprès de la reine, et la cabale réussit ainsi, en effet, à empêcher la dangereuse union qui eût pu se former entre Catherine et ce général.

Cependant le connétable avait tout mis en mouvement pour se faire un parti redoutable qui pût l'emporter sur la faction lorraine. A peine Henri fut-il mort que tous les princes du sang et parmi eux, en particulier, Antoine de Bourbon, roi de Navarre, furent appelés par Montmorency à occuper auprès du monarque le poste auquel leur rang et leur naissance leur donnaient droit. Mais, avant même qu'ils eussent eu le temps de paraître, les Guises les avaient déjà prévenus auprès du roi. Celui-ci déclara aux députés du parlement, qui venaient le saluer à l'occasion de son avènement, que désormais, pour toute affaire d'État, on aurait à s'adresser aux princes lorrains. Aussi le duc prit-il possession sans délai du commandement des troupes; le cardinal de Lorraine choisit pour sa part l'important article des finances. Montmorency reçut l'avis glacial d'aller se reposer dans ses terres. Là-dessus les princes du sang mécontents tinrent une réunion à Vendôme, que dirigea le connétable absent, pour délibérer sur les mesures à prendre contre l'ennemi commun. Conformément aux décisions de ce conciliabule, le roi de Navarre fut envoyé à la cour, pour faire auprès de la reine mère une dernière tentative de négociations, avant qu'on se permît des moyens violents. Cette mission était confiée à une main trop malhabile pour ne pas manquer son but. Antoine de Navarre, effrayé de la toute-puissance des Guises, qui se montrèrent à lui dans toute la plénitude de leur grandeur, quitta Paris et la cour sans avoir rien fait, et les frères lorrains restèrent maîtres de la scène.

Cette facile victoire les enhardit, et ils commencèrent alors à ne plus respecter aucune borne. En possession des revenus publics, ils avaient déjà dépensé des sommes immenses pour récompenser leurs créatures. Les emplois, les bénéfices, les pensions étaient répandus d'une main libérale; mais cette prodigalité ne fit qu'accroître la cupidité de ceux qui recevaient et la foule des candidats, et ce qu'ils gagnaient par là auprès d'un petit nombre, ils le perdaient auprès d'un autre beaucoup plus grand, qui n'obtenait rien. L'avidité avec laquelle ils s'appropriaient eux-mêmes la meilleure partie des dépouilles de l'État, l'insolence offensante avec laquelle ils s'emparaient, aux dépens des plus nobles maisons, des fonctions les plus importantes, répandaient un mécontentement général dans les âmes; mais rien ne fut plus révoltant pour les Français que ce que l'orgueil hautain du cardinal de Lorraine se permit à Fontainebleau. La présence du monarque avait attiré dans ce lieu de plaisance, où la cour se trouvait alors, un grand nombre de personnes qui étaient venues pour réclamer soit une solde ou une pension arriérées, soit les récompenses dues à leurs services. L'insistance impétueuse de ces gens, parmi lesquels était une partie des officiers les plus méritants de l'armée, fut à charge au cardinal. Pour se débarrasser d'eux d'une seule fois, il fit dresser près du château royal une potence, et en même temps proclamer par le crieur public que tous ceux, de quelque condition qu'ils fussent, qu'une réclamation quelconque avait amenés à Fontainebleau, devaient, sous peine du gibet, quitter Fontainebleau dans les vingt-quatre heures. Le Français ne supporte pas un tel traitement; entre tous les peuples il est celui envers qui son roi peut le moins se le permettre. A la vérité, la solitude se fit, en un seul jour, à Fontainebleau; mais aussi, en même temps, plus de mille cœurs emportèrent avec eux dans toutes les provinces le germe du mécontentement.

Vu les progrès que le calvinisme avait faits dans le royaume, vers la fin du gouvernement de Henri II, il était très-important de savoir quelles mesures les nouveaux ministres prendraient contre cette secte. Zélés partisans du pape, aussi bien par conviction que par intérêt; disposés peut-être dès lors à s'appuyer, si les circonstances les pressaient, sur le secours de l'Espagne; persuadés en même temps de la nécessité de gagner la plus nombreuse et la plus puissante moitié de la nation par un zèle religieux vrai ou feint, ils ne purent hésiter un seul instant sur le parti qu'il fallait adopter dans ces conjonctures. Henri II, peu de temps avant sa mort, avait résolu la perte des calvinistes, et il suffisait, pour atteindre ce but, de laisser son cours à la persécution commencée. Le répit que le trépas de ce roi donna aux protestants fut donc très-court. L'esprit de persécution se réveilla dans toute sa fureur, et les princes lorrains se firent d'autant moins de scrupule de sévir contre un parti religieux qu'un grand nombre de leurs ennemis favorisait depuis longtemps en secret.

Le procès du célèbre conseiller au parlement Anne du Bourg annonça les mesures sanguinaires du nouveau gouvernement. Il expia par le gibet sa pieuse constance; les quatre autres conseillers qui avaient été arrêtés avec lui, éprouvèrent un traitement plus doux. Cet acte public et non équivoque des princes lorrains contre le calvinisme fournit aux grands mécontents l'occasion souhaitée de soulever contre le ministère tout le parti réformé, et de faire de la cause de leur ambition blessée la cause de la religion et un des grands intérêts de toute l'Église protestante. Alors donc se fit la funeste confusion entre les griefs politiques et les intérêts de la foi : contre l'oppression politique on appela à son secours le fanatisme religieux. Avec un peu plus de modération envers les calvinistes défiants, il eût été facile aux Guises d'enlever aux grands, irrités d'avoir été laissés de côté, un appui redoutable, et d'étouffer ainsi à sa naissance une terrible guerre civile. Mais, en poussant à bout les deux partis, les mécontents aussi bien que les calvinistes déjà redoutables par leur nombre, ils les forcèrent à s'allier, à mettre en commun leur vengeance et leurs craintes, à confondre leurs divers griefs, et à réunir en une faction menaçante leurs forces partagées. Dès lors le calviniste ne vit dans les Lorrains que les oppresseurs de sa foi, et dans chacun de ceux que poursuivait leur haine, qu'une victime de leur intolérance, qu'il fallait venger. Dès lors le catholique ne considéra ces mêmes Lorrains que comme les protecteurs de son Église, et chacun de ceux qui se levaient contre eux comme un huguenot qui cherchait à renverser l'Église orthodoxe. Chaque parti eut alors un chef, et chaque grand ambitieux un parti plus ou moins redoutable. Le signal d'une division générale était donné, et toute la nation trompée se trouvait entraînée dans la querelle particulière de quelques citoyens dangereux.

A la tête des calvinistes se placèrent les princes de Bourbon, Antoine de Navarre et Louis prince de Condé, avec la célèbre famille des Châtillons, illustrée dans l'histoire par le grand nom de l'amiral de Coligny. Le voluptueux prince de Condé eut assez de peine à s'arracher du sein des plaisirs, pour devenir la tête d'un parti opposé aux Guises; mais l'excès de leur orgueil et une suite d'offenses éprouvées par lui avaient enfin éveillé d'une oisive mollesse son ambition assoupie. Les excitations pressantes des Châtillons le forcèrent de quitter la couche de la volupté pour le théâtre de la politique et de la guerre. La maison de Châtillon offrait, en ce temps-là, trois frères incomparables, dont l'aîné, l'amiral Coligny, servait la cause publique par son talent de général, sa sagesse, son courage opiniâtre; le second, François d'Andelot, par son épée; le troisième, le cardinal de Châtillon, évêque de Beauvais, par son habileté dans les négociations et sa subtile adresse. Une singulière harmonie de pensées réunissait ces caractères, du reste si dissemblables, en un redoutable faisceau, et les dignités dont ils étaient revêtus, leurs alliances et liaisons, le respect attaché à leur nom, donnaient de l'importance à une entreprise à la tête de laquelle ils se plaçaient.

Dans un des châteaux du prince de Condé, sur les limites de la Picardie, les mécontents tinrent une assemblée secrète, dans laquelle il fut convenu d'enlever le roi du milieu de ses ministres, et de s'emparer en même temps de ces derniers, morts ou vifs. On en était venu à ne plus regarder la personne du roi que comme une chose qui par elle-même ne signifiait rien, mais qui, dans les mains de ceux qui se vantaient d'en être maîtres, pouvait devenir un redoutable instrument de puissance. Comme on ne pouvait exécuter que les armes à la main ce projet audacieux, on résolut dans cette même assemblée, de lever une troupe guerrière, qui, pour n'exciter aucun soupçon, se réunirait, par petits détachements, de tous les districts du royaume, à Blois, où la cour devait passer le printemps. Toute l'entreprise pouvant être présentée comme une affaire de religion, on se tenait assuré de la coopération la plus énergique des calvinistes, dont le nombre était, alors déjà, estimé dans le royaume à deux millions. Mais on attira aussi dans la conjuration beaucoup de catholiques des plus sincères, sous le prétexte qu'on n'en voulait qu'aux Guises. Pour mieux cacher le prince de Condé, qui était le vrai chef de toute l'entreprise, mais qui trouvait sage de rester encore invisible pour le moment, on donna au complot un chef subordonné et visible, dans la personne d'un certain Renaudie, gentilhomme périgourdin, que son courage audacieux, éprouvé dans des querelles et des dangers, son activité infatigable, ses liaisons dans l'État, et ses rapports avec les calvinistes émigrés, rendaient particullièrement propre à ce poste. Cet homme avait été forcé depuis longtemps, pour des méfaits, de jouer le rôle de proscrit, et d'apprendre à employer pour sa propre conservation l'art de la dissimulation que sa mission actuelle exigeait de lui. Tout le parti le connaissait pour un personnage résolu, capable de tout acte d'audace, et la confiance enthousiaste qui l'élevait lui-même au-dessus de tout obstacle, pouvait de lui s'étendre à tous les membres de la conjuration.

Toutes les mesures furent très-bien prises, et tous les accidents possibles prévus, pour laisser le moins qu'il se pouvait au hasard. Renaudie reçut des instructions détaillées, où rien n'était oublié de ce qui pouvait assurer un heureux succès à l'entreprise. Le vrai chef caché, disait-on, se nommerait et paraîtrait publiquement, dès qu'on en viendrait à l'exécution. Ce fut à Nantes, en Bretagne, où le parlement tenait alors ses séances, et où une suite de réjouissances, occasionnées fortuitement par les noces de plusieurs grands de cette province, pouvait convenablement excuser l'affluence de la foule, que Renaudie rassembla, en l'an 1560, ses gentilshommes. Ce sont de semblables circonstances que les Gueux, quelques années plus tard, mirent à profit, à Bruxelles, pour former leur complot contre le ministre espagnol Granvelle. Dans un discours plein d'éloquence et de feu, que l'historien de Thou nous a conservé, Renaudie découvrit à ceux qui ne le savaient point encore l'objet de la convocation, et chercha à exciter les autres à un actif concours. Il n'épargna rien pour présenter les Guises sous le jour le plus odieux, et il leur imputa avec un art perfide tous les maux qui avaient visité la nation depuis leur entrée en France. Leur noir dessein était, disait-il, en éloignant du roi et du gouvernement de l'État les princes du sang, et tous les hommes les plus dignes et les plus nobles, de faire du jeune roi, dont la personne délicate n'était pas trop en sûreté, donnait-il à entendre, dans les mains de tels gardiens, un instrument aveugle de leur volonté, et de frayer à leur propre race la voie au trône de France, fallût-il, pour y réussir, exterminer toute la famille royale. Cela une fois supposé, il n'y avait point de résolution si hardie, point d'entreprise contre eux si coupable, que l'honneur même et le plus pur amour de l'État ne pussent justifier, et même ne commandassent. « Pour ce qui me concerne, dit à la fin l'orateur par un mouvement des plus vifs, j'affirme et jure, et prends le ciel à témoin, que je suis loin de rien dire ni rien faire contre le monarque, contre la reine, sa mère, contre les princes du sang; mais j'affirme et jure aussi que, jusqu'à mon dernier soupir, je défendrai contre les attaques de ces étrangers la majesté du trône et la liberté de la patrie. »

Une déclaration de ce genre ne pouvait manquer son effet sur des hommes qui, excités par tant de griefs privés, emportés par le vertige du temps et un aveugle zèle religieux, étaient capables des résolutions les plus hardies. Tous répétèrent unanimement cette formule de serment, qu'ils mirent en écrit et qu'ils scellèrent en se donnant la main et s'embrassant. Il y a une remarquable analogie entre la conduite de ces conjurés de Nantes et la manière d'agir des confédérés de Bruxelles. Là, comme ici, c'est le légitime souverain qu'on veut paraître défendre contre les usurpations de son ministre, tandis qu'on ne se fait aucun scrupule de blesser un de ses droits les plus sacrés : sa liberté dans le choix de ses serviteurs. Là, comme ici, c'est l'État qu'on veut se donner l'apparence de protéger contre l'oppression, en le livrant cependant manifestement à toutes les horreurs d'une guerre civile. Lorsqu'on fut d'accord sur les mesures à prendre, et qu'on eut fixé pour terme le 15 mai 1560, et la ville de Blois pour lieu de l'exécution, on se sépara, et chaque gentilhomme retourna dans sa province, pour se procurer le nombre d'hommes dont on avait besoin. Cette levée se fit avec le meilleur succès, et le secret de l'entreprise n'eut rien à souffrir de la foule de ceux qui étaient nécessaires pour l'accomplisssement du projet. Le soldat s'engageait vis-à-vis du capitaine, sans connaître l'ennemi contre lequel il était destiné à combattre. De petits groupes commencèrent à se mettre en mouvement des provinces les plus éloignées, et ils grossissaient de plus en plus à mesure qu'ils approchaient de leur lieu de réunion. Déjà des troupes affluaient au centre du royaume, que les Guises sommeillaient encore, sans nulle inquiétude, à Blois, où ils avaient conduit le roi. Un avis obscur qui les mettait en garde contre l'entreprise qui les menaçait, les tira enfin de ce repos et les détermina à transporter la cour de Blois à Amboise, ville qui, à cause de sa citadelle, pourrait se défendre plus longtemps, espérait-on, contre une attaque inattendue.

Ce contre-temps pouvait simplement apporter un petit changement aux mesures des conjurés, mais ne modifiait rien dans la partie essentielle de leur projet. Tout suivit son cours sans obstacle, et ce ne fut pas à leur vigilance, à la trahison d'un des complices, mais au simple hasard, que les Guises durent leur salut. Renaudie lui-même commit l'imprudence de révéler à un avocat de Paris, nommé Avenelles, qui était son ami et chez qui il demeurait, tout le dessein; et la conscience timorée de cet homme ne lui permit pas de garder pour lui un si dangereux secret. Il le révéla à un secrétaire intime du duc de Guise, qui le fit conduire en toute hâte à Amboise pour y répéter sa déclaration devant le duc. Autant avait été grande la sécurité des ministres, autant furent grands leur effroi, leur défiance, leur trouble. Tout ce qui les entourait leur devint suspect. On fit une enquête jusque dans les cachots des prisons pour pénétrer au fond du complot. Parce qu'on supposait, non sans raison, que les Châtillons connaissaient le projet, on les manda, sous un prétexte bienséant, à Amboise, dans l'espérance de pouvoir là les mieux observer. Lorsqu'on leur demanda, en vue des circonstances présentes, leur avis, Coligny n'hésita pas à parler de la manière la plus vive contre les ministres, et à défendre avec la plus grande chaleur la cause des réformés. Ses représentations, jointes à la crainte du moment, produisirent assez d'effet sur la majorité du conseil d'État, pour qu'un édit fût rédigé, qui mettait les réformés à l'abri de la persécution, à l'exception de leurs prédicants et de tous ceux qui étaient entrés dans des projets violents. Mais ce moyen extrême venait maintenant trop tard, et le voisinage d'Amboise commençait à se remplir de conjurés. Condé lui-même parut avec une suite nombreuse, pour pouvoir, au moment décisif, soutenir les rebelles. On était convenu qu'un certain nombre de ceux-ci se présenterait, absolument sans armes, et sous prétexte de vouloir remettre une supplique, aux portes d'Amboise, et que, dans le cas où ils ne trouveraient pas de résistance, ils prendraient possession, à l'aide de la supériorité de leur nombre, des rues et des remparts. Pour plus de sûreté, ils devaient être appuyés de quelques escadrons, qui, au premier signe de résistance, accourraient, et, joints à l'infanterie répandue autour de la ville, s'empareraient des portes. Pendant que du dehors on aurait agi de la sorte, les complices de la conjuration qui se trouvaient secrètement dans la ville même, cachés, pour la plupart, dans la suite de Condé, devaient prendre les armes et s'emparer, sans retard, des princes lorrains, morts ou vifs. Le prince de Condé se serait montré alors publiquement, comme le chef du parti, et aurait saisi, sans difficulté, le timon de l'État.

Tout ce plan d'opérations fut communiqué traîtreusement au duc de Guise, qui par là se vit en état de prendre, pour le déjouer, des mesures déterminées. Il fit en toute hâte lever des soldats, et envoyer à tous les gouverneurs des provinces l'ordre d'arrêter tous les détachements armés qui se dirigeaient sur Amboise. Toute la noblesse des environs fut invitée à s'armer pour la défense du monarque. Sous prétexte de missions spécieuses, les plus suspects furent éloignés; les Châtillons et le prince de Condé, occupés à Amboise même, et entourés d'espions; la garde du roi relevée; les portes désignées pour l'attaque, murées. Hors de la ville rôdaient de nombreux corps d'éclaireurs pour disperser ou terrasser les nouveaux venus suspects, et la potence attendait tous ceux qui avaient le malheur de tomber vivants entre leurs mains.

C'est dans ces circonstances défavorables que Renaudie arriva devant Amboise. Les groupes de conjurés se suivaient les uns les autres; le malheur de leurs frères qui les avaient précédés n'arrêtait pas ceux qui étaient en route. Le chef ne négligea rien pour encourager par sa présence les combattants, réunir ceux qui étaient dispersés, décider les fuyards à demeurer fermes. Seul, ou du moins n'ayant qu'un homme avec lui, il parcourut les campagnes environnantes, et fut ainsi tué d'un coup de feu, après la plus courageuse résistance, par une troupe de cavaliers du roi. Son cadavre fut transporté à Amboise, où on l'attacha à la potence, avec cette inscription : « Chef des rebelles. »

Cet événement fut immédiatement suivi d'un édit qui amnistiait tous ceux de ses complices qui déposeraient les armes sur-le-champ. Se confiant à cette promesse, un grand nombre retournèrent aussitôt sur leurs pas ; mais ils eurent bientôt sujet de s'en repentir. Une dernière tentative qui fut faite, pour s'emparer de la ville d'Amboise, par ceux qui étaient restés, mais qui échoua, comme les précédentes, épuisa la modération des Guises, et les poussa à rétracter la promesse royale. Tous les gouverneurs des provinces reçurent l'ordre de s'emparer des conjurés qui revenaient, et dans Amboise même on commença de terribles poursuites contre quiconque était suspect aux Lorrains. Là, comme dans tout le royaume, coula le sang des malheureux, qui souvent savaient à peine le crime pour lequel ils souffraient la mort. Sans aucune forme de procès, on les jetait, pieds et poings liés, dans la Loire, parce que les mains des bourreaux ne pouvaient plus suffire à la besogne. Il n'y en eut qu'un petit nombre d'un rang plus élevé qu'on réserva à la justice pour pallier par leur solennelle condamnation le massacre qui avait précédé.

Pendant que la conjuration prenait une si triste fin, et que tant d'instruments ignorants étaient sacrifiés à la vengeance des Guises, le prince de Condé, le plus coupable de tous et le directeur invisible de toute l'entreprise, jouait son rôle avec une dissimulation sans exemple, et osait braver le soupçon qui l'accusait généralement. Sûr que son secret était impénétrable, et convaincu que la torture même ne pourrait arracher à ses partisans ce qu'ils ne savaient pas, il demanda une audience au roi, et insista pour se justifier formellement et publiquement. C'est ce qu'il fit, en présence de toute la cour et des ambassadeurs étrangers, expressément invités pour cela, avec la noble indignation d'un accusé innocent, avec toute la fermeté et la dignité que d'ordinaire la conscience d'une bonne cause peut seule inspirer.

« Si quelqu'un, dit-il en finissant, était assez audacieux pour m'accuser comme l'auteur de la conjuration, pour prétendre que j'ai eu le dessein de soulever les Français contre la personne sacrée de leur roi, je renonce (je le déclare ici) au privilége de mon rang et suis prêt à lui prouver avec cette épée qu'il ment. — Et moi, reprit François de Guise, je ne permettrai jamais qu'un si noir soupçon déshonore un si grand prince. Souffrez donc que dans ce combat singulier je sois votre second. » Et par cette comédie se termina une des conjurations les plus sanglantes que l'histoire connaisse, aussi remarquable par son but et par les grands intérêts qui étaient en jeu, que par le mystère et la ruse avec lesquels elle fut conduite.

Les opinions demeurèrent partagées, encore bien longtemps après, sur les véritables ressorts et le but réel de cette conjuration : l'intérêt privé des deux partis les engageait à fausser le vrai point de vue. Si les réformés, dans leurs écrits publics, répandaient le bruit que le mécontentement excité par l'intolérable tyrannie des Guises les avait seul armés, et qu'ils avaient toujours été loin de la pensée de conquérir par des moyens violents la liberté de religion, dans les lettres du parti royaliste, au contraire, la conjuration était représentée comme dirigée contre la personne même du monarque et contre toute la maison royale, comme n'ayant eu en vue rien de moins que de renverser la monarchie avec la religion catholique, et de changer la France en une confédération de républiques semblable à la Suisse: Il paraît que la plus grande partie de la nation en jugea autrement, et que c'est seulement la perplexité des Guises qui se mit à l'abri derrière ces apparences, pour donner une autre direction au mécontentement général qui s'éveillait contre eux. La compassion pour les infortunés que le ressentiment des Lorrains avait si cruellement sacrifiés, disposait, jusqu'à des catholiques zélés, à diminuer la faute des victimes, et enhardissait les protestants à reconnaître hautement la part qu'ils avaient eue au complot. Cette tendance défavorable des esprits avertit les ministres, plus énergiquement que ne l'eût pu faire aucun acte de violence, qu'il était temps de se modérer, et ainsi l'avortement même de la conjuration d'Amboise procura aux calvinistes du royaume, au moins pour un temps, un traitement plus doux.

Pour étouffer, prétendait-on, la semence des troubles et pacifier la France par des voies paisibles, on eut l'idée de provoquer une délibération des personnes les plus considérables du royaume. A cette fin, les ministres convoquèrent à Fontainebleau les princes du sang, la haute noblesse, les chevaliers des ordres et les principaux magistrats, pour y traiter des matières en ce moment les plus importantes. Mais cette assemblée ne répondit ni à l'attente de la nation ni aux vœux des Guises, parce que la défiance des Bourbons ne leur permit pas d'y paraître, et que les autres chefs du parti mécontent, qui ne pouvaient guère refuser l'invitation, apportèrent la guerre dans cette réunion, et mirent à la gêne par leur suite nombreuse et armée le parti contraire. D'après les démarches postérieures des ministres, on pourrait considérer le soupçon des princes comme n'étant pas tout à fait sans fondement, quand ils regardaient toute cette assemblée comme un coup d'État des Guises pour prendre dans un même piége, sans effusion de sang, les chefs des mécontents. Comme la bonne contenance de leurs adversaires déjoua ce projet, l'assemblée se passa en vaines formalités et en discussions vides, et à la fin les points contestés furent remis à une tenue générale des états, qui devaient prochainement s'ouvrir dans la ville d'Orléans.

Chacun des deux partis, plein de méfiance envers l'autre, employa l'intervalle à se mettre en état de défense et à machiner la ruine de ses adversaires. Le mauvais succès du complot d'Amboise n'avait pu arrêter les intrigues du prince de Condé. Dans le Dauphiné, la Provence, et d'autres contrées, il mit en mouvement les calvinistes, par ses agents secrets, et fit prendre les armes à ses partisans. De son côté, le duc de Guise fit occuper par des troupes les places qui lui étaient suspectes, changea les commandants des forteresses, et n'épargna ni argent ni peine pour être informé de chaque démarche des Bourbons. Plusieurs de leurs agents furent en effet découverts et mis en prison; divers papiers importants, qui jetaient du jour sur les machinations du prince, tombèrent dans les mains du duc. Par là il réussit à se mettre sur la trace des projets dangereux que Condé tramait contre lui, et qu'il voulait exécuter aux états généraux, à Orléans. Ces états précisément n'inquiétaient pas peu les Bourbons, qui semblaient, dans tous les cas, y courir de grands risques, qu'ils s'en absentassent ou qu'ils y parussent. S'ils se refusaient à obéir aux sommations réitérées du roi, ils avaient tout à redouter pour leurs biens, et, d'autre part, non moins à craindre pour leur sûreté personnelle s'ils se livraient à leurs ennemis. Après de longues délibérations, ils adoptèrent le second parti, et les deux Bourbons se décidèrent à ce funeste voyage.

Les états approchaient sous de tristes auspices, et, au lieu de la mutuelle confiance qui eût été si nécessaire pour unir la tête et les membres en vue d'un même but, et pour jeter, à l'aide de concessions réciproques, les fondements d'une réconciliation durable, le soupçon et l'amertume remplissaient les âmes. A la place des sentiments de paix attendus, chaque parti apportait à l'assemblée un cœur irréconciliable et de noirs desseins, et le sanctuaire de la sûreté publique et du repos était choisi pour sanglant théâtre de la trahison et de la vengeance. La crainte des embûches dont les Guises l'effrayaient sans cesse, empoisonnait le repos du roi, qui, dans la fleur de ses années, dépérissait visiblement, voyait le poignard tiré contre lui par ses plus proches parents, et la tombe s'ouvrir déjà sous ses pas, au milieu de tous les présages du malheur public. Son entrée dans la ville d'Orléans fut mélancolique et de triste augure, et le bruit sourd des armes étouffa toute explosion de joie. Toute la cité fut aussitôt remplie de soldats, qui occupaient chaque porte, chaque rue. Des mesures si inaccoutumées répandirent partout l'inquiétude et l'appréhension, et firent craindre qu'on ne tramât quelque sombre dessein.

Le bruit en vint jusqu'aux Bourbons, avant qu'ils eussent encore atteint Orléans, et les fit hésiter pendant quelque temps s'ils continueraient le voyage.

Mais, quand ils auraient changé de résolution, le repentir maintenant venait trop tard; car un corps d'observation des troupes royales, qui les entourait de toutes parts, leur avait déjà coupé toute retraite. Ils parurent donc à Orléans le 30 octobre

1560, accompagnés du cardinal de Bourbon leur frère, que le roi avait envoyé au-devant d'eux avec les assurances les plus sacrées de la loyauté de ses vues.

L'accueil qu'ils reçurent contredit grandement ces assurances. De loin déjà la mine glaciale des ministres et l'embarras des courtisans, leur annonça leur ruine. Une sombre gravité se peignit sur le visage du monarque, lorsqu'ils parurent en sa présence pour le saluer, et bientôt il éclata en plaintes violentes contre le prince de Condé. Tous les torts qu'on imputait à celui-ci lui furent reprochés l'un après l'autre, et l'ordre de l'arrêter est prononcé avant même qu'il ait le temps de répondre à cette accusation foudroyante.

On ne pouvait, dans un acte si violent, s'arrêter à moitié chemin. Des papiers qui déposaient contre le prisonnier étaient déjà tenus tout prêts, et l'on avait réuni tous les rapports qui faisaient de lui un criminel : il ne manquait que la formalité du jugement. On institua à cette fin une commission extraordinaire, qui était tirée du parlement de Paris et avait à sa tête le chancelier de L'Hôpital. En vain l'accusé en appela au privilége de sa naissance, en vertu duquel il ne pouvait être jugé que par le roi lui-même, les pairs et le parlement en assemblée plénière. On le força de répondre, et l'on eut même recours à l'artifice de prononcer sur un mémoire particulier qui était simplement destiné à son avocat, mais malheureusement signé de la main du prince, comme sur une défense judiciaire en règle. L'intervention de ses amis, de sa famille, fut vaine; en vain sa femme se jeta aux pieds du roi, qui ne voyait dans le prince que le ravisseur de sa couronne et son meurtrier. En vain le roi de Navarre s'abaissa même devant les Guises, qui le renvoyèrent avec mépris et dureté. Pendant qu'il implorait la vie d'un frère, le poignard des traîtres n'était suspendu qu'à un cheveu au-dessus de sa propre tête. Dans les appartements mêmes du monarque, une troupe d'assassins l'attendait, qui, conformément aux instructions données, devaient tomber sur lui, dès que le roi par une vive contestation avec ce prince leur en donnerait le signal. Le signal ne vint pas, et Antoine de Navarre sortit sain et sauf du cabinet du monarque, qui avait, il est vrai, assez peu de noblesse dans l'âme pour résoudre un assassinat, mais trop de pusillanimité pour le faire exécuter en sa présence.

Les Guises se montrèrent bien autrement résolus à l'endroit de Condé, et d'autant plus que la santé défaillante du monarque leur commandait de se hâter. L'arrêt de mort était prononcé contre lui, déjà la sentence était signée d'une partie des juges, quand tout à coup on vit le roi étendu, sans espoir de salut, sur sa couche. Cette circonstance décisive fit hésiter les adversaires du prince, et réveilla le courage de ses amis. Bientôt le condamné éprouva lui-même dans sa prison les effets de ce changement. Il attendait avec une égalité d'humeur admirable et une sérénité d'esprit sans nuage, séparé de tout l'univers, entouré de gardiens ennemis, la décision de son sort, quand on vint lui faire des propositions imprévues pour un accord avec les Guises. « Point d'accord, répondit-il, qu'à la pointe de l'épée. » La mort du roi qui arriva à propos, le préserva de payer de sa tête cette malheureuse parole.

François II était monté sur le trône dans une si tendre jeunesse, il l'avait occupé parmi des circonstances si peu favorables, avec une santé si chancelante, et il en est si promptement descendu, qu'on doit se faire scrupule de l'accuser des troubles qui rendirent son court règne si orageux et qu'il légua à son successeur. Instrument sans volonté de la reine, sa mère, et des Guises, ses oncles, il ne se montra sur la scène politique que pour débiter machinalement le rôle qu'on lui faisait apprendre, et c'eût été sans doute trop attendre de ses facultés médiocres, que de vouloir qu'il déchirât la trame menteuse sous laquelle la ruse des Guises lui cachait la vérité. Une seule fois l'on put croire que son bon sens naturel et sa bonté voulaient réduire à néant les artifices trompeurs de ses ministres. L'indignation universelle et violente qui se manifesta à l'occasion du complot d'Amboise, ne put, avec quelque soin que les Guises gardassent le jeune monarque, demeurer pour lui un secret. Son cœur lui disait que cette explosion de mécontentement ne pouvait, en aucune façon, s'adresser à lui qui avait encore trop peu agi pour mériter la colère de personne. « Qu'ai-je donc fait à mon peuple, demanda-t-il, plein d'étonnement, à ses oncles, pour qu'il soit à ce point irrité contre moi ? Je veux entendre ses griefs et lui rendre justice....

Il est manifeste, ce me semble, continua-t-il, que c'est vous que l'on a en vue. Il me serait vraiment agréable de vous voir vous éloigner pour un temps de ma présence, afin qu'il paraisse clairement à qui de vous ou de moi l'on en veut. » Mais les Guises ne montrèrent nulle envie de tenter une telle épreuve, et la chose n'alla point au delà de ce mouvement fugitif.

François II était mort sans postérité, et le sceptre passa au second des fils de Henri, à un prince qui n'avait pas plus de dix ans, à cet infortuné jeune homme dont le nom est voué, par le massacre de la Saint-Barthélemy, à une horrible immortalité. Ce sombre règne commença sous de malheureux auspices. Un proche parent du monarque sur le seuil de l'échafaud, un autre échappé par un simple hasard aux mains des meurtriers ; les deux moitiés de la nation soulevées l'une contre l'autre, et une partie ayant déjà la main sur l'épée; la torche du fanatisme affreusement agitée; de loin déjà le sourd tonnerre de la guerre civile; tout l'État sur le penchant de sa ruine; la trahison dans l'intérieur de la cour; au sein de la famille royale, la discorde et le soupçon. Dans le caractère de la nation un mélange terrible et contradictoire d'aveugle superstition, de mysticisme ridicule et de libertinage d'esprit; de grossièreté de sentiment et de volupté raffinée; là, les têtes obscurcies par une religion de moines fanatiques; ici, les âmes corrompues par une irréligion pire encore : les deux extrêmes de la démence réunis dans une effrayante alliance. Parmi les grands eux-mêmes, des mains habituées au meurtre, des lèvres habituées à la tromperie, des vices révoltants et contre nature, qui ne tarderont pas à insinuer leur poison dans toutes les classes du peuple. Sur le trône, un mineur, qui a sucé à la mamelle les artifices machiavéliques, qui grandit au milieu des tempêtes civiles, élevé par des fanatiques et des flatteurs, instruit à la tromperie, ignorant ce qu'est l'obéissance d'un peuple heureux, non exercé à pardonner, n'ayant conscience de son rôle de souverain que par le terrible droit du châtiment, familiarisé par la guerre et les bourreaux avec le sang de ses sujets ! Des souffrances d'une guerre ouverte, l'État malheureux est précipité dans le piége affreux d'une secrète et insidieuse conjuration; il n'est délivré de l'anarchie d'un gouvernement en tutelle que par un court et terrible repos, durant lequel le meurtre aiguise ses poignards. La plus triste époque de la France commença à l'avénement au trône de Charles IX, pour durer au delà d'un âge d'homme et ne finir qu'au règne glorieux de Henri de Navarre [1].

La mort de son premier-né et l'âge tendre de Charles IX amenèrent la reine mère, Catherine de Médicis, sur le théâtre des affaires, et avec elle une nouvelle politique et de nouvelles scènes de misère. Cette princesse, avide de domination, née pour l'intrigue, n'ayant rien à apprendre en fait de tromperie, et maîtresse dans tous les artifices de la dissimulation, avait supporté avec impatience les chaînes que le despotisme des Guises, écartant toute autre influence, avait imposées à sa passion dominante. Soumis et insinuants vis-à-vis d'elle, tant qu'ils eurent besoin de l'appui de la reine contre Montmorency et les princes de Bourbon, ils la négligèrent dès qu'ils se sentirent affermis dans leur dignité usurpée. Se voir exclue par des étrangers de la confiance de son fils, voir traiter sans sa participation les affaires d'État les plus importantes, c'était là une trop sensible blessure faite à son ambition pour qu'elle la pût supporter avec calme. Avoir de l'importance était son penchant dominant; se savoir nécessaire à tous les partis, était son bonheur. Il n'y avait rien qu'elle ne sacrifiât à ce penchant; mais toute son activité se renfermait dans le domaine de l'intrigue, où elle pouvait déployer avec éclat ses talents. L'intrigue seule avait du prix à ses yeux; les hommes lui étaient indifférents. Comme régente du royaume et mère de trois rois, chargée de la tâche pénible de maintenir l'autorité attaquée de sa maison contre la fureur des partis, elle n'avait à opposer à l'insolence des grands que l'astuce, à la violence que la ruse. Placée entre les factions ennemies des Guises et des princes de Bourbon, elle observa longtemps une politique incertaine, incapable d'agir d'après un plan arrêté et irrévocable. Livrée aujourd'hui, quand l'humeur

---

1. C'est ici que finit l'introduction du premier volume de la deuxième partie des *Mémoires historiques*. La suite forme l'introduction du tome II, sous ce titre : *Continuation de l'Histoire des troubles qui précédèrent en France le règne de Henri IV.*

contre les Guises la dominait, au parti réformé, elle ne rougissait
pas le lendemain, quand son intérêt le commandait, de servir
d'instrument à ces mêmes Guises qui avaient su flatter son penchant. Puis elle n'hésitait pas un seul instant à trahir tous les
secrets qu'une confiance imprudente lui avait livrés en dépôt.
Un seul vice la dominait, mais qui est le père de tous les vices:
c'était de ne connaître aucune différence entre le bien et le mal.
Sa moralité était le jouet des circonstances, et, selon le moment,
elle était également disposée à l'inhumanité et à la douceur, à
l'humilité et à l'orgueil, à la vérité et au mensonge. Toute
autre passion était sous l'empire de son égoïsme, et il fallait
que l'amour même de la vengeance se tût quand son intérêt
l'exigeait. Terrible caractère, non moins révoltant que ces
épouvantails décriés dans l'histoire qu'un rude pinceau nous
présente sous une forme monstrueuse.

Mais, si toutes les vertus morales lui manquaient, elle réunissait tous les talents de son état, toutes les vertus de circonstance, tous les avantages de l'esprit qui se concilient avec un
tel caractère; seulement elle profanait tous ces dons en les
abaissant à n'être que les instruments d'un tel caractère. La
majesté et la dignité royale éclataient dans sa personne; tout ce
qu'elle organisait était brillant et plein de goût; elle captivait
tous les regards, pourvu qu'ils ne pénétrassent pas dans son
âme; elle charmait tout ce qui approchait d'elle par la grâce de
son commerce, sa conversation spirituelle, sa bonté prévenante.
Jamais la cour de France n'avait été aussi splendide que depuis
le jour où Catherine était devenue la reine de cette cour. Elle
transplanta sur le sol français tous les raffinements des mœurs
italiennes, et une légèreté joyeuse régnait dans sa maison,
même parmi les épouvantes du fanatisme et au milieu de la
désolation de la guerre civile. Tous les arts trouvaient auprès
d'elle des encouragements; tous les genres de mérite, pourvu
qu'ils ne fussent pas au service de la bonne cause, étaient
l'objet de son admiration. Mais parmi les présents qu'elle apportait à sa nouvelle patrie se cachaient de dangereux poisons,
qui corrompaient les mœurs de la nation, et excitaient dans les
têtes un malheureux vertige. La jeunesse de la cour, affranchie
par elle de la contrainte des anciennes coutumes, et initiée à la

dissolution, se livra bientôt sans retenue à son penchant pour le plaisir; on n'apprit que trop tôt à déposer, avec les modes des ancêtres, leur pudeur et leur vertu. La tromperie et la fausseté chassèrent du commerce de la vie la noble vérité des temps chevaleresques, et le plus précieux palladium de l'État, la fidélité et la confiance disparurent aussi bien de la vie publique que de l'intérieur des familles. Le goût pour les rêveries astrologiques qu'elle apporta de sa patrie, fut un puissant renfort amené par elle à la superstition. Cette folie de la cour descendit bientôt dans les classes les plus infimes, pour devenir à la fin un funeste instrument dans les mains du fanatisme. Mais le plus triste présent qu'elle fit à la France, ce furent les trois rois, ses fils, qu'elle éleva dans son esprit et plaça sur le trône avec ses principes.

Les lois de la nature et de l'État appelaient la reine Catherine, pendant la minorité de son fils, à la régence; mais les circonstances dans lesquelles elle devait en prendre possession, abattirent fort son courage. Les états généraux se trouvaient assemblés à Orléans; l'esprit d'indépendance était éveillé, et deux partis puissants armés pour la lutte l'un contre l'autre. Les chefs des deux factions aspiraient à la domination; il n'y avait point d'autorité royale, pour intervenir et arrêter leur ambition, et la constitution de la régence et de la tutelle, qui devait combler cette lacune, ne pouvait être que l'œuvre de leur mutuel accord. Le roi n'était pas encore mort, que Catherine se vit déjà sollicitée par les deux partis et provoquée aux mesures les plus opposées. Les Guises et leurs partisans, se prévalant de l'assistance des états, dont la majorité était gagnée par eux, et se voyant appuyés du secours de tout le parti catholique, insistaient vivement pour qu'elle fît exécuter la sentence rendue contre le prince de Condé, et abattît par ce seul coup la maison de Bourbon, dont l'ambition redoutable menaçait sa propre famille. D'un autre côté, Antoine de Navarre la pressait d'employer pour le salut de son frère la puissance qui allait lui échoir, et de s'assurer par là la soumission de tout son parti. Il ne vint à la pensée d'aucune des deux factions d'attaquer les prétentions de la reine à la régence. La situation désavantageuse dans laquelle la mort du roi surprenait les princes de Bourbon, les détourna sans doute d'aspirer pour eux-mêmes à cet honneur, comme ils l'eussent fait probablement dans d'autres circonstances, et par conséquent ils aimèrent mieux rester muets, pour ne pas donner, en élevant des doutes sur les droits de Catherine, un encouragement à l'ambition des Guises. Les Guises, de leur côté, ne voulurent point, par leur opposition, courir le risque de rappeler à la nation les titres plus grands des Bourbons. Par la reconnaissance tacite des droits de Catherine, les deux partis s'excluaient réciproquement de la compétition, et chacun d'eux espérait, sous le nom de la reine, pouvoir atteindre plus aisément au but de son ambition.

Catherine, guidée par les sages conseils du chancelier de L'Hôpital, prit le prudent parti de ne se livrer à aucune des deux factions pour servir d'instrument contre l'autre, et de jouer, en gardant un juste milieu entre elles, le rôle de maîtresse vis-à-vis de toutes deux. Arrachant le prince de Condé à la fureur de vengeance de ses adversaires, elle fit valoir au roi de Navarre cet important service, et en même temps elle assura les princes lorrains de sa puissante assistance, dans le cas où les Bourbons, sous le nouveau gouvernement, manifesteraient par des actes leur ressouvenir des mauvais traitements qu'ils avaient soufferts sous l'ancien. A l'aide de cette politique, elle se vit, immédiatement après la mort du roi, sans opposition de la part de personne et même sans la coopération des états rassemblés à Orléans, qui demeurèrent spectateurs inactifs de cet important événement, en possession de la régence, et le premier usage qu'elle en fit fut de rétablir, en élevant les Bourbons, l'équilibre entre les deux partis. Condé sortit de prison à des conditions honorables, pour aller attendre dans les domaines de son frère le temps de sa justification. Au roi de Navarre fut donnée, avec le poste de lieutenant général du royaume, une branche importante de la puissance souveraine. Les Guises sauvèrent du moins leurs espérances futures en se maintenant à la cour, et ils pouvaient devenir pour la reine contre l'ambition des Bourbons un puissant appui.

Une apparence de calme revint ainsi, il est vrai; mais il s'en fallait beaucoup qu'une sincère confiance fût rétablie entre des âmes si profondément blessées. Pour produire cet accord, on jeta les yeux sur le connétable de Montmorency, que le despotisme des Guises avait tenu éloigné sous le gouvernement précédent, et que l'avénement d'un nouveau roi ramenait maintenant sur son ancien théâtre. Plein d'un zèle loyal pour le bien de la patrie, fidèle au roi comme à sa foi, Montmorency était bien l'homme qui pouvait se placer entre la reine et son ministre, garantir leur réconciliation et subordonner au bien public les vues particulières de tous deux. La ville d'Orléans, remplie de soldats, au moyen desquels les Guises avaient effrayé leurs adversaires et dominé les états, montrait encore partout les traces de la guerre, quand le connétable y arriva et congédia aussitôt la garde des portes. « Mon seigneur et roi, dit-il, parcourra désormais tout son royaume en toute sûreté et sans garde du corps. » « Ne craignez rien, sire, dit-il au jeune monarque, en pliant un genou devant lui et en baisant sa main, sur laquelle coulèrent ses larmes. Que les troubles présents ne vous effrayent point. Je donnerai ma vie, et tous vos bons sujets avec moi, pour vous conserver votre couronne. » Et il tint en effet, sans retard, sa parole, en mettant sur un pied légal la future administration du royaume, et en aidant à fixer entre la reine mère et le roi de Navarre les limites du pouvoir. Les états généraux d'Orléans, qui n'avaient été convoqués qu'en vue d'attirer dans le piége les princes de Bourbon et qui devenaient inutiles dès que ce dessein était déjoué, furent maintenant clos, après l'appareil théâtral de quelques vaines délibérations, pour se réunir de nouveau au mois de mai de la même année. Justifié, et dans tout l'éclat de son ancienne dignité, le prince de Condé reparut à la cour pour triompher de ses ennemis. Son parti trouva dans le connétable un puissant renfort. Toute occasion fut recherchée désormais de blesser les anciens ministres, et tout semblait vouloir se réunir pour leur ruine. Oui, peu s'en fallut que le parti maintenant dominant ne mît la régente dans la nécessité de choisir entre le renvoi des Lorrains et la perte de sa régence.

La prudente politique de la reine laissa les Guises encore debout, il est vrai, dans cet orage, parce que pour elle-même, pour la monarchie, peut-être aussi pour la religion, tout eût été à craindre, si elle avait laissé opprimer ce parti par la faction des Bourbons. Mais un appui si faible et si inconstant ne pouvait tranquilliser les Guises, et moins encore le rôle subordonné dont il fallait maintenant qu'ils se contentassent pouvait satisfaire leur ambition. Aussi n'avaient-ils rien négligé pour pouvoir désormais se passer de la protection de la reine, et ils surent faire servir jusqu'au triomphe anticipé de leurs adversaires à fortifier leur propre parti. La haine de leurs ennemis, non contente de les avoir éloignés du timon des affaires, étendait maintenant la main vers leurs richesses, et demandait compte des présents et des gratifications que les princes lorrains et leurs partisans avaient extorqués sous les règnes précédents. Cette réclamation attaquait, outre les Guises, la duchesse de Valentinois, le maréchal de Saint-André, un des favoris de Henri II, et, par malheur, le connétable lui-même, qui avait très-largement exploité la libéralité de Henri et de plus était allié par son fils à la maison de la duchesse. Le fanatisme religieux était l'unique faiblesse, et l'avidité le seul vice qui souillassent les vertus de Montmorency, et par lesquels il donnât prise aux perfides intrigues des Lorrains. Ceux-ci, qui étaient unis par un intérêt commun avec le maréchal et la duchesse, mirent à profit cette circonstance pour attirer à leur parti le connétable, et ils y réussirent à souhait, en faisant agir chez lui le double mobile de l'avarice et du zèle religieux. Avec un art astucieux, ils lui représentèrent l'attaque des calvinistes sur leurs possessions, comme un acte qui tendait à la ruine de la foi catholique, et le vieillard abusé tomba d'autant plus aisément dans ce piége, qu'il avait été plus choqué des marques de faveur que la régente, depuis quelque temps, donnait publiquement aux calvinistes. Cette conduite de la reine, qui était si peu d'accord du reste avec toute sa manière de voir, c'étaient les Guises eux-mêmes qui y avaient donné lieu par leurs intelligences suspectes avec Philippe II, roi d'Espagne. Ce redoutable voisin de la France, dont l'ambition insatiable, toujours avide d'agrandissement, dévorait d'un œil de convoitise les États étrangers, tandis qu'il ne savait conserver ses propres possessions, avait depuis longtemps attaché ses regards sur les affaires intérieures de ce royaume, contemplé avec complaisance les tempêtes qui l'ébranlaient, et, par les instruments achetés de ses desseins, entretenu perfidement la haine des factions. Sous le titre de protecteur, il tyrannisait la France. Un ambassadeur espagnol traçait, dans les murs de Paris, aux catholiques la conduite qu'ils devaient observer à l'égard de leurs adversaires, rejetait ou approuvait leurs mesures, selon qu'elles étaient d'accord avec les intérêts de son maître, et jouait ouvertement et sans pudeur le rôle de ministre. Les princes de Lorraine se tenaient étroitement attachés à lui, et ils ne prenaient aucune résolution grave à laquelle la cour d'Espagne n'eût part. Dès que l'alliance des Guises et du maréchal de Saint-André avec Montmorency, qui est connue sous le nom de triumvirat, fut conclue, ils reconnurent, du moins on les en accuse, le roi d'Espagne pour leur chef suprême, qui, en cas de nécessité, devait les soutenir avec une armée. Ainsi se forma dans le royaume, de la réunion de deux factions autrefois en lutte, une nouvelle puissance redoutable, qui, appuyée de toute la portion catholique de la nation, mettait en danger cet équilibre que la reine Catherine s'était tant efforcée d'établir entre les deux partis religieux. Elle eut recours conséquemment à son moyen accoutumé, aux négociations, pour maintenir au moins dans sa dépendance les esprits divisés. Nécessairement la religion couvrait d'ordinaire de son nom toutes les querelles des factions, parce qu'elle seule attachait aux Guises les catholiques du royaume, et aux Bourbons les réformés. La prépondérance que le triumvirat paraissait obtenir faisait craindre à la secte des réformés une nouvelle oppression; la résistance de celle-ci, menaçait tout le royaume d'une guerre intérieure, et çà et là des escarmouches entre les deux partis religieux, quelques révoltes partielles dans la capitale, étaient déjà les symptômes précurseurs de cette guerre. Catherine mit tout en œuvre pour étouffer la flamme qui faisait éruption, et ses efforts persévérants aboutirent enfin à la publication d'un édit qui délivrait, à la vérité, les réformés de la crainte de payer de la mort leurs convictions, mais néanmoins leur interdisait toute célébration de leur culte et particulièrement les assemblées qu'ils avaient demandé si instamment qu'on leur permît. C'était là, assurément, un bien petit profit pour le parti protestant; mais au moins, pour le moment, la dangereuse explosion de leur désespoir était arrêtée, et entre les chefs des partis à la cour une réconciliation apparente était préparée, qui sans doute prouvait combien peu ceux qui s'étaient placés à la tête des huguenots prenaient à cœur le sort de leurs coreligionnaires, qu'ils avaient sans cesse à la bouche. Ce qui coûta le plus de peine, ce fut l'accord qu'on entreprit de faire entre le prince de Condé et le duc de Guise, l'on fit intervenir pour cela le roi lui-même. Après être convenu d'avance des paroles, des gestes, des actions, on joua cette comédie en présence du monarque. « Racontez-nous, dit celui-ci au duc de Guise, comment les choses se sont vraiment passées à Orléans. » Le duc aussitôt fit de la conduite qui avait été tenue alors envers le prince une peinture pleine d'art, qui le disculpait lui-même de toute participation et rejetait la faute entière sur le roi défunt. « Quel que soit celui qui m'a fait cette offense, répondit Condé, en se tournant vers le duc, je le déclare un pervers et un indigne. — Moi aussi, repartit le duc; mais cela ne me concerne point. »

La régence de la reine Catherine fut la période des négociations. Ce que celles-ci ne purent produire, on espéra l'obtenir par les états de Pontoise et par le colloque de Poissy, au moyen desquels on comptait à la fois mettre un terme aux griefs politiques de la nation, et tenter un rapprochement réciproque des religions. Les états de Pontoise n'étaient que la suite de ceux qui avaient été ouverts sans résultat à Orléans et qu'on avait remis au mois de mai de cette année 1561. Ces états encore ne sont remarquables que par une violente attaque des députés contre le clergé, qui se détermina à un don gratuit[1] pour ne pas perdre les deux tiers de ses biens.

Le colloque amiable de religion qui eut lieu à Poissy, petite ville peu éloignée de Saint-Germain, entre les docteurs des trois Églises, excita une attente non moins vaine. En France aussi bien qu'en Allemagne on avait demandé depuis longtemps, pour faire cesser les divisions dans l'Église, un concile général qui s'occupât de la suppression des abus, de la réforme des mœurs du clergé, et de la définition des dogmes combattus. Ce concile avait été en effet convoqué à Trente, en 1542, et continué pendant plusieurs années, mais il avait été dispersé par les trou-

---

1. *Don gratuit* est en français dans le texte.

bles guerriers qui s'élevèrent dans l'Allemagne en 1552, sans avoir rempli l'espérance qu'on en avait conçue. Depuis ce temps on n'avait pu décider aucun pape à le rouvrir, conformément au vœu général, jusqu'à ce qu'enfin l'excès des maux dont les querelles religieuses accablaient les peuples de l'Europe engagèrent la France en particulier à insister expressément à ce sujet, et à obtenir de force du pape Pie IV la reprise des séances. Les délais du pape avaient cependant inspiré au ministère français l'idée de rapprocher les esprits les uns des autres par une conférence amiable entre les docteurs des trois religions sur les points contestés, et de montrer dans la réfutation des assertions hérétiques la force de la vérité. Un des principaux objets qu'on avait en vue était de faire paraître au jour, à cette occasion, la grande différence qui régnait entre le luthéranisme et le calvinisme, et d'enlever par là aux partisans de cette dernière doctrine l'appui des luthériens allemands, qui les rendait si redoutables. C'est surtout pour ce motif, assure-t-on, que le cardinal de Lorraine prit une part très-active à ce colloque, dans lequel il voulait briller à la fois par sa science théologique et par son éloquence. Pour rendre d'autant plus éclatant le triomphe de la vraie religion sur la fausse, les séances devaient être publiques. La régente parut en personne avec son fils, avec les princes du sang, les ministres d'État et tous les grands officiers de la couronne, pour ouvrir les conférences. Cinq cardinaux, quarante évêques, plusieurs docteurs, parmi lesquels Claude D. Espensa se distinguait par sa science et par sa pénétration, se présentèrent pour l'Église romaine; douze théologiens choisis portèrent la parole pour l'Église protestante. Le plus éminent d'entre ceux-ci était Théodore de Bèze, un prédicant de Genève, esprit aussi fin qu'ardent, puissant orateur, redoutable dialecticien, et le plus habile champion de cette lutte.

Invité à exposer d'abord les points de doctrine de son parti, Bèze se leva au milieu de la salle, s'y agenouilla, et récita, en levant les mains, une prière. Il la fit suivre de sa profession de foi, l'appuya de tous les arguments que la brièveté du temps lui permit d'employer, et termina par un touchant tableau du traitement sévère qu'on infligeait jusqu'ici dans le royaume à ses frères dans la foi. On l'écouta en silence; seulement lorsqu'il vint à parler de la présence du corps de Jésus-Christ dans la Cène, un murmure involontaire s'éleva dans l'assemblée. Quand Bèze eut terminé, on se demanda d'abord à la ronde si on le jugerait digne d'une réponse, et le cardinal de Lorraine n'eut pas peu de peine à obtenir le consentement des évêques pour lui répliquer. A la fin cependant il entra en lice, et, dans un discours plein d'art et d'éloquence, il réfuta les principales propositions de son adversaire, surtout celles qui attaquaient l'autorité de l'Église et la doctrine catholique de la sainte Cène. On s'était déjà repenti d'avoir rendu le jeune roi témoin d'une conférence où les plus saints dogmes de l'Église étaient traités avec tant de liberté. Aussi, dès que le cardinal eut fini son discours, tous les évêques se levèrent, entourèrent le roi, et s'écrièrent: « Sire, c'est là la vraie foi ! c'est la pure doctrine de l'Église, celle que nous sommes prêts à sceller de notre sang ! »

Dans les séances suivantes, auxquelles on jugea plus prudent de ne pas faire assister le roi, on traita par ordre les autres points contestés, et l'on s'occupa surtout des questions relatives à la Cène, pour arracher au prédicant génevois sa propre et positive opinion sur ce dogme. La doctrine des luthériens sur ce point s'écartant, comme on le sait, de celle des réformés plus encore que de la croyance enseignée par l'Église catholique, on espérait mettre aux prises par là les deux Églises hérétiques. Mais alors ce colloque sérieux, qui devait avoir pour but de convaincre, dégénéra en une subtile lutte de mots, où l'on se servit plus des piéges et des artifices de l'escrime oratoire que des armes de la raison. Un comité plus restreint, formé de cinq docteurs de chaque croyance, auquel on abandonna à la fin la conclusion de toute la querelle, la laissa indécise comme elle était avant, et chaque parti, quand on se sépara, se déclara vainqueur.

Cette conférence ne répondit donc pas mieux, en France, à l'attente qu'on en avait conçue, qu'une autre semblable tentée en Allemagne, et l'on revint aux vieilles intrigues politiques, qui jusque-là avaient toujours produit le plus d'effet. La cour de Rome se montra surtout très-active par ses légats pour rehausser la puissance du triumvirat, sur lequel semblait reposer le salut de l'Église catholique. A cette fin, on chercha à y gagner le roi de Navarre et à le détacher du parti réformé : projet fort bien calculé d après le caractère inconstant de ce prince. Antoine de Navarre, plus remarquable par son grand fils Henri IV que par ses propres actions, n'annonçait le père de Henri IV par rien autre chose que ses galanteries et sa valeur guerrière. Incertain, sans consistance, de même que son petit trône héréditaire chancelait entre deux voisins redoutables, de même sa politique timide balançait d'un parti à un autre; sa croyance, d'une Église à une autre; son caractère, entre le vice et la vertu. Il fut, durant toute sa vie, le jouet de passions étrangères, et poursuivit, avec une espérance toujours trompée, un fantôme menteur que l'astuce de ses rivaux lui savait présenter. L'Espagne, appuyée des intrigues papales, avait enlevé à la maison de Navarre une partie considérable de ce royaume, et Philippe II, qui n'était pas homme à réparer une injustice qui lui était utile, continua de retenir les domaines dont ses ancêtres avaient dépouillé l'héritier légitime. Antoine de Navarre n'avait à opposer à un si puissant ennemi que les armes de l'impuissance. Tantôt il se flattait d'obtenir, par souplesse, de l'équité et de la générosité de son adversaire, ce qu'il renonçait à lui arracher par la crainte; tantôt, quand cet espoir était déçu, il recourait à la France, et comptait être remis par le secours de cette puissance en possession de sa propriété. Trompé dans cette double attente, il se dévouait, poussé par le chagrin de son cœur, à la cause des protestants, qu'il ne se faisait aucun scrupule d'abandonner, dès qu'il voyait poindre l'espoir d'atteindre le même but par l'aide de leurs adversaires. Esclave de sa politique égoïste et craintive, mobile dans ses résolutions comme dans ses espérances, il n'appartenait jamais tout entier au parti dont il portait le nom, et n'achetait, même de son sang, la reconnaissance ni de l'un ni de l'autre, parce qu'il le versait pour tous deux.

C'est sur ce prince que les Guises fixèrent alors les yeux, pour fortifier par son accession la puissance du triumvirat; mais la promesse de la restitution de la Navarre était déjà chose trop usée pour pouvoir encore faire quelque effet sur ce roi souvent déçu. Ils eurent donc recours à une nouvelle invention, qui, bien qu'elle n'eût pas plus de fondement que les précédentes, répondit parfaitement aux vues de ses auteurs. Après qu'ils eurent vainement tenté d'éblouir ce prince défiant par l'offre d'un mariage avec la reine veuve, Marie Stuart, et par la perspective, attachée à cette union, des royaumes d'Écosse et d'Angleterre, il fallut que Philippe II, en dédommagement de la Navarre enlevée, lui offrît l'île de Sardaigne. On ne négligea pas, pour rendre plus vif son désir, d'étaler à ses yeux les plus magnifiques peintures des avantages attachés à ce royaume. On fit valoir aussi les espérances assez proches qu'il avait sur le trône de France, dans le cas où la famille régnante s'éteindrait dans les fils délicats de Henri II : perspective qu'il se fermerait inévitablement en demeurant davantage dans le parti protestant. Enfin on excita sa vanité par cette considération, qu'en sacrifiant de si grands avantages, il ne gagnait pas même de jouer le premier rôle dans un parti que le génie du prince de Condé gouvernait en maître absolu. L'âme faible du roi de Navarre ne put résister longtemps à de si énergiques représentations. Afin de n'être pas le second dans le parti réformé, il s'abandonna sans réserve à celui des catholiques, pour y avoir encore bien moins d'importance; et, afin de ne pas rencontrer un rival dans le prince de Condé, il se donna dans la personne du duc de Guise un maître et un dominateur. Les bosquets d'orangers de la Sardaigne, à l'ombre desquels il rêvait d'avance pour lui-même une vie délicieuse, séduisirent son imagination, et il se jeta aveuglément dans le piège qui lui était tendu. Il abandonna même la reine Catherine pour se livrer entièrement au triumvirat, et le parti réformé vit un ami, qui ne lui avait guère servi, se changer en un ennemi déclaré, qui lui nuisit encore moins.

Les efforts de la reine Catherine avaient établi entre les chefs des deux partis religieux une apparence de paix, mais non entre les partis mêmes, qui continuaient de se poursuivre avec la haine la plus furieuse. Chacun des deux, là où il était le plus puissant, opprimait ou harcelait l'autre, et, des deux côtés, les chefs regardaient ce spectacle sans y prendre part, contents que, de la sorte, le zèle ne s'éteignît pas et que l'esprit factieux demeurât en haleine. Bien que le dernier édit de la reine Catherine défendît aux réformés toute assemblée publique, on ne tenait nul compte de cette interdiction, partout où l'on se sentait assez fort pour la braver. A Paris aussi bien que dans les villes des provinces, il y avait, malgré cet édit, des prêches publics, et les tentatives faites pour les troubler n'avaient pas toujours une heureuse issue. La reine remarqua avec crainte cet état d'anarchie, car elle prévoyait que par cette petite guerre on ne ferait qu'aiguiser les épées pour une plus grande. Aussi le pacifique et tolérant chancelier de L'Hôpital, son conseiller le plus important, n'eut-il pas de peine à la disposer à l'abrogation d'un édit, qui, comme on n'en pouvait assurer l'exécution, ne faisait qu'affaiblir l'autorité de la puissance législative, familiarisait le parti réformé avec la désobéissance et la rébellion, et, par les efforts que faisait le parti catholique pour lui donner force de loi, entretenait entre les deux un funeste esprit de persécution. A l'instigation de ce sage patriote, la régente convoqua à Saint-Germain un comité tiré de tous les parlements du royaume, chargé de délibérer « sur les mesures qu'il fallait prendre, en vue du bien public, au sujet des réformés et de leurs assemblées, abstraction faite du mérite ou du démérite inhérent à leur religion. » La réponse était déjà contenue dans la question, et un édit très-favorable aux réformés fut la conséquence de cette délibération. Dans cet édit on leur accordait formellement de se réunir, en dehors des murs, il est vrai, et sans armes, pour les actes de leur culte, et l'on recommandait à toutes les autorités de prendre ces assemblées sous leur protection. En retour, ils devaient être tenus de rendre aux catholiques toutes les églises et tous les objets du culte enlevés à ceux-ci, de payer au clergé catholique les redevances, comme les catholiques eux-mêmes, et du reste d'observer les fêtes et jours fériés, et les degrés de parenté dans les mariages, d'après les prescriptions de l'Église dominante. Cet édit qui, du mois de janvier 1562, où il fut publié, a été nommé l'édit de janvier, fut enregistré, non sans une grande résistance, au parlement de Paris, et les catholiques sévères, ainsi que le parti espagnol, l'accueillirent avec autant de mécontentement que les réformés firent éclater de joie et de triomphe. Le mauvais vouloir de leurs ennemis paraissait désarmé par ce moyen, et c'était à leurs yeux le premier pas décisif vers une existence légale dans le royaume qu'on leur eût encore fait faire. De son côté, la régente se flattait d'avoir tracé, par cet édit, une limite infranchissable entre les deux Églises, d'avoir donné de salutaires entraves à l'ambition des grands, et éteint pour longtemps l'amorce de la guerre civile. Pourtant ce fut cet édit de paix qui, par la violation qu'il éprouva, poussa les réformés aux résolutions les plus violentes et amena la guerre qu'il était destiné à prévenir.

Ainsi donc cet édit de janvier 1562, bien loin de répondre aux vues de son auteur et de maintenir dans les limites du bon ordre les deux partis religieux, ne fit qu'exciter les ennemis des protestants à former des plans d'autant plus cachés et d'autant pires. Les avantages que l'édit avait accordés aux réformés, et la préférence marquée que la reine témoignait à leurs chefs, le prince de Condé et les Châtillons, blessèrent profondément l'esprit bigot et l'ambition du vieux Montmorency, des deux Guises et des Espagnols, leurs alliés. Les chefs des deux factions s'observaient entre eux tacitement, mais sans demeurer oisifs, et ils ne paraissaient attendre que le moment qui pouvait être favorable à l'explosion de leur passion dissimulée. Chaque parti, fermement résolu à répondre aux hostilités par des hostilités, évitait soigneusement de les ouvrir et de se donner aux yeux du monde les premiers torts. Un hasard amena enfin ce qu'on désirait et redoutait, au même degré, des deux parts.

Le duc de Guise et le cardinal de Lorraine avaient quitté, depuis quelque temps, la cour de la régente, et s'étaient retirés vers les frontières d'Allemagne, d'où ils pouvaient empêcher plus aisément l'entrée des protestants allemands dans le royaume. Mais bientôt le parti catholique regretta l'absence de ses chefs, et le crédit croissant des réformés auprès de la reine fit désirer ardemment leur retour. Le duc se mit donc en route pour Paris, accompagné d'une suite nombreuse, qui s'accroissait à mesure qu'il avançait. Son chemin le menait par Vassy, sur les confins de la Champagne, où par hasard la communauté réformée était réunie pour un prêche public. La suite du duc, insolente comme son commandant, engagea avec cette troupe fanatique une querelle qui bientôt aboutit à des violences. Dans le tumulte désordonné de ce combat, le duc lui-même, qui était accouru à la hâte pour rétablir la paix, fut blessé d'un jet de pierre au visage. La vue de sa joue sanglante excite la rage de ses compagnons, qui alors, pareils à des bêtes furieuses, se précipitent sur ces gens sans défense, égorgent, sans égard pour le sexe ni pour l'âge, tout ce qui s'offre à eux, et profanent indignement les objets du culte qu'ils trouvent en ce lieu. Toute la France protestante s'émut de ces violences, et les plaintes les plus vives furent portées devant le trône de la régente, par le prince de Condé et par une députation envoyée à cet effet. Catherine fit tous ses efforts pour maintenir la paix, et, comme elle était convaincue qu'il ne fallait avoir affaire qu'aux chefs pour apaiser les partis, elle appela avec instance le duc de Guise à la cour, qui se tenait alors à Monceaux, où elle espérait ménager un accommodement entre lui et le prince de Condé.

Mais ses efforts furent vains. Le duc osa lui désobéir et continuer sa route sur Paris, où il fit une entrée triomphante, accompagné d'une troupe nombreuse, et fut reçu en tumulte par une multitude entièrement dévouée à sa personne. En vain Condé, qui s'était jeté dans Paris peu de temps auparavant, essaya-t-il d'entraîner le peuple de son côté. Les Parisiens fanatiques ne virent en lui que le huguenot, qu'ils détestaient, tandis que dans le duc ils ne voyaient que l'héroïque champion de leur Église. Il fallut que le prince se retirât et abandonnât la place au vainqueur. Désormais il s'agissait de savoir lequel des deux partis l'emporterait sur l'autre en promptitude, en puissance, en audace. Pendant que le prince rassemblait des troupes en toute hâte à Meaux, où il s'était réfugié, et se réunissait aux Châtillons pour faire tête aux triumvirs, ceux-ci avaient déjà couru, avec une nombreuse cavalerie, à Fontainebleau, pour s'emparer de la personne du jeune roi, et mettre leurs adversaires dans la nécessité de paraître rebelles envers leur souverain.

La terreur et le trouble avaient, dès la première nouvelle de l'entrée du duc à Paris, saisi la régente : dans l'accroissement de la puissance de Guise elle voyait la ruine de la sienne. L'équilibre des factions, par lequel uniquement elle avait dominé jusque-là, était rompu, et son accession publique pouvait seule mettre le parti protestant en état de le rétablir. La crainte de tomber sous la tyrannie des Lorrains et de leur parti, la crainte qu'elle éprouvait pour la vie du roi, pour sa propre vie, triompha de tout scrupule. Ne s'inquiétant plus de l'ambition, autrefois si redoutée, des chefs protestants, elle ne chercha qu'à se mettre en sûreté contre l'ambition des Guises. La puissance des réformés, qui seule pouvait lui procurer cette sûreté, s'offrit à elle, dans sa première consternation : en présence du danger menaçant, il fallait maintenant que toute autre considération se tût. Elle accepta avec empressement l'assistance qui lui fut offerte par ce parti, et le prince de Condé fut invité, de la manière la plus pressante, quelques conséquences que pût avoir cette démarche, à défendre le fils et la mère. En même temps, pour n'être pas surprise par ses adversaires, elle se réfugia à Melun avec le roi, et de là, à Fontainebleau ; mais la promptitude des triumvirs déjoua cette précaution.

Ceux-ci se rendent aussitôt maîtres du roi, et laissent la mère libre ou de l'accompagner, ou de se choisir, à son gré, un autre séjour. Avant qu'elle ait le temps de prendre une résolution, on se met en marche, et elle est entraînée involontairement. De quelque côté qu'elle regarde, elle ne voit que sujets de crainte ; partout le danger est le même, vers quelque parti qu'elle incline. Elle choisit enfin le plus sûr, pour ne pas s'engager dans les embarras plus grands d'une situation incertaine, et elle est résolue de s'attacher à la fortune des Guises. On mène le roi en triomphe à Paris, où sa présence donne au zèle fanatique des catholiques le signal de se tout permettre contre les réformés. Tous leurs lieux de réunion sont pris d'assaut par la populace furieuse ; les portes sont enfoncées, les chaises et les bancs d'église brisés et réduits en cendres : ce fut le connétable de France, le vénérable vieillard Montmorency, qui accomplit cet exploit héroïque. Mais ce ridicule combat fut le prélude d'une guerre d'autant plus sérieuse.

Le prince de Condé n'avait manqué le roi à Fontainebleau que de quelques heures. Conformément au vœu de la régente, il s'était mis en route sur-le-champ, pour la prendre sous sa garde, elle et son fils ; mais il n'arriva que pour apprendre que le parti ennemi l'avait prévenu et que le moment décisif était perdu. Toutefois ce premier coup manqué n'abattit point son courage. « Puisque nous voilà si loin, dit-il à l'amiral Coligny, il faut passer à gué, ou couler à fond [1]. » Il vola avec ses troupes à

---

1. Les paroles mêmes de Condé sont : « C'en est fait, nous sommes plongés si avant qu'il faut boire ou se noyer. »

Orléans, où il arriva encore à temps pour donner la victoire au colonel d'Andelot, qui y luttait avec un grand désavantage contre les catholiques. Il résolut de faire de cette ville sa place d'armes, d'y rassembler ses partisans et de s'y ménager pour sa famille, et pour lui-même après un malheur, un refuge ouvert.

Des deux parts alors la guerre commença par des manifestes et des contre-manifestes, où était répandue toute l'amertume de la haine des partis, et où il ne manquait rien que la sincérité. Le prince de Condé, dans les siens, sommait tous les Français bien pensants d'aider à délivrer leur roi et la mère de leur roi de la captivité où les tenaient les Guises et leurs partisans. C'était par la possession même de la personne du roi que ces derniers cherchaient à prouver la justice de leur cause, et à décider tous les sujets fidèles à se réunir sous les drapeaux de leur souverain. Celui-ci même, le roi mineur, dut déclarer dans son conseil d'État qu'il était libre, ainsi que sa mère, et confirmer l'édit de janvier. Les deux partis jouèrent la même comédie vis-à-vis des puissances étrangères. Pour endormir les protestants allemands, les Guises déclarèrent que la religion n'était pas en jeu, et qu'il n'y avait guerre que contre les révoltés. Le prince de Condé employa un semblable artifice pour détacher les puissances catholiques étrangères des intérêts de ses ennemis. Dans cette lutte de la tromperie, Catherine ne démentit pas son caractère ni sa politique. Forcée par les circonstances de jouer un double personnage, elle sut, avec un art merveilleux, réunir en sa personne les rôles les plus contradictoires. Elle niait ouvertement les autorisations qu'elle avait accordées au prince de Condé, et lui recommandait sérieusement la paix, tandis qu'en secret, dit-on, elle secondait ses enrôlements et l'encourageait à pousser vivement la guerre. Quand les lettres du duc de Guise aux gouverneurs des provinces commandaient d'égorger tout ce qui était protestant, celles de la régente, au contraire, contenaient l'ordre tout opposé d'agir avec ménagement.

Tout en prenant ces précautions politiques, on ne perdait pas de vue l'affaire principale, la guerre même, et ces efforts apparents pour la conservation de la paix ne faisaient que donner d'autant plus de temps au prince de Condé pour se mettre en état de défense. Toutes les Églises réformées furent invitées par lui à subvenir aux dépenses d'une guerre qui les touchait de si près, et le fanatisme religieux de ce parti lui ouvrit leurs trésors. Les levées furent poussées de la manière la plus diligente ; une brave et fidèle noblesse s'arma pour le prince, et un acte solennel et détaillé fut dressé pour réunir en un seul corps tout le parti dispersé, et déterminer le but de la confédération. On y déclarait qu'on avait pris les armes pour défendre les lois du royaume, l'autorité et la personne même du roi, contre les attaques violentes de certaines têtes ambitieuses, qui jetaient le désordre dans tout l'État. On s'obligeait par un serment sacré de s'opposer, de toutes ses forces, aux blasphèmes, à toutes les profanations, à toutes les doctrines et coutumes superstitieuses, à tous les excès, etc. Ce qui équivalait à déclarer formellement la guerre à l'Église catholique. Enfin, l'on concluait en reconnaissant le prince de Condé pour chef de toute la confédération ; on lui promettait ses biens et son sang et la plus stricte obéissance. La rébellion eut dès lors une forme plus régulière ; les entreprises particulières, plus de rapport à l'ensemble, plus d'accord ; à partir de ce moment seulement, le parti devint un corps organisé, qu'un esprit intelligent animait. A la vérité, les catholiques et les réformés s'étaient depuis longtemps essayés les uns contre les autres dans de petits combats particuliers ; quelques nobles avaient isolément pris les armes dans diverses provinces, levé des soldats, conquis des villes par surprise, ravagé le plat pays, livré de petites batailles ; mais ces opérations particielles, de quelques souffrances qu'elles accablassent les contrées qui en étaient le théâtre, demeuraient sans conséquences pour l'ensemble, parce qu'on manquait aussi bien d'une place importante que d'une armée principale qui, après une défaite, pussent assurer un asile aux troupes fugitives.

Maintenant on s'armait dans tout le royaume, ici pour l'attaque, là pour la défense. En Normandie surtout, les villes principales, et Rouen d'abord, se déclarèrent pour les réformés. Un terrible esprit de discorde, qui déliait jusqu'aux nœuds les plus sacrés de la nature et de la société politique, parcourait les provinces. Le pillage, le meurtre et des combats sanglants signalaient chaque journée. L'affreux spectacle des cités fumantes annonçait la misère universelle. Des frères se séparaient de leurs frères, des pères de leurs fils, des amis de leurs amis, pour se ranger sous des chefs divers, et se retrouver dans l'horrible mêlée des citoyens. Cependant une armée régulière se réunissait sous les yeux du prince de Condé, à Orléans; une autre à Paris, sous les ordres du connétable de Montmorency et des Guises : toutes deux également impatientes de décider les grandes destinées de la religion et de la patrie.

Avant qu'on en vînt là, Catherine, inquiète de l'issue de la guerre, quelle qu'elle pût être, car elle menaçait, quel que fût le parti vainqueur, de lui donner un maître, tenta encore une fois la voie de la médiation. A son instigation, les chefs négocièrent en personne à Thoury, et, comme il n'y eut point de résultat, une nouvelle conférence eut lieu à Talsy, entre Châteaudun et Orléans. Le prince de Condé insista sur l'éloignement du duc de Guise, du maréchal de Saint-André et du connétable, et la reine avait en effet obtenu de ceux-ci que, pendant la conférence, ils s'éloigneraient à quelques lieues du quartier du roi. Après que le principal motif de méfiance eut été de la sorte écarté, cette princesse rusée, qui ne visait réellement qu'à se débarrasser de la tyrannie aussi bien d'un parti que de l'autre, sut, avec un art astucieux, amener le prince de Condé, par l'entremise de l'évêque de Valence, négociateur de la reine, à offrir de quitter le royaume avec tout son parti, si seulement ses adversaires voulaient faire de même. Elle le prit au mot sur-le-champ, et elle triomphait déjà de l'étourderie du prince, quand le mécontentement général de l'armée protestante et une plus mûre appréciation de cet acte irréfléchi, décidèrent Condé à rompre brusquement la conférence, et à rendre à Catherine tromperie pour tromperie. Ainsi échoua encore le dernier essai d'un accommodement amiable, et désormais l'issue de la querelle ne dépendit plus que des armes.

Les historiens ne se lassent pas de décrire les cruautés qui marquèrent cette guerre. Un seul regard jeté dans le cœur de l'homme et dans l'histoire suffira pour nous rendre concevables toutes ces horreurs. C'est une remarque qui n'est rien moins que neuve, que nulle guerre ne se fait d'une manière moins loyale et plus inhumaine que celles qu'excitent dans l'intérieur d'un État le fanatisme religieux et la haine des partis. Des mobiles qui ont déjà montré leur force en étouffant tout ce qui d'ordinaire est le plus sacré pour l'homme, qui ont rompu les liens respectables par lesquels le sujet est uni à son souverain, et triomphé de l'instinct plus puissant encore de la nature, ne trouvent plus de frein dans les devoirs de l'humanité; et la violence même que les hommes sont obligés de se faire pour briser ces fortes attaches, les entraîne, à l'aveugle et sans que rien les puisse retenir, aux dernières extrémités. Les sentiments de justice, de bienséance et de fidélité, qui se fondent sur l'égalité reconnue des droits, perdent leur pouvoir dans les guerres civiles, où chaque parti voit dans l'autre des criminels, et s'attribue à lui-même la mission de les châtier. Quand un État combat contre un autre, et que la volonté seule du souverain arme les peuples; quand le seul mobile de l'honneur les excite à la vaillance, l'honneur demeure sacré pour eux, même à l'égard de l'ennemi, et une généreuse bravoure sait ménager jusqu'à ses victimes. L'objet des désirs du guerrier est là quelque chose de tout à fait distinct de l'objet de son courage, et c'est la passion d'autrui qui combat par sa main. Dans les guerres civiles, c'est la passion du peuple qui combat, et l'ennemi est l'objet de cette passion. Chaque individu est ici l'offenseur, parce que chaque individu a embrassé par un libre choix le parti pour lequel il se bat. Chaque individu est ici l'offensé, parce qu'on méprise ce qu'il estime, parce qu'on attaque ce qu'il aime, parce que l'on condamne ce qu'il a choisi. Dans ces luttes où la passion et la nécessité mettent de force dans la main du paisible laboureur, de l'ouvrier, de l'artisan, le glaive auquel ils ne sont point accoutumés, l'acharnement et la fureur peuvent seuls suppléer au manque d'habileté guerrière; le désespoir, au défaut de vrai courage. Quand on a quitté son foyer, son séjour natal, sa famille, sa propriété, on jette, avec une envieuse complaisance, la torche de l'incendie sur le bien d'autrui, et l'on n'a nul égard, sur les lèvres d'un étranger, à la voix de la nature, qu'on n'a pas écoutée dans sa propre maison. Enfin, quand les sources mêmes sont troublées, d'où coule pour le commun peuple toute moralité, quand on insulte à tout ce qui est vénérable, que les choses saintes sont profanées, que les choses immuables sortent de leurs gonds, quand les organes vitaux de l'ordre général sont atteints de maladie, alors la contagion de l'ensemble se communique à chaque cœur en particulier, et dans chaque cerveau se déchaîne l'orage qui ébranle les fondements de l'État. Et trois fois plus terrible est le mal quand l'exaltation religieuse s'unit à la haine des factions, et que la torche de la guerre civile s'allume à la flamme impure du fanatisme sacerdotal.

Or c'était là le caractère de cette guerre qui alors ravageait la France. Du sein même de la religion réformée sortait l'esprit sombre et cruel qui donna à la lutte cette direction funeste, qui enfanta tous ces méfaits. Dans le camp de ce parti on ne voyait rien de riant, rien de réjouissant : un sombre zèle avait banni tous les jeux, tous les chants de société. A leur place résonnaient des psaumes, des prières, et les prédicants étaient sans cesse occupés d'inculquer au soldat ses devoirs religieux, et d'attiser son zèle fanatique. Une religion qui imposait aux sens de tels tourments ne pouvait inviter les âmes à l'humanité : le caractère de tout le parti devait nécessairement s'endurcir par l'effet de cette foi morne et servile. Toute trace de papisme mettait en fureur l'esprit exalté des calvinistes; les autels et les hommes, sans distinction, étaient sacrifiés à leur orgueil intolérant. Où ne les eût pas portés le fanatisme seul, la disette et le besoin les poussaient. Le prince de Condé lui-même donna l'exemple du pillage, qui bientôt fut imité dans tout le royaume. Privé des ressources à l'aide desquelles il avait jusque-là soutenu la guerre, il porta la main sur les objets consacrés au culte catholique, dont il put s'emparer, et fit fondre les saints vases et ornements. La richesse des églises offrait un trop grand appât à l'avidité des protestants, et la profanation des sanctuaires une trop douce satisfaction à leur soif de vengeance, pour qu'ils pussent résister à la tentation. Toutes les églises dont ils purent se rendre maîtres, les couvents surtout, furent en proie aux excès de leur avarice en même temps que de leur zèle fanatique. Non contents du pillage, ils profanaient les objets du culte de leurs ennemis avec la plus amère raillerie, et s'attachaient, avec une cruauté réfléchie, à déshonorer par une barbare licence tout ce qu'adoraient leurs adversaires. Ils démolissaient les églises, rasaient les autels, mutilaient les images des saints, foulaient aux pieds les reliques, ou les souillaient par l'usage le plus indigne, fouillaient même les tombeaux, et faisaient expier aux ossements des morts la foi des vivants. Il n'est pas étonnant que de si sensibles outrages poussassent aux plus terribles représailles, que toutes les chaires catholiques retentissent d'imprécations contre les infâmes profanateurs de la foi, que le huguenot, une fois pris, ne trouvât point de miséricorde chez le papiste, que les horreurs que l'on réputait commises contre la divinité fussent vengées par des horreurs contre la nature et l'humanité.

Les chefs donnèrent eux-mêmes le premier exemple de ces actes barbares, mais les excès auxquels la plèbe des deux partis fut ainsi entraînée leur inspirèrent bientôt le repentir de leur précipitation passionnée. Chaque parti s'efforçait de l'emporter sur l'autre en cruauté inventive. Non content de l'assouvissement sanglant de la vengeance, on cherchait encore à prolonger, par de nouveaux artifices de torture, cette jouissance affreuse. La vie humaine était devenue un jouet, et le rire moqueur du meurtrier aiguisait encore l'aiguillon douloureux de la mort. Nul asile, nul accord juré, nul droit des hommes ou des nations, ne protégeant contre la rage aveugle et brutale, il n'y avait plus ni foi, ni honneur, et par les serments on ne faisait qu'attirer les victimes. Un arrêt du parlement de Paris qui contenait la condamnation formelle et solennelle de la doctrine réformée, et vouait tous ses adhérents à la mort; une autre sentence plus énergique, œuvre du conseil du roi, et qui proscrivait tous les partisans du prince de Condé, lui seul excepté, comme violateurs de la majesté, n'étaient guère propres à contribuer à l'apaisement des esprits; car désormais le nom de leur roi et la perspective assurée du butin enflammaient le zèle persécuteur des papistes, et le désespoir exaltait le courage des huguenots[1].

---

1. Ici finit le morceau qui sert d'introduction au IIe volume de la IIe partie des *Mémoires historiques*. La suite ouvre le tome III, sous ce titre général, qui est une très-légère modification de celui du tome II : *Continuation de l'aperçu des troubles civils qui précédèrent en France le règne de Henri IV*, et avec le second titre : *Guerres civiles en France, de l'an 1562 à l'an 1569* (au lieu de 1569, il faut sans doute lire 1567).

En vain Catherine de Médicis avait employé tous les artifices de sa politique pour apaiser la fureur des partis ; en vain un arrêt du conseil avait déclaré rebelles et coupables de haute trahison tous les partisans du prince de Condé ; en vain le parlement de Paris avait pris parti contre les calvinistes : la guerre civile était déchaînée, et toute la France était en feu. Mais, quelque confiance que les religionnaires eussent dans leurs forces, le résultat ne répondit en aucune façon à l'attente que leur armement avait excitée. La noblesse réformée qui faisait la force principale de l'armée du prince de Condé, avait épuisé, en peu de temps, ses petites provisions, et, se voyant hors d'état, comme il ne se faisait rien de décisif et que la guerre traînait en longueur, de se défrayer elle-même désormais, elle obéit à la voix pressante de l'intérêt personnel, qui la rappelait chez elle pour défendre ses propres foyers. Elle fut bientôt dispersée, cette armée qui promettait de si grands exploits, et il ne resta d'autre parti au prince, beaucoup trop faible maintenant pour tenir la campagne contre un ennemi bien supérieur, que de s'enfermer, avec le reste de ses troupes, dans la ville d'Orléans.

Là, il attendit les secours que lui avaient fait espérer quelques puissances protestantes étrangères. L'Allemagne et la Suisse étaient, pour les deux parties belligérantes, une pépinière de soldats, dont la bravoure vénale, indifférente à la cause pour laquelle on combattait, était à la disposition du plus offrant. Des troupes mercenaires, allemandes et suisses, allaient joindre, selon que leur propre avantage et celui de leur chef le voulait, des drapeaux opposés, et l'intérêt de la religion exerçait peu d'influence sur leur choix.

Pendant qu'aux bords du Rhin on levait une armée pour le prince, un traité fort important fut, en même temps, conclu avec la reine Élisabeth d'Angleterre. La même politique qui, dans la suite, engagea cette princesse à s'ériger en protectrice des Pays-Bas contre leur oppresseur, Philippe d'Espagne, et à prendre sous sa garde ce nouvel État naissant, lui imposait de semblables devoirs envers les protestants français, et le grand intérêt de la religion ne lui permettait pas de demeurer spectatrice indifférente de la ruine de ses coreligionnaires dans un royaume voisin. Cette impulsion de sa conscience n'était pas peu fortifiée par les raisons politiques. Une guerre civile en France assurait son propre trône encore chancelant contre une attaque de ce côté, et lui offrait en même temps une occasion souhaitée d'agrandir, aux dépens de cet État, ses propres possessions. La perte de Calais était une blessure encore récente pour l'Angleterre: avec cette place frontière importante, elle avait perdu la libre entrée de la France. La politique d'Élisabeth s'occupait depuis longtemps de réparer ce dommage, et de s'établir solidement, d'un autre côté, dans le royaume, et la guerre qui s'était alors allumée en France lui offrait le moyen d'exécuter ce dessein. Six mille hommes de troupes auxiliaires anglaises furent accordés au prince de Condé, à la condition qu'une moitié occuperait le Havre-de-Grâce, et l'autre les villes de Rouen et de Dieppe, en Normandie, comme lieux de refuge pour leurs coreligionnaires persécutés. Ainsi la fureur de l'esprit de parti éteignit, pour un temps, chez les protestants français, tous les sentiments patriotiques, et la haine nationale invétérée contre les Anglais céda occasionnellement à la haine plus ardente des sectes et à l'intolérance des factions aigries.

La crainte de la prochaine entrée des Anglais en Normandie attira l'armée royale dans cette province, et la ville de Rouen fut assiégée. Le parlement et les bourgeois les plus notables avaient déjà fui auparavant de cette ville, dont la défense demeura abandonnée à une multitude fanatique, qui, échauffée par des prédicants exaltés, n'obéissait qu'à son zèle aveugle et à la loi du désespoir. Mais, malgré le courage de la population, les murs, après un mois de résistance, furent escaladés d'assaut, et l'opiniâtreté de leurs défenseurs fut châtiée par un traitement barbare, que les protestants, à Orléans, ne laissèrent pas longtemps impuni. La mort du roi de Navarre, qui fut la suite d'une blessure reçue devant Rouen, signala le siège de cette place, en l'an 1562, mais sans le rendre vraiment mémorable, car le décès de ce prince demeura également insignifiant pour les deux parties belligérantes.

La perte de Rouen et les progrès victorieux de l'armée ennemie dans la Normandie menaçaient le prince de Condé, qui maintenant ne voyait plus qu'un petit nombre de grandes villes dans sa dépendance, de la ruine prochaine de son parti, quand l'apparition des troupes auxiliaires allemandes, avec lesquelles son lieutenant Andelot, après avoir surmonté d'infinies difficultés, avait réussi à faire sa jonction, ranima ses espérances. A la tête de ces troupes, qui, unies aux siennes, formaient une armée considérable, il se sentit assez fort pour marcher sur Paris, et jeter l'effroi dans cette capitale en arrivant à l'improviste en armes. Sans l'habileté politique de Catherine, Paris, cette fois, eût été conquis, ou du moins une paix avantageuse eût été imposée par les protestants. A l'aide des négociations, son expédient ordinaire dans le danger, la reine sut arrêter le prince dans le cours de son entreprise, et, en le flattant d'un traité favorable, gagner du temps pour le salut. Elle promit de confirmer l'édit de janvier, qui accordait aux protestants le libre exercice de leur culte, et de n'excepter que les villes où siégeaient les cours souveraines de justice. Comme le prince voulait voir étendre à ces dernières aussi la tolérance religieuse, les négociations furent traînées en longueur, et Catherine eut le temps nécessaire pour prendre ses mesures. La trêve qu'elle sut obtenir de lui durant ces pourparlers, devint funeste aux confédérés, et, pendant que les royalistes, dans les murs de Paris, se refaisaient, et se renforçaient de troupes auxiliaires espagnoles, l'armée du prince se fondait par la désertion et la rigueur du froid, de sorte qu'en peu de temps il fut contraint à un honteux départ. Il dirigea sa marche vers la Normandie, où il attendait de l'argent et des troupes d'Angleterre; mais, non loin de la ville de Dreux, atteint par l'armée de la reine, qui le poursuivait, il se vit forcé à une action décisive. Consternées, irrésolues, comme si les sentiments étouffés de la nature avaient pour un moment réclamé leurs droits, les deux armées se regardèrent quelque temps avec stupeur, avant que les canons donnassent le signal de la mort. La pensée du sang de ses concitoyens et de ses frères qui allait être répandu, pénétrait d'une horreur passagère chacun des combattants. Mais cette lutte de la conscience ne dura pas longtemps; le cri sauvage de la discorde étouffa bientôt la faible voix de l'humanité. Une tempête d'autant plus furieuse succéda à ce silence significatif. Des deux côtés, l'on combattit avec un courage également audacieux, avec la même violence, le même acharnement. La victoire flotta incertaine d'un parti à l'autre, jusqu'à ce que la résolution du duc de Guise la fit pencher du côté du roi. Parmi les confédérés, le prince de Condé; parmi les royalistes, le connétable de Montmorency, furent faits prisonniers, et de plus, entre ces derniers, le maréchal de Saint-André demeura sur la place. Le duc de Guise resta maître du champ de bataille : cette victoire décisive le délivrait à la fois d'un terrible ennemi déclaré et de deux rivaux de sa puissance.

Si Catherine avait supporté avec peine la dépendance où la tenaient les triumvirs, la domination exclusive du duc de Guise, dont l'ambition ne connaissait pas de bornes, l'orgueil nulle modération, dut lui être désormais doublement pénible. La victoire de Dreux, bien loin de satisfaire les vœux de la reine, lui avait donné, en la personne du duc, un maître, qui ne tarda pas longtemps à profiter de la supériorité qu'il avait obtenue et à parler le langage hautain et confiant d'un dominateur. Tout était à ses ordres, et la puissance illimitée qu'il possédait, lui procurait les moyens d'acheter des amis et de remplir de ses créatures la cour aussi bien que l'armée. Catherine, bien que la politique lui conseillât de relever le parti abattu des protestants, et de refréner, en rétablissant en dignité le prince de Condé, les prétentions du duc, fut entraînée par l'influence supérieure de ce dernier à des mesures toutes contraires. Guise poursuivit sa victoire, et marcha sur Orléans, pour ruiner d'un coup le parti des protestants, par la prise de cette place, qui renfermait leur principale force. La perte d'une bataille et la captivité de leur chef avait, il est vrai, ébranlé leur courage, mais n'avait pu le dompter entièrement. A leur tête était l'amiral Coligny, dont l'esprit inventif, inépuisable en ressources, se déployait surtout avec éclat dans l'adversité. Il avait rassemblé en peu de temps sous ses drapeaux les débris de leur armée battue, et, ce qui était plus encore, leur avait donné, en sa personne, un général. Il les conduisit, renforcés de troupes anglaises, et soldés avec l'argent de l'Angleterre, en Normandie, pour se préparer, dans cette province, par de petits traits d'audace, à une plus grande entreprise.

Cependant François de Guise continuait de presser la ville d'Orléans, pour couronner ses triomphes par cette conquête.

Andelot, avec le noyau de l'armée et les chefs les plus éprouvés, s'était jeté dans cette cité, où était aussi gardé le connétable prisonnier. La prise d'une place si importante aurait terminé d'un coup la guerre ; aussi le duc n'épargnait-il aucun effort pour s'en emparer. Mais, au lieu des lauriers espérés, il trouva sous ses murs le terme de sa grandeur. Un assassin, Jean Poltrot de Méré, le blessa avec des balles empoisonnées, et commença par ce sanglant attentat la tragédie que le fanatisme développa ensuite si affreusement par une succession de semblables horreurs. Incontestablement, le parti calviniste fut délivré, en sa personne, d'un adversaire redoutable, Catherine d'un dangereux associé de sa puissance ; mais, en même temps, la France perdit en lui un héros, un grand homme. Quelque haut que s'égarassent les prétentions de ce prince, il faut convenir qu'il était à la hauteur de ses plans. Si nombreuses que soient les tempêtes que son ambition avait soulevées dans l'État, au moins ne manquait-il pas, de l'aveu même de ses ennemis, de ce généreux élan de la pensée qui, dans les grandes âmes, ennoblit toute passion. Combien était sacré pour lui le devoir de l'honneur, même au milieu de cette barbarie de mœurs qu'amène la guerre civile, où les sentiments de l'humanité sont d'ordinaire si enclins à se taire : c'est ce que témoigne le traitement que reçut de lui le prince de Condé, son prisonnier, après la bataille de Dreux. On ne vit pas sans étonnement ces deux adversaires acharnés, qui avaient été occupés, pendant tant d'années, à se perdre l'un l'autre, qu'excitaient à la vengeance tant d'offenses mutuelles, à la défiance tant d'actes d'hostilité, manger familièrement ensemble à la même table, et, selon l'usage de ce temps, coucher dans le même lit.

La mort de son chef arrêta promptement l'activité du parti catholique et facilita les efforts que faisait Catherine pour rétablir le repos. Les maux toujours croissants de la France excitaient dans les cœurs de pressants désirs de conciliation, et la captivité des deux chefs principaux, Condé et Montmorency, donnait des espérances fondées de paix. Tous deux, également impatients de recouvrer leur liberté, invités sans cesse par la reine mère à la réconciliation, s'accordèrent enfin par le traité d'Amboise de 1563, où l'édit de janvier fut, à peu d'exceptions près, confirmé; l'exercice public du culte concédé aux réformés dans les villes qu'ils possédaient en ce temps-là, mais restreint, dans les campagnes, aux domaines des hauts justiciers, et, pour les nobles, à l'intérieur de leurs maisons : au reste, le passé tout entier était enseveli dans un éternel oubli.

Quelque considérables que parussent les avantages que l'accord d'Amboise procurait aux réformés, Coligny avait pourtant parfaitement raison de le maudire comme une démarche précipitée de la part du prince, et comme une œuvre de tromperie de la part de la reine. Par l'effet de cette paix prématurée, c'en était fait de toutes les brillantes espérances de son parti, qui jamais peut-être, dans tout le cours de cette guerre civile, n'avaient été si fondées qu'alors. Le duc de Guise, l'âme de tout le parti catholique, le maréchal de Saint-André, le roi de Navarre, dans la tombe; le connétable prisonnier; l'armée sans chef et mécontente à cause du retard de la solde; les finances épuisées : de l'autre côté, une armée florissante, le secours puissant de l'Angleterre, des amis en Allemagne, et dans le zèle religieux des protestants français des ressources abondantes pour continuer la guerre. Les places d'armes importantes de Lyon et d'Orléans, dont la conquête et la défense avaient coûté tant de sang, étaient perdues maintenant d'un trait de plume; il fallait que l'armée se dispersât, que les Allemands s'en retournassent chez eux. Et, pour tous ces sacrifices, bien loin de faire un pas en avant vers l'égalité civile des religions, on n'avait pas même recouvré les anciens droits.

L'échange des chefs prisonniers, et l'expulsion des Anglais du Havre-de-Grâce, que Montmorency opéra avec les restes de l'armée protestante licenciée, furent le premier fruit de cette paix, et l'ardeur que montrèrent à l'envi les deux partis pour hâter cette entreprise, prouvait moins le rétablissement de l'accord des Français que l'indestructible puissance de la haine nationale, que ne pouvaient vaincre ni le devoir de la reconnaissance ni le plus grand intérêt de la passion. L'ennemi commun ne fut pas plus tôt repoussé du sol de la patrie, que toutes les passions qu'enflamme l'esprit de secte revinrent dans toute leur force et renouvelèrent les tristes scènes de la discorde. Quelque mince que fût le profit que les calvinistes retiraient du nouveau traité, ce petit avantage même leur fut envié, et, sous prétexte de régler l'exécution des points convenus, on s'arrogea le droit de restreindre aux plus étroites limites, par une interprétation arbitraire, ce qui leur était accordé. L'esprit ambitieux de Montmorency n'était occupé que de miner cette paix, dont pourtant il avait été l'instrument : la guerre seule pouvait le rendre indispensable à la reine. Le fanatisme intolérant dont il était lui-même animé se communiqua à plusieurs des chefs dans les provinces, et malheur aux protestants dans les contrées où le grand nombre n'était point de leur côté! En vain ils réclamaient les droits que la lettre de la convention leur reconnaissait expressément : le prince de Condé, leur protecteur, enlacé dans les filets de la reine et las du rôle ingrat d'un chef de parti, se dédommageait, dans le repos voluptueux de la vie de la cour, des longues privations que la guerre avait imposées à sa passion dominante. Il se contentait de protestations écrites, qui, n'étant pas soutenues par une armée, demeuraient naturellement sans effet, pendant que les édits se succédaient pour restreindre plus encore les modiques libertés de son parti.

Cependant le jeune roi fut déclaré majeur en 1563, et Catherine le promena dans toute la France, pour montrer aux sujets leur souverain, abattre par la présence royale l'esprit de révolte des factions, et gagner à son fils l'amour de la nation. La vue de tant d'églises et de couvents détruits, qui étaient de terribles témoignages de la fureur fanatique de la plèbe protestante, n'était guère propre à inspirer à ce jeune prince une idée favorable de la nouvelle religion, et il est assez vraisemblable qu'à cette occasion une haine ardente contre les sectateurs de Calvin s'imprima dans son âme.

Pendant qu'au sein des partis mécontents s'amassaient les éléments d'une nouvelle conflagration, Catherine, à la cour, se montrait occupée de donner le spectacle illusoire d'une feinte réconciliation entre les chefs, également aigris. Un grave soupçon tachait depuis longtemps l'honneur de l'amiral de Coligny. François de Guise était tombé sous la main d'un assassin, et la mort d'un tel ennemi était un événement trop heureux au gré de l'amiral, pour que la haine de ses ennemis pût s'abstenir de l'accuser d'y avoir eu part. Les déclarations du meurtrier, qui, pour amoindrir sa propre faute, se mettait à l'abri d'un grand nom, donnèrent à ce soupçon une apparence de fondement. Il ne suffisait pas que l'honneur bien connu de l'amiral réfutât cette calomnie : il est des circonstances où l'on ne croit à aucune vertu. L'esprit de ce siècle, ramené à la barbarie, ne souffrait aucune grandeur d'âme qui eût voulu s'élever au-dessus de lui. Antoinette de Bourbon, veuve du duc assassiné, accusa hautement et publiquement du meurtre l'amiral, et son fils Henri de Guise, dont le cœur battait dès lors du sentiment de sa future grandeur, avait déjà conçu le terrible dessein de la vengeance. L'active politique de Catherine étouffa ce dangereux foyer d'hostilités nouvelles; car, quelque favorable que fût à son besoin de dominer la discorde des factions, elle en réprimait soigneusement toute explosion publique, qui l'eût mise dans la nécessité de prendre parti entre les sectes rivales et de renoncer à son indépendance. Ses efforts infatigables réussirent à obtenir de la veuve et du frère de la victime une déclaration honorable qui purgeait l'amiral de l'accusation de meurtre, et amenait entre les deux familles une réconciliation simulée.

Mais, sous le voile de cette concorde artificielle, se développaient les germes d'une nouvelle et furieuse guerre civile. Le moindre avantage concédé aux réformés paraissait aux catholiques zélés une impardonnable attaque à la suprématie de leur religion, une profanation du sanctuaire, un vol fait à l'Église, qui ne pouvait renoncer au plus petit de ses droits. Les accords les plus solennels qui lésaient ces droits inviolables, ne pouvaient avoir, à leur sens, aucune validité, et c'était le devoir de tout chrétien orthodoxe d'arracher, comme un bien dérobé, ces privilèges, à cette secte étrangère et digne d'imprécation. Pendant que de Rome on travaillait à nourrir et à exciter encore plus ces dispositions hostiles, pendant que les chefs des catholiques armaient de l'autorité de leur exemple ce zèle fanatique, le parti contraire ne négligeait malheureusement rien pour enflammer encore contre lui, par des exigences de plus en plus hardies, le zèle des papistes, et il étendait ses prétentions à proportion qu'elles paraissaient plus intolérables à ses adversaires.

« Il y a peu de temps, dit Charles IX à Coligny, vous vous contentiez d'être tolérés par nous ; maintenant vous voulez avoir des droits égaux aux nôtres ; je verrai bientôt le jour où vous nous chasserez du royaume pour rester seuls maîtres du terrain. »

Dans cette mauvaise disposition des esprits, une paix qui avait contenté un parti aussi peu que l'autre ne pouvait durer. Catherine elle-même, tirée de sa sécurité par les menaces des calvinistes, songea sérieusement à une rupture ouverte, et toute la question était de savoir par quel moyen on pourrait mettre en mouvement les troupes nécessaires, de manière à ne pas instruire trop tôt du danger qu'il courait un ennemi soupçonneux et vigilant. La marche d'une armée espagnole vers les Pays-Bas, sous le commandement du duc d'Albe, laquelle toucha en passant la frontière française, fournit le prétexte désiré d'un armement dirigé contre les ennemis intérieurs du royaume. Il parut conforme à la prudence de ne pas laisser passer aux portes du royaume, sans la surveiller attentivement, une force aussi dangereuse que celle que commandait le généralissime espagnol, et l'esprit soupçonneux des chefs protestants comprit lui-même la nécessité de mettre sur pied une armée d'observation, qui pût tenir en bride ces hôtes redoutables et couvrir contre une surprise les provinces menacées. Pour profiter aussi de cette circonstance, ils s'offrirent avec astuce à armer également leur parti pour la défense du royaume : stratagème par lequel, s'il eût réussi, ils espéraient se donner contre la cour le même avantage que celle-ci avait voulu obtenir contre eux. En toute hâte, Catherine fit recruter des soldats et équiper une armée de six mille Suisses, à la tête de laquelle elle ne plaça, à l'exclusion des calvinistes, que des chefs catholiques. Ces troupes côtoyèrent, aussi longtemps que dura sa marche, le duc d'Albe, à qui la pensée n'était jamais venue de rien entreprendre d'hostile contre la France. Mais, après l'éloignement du danger, les Suisses, au lieu de se disperser, se dirigèrent vers le cœur du royaume, où l'on espérait surprendre à l'improviste les principaux chefs des huguenots. Ce perfide projet s'ébruita à temps, et ces derniers reconnurent avec terreur la proximité de l'abîme dans lequel on voulait les précipiter. Il fallait une prompte décision. On tint conseil chez Coligny. Dans peu de jours, on vit tout le parti en mouvement. Le plan était de gagner la cour de vitesse et d'enlever le roi à sa campagne de Monceaux, où il se croyait, avec une faible garde, en parfaite sûreté. Mais, au bruit de ces mouvements, il s'empressa de gagner Meaux, où l'on ordonna aux Suisses d'accourir en toute hâte. Ils y arrivèrent encore assez à temps, mais la cavalerie du prince de Condé approchait de plus en plus; l'armée des confédérés devenait à chaque instant plus nombreuse, et menaçait d'assiéger le roi dans son asile. La résolution des Suisses l'arracha à ce pressant danger. Ils s'offrirent de le conduire à Paris à travers les ennemis, et Catherine n'hésita pas à confier à leur bravoure la personne du roi. Le départ eut lieu vers minuit. Se rangeant en bataillon carré, ils prennent au milieu le monarque et sa mère, et cette forteresse mobile s'avance et forme avec les piques tendues une muraille hérissée que la cavalerie ennemie ne peut rompre. Le courage provoquant avec lequel marchaient les Suisses, enflammé par le saint palladium de la majesté royale qu'ils mettaient à l'abri au milieu d'eux, abattit la vaillance de l'ennemi, et le respect de la personne du roi, dont les Français ont tant de peine à se dépouiller, ne permit au prince de Condé que de tenter quelques escarmouches insignifiantes. Et ainsi le roi arriva le même soir à Paris, convaincu qu'il ne devait à l'épée des Suisses rien de moins que sa vie et sa liberté.

La guerre était déclarée, et avec la réserve ordinaire, qu'on n'avait pas pris les armes contre le roi, mais contre ses ennemis et ceux de l'État. Parmi ceux qu'on nommait ainsi, le plus détesté était le cardinal de Lorraine : comme l'on était convaincu qu'il rendait constamment les plus mauvais services à la cause protestante, c'était surtout sa ruine que l'on avait en vue. Heureusement il échappa à temps au coup dirigé contre lui, abandonnant ses bagages et sa vaisselle à la rage de l'ennemi.

La cavalerie du prince était, il est vrai, en campagne; mais déconcertée par les mesures plus promptes du roi, elle n'avait pas eu le temps de se combiner avec l'infanterie allemande attendue et de former une armée régulière. Quelque brave que fût la noblesse française, dont se composait, en très-grande partie, la cavalerie de Condé, elle était peu propre aux siéges, et pourtant c'était là, dans cette guerre, la chose importante. Néanmoins cette petite troupe essaya d'investir Paris, marcha rapidement sur cette capitale, et prit des dispositions pour s'en emparer par la famine. Les ravages que les ennemis exercèrent dans tout le voisinage de Paris épuisèrent la patience des bourgeois, qui ne purent longtemps demeurer spectateurs oisifs de la ruine de leurs propriétés. Ils demandèrent unanimement d'être conduits contre l'ennemi, dont la force augmentait journellement à leurs portes. Il fallait se hâter de faire quelque chose de décisif avant qu'il réussit à s'adjoindre les troupes allemandes et à s'assurer la prépondérance par ce renfort. Ainsi s'engagea, le 10 novembre 1567, la bataille de Saint-Denis, dans laquelle les calvinistes, après une opiniâtre résistance, eurent, il est vrai, le dessous, mais furent grandement dédommagés par la mort du connétable, qui termina dans ce combat sa mémorable carrière. La bravoure des siens enleva aux mains de l'ennemi ce général mourant, et lui procura encore la consolation de rendre l'âme à Paris, sous les yeux de son maître. On raconte de lui qu'il renvoya de son lit de mort son confesseur avec ces paroles laconiques : « Laissez, mon père ! ce serait une honte que je n'eusse pas appris en quatre-vingts ans à mourir un quart d'heure[1]. »

Après leur défaite près de Saint-Denis, les calvinistes se retirèrent en toute hâte vers les frontières lorraines du royaume, pour s'adjoindre les auxiliaires allemands, et l'armée royale les poursuivit sous les ordres du jeune duc d'Anjou. Ils étaient privés des choses les plus nécessaires, tandis que les troupes royales ne manquaient d'aucune commodité, et la saison contraire accroissait encore les difficultés de leur fuite et de leur entretien. Lorsque enfin ils furent arrivés, luttant sans interruption contre la faim et le mauvais temps, au delà de la Meuse, nulle trace d'armée allemande ne se montra à eux, et, après

1. C'est ici la fin de l'introduction du III⁰ volume de la II⁰ partie des *Mémoires historiques*. La suite est en tête du tome IV; elle a le même titre général que le morceau précédent, et ce titre particulier : *Troubles civils dans les années* 1568 *et* 1569.

une si longue et si pénible marche, on ne se trouva pas plus avancé que lorsqu'on était en vue de Paris. La patience était épuisée, le simple soldat, aussi bien que la noblesse, murmurait; la gravité de l'amiral et l'humeur joyeuse du prince de Condé avaient grand'peine à empêcher une dangereuse séparation. Le prince soutenait qu'il n'y avait de salut que dans la jonction avec les troupes allemandes, et qu'il fallait absolument les aller chercher jusqu'au lieu marqué pour la réunion. « Mais, lui demandait-on plus tard, si là même on ne les eût pas trouvées, qu'eussent fait les huguenots? — Ils auraient, je pense, soufflé dans leurs doigts, et se seraient frotté les mains, répliqua le prince, car il faisait un froid piquant. »

Enfin le comte palatin Casimir approcha avec la cavalerie allemande si ardemment désirée; mais alors on se trouva dans un nouvel et plus grand embarras. Les Allemands avaient la réputation de ne jamais se battre avant d'avoir vu de l'argent, et, au lieu des cent mille écus sur lesquels ils comptaient, on pouvait à peine leur en offrir quelques milliers. On courait risque d'être abandonné d'eux, de la manière la plus honteuse, au moment même de la réunion, et de voir échouer tout d'un coup toutes les espérances fondées sur ce secours. Dans ce moment critique, le général français eut recours à la vanité de ses compatriotes et à leur délicate susceptibilité pour tout ce qui touchait à l'honneur national, et son espoir ne le trompa point. Il avoua aux officiers l'impuissance où il était de satisfaire aux demandes des Allemands, et demanda leur assistance. Ceux-ci réunirent les soldats, leur découvrirent les besoins du général, et mirent en œuvre toute leur éloquence pour les exciter à contribuer. Ils furent appuyés de la manière la plus énergique par les ministres, qui, avec une intrépide assurance, s'efforcèrent de prouver que c'était la cause de Dieu qu'on servait par cet acte de charité. La tentative réussit : le soldat, flatté de ce langage, se dépouilla de ses parures, de ses bagues, de tout ce qu'il avait de précieux; il y eut une rivalité générale; c'était une honte de se laisser surpasser en générosité par ses camarades. On transforma tout en monnaie, et l'on réunit une somme de près de cent mille livres, dont les Allemands se contentèrent pour le moment. Exemple sans doute unique en son genre dans toute l'histoire, qu'une armée en ait soldé une autre! Mais enfin le but principal était atteint, et les deux armées combinées reparurent, au commencement de l'an 1568, sur le sol français.

Leurs forces étaient maintenant considérables et s'accrurent encore par les renforts qu'elles tiraient de toutes les parties du royaume. Elles assiégèrent Chartres et inquiétèrent la capitale par la menace de leur approche. Mais Condé ne faisait voir la puissance de son parti que pour obtenir de la cour un accord plus favorable. Il s'était soumis à contre-cœur aux ennuis de la guerre, et souhaitait ardemment la paix, qui promettait bien plus de satisfaction à son penchant pour le plaisir. Il se montra donc disposé à entrer dans les négociations que Catherine de Médicis avait engagées pour gagner du temps. Quelques raisons qu'eussent les réformés de se défier des propositions de cette princesse, et quelque peu qu'ils eussent gagné aux traités conclus jusque-là, ils renoncèrent, pour la seconde fois, à leur avantage, et laissèrent s'écouler en vaines négociations un temps précieux pour les entreprises militaires. L'argent de la reine, opportunément distribué, diminuait chaque jour l'armée, et le mécontentement des troupes, que Catherine sut entretenir adroitement, força les généraux, le 10 mars 1568, à une paix prématurée. Le roi promit une amnistie générale, et confirma l'édit de janvier 1562, qui favorisait les réformés. En même temps, il s'engagea à satisfaire les soldats allemands, qui avaient encore à réclamer un arriéré considérable; mais bientôt il se découvrit qu'il avait plus promis qu'il ne pouvait tenir. On ne croyait pouvoir trop vite se débarrasser de ces hôtes étrangers, et pourtant ils ne voulaient pas s'en aller sans argent. Ils menaçaient même de tout mettre à feu et à sang, si on ne leur payait la solde due. A la fin, quand on leur eut donné à compte une partie de la somme demandée et qu'on leur eut promis de leur livrer le reste durant leur marche, ils commencèrent leur retraite, et la cour reprenait courage à mesure qu'ils s'éloignaient du centre du royaume. Mais, dès qu'ils virent que les payements promis ne venaient point, leur fureur se réveilla, et toutes les contrées par lesquelles ils passaient durent expier le manque de parole de la cour. Les violences qu'ils se permirent dans cette marche, forcèrent la reine de s'arranger avec eux, et, chargés d'un lourd butin, ils quittèrent enfin le royaume. Les chefs des réformés se dispersèrent aussi, après la conclusion de la paix, chacun dans leur province et dans leurs châteaux, et ce fut précisément cette séparation, réputée dangereuse et imprudente, qui les sauva. Quels que fussent les mauvais desseins formés contre eux, on n'osait s'attaquer à aucun en particulier, si l'on ne pouvait les perdre tous à la fois. Mais pour les prendre tous à la fois, « il aurait fallu, comme dit Le Laboureur, tendre un rets aussi grand que le royaume. »

Les armes reposèrent maintenant pour quelque temps, mais il n'en fut pas de même des passions. La reine, délivrée du joug d'un Montmorency grondeur et d'un impérieux duc de Guise, gouvernait presque absolument, avec l'autorité prééminente d'une mère et d'une habile politique, sous le nom de son fils, majeur, il est vrai, mais qui avait encore grand besoin de direction, et elle était elle-même guidée par les funestes avis du cardinal de Lorraine. L'influence prépondérante de ce prêtre intolérant étouffait chez elle tout cet esprit de modération d'après lequel elle avait agi jusqu'alors. Toute sa politique avait changé avec les circonstances. Pleine de ménagements pour les réformés, tant qu'elle eut besoin de leur secours pour opposer un contre-poids à l'ambition d'un Guise et d'un Montmorency, elle s'abandonna, dès que sa domination fut consolidée, à toute son horreur pour cette secte jalouse de s'élever. Elle ne se donna aucune peine pour cacher ces sentiments, et c'était là l'esprit qui respirait dans les instructions qu'elle donna aux gouverneurs des provinces. Elle-même persécuta la partie des catholiques qui penchait pour la tolérance et la paix, et dont elle avait adopté les principes dans les années précédentes. Le chancelier fut privé de toute participation au gouvernement, et à la fin exilé même dans ses terres. On désignait ses adhérents par le nom équivoque de *politiques*, qui faisait allusion à leur indifférence pour les intérêts de l'Église et contenait le reproche de sacrifier la cause de Dieu à des considérations purement mondaines. Une entière liberté fut donnée au fanatisme du clergé de se déchaîner dans la chaire, dans le confessionnal et à l'autel, contre les sectaires, et il fut permis à tout ecclésiastique catholique exalté, audacieux, d'attaquer la paix dans des discours publics et de prêcher cette détestable maxime, qu'on ne doit aux hérétiques ni bonne foi ni croyance. Il était inévitable, avec de telles provocations, que l'esprit de fanatisme, altéré de sang, s'enflammât rapidement chez le peuple français, si prompt à prendre feu, et qu'il se portât aux plus sauvages excès. La méfiance et le soupçon rompirent les liens les plus sacrés; le meurtre aiguisa son poignard dans l'intérieur des maisons, et à la campagne comme dans les villes, dans les provinces comme à Paris, la rébellion secoua sa torche.

De leur côté, les calvinistes ne s'abstinrent pas des plus amères représailles; mais, trop inférieurs en nombre, ils ne pouvaient opposer que leurs plumes aux poignards des catholiques. Avant toute chose, ils s'inquiétèrent d'avoir des places fortes de refuge, pour le cas où la guerre éclaterait de nouveau. A cet effet la ville de la Rochelle sur l'Océan occidental leur convenait parfaitement. Cette puissante cité maritime, depuis sa soumission volontaire à la domination française, jouissait des plus importants priviléges, et, animée d'un esprit républicain, enrichie par un commerce étendu, défendue par une bonne flotte, unie par la mer à l'Angleterre et à la Hollande, elle était tout particulièrement faite pour devenir le siége d'un État libre et pour servir de principal abri au parti persécuté des huguenots. Ils y établirent le centre de leur force, et ils réussirent, pendant de longues années, à braver, derrière les murs de cette forteresse, toute la puissance de la France.

Avant qu'il se passât un long temps, le prince de Condé fut forcé lui-même de chercher un refuge dans les murs de la Rochelle. Catherine, pour lui enlever tous les moyens de faire la guerre, lui demanda le remboursement des sommes d'argent considérables qu'elle avait avancées en son nom aux troupes auxiliaires d'Allemagne, et dont il avait répondu avec les autres chefs. Le prince ne pouvait dégager sa parole sans se réduire à la mendicité, et la reine, qui voulait le pousser aux dernières extrémités, insista pour le payement. L'impuissance où était le prince d'acquitter cette dette, autorisait Catherine à rompre le traité, et le maréchal de Tavannes reçut l'ordre d'arrêter Condé dans son château de Noyers, en Bourgogne. Déjà toute la province était remplie des soldats de la reine, toutes les avenues de la demeure du prince fermées, toutes les issues pour s'échapper coupées, quand Tavannes, qui ne se souciait pas de prêter les mains à la perte de Condé, trouva le moyen de l'instruire du prochain danger et de seconder sa fuite. Le prince se sauva par des passages laissés ouverts, avec l'amiral Coligny et toute sa famille, et il atteignit la Rochelle le 18 septembre 1568. La reine veuve de Navarre, mère de Henri IV, que Montluc avait dû arrêter, se réfugia également, avec son fils, ses troupes et ses trésors, dans cette ville, qui bientôt se remplit d'une garnison nombreuse et aguerrie. Le cardinal de Châtillon s'échappa en habits de matelot et gagna l'Angleterre, où il se rendit utile à son parti par ses négociations. Quant aux autres chefs, ils ne tardèrent point à armer leurs partisans et à rappeler en toute hâte les Allemands. Les deux partis prennent les armes, et la guerre revient dans toute son horreur. L'édit de janvier est formellement rapporté; la persécution renouvelée avec une grande fureur contre les réformés; tout exercice de la nouvelle religion interdit sous peine de mort. Plus de ménagement ni de modération : Catherine, oubliant sa vraie force, sacrifie aux résultats incertains de l'aveugle violence les avantages assurés que l'intrigue lui procurait.

Une ardeur belliqueuse anime tout le parti réformé. La déloyauté de la cour, l'abolition imprévue de toutes les ordonnances favorables aux protestants, met en campagne plus de soldats que n'eussent pu faire toutes les sommations de leurs chefs et tous les sermons de leurs ministres. Tout se meut et s'anime dès que le tambour retentit. Des drapeaux flottent sur toutes les routes; de toutes les extrémités du royaume on voit des troupes armées affluer vers le centre. La fureur des combattants s'est accrue avec le nombre des offenses souffertes et rendues. Tant de traités déchirés, tant d'espérances déçues, avaient rendu les âmes irréconciliables, et depuis longtemps le caractère de la nation s'était exaspéré dans la longue anarchie de la guerre civile. Aussi nulle modération, nulle humanité, nul respect du droit des gens, quand on obtenait quelque avantage sur l'ennemi. Ni la condition ni l'âge ne sont épargnés, et partout la marche des troupes est signalée par des champs ravagés et des villages incendiés. Le clergé catholique éprouve d'une manière horrible la vengeance de la populace réformée, et le sang de ces malheureuses victimes peut seul assouvir la sombre cruauté de ces bandes grossières. Elles font expier aux couvents et aux églises les vexations qu'elles ont elles-mêmes souffertes de l'Église dominante. Les choses les plus vénérables ne sont plus respectées de leur emportement aveugle; les choses saintes ne sont plus saintes; avec une joie maligne et barbare, ils dépouillent les autels de leurs ornements, ils brisent et profanent les vases sacrés, mettent en pièces les statues des apôtres et des saints, et transforment en un monceau de ruines les temples les plus magnifiques. Leur rage meurtrière pénètre dans les cellules des moines et des religieuses, et leurs glaives sont souillés du sang de ces victimes innocentes. Avec une fureur ingénieuse, ils aiguisaient encore par la plus amère raillerie les souffrances de la mort, et souvent la mort même ne pouvait calmer leur brutale ardeur. Ils mutilaient les cadavres mêmes, et l'un d'eux eut l'affreuse fantaisie de se faire un collier des oreilles des moines qu'il avait massacrés, et de le porter publiquement comme une marque d'honneur. Un autre fit peindre sur sa cornette une hydre dont les têtes étaient coiffées, de la façon la plus étrange, de chapeaux de cardinal, de mitres d'évêque et de capuchons de moine. Lui-même était représenté auprès sous la figure d'un Hercule qui abattait ces têtes avec ses poings vigoureux. Il n'était pas étonnant que des symboles si frappants enflammassent plus encore les passions d'une multitude fanatique et grossière, et donnassent de continuels aliments à l'esprit de cruauté. Les excès des huguenots étaient payés par les catholiques d'affreuses représailles, et malheur à l'infortuné qui tombait vivant dans leurs mains! La sentence était prononcée une fois pour toutes, et une soumission volontaire ne pouvait tout au plus que différer la mort de quelques heures.

Au milieu de l'hiver, les deux armées se mirent en mouvement : la royale sous le jeune duc d'Anjou, auprès de qui on avait placé l'expérimenté Tavannes, et la protestante sous Condé et Coligny. A Loudun, elles s'avancèrent si près l'une de l'autre, qu'il n'y avait entre leurs deux ordres de bataille ni cours d'eau ni fossé. Elles restèrent quatre jours en présence dans cette position, sans tenter d'action décisive, parce que le froid était trop vif. La rigueur de la saison augmentant toujours força enfin, les royalistes d'abord, à la retraite; les huguenots suivirent leur exemple, et toute la campagne se termina sans bataille.

Cependant les derniers ne négligèrent rien pour recueillir, dans le repos des quartiers d'hiver, de nouvelles forces en vue de la campagne prochaine. Ils avaient heureusement conservé les provinces conquises, et beaucoup d'autres villes du royaume n'attendaient qu'un moment propice pour se déclarer ouvertement en leur faveur. Des sommes considérables furent tirées de la vente des biens ecclésiastiques et des confiscations, et de grandes contributions levées sur les provinces. A l'aide de ces ressources, le prince de Condé se vit à même d'accroître son armée et de la mettre dans un état florissant. D'habiles généraux commandaient sous lui, et une vaillante noblesse s'était rassemblée sous ses drapeaux. En même temps, ses agents, en Angleterre aussi bien qu'en Allemagne, s'occupaient d'armer ses confédérés dans ces pays et de maintenir neutres ses adversaires. Il réussit à tirer d'Angleterre des troupes, de l'argent et de l'artillerie, et d'Allemagne le margrave de Bade et le duc de Deux-Ponts lui amenèrent de nombreux auxiliaires, de façon qu'aux premiers jours de l'an 1569, il se vit à la tête d'une force redoutable, qui promettait une mémorable campagne.

Il venait de sortir de ses quartiers d'hiver pour ouvrir aux troupes allemandes l'entrée du royaume, quand l'armée royale le rencontra, le 13 mars de cette année, non loin de Jarnac, sur la frontière du Limousin, dans des circonstances très-défavorables. Coupé du reste de son armée, il fut attaqué par toute l'armée royale, et sa petite troupe, malgré la plus courageuse résistance, fut accablée par la supériorité du nombre. Lui-même, bien qu'un coup de pied de cheval lui eût cassé la jambe quelques instants avant la bataille, il combattit avec la plus héroïque valeur. Renversé de son cheval, il continua encore quelque temps à s'escrimer un genou en terre, jusqu'à ce qu'enfin la perte de ses forces le contraignît de se rendre. Mais dans ce moment, Montesquiou, un capitaine des gardes du duc d'Anjou, s'approche par derrière, et le tue traîtreusement d'un coup de pistolet.

Et ainsi Condé eut ce sort commun avec tous les chefs de parti de ce temps-là, qu'il fut enlevé par une mort violente. François de Guise était tombé sous la main d'un assassin devant Orléans, Antoine de Navarre avait péri au siége de Rouen, le maréchal de Saint-André à Dreux, et le connétable à Saint-Denis. Un sort plus affreux attendait l'amiral, dans la nuit de la Saint-Barthélemy, et Henri de Guise succomba, comme son père, sous le poignard de la trahison.

La mort de son chef fut un coup très-sensible pour le parti protestant, mais il parut promptement que les catholiques avaient trop tôt triomphé. Condé avait rendu de grands services à sa cause, mais sa perte n'était point irréparable. La race héroïque des Châtillons vivait encore, et l'esprit constant, entreprenant, inépuisable en ressources, de l'amiral de Coligny, releva bientôt les réformés de leur abaissement. C'était plus un nom qu'un chef suprême que les huguenots avaient perdu par la mort du prince Louis de Condé ; mais aussi un nom leur était précieux et indispensable, pour animer le courage du parti et acquérir de l'importance dans le royaume. L'esprit de la noblesse aspirant à l'indépendance supportait avec répugnance le joug d'un chef qui n'était que son égal, et il était difficile, impossible même à un homme privé de tenir en bride cette fière milice. Il y fallait un prince que sa naissance même élevât au-dessus de toute concurrence, et qui exerçât sur les âmes un pouvoir héréditaire et incontesté : et c'est ce qui se trouva alors dans la personne du jeune Henri de Bourbon, du héros de cet ouvrage[1], que nous amenons ici, pour la première fois, sur la scène politique.

Henri IV, fils d'Antoine de Navarre et de Jeanne d'Albret, était né en 1553 à Pau, dans la province de Béarn. Soumis, dès ses plus jeunes ans, à une vie rude, son corps se trempa pour ses futurs exploits de guerre. Une éducation simple et une instruction appropriée au but développèrent de bonne heure les

---

1. Ce morceau d'histoire sert d'introduction aux *Mémoires de Sully* (*OEconomies royales.*)

germes de sa vive intelligence. Son jeune cœur suça, avec le lait de sa mère, la haine du papisme et du despotisme espagnol ; la contrainte des circonstances fit de lui, à l'âge de l'innocence, le chef des rebelles. De bonne heure la pratique des armes le forma à son rôle futur de héros, et le malheur à celui d'excellent roi. La maison de Valois, qui avait régné durant des siècles sur la France, penchait vers sa ruine dans les faibles enfants de Henri II, et, si ces trois frères ne donnaient pas d'héritiers au royaume, la parenté avec la maison royale, bien qu'elle ne fût qu'au vingt-unième degré, appelait au trône la maison de Navarre. La perspective de la plus brillante couronne de l'Europe répandit son éclat autour du berceau de Henri IV, mais ce fut elle aussi qui l'exposa, dès la plus tendre jeunesse, aux embûches d'ennemis puissants. Philippe II, roi d'Espagne, l'ennemi le plus irréconciliable de la foi protestante, ne pouvait voir de sang-froid la secte des novateurs détestés prendre possession du plus beau de tous les trônes chrétiens, et obtenir ainsi une prépondérance marquée en Europe. Et il était d'autant moins d'humeur à laisser la couronne de France passer sans opposition à la race hérétique de Navarre, qu'il avait lui-même envie de cette précieuse acquisition. Le jeune Henri faisait obstacle à ses espérances ambitieuses, et ses confesseurs lui persuadaient qu'il était méritoire de dépouiller un hérétique, pour maintenir un si grand royaume dans l'obéissance du siége apostolique. Un noir complot fut alors tramé avec l'assistance du trop fameux duc d'Albe et du cardinal de Lorraine, pour enlever le jeune Henri et sa mère de leurs États et les livrer au pouvoir des Espagnols. Un sort terrible attendait ces infortunés dans les mains de cet ennemi sanguinaire, et déjà l'inquisition espagnole éclatait en cris de joie dans l'attente de victimes si importantes. Mais Jeanne fut avertie à temps (ce fut, assure-t-on, par la propre femme de Philippe, Élisabeth), et le projet fut déjoué pendant qu'il se formait. Un si grand danger entoura comme d'une auréole la tête de l'enfant, et le consacra de bonne heure aux rudes combats et aux épreuves qu'il devait avoir à soutenir dans la suite.

En ce moment où la nouvelle de la mort du prince de Condé jetait dans la consternation et l'embarras les chefs des protestants, où tout le parti se voyait sans tête, l'armée sans général, l'héroïque Jeanne parut avec Henri âgé de seize ans et avec le fils aîné de Condé assassiné, plus jeune de quelques années, à Cognac en Angoumois, où l'armée et les chefs étaient assemblés. Amenant les deux enfants par la main, elle s'avança devant les troupes, et mit promptement un terme à leur irrésolution. « La bonne cause, dit-elle, a perdu dans le prince de Condé un excellent défenseur, mais elle n'a pas péri avec lui. Dieu veille sur ses adorateurs. Il a donné au prince de Condé de vaillants compagnons d'armes, pendant qu'il conversait, vivant encore, parmi nous; il lui donne d'héroïques capitaines pour successeurs, qui nous feront oublier sa perte. Voici le jeune Béarnais, mon fils : je vous l'offre pour être votre prince. Voici le fils de l'homme dont vous pleurez la mort. Je vous les remets tous deux. Puissent-ils ressembler à leurs ancêtres par leurs actions futures! Puisse la vue de ces gages sacrés vous enseigner l'union, et vous enflammer à combattre pour la religion! »

Une bruyante clameur d'approbation répondit à la royale harangue; sur quoi le jeune Henri prit la parole avec un noble maintien. « Amis, s'écria-t-il, je vous jure de combattre pour la religion et la cause commune, jusqu'à ce que la victoire ou la mort nous ait donné la liberté qui est notre désir à tous. » Aussitôt il fut proclamé chef suprême du parti et généralissime de l'armée, et à ce titre reçut l'hommage. La jalousie des autres commandants cessa dès lors, et l'on se soumit volontairement à la conduite de l'amiral de Coligny, qui prêtait son expérience au jeune héros et, sous le nom de son pupille, dirigeait tout[1].

Ce furent encore les protestants d'Allemagne, le principal appui en tout temps et le dernier refuge de leurs coreligionnaires en France, qui alors, après la malheureuse journée de Jarnac, aidèrent à rétablir l'équilibre entre les armes des huguenots et celles des catholiques. Le duc Wolfgang de Deux-

---

[1]. Ici finit l'introduction du IV⁰ volume de la II⁰ partie des *Mémoires historiques*. La continuation est au commencement du tome V, avec un titre général, où les mots *avénement de Henri IV* remplacent ceux de *règne de Henri IV*, et avec ce titre particulier : *Troubles civils en France, de l'an 1569 à l'an 1572.*

Ponts fit irruption dans le royaume avec une armée forte de treize mille hommes, et traversa, au milieu d'ennemis, non sans de grands obstacles, presque tout l'espace qui s'étend entre le Rhin et le grand Océan : il avait presque atteint l'armée des réformés quand la mort l'enleva. Peu de jours après, le comte de Mansfeld, son successeur dans le commandement (juin 1569), se joignit, dans la province de Guyenne, à l'amiral de Coligny, qui, après un renfort si considérable, se vit de nouveau en état de faire tête aux royalistes. Mais, se défiant de la fortune, dont il avait si souvent éprouvé l'inconstance, et sachant l'impuissance où il était de soutenir avec de si faibles ressources une guerre épuisante, il essaya encore auparavant d'obtenir par des voies pacifiques ce qu'il trouvait trop hasardeux d'arracher les armes à la main. L'amiral aimait sincèrement la paix, contrairement aux dispositions ordinaires des chefs de parti, qui considèrent le repos comme la tombe de leur puissance et trouvent leur avantage dans la confusion générale. C'était avec répugnance qu'il exerçait les vexations que son poste, la nécessité et le devoir de la défense personnelle exigeaient de lui, et il eût bien voulu se voir dispensé de combattre l'épée au poing en faveur d'une cause qui lui paraissait assez juste pour être défendue par les armes de la raison. Il fit alors à la cour les représentations les plus pressantes pour qu'elle eût pitié du commun malheur et qu'elle accordât aux réformés, qui ne réclamaient que la confirmation des anciens édits favorables à leur religion, leur si équitable demande. Il espérait d'autant plus pouvoir promettre à ces propositions un accueil favorable, qu'au lieu d'être l'œuvre de la détresse, elles se trouvaient appuyées d'une force imposante. Mais la confiance des catholiques s'était accrue avec leurs succès. On demanda une soumission sans conditions. Il fallut donc laisser aux armes la décision de la querelle.

Pour garantir d'une attaque la ville de la Rochelle et les possessions des protestants sur cette partie de la côte, l'amiral s'avança, avec toutes ses forces, devant Poitiers, place qu'il ne croyait pas capable, à cause de sa grande étendue, d'une longue résistance. Mais, à la première nouvelle du danger qui la menaçait, les ducs de Guise et de Mayenne, dignes fils de feu François de Guise, s'étaient jetés dans cette ville avec une nombreuse noblesse, résolus de la défendre jusqu'à la dernière extrémité. Le fanatisme et l'acharnement firent de ce siége un des actes les plus sanglants de cette guerre, et l'opiniâtreté de l'attaque ne put rien contre la résistance constante de la garnison.

En dépit des inondations qui submergeaient les ouvrages extérieurs, en dépit du feu de l'ennemi, de l'huile bouillante qui pleuvait sur eux du haut des murs, en dépit de la résistance invincible que leur opposaient des remparts à pic et l'héroïque valeur de la garnison, les assiégeants multipliaient leurs assauts, mais sans pouvoir acheter par tous ces efforts un seul avantage ni lasser la fermeté des assiégés. Ceux-ci montraient, au contraire, par leurs sorties répétées, combien leur courage était infatigable. Un riche amas de provisions de guerre et de bouche qu'on avait eu le temps d'entasser dans la ville, la mettait en état de braver le plus long siége, tandis que, dans le camp des réformés, les privations, le mauvais temps et les épidémies exercèrent bientôt de grands ravages. La dyssenterie enleva une grande partie des troupes allemandes, et finit par attaquer l'amiral de Coligny lui-même, après que la plupart des commandants placés sous lui avaient été rendus impropres au service. Comme bientôt après le duc d'Anjou parut en rase campagne et qu'il menaçait d'un siége Châtellerault, place forte du voisinage où l'on avait envoyé les malades, l'amiral saisit ce prétexte, pour renoncer, avec quelque apparence d'honneur, à sa malheureuse entreprise. Il réussit en effet à rendre vaine la tentative du duc d'Anjou; mais les forces toujours croissantes de l'ennemi le forcèrent bientôt de songer à la retraite.

Tout se réunissait pour ébranler la constance de ce grand homme. Peu de semaines après la malheureuse défaite de Jarnac, la mort lui avait enlevé son frère d'Andelot, le plus fidèle compagnon de ses entreprises et son bras droit à la guerre. Maintenant il apprit que le parlement de Paris, cette cour de justice qui était parfois une digue bienfaisante contre l'oppression, mais s'en faisait souvent aussi le méprisable instrument, avait rendu contre lui, comme rebelle et violateur de la majesté, une sentence de mort et offert pour sa tête un prix de cinquante mille pièces d'or. Des copies de ce jugement furent répandues non pas seulement en France, mais encore, par des traductions, dans toute l'Europe, pour attirer par l'éclat de la récompense promise des assassins des autres contrées, si dans le royaume même il ne se rencontrait pas quelque bras résolu pour l'accomplissement de cette scélératesse. Mais ce bras se trouva dans la suite même de l'amiral, et ce fut son propre valet de chambre qui trama une attaque contre sa vie. Ce danger imminent fut découvert à temps, il est vrai, et détourné de lui; mais, à partir de ce moment, le poignard invisible de la trahison dissipa à jamais son repos.

Ces coups qui le frappaient lui-même étaient encore rendus plus accablants par le poids de son office de général et par les revers publics de son parti. Son armée s'était fondue notablement par la désertion, les maladies, et sous le glaive de l'ennemi, pendant que l'armée royale s'accroissait de plus en plus et le poursuivait chaque jour avec plus d'ardeur. La supériorité des ennemis était beaucoup trop grande pour qu'il eût osé courir les chances dangereuses d'une bataille, et c'était pourtant ce que demandaient les soldats, et surtout les Allemands, avec impétuosité. Ils lui laissèrent le choix ou de combattre ou de leur payer leur solde arriérée, et, comme le second point lui était impossible, il fallut qu'il leur cédât malgré lui sur le premier.

L'armée du duc d'Anjou le surprit, le 3 octobre de l'an 1569, près de Moncontour, dans une situation très-défavorable, et le vainquit dans une bataille décisive. Toute la résolution de la noblesse protestante, toute la valeur des Allemands, tout le sang-froid du général, ne purent empêcher la complète déroute de son armée. Presque toute l'infanterie allemande fut taillée en pièces, l'amiral lui-même blessé, le reste de l'armée dispersé, la plus grande partie des bagages perdue. Les huguenots n'avaient pas eu, durant toute cette guerre, de journée plus malheureuse. On mit en sûreté les princes de Bourbon, avant la fin de la bataille, à Saint-Jean-d'Angély, où Coligny se rendit aussi avec les faibles débris de ses troupes. D'une armée forte de vingt-cinq mille hommes, il put à peine en rassembler six mille, et cependant l'ennemi avait fait peu de prisonniers. La fureur de la guerre civile faisait taire tous les sentiments d'humanité, et la soif de vengeance des catholiques ne pouvait être assouvie que par le sang de leurs adversaires. On égorgeait avec une froide cruauté celui qui posait les armes et demandait quartier. Le souvenir d'une semblable barbarie que les huguenots avaient montrée envers les papistes, rendait ces derniers implacables.

Le découragement fut alors général, et l'on crut tout perdu. Beaucoup parlaient déjà de fuir entièrement du royaume et voulaient se chercher une nouvelle patrie en Hollande, en Angleterre, dans les royaumes du Nord. Une grande partie de la noblesse abandonna l'amiral, qui manquait d'argent, d'hommes, d'autorité, de tout, excepté d'héroïsme. Son beau château avait été, à peu près vers ce temps-là, surpris par les royalistes, ainsi que la ville voisine de Châtillon, et était devenu, avec tout ce qui y était déposé, la proie des flammes. Cependant, lui seul entre tous, dans cette situation alarmante, ne laissait point abattre son espérance. Les moyens de salut qui demeuraient encore ouverts au parti réformé n'échappaient point à son regard pénétrant, et il sut les faire valoir avec grand succès auprès de ses partisans. Un chef huguenot, Montgommery, avait combattu heureusement dans la province de Béarn et était prêt à lui amener son armée victorieuse. L'Allemagne était toujours une riche pépinière de soldats, et de l'Angleterre aussi on pouvait attendre du secours. A cela se joignait que les royalistes, au lieu de profiter avec une rapide activité de leur victoire, et de poursuivre l'ennemi battu jusque dans ses dernières retraites, perdaient un temps précieux en siéges inutiles, et laissaient à l'amiral, pour se refaire, le délai désiré.

La mauvaise intelligence qui régnait entre les catholiques eux-mêmes ne contribua pas peu à son salut. Les gouverneurs de province ne faisaient pas tous leur devoir ; on accusa principalement Damville, gouverneur du Languedoc, fils du célèbre connétable de Montmorency, d'avoir favorisé la fuite de l'amiral à travers son gouvernement. Cet orgueilleux vassal de la couronne, autrefois ennemi acharné des huguenots, se croyait négligé de la cour, et son ambition était sensiblement blessée que d'autres cueillissent des lauriers dans cette guerre, que d'autres portassent le bâton de commandement qu'il regardait comme un héritage de sa maison. Même dans le cœur du jeune roi et des grands les plus proches de sa personne, les succès brillants du duc d'Anjou, qui pourtant ne pouvaient être mis en aucune façon sur le compte de ce prince, avaient allumé la rivalité et l'envie. Le monarque, avide de gloire, se souvenait avec chagrin qu'il n'avait encore rien fait lui-même pour sa renommée; la partialité de la reine mère pour le duc d'Anjou et l'éloge de ce favori préféré, qu'il entendait sortir de la bouche des courtisans, offensaient son orgueil. Comme il ne pouvait convenablement éloigner le duc d'Anjou de l'armée, il se mit lui-même à la tête, pour s'approprier en commun avec lui la gloire des victoires, auxquelles ils avaient aussi peu de part l'un que l'autre. Les mauvaises mesures que cet esprit de jalousie et d'intrigue fit prendre aux chefs catholiques, rendirent vains tous les fruits des victoires remportées. Le maréchal de Tavannes, à l'expérience duquel on devait les succès obtenus jusque-là, insista inutilement pour qu'on poursuivît l'ennemi. Son avis était de donner la chasse à l'amiral fugitif, avec la plus grande partie de l'armée, jusqu'à ce qu'on l'eût ou fait sortir de France, ou forcé de se jeter dans quelque place forte, qui alors serait devenue infailliblement le tombeau de tout le parti. Comme ces représentations ne trouvaient point d'accueil, Tavannes déposa son commandement et se retira dans son gouvernement de Bourgogne.

Alors on attaqua sans retard les places des huguenots. Le commencement de l'entreprise fut heureux, et déjà l'on se flattait de détruire avec aussi peu de peine tous les boulevards de la Rochelle et de s'emparer ensuite d'autant plus aisément de ce centre de toute la puissance des Bourbons. Mais la vaillante résistance qu'opposa Saint-Jean-d'Angély, rabaissa fort cette orgueilleuse attente. La ville tint deux mois, défendue par son intrépide commandant de Piles, et, lorsque enfin, réduite à l'extrémité, elle fut forcée de se rendre, l'hiver était venu et la campagne était terminée. La possession de quelques villes fut donc l'unique fruit d'une victoire qui, mise sagement à profit, eût pu terminer peut-être à jamais la guerre civile.

Cependant Coligny n'avait rien négligé pour tourner à son avantage la mauvaise politique de l'ennemi. Son infanterie avait été presque entièrement détruite dans la bataille de Moncontour, et les trois mille chevaux qui faisaient toute sa force pouvaient à peine tenir tête au peuple des campagnes qui les poursuivait. Mais cette petite troupe se renforça en Languedoc et en Dauphiné de nouvelles levées et de l'armée victorieuse de Montgommery qu'elle s'adjoignit. Les nombreux adhérents que la réformation comptait dans cette partie de la France, favorisaient aussi bien le recrutement que l'entretien des troupes, et l'affabilité des princes Bourbons, qui partageaient toutes les peines de cette campagne et donnaient des preuves précoces d'héroïsme, attira maint volontaire sous leurs drapeaux. Quelque modiques que fussent les contributions d'argent qui arrivaient à l'armée, cette insuffisance était, jusqu'à un certain point, comblée par la ville de la Rochelle. De son port sortaient de nombreux bâtiments corsaires, qui faisaient beaucoup de bonnes prises et étaient obligés de remettre à l'amiral la dîme de toute proie. A l'aide de tous ces moyens, les huguenots, durant l'hiver, se relevèrent si complétement de leur défaite, qu'au printemps de 1570 ils s'élancèrent du Languedoc comme un torrent impétueux, et purent entrer en campagne plus redoutables que jamais.

On n'avait eu pour eux aucun ménagement, et ils n'en montrèrent aucun. Irrités de tant de mauvais traitements soufferts, exaspérés par une longue suite de revers, ils firent couler à grands flots le sang de leurs ennemis, accablèrent de lourdes contributions de guerre tous les districts qu'ils traversèrent, ou les mirent à feu et à sang. Leur marche se dirigeait sur la capitale du royaume, où ils espéraient arracher, l'épée à la main, une paix équitable. Une armée royale qui s'opposa à eux, forte de treize mille hommes, dans le duché de Bourgogne, sous le maréchal de Cossé, ne put arrêter leur marche. On en vint à un engagement, où les protestants remportèrent divers avantages sur un ennemi bien supérieur en nombre. Répandus le long de la Loire, ils menaçaient l'Orléanais et l'Ile-de-France de leur prochaine apparition, et la rapidité de leur course inquiétait déjà Paris.

Cette résolution eut son effet, et la cour commença enfin à parler de paix. On redoutait d'en venir aux mains avec une troupe, peu nombreuse, il est vrai, mais animée par le désespoir, qui n'avait plus rien à perdre et était prête à vendre chèrement sa vie. Le trésor royal était épuisé, l'armée très-amoindrie par le départ des auxiliaires italiens, allemands et espagnols, et dans les provinces la fortune s'était déclarée presque partout en faveur des rebelles. Si dur qu'il parût aux catholiques de céder aux sectaires qui les défiaient, et avec quelque répugnance que plusieurs de ces derniers consentissent à déposer les armes, et à renoncer à leurs espérances de butin, à leur liberté anarchique, cependant la nécessité, de plus en plus impérieuse, fit taire toute contradiction, et l'avis des chefs se prononça si sérieusement pour la paix, qu'elle fut enfin conclue, au mois d'août de cette année, aux conditions suivantes :

La cour accorda aux réformés une amnistie générale du passé; le libre exercice de leur religion dans toutes les parties du royaume, la cour seule exceptée; la restitution de tous les biens confisqués pour cause de religion, et un droit égal à toutes les fonctions publiques. Outre cela, on leur laissa encore pour deux ans quatre places de sûreté, qu'ils étaient autorisés à occuper avec leurs propres troupes et à confier à des commandants de leur religion. Les princes de Bourbon et vingt seigneurs de la première noblesse durent s'obliger par serment à rendre ces quatre places (on avait choisi la Rochelle, Montauban, Cognac et la Charité), à l'expiration du temps fixé. Ainsi, ce fut encore une fois la cour qui céda, et qui, bien loin de mériter, par des concessions qu'elle ne pouvait faire de bon cœur, la reconnaissance des réformés, fit un humiliant aveu de son impuissance.

Alors tout rentra de nouveau dans l'ordre, et les protestants se mirent à jouir, avec leur insouciance antérieure, de leur liberté de religion péniblement conquise. Plus ils devaient être convaincus qu'il ne fallait pas attribuer les avantages récemment obtenus à la bonne volonté, mais à la faiblesse de leurs ennemis et à leur propre force, plus il leur était nécessaire de se maintenir vis-à-vis d'eux dans cet état de puissance, et de surveiller les démarches de la cour. La condescendance de celle-ci était en effet beaucoup trop grande pour que l'on pût y avoir confiance, et sans vouloir précisément raisonner d'après le résultat, on peut soutenir avec assez de vraisemblance que le premier projet de l'horrible attentat qui fut exécuté deux ans plus tard doit remonter à ce temps-là.

Tant d'échecs, tant de retours surprenants de la fortune de la guerre, tant de sources inattendues de secours ouvertes aux huguenots, avaient enfin dû persuader la cour que c'était une vaine entreprise de vouloir vaincre de vive force ce parti qui toujours ressuscitait et toujours se fortifiait, et obtenir sur lui un avantage décidé par la voie suivie jusque-là. Répandu dans toute la France, il était sûr de ne jamais éprouver une entière défaite, et l'expérience avait appris que tous les coups partiels qu'on lui portait ne pouvaient mettre en danger sa vie même. Accablé sur une des frontières du royaume, il se relevait d'autant plus redoutable sur une autre, et chaque nouvelle perte éprouvée semblait ranimer uniquement son courage et augmenter le nombre de ses adhérents. Ce qui au fond lui manquait quant aux forces réelles était compensé par la fermeté, l'habileté et le courage de ses chefs, que nul revers ne lassait, nulle ruse n'endormait, nul danger n'ébranlait. A lui seul déjà, Coligny valait toute une armée. « Si l'amiral devait mourir aujourd'hui, déclarèrent les délégués de la cour, quand ils entrèrent en négociation pour la paix avec les huguenots, demain nous ne vous offririons pas un verre d'eau. Croyez bien que son seul nom vous donne plus d'importance que toute votre armée, quand on la doublerait. » Tant que la cause des réformés était dans de telles mains, toutes les tentatives faites pour les accabler devaient être vaines. Ce n'était que lui qui tenait uni en un seul tout le parti dispersé, lui apprenait à connaître et à employer ses forces, lui procurait de la considération et de l'appui du dehors, le relevait de toute chute, et le retenait d'un bras ferme au bord de l'abîme.

Convaincu que la perte de tout le parti dépendait de la mort de cet homme, on avait déjà, l'année précédente, fait prononcer contre lui par le parlement de Paris cette honteuse sentence de proscription qui devait armer contre sa vie le poignard des assassins. Mais, comme ce but n'avait pas été atteint et que la paix nouvellement conclue annulait cet arrêt du parlement, il fallut tendre à la même fin par une autre voie. Fatigué des obstacles que l'esprit de liberté des huguenots avait opposés depuis si longtemps à l'affermissement de l'autorité royale, provoqué en même temps par la cour de Rome, qui ne voyait de salut pour l'Église que dans la ruine entière de la secte, excité par un sombre et cruel fanatisme, on résolut enfin de se débarrasser, par un seul coup décisif, de ce dangereux parti. Si l'on réussissait à lui enlever d'un coup tous ses chefs, et à diminuer rapidement et notablement le nombre des sectaires par un commun massacre, on l'aurait rejeté à tout jamais, l'on s'en flattait du moins, dans son néant, on aurait retranché d'un corps sain un membre gangrené, étouffé pour toujours la flamme de la guerre, et sauvé l'État et l'Église par un seul dur sacrifice. Par de telles raisons décevantes, la haine religieuse, l'ambition et la soif de vengeance se mirent d'accord avec la conscience et l'humanité, et imputèrent à la religion la responsabilité d'une action pour laquelle la nature sauvage elle-même n'a point d'excuse.

Mais, pour porter ce coup décisif, il fallait d'abord s'être assuré des victimes qu'il devait frapper, et là se présentait une difficulté presque invincible. Une longue suite de perfidies avait étouffé la mutuelle confiance, et, du côté des catholiques, on avait trop souvent appliqué, et d'une manière non équivoque, la maxime « qu'envers les hérétiques nul serment ne lie, nulle promesse n'est sacrée. » Les chefs des huguenots ne comptaient sur aucune autre sûreté que celle que leur donnaient leur éloignement et la force de leurs châteaux. Même après la conclusion de la paix, ils augmentèrent les garnisons dans leurs villes, et montrèrent par la prompte réparation des fortifications, combien peu ils se fiaient à la parole royale. Quelle possibilité y avait-il de les attirer hors de leurs remparts et de les mener au-devant du couteau du sacrifice? Quelle vraisemblance de s'emparer de tous à la fois, supposé même que quelques-uns en particulier se laissassent prendre à la ruse? Depuis longtemps déjà ils avaient recours à la précaution de se diviser, et, lors même que l'un d'eux se confiait à la loyauté de la cour, l'autre se tenait d'autant plus sûrement à l'écart, pour conserver un vengeur à son ami. Et pourtant l'on n'avait rien fait, rien, si l'on ne pouvait tout faire; il fallait absolument que le coup fût mortel, général et décisif, ou qu'on y renonçât entièrement.

Il s'agissait donc d'effacer complétement l'impression des anciennes perfidies et de regagner, quelque prix qu'elle dût coûter, la confiance perdue des réformés. Pour arriver à cette fin, la cour changea tout le système de conduite qu'elle avait suivi jusque-là. Au lieu de la partialité dans les jugements dont les religionnaires, même au milieu de la paix, avaient eu tant de raisons de se plaindre, on observa, à partir de ce moment, la plus uniforme justice; on cessa tous les empiétements que jusqu'alors, du côté des catholiques, on se permettait impunément contre eux; on châtia, avec la plus grande rigueur, toutes les violations de la paix; on satisfit sans difficulté à toutes leurs demandes équitables. En peu de temps, toute différence de religion parut oubliée, et la monarchie entière pareille à une paisible famille, dont Charles IX, comme un père commun, gouvernait tous les membres avec une égale justice, les embrassant tous d'un même amour. Au milieu des tempêtes qui ébranlaient les royaumes voisins, qui troublaient l'Allemagne, menaçaient de renverser la puissance espagnole dans les Pays-Bas, ravageaient l'Écosse, et faisaient chanceler en Angleterre le trône de la reine Élisabeth, la France jouissait d'un repos profond, inaccoutumé, qui semblait témoigner d'une révolution complète dans les sentiments et d'un changement total de maximes, bien que ce changement n'eût été précédé d'aucun combat décisif, sur lequel il pût être fondé.

Marguerite de Valois, la plus jeune fille de Henri II, n'était pas encore mariée, et l'ambition du jeune duc de Guise osait élever ses espérances jusqu'à cette sœur de son roi. Le roi de Portugal avait déjà demandé la main de cette princesse, mais sans succès, parce que le cardinal de Lorraine, toujours puissant, l'enviait à tout autre qu'à son neveu. « L'aîné des princes de ma maison, dit l'orgueilleux prélat à l'ambassadeur de Sébastien, a épousé l'aînée des deux princesses[1]; au plus jeune convient la plus jeune. » Mais Charles IX, ce monarque jaloux de sa grandeur, ayant accueilli avec humeur la prétention hardie de son vassal, le duc de Guise se hâta d'apaiser sa colère en

---

1. Claude, la seconde fille de Henri II et l'aînée de Marguerite, était mariée à Charles II, duc de Lorraine.

épousant sans retard la princesse de Clèves. Cependant voir un ennemi et un rival en possession de celle vers qui il ne lui était pas permis d'élever les yeux, dut blesser d'autant plus sensiblement l'orgueil du duc, qu'il pouvait se flatter de posséder le cœur de la princesse.

C'est sur le jeune Henri, prince de Béarn, que tomba le choix du roi : soit qu'il eût réellement l'intention de fonder par ce mariage une étroite union entre les maisons de Valois et de Bourbon, et par là d'étouffer à jamais les germes de discorde; soit qu'il voulût tromper par cette fausse apparence les soupçons des huguenots, pour les attirer d'autant plus sûrement dans le piége. Ce qu'il y a de certain, c'est qu'il fut fait mention de ce mariage dès le traité de paix, et, quelque grande que pût être la méfiance de la reine de Navarre, la proposition toutefois était beaucoup trop flatteuse pour qu'elle eût pu la rejeter sans offense. Mais, comme cette offre si honorable ne fut pas accueillie avec l'empressement que l'on eût désiré et qui semblait en rapport avec son importance, on ne tarda pas longtemps à la renouveler, et à dissiper, par des preuves répétées de la réconciliation la plus sincère, les craintives hésitations de la reine Jeanne.

Vers ce même temps, Louis de Nassau, frère du prince Guillaume d'Orange, était venu en France pour engager les huguenots à secourir leurs frères des Pays-Bas contre Philippe d'Espagne. Il trouva l'amiral de Coligny dans des dispositions très-favorables pour accueillir cette invitation. Son penchant, aussi bien que les raisons politiques, portait ce héros vénérable à ne pas laisser succomber à l'extérieur la religion et la liberté qu'il avait défendues avec un si généreux courage dans sa patrie. Il était attaché passionnément à ses principes et à sa foi, et son grand cœur avait juré une guerre éternelle à l'oppression, en quelque lieu et contre quelques personnes qu'elle s'exerçât. Conformément à ces sentiments, il regardait toute affaire, dès que la foi et la liberté y étaient en jeu, comme sienne, et toute victime du despotisme spirituel et temporel pouvait compter sur son cosmopolitisme et son zèle actif. C'est un trait caractéristique du sage amour de la liberté, qu'il élargit l'esprit et le cœur, et étend leur sphère aussi bien pour la pensée que pour l'action. Fondé sur un vif sentiment de la dignité humaine, il ne peut voir avec indifférence fouler aux pieds, en la personne d'autrui, des droits qui lui sont chers en la personne de celui qu'il anime.

Mais cet intérêt passionné de l'amiral pour la liberté des Néerlandais, et cette résolution de prendre les armes à la tête des huguenots pour assister ces républicains, étaient en même temps justifiés par les raisons politiques les plus graves. Il connaissait et redoutait l'esprit inflammable et anarchique de son parti, qui, blessé par tant d'offenses subies, prêt à se soulever à chaque attaque supposée, et familiarisé avec les scènes de tumulte, était depuis trop longtemps déshabitué de l'ordre pour s'y pouvoir maintenir sans rechutes. L'inaction dans ses châteaux et la contrainte imposée par la paix ne pouvaient agréer à une noblesse guerrière et avide d'indépendance. On ne pouvait non plus s'attendre que la fougue des prédicateurs calvinistes se contînt dans les bornes étroites de la modération que demandaient les circonstances. En conséquence, pour prévenir les maux qu'un zèle de religion mal entendu, et la défiance des partis qui couvait toujours sous la cendre, menaçaient d'amener tôt ou tard, il fallait songer aux moyens d'occuper cette valeur oisive, et de détourner sur un autre royaume, jusqu'à ce qu'on en eût besoin dans la patrie, un courage qu'on ne pouvait ni espérer ni désirer d'étouffer entièrement. Or, pour cela, la guerre des Pays-Bas venait à point nommé, et l'intérêt même et l'honneur de la couronne de France semblaient commander qu'on y prît part activement. La France avait déjà éprouvé de la manière la plus sensible la pernicieuse influence des intrigues de l'Espagne, et elle avait encore beaucoup plus à craindre d'elles dans l'avenir, si l'on n'occupait pas en dedans de ses propres limites ce dangereux voisin. L'encouragement et l'appui qu'il avait donnés aux sujets mécontents du roi de France paraissaient autoriser des représailles, pour lesquelles s'offrait en ce moment l'occasion la plus favorable. Les Néerlandais attendaient de la France un secours qu'il était impossible de leur refuser sans les mettre vis-à-vis de l'Angleterre dans une dépendance qui ne pouvait avoir, au point de vue des intérêts français, que des suites funestes. Pourquoi aurait-on laissé prendre à une dangereuse rivale une influence qu'on pouvait acquérir soi-même, et cela sans qu'il en coûtât rien? Car c'étaient les huguenots qui offraient leur bras pour cela, et qui étaient prêts à consumer, dans une guerre extérieure, leurs forces si redoutables pour le repos de la monarchie.

Charles IX parut sentir la gravité de ces raisons, et montra un vif désir de délibérer, à ce sujet, longuement et de vive voix avec l'amiral. Coligny pouvait d'autant moins résister à ce témoignage de la confiance royale, qu'elle avait pour objet l'intérêt qui, après le bien de sa patrie, lui tenait le plus au cœur. On avait découvert la seule faiblesse par laquelle on pût le prendre : le désir de voir promptement réussir son affaire favorite lui fit surmonter toute hésitation. Ses propres sentiments, élevés au-dessus de tout soupçon, sa prudence même l'attirèrent dans le piége. Si d'autres de son parti attribuaient à quelque dessein secret le changement de conduite de la cour, il trouvait, lui, pour l'expliquer, une clef bien plus naturelle dans les prescriptions d'une politique plus sage qui, après tant d'expériences malheureuses, s'imposait enfin impérieusement au gouvernement. Il y a des méfaits que l'honnête homme peut à peine tenir pour possibles avant d'en avoir fait l'expérience, et il était bien pardonnable à un homme du caractère de Coligny de supposer à son roi une modération dont ce prince, jusque-là, n'avait pas encore donné de preuves, plutôt que de le croire capable d'une bassesse qui déshonore et l'humanité en général, et bien plus encore la dignité d'un monarque. Tant de prévenances d'ailleurs de la part de la cour réclamaient aussi du parti protestant une marque de confiance; et combien n'était-il pas facile de pousser, par une plus longue méfiance, un ennemi susceptible, à mériter réellement la mauvaise opinion qu'on lui ôtait les moyens de réfuter !

L'amiral résolut, d'après cela, de paraître à la cour, qui, à ce moment, s'était avancée jusqu'en Touraine, pour faciliter l'entrevue avec la reine de Navarre. Jeanne fit à contre-cœur cette démarche à laquelle elle ne pouvait plus longtemps se soustraire, et remit au roi son fils Henri et le prince de Condé. Coligny voulut se jeter aux genoux du monarque, mais celui-ci le reçut dans ses bras. « Enfin, je vous tiens, s'écria le roi,

Je vous tiens et ce ne vous sera pas chose si facile de me quitter. Oui, mes amis, ajouta-t-il avec un regard triomphant, voici le jour le plus heureux de ma vie. » L'amiral reçut le même accueil bienveillant de la reine, des princes, de tous les seigneurs présents; on pouvait lire sur le visage de tous l'expression de la plus grande joie et de l'admiration. On célébra pendant plusieurs jours, par les fêtes les plus brillantes, cet heureux événement, et nulle trace de l'ancienne méfiance ne troublait la commune allégresse. On s'entretint du mariage de Henri de Béarn et de Marguerite de Valois. Toutes les difficultés que soulevaient la différence de religion et le mode de célébration durent céder à l'impatience du roi. Les affaires de Flandre donnèrent lieu à plusieurs longues conférences entre ce dernier et Coligny, et à chacune paraissait croître la bonne opinion qu'avait le roi de son serviteur revenu à lui. Un peu plus tard, il lui permit même d'aller faire un tour à son château de Châtillon, et, comme l'amiral revint au premier appel, il lui permit de renouveler ce voyage dans la même année. Ainsi se rétablit insensiblement la confiance réciproque, et Coligny commença à s'endormir dans une profonde sécurité.

L'ardeur avec laquelle Charles pressa le mariage du prince de Navarre, et les marques extraordinaires de faveur qu'il prodiguait à l'amiral et à ses adhérents, n'excitèrent pas moins de mécontentement chez les catholiques, que de défiance et de soupçon chez les protestants. Que l'on admette, avec quelques écrivains protestants et italiens, que cette conduite du roi était simplement un masque, ou que l'on croie, avec de Thou et les mémoires du temps, qu'il était alors *personnellement* sincère, sa situation entre les réformés et les catholiques était, dans tous les cas, très-embarrassante; car il fallait, pour garder le secret, qu'il trompât aussi bien les uns que les autres. Et qui pouvait même répondre à ceux qui savaient le secret que les avantages personnels de l'amiral ne finiraient pas par faire impression sur un prince qui ne manquait nullement de pénétration pour apprécier le mérite? que cet homme d'État éprouvé ne lui deviendrait pas, à la longue, indispensable, que ses conseils, ses principes, ses avis ne trouveraient point accès chez lui? Il n'était pas étonnant que les catholiques exaltés fussent scandalisés, que le pape ne pût comprendre cette nouvelle conduite du roi, que la reine Catherine elle-même devînt inquiète, et que les Guises commençassent à trembler pour leur crédit. Une alliance d'autant plus étroite entre ces derniers et la reine fut la conséquence de ces craintes, et l'on résolut de rompre, quoi qu'il en dût coûter, ces dangereuses relations.

Les contradictions des historiens et le mystère qui plane sur tout cet événement empêchent qu'il ne se répande aucune lumière satisfaisante sur les sentiments qu'avait alors le roi, et sur la vraie nature du complot qui éclata ensuite si terriblement. Si l'on pouvait s'en rapporter à Capi-Lupi, écrivain romain et apologiste de la Saint-Barthélemy, on ne calomnierait pas Charles IX par les plus odieux soupçons; mais, bien que la critique historique permette de croire le mal que raconte un ami, tel ne peut être le cas quand cet ami, comme cela arrive ici réellement, croit par ce mal exalter son héros, et qu'il le diffame en flatteur. « Un légat du pape, raconte cet auteur dans la préface de son ouvrage[1], vint à Paris pour détourner par ses avis le roi très-chrétien de ses liaisons avec les sectaires. Comme il venait de faire au monarque les représentations les plus pressantes et qu'il l'avait poussé à bout, celui-ci s'écria d'un air très-significatif : « Que ne puis-je tout dire à Votre Éminence? « Vous seriez bientôt forcé de reconnaître, ainsi que le saint-père, « que ce mariage de ma sœur est le moyen le mieux imaginé « pour maintenir en France la vraie religion et exterminer ses « adversaires. Mais, » continua-t-il avec une vive émotion en serrant la main du cardinal et lui mettant au doigt un diamant, « fiez-vous à ma parole royale. Encore un peu de patience, et le « saint-père lui-même louera mes desseins et mon zèle pour la « foi. » Le cardinal refusa le diamant, et assura qu'il se contentait de la parole du roi. » Mais, supposé même que ce ne soit pas un aveugle fanatisme qui ait conduit la plume de cet historien, il peut avoir puisé son récit à des sources très-impures. On

---

1. *Le Stratagème ou la ruse de Charles IX, roi de France, contre les huguenots, rebelles à Dieu et à lui*, écrit par le seigneur Camille Capi-Lupi, etc., 1574. (*Note de l'auteur.*) — Nous avons placé cette note là où elle est dans la première édition. Dans les éditions actuelles, on la fait rapporter au mot *Capi-Lupi* de la phrase précédente.

peut conjecturer, non sans vraisemblance, que le cardinal de Lorraine, qui alors séjournait à Rome, a favorisé, sinon répandu lui-même, de telles inventions, afin de partager du moins avec le roi, pour le massacre parisien, la malédiction dont il ne pouvait lui-même se décharger[1].

La conduite réelle de Charles IX, lorsque éclata le sanglant complot, témoigne contre lui avec bien plus de force que ces bruits non prouvés; mais, si même il s'est laissé entraîner par la violence de son tempérament à donner son assentiment à ce complot tout à fait mûr, et à en seconder l'exécution, cela ne peut rien démontrer pour sa complicité antérieure. Ce qu'il y a de monstrueux et d'horrible dans ce crime en diminue la probabilité, et le respect de la nature humaine doit servir à la défense du roi. Une chaîne si longue et si compliquée de tromperies, une dissimulation si impénétrable, si soutenue, un si profond silence de tous les sentiments humains, un jeu si impudemment joué avec les gages les plus sacrés de confiance, exigent, ce semble, un scélérat achevé, endurci par un long exercice et complétement maître de ses passions. Charles IX était un jeune homme que son tempérament fougueux emportait et dont une possession prématurée du souverain pouvoir affranchissait les passions de tout frein de modération. Un tel caractère ne se concilie point avec un rôle si artificiel, ni un si haut degré de perversité avec une âme de jeune homme, même quand ce jeune homme est roi, et fils de Catherine.

Mais, que la conduite du roi fût sincère ou non, les chefs du parti catholique n'en pouvaient demeurer spectateurs indifférents. En effet, ils quittèrent bruyamment la cour aussitôt que les huguenots parurent y avoir pris pied, et Charles IX les laissa partir sans s'en inquiéter. Quant aux réformés, ils affluaient de plus en plus dans la capitale, à mesure qu'approchait la célébration du mariage du prince de Béarn. Cette solennité cependant éprouva un retard inattendu par la mort de la reine Jeanne, qui mourut d'une prompte mort, peu de semaines après son entrée dans Paris. Toute l'ancienne méfiance des calvinistes se réveilla à l'occasion de cette mort, et il ne

---

1. *Esprit de la Ligue* (par Anquetil), t. II, p. 13. (*Note de l'auteur.*)

manqua pas de gens qui soupçonnèrent qu'elle avait été empoisonnée. Mais, comme les recherches les plus soigneuses ne confirmèrent pas ce soupçon, et que le roi dans sa conduite demeura parfaitement semblable à lui-même, cet orage se calma en peu de temps.

Coligny se trouvait alors dans son château de Châtillon, entièrement occupé de ses projets favoris relatifs à la guerre de Flandre. On n'épargna pas les avis pour l'instruire du prochain danger, et il ne se passait pas de jour qu'il ne se vît assailli d'une foule de lettres écrites pour le détourner de paraître à la cour. Mais ce zèle bien intentionné de ses amis ne faisait que lasser sa patience sans ébranler ses convictions. En vain lui parlait-on des troupes que la cour rassemblait dans le Poitou, et qui, assurait-on, étaient destinées contre la Rochelle : il savait mieux, disait-il, quelle était leur destination, et il assurait ses amis que cet armement avait été résolu d'après ses propres conseils. En vain cherchait-on à le rendre attentif aux emprunts du roi, qui semblaient annoncer une grande entreprise : il assurait que cette entreprise n'était autre que la guerre des Pays-Bas, qui était sur le point d'éclater, et au sujet de laquelle il avait déjà pris toutes les mesures avec le roi. Peu s'en fallait en effet que Charles IX n'eût cédé aux représentations de l'amiral, et qu'il n'eût conclu (était-ce vérité ou feinte?) une alliance formelle avec l'Angleterre et les princes protestants d'Allemagne contre l'Espagne. En conséquence, tous les avertissements de ce genre manquèrent leur but, et l'amiral se fiait si fermement à la loyauté du roi, qu'il pria ses adhérents de lui faire grâce désormais de ces rapports.

Il retourna donc à la cour, où, peu après, au mois d'août 1572, les noces de Henri, maintenant roi de Navarre, et de Marguerite de Valois, furent célébrées au milieu d'une grande affluence de huguenots et avec une pompe royale. Téligny, gendre de Coligny, Rohan, La Rochefoucauld, tous les chefs des calvinistes, étaient présents, tous aussi rassurés que l'amiral, et sans nul soupçon du danger prochain. Un petit nombre seulement prévirent l'orage qui venait, et cherchèrent à temps leur salut dans la fuite. Un gentilhomme nommé Langoiran vint prendre congé de Coligny. « Pourquoi donc maintenant? demanda l'amiral rempli d'étonnement. — Parce qu'on vous fait trop de caresses, repartit Langoiran, et que j'aime mieux me sauver avec les fous que périr avec les sages. »

Bien que l'issue ait justifié ces prédictions de la manière la plus terrible, il demeure indécis jusqu'à quel point elles étaient alors fondées. D'après le rapport de témoins dignes de foi, le danger était en ce temps-là plus grand pour les Guises et pour la reine que pour les réformés. Coligny, racontent-ils, avait acquis insensiblement un tel pouvoir sur le jeune roi, qu'il pouvait se hasarder à lui inspirer de la défiance envers sa mère, et à l'arracher à sa tutelle, qui durait toujours. Il l'avait persuadé d'assister en personne à la guerre de Flandre, et de remporter lui-même les victoires que Catherine n'était que trop portée à souhaiter à son favori le duc d'Anjou. Auprès du monarque ambitieux et jaloux cette insinuation ne fut pas perdue, et Catherine se convainquit bientôt que son empire sur le roi commençait à chanceler.

Le danger était pressant et la plus prompte résolution pouvait seule détourner le coup qui menaçait. Un courrier fut dépêché pour rappeler en toute hâte à la cour les Guises et leurs partisans, afin d'avoir leur assistance en cas de besoin. La reine elle-même saisit le moment où son fils, dans une chasse, était seul avec elle, et l'entraîna dans un château, où, s'étant enfermée avec lui dans un cabinet, elle l'assaillit avec toute la force de l'éloquence maternelle, et lui fit les plus amers reproches sur ce qu'il s'était détaché d'elle, sur son ingratitude, sur son imprudence. Sa douleur, ses plaintes l'ébranlèrent; quelques allusions menaçantes qu'elle laissa échapper firent leur effet. Elle joua son rôle avec cet art consommé de comédienne où elle était passée maîtresse, et elle réussit à lui arracher l'aveu qu'il avait agi inconsidérément. Non contente de cela, elle se sépara violemment de lui, feignit un mécontentement sans retour, prit une habitation séparée, et fit craindre une entière rupture. Le jeune roi n'était pas encore devenu assez maître de lui pour la prendre au mot et se réjouir de la liberté qu'il obtenait. Il connaissait le grand parti de la reine, et sa crainte le lui représentait plus nombreux encore qu'il ne pouvait l'être en effet. Il redoutait, et n'avait peut-être pas tout à fait tort, sa préférence pour le duc d'Anjou, et tremblait pour sa vie et son trône.

Privé de conseillers, et trop faible par lui-même pour prendre une résolution hardie, il se hâta de courir auprès de sa mère, pénétra dans sa chambre, et la trouva entourée de son frère, de ses courtisans, des ennemis les plus déclarés des réformés. Il veut savoir quel est donc le nouveau crime dont on accuse les huguenots, il se dit prêt à rompre toute liaison avec eux dès qu'on l'aura convaincu qu'il faut se méfier de leurs sentiments. On lui fait la plus noire peinture de leurs prétentions, de leurs violences, de leurs plans, de leurs menaces. Il est surpris, entraîné, réduit au silence, et quitte sa mère en l'assurant qu'il agira désormais avec plus de circonspection.

Mais cette déclaration vague ne pouvait suffire encore à rassurer Catherine. La même faiblesse qui lui faisait en ce moment la partie si belle auprès du roi pouvait aussi rapidement, et avec plus de succès encore, être mise à profit par les protestants pour le délivrer entièrement de ses chaînes. Elle vit qu'il lui fallait rompre ces dangereuses liaisons d'une manière violente et irrémédiable, et pour cela il n'y avait qu'à réveiller par quelque grave offense l'esprit de révolte des huguenots. Quatre jours après la solennité des noces de Henri de Navarre, un coup de feu fut tiré d'une fenêtre sur Coligny, au moment où il retournait du Louvre à sa maison. Une balle lui fracassa l'index de la main droite, et une autre le blessa au bras gauche. Il montra la maison d'où le coup était parti : on enfonça les portes, mais le meurtrier s'était déjà échappé [1].

On serait tenté de dire que le bon génie de Coligny avait fait un dernier effort pour arracher à son sort ce grand homme,

---

1. Dans les *Mémoires historiques*, à la suite de cette phrase, qui termine le morceau contenu dans le tome V, on lit la promesse ordinaire : « La continuation au tome suivant: » mais cette promesse n'a pas été tenue. Dans les tomes VI et VII, il n'y a pas d'introduction. Le tome VIII s'ouvre par une préface du professeur Paulus d'Iéna, où il est dit que des voyages et des raisons de santé ont empêché l'éditeur des *Mémoires*, Schiller, de continuer à en surveiller de près la publication, qu'il a prié Paulus de le remplacer pour ce soin, comme aussi pour la rédaction des résumés historiques servant d'introduction. Après cette préface vient un tableau d'histoire qui n'est plus compris sous le titre général de ceux qui précèdent et dont il est la continuation, mais qui a simplement ce titre particulier : *Les troubles de France, à partir de la nuit de la Saint-Barthélemy*,

averti par ce guet-apens. Mais qui échappe à son sort ? Ou plutôt, pour l'homme de bien, quand on se permet tout envers lui, et jusqu'à des perfidies qu'il est incapable de concevoir, n'y a-t-il pas plus de gloire à succomber qu'à échapper à de pareils piéges ?

Coligny sentit, et tout son parti, frappé comme d'un coup électrique, le sentit avec lui, qu'au milieu de la paix la plus profonde, lorsque depuis quatre jours à peine, par le mariage de Henri de Navarre avec la sœur de Charles IX, les partisans des maisons de Valois et de Bourbon avaient paru, en dépit des Guises, se tendre la main devant l'autel nuptial, il sentit, dis-je, qu'un serpent exhalant le venin l'épiait, lui et les siens. Le monstre n'avait pas réussi cette fois, comme il eût voulu, à atteindre en lui, du fond de son embuscade, la tête des réformés, et à paralyser d'un seul coup tous les membres de ce corps.

Mais où pouvait-il bien tenir cachée maintenant sa tête d'hydre ? De quel coin s'élancerait-il pour de nouvelles attaques ? Pour découvrir cela à temps, Coligny avait réellement en lui trop peu de la nature de son ennemi. Les pistes tortueuses menaient dans toutes les directions, mais simplement pour mieux détourner les recherches du vrai mystère de scélératesse.

Coligny était sage, réfléchi, attentif à regarder tout autour de lui; mais ce que la crainte ajoute à ces qualités lui manquait entièrement. Le faible insecte étend sans cesse ses antennes de tous côtés, et la peur le sauve de mille dangers. Ainsi la sagesse devient, par la crainte, cette finesse habile qui peut se vanter d'avoir été rarement trompée, mais qui, en même temps, est forcée d'avouer qu'elle n'a jamais agi avec grandeur, parce qu'elle a coutume de tout prendre pour un piége. Coligny n'avait point fait

en 1572, *jusqu'à la mort de Charles IX, en* 1574. Nous traduisons ce tableau, parce qu'il achève le récit du règne, et qu'il est d'ailleurs donné dans toutes les éditions de Schiller, sans qu'aucune note ni avertissement nous apprenne que c'est un supplément, œuvre d'une autre main. Je serais curieux de savoir si Kœrner, le premier éditeur, attribuait réellement ce morceau à son ami, et, dans ce cas, quelles raisons il pouvait avoir pour cela. Quant à moi, il me semble que la préface du tome VIII et, à défaut de cette préface, le style même et le ton de cette narration, et jusqu'à l'emploi de certains mots (ainsi l'usage constant de *Partie* pour *Partei*), prouvent, sans qu'il puisse rester aucun doute, qu'elle n'est point l'ouvrage de Schiller.

alliance avec la fortune. Comme général, il eut le plus souvent le dessous, à cause du petit nombre de ses troupes et par d'autres vices de sa situation. Le hasard fit peu pour lui. Il semblait destiné à jouer dans son parti le rôle de l'homme qui se doit tout à lui-même. Après un échec, quand le découragement ôtait à tous le sang-froid, quand son armée, ramassée à grand'peine, à demi nue, sans solde, sans paix, menaçait de se disperser aussi vite qu'elle s'était réunie, quand la trahison et la faveur de la cour rôdaient, spectres irrésistibles, parmi ses plus proches adhérents, toujours son courage était inébranlable. Son front serein persuadait aux siens l'impossible, leur faisait croire qu'il avait encore à choisir, en quelque sorte, entre les ressources diverses. Puis, lorsqu'il parlait, le calme de son esprit, à chaque mot qu'il disait, se communiquait à tous les autres. Il parlait purement, noblement, avec force, souvent avec originalité. Et pour l'exécution il avait, accablé d'affaires qu'il était, une activité infatigable. La fermeté contre l'oppression était l'âme de ses plans éloignés et prochains. Que le courtisan Villeroi le blâme d'avoir voulu assurer aux protestants en France une liberté légale, de même que son conseil contribua beaucoup à l'affranchissement des Pays-Bas du joug de l'Espagne : le renversement d'une constitution impartiale, d'un gouvernement juste, n'aurait jamais été le plan de Coligny. Ses mœurs pures, sa conduite irréprochable comme époux et comme père, et en général son sévère esprit de religion, achevaient sa vocation au rôle de chef suprême d'un parti à la fois religieux et politique, dont toute l'existence reposait sur la soumission volontaire de tant d'hommes de marque de la noblesse et de la bourgeoisie, braves, riches, ambitieux, de qui la supériorité du caractère de leur chef pouvait seule obtenir la docilité et l'accord nécessaires.

Tout cela faisait nécessairement de lui, aux yeux de ses adversaires, l'homme unique à la ruine duquel était attaché le sort de tout son parti, et l'on savait d'ailleurs que, si on l'avait pour ennemi, on ne pouvait attendre de lui ni concession ni réconciliation, mais seulement cette inexorable sévérité qui était son caractère. La cabale sut découvrir son côté faible. D'une part, les apparences de cette profonde estime et de cette entière confiance en ses vues et sa probité, qu'il avait conscience de mériter;

de l'autre, la perspective de servir à la fois sa patrie et sa cause par un accord contre l'Espagne, l'ennemi commun de la religion et de la France, l'attirèrent à la cour. Il se trouvait pris dès qu'une fois on l'entourait de ces sortes de piéges, auxquels il n'aurait pu échapper que s'il eût été moins intrépide, moins loyal et moins magnanime. Avant et après la tentative d'assassinat, beaucoup de personnes bien intentionnées le pressèrent de s'échapper de Paris. « Si je fais cela, répondit-il, je montrerai de la crainte ou de la méfiance. L'un offenserait mon honneur, et l'autre le roi. Il me faudrait recommencer la guerre civile, et j'aime mieux mourir que de revoir le malheur immense qu'elle traîne à sa suite. » Le meurtre et l'infamie furent la récompense de ces sentiments patriotiques.

Le jour même de la blessure, le roi vint en personne, avec un nombreux cortége de courtisans, rendre visite à Coligny. Il lui témoigna sa compassion et l'entière confiance qu'il avait en lui, soit comme capitaine, soit comme fidèle sujet. « C'est vous qui êtes atteint, mon père, lui cria-t-il; mais je sens la douleur de la blessure. Je vous le jure, au nom de Dieu, dès qu'on découvrira les coupables, je tirerai de ce crime une vengeance telle que jamais on ne l'oubliera. » Trop vite rassuré pour lui-même, l'amiral se plaignit peu, et chercha bientôt à détourner l'esprit inquiet du roi de cette tentative heureusement vaine, pour le ramener aux grands intérêts de l'État, à l'expédition des Pays-Bas. Cette entreprise était de nature à gagner de plus en plus au général, qu'elle rendait nécessaire, la faveur capricieuse du jeune et fougueux monarque, et à l'attacher plus étroitement au parti dont ce général était le chef. Mais, sous prétexte de ménager en ce moment le malade, la reine mère eut soin de ne pas laisser son fils prolonger cet entretien particulier. « Il n'avait qu'à retourner, lui dit-elle, à son jeu de paume. » C'était au milieu de ce jeu, sa passion, que la nouvelle de la tentative de meurtre l'était venue troubler, et ç'avait été là sans doute la plus grande cause de la première explosion furieuse de son mécontentement.

Mais maintenant, pour Catherine, chaque minute pouvait tout perdre. Il est vrai que le soupçon de Coligny tomba d'abord, de lui-même, sur les Guises. Le coup était parti d'une maison à eux.

Le parti des Guises, pendant que celui des réformés se relevait publiquement, paraissait avoir été tellement abaissé, qu'on pouvait et devait s'attendre à le voir recourir au moyen de vengeance le plus infâme, au meurtre secret. Et Catherine, dans le premier moment de confusion, trouva bon aussi de diriger les soupçons de ce côté. Même à son fils, elle donna à entendre, dans cette vue, que sans doute le duc de Guise croyait toujours voir dans l'amiral le meurtrier de son père. Ce ne fut pas, comme quelques-uns le pensent, l'idée impossible de détruire à la fois les deux partis, quelque désirable que lui parût ce résultat, qui l'engagea à cette dissimulation. Ce qui la faisait agir, c'était la nécessité de gagner un peu de temps, pour pouvoir conclure du premier effet de ce complot avorté, quel serait celui d'un complot plus cruel exécuté plus heureusement. Elle avait besoin de prendre au dedans d'elle-même une nouvelle et plus ferme résolution pour l'accomplissement d'un projet qui devait, quelque ardente que fût sa soif de vengeance, révolter dans son cœur tous les sentiments d'humanité.

Le roi cependant voulut qu'on recherchât réellement le duc de Guise et qu'il parût à la cour, pour répondre sur ce qui venait de se passer, et sa propre sœur, la reine de Navarre, dans ses mémoires, considère encore ce fait comme un sérieux témoignage de l'indignation de Charles IX. Il avait aussi, du reste, été contraire aux prétentions du duc, lorsqu'il aspirait à la main de cette même princesse. Mais, chose étrange ! il plaçait précisément ainsi aux côtés de sa mère, de la manière la moins suspecte, l'homme dont le bras lui était indispensable pour ce qui se préparait. Le concours de toutes les circonstances semblait désigner le moment qui devait être marqué par les plus noirs attentats.

On n'avait plus besoin que du consentement du maître, et ce consentement pouvait-il manquer à qui savait l'art funeste de pousser d'un extrême à l'autre son âme inconstante ? Un habile courtisan, favori de Charles, fut l'instrument dont se servit la reine mère pour faire subitement de son fils son complice. Cet homme, avec de prudentes précautions, efface les impressions favorables toutes récentes que la visite faite à l'amiral malade a laissées dans l'âme du roi. Il y répand les semences du soupçon, réveille le ressentiment endormi, et finit par enfoncer dans le cœur de Charles l'aiguillon de la crainte, de la crainte pour sa propre vie. Le roi de Navarre et le prince de Condé avaient, disait-il, mis un zèle extraordinaire à demander satisfaction. La vraie force du parti de Coligny était maintenant réunie comme en un faisceau à Paris. On pouvait tout craindre de ce parti, mais aussi tout oser contre lui. Un de ses adhérents, de Piles, n'avait-il pas osé dire en face au roi, avec la plus impudente audace, qu'on saurait se faire justice soi-même, si le roi n'en avait pas le pouvoir ou le vouloir? « En un mot, s'écria enfin l'artificieux entremetteur, plus sûr d'atteindre son but, qui est dévoué au roi ne peut différer plus longtemps de lui ouvrir les yeux sur le danger pressant qui menace sa personne et tout l'État. » A ce moment, Catherine elle-même entra dans la chambre, appuyée sur son fils favori, Henri d'Anjou, et accompagnée de ses intimes. Surpris tout à coup par les plus périlleuses découvertes, interdit et honteux de l'insouciance qu'il avait montrée jusqu'ici, quand la ruine était si proche, assailli de tous côtés des représentations les plus effrayantes, Charles se jeta dans les bras de sa mère. « Déjà, lui disait-on, les huguenots appellent de nouveau sur le sol français les étrangers odieux, les Allemands et les Suisses. Dans le pays même, les mécontents vont accourir en foule au nouveau lieu de rendez-vous. Les fureurs de la guerre civile menacent de déchirer encore une fois le royaume. Le roi, privé d'argent et d'autorité personnelle, entouré de huguenots, suspect au parti des Guises comme ami des hérétiques, aura l'honneur de voir, spectateur inactif, les catholiques se choisir un généralissime et trouver les moyens de se défendre eux-mêmes contre leurs adversaires, pendant que lui-même, repoussé en arrière par l'orgueil insolent du vieil amiral, et rendu méprisable aux yeux de la nation, se laissera forcément ballotter deçà et delà. »

A la vue de ces épouvantails, Charles bondit furieux. La mort de l'amiral, l'extermination de tout le parti dans toutes les contrées de la France, tel fut son serment. Il ne demande qu'une chose, c'est qu'il n'en reste pas un qui puisse le lui reprocher un jour. Et que tout se fasse au plus vite, afin que sa sécurité lui soit rendue sans retard.

C'était pour les adversaires des protestants la disposition la plus désirable. Le meurtre fut dès lors le mot d'ordre, mais la plus profonde dissimulation fut le voile sous lequel le roi, à partir de ce moment, se montra pleinement digne de l'éducation qu'il avait reçue de sa mère.

Le duc de Guise était prêt à jouer le premier rôle. Depuis la vaillante défense de Poitiers, c'est-à-dire depuis sa dix-neuvième année, il avait commencé à fonder sa renommée en opposition à celle de l'amiral. Ses regards, comme nous l'avons dit, s'étaient portés sur Marguerite, qui devint, en ce temps-là, l'épouse de Henri de Navarre. Elle aurait pu un jour lui tendre la main pour l'aider à monter lui-même sur le trône. La persécution des huguenots ne paraissait donc pas être pour lui une vocation purement héréditaire. C'était aussi une vocation de son choix, et il ne négligeait aucune occasion de l'exercer. Si l'ombre de son père lui ordonnait de tirer d'eux une vengeance sanglante, sa propre ambition lui criait plus haut encore que le moment était venu de faire de son parti le seul dominant, par l'extermination de celui des réformés, et de se placer par là hardiment aux côtés de la reine mère.

Le crime qui venait d'échouer fut le voile de celui qu'on méditait. Le duc de Guise déclara que la crainte de la vengeance de Coligny, dont on lui imputait la blessure, le mettait dans la nécessité de fuir lui-même de la capitale avec ses parents. « Allez, lui dit le roi, d'un air courroucé : si vous êtes coupable, je saurai bien vous retrouver. » Et ainsi les préparatifs faits pour fuir les huguenots furent, sans qu'il s'élevât le moindre soupçon, les prompts apprêts de leur ruine.

Il fallut enfin que l'amiral lui-même aidât ses ennemis à jeter le filet sur lui et sur les siens. On l'avertit de divers côtés que les Guises pourraient bien tenter encore quelque chose avant leur départ. Quelques-uns conseillaient de le mettre en sûreté hors de Paris. Mais cet homme loyal se fiait, avec les principaux de ses adhérents, à la parole de son roi; il se mit sous sa protection, et on lui donna pour sa défense un poste considérable tiré de la garde qui peu auparavant était entrée dans la ville. Sur l'ordre de la cour, les catholiques, dans le voisinage de sa demeure, durent céder leurs logements à tous ceux des seigneurs protestants qui, pour la sûreté de leur chef, désiraient se rapprocher de lui, ce à quoi l'on engagea même ces derniers. La police les exhortait à protéger Coligny, et tenait un registre de ceux qui s'étaient ainsi rassemblés : sûre liste de mort pour leurs meurtriers! Le roi de Navarre fut invité à réunir ses amis dans le Louvre, pour servir de rempart au roi contre les Guises, et en même temps à envoyer sa garde suisse à l'amiral pour le défendre. Pour réunir des armes dans le Louvre, on prit le prétexte d'un tournoi, et Coligny en fut même averti par le roi. Cette sollicitude inquiète de la cour pour les huguenots ôtait toute force aux dernières étincelles de soupçon, et à peine paraissaient-elles pouvoir alarmer encore les plus timides. Cependant la cabale contemplait d'un œil avide sa proie si complète, qui se trouvait comme réunie en un seul troupeau. L'heure de minuit du 24 août fut fixée pour l'assouvissement de la vengeance, par le conseil de sang que présida, aux Tuileries, Catherine de Médicis, où siégèrent deux frères du roi, le duc d'Anjou et le comte d'Angoulême, et en outre le duc de Nevers, le garde des sceaux Birague, les maréchaux de Tavannes et de Retz, et dans lequel à grand'peine furent exceptés de la commune sentence de mort prononcée contre le parti calviniste, le nouveau gendre de la reine avec un petit nombre de parents du roi.

Si réellement, chez les instigateurs du massacre, la conviction de rendre service à Dieu avait été, comme on peut le prouver pour Tavannes, le principe qui les exalta et les rendit inhumains, on déplorerait sans doute la faiblesse de la raison humaine, on accuserait la superstition de cette époque, mais on n'abhorrerait pas les auteurs de l'attentat. Nous serions contraints, s'ils avaient étouffé l'humanité par devoir, de garder de l'estime pour l'intention, tout en frissonnant d'horreur à la vue de leur action. Mais, pour la plupart des acteurs, leur caractère nous empêche du reste de douter que les huguenots n'aient été simplement à leurs yeux un parti de rivaux, contre lesquels on se réjouissait de pouvoir tout se permettre, parce qu'heureusement c'étaient en même temps des hérétiques. Catherine elle-même peut avoir été assez superstitieuse pour haïr, de tout son cœur, dans Coligny, le réformé, et tenir même cette haine pour méritoire; mais il n'est pas moins sûr que c'eût été pour elle un grand chagrin de voir cet homme qui menaçait de mettre des bornes à son ambition, se rendre tout à coup moins digne de haine en allant à la messe.

Déjà Tavannes, dans la nuit de la Saint-Barthélemy, nuit grosse de malheur, avait, à la faveur du plus profond silence, rassemblé devant l'hôtel de ville une élite des gardes bourgeoises, dont les commandants avaient reçu des ordres à cet effet en présence du roi. Déjà le duc de Guise, avec trois cents hommes aspirant au meurtre, attendait, contenant sa fureur, le signal convenu. Charles lui-même étouffa à ce moment la voix de l'amitié, en société de laquelle la pitié une dernière fois avait tenté d'approcher de lui. A la sortie du souper, il laissa, après s'y être opposé quelque temps, le comte François de La Rochefoucauld, dont il aimait d'ordinaire la compagnie, sortir du palais et s'offrir à son insu aux coups de la mort; car le monarque lui-même voulut que sans retard le signal du carnage fût donné. Plus insensible encore, Catherine pressa sa fille, la reine de Navarre, récemment mariée, de se retirer promptement, ce soir-là, dans la chambre de son époux, où pourtant la vengeance des calvinistes ou le meurtre errant dans la nuit pouvait si aisément l'accabler. Que tout soit sacrifié, pourvu qu'elle obtienne les victimes désignées dans son plan !

Et pourtant, quand le roi, après que le signal du meurtre a été donné, s'avance sur le balcon, au-dessus de la porte du Louvre, du côté de la ville ( le petit nombre des complices, la reine mère à leur tête, l'avait accompagné par les galeries solitaires, en l'obsédant des plus pressantes exhortations); quand déjà les furies du carnage grincent des dents pour qu'on les déchaîne : à ce moment, les premiers auteurs du forfait sentent leur cœur se glacer. L'humanité, au dedans de leur être, éprouve ses dernières convulsions. Pâles et hors d'eux, ils tremblent vis-à-vis d'eux-mêmes, se regardent stupéfaits les uns les autres, et sont d'accord, à l'instant, de rétracter par un prompt message l'ordre du meurtre, et d'arrêter l'explosion des horreurs qu'ils ont eux-mêmes, ils n'osent plus se l'avouer, désirées, décidées, commandées. On entend un coup de pistolet. « S'il blessa quelqu'un, je l'ignore, rapporte le fils favori de Catherine, le duc d'Anjou ; mais ce que je sais, c'est qu'il nous alla au cœur à tous trois, et qu'il nous ôta le sens et le jugement. Nous étions hors de nous, frappés de terreur et de consternation, à l'idée des désordres maintenant commencés. »

Il venait trop tard, ce lâche repentir. Faible fils de l'irrésolution plutôt que de la réflexion, il ne mérite de comparaître devant le philosophe qui connaît le cœur humain, qu'afin de témoigner combien, dans les instigateurs des scènes lamentables qui s'ouvraient alors, la rage de la passion devait être surexcitée, pour qu'au moment de l'exécution, elle ait ainsi abouti tout à coup au plus violent relâchement de tous leurs nerfs, de toutes leurs forces.

Dès lors l'ombre de Coligny aurait pu emporter dans la tombe avec elle cette vengeance que lui offrait le spectacle du crime se châtiant ainsi lui-même. Le duc de Guise, au premier coup du signal donné par la cloche des matines, s'était élancé avec sa bande vers la demeure de l'amiral. Au cri d'*au nom du roi*, la porte est ouverte, les gardes sont terrassés, les Suisses s'enfuient et se dérobent à l'irruption de la foule furieuse. Réveillé de son premier sommeil, le vieux Coligny blessé s'était levé précipitamment. Déjà le vestibule retentissait des clameurs sauvages des meurtriers, mêlées au râle des mourants. Trois colonels français pénétrèrent dans sa chambre et lui crièrent : « A mort! » Le pieux héros s'était appuyé à la muraille et priait. Un Italien, Petrucci, et un gentilhomme allemand, Besme, s'élancèrent en avant. « Es-tu Coligny? cria ce dernier. — C'est moi-même, répondit le vieillard d'une voix ferme; mais toi, jeune homme, respecte mes cheveux blancs! » A ce moment, Besme le perça, plus insensible qu'autrefois le meurtrier de Marius. Il retira son épée toute fumante, et lui en donna quelques coups en croix sur le visage. La rage de ceux qui suivaient déchira le corps de mille blessures. « Voilà donc qui est fait! » ricana Besme de la fenêtre dans la cour; et, comme le comte d'Angoulême, frère bâtard de Charles IX, ne le voulait pas croire, on lui jeta, par la fenêtre, le cadavre devant les pieds. Il examina avidement le visage dégouttant de sang, et, quand il fut sûr du fait, il repoussa d'un coup de pied le lion égorgé.

Cependant partout, devant les maisons, les torches de résine éclairaient le meurtre qui se ruait de proche en proche. Les rues étaient fermées par des chaînes; des gardes étaient placés en embuscade pour recevoir les fuyards; d'autres entraient dans les rues mêmes, où les protestants, indignement trompés, tombaient dans les mains de leurs ennemis au moment où ils sortaient de leurs portes, subitement éveillés de leur sommeil. Il n'y avait pour eux, dans cette détresse inattendue, ni conseil, ni guide, ni lieu de réunion. Les catholiques se reconnaissaient entre eux à un bandeau blanc autour du bras gauche et à une croix de la même couleur. Ils profanaient, pour assassiner leurs frères, le signe du grand martyr et la couleur de l'innocence. Si ceux qu'on poursuivait avaient pu se remettre de leur consternation, si plusieurs s'étaient réunis et aussi bravement défendus que plus d'un isolément eut la gloire de le faire, peut-être le crime eût-il trouvé son châtiment au milieu de son triomphe même.

Dès que les victimes commencèrent à manquer dans les rues, on pénétra dans les maisons. Là, ni l'âge ni le mérite personnel ne sont une défense. Le gendre de l'amiral, Téligny[1], avait l'aspect si aimable que les premiers qui le cherchèrent pour le tuer se retirèrent interdits. Mais bientôt de plus cruels le trouvèrent. Les gardes bourgeoises parisiennes, qui, en recevant l'ordre du meurtre, avaient reculé d'horreur, surpassèrent maintenant, une fois mises en fureur, tout ce que pouvaient attendre les chefs les plus inhumains. Les cadavres mutilés étaient précipités par les fenêtres et traînés nus, non pas seulement vers la Seine, mais souvent ailleurs, de côté et d'autre, par une sorte de jeu barbare et obscène. Ceux qui échappaient vivants ou blessés et se croyaient sauvés, succombaient, pour la plupart, sous les coups des bourgeois qui rôdaient ou des hordes de Guisards, dont Tavannes enflammait la fureur par d'affreux sarcasmes. « Saignez, saignez toujours, disait-il en raillant; la saignée est aussi saine en août qu'en mai. » Chez Tavannes cette barbare gaieté était si bien la suite de la conviction soldatesque d'avoir rendu à Dieu et au roi le plus grand service, que dans sa dernière confession encore il proclamait

---

1. Dans la première édition il y a ici une faute d'impression qu'il est facile de s'expliquer : *Coligny* pour *Téligny*.

la nuit de la Saint-Barthélemy l'événement de sa vie dont le souvenir lui faisait espérer le pardon de ses péchés. Mais toutes les haines privées trouvèrent alors aussi leur proie : le fanatisme religieux la leur livrait sous le prétexte le plus sacré. D'autres, même des gentilshommes, pillaient, volaient sous la protection de cet aveugle démon. Le roi lui-même et sa mère acceptèrent, dit-on, des présents pris sur les objets précieux ainsi enlevés. Les choses avaient changé de nom : l'infâme bassesse était affabilité populaire. Les bijoux arrachés aux huguenots mourants semblaient être une parure qui seyait, comme récompense anticipée et terrestre, aux champions de Dieu : ils devinrent des souvenirs de ce jour dans lequel, sous les yeux mêmes du roi, dans son palais même où le malheureux le plus abandonné, qui peut le moins réclamer la protection de la justice, devrait être en sûreté, le caprice tout au plus et le bon plaisir daignèrent sauver la vie à un petit nombre. Du reste, en général, ceux qui cherchèrent leur salut dans le Louvre, trouvèrent la mort aux portes, de la main des gardes du roi. L'histoire raconte, citant des témoins, que le roi lui-même tira du Louvre sur des huguenots qui fuyaient. Et une heure après la première explosion de ces saturnales du meurtre, il n'y avait plus dans les chambres les plus retirées du palais un seul coin où il n'y eût du sang et des cadavres. Les prières du prince de Conti ne purent sauver des poignards, qu'il cherchait en vain à retenir de ses faibles mains, son gouverneur octogénaire. Tout saignant, en proie au désespoir, Gaston de Leyran se jeta dans la chambre à coucher de la reine de Navarre, et la prit elle-même pour bouclier contre quatre soldats qui le poursuivaient. La reine se réfugia chez la duchesse de Lorraine, sa sœur; à la porte, on égorgea un gentilhomme à côté d'elle. Elle entra, ou plutôt elle tomba évanouie dans la chambre, et ne revint à elle que pour éprouver de nouvelles angoisses à la pensée du sort que « ces noces de sang » devaient avoir fait à son époux.

Celui-ci, au moment où le jour commençait à poindre sur ces scènes de meurtre, avait été mandé, avec le neveu de son père, le prince de Condé, chez le roi, qui leur fit valoir à tous deux comme une marque de l'excès de sa clémence, qu'il leur eût fait don de la vie, les désignant d'avance eux seuls de tout le parti huguenot. Mais d'un air farouche, il les somma d'abjurer sans retard la religion réformée, comme preuve que jusque-là ils n'avaient été que séduits. Ils avaient été amenés à travers les soldats prêts au meurtre. Dans la chambre du roi, ils pouvaient encore entendre, à quelque distance, les gémissements des leurs qui, poussés ensemble hors du palais, entre deux haies de la garde du château, tombaient égorgés par elle. Comme les princes firent au roi une réponse ambiguë, il leur cria, avec une de ses imprécations habituelles, qu'ils avaient trois jours pour choisir entre la messe et la Bastille. Le seul fruit pour ainsi dire qu'il recueillit, en effet, de ces cruautés fut qu'Henri de Navarre et sa sœur se laissèrent arracher une conversion hypocrite à la foi catholique, et que le prince de Condé, après une résistance un peu plus longue, imita leur exemple.

Enivré de l'heureuse issue de cette nuit meurtrière, dans laquelle on avait flotté entre la crainte et la fureur, le caractère indompté de Charles ne fut plus arrêté par aucune considération. Le carnage dura encore trois jours : on fouilla aux environs tous les lieux où l'on pouvait découvrir quelque victime cachée à immoler à la vengeance. Et, au milieu de ces horreurs, le roi parcourut la ville avec ses courtisans, et se promena parmi le sang, les cadavres et les ruines. Après avoir maltraité de toute façon et traîné de côté et d'autre le corps de Coligny, on l'avait à la fin pendu au gibet de Montfaucon. Le roi alla même là, pour repaître ses yeux des restes mutilés de celui qui, peu de jours auparavant, lui commandait encore un respect irrésistible. « Le cadavre d'un ennemi, dit-il, répétant la raillerie de Vitellius, sent toujours bon. »

Mais encore plus d'étourderie méprisable accompagna ses actes politiques de ce temps-là. Pendant qu'il prenait la part la plus publique aux crimes de ces jours de sang, Charles se mit tellement au-dessus de toute apparence de respect de lui-même et d'autrui, que d'abord, dans des lettres écrites, le premier jour, à des gouverneurs de province et à des cours étrangères, il repoussa toute participation à ce qui s'était fait, et crut pouvoir tout imputer à l'insolente audace des Guises et des Châtillons; puis que, le troisième jour, il tint au parlement son lit de justice, pour accuser l'amiral assassiné de la plus infâme trahison envers le trône et l'État, faire flétrir sa mémoire par les plus honteux châtiments infligés au crime de lèse-majesté, et justifier la ruine de la secte comme méritée par elle et ordonnée par lui-même. Tant il était alors le jouet, plus faible encore qu'avant, des intrigues de sa mère! Au premier moment, quand elle avait réussi à l'entraîner dans le projet de meurtre, il s'était laissé persuader que la haine générale tomberait sur les Guises, tandis que le profit, l'affranchissement de la crainte et du danger, seraient pour lui-même. Mais comme, aussitôt après l'attentat commis, une nouvelle faction des Montmorency, qui demandait vengeance pour Coligny et les siens, menaçait de se lever contre les Guises, il fut forcé de prendre tout sur lui, pour ne pas avoir l'air d'un faible et insignifiant possesseur du trône, sous les yeux duquel, sans son aveu, chacun osait se tout permettre. Pour se donner l'apparence de ce qu'il n'était pas et ne pouvait pas devenir, il devint réellement ce qu'il rougissait d'avouer, ce qu'il n'aurait eu ni le courage ni l'adresse d'être par lui-même. Afin de ne point paraître faible, il eut la faiblesse de laisser abuser de soi par tous les autres, pour voiler leurs actes et devenir, en leur nom, l'objet de ce mépris auquel son propre royaume, l'étranger et la postérité devaient inexorablement condamner le monarque sous lequel la nuit de la Saint-Barthélemy avait été si indignement profanée. Et, en compensation de cette immortalité d'infamie, il n'avait pas même atteint, pour un seul moment, le but que les auteurs du mal lui avaient présenté comme son dédommagement.

On éprouve une véritable satisfaction à observer dans l'histoire que les tentatives les plus audacieuses du crime, lors même que l'astuce s'était épuisée à les imaginer, que l'emportement le plus furieux les avait accomplies, et que le rempart le plus redoutable opposé à la responsabilité, le trône même, les avait protégées, que ce sont celles-là précisément qui ont manqué leur but, amené souvent les suites les plus contraires, et apprêté uniquement à leurs auteurs ce double désespoir des vains efforts et des reproches cuisants du juge intérieur.

Les chefs du parti vainqueur ne ménagèrent, il est vrai, ni la ruse ni la violence pour s'assurer les fruits de ces attentats, au sujet desquels l'heureux succès, cette fausse pierre de touche du bien et du mal, paraissait seul pouvoir leur épargner le repentir.

On intenta encore des procès en forme à plusieurs de ceux du parti persécuté, et ils aboutirent à des meurtres juridiques. On flétrit la mémoire de l'amiral par une sentence qui le proclamait traître et régicide, et qu'on fit exécuter, en suivant les usages les plus outrageants, dans les principales villes du royaume. Son écusson fut brisé par le bourreau; ses enfants furent déclarés privés de leurs biens et de tout espoir de parvenir aux emplois. Son château fut livré à la destruction, pour devenir le monument désert de son infamie. On se hâta de poursuivre les huguenots, dans toute la France, par des ordres de meurtre, comme complices de ses crimes. Mais rien n'empêcha les conséquences toutes contraires qui découlaient de ces événements. Ce que n'osa point faire, dans le voisinage du trône, le parlement de Paris, où le président de Thou entendit, avec un soupir à demi étouffé, le roi se porter accusateur des victimes, quelques gouverneurs de province le firent courageusement. L'un d'eux, le vicomte d'Orthez[1], commandant à Bayonne, écrivit au roi, en réponse à ses ordres de meurtre, qu'il avait trouvé dans ceux qui lui obéissaient de bons citoyens et de braves soldats, mais pas un bourreau. D'autres, l'histoire nomme aussi parmi eux un évêque, ne firent pas exécuter les ordres. La prompte mort de quelques-uns de ces défenseurs de l'innocence donna lieu à des soupçons d'empoisonnement. Toutefois, dans quelques contrées, particulièrement en Dauphiné, en Provence, en Bourgogne et en Auvergne, les protestants furent épargnés. Plusieurs des principaux ne s'étaient pas trouvés à Paris, d'autres y avaient échappé au massacre. Un grand nombre cherchèrent du secours sur la terre étrangère, où, surtout chez les honnêtes Allemands, catholiques aussi bien que protestants, l'horreur excitée par leurs persécuteurs inspira aux uns le courage de les aider à se venger, et entretint du moins, chez d'autres, une compassion attentive à les ménager. Pour ceux qui étaient restés en France, bientôt quelques avan-

---

1. Dans l'allemand il y a « le comte d'Orthe. »

tages remportés sur les catholiques leur donnèrent un nouvel espoir. Le danger, quand il est au comble, multiplie les forces, dès que la première consternation est passée.

A Rome, les serviteurs du saint-siége se hâtèrent trop de célébrer sa victoire sur les hérétiques de France par toutes les démonstrations de bruyante allégresse, mondaine et spirituelle, par des messes et par les tonnantes décharges du canon. A la cour, à Paris, on crut trop à la légère avoir besoin d'éterniser la mémoire de l'extermination des huguenots, par une fête annuelle rappelant leur ruine. Ils se rappelèrent bientôt eux-mêmes au souvenir par une vengeance sanglante. D'après Sully, soixante-dix mille calvinistes avaient péri en France, en huit jours de carnage. Mais un parti qu'un tel enchaînement de destruction n'a pas anéanti, se croit bientôt plus invincible qu'il ne l'est en effet. Dès le 28 octobre, en partie la crainte, en partie la ruse, dictèrent au roi un ordre qui assurait en tous lieux aux religionnaires la protection, et la restitution de leurs biens.

L'astuce et la prudence, quel couple dissemblable de sœurs! Pendant que celle-ci marche à un but légitime par des chemins que la loyauté rend sûrs, celle-là s'avance tortueusement, par des voies trompeuses qui l'égarent, vers des fins qu'elle n'atteint jamais, ou n'atteint que pour sa propre honte. Cette fluctuation de la cour, de la cruauté à l'indulgence, que pouvait-elle autre chose qu'éveiller le regard du soupçon sur les intrigues persévérantes de la cour, et mettre à nu plus évidemment encore la faiblesse du parti royal? Toute cette prééminence puissante qu'assure l'élévation même du trône est perdue, quand le prince, séduit par l'emportement de l'esprit de parti, se laisse entraîner des hauteurs où il siége dans une faction contre l'autre. Tant qu'il est sur son trône, son autorité commande le respect des deux côtés. S'il s'est rangé lui-même d'un côté, le parti opprimé voit vide le siége de la commune justice. Tout ce qui se fait contre ce parti est dès lors persécution, et ne produit plus cette impression mystérieuse qui fait que les châtiments publics imposés par l'exécuteur des lois, n'irritent point, mais domptent.

Pendant que les protestants, à la faveur de l'inconséquence qui n'abandonne à aucune époque le despotisme, se rassemblaient dans leurs plus fortes places de refuge, ils se virent, quand ils s'y attendaient le moins, soutenus par un parti nouveau, qui devait être bien plus redoutable pour la cour. Il se trouvait au milieu du domaine de l'ennemi, à la cour même. Le sentiment partagé de l'injustice procure aux opprimés des amis inespérés. Un assez bon nombre des catholiques les plus importants inclinaient d'autant plus vers les huguenots, que la perfidie des persécuteurs blessait en eux plus irrésistiblement le sentiment de la loyauté. Même chez le plus jeune frère de Charles, chez le duc d'Alençon, le souvenir de la supériorité de génie de l'amiral si cruellement traité était ineffaçable.

Un plus grand nombre encore, qui semblaient autorisés, en quelque sorte, par leur rang et leur naissance, à être très-insoucients sur toute différence religieuse, apprirent ce que l'intrigue de Catherine, unie à la fougue de Charles, pourrait infailliblement se permettre contre quiconque ferait obstacle à la reine. Qui aurait pu persuader en effet aux puissants Montmorency que le sort de leurs parents, les Coligny, les menaçait moins, eux, parce qu'ils professaient la même foi que la cour? Ils voyaient trop clairement qu'ils avaient contre eux, en commun avec les victimes, la jalousie de la reine mère à l'égard de toute puissance rivale qui s'élevait auprès d'elle.

En outre, tous ceux qui, pour une raison quelconque, étaient mécontents du parti qui dominait, tous ceux qui avaient à le redouter, ou quelque chose à lui arracher, n'étaient guère disposés, aussi longtemps du moins que cela paraissait favoriser les vues de chacun d'eux, à laisser opprimer complétement dans les huguenots les ennemis de la cour.

Il n'est donc pas étonnant que toute la faiblesse intérieure du parti royal parût, dès qu'on en vint à une entreprise de guerre, former un contraste humiliant en regard de la force réelle de la petite troupe des protestants. La place forte maritime de la Rochelle était regardée comme le dernier rempart des réformés. Par bonheur, ils en avaient, eux aussi, la même idée. Ils la défendirent comme l'on combat pour un palladium, lorsque Catherine envoya son fils favori, avec une armée redoutable sous la conduite de Biron, pour couronner là, aux bords de l'Océan, sur les ruines du protestantisme français, son œuvre tragique, commencée dans la nuit de la Saint-Barthélemy. La ville n'était défendue que par quinze cents soldats et deux cents bourgeois armés. Mais tous les habitants, jusqu'aux enfants et aux femmes, devinrent autant de guerriers. Très-insignifiant fut le secours que Montgommery amena d'Angleterre aux assiégés; mais ils trouvèrent assez de ressources en eux-mêmes. Ils combattirent pendant cinq mois, et non pas seulement pour eux, car on les flattait de la promesse de leur accorder volontiers, à eux seuls, la liberté de conscience et la sûreté civique; mais ils ne voulurent entendre à rien, tant que leurs coreligionnaires ne seraient pas admis à partager la jouissance des fruits de leur courage.

Parmi les nombreuses singularités de cet épisode de guerre, la plus étrange était le chef même des Rochellois. Il leur avait été donné par le roi lui-même. De La Noue, un calviniste qui, peu de temps avant le meurtre de l'amiral, avait fait la première, mais malheureuse, tentative de porter la guerre dans les Pays-Bas, avait été forcé par le roi de passer chez les Rochellois pour gagner entièrement leur confiance et leur persuader de se rendre. Ils savaient cela, et cependant ils le reçurent, à la condition qu'il serait leur chef. Il remplit ses devoirs de général envers son parti, aussi bien que ses devoirs de citoyen envers la patrie, car il conseillait la paix, de la manière la plus pressante, toutes les fois qu'il ramenait les Rochellois de quelque sortie heureuse. C'était seulement à ses conseils de paix qu'ils n'obéissaient pas. Mais c'est toujours un rare honneur pour les protestants d'avoir possédé un homme qui sut, entre une cour flatteuse et un parti religieux turbulent, se tenir si ferme en un juste milieu, que des deux parts on était forcé de l'estimer, parce que ni les uns ni les autres ne pouvaient réussir à le détourner de suivre sa conviction.

Le plus grand avantage pour les assiégés c'est qu'on avait, pour les forces qu'on leva contre eux, songé plus au nombre qu'à la qualité. Pendant qu'on ramassait, pour en faire une armée, tout ce qu'on pouvait trouver de faux amis et de natures débiles, on avait marché si lentement que les Rochellois avaient eu le temps d'introduire dans leurs murs des provisions de toute espèce. Les assiégeants, au contraire, n'avaient pas de plus grand ennemi que la multitude des gens inutiles réunis dans leur camp, et leur chef apparent, l'odieux duc d'Anjou, devint cause de la durée de leur vaine lutte. Ici, comme durant toute sa vie, il fut tourmenté de l'aveugle ambition de ne vouloir renoncer à rien de ce qu'il avait une fois commencé. Cette passion cependant ne l'animait pas à réunir au moins, avec toute l'activité possible, les moyens d'atteindre à son but. L'armée se modela entièrement sur lui. Beaucoup de tentatives hasardeuses, sans plan ni règle, en avaient déjà singulièrement éclairci les rangs. Les maladies, dans un si long cantonnement, furent plus funestes encore. Et, pour qu'aucun mal ne passât sans créer et répandre les semences d'un mal nouveau, la réunion de tous les mécontents dans cette expédition donna amplement à chaque esprit inquiet l'occasion de prendre parti ou de se faire des partisans parmi ses pareils. Ce ne fut peut-être que cette impatience désordonnée de la jeunesse, de se rendre important avant le temps, qui poussa le jeune frère du duc d'Anjou, le duc d'Alençon lui-même, à des projets précipités, mais sans effet, contre la cour. Mais rien de plus malheureux que ce besoin, éveillé trop tôt, de jouer le mécontent. Quand une ambition sans objet s'est une fois allumée, elle ne cesse de tout troubler, ne fût-ce que pour se cacher à soi-même, et aux autres, qu'elle n'a rien à atteindre.

A peine son élection au trône de Pologne avait-elle donné au duc d'Anjou un prétexte plausible pour se débarrasser des Rochellois par un traité (6 juillet 1573); à peine Catherine, lui montrant d'un regard significatif le roi Charles qui déjà dépérissait, l'avait-elle laissé partir de ses bras pour s'en aller dans ce royaume qui, depuis des siècles, est, par sa propre faute, le jouet des étrangers; à peine, par l'horrible conquête de la petite place protestante de Sancerre, qui pouvait rivaliser avec la Rochelle par le courage, mais non par les secours extérieurs de la fortune, le dernier champ de lutte des partis en guerre avait-il paru supprimé, que le monstre des dissensions intestines entra en scène, plus grand et plus terrible, non pas seulement dans les provinces, mais aussi à la cour et même dans la famille du roi.

Une fin affreuse était réservée à Charles. Depuis que, parmi les scènes de meurtre de la nuit de la Saint-Barthélemy, il s'était trouvé jeté hors de lui, jamais il ne revint entièrement à lui-même et ne fut ce qu'il eût pu être. De même qu'il n'avait pas eu la force de se préserver de cet avilissement de l'homme et du prince en sa personne, de même maintenant, après le forfait accompli, il n'était ni assez étourdi ni assez sans conscience pour échapper, sous quelque prétexte complaisant, au remords de ce forfait, ou pour le braver avec le front d'airain de l'impudence. La superstition de son temps, à laquelle il avait immolé tant de victimes, fut elle-même son châtiment. Toutes les fois qu'il était seul, il se croyait poursuivi par les mânes des égorgés. Des spectres sanglants chassaient de sa couche le sommeil, et lui faisaient de son repos un enfer. Il se jetait, avec son impétuosité accoutumée, dans de fougueuses distractions; mais l'épuisement le rendait bientôt aux tortures de son âme bouleversée. Il essaya de s'émousser par de nouvelles cruautés; mais il était trop jeune, et, au fond, trop bon de sa nature, pour pouvoir atteindre à cette abominable consolation des scélérats endurcis. Catherine, au contraire, réussit à se persuader qu'elle n'avait sur la conscience que de quatre à six des meurtres de la Saint-Barthélemy. C'étaient là tous ceux qu'elle avait elle-même nommément demandés, et elle ne devait pas avoir de peine à s'en absoudre, pour peu que son confesseur ait su, comme Naudé[1], inventer ou deviner pour tout le crime, en courtisan flatteur, le nom ingénieux de « coup d'État. »

Mais dans Charles, ces tourments de l'âme ne pouvaient, pour un temps, s'apaiser que lorsqu'il portait ses regards autour de lui : ils étaient alors écartés par le souci des dangers les plus imminents, qui l'investissaient de toutes parts. Il connaissait le frère qui venait après lui. L'histoire le connaît sous le nom de Henri III, et, pour le peindre ici, il suffit de rappeler que l'instigatrice des « noces sanglantes » le préférait ouvertement à ses autres fils. Cette mère, Charles aussi la connaissait. Elle l'avait conduit au bord de l'abîme, devant lequel maintenant,

---

1. Gab. Naudé, dans ses *Considérations politiques sur les coups d'État*, chap. III, regrette seulement que ce coup d'État-là n'ait été exécuté qu'à moitié. Regret très-logique ! (*Note de l'auteur.*)

dans sa sombre mélancolie, il frissonnait d'horreur. Il fallait que désormais il se laissât pousser par elle où elle voudrait. Ou bien ignorait-il combien de fois le soupçon, tout au moins, d'être aussi une Italienne dans l'art d'empoisonner était tombé sur elle, même à la mort de membres de la famille royale ? Lui-même, il avait été si souvent l'instrument de son ambition que les moyens n'embarrassaient jamais, qu'il était obligé, si parfois il eut la fantaisie de résister à ses avis, de trembler devant sa propre mère, en voyant dans ses bras le duc d'Anjou.

Le destin parut prendre pitié de lui quand le duc s'en alla, comme roi, en Pologne (1573). Très-vraisemblablement on va ici au delà de la vérité en accusant, avec plus d'un auteur, la reine mère de n'avoir pas laissé son second fils se séparer d'elle avant de s'être assuré de la mort prochaine du premier. Il est vrai, Charles était dès lors visiblement malade. Mais le jeune homme sans frein, assis sur le trône, avait déjà tant travaillé à se détruire lui-même par les secrets poisons de la nature, qu'il est à peine besoin d'y ajouter, pour expliquer son dépérissement avant vingt-cinq ans, le chagrin rongeur de ses dernières années. Sa vue suffisait pour garantir à sa mère qu'elle pouvait, en toute assurance, laisser partir son cher Henri pour la Pologne avec cet adieu : « Va, mon fils ! tu ne seras pas longtemps absent. »

Mais ce soulagement n'améliora en rien l'état de Charles. Plus sa maladie lui peignait par elle-même l'avenir en noir, et plus son âme se fermait à toute expression de sympathie, plus s'accumulaient en réalité les causes qui peuvent amener un prompt passage de l'impétuosité à l'accablement.

Catherine parut vouloir se dédommager de l'absence de son second fils, en se livrant d'autant plus exclusivement à sa passion de dominer. Si Charles était souvent, même envers elle, récalcitrant et emporté, elle entassait, en retour, à ses yeux toutes les inquiétudes tirées de la situation, vraie ou feinte, des choses, en lui déroulant, sans rien omettre, les pires possibilités, afin qu'il lui permît d'autant plus patiemment de porter, comme sa libératrice, la main sur son sceptre. Il n'avait plus que la force de voir comme, de toutes parts, elle l'entourait de ses intrigues, et de sentir la haine qu'alors encore, par des assassinats concertés, par des promesses violées, et en semant entre tous la discorde, elle continuait d'attirer sur son nom à lui, qui nécessairement couvrait, en tout cas, tout ce qu'elle se permettait.

Dans le troisième frère recommençait sans cesse à fermenter ce besoin de se donner, n'importe comment, de l'importance, qui avait déjà paru devant la Rochelle. Pendant un certain temps, il s'amusa simplement à former et à trahir tour à tour les plans qu'il faisait pour s'enfuir de la cour. Il semblait vouloir s'échapper, afin que les autres pussent juger de sa valeur par cette tentative, le retrouver et le ramener. Mais derrière cette étourderie passionnée de la jeunesse d'autres artisans de troubles, plus expérimentés, cachaient leurs desseins. Sous le nom protecteur des princes, il se forma de nouveau, à la cour même, un parti de mécontents, qui, pour se distinguer du parti religieux des protestants, se nommaient les *politiques*. Jamais dans un sens plus sérieux ils ne méritèrent ce nom. Leur politique ne servait qu'à leurs adversaires. Tant que les protestants s'attachèrent à eux, Catherine eut contre les uns et les autres bien plus beau jeu qu'avant. Si l'intérêt du duc d'Alençon n'avait pas été si sûrement contraire aux vues de son second frère sur la couronne de France, et, par conséquent aussi, à celles de la reine mère, ce serait une conjecture vraisemblable de supposer que le duc était plutôt l'espion de sa mère parmi les mécontents que son adversaire : tant était inconcevable la légèreté avec laquelle il livrait, par les délations les plus capricieuses, tous ceux qui avaient comploté avec lui, à la vengeance de cette femme, qui maintenant avait de nouveau dans les mains la régence de Charles et de la France! Quand elle voulait faire trembler son pupille, aussi indocile que malheureux, elle savait lui représenter d'une manière si terrible les conjurations du duc, que toute la cour se croyait réduite à se réfugier à Paris en vêtements de nuit, et Charles malade à fuir, à l'heure de minuit, devant son plus jeune frère. « Que n'ont-ils du moins attendu que je fusse mort! » soupirait-il, ballotté en tous sens au dedans comme au dehors, et las de la vie.

Mais il vécut encore assez pour voir son armée aller combattre le frère qu'il préférait; car, à la fin, celui-ci s'était enfui réellement avec le roi de Navarre, longtemps maltraité dans l'esclavage de la cour, et le prince de Condé.

Il vécut assez pour se convaincre de l'impossibilité de remettre son sceptre à d'autres mains qu'à celles de sa mère, et conséquemment au frère promu avec tant d'habileté et de satisfaction au trône de la lointaine Pologne. Il vécut pour apprendre la nouvelle entrée en campagne des protestants, et vit dans leur réunion avec les autres mécontents du royaume la preuve que désormais la discorde, alliant les haines religieuses et civiles, soufflerait, comme d'une double gueule, ses flammes sur la France, et que tout ce dont le souvenir torturait sa conscience depuis la nuit de la Saint-Barthélemy avait été aussi inutile qu'abominable. Bref, il vécut assez pour regarder comme une consolation de n'être pas père d'un fils qui dût hériter de lui le fardeau de la couronne[1].

---

1. Une continuation de cette histoire, que Schiller, malade alors, ne termina pas lui-même, fut insérée dans le tome IX de la II<sup>e</sup> partie des *Mémoires historiques*, par M. le professeur Paulus, qui s'était chargé de publier la suite d'une des parties de cette collection. (*Note de l'édition allemande.*)

Nous avons rectifié plus haut cette assertion (voyez la note de la p. 506), et dit où le professeur Paulus avait commencé, dans ce récit, à prendre la place de Schiller.

# INTRODUCTION

AUX

## MÉMOIRES DU MARÉCHAL DE VIEILLEVILLE [1].

Dans les livres d'histoire qui racontent l'époque remarquable de François I$^{er}$, de Henri II et de ses trois fils, on ne lit que rarement le nom du maréchal de Vieilleville. Cependant il eut une grande part aux négociations les plus importantes, et il a droit à une place honorable auprès des grands hommes d'État et des généraux de ce temps. Parmi tous les historiens contemporains, il n'y a que Brantôme qui lui rende justice, et son témoignage a d'autant plus de poids qu'ils tendaient l'un et l'autre au même but et appartenaient à des partis différents.

Vieilleville n'était pas une de ces natures puissantes qui, par la force de leur génie ou de leur passion, brisent de grands obstacles, et, par de brillantes entreprises particulières, dont l'influence se marque sur l'ensemble des affaires, forcent l'his-

---

1. Schiller a inséré dans les *Heures* de 1797 (cahiers 6, 7, 8, 9 et 11) une série d'articles intitulés : *Souvenirs mémorables de la vie du maréchal de Vieilleville*. Ces articles se composent de libres traductions et d'extraits des mémoires de Vieilleville, rédigés en français par Vincent Carloix, secrétaire du maréchal, et publiés pour la première fois, à Paris, en 1757, sous ce titre : *Mémoires de la vie de François de Scepeaux, sire de Vieilleville et comte de Duretal, maréchal de France, contenant plusieurs anecdotes des règnes de François I$^{er}$, Henri II, François II et Charles IX* (5 vol. in-8$^e$). La seule partie originale de ce travail de notre auteur est l'introduction qu'il a placée en tête, et dont nous donnons ici la traduction.

toire à parler d'elles. Des mérites comme les siens consistent précisément en ceci, qu'ils évitent l'éclat, que ces autres ambitionnent, et qu'ils aspirent à la paix avec tous plutôt qu'ils ne cherchent à éveiller l'admiration et l'envie. Vieilleville était un homme de cour dans le plus haut et le plus digne sens de ce mot, sens qui l'applique à l'un des plus difficiles et plus glorieux rôles de ce monde. Il fut dévoué au trône, quoiqu'il en ait vu changer trois fois les possesseurs, avec une égale et invariable constance, et il le confondait tellement avec la personne qui l'occupait, que dans son dévouement, dicté par le devoir, envers chacun de ceux qui successivement y furent assis, paraissait toute la chaleur d'un attachement personnel. Le beau type de l'ancienne noblesse et chevalerie française revit en lui, et il nous représente si dignement l'ordre auquel il appartient, qu'il pourrait momentanément nous réconcilier avec les abus qui déparaient cet ordre. Il était magnanime, magnifique, désintéressé jusqu'à l'oubli de soi-même, obligeant envers tout le monde, plein d'honneur, fidèle à sa parole, constant dans ses affections, actif pour ses amis; d'une valeur héroïque, ami de l'ordre jusqu'à la rigueur, et, avec toute la générosité de ses sentiments, terrible et inexorable pour les ennemis de la loi. Il entendait au plus haut degré l'art de s'accorder avec les caractères opposés, sans y sacrifier son propre caractère; de plaire à l'ambitieux, sans lui rendre aveuglément hommage; d'être agréable à l'homme vain, sans le flatter. Jamais il n'eut besoin, comme le courtisan sans cœur et sans volonté, de se dépouiller de sa dignité personnelle pour être l'ami de son souverain; mais il savait, avec une âme forte et un glorieux renoncement à soi-même, soumettre ses désirs aux circonstances. Par là, et par une grande prudence qui jamais ne se démentit, il réussit, dans un temps où tout n'était que partis, à demeurer hors de tout parti, sans perdre sa sphère d'influence, et à demeurer, dans le choc de tant d'intérêts, l'ami de tout le monde; il réussit à supporter, sans que sa propre fortune en fût ébranlée, trois changements de règne, et à emporter avec lui dans la tombe la faveur royale, dont il avait joui dès l'entrée de sa carrière. Car il est digne de remarque qu'il mourut au moment où Catherine de Médicis, avec sa cour, le visitait dans son château de

Duretal, et qu'ainsi il termina en quelque sorte dans les bras de son souverain une vie qui avait été consacrée pendant soixante ans à son service.

Mais ce caractère même nous explique très-naturellement le silence qui a été gardé sur son compte. Tous les historiens avaient pris parti, ils étaient enthousiastes de l'ancienne ou de la nouvelle doctrine, et un vif intérêt pour leurs chefs guidait leur plume. Une personne telle que le maréchal de Vieilleville, dont la tête était trop froide pour être fanatique, ne leur offrait donc rien qu'ils pussent exalter ou rendre méprisable. Il se rangeait dans la classe des modérés, qu'on croyait railler par le nom de politiques : classe qui, de tout temps, aux époques de fermentation civile, a eu le destin de déplaire aux deux partis, parce qu'elle cherche à les unir. Aussi se tint-il, dans tous les orages des factions, invariablement attaché au roi, et ni le parti des Montmorency et des Guises, ni celui des Condé et des Coligny, ne put se vanter de le posséder.

Des caractères de ce genre seront toujours sacrifiés dans l'histoire, qui tient compte plutôt de ce qui se fait par la force, que de ce qu'empêche la prudence, et nécessairement dirige beaucoup trop son attention sur les actes décisifs, pour pouvoir embrasser la belle et paisible suite de toute une vie. Ils n'en ont que plus d'obligation au biographe, qui aimera toujours mieux choisir Ulysse qu'Achille pour son héros.

Ce n'est que deux cents ans après sa mort qu'une entière justice devait être rendue au maréchal de Vieilleville. Dans les archives de Duretal, son château de famille, se trouvèrent des mémoires sur sa vie, rédigés, en dix livres, par Carloix, son secrétaire. Ils sont écrits, il est vrai, du ton de l'éloge, qui est propre aussi à Brantôme et à tous les historiens de cette période; mais ce n'est pas le ton de rhéteur de la flatterie qui veut gagner un protecteur, c'est la voix d'un cœur reconnaissant qui s'épanche involontairement au sujet d'un bienfaiteur. Aussi bien cette part de l'affection n'est-elle nullement dissimulée, et la vérité historique se distingue fort aisément de ce qu'une reconnaissance partiale envers son bienfaiteur a dicté à l'historien. Ces mémoires ont paru imprimés, pour la première fois, l'an 1757[1], en cinq volumes, bien qu'avant ce temps ils aient déjà été connus, et partiellement mis à profit par quelques écrivains.

---

[1]. On a imprimé par erreur dans les éditions allemandes de Schiller 1707; dans la vie de Schiller par Hoffmeister (t. II, p. 194), 1797.

# APPENDICE

## OPUSCULES

NON CONTENUS DANS LES ÉDITIONS ALLEMANDES

DES ŒUVRES COMPLÈTES

# APPENDICE[1].

## PRÉFACE

### DES MÉMOIRES HISTORIQUES[2],

PLACÉE EN TÊTE DU TOME I DE LA 1re PARTIE.

Le recueil général des Mémoires historiques de la France, qui paraît déjà depuis plusieurs années à Londres, sous le titre de *Collection universelle des mémoires particuliers relatifs à l'histoire de France*, a donné l'idée à l'éditeur du présent ouvrage d'entreprendre une publication sem-

---

[1]. Nous avons rassemblé dans cet *Appendice* quelques morceaux publiés par MM. Dœring, Hoffmeister et Boas, dans leurs *Suppléments*. Les quatre premiers sont bien à leur place, à la suite des œuvres historiques. Ceux qui viennent après devraient plutôt figurer parmi les *Mélanges*, dont la traduction sera contenue dans le tome VII; mais la matière de ce volume est si abondante que nous ne pourrions guère y joindre encore un appendice. Il n'y aura point d'ailleurs de disparate choquante entre les pièces ici réunies. Ce sont des préfaces, des annonces, relatives, les unes à la *Collection des mémoires historiques*, les autres aux diverses publications périodiques entreprises et dirigées par Schiller.

Parmi les opuscules historiques compris dans les suppléments aux œuvres de Schiller qui ont paru en Allemagne, il en est deux que nous avons omis, parce qu'ils sont tirés d'auteurs français. Le premier est le *Portrait de Philippe II, roi d'Espagne*, d'après un précis historique que Mercier a placé en tête du drame de ce nom qu'il a fait paraître en 1785: ce portrait a été inséré dans le deuxième cahier de la *Thalie rhénane*, publié au commencement de 1786. Le second est la traduction de la *Conjuration du marquis de Bedmar contre la république de Venise, en 1618*, par l'abbé de Saint-Réal, traduction imprimée, avec deux autres récits du même genre, qui ne sont pas l'œuvre de Schiller, dans le tome I de l'*Histoire des révoltes et conjurations les plus remarquables du moyen âge et des temps modernes* (Leipzig, 1788) : ce tome est le seul qui ait paru de cette *Histoire des révoltes*, etc., dont Schiller avait formé le plan avec d'autres écrivains.

[2]. Voyez dans notre *Vie de Schiller*, p. 91, ce que nous avons dit de cette collection et de la part qu'y eut Schiller.

blable en Allemagne, mais de l'étendre, agrandissant le plan de la française, à tous les écrits de ce genre, quelque histoire qu'ils concernent, et dans quelque langue qu'ils soient rédigés. Par là d'abord, puis par le soin qu'a l'éditeur d'accompagner les mémoires particuliers de tableaux d'histoire universelle, et, là où les auteurs des mémoires nous abandonnent, de combler les lacunes par un récit continué, il a cru faire de ce recueil un certain ensemble historique, et le rendre ainsi utile, à un plus haut degré, à cette partie du public à laquelle il est proprement destiné. C'est aussi dans cette vue qu'il a choisi le commencement des croisades pour point de départ de l'ouvrage, parce que ce n'est qu'à dater de ce moment que les mémoires peuvent se suivre, au moins avec une certaine liaison.

A une époque où le goût des écrits historiques, éveillé par quelques chefs-d'œuvre en ce genre, se répand de plus en plus parmi le public des lecteurs, et paraît repousser peu à peu l'innombrable armée des romans et des histoires romanesques, qui, pendant longtemps, furent presque seuls en possession d'occuper la curiosité des esprits, l'éditeur a cru pouvoir promettre un accueil non défavorable à un ouvrage qui tient en quelque sorte le milieu entre les deux genres, et qui unit les qualités agréables de l'un aux avantages solides de l'autre. Il est surtout destiné à ceux à qui leur profession ne permet pas de faire une étude spéciale de l'histoire, et qui ainsi ne peuvent consacrer que leurs heures de récréation aux lectures historiques, comme en général aussi à tous ceux qui ne cultivent pas cette partie comme savants. Et les savants eux-mêmes pourront faire peut-être bon accueil à cette entreprise, parce qu'elle leur facilitera l'usage d'une classe fort estimable de monuments historiques, qu'on ne peut pas partout ni toujours fort aisément se procurer, et qu'elle les leur présentera dans une fidèle traduction allemande et dans l'ordre chronologique.

Cette catégorie d'écrits historiques, que leur nom suffit déjà à recommander à beaucoup de lecteurs, a cet important avantage, qu'elle satisfait à la fois le connaisseur compétent et le rapide amateur, celui-là par le mérite du fond, celui-ci par l'abandon de la forme. Composés en général par des hommes du monde ou par des hommes mêlés aux affaires, les mémoires ont toujours trouvé le meilleur accueil auprès de ces deux classes de personnes. Le savant, livré aux recherches historiques, les apprécie comme des guides indispensables, auxquels, dans mainte période de l'histoire, il est obligé de se fier presque exclusivement. C'est un témoin oculaire, au moins un contemporain, qui les a écrits; ils se restreignent à un fait principal ou à un seul personnage important, et ne dépassent jamais la durée de la vie d'un homme; ils suivent leur sujet dans ses moindres nuances, ils développent les événements dans leurs circonstances les plus minutieuses, les caractères dans leurs traits les plus cachés : tout cela leur donne un air de vérité, un ton de conviction, et à leurs descriptions je ne sais quoi de vivant, que nul historien qui peint les révolutions en grand, et enchaîne entre elles des époques éloignées, ne peut communiquer à son œuvre. Au sujet des événements les plus importants, qui, sur la grande scène politique, paraissent souvent comme jaillir du néant, les mémoires nous donnent fréquemment des lumières surprenantes, parce qu'ils accueillent de petits faits que dédaigne la gravité de l'histoire. Ils ajoutent le coloris aux esquisses nues de l'historien, et refont de son héros un homme, en l'accompagnant dans sa vie privée et le surprenant dans ses faiblesses. Ils nous présentent, en quelque sorte, les pièces de plus d'un procès de l'histoire des États et des hommes, et la quantité des témoins nous met en état d'approfondir la vérité, que souvent les historiens trompeurs, plus souvent encore les historiens trompés, nous cachent.

Une grande partie de ces écrits, ou n'a pas été traduite du tout jusqu'à présent, ou ne l'a pas été avec assez de soin; et leur âge divers, aussi bien que leur grand nombre, en pourrait rendre difficile la réunion bien complète : voilà qui suffit déjà pour qu'une collection générale et une traduction nouvelle des *Mémoires historiques* ne soient pas choses superflues; mais, dans la présente entreprise, une des vues principales de l'éditeur est de rehausser encore l'utilité de ce genre d'ouvrages. Les discours préliminaires ayant pour objet de mener au seuil de l'époque à laquelle se rapportent les mémoires qui les suivent, ne doivent pas servir seulement à répandre de la clarté sur le contenu de ces mémoires, mais encore et surtout, pour le lecteur moins instruit, à diriger l'attention, de ce contenu souvent insignifiant, sur un plus grand ensemble, que les mémoires éclaircissent. Le profit qu'il retirerait d'un récit historique isolé, quelque attrayant, quelque important que fût ce récit, serait toujours assez médiocre pour lui, s'il n'apprenait à ramener le particulier au général, et à en faire une fructueuse application.

Il a paru nécessaire de placer en tête de tout l'ouvrage une revue générale et rapide du grand changement opéré dans l'état politique et moral de l'Europe par le système féodal et la hiérarchie ecclésiastique [1], parce qu'un grand nombre des mémoires qui vont suivre présupposeront la connaissance de cet état, et en même temps parce qu'elle répand de grandes et indispensables lumières sur la naissance aussi bien que sur les suites des croisades. Cette première dissertation doit donc être considérée comme servant d'introduction, non pas seulement à l'*Alexiade*, mais encore à plusieurs des mémoires qui viendront après.

L'éditeur aurait désiré pouvoir ouvrir la collection par un morceau d'un intérêt plus général que l'*Alexiade* de la princesse Anne Comnène; mais son plan ne le lui permettait pas. La grande valeur qu'a, du reste, ce monument pourra faire passer le lecteur sur le manque d'intérêt capital, sur les défauts du style, et sur un défaut plus grand encore, sur l'esprit même dont l'auteur a marqué son ouvrage, et qu'on pardonnera à son siècle.

J'ai conservé le mot français *Mémoires*, parce que je ne sais pas de mot allemand qui le rende exactement. Le terme *Denkwürdigkeiten* (*memorabilia*) n'exprime qu'imparfaitement la même idée; on aimerait presque

---

1. Voyez, dans le tome V de notre traduction (p. 505-531), les deux dissertations qui ont pour titre : 1° *Sur les migrations de peuples, les croisades et le moyen âge*; 2° *Coup d'œil sur l'état de l'Europe au temps de la première croisade*.

mieux, comme ils ont été écrits d'après le souvenir d'événements qui se sont passés du vivant de l'auteur, les nommer *Souvenirs (Erinnerungen)*, *Feuilles de souvenir (Erinnerungsblætter)*.

Pour fixer les bornes de l'ouvrage, il est nécessaire de déterminer le sens qu'on attache au mot *Mémoires*. Bien que nous ayons aussi en allemand des mémoires, nous ne les avons pas sous ce nom, et parmi les écrits français qui portent ce nom, il en est quelques-uns qui n'y ont pas droit. Sous le nom de *Mémoires* paraissent être comprises toutes les œuvres historiques :

1° Qui n'ont pour sujet qu'un événement ou qu'une personne. Cela exclut toute *chronique* et toute histoire complète.

2° Dont l'auteur, ou bien a pris part lui-même à l'événement qu'il raconte, ou du moins a tenu d'assez près à la personne agissante pour pouvoir puiser à la source la plus pure. Les *Mémoires sur l'histoire de Brandebourg* ne sont point des *Mémoires*, parce que l'auteur n'a pas écrit comme contemporain, et qu'il ne se borne ni à un événement ni à un personnage principal. Le cardinal de Retz a écrit des *Mémoires*; la femme de chambre de la reine Anne d'Autriche a pu aussi en écrire.

3° Qui sont écrits dans le simple ton du récit, mais d'un récit suivi, et par un seul auteur. Des lettres historiques, des éloges ou des oraisons funèbres ne peuvent pas porter le nom de *Mémoires*.

Les écrits qui réunissent les qualités indiquées appartiennent à cette classe, lors même qu'ils ont paru sous un autre nom, et ils auront place dans cette collection. L'histoire de Frédéric Barbe-Rousse, par l'évêque de Freisingen, viendra donc, à bon droit, immédiatement après l'*Alexiade*.

On promet de donner chaque année au moins six volumes comme celui-ci, et pour ne pas retarder l'époque intéressante et féconde des mémoires, qui s'ouvre du temps de Henri IV de France, on commencera, aussitôt après le troisième volume, la publication de la seconde partie de la collection, c'est-à-dire des mémoires des temps modernes, et on la poursuivra dans la même proportion que les mémoires antérieurs (dont se compose la première partie).

SCHILLER.

Iéna, le 25 octobre 1789.

# AVERTISSEMENT

PLACÉ EN TÊTE DU TOME III DE LA 1ʳᵉ PARTIE

## DES MÉMOIRES HISTORIQUES[1].

 Les mémoires de la Grecque Anne Comnène et ceux du Latin Othon, évêque de Freisingen, sont suivis, dans ce troisième volume, de ceux d'un écrivain arabe. Comme, dans les guerres saintes, ces trois nations ont joué un rôle, la justice de l'histoire voulait qu'on entendît un témoin pris dans chacune d'elles, et qu'on réunît, sinon sur les mêmes événements et le même espace de temps, au moins sur l'entreprise des croisades en général et sur la conduite des peuples qui agirent ensemble, trois voix diverses. Elles ont toutes le caractère manifeste de leur époque et de leur patrie, et en considération de l'une et de l'autre on excusera leurs défauts. Mais la position de leurs auteurs donne à ces trois ouvrages un grand crédit, partout où ils rapportent des faits et où chacun d'eux parle de sa nation.

 Je n'ai fait aucune difficulté d'admettre comme incontestable le nom de l'auteur de ce récit de la vie de Saladin, vu que les raisons exposées par l'éditeur latin Albert Schultens[2] ne laissent aucun doute. Amadoddin d'Ispahan, auteur d'un long ouvrage sur Saladin, y raconte que lui-même, avec le cadi Bohadin, fils de Sjeddad, et avec plusieurs autres, qu'il cite tous par leurs noms, fut député par Aladil, frère de Saladin, vers ce dernier, pour entendre l'avis du sultan sur le mariage projeté d'Aladil et de la princesse d'Angleterre. La même ambassade est racontée de la même manière par l'auteur des présents mémoires. Il rapporte qu'il fut chargé de cette ambassade par le frère de Saladin, nomme à ce sujet les mêmes compagnons mentionnés par Amadoddin, et parle de lui-même à la pre-

---

 1. En tête du tome II de la 1ʳᵉ partie des *Mémoires historiques* est placé simplement un avis, signé Schiller, annonçant en quelques lignes que la continuation de la revue d'histoire universelle qui précède l'*Alexiade* d'Anne Comnène sera renvoyée au tome III, ainsi que les notes des mémoires publiés dans les trois premiers volumes.
 2. *Vita et res gestæ sultani Almalichi Alnasiri Saladini, auctore Bohadino, F. Sjeddadi*, etc. etc. Lugduni Batavorum, 1732, fol.

mière personne. Amadoddin appelle ce Bohadin cadi ; l'auteur de ces mémoires dit en effet qu'il a exercé cet emploi. Abulféda raconte, dans son Histoire universelle, que Saladin changea l'église de Sainte-Anne à Jérusalem en un gymnase, dont il donna l'inspection au cadi Bohadin, fils de Sjeddad. L'auteur de notre vie de Saladin parle également de l'ordre qu'il a reçu du sultan de rester à Jérusalem et d'achever la construction commencée d'un hôpital et d'un gymnase.

Par les mémoires mêmes, nous apprenons que Bohadin doit avoir joui de toute la confiance du sultan, et exercé une charge très-importante. Schultens ne veut pas qu'il soit né Arabe, et incline plutôt à placer le lieu de sa naissance à Mosoul ou en Assyrie. Au commencement, comme il le rapporte lui-même, il était au service du sultan de Mosoul, qui l'envoya avec un message au calife de Bagdad. Dans un pèlerinage à la Mecque, il fit la connaissance de Saladin, pour qui il conçut au premier aspect tant d'affection, qu'il se détermina aussitôt à entrer à son service.

Dans les ouvrages d'histoire d'Amadoddin et d'Abulféda, il est appelé cadi (juge), nom qu'il se donne aussi lui-même. Mais il y a plusieurs classes de cette dignité, et le souverain pontife a coutume de porter lui-même, par excellence, le nom d'alcadi. Ce qu'est cet alcadi, on peut le conclure des dénominations suivantes, sous lesquelles il est connu chez les croyants : « le plus profond des profonds docteurs ; le plus fervent des fervents ; la source de la vertu et de la sagesse ; l'héritier des doctrines du Prophète ; celui qui résout les questions difficiles de religion ; celui dont la décision est la plus irrécusable ; la clef des trésors de la vérité ; la lampe des plus obscures subtilités. » Et c'est, d'après l'opinion de Schultens, ce grand rôle que doit avoir rempli Bohadin, dont le nom même (le mot arabe signifie *prix de la religion*) paraît faire allusion à une dignité ecclésiastique.

L'esprit dans lequel tout le premier livre est conçu trahit plutôt le mufti que l'homme d'affaires politique. La piété est la vertu qu'il met surtout en lumière chez son héros. Tandis qu'il passe avec une rapidité à peine pardonnable sur les événements de la vie de Saladin qui excitent le plus la curiosité, il s'étend sur les pratiques de dévotion de son héros avec des détails fatigants. Jamais le nom du sultan n'est nommé dans l'ouvrage sans cette addition : « Que Dieu ait pitié de lui ! — Que la miséricorde de Dieu repose sur lui ! » S'il est question d'une ville ou d'une forteresse musulmane, c'est toujours avec cette exclamation : « Que Dieu la protége ! » et, quand il parle des chrétiens, il ne manque jamais de les saluer de l'apostrophe peu aimable : « Que Dieu les maudisse ! » interruptions qu'on a épargnées au lecteur dans la traduction. Une telle affectation de saint zèle serait chose absurde dans toute autre bouche que celle d'un mufti. Ce n'est aussi qu'à un mufti, tenant inexorablement aux pratiques du culte divin, que la pensée a pu venir d'inviter le sultan au pèlerinage de la Mecque si mal à propos à la fois et si impétueusement.

Que dans la vie de Saladin, si riche en faits, ce Bohadin ne fasse vraiment ressortir que sa guerre sainte contre les chrétiens, et qu'il se contente d'effleurer rapidement les remarquables guerres de conquête par lesquelles ce sultan a fondé sa domination, ou ne les rapporte tout au plus que dans un

APPENDICE. 541

aride extrait semblable à une chronique, c'est là une circonstance qui pourrait bien s'expliquer par l'embarras où se trouvait le biographe pour maintenir, dans un fidèle exposé de ces guerres, le renom de vertu de son héros et préserver son souvenir du reproche d'injustice et même de la plus abominable perfidie. Cette époque des croisades est peut-être, dans la vie de Saladin, la seule qui supportât la lumière de l'histoire, et il était à propos de voiler les autres dans une obscurité complaisante. Dans la guerre sainte, au contraire, par laquelle Saladin détruisit le royaume chrétien de Jérusalem, et arrêta en général les progrès des chrétiens en Orient, ce prince paraît dans tout l'éclat d'un saint musulman, et le défenseur de l'islamisme était incontestablement le plus digne sujet pour la plume d'un mufti.

Au reste, l'éditeur a cru qu'il rendrait service au public et ne lui déplairait pas en lui communiquant un écrit qui offre le prototype de l'image embellie du sultan d'Égypte, peinte dans le *Nathan* de Lessing. Comme des affaires accumulées l'ont empêché, contre son attente, de continuer régulièrement, dans chacun des volumes, la revue d'histoire universelle, comme il l'a commencée dans le tome I<sup>er</sup>, et comme il sera sans doute plus agréable à la plupart des lecteurs d'embrasser d'un seul coup d'œil l'ensemble de la matière, le quatrième volume de cette première partie des *Mémoires historiques* sera consacré, comme volume supplémentaire, à la continuation de cette revue et à une histoire des croisades[1] ; et, en attendant, pour ne pas rester trop en arrière du sujet des mémoires, on a placé en tête du présent volume, sous forme d'exposé général, l'histoire des événements contemporains de Barberousse et de Saladin.

SCHILLER.

Iéna, le 26 septembre 1790.

---

1. Cette promesse n'a pas été tenue : ce volume supplémentaire n'a pas été publié, et le tome IV, qui est le dernier de la première partie, ne renferme plus rien de Schiller, mais une préface de Woltmann, et une suite, par ce même auteur, de la *Revue des événements du temps de Frédéric I<sup>er</sup>*. (Voyez le tome V de notre traduction, pages 533-560.)

# AVERTISSEMENT

PLACÉ EN TÊTE DU TOME I DE LA II<sup>e</sup> PARTIE

## DES MÉMOIRES HISTORIQUES[1].

Le mérite de ces mémoires du duc de Sully est trop généralement connu pour avoir encore besoin d'être apprécié ici.

Ils nous donnent les éclaircissements les plus précieux sur la vie intime et la vie publique d'un excellent roi et de son excellent ministre, et répandent une vive lumière sur l'histoire de France, depuis l'an 1570 jusqu'à la régence de Marie de Médicis, c'est-à-dire sur une des époques les plus importantes de cette histoire.

Mais peut-être est-il besoin que nous nous excusions de ne pas donner ces mémoires d'après l'ancien original, qui est connu sous le titre singulier d'*OEconomies royales et servitudes loyales*, mais d'après le remaniement moderne d'un écrivain français plus récent. Plus d'un, regrettant peut-être le ton particulier qui règne dans l'œuvre originale, et même la forme antique et étrange dont elle est revêtue, ne croira pas que cette perte soit suffisamment rachetée par le travail du nouvel éditeur, et les changements que celui-ci s'est permis de faire à son texte pourront bien paraître beaucoup trop hardis. Et, en effet, l'on n'aurait pas tort de juger ainsi, s'il y avait la moindre vraisemblance que l'original soit sorti de la plume du duc de Sully ; car un grand homme, sous le vêtement même le plus singulier, a droit à notre respect. Mais, comme on reconnaît, à des marques évidentes, que cet écrit, bien qu'il émane de la source la plus pure, n'a reçu sa forme propre que de la main des secrétaires de Sully, la perte n'est plus, en réalité, si considérable, ou, du moins, elle est grandement compensée par les améliorations introduites dans l'ouvrage. L'éditeur français a bien mérité de ces mémoires, tant pour la disposition de la matière que pour l'élocution. La confusion désordonnée où se trouvent dans l'original tous les éléments de cette histoire, et qui lasse

---

1. Ce tome I renferme la première partie des *Mémoires de Sully*, en tête desquels Schiller a mis, comme introduction, l'*Histoire des troubles qui précédèrent en France le règne de Henri IV*. (Voyez plus haut, p. 419.)

rait nécessairement le plus respectueux lecteur de l'œuvre de Sully, a engagé le nouvel éditeur à refondre entièrement, en ménageant de son mieux tout ce qui est caractéristique, son texte primitif ; à lier entre elles les diverses parties d'une manière plus intéressante et plus convenable, et à les dégager de tout ce qui y est étranger. Il s'est permis, en outre, de faire parler de soi le narrateur à la première personne, tandis que, par une étrange tournure, il paraît, dans l'écrit original, se parler à lui-même. Le style, qui, dans l'ancien écrit, parcourt toutes les nuances, depuis le bas et le plat, jusqu'à la solennité et à l'enflure, et qui est souvent obscurci par des périodes à perte de vue, et cause une intolérable fatigue par sa prolixité, a gagné, sous la plume du nouvel éditeur, cette tenue et cette unité qui répondent à la dignité du sujet, et font que l'ouvrage, sous sa nouvelle forme, est d'une lecture très-attrayante. C'est aussi de l'éditeur français que sont les éclaircissements relatifs aux personnes qui figurent dans les mémoires. Quant aux considérations que ses égards, trop scrupuleux, pour la religion de sa patrie, lui ont dictées dans ses remarques, on a cru les pouvoir épargner, dans la traduction, aux lecteurs allemands.

Tout l'ouvrage paraîtra en six tomes, qui se suivront rapidement, et il devra être achevé pour la foire de Saint-Michel de 1792. L'introduction, qui embrasse, dans un court exposé, toute l'histoire de la Ligue [1], accompagnera les divers volumes de ces mémoires, et sera continuée jusqu'à l'époque où finit cette association. Dans la rédaction de cette histoire, Brantôme, Castelnau, de Thou et d'autres, et pour la disposition de la matière, l'*Esprit de la Ligue* de M. Anquetil, ont été mes guides.

Frédéric Schiller.

Iéna, au temps de la foire de Pâques, 1791.

1. Ou plus exactement l'*Histoire des troubles qui précédèrent en France le règne de Henri IV*. (Voyez la première note de cet avertissement.)

# ANNONCE

## DE LA THALIE RHÉNANE [1].

Après tant de journaux, de gazettes savantes et sentimentales, qui d'année en année inondent l'Allemagne, je ne sais comment le public accueillera cette nouvelle publication. Il est arrivé trop souvent que derrière les mots sacrés de patriotisme et d'intérêt général s'est cachée la spéculation d'un marchand. L'arrêt définitif prononcé sur mes prédécesseurs (je n'en veux excepter qu'un petit nombre) a découragé les abonnés. Ils ont, comme Macbeth en accuse ses sorcières [2], « tenu promesse à nos oreilles et manqué de parole à notre espérance. » L'aveugle confiance du public est la seule chose que je puisse invoquer. Pour la gagner, qu'on me permette une digression.

J'écris comme un citoyen du monde qui ne sert aucun prince. J'ai de bonne heure perdu ma patrie, pour l'échanger contre le vaste univers, que je n'avais vu qu'à travers mon télescope. Un singulier malentendu de la nature m'a condamné à être poëte aux lieux où je suis né. Le penchant à la poésie blessait les lois de l'institution où j'ai été élevé, et contrariait le plan de son fondateur. Pendant huit ans, mon enthousiasme a lutté contre la règle militaire. Mais la passion de la poésie est ardente et forte comme le premier amour. Ce qui devait l'étouffer l'excita. Pour échapper à une situation qui était ma torture, mon cœur s'égara dans un monde idéal. Mais j'ignorais le monde réel, dont des barreaux de fer me séparaient : j'ignorais les hommes, car les quatre cents qui m'entouraient n'étaient qu'une seule et même créature, la fidèle copie d'un seul et même modèle, que la nature plastique répudiait expressément; j'ignorais les inclinations des hommes libres, abandonnés à eux-mêmes, car une seule ici venait à maturité, que je ne veux pas nommer maintenant : toutes les autres forces de la volonté s'énervaient, tandis qu'une seule se tendait convulsivement; toute singularité, tout libre excès de la nature qui se joue en mille fantaisies, se perdait dans l'uniformité compassée de l'ordre

---

1. Cette annonce a été publiée dans le cahier de décembre 1784 du *Musée allemand*.
2. Voyez Shakspeare, MACBETH, acte V, scène VII :

« That keep the word of promise to our ear,
« And break it to our hope.... »

dominant ; je ne connaissais pas le beau sexe : les portes de cette institution ne s'ouvrent aux femmes, comme on le sait sans doute, qu'avant l'âge où elles commencent à devenir intéressantes ou après qu'elles ont cessé de l'être ; je ne connaissais ni les hommes ni les destinées humaines. Mon pinceau devait donc manquer nécessairement cette ligne moyenne qui est entre l'ange et le diable, il ne pouvait que produire un monstre qui, par bonheur, n'existait pas dans le monde, et à qui je ne pourrais souhaiter l'immortalité que pour perpétuer un modèle de ce que peut créer l'accouplement contre nature de la subordination servile et du génie.

Je veux parler des *Brigands*. Cette pièce a paru. Tout le monde moral a assigné l'auteur devant son tribunal, comme un coupable de lèse-majesté. Que sa seule défense soit le climat dans lequel son œuvre est née. Si, des innombrables plaintes portées contre les *Brigands*, il en est une qui m'atteigne, c'est celle d'avoir eu l'audace de peindre des hommes deux ans avant d'en avoir rencontré un.

Les *Brigands* m'ont coûté ma famille et ma patrie. A un âge où il faut encore que le jugement du monde dirige le sentiment incertain que nous avons de nous-mêmes, où le sang bouillant du jeune homme coule plus gaiement sous l'influence amicale de l'approbation publique, où mille pressentiments flatteurs de gloire future voltigent autour de son âme enivrée, où il voit poindre à ses yeux, comme une belle aurore, la divine renommée, promesse d'avenir ; au moment où je jouissais des premières séductions de l'éloge, qui me venait, inattendu et non mérité, des contrées éloignées, on m'interdit, dans les lieux où je suis né, sous peine de la prison d'État, d'écrire désormais. La résolution que je pris alors est chose connue.... Je tais le reste, parce qu'il ne me paraît, en aucun cas, convenable de m'élever contre celui qui, jusque-là, avait été pour moi un père. Mon exemple n'arrachera pas une seule feuille de la couronne de laurier de ce prince, dont le renom sera éternel. Son école a fait le bonheur de plusieurs centaines de jeunes gens, si même il faut admettre qu'elle ait échoué pour le mien.

Maintenant toutes mes anciennes relations sont rompues. Le public désormais est tout pour moi : mon étude, mon souverain, mon confident. A lui seul j'appartiens désormais. C'est devant ce tribunal, et devant nul autre, que je comparaîtrai. C'est lui seul que je crains et révère. Je ne sais quoi de grand entre en moi à cette pensée, que je ne porte plus d'autre chaîne que celle du jugement du monde, que je n'appelle à nul autre trône qu'à l'âme humaine.

Peut-être paraîtra-t-il étrange de trouver sur le prospectus d'un journal l'histoire de la jeunesse de son rédacteur, et pourtant, il n'y avait pas de voie plus naturelle pour conduire le lecteur au cœur même de mon entreprise, que de lui faire connaître l'homme qui doit l'exécuter.

La *Thalie rhénane* sera ouverte à tout sujet qui intéresse l'homme en général et a un rapport direct à son bonheur. Par conséquent, tout ce qui est propre à perfectionner le sens moral, tout ce qui est dans le domaine du beau, tout ce qui peut ennoblir le cœur et le goût, purifier les passions et contribuer à la culture générale du peuple, est compris dans son plan.

I. **Peintures d'hommes et d'actions remarquables.** — Libre de toute affaire, élevé au-dessus de toute considération, citoyen de l'univers, et à ce titre accueillant dans ma famille tout visage humain et embrassant avec un fraternel amour l'intérêt de l'ensemble, je me sens appelé à suivre l'homme à travers toutes les scènes de la vie civile, à le chercher dans tous les cercles, et, si je puis me servir de cette image, à approcher de son cœur l'aiguille aimantée. De nouveaux rouages découverts dans le mécanisme incompréhensible de l'âme, des phénomènes particuliers qui se résolvent en une amélioration ou une détérioration remarquables, me sont, je l'avoue, plus précieux que les trésors inanimés du cabinet d'un collecteur d'antiquités, ou la découverte d'un nouveau voisin de Saturne, auquel pourtant l'heureux trouveur impose aussitôt son nom à tout jamais.

II. **Philosophie appliquée à la vie pratique.**

III. **Belle nature et beaux-arts dans le Palatinat.** — Des voyageurs, surtout du nord de l'Allemagne, nous ont envié l'une et l'autre chose, et ont pris congé avec admiration des remarquables contrées du Rhin et des magnifiques monuments de l'art. L'heureuse situation de Heidelberg, les ruines vénérables de son château; le jardin de Schwetzingen; la galerie de tableaux, la salle des antiques, l'église des jésuites, à Mannheim, et beaucoup d'autres objets, offrent de l'intérêt, même dans une peinture, pour peu que le goût et un cœur sensible dirigent le pinceau.

IV. **Théâtre allemand.** — Ce qui, au point de vue des beaux-arts, distingue surtout la ville de Mannheim, c'est son théâtre, qui, par la pureté du goût, le bon ton et le jeu vrai et plein de talent de quelques-uns de ses acteurs, excite l'attention de tout le public. Cependant ce théâtre n'est pas du tout connu, ou connu fort peu, du reste de l'Allemagne. L'histoire et la dramaturgie de cette scène tiendront une place considérable dans la *Thalie*, ce qu'elles pourront d'autant mieux que l'éditeur n'est attaché par aucun lien au théâtre, et que nulle considération ne peut, par conséquent, enchaîner ou altérer son jugement. Dans l'armée innombrable des troupes allemandes de comédiens, troupes réunies, comme le vent assemble les atomes d'épicure, soit par la spéculation d'un joueur ruiné, soit par l'aveugle destin, et qui rôdent furtivement au grand jour, pareilles à la peste, et exposent sur le lit de parade la tragédie égorgée : dans toute cette multitude, la scène de Mannheim est du très-petit nombre de celles qui ont été formées par choix, et qui durent par un certain système auquel l'art préside. Il s'entend donc de soi-même qu'on n'a recours sur cette scène à aucun de ces artifices de boutique, par lesquels d'ordinaire les meneurs de bandes de comédiens viennent en aide à leur triste industrie, je veux dire les colifichets de la mode, l'entassement des pièces nouvelles, fussent-elles stigmatisées, toutes les spéculations sur le goût dominant, vînt-il de Laponie ou de Sibérie. Il s'entend qu'on n'y connaît aucun de ces tours de passe-passe que ne peut employer qu'un troupeau affamé d'industriels de théâtre, mendiant sa vie à travers la foule. Ici, naturellement, il faut que le génie de l'art anime l'ensemble; il est impossible que la supérieure beauté y soit sacrifiée à un bas intérêt. Et ce sera d'après la grande loi sous laquelle cette scène s'est d'elle-même placée, que la critique la jugera. Elle appréciera le choix des pièces d'après leur mérite moral et esthétique; elle examinera la distribution des rôles, et en cherchera les raisons, secrètes ou manifestes; puis elle contrôlera avec soin l'approbation ou le blâme du public. Dans un art aussi flottant que l'art dramatique et l'art du mime, où souvent la vanité du comédien dévore si avidement les honteux suffrages de la foule grossière, et les confond si volontiers avec la voix de la vérité, la critique ne peut pas être assez sévère. J'ai remarqué plus d'une fois avec quel soin minutieux l'artiste affamé d'éloges réglait son jeu, et, lorsqu'il était écrivain, sa poésie, sur l'imbécillité de son public; comme il sacrifiait son talent mieux inspiré à cette commune courtisane, pour en obtenir une caresse. Il peut se faire qu'à part lui il eût honte d'une faveur si facile à gagner; mais le talent dégradé par lui se vengeait bientôt après de cette défection, et, dans un moment décisif, l'abandonnait à son tour.

Convaincu que l'admiration améliore rarement, mais un juste blâme toujours; que plus l'artiste est grand, plus il est modeste, et qu'il est honteux d'entendre les auditeurs gagnés d'avance l'applaudir avec une précipitation partiale; fermement assuré qu'un fier génie mépriserait un encens dont les scènes médiocres enfument seules leurs idoles agonisantes, je ne prendrai pour modèle, dans cette dramaturgie, aucun des journaux ordinaires de théâtre; mais je donnerai plutôt, par mes doutes sincères, un témoignage de mon estime aussi bien à l'acteur qu'au poëte dramatique. Le mérite bien réel sera seul nommé. Je réfuterai franchement la gloire usurpée, et je ne toucherai aux gâte-métier que dans le cas où leur exemple pourra effrayer et servir de leçon.

Au reste, je déclare d'avance que je reconnais et respecte les bornes qui séparent l'amateur du connaisseur, et que j'estime beaucoup trop digne d'égards un art aussi profond que l'est assurément l'art théâtral, pour lui imposer, comme juge infaillible, mon goût individuel, qui peut-être bien ne s'est pas conservé entièrement pur. Un sain appréciateur peut souvent prononcer sur le poëte; sur l'acteur, la majorité des vrais connaisseurs le peut seule. Aussi, dans ma *Thalie*, les jugements, quand ils seront décisifs, seront toujours la somme de plusieurs voix, réunies en une seule sentence.

Je commencerai par un exposé détaillé de l'histoire et de l'organisation de cette scène, par une appréciation de ses acteurs et actrices, en me bornant toutefois aux sujets de la troupe qui me paraissent avoir de l'importance; et par l'analyse de quelques pièces qui ont ici réussi ou échoué d'une manière remarquable. Je ferai passer en avant celles dont les auteurs vivent dans cette ville, la *Conjuration de Fiesque*, le *Coupable par soif de l'honneur*, et *François de Sickingen*. A quiconque aura envie de me répondre, ou voudra appeler de ma critique au public, la *Thalie* est ouverte. De vive voix, pas un mot d'explication.

V. Poésies et morceaux détachés, fragments de pièces dramatiques.

VI. Jugements sur des hommes et des écrits importants.

VII. Confidences relatives à moi-même.

**VIII. Correspondance, annonces, mélanges** [1].

Un seul mot encore avant de terminer. Des souscriptions à cet écrit n'auront de prix pour moi que si je les dois à une sympathie personnelle. Que la postérité ne tienne nul compte de l'écrivain qui ne valait pas mieux que ses œuvres. Pour moi, je confesse volontiers que mon principal objet, en publiant cette *Thalie*, a été de former entre le public et moi un lien d'amitié.

FRÉDÉRIC SCHILLER.

Mannheim, le 11 novembre 1784.

---

[1]. Je passe ici, dans ma traduction, quelques détails sans intérêt, relatifs au mode de souscription, à l'envoi des livraisons, etc. Il devait paraître tous les deux mois un cahier de douze feuilles, grand in-8°, coûtant, au dehors, deux florins, monnaie rhénane, et, pris chez l'éditeur à Mannheim, un demi-reichsthaler. Les souscripteurs devaient le recevoir franc de port, partout où la poste de l'Empire faisait le service. On promettait d'imprimer leurs noms en tête du journal.

# DÉCLARATION

#### DE L'ÉDITEUR

## DE LA THALIE RHÉNANE[1].

A messieurs les auteurs, nommés ou anonymes, des ouvrages dramatiques et lyriques qui m'ont été envoyés depuis quelques années pour prendre place dans la *Thalie*, j'exprime ici toute ma gratitude pour la confiance qu'ils m'ont témoignée, en voulant que je leur servisse d'introducteur auprès du public.

Parmi les pièces envoyées il s'en trouve plusieurs qui me paraissent être les prémices de leurs auteurs, et sur le mérite ou les défauts desquelles on m'invite à prononcer un jugement décisif. Je déclare ici à ces écrivains, avec une franchise dont leur confiance me fait un devoir, et qui me devient d'autant plus facile, pour un certain nombre, que je ne connais en aucune façon ni leur nom ni leur personne : je leur déclare que la non-publication de leurs écrits dans ma *Thalie* ne doit pas être considérée par eux comme étant ce jugement décisif, et que l'estime que m'a inspirée leur talent peut fort bien se concilier avec la suppression de leurs premiers essais. J'aurais bien voulu, en accueillant leurs compositions dans la *Thalie*, leur donner une occasion d'entendre prononcer sur eux un jugement public; mais la satisfaction de leur désir ne pouvait s'accorder avec les égards que je crois devoir à mes lecteurs. Un jugement jeté là en peu de mots et sans preuves, répondrait fort mal aux vues qu'ils ont en le demandant, à celles qu'on aurait en l'exprimant; et pour un jugement développé, le temps me manquait. Parmi ces auteurs il en est plus d'un, je pense, qui doit déjà m'avoir absous. Entre l'envoi de leurs articles et ma déclaration présente il s'est écoulé déjà plus d'un an, et l'on sait que, dans l'espace d'une année, il se fait bien des changements dans une bonne tête. Si du reste il pouvait être arrivé que j'eusse offensé un vrai talent par cette omission tacite, ce talent se vengera assurément quelque jour, par des œuvres excellentes, de cette injustice de mon

---

1. Cet avis, écrit au mois de juin 1790, fut inséré dans le onzième cahier de la *Thalie rhénane* (p. 143 et suiv.).

jugement. Quant à moi, qu'on me pardonne de croire que des deux dangers entre lesquels le critique est placé, soit de décourager le vrai génie, soit d'encourager le faux, le premier est le moins alarmant. A la vérité, quelquefois le vrai génie se lève, appuyé sur le jugement d'autrui; mais le sentiment développé de sa force lui rend bientôt cette béquille inutile.

SCHILLER.

# AVERTISSEMENT

### DES OPUSCULES EN PROSE[1].

Pour prévenir la contrefaçon et mettre en même temps aux mains des amis que je puis avoir dans le monde lettré un choix de ce que je voudrais dérober à l'oubli, parmi mes essais en prose, j'ai conçu l'idée de ce recueil, qui pourra, s'il trouve des lecteurs et des acheteurs, être suivi plus tard d'une seconde et d'une troisième partie, lesquelles contiendraient divers morceaux encore inédits.

Pour la plupart des opuscules imprimés dans ce volume, une sévère révision, je le sens fort bien, n'eût pas été inutile, et c'était d'abord mon intention, en effet, d'en rendre la forme et le fond plus conformes à ma présente manière de concevoir les choses. Mais un goût différent n'est pas toujours un goût meilleur, et la retouche aurait peut-être enlevé précisément à ces écrits ce qui leur a fait trouver, à leur première apparition, un bon accueil. Ils portent donc encore aujourd'hui l'empreinte juvénile du temps de leur première et fortuite naissance, et ils implorent pour cette raison l'indulgence du lecteur.

Ce n'est pas toujours le mérite du fond et de l'ensemble d'une œuvre qui attache le lecteur; parfois elle ne le gagne que par des traits caractéristiques où se révèle l'individualité de l'écrivain, et c'est là un attrait qui souvent manque précisément aux ouvrages les plus achevés d'un auteur. Ces morceaux détachés sont donc destinés à ceux des lecteurs que cette individualité peut intéresser, qui, lors même qu'ils ne trouveraient dans le livre que l'auteur lui-même, se contenteraient de ce mince profit; et tout le fruit que je puis leur promettre de la lecture de ce recueil est un intérêt passager, mais non pas entièrement vain pour un esprit dont les vues sont sérieuses.

Iéna, pendant la foire de Pâques, 1792.

1. Cet avertissement a été placé par Schiller en tête du I⁰ʳ volume de ses *Opuscules en prose*, publié en 1792, à Leipzig, chez Crusius. Le tome II ne parut qu'en 1800; le III⁰ en 1801; le IV⁰ en 1802.

# ANNONCE

# DES HEURES[1].

## LES HEURES,

RECUEIL MENSUEL, COMPOSÉ PAR UNE SOCIÉTÉ D'ÉCRIVAINS,
ET PUBLIÉ PAR SCHILLER.

Dans un temps où le bruit de la guerre qui approche inquiète la patrie, où la lutte des opinions et des intérêts politiques reproduit cette guerre presque dans chaque cercle, et n'en bannit que trop souvent les Muses et les Grâces, où nulle part, ni dans les conversations, ni dans les écrits du jour, on n'est à l'abri de ce démon de la critique politique, de ce persécuteur universel, il peut paraître aussi hasardé que méritoire d'inviter le lecteur, si fort distrait, à un entretien d'un genre tout opposé. Dans le fait, les circonstances semblent promettre peu de succès à une feuille qui s'impose un rigoureux silence sur le thème favori du jour, et qui mettra sa gloire à plaire par quelque autre chose que ce qui est maintenant le seul moyen de plaire. Mais plus l'intérêt borné du présent tend les esprits, les comprime et les subjugue, plus le besoin devient pressant de les affranchir au moyen d'un intérêt universel, d'un intérêt plus haut, qui se prenne à ce qui est purement humain, à ce qui s'élève au-dessus de toute influence du temps, et de réunir sous la bannière du vrai et du beau, le monde divisé par la politique.

Tel est le point de vue sous lequel les rédacteurs de ce journal voudraient qu'on le considérât. Il doit être consacré à un amusement serein

---

1. Cette annonce, que Schiller composa au mois de décembre 1794, fut d'abord distribuée avec la feuille d'avis de la *Gazette littéraire universelle d'Iéna*. On l'imprima ensuite en tête du premier cahier des *Heures* (1795). On trouvera dans la correspondance entre Schiller et Goethe, à la suite de la première lettre de Schiller, datée du 13 juin 1795, une autre pièce relative aux *Heures*, une circulaire adressée aux principaux écrivains de l'Allemagne pour leur demander leur coopération.

et sans passion, et procurer une agréable distraction à l'esprit et au cœur du lecteur que le spectacle des événements actuels tantôt révolte et tantôt abat. Au milieu de ce tumulte politique, il doit former pour les Muses et les Grâces un cercle étroit et intime, d'où sera banni tout ce qui porte l'empreinte d'un impur esprit de parti. Mais en s'interdisant toute allusion à la marche présente de ce monde et aux perspectives les plus prochaines de l'humanité, il interrogera sur le passé du monde l'histoire, et sur son avenir la philosophie; il recueillera des traits partiels de ce bel idéal de l'humanité ennoblie, que la raison nous présente, mais que dans la pratique on perd de vue si aisément, et il travaillera, selon ses moyens, à cet édifice qui doucement s'élève, des idées meilleures, des principes plus purs, des mœurs plus nobles : choses d'où dépend finalement toute véritable amélioration de l'état social. C'est là le seul but qu'on poursuivra, soit en se jouant, soit sérieusement, dans le cours de cette publication; et, quelque diverses que puissent être les voies qu'on s'ouvrira à cet effet, toutes tendront plus ou moins directement à favoriser les vrais progrès de l'humanité. On s'efforcera de conduire au vrai par l'entremise du beau, et de donner au beau, par le vrai, un durable fondement et une plus haute dignité. Autant que cela est possible, on cherchera à dépouiller les résultats de la science de leur enveloppe scolastique, et à les rendre intelligibles pour le sens commun par une forme attrayante ou tout au moins simple. Mais, en même temps, on se proposera une autre fin : celle de faire, dans le domaine de l'observation, des acquisitions nouvelles pour la science, et de découvrir des lois là où il semble uniquement que le hasard se joue et que le caprice règne. De la sorte on espère contribuer à renverser ce mur de séparation qui s'élève, au détriment de tous deux, entre le beau monde et le monde savant; on espère introduire de solides connaissances dans la vie sociale, et le goût dans la science.

On tendra, autant que nulle fin plus noble n'en souffrira, à la variété et à la nouveauté; mais on ne sacrifiera en aucune façon à ce goût frivole qui cherche le nouveau uniquement parce qu'il est nouveau. Au reste, on se donnera toute liberté conciliable avec les bonnes et belles mœurs.

La bienséance et le bon ordre, la justice et la paix seront donc l'esprit et la règle de ce journal; les trois Heures, fraternellement unies, Eunomia, Dicé et Iréné, le dirigeront. Dans ces divines figures le Grec vénérait l'ordre qui conserve le monde, d'où découle tout bien, et qui trouve son plus frappant emblème dans le mouvement uniforme du cours du soleil. La fable les nomme filles de Thémis et de Jupiter, de la Loi et de la Puissance : de la Loi qui en même temps, dans le monde des corps, préside aux vicissitudes des saisons, et maintient l'harmonie dans le monde des esprits.

Ce furent les Heures qui reçurent, à sa première apparition dans l'île de Cypre, Vénus à peine née, qui la vêtirent de vêtements divins, et la conduisirent, ainsi parée de leurs mains, dans le cercle des Immortels : charmante fiction qui fait entendre que le beau, dès sa naissance, doit se soumettre à des règles, et qu'il ne peut devenir digne que par son obéissance à la loi d'obtenir une place dans l'Olympe, et l'immortalité, et une valeur morale. Formant des danses légères, ces déesses tournent autour du monde ; elles ouvrent et ferment l'Olympe, et attellent les chevaux du Soleil, pour qu'ils aillent répandre dans la création la lumière vivifiante. On les voit dans la suite des Grâces, et au service de la reine du ciel, parce que la grâce et l'ordre, la bienséance et la dignité sont inséparables.

Que le présent journal se montrera digne du nom honorable qu'il porte au front, c'est de quoi l'éditeur croit pouvoir répondre avec une juste confiance. Ce qu'il ne lui conviendrait pas d'assurer en son propre nom, il se le permet comme orateur de l'estimable société qui s'est réunie pour publier cet écrit. Il voit avec une joie patriotique s'accomplir un dessein qui l'occupait, depuis des années, lui et ses amis, mais qui n'a pu, avant ce moment, triompher des nombreux obstacles qui l'entravaient. L'éditeur a réussi enfin à réunir plusieurs des écrivains les plus distingués de l'Allemagne, pour travailler à une œuvre périodique suivie, qui, jusqu'à ce jour, malgré les essais tentés par des écrivains isolés, a manqué à notre nation, et devait nécessairement lui manquer, parce qu'il était besoin précisément d'un tel nombre et d'un tel choix d'associés pour unir, dans un ouvrage qui doit paraître à des époques déterminées, l'excellence de chaque article en particulier à la variété de l'ensemble.

Les écrivains dont les noms suivent prendront part à la rédaction de cet écrit mensuel :

M. le capitaine d'Archenholz, à Hambourg ;

Sa Grandeur archiépiscopale M. le coadjuteur de Mayence, baron de Dalberg, à Erfurt ;

M. le professeur Engel, à Berlin ;

M. le docteur Erhardt, à Nuremberg ;

M. le professeur Fichte, à Iéna ;

M. de Funk, à Dresde ;

M. le professeur Garve, à Breslau ;

M. le conseiller de guerre Genz, à Berlin ;

M. le chanoine Gleim, à Halberstadt ;

M. le conseiller intime de Goethe, à Weimar ;

M. le docteur Gros, à Gœttingue ;

M. le vice-président du consistoire Herder, à Weimar,

M. Hirt, à Rome ;

M. le professeur Hufeland, à Iéna ;

M. le conseiller de légation de Humboldt[1], à Berlin ;

M. le surintendant des mines de Humboldt[2], à Baireuth ;

M. le conseiller intime Jacobi, à Dusseldorf ;

M. le conseiller aulique Matthisson, en Suisse ;

M. le professeur Meyer, à Weimar ;

M. le conseiller aulique Pfeffel, à Colmar ;

M. le conseiller aulique Schiller, à Iéna ;

M. Schlegel[3], à Amsterdam ;

M. le conseiller aulique Schütz, à Iéna ;

1. Guillaume. — 2. Alexandre. — 3. Auguste-Guillaume.

M. le conseiller aulique Schulz, à Mieteau;
M. le professeur Woltmann, à Iéna.

Comme d'ailleurs la société ici mentionnée ne se regarde nullement comme close, il sera toujours loisible à tout écrivain allemand qui sera disposé à se soumettre aux conditions de l'association qui ont été jugées nécessaires, d'y prendre part. On laissera libre aussi, quiconque le demandera, de garder l'anonyme, parce qu'on n'aura égard, pour l'admission des articles, qu'à leur contenu et non à la signature. Pour cette raison, et pour laisser plus de liberté à la critique, on se permettra de s'écarter de l'usage général, et de taire jusqu'à la fin de chaque année les noms des auteurs des divers morceaux : ce que le lecteur tolérera d'autant mieux, que la présente annonce lui fait déjà connaître l'ensemble de ces noms.

SCHILLER[1].

Iéna, le 10 décembre 1794.

1. A la suite de cette annonce est un avis signé « la Librairie J. G. Cotta, à Tübingue, » qui indique le mode de publication et les conditions de la souscription. Il paraîtra tous les mois, à partir de janvier 1795, un cahier de sept feuilles grand in-8°. Le prix d'une année entière sera un carlin d'or, ou six reichsthaler et huit gros de Saxe. Les cahiers séparés ne pourront être vendus moins de seize gros.

# AVERTISSEMENT

## DU RECUEIL DES POÉSIES[1].

Peut-être aurait-on dû faire pour le recueil de ces poésies un choix plus sévère. Les produits fougueux d'une fantaisie juvénile, les essais incertains d'un art novice et d'un goût qui n'est pas encore d'accord avec lui-même, se trouvent ici réunis à d'autres qui sont l'œuvre d'un esprit plus mûr. Mais, pour un recueil de poésies qui, la plupart, se trouvent déjà dans les mains du public, on ne pouvait pas avoir uniquement égard au mérite poétique. Elles sont déjà, par prescription, la possession du lecteur, qui souvent ne se laisse pas arracher volontiers, même une œuvre imparfaite, parce qu'elle lui est devenue chère par un souvenir ou une autre raison quelconque, et d'ailleurs les défauts même marquent du moins un degré dans le développement intellectuel du poëte.

L'auteur de ces poésies s'est formé, comme tous ceux qui cultivent le même genre, sous les yeux de la nation et avec elle : il ne connaît point de poëte qui ait débuté parfait tout d'abord. Il n'hésite donc point à se présenter d'ensemble au public dans la forme sous laquelle il a peu à peu paru devant lui. Il se réjouit que ce passé soit pour lui chose accomplie, et il ne regrette pas, en tant qu'il les a vaincues, même ses faiblesses.

Puisse ce recueil authentique, correct et choisi, des poésies de l'auteur, se substituer enfin à celui qui a paru il y a quelques années en trois volumes, et qui, en dépit d'une impression impardonnablement incorrecte, et de sa sordide apparence, trouve cependant, à la honte du bon goût et au préjudice du légitime éditeur, des acheteurs en grand nombre !

Weimar, pendant la foire de Pâques, 1803.

---

1. Schiller publia en 1800, chez Crusius, à Leipzig, le Ier volume de ses poésies. En 1803, il fit paraître le tome II, qui contenait un grand nombre d'essais de sa jeunesse. C'est en tête de ce second volume qu'il plaça l'avertissement dont nous donnons ici la traduction.

FIN DES ŒUVRES HISTORIQUES.

# TABLE DES MATIÈRES.

HISTOIRE DE LA GUERRE DE TRENTE ANS.

PREMIÈRE PARTIE.

 Livre premier............................................... Page 3
 Livre deuxième............................................... 87

DEUXIÈME PARTIE.

 Livre troisième............................................... 183
 Livre quatrième............................................... 281
 Livre cinquième............................................... 331

SUPPLÉMENT A L'HISTOIRE DE LA GUERRE DE TRENTE ANS.

 PORTRAITS :

  I. Amélie-Élisabeth, landgrave de Hesse-Cassel............... 391
  II. Armand-Jean du Plessis, cardinal duc de Richelieu........ 394
  III. Maximilien, duc de Bavière et électeur.................. 407

OPUSCULES HISTORIQUES.

 Histoire des troubles qui précédèrent en France le règne de Henri IV, racontée jusqu'à la mort de Charles IX............ 419
 Introduction aux Mémoires de Vieilleville.................... 529

APPENDICE.

 Opuscules non contenus dans les éditions allemandes des Œuvres.
  Préface des *Mémoires historiques*........................... 535

Avertissement placé en tête du tome III de la première partie des *Mémoires historiques*.................................... Page 539

Avertissement placé en tête du tome I de la deuxième partie des *Mémoires historiques*.................................... 542

Annonce de la *Thalie rhénane*.................................... 544

Déclaration de l'éditeur de la *Thalie rhénane*.................. 549

Avertissement des *Opuscules en prose*........................... 551

Annonce des *Heures*.............................................. 552

Avertissement du *Recueil des Poésies*........................... 556

COULOMMIERS. — TYPOGRAPHIE DE A. MOUSSIN.

www.ingramcontent.com/pod-product-compliance
Lightning Source LLC
Chambersburg PA
CBHW060801230426
43667CB00010B/1655